清華大學
TSINGHUA UNIVERSITY
1911

U0360772

教育部全国特色专业华中科技大学新闻学专业建设成果

·新闻与传播系列教材·

深度报道采写概论

欧阳明 著

清华大学出版社
北京

图书在版编目(CIP)数据

深度报道采写概论/欧阳明著. —北京：清华大学出版社，2011（2024.8重印）
（新闻与传播系列教材）
ISBN 978-7-302-26594-8

Ⅰ. ①深…　Ⅱ. ①欧…　Ⅲ. ①新闻报道－高等学校－教材 ②新闻采访－高等学校－教材 ③新闻写作－高等学校－教材　Ⅳ. ①G212

中国版本图书馆 CIP 数据核字(2011)第 175517 号

责任编辑：纪海虹
封面设计：傅瑞学
责任校对：王荣静
责任印制：刘海龙

出版发行：清华大学出版社
https://www.tup.com.cn
地　　址：北京清华大学学研大厦 A 座
邮　　编：100084
社 总 机：010-83470000
邮　　购：010-62786544
投稿与读者服务：010-62776969，c-service@tup.tsinghua.edu.cn
质 量 反 馈：010-62772015，zhiliang@tup.tsinghua.edu.cn
印 装 者：三河市科茂嘉荣印务有限公司
经　　销：全国新华书店
开　　本：185mm×235mm　　印　张：29　　字　数：603 千字
版　　次：2011 年 11 月第 1 版　　印　次：2024 年 8 月第 11 次印刷
定　　价：75.00 元

产品编号：032510-03

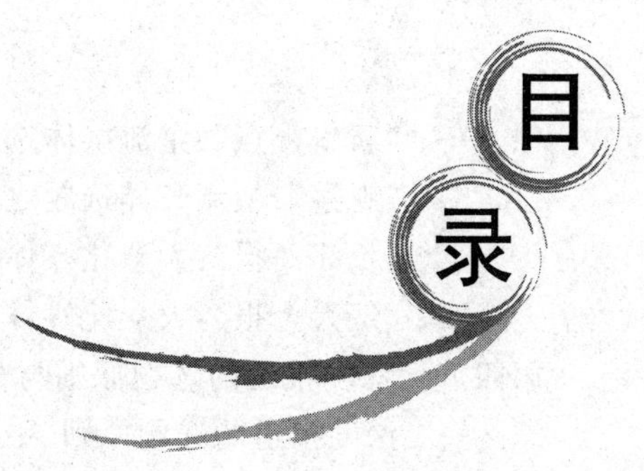

第一章 绪论:新闻背后有新闻——何谓深度报道 1

第一节 深度报道:从无到有,从小到大 …… 1

一、深度报道的历史轨迹 …… 1

二、深度报道兴旺发达的原因 …… 14

第二节 深度报道:我是谁 …… 20

一、界定:深度报道之谜 …… 20

二、内涵:深度报道是什么 …… 23

三、外延:深度报道包括什么 …… 27

第三节 深度报道的特点 …… 30

一、内容的深刻性 …… 30

二、思考的科学性 …… 31

三、表现的丰富性 …… 31

四、目标的主流化 …… 31

第二章 深度报道的选题 33

第一节 深度报道选题的意义 …… 33

一、什么是深度报道的选题 …… 33

二、选题的重要性 …… 33

第二节 深度报道选题的分类 …… 34

一、事件性新闻选题与非事件性新闻选题 …… 34

二、正面选题、反面选题与中性选题 …… 35

三、人物选题、话题选题与事件选题 …… 36

四、主体选题、反应选题 …… 37

五、规定选题与自选选题 …… 37

第三节 媒体选题的个案分析 …… 37

一、"新华视点":主流媒体选题之一 …… 37
二、"观察":主流媒体选题之二 …… 40
三、《长江商报》:大众化媒体选题之一 …… 43
四、《楚天金报》:大众化媒体选题之二 …… 46
第四节 深度报道的选题原则与主要方法 …… 48
一、深度报道的选题原则 …… 48
二、深度报道的主要选题方法 …… 50

第三章 深度报道的集材 57

第一节 集材的重要性与特点 …… 57
一、集材的重要性 …… 57
二、深度报道集材的特点 …… 59
第二节 背景材料的收集 …… 60
一、背景材料的作用 …… 60
二、背景材料的搜集 …… 61
三、个案分析:《南方周末》记者寿蓓蓓对海南省省长卫留成的一次访问 …… 64
第三节 新闻事实材料的收集 …… 78
一、新闻事实材料的特点与种类 …… 78
二、收集新闻事实材料的基本原则 …… 79
三、收集新闻事实材料的基本环节 …… 83
四、采访新闻事实材料的方法要点 …… 88
五、个案分析 …… 91

第四章 深度报道的思想 100

第一节 深度报道思想的特点与作用 …… 100
一、什么是深度报道思想 …… 100
二、深度报道思想的特点 …… 101
三、深度报道思想的作用 …… 104
第二节 深度报道思想的要求 …… 106
一、正确 …… 107
二、新颖 …… 113

三、深刻 …… 114
四、协调 …… 115
第三节　如何提炼深度报道的思想 …… 115
一、新闻事件的三个层面意义 …… 115
二、由分析事物的矛盾入手,抓主要矛盾或矛盾的主要方面 …… 117
三、立足于时代精神的高度来提炼、选取深度报道的思想 …… 119
四、增强深度报道的理性精神 …… 121
五、避免绝对化,注意多面性 …… 126
六、人性之处见深度 …… 129

第五章　深度报道方式　133

第一节　深度报道方式的地位与作用 …… 133
一、深度报道方式的地位 …… 133
二、报道方式的作用 …… 137
第二节　深度报道方式的类型 …… 138
一、深度报道方式的分类标准 …… 138
二、快速型 …… 139
三、组合型 …… 144
四、客观型 …… 149
第三节　如何运用深度报道方式 …… 155
一、服从于新闻报道的意图 …… 155
二、根据新闻报道事实的特点来选用一定的深度报道方式 …… 156
三、善于变化,丰富多彩,努力创新 …… 157
四、服务读者,注意简洁 …… 158

第六章　深度报道的叙事　160

第一节　深度报道叙事的重要性 …… 160
一、新闻报道叙事:形式的中观与微观 …… 160
二、好酒也怕巷子深:新闻报道叙事的不可或缺 …… 160
三、新闻报道叙事的相对独立性 …… 161
第二节　深度报道事实的特点 …… 163

一、叙事与新闻叙事 …… 163
二、深度报道事实的特点 …… 164
第三节　深度报道的采写主体与叙事主体 …… 168
一、作者与叙事人之间的关系 …… 168
二、深度报道的人称 …… 172
三、叙事人"我"言说的标准与叙事人类型 …… 179
四、关于深度报道的元叙事 …… 183
第四节　深度报道的叙事时间 …… 185
一、叙事时间及其范围 …… 185
二、叙事时间的顺序 …… 186
三、叙事时间的时距 …… 211
四、叙事时间的频率 …… 218
第五节　深度报道的叙事视角 …… 223
一、视角与叙事、思想、结构 …… 223
二、深度报道的人物视角 …… 225
三、视角与声音 …… 231
第六节　深度报道的叙事层次 …… 233
一、叙事层次的简单与复杂 …… 233
二、深度报道的叙事层次 …… 234
第七节　深度报道的非叙事性话语 …… 238
一、非叙事性话语及其作用 …… 238
二、非叙事性话语的类型 …… 240
三、如何运用非叙事性话语 …… 242

第七章　深度报道与文体　246

第一节　文体 …… 246
一、文体与体裁、文类 …… 246
二、文体的划分 …… 247
第二节　文体在深度报道中的地位与作用 …… 248
一、文体在深度报道中的地位 …… 248
二、文体在深度报道中的作用 …… 248
第三节　深度报道文体的基本原则与主要注意事项 …… 250

一、深度报道文体的基本原则 …… 250
二、深度报道文体的主要注意事项 …… 252

第八章　解释性报道的写作　255

第一节　解释性报道的界定与作用 …… 255
一、解释性报道的界定与分类 …… 255
二、解释性报道的作用 …… 257
第二节　解释性报道产生的原因 …… 258
一、在西方产生的原因 …… 258
二、在中国产生的原因 …… 261
第三节　解释性报道的特点 …… 264
一、兼通评论、通讯与消息三方 …… 264
二、夹叙夹议，重在原因 …… 267
三、背景材料唱大戏 …… 270
第四节　解释性报道的写作要领 …… 271
一、选择需要解释的新闻事实或新闻现象为报道对象 …… 271
二、做好第二手资料与相关专业理论的准备工作 …… 274
三、将原因作为报道的重点、中心 …… 277
四、结构层次：多采用逻辑关系为报道的基本脉络 …… 290
五、科学地使用背景材料 …… 294
六、夹叙夹议，解释分析多说明 …… 296
七、报道形式上可以丰富多彩 …… 298

第九章　调查性报道的写作　303

第一节　调查性报道的来历与特点 …… 303
一、调查性报道在西方 …… 303
二、调查性报道在中国内地 …… 307
三、调查性报道的界定与分量 …… 309
四、当前我国内地调查性报道的发展特点 …… 309
第二节　调查性报道的调查研究 …… 324
一、调查研究的重要性 …… 324

二、调查研究的方针 …… 324
三、调查研究的主要手段 …… 333
第三节 调查性报道的写作要点 …… 335
一、选择高度关注的报道对象 …… 335
二、结构层次,相机而动 …… 339
三、化繁为简,行文有据 …… 343

第十章 精确性报道的写作 354

第一节 精确性报道的来历与特点 …… 354
一、精确性报道的界定 …… 354
二、精确性报道的来历 …… 362
三、精确性报道的特点及其背后的理念 …… 365
第二节 精确性报道的选题与数据收集 …… 368
一、选题 …… 368
二、资料收集的方法 …… 371
第三节 精确性报道的动笔写作 …… 374
一、精确性报道的写作类型 …… 375
二、结构 …… 375
三、精确性报道的信息深度 …… 386

第十一章 深度人物报道的写作 396

第一节 深度人物报道的特点 …… 396
一、人物报道与深度人物报道 …… 396
二、深度人物报道的特点 …… 397
第二节 深度人物报道的深度与突破 …… 401
一、人物主体世界的信息深度 …… 401
二、人物报道的艰巨性 …… 403
三、深度人物报道新闻深度的突破口 …… 406
第三节 深度人物报道的选题 …… 409
一、典型人物报道 …… 409
二、公众人物报道 …… 416

三、普通人物报道 …… 421
第四节 深度人物报道写什么 …… 426
一、神重于形:人物的内心世界 …… 426
二、神托于形:表里结合,形神兼备 …… 431
第五节 深度人物报道怎么写 …… 434
一、文体 …… 434
二、结构 …… 438

后记 449

绪论：新闻背后有新闻
——何谓深度报道

第一节　深度报道：从无到有，从小到大

深度报道是社会发展的产物，是社会发展到一定阶段后的必然现象，它有一个从无到有，从小到大的发展历程。

一、深度报道的历史轨迹

从世界新闻史的发展来看，新闻业真正的破土而出在17世纪初。具有近现代意义的新闻业，即出自新闻传播自身本能的新闻业，在17世纪上半叶首先从地中海北岸到大西洋东岸的广阔的西欧大地上萌生。而深度报道在新闻业诞生之日也开始孕育，只不过真正问世却不能不假以时日。毫无疑义，与近现代意义上的新闻业一样，深度报道也由西渐东，西先中后在华夏大地衍生，是东来的基督与本土的孔孟，西洋的世态炎凉与中华的人情风土相遇之后的产物。中西深度报道因国情不一而有同有异，各显特色。

（一）西方：深度报道如何由幼芽成长为参天大树

深度报道始自西方，其破土而出的时间大致在20世纪30年代。西方的深度报道以20世纪30年代为界，前为孕育期，后为破土而出后的成长期。

17世纪到20世纪30年代的300多年间，是西方深度报道的孕育期。纵观新闻业的历史长河，西方的新闻报道大致经历了四个发展时期：萌芽期、主观报道期、客观报道期与深度报道主流期。

从意大利威尼斯小报盛行的16世纪(系由古代新闻传播向近现代报刊的过渡期),到17世纪新闻纸的面世(系近现代意义报刊的诞生期),17、18世纪资产阶级革命之前,系西方新闻报道的萌芽期。这一时期的新闻报道主要服务于商贸往来,为商人或客户提供经济资讯,尚没有明确的一以贯之的写作宗旨、写作理念与写作方法,同时,因社会影响力有限也未引起政治阶层的充分关注。

萌芽期之后是主观报道期。这一时期先后出现政党报刊和廉价报纸。从17世纪中叶到19世纪上半叶的近200年属于西方的政党报刊阶段。在资产阶级革命前后,各种政治力量逐渐认识并领略了报刊的社会威力,热情高涨,纷纷投身其间,将报刊当作一种重要的政治工具相互攻防。在这样的社会氛围中,新闻报道以政治生活为中心开始了自身的首次范式化。新闻报道以传播政治信息为主,政治倾向黑白分明,对意见信息的热衷远胜过对事实信息的发布,并且为了报道者各自代表的政治利益将新闻报道的政治化推向极端:新闻报道不过是一种政治工具,并从政治宣传的功利出发而不惜攻讦谩骂,造谣诽谤,以求一时的舆论先机。政党报刊独领风骚过后是廉价报纸盛行的时期。资产阶级革命胜利之后,资产阶级控制了包括政治机器在内的整个社会,从而为资本主义工业革命的爆发创造社会条件,为资本主义社会的快马一鞭、一日千里铺平了软实力的道路。既然政党报刊已经不能适应资本主义社会的内在需求,那么还有谁可为我一用呢?于是,廉价报纸应运而生,自19世纪30年代开始在人类的新闻史舞台上亮相。不过,这些资本主义社会的早期报人身份颇为复杂,有的是卖印刷机的商人,有的干过记者,有的是风云际会的政治人物。他们基本上不大明白办报的个中三昧,即便是记者出身的报人也只会埋头写稿而缺少高屋建瓴的编辑视野,于是要么仅仅将办报视作修理马具、纺棉织布、开山采矿般的物质财富的商品生产,甚至于赚足钱后抽身而退,要么注入道德、主义的说教。这样一来,煽情报道甚至黄色新闻大行其道,夸大其词有之,张冠李戴有之,无中生有亦有之。这样的新闻报道都有碍新闻业发展的客观规律。政党报刊、廉价报纸的新闻报道有个共同点,那就是新闻报道的主观化,让新闻报道的公信力甚至新闻真实性服从于政治派别的宣传主张或对受众眼球的争夺。这样的新闻报道极大地削弱了新闻产品的品质,甚至突破了新闻工作的职业伦理底线,是一种短视甚至自杀行为。市场经济体制的优胜劣汰,使得无论政党报刊还是廉价报纸最终被淘汰,并由此宣告新闻报道主观化范式的破产,为第三代新闻报道让路。

取代主观报道的是客观报道。市场经济利益主体的多元化使得媒介根本权力转至议会与政府,他们对新闻业依法照章管理,要求报业必须遵循资本主义大工业社会的发展规律,满足市场经济的内在社会需求。而这正构成新闻报道超越主观化而迈入客观报道的深层社会动因。在媒介与社会的互动中,有三种力量将客观报道贯彻于西方的新闻报道之中。第一,对主观报道的不满。这种不满在廉价报纸时期即已出现。1835年,纽约四

大廉价报纸之一的《纽约先驱报》首倡客观报道思想，[①]其创办人贝内特说："我们将不支持任何政党，不作任何政治派别的喉舌，不倾向任何选举……"[②]第二，新闻通讯社的需求。为了避免商业化运营初期电报使用的高昂价格、经常发生的机械故障，以及为了降低采写成本，纽约有六家报社1848年在美国率先组成联合采访部，此即美联社之起点。然而，为了兼顾六家报社各自不同的政治立场，这家联合采访部就不得不寻求诸报社的最大公约数，新闻报道中努力保持一定的平衡：为了照顾各方政治立场而尽可能地报道新闻事实，淡化甚至取消意见。第三，奥克斯及其主政下的《纽约时报》对客观报道的提倡。奥克斯是可与普利策齐名的西方现代报业的奠基人。1896年，奥克斯买进《纽约时报》。不过，与普利策不同的是，奥克斯将报纸品质作为办报的核心诉求，致力于将报纸打造成为一份能够深刻地影响社会的主流大报。为此，他不仅蔑视赫斯特的"黄色新闻"做派，而且对普利策煽情主义的报风也颇为不满。1904年，奥克斯发表宣言，大力倡导客观报道，主张新闻报道庄重、冷静、不偏不倚。而他手下的得力大将，时任《纽约时报》主编的范安达则圆满地践行了老板的新闻理念，将客观报道推向西方新闻业话语权的核心。

深度报道是对客观报道的消解。1929年至1933年的世界经济大危机，工人运动风起云涌，亚当·斯密的"看不见的手"的自由经济理论惨遭破局。面对从未有的社会变局，客观报道捉襟见肘，无以应对，西方新闻界因采取客观报道而对经济危机等重大事件缺乏事先预警更备受攻击。同时，20世纪美国民众受教育水平的大幅度提升推动广大受众可以看清客观报道的致命缺陷，不再相信"事实会自我表白"(Facts speak for themselves)。其实，早在20世纪20年代，《时代》杂志的卢斯等人在报刊之争中为了期刊的可持续发展就瞄上了新闻报道主观力量的良性开掘。但以客观报道为靶子首先予以激烈抨击的，则是美国的《底特律日报》。该报反对"客观报道是走向正确和真实的唯一途径"[③]的常规说法。于是，探究新闻背景与意义开掘的解释性报道开始流行。1947年"哈钦斯报告"的问世在张扬"社会责任论"新闻思想的同时，也引发了新闻界关于客观报道与解释性报道孰优孰劣的争执。不过，客观报道毕竟经营多年，冰冻三尺，根深蒂固，迟至20世纪50年代才遭到致命一击。1950年，美国共和党参议员麦卡锡(Joseph Mccarthy)在一次演讲中公然造谣，指称美国国务院至少雇佣了250名共产党人，扬言自己已经掌握了这些共产党人的名单。在反共浪潮甚嚣尘上的当时，大批的无辜者因此被捕入狱。面对麦卡锡的谎言，美国的传媒一败涂地：不核实，不辨析，反而依据所谓的客观报道理念予以报道，蒙骗广大读者，助纣为虐。麦卡锡的谎言破灭之日，就是客观报道理念破局与深度报道取而代之

---

① 刘明华：《西方新闻采访与写作》，43页，北京，中国人民大学出版社，1993。

② 陈乔：《美国新闻观念的演变》，载《新闻大学》，1983(6)，76页。

③ 彭家发：《新闻文学点·线·面》，7页，台北，业强出版社，1988。

之时。至20世纪70年代，客观报道被认为作为方式最容易造成偏见。[①] 深度报道从此脱颖而出，伸拳展脚，横扫新闻界而得以跃居新闻报道的主流行列。西方的新闻报道在新闻对策上素有和平与战时之分，美国媒体对越南战争的拘谨报道在核心新闻信息上仍然遗漏或者迟滞，让美国社会很是不满，这进一步暴露了客观报道在践行新闻真实性上的缺陷。1960年，美国内布拉斯加大学（University of Nebraska）的高普鲁（Neale Copple）出版的专著《深度报道》一书从理论与学术上稳定了深度报道的地位并将深度报道推向社会的精英层。[②]

（二）中国内地：深度报道如何由潺潺细流走向波涛汹涌的壮阔

我国的深度报道以20世纪80年代为界可以分为自发期与自觉期两大时期。在自觉期内，又可以依20世纪80年代末90年代初分为发轫期与成长期两个时期。

1. 深度报道的自发期

20世纪80年代之前，我国的深度报道处于自发期。所谓的自发期，即深度报道的蒙昧期。在这个比较漫长的时期内，深度报道尚未完全成为我国内地新闻界的自觉行为：新闻工作存在深度报道的萌芽，但深度报道没有成形，整个业界缺乏深度报道意识，尚未达成深度报道的共识。不过，在我国深度报道自发期，有的新闻报道实际上已经具备了深度报道的内在品格。范长江1935年以《大公报》特约通讯员的名义深入我国西北地区进行了长达10个月的考察采访，其中的部分篇章已足具深度报道的神韵，如下文《祁连山北的旅行》[③]所展示的信息调研的深度让人吃惊，即便时下的记者又有几人可以进入这样的阶段呢？

“金”张掖的破产

每一个到西北游历的人，最容易听到本地人所谈的俗谚之中，总短不了“金张掖，银武威，秦十万”这一条表示甘肃最富庶地区的语句。他们的意思是说：张掖，武威和天水（即秦州）是甘肃省首屈一指的财富地方，特别是张掖，要算第一。

就是从历史上看，张掖在西北民族关系上，也曾有过重要地位。二千年以前，这里还是突厥族的匈奴占领的地方。汉武帝时，霍去病赶走了祁连山北的匈奴，汉民族才扩张到弱水流域来，设立武威、张掖、酒泉、敦煌四郡，把这地方改为内地。张掖一郡，特别重要。所以取名“张掖”，是“张”中国之“掖”，西通西域，以

---

① 罗文辉：《精确新闻报道》，25页，台北，正中书局，1991。

② 新闻编辑人协会编印：《采访与报道》，47～55页，台北，学生书局，1978。

③ 徐占焜：《中国优秀通讯选》上册，27～35页，北京，新华出版社，1985。

断匈奴与藏族的联合。

不过，汉民族以后，并没有把这个地方巩固发展下去，唐朝时回纥占了张掖一带，宋朝中叶，西夏又代替回纥入据这块地方。一直到明朝，汉民族在这里的社会基础，才算巩固，树立了健全的军事政治组织。明代为防御蒙古民族，从西北到东北造成一条长城，又把长城分为七段，设七个边镇，任防守之责。另设两个策应的边镇，共为九镇。其最西的一镇叫"甘肃镇"，镇地就在张掖。

清代的疆域远比明代为广，蒙古、新疆尽入版图，张掖在军事上的地位，已丧失其"西北重镇"之资格。一方面回族自明末已与汉族混居至复杂之程度，而且在军事上回族已取得相当力量，距今约三百年前清顺治时代，回籍军官米剌印以张掖为根据，联络西北回民暴动，满洲人费了很大的力量，才算平定下去。自此以后，张掖在军事上政治上再没有表现过重大的关系。

如果我们离开张掖城十数里路，再来纵览张掖的风光，我觉得明代郭登的"甘州即事"一诗，形容得非常恰当："黑河如带向西来，河上边城自汉开；山近四时常带雪，地寒终岁不闻雷。牦牛互市番氓出，宛马临关汉使回；东望玉京将万里，云霄何处是蓬莱？"他这首诗有点代表东方人怀慕乡土之思。

本来中国内地乡间流传着一句俗语说："天下无水不朝东。"照内地的经验看来，所有的河流都大体以东的方向流到海里，然而内陆的河流却并不一定是这样，张掖的弱水（即黑河）就是向西流的。所以他说："黑河如带向西来"了。

记者一月十日到张掖，初被美丽的野景和壮丽的城池所刺激，内心里深觉"金张掖"之名不虚传。稍过几日之后，原来幼稚的愉快印象，逐渐换为惨痛幻灭的凄凉。

记者在张掖所得的第一印象，是没有裤子穿的朋友太多了！十四五岁以下的小孩，十之七八没有裤子，有家的人还可以在家里避寒，整天坐卧在热土炕上，偶尔出外走走，又逃了回去，倒还可以勉强过得去。有许多根本无家的孩子，只好在大衙门和阔人们的公馆背风的墙下，过战栗的生活。他们的上身披着百孔千疮的破衣，或者原来就是没有做成衣服形式的烂布块和麻布袋，胡乱裹在身上，从绅士阶级们的"卫生"观点来观察，对于他们简直无从说起了。中年以上的妇人，在街上流落的，比孩子们少些，不过，随地也可看到。她们的外观上有一个不同的地方，就是她们无论上身单薄破烂到什么程度，如果裤子上半截实在遮不着她们认为非遮不可的地方，那么她们总在自己腰部的下面围着一圈污烂的麻布或布块，最低限度得挂一块在小腹的前面。

这里已是海拔五千尺的高寒地带，盛暑的夜间，人们都得用棉被。而且这时正是三九的寒冬，无论怎样穷苦的朋友，缺了皮衣，实在难于活动。然而这班孩子和女人竟破落到如此惊人的地步！我们如果在北风怒号的寒夜，闲步街头，不挡风的墙角巷湾，常常发出一团团的火光，这就是他们白昼拾来或偷来的木片柴枝，在实在难支的夜间，正在作他们暂时对抗残忍寒冷的工作。

每日到了午前十时以后，太阳的热力，慢慢浸暖了地面的空气，他们的肢体才渐渐从屋角墙边舒展起来。小摊上，小店铺门口，是他们经常光顾的地方，大衙门和大公馆的厨房抬出来的残羹剩饭，尤其是他们大宗而上等的食料。

青年的男子和女人，他们破落以后的出路，又另是一样，男子可以逃亡，女子可以走去作明的或暗的卖淫的生活。女孩子之出卖，成为司空见惯的事情。某次有一个妓馆的老鸨告诉记者："王大的女孩子，我给他六元，他还不卖，张家只给他五元啦。"记者因问她："王大的女孩子今年多大了？""十二岁。"这是她平淡的答复！

要论张掖的街道，宽敞整齐，和内地的二等城市相比，并不见得很差。保定的市面颇近于张掖，而张掖的街市建筑却还在徐州之上。不过，这样大的城，这样宽的街，这样多的商店，到了实际活动起来的时候，这些商店很少开门，宽宽的马路上面却没有多少商业的来往。据经济界朋友们的告诉，张掖各方面崩溃的趋势，现正在加紧期中，张掖的"金"帽子，无论如何再难勉强戴上去了。

张掖的破产，是人懒的过？

许多朋友告诉记者："河西的人太懒，抽大烟，所以穷得如此厉害。"然而记者经相当研究之后，觉得他们的话还不是正确的看法。人都是愿意生活得更好些的，饥寒交迫的日子，谁也知道不好受的。一两个人的堕落破产，我们还可以说是他自己的"无知"和"不长进"，整个的社会崩溃，却不是由于大家的"懒"了。难道大家都是天生来就是懒的天性，自己早已自觉地去甘于饥寒吗？如果大家表现了懒的现象，一定有使大家不得不懒的原因。

清代以后，张掖在军事政治上的地位已经没落，新疆与内地交通阻滞以后，张掖向有的"商业过道"的资格也根本取消。陇海路通到西安，西兰公路又畅行以来，原来由包头经草地到张掖，转发兰州各路的货物，也不再走这里，因此张掖的商业地位的没落，乃为不可挽救的事实。但是以张掖土质的肥美，灌溉的便利，出产的丰富，如果有合理的政治与社会组织，张掖的人民尽可以非常优裕地生活下去；现在的事实，张掖的生活不但不优裕，而且没落到饥寒线以下。这里我们不明白使张掖破产的根本原因。

张掖全县只有十万稍多的人口，从军队到县政府区村公所直接向民间所征发的米麦柴炭，我们暂且不谈，建设这个，建设那个，向民间摊的款项和物料，我们也无法统计，虽然这些负担，已经叫张掖民众"叫苦连天"。钱粮赋税，各地都有，张掖也不能算特别。我们只就"烟亩罚款"一项来说，已经使张掖农民非走到破产的道路不可。

甘肃省政府财政厅规定要张掖每年缴将近二十万的"烟亩罚款"，不管你种烟不种烟，政府非要这笔款子不可。并且给作县长一种"提成"的办法，就是县长经收罚款，可以有百分之五的报酬，收得多些，提成的实数也随着大些，自然当县长的乐于努力。我们首先用不合实际的书呆子算法，每年二十万元摊派在十万人身上，每人每年两元。十万人中有五万是女人，不能生产，于是每个男子每年负担四元，又五万男子中有二万五千人是老人和小孩，那么每个壮年男子每年要负担八元烟亩罚款了。有许多人不但没有种烟，而且根本连地也没有，这样的烟亩罚款仍然辗转转嫁到他们的身上。事实上亩款负担情形，还不是如此容易推算，黑暗的方面，还不在这里。

亩款的目的，并不在"禁烟"而在"筹款"，这是我们要首先认识的。而亩款摊派的方法，系随粮税附征。表面上看来，粮多的人，一定土地多些，他们的经济地位好些，所以叫他们多出点烟亩罚款，倒是公平的办法。然而，谁知张掖田赋情形，早已脱了正轨。张掖全年供粮四万石，历年"报荒"之结果，免去了二万七千石，现仅每年一万三千石。因为地方政权在绅士手中，绅士们的地，都是上等地多，他们得了报荒的机会，把自己的好地报了荒地，免去粮赋，而真正荒了田地，却仍然要按亩上粮。所以这一万三千石粮，十之六七还是由一般贫苦的农民负担。种植鸦片，必须上等地始能成长，而上等地大半在绅士们手中，故绅士们种烟最多，但是无情的烟亩罚款，却又随着粮税不合理地把大部分落在贫苦农民身上。拥有二三等土地，种少量鸦片的中等以下的农民，负担亩款的主要部分，则他们每一个男子每年的实际的亩款负担，总在十五元以上。如果从租税负担能力的比例来讲，贫苦农民十五元之负担，往往比绅士们之三十元或六十元还要痛苦。收款的人员就是县区村的"公事人"，这些人又是绅士们自己充任，他们在收款时候，还在农民身上想办法，农民这些额外的当然负担，恐怕连农民自己也算不清楚！

种鸦片，该罚，农民不想种烟，当然该加以赞成。前二三年高台县的农民曾经请求政府，自动禁种鸦片，不再缴那种令人害怕的"烟亩罚款"，然而政府对于这种请求，却没有允许！这桩事情证明农民之不甘坠落，而政府硬要强迫收他们的烟亩罚款，其中道理，颇令人难以了解！

农民的收入，本来不像工商业者那样比较有伸缩性。他们收入既只限于农产品为主要，而收获的季节，又大大的限制了他们。对于这种无情的强力榨取，实在没有支付的能力。但是"提成"制度奖励了县长的狠心，各种严刑重杖，在县政府中毫无顾忌地施用起来！张掖代人受杖一次的代价，是铜元两千文，约合大洋两角六七分。如果被衙门里当时活活的打死，这两千文的代价，仍不出被代替者的荷包！

政府一定要钱，农民没有，没有就打，那只好促成高利贷的产生了。农民最困难的时间是春天，张掖情形，一二三月借账，五六月还账，不到半年的时间，大致是这样的利率：

1. 借现金者百分之五十的利率为最轻者！

2. 借鸦片者百分之三百！

3. 借粮食者百分之百！

农民在这种毫无希望的高度剥削情况下面，除了抽抽鸦片，苟安岁月而外，还有什么力量可以叫他们兴奋地从事工作？

……

在《祁连山北的旅行》一文中，范长江不仅报道了20世纪30年代中期我国甘肃省河西走廊张掖、酒泉地区的经济衰败、民不聊生的新闻事实，而且报道了其经济破产的深层原因：在当地俗谚中有“金张掖，银武威，秦十万”之称的张掖、酒泉地区，在甘肃省内本占有优越的自然条件，然而记者眼中却唯余经济凋敝、饥寒交迫——很多当地百姓没有裤子穿，只能用破衣烂衫甚至破布块蔽体保暖遮羞。那么，为什么张掖、酒泉地区的百姓生活如此艰窘？当地经济何以呈现行将崩溃的局面？不少人告诉记者：河西人太懒，抽大烟，是懒惰导致当地民不聊生。那么事实的真相果真如此吗？范长江调查、思考的路径如下：①首先从经济入手：由于妇女、儿童、老人无法纳税与乡绅利用手中权力将自己的上好土地报荒免税，甘肃省财政厅所规定的张掖每年上缴的近20万元“烟亩罚款”，十之六七却要由贫苦农民负担，原本每人2元的“烟亩罚款”一下子增加到不少于每人15元。②再进入不同阶级的经济状况：相较于富有士绅承担税款30元或60元，因为自身承受能力很差，完成15元的“烟亩罚款”，对于贫苦农民则是非常艰难的。③继而直面贫苦农民与官方的利益冲突：为了免除交纳“烟亩罚款”之苦，当地农民向政府请求禁令鸦片种植，但这种合理的请求却被官方一口回绝。④进入由官方所制定的“游戏规则”深层：由于政府规定县长可以从罚款中提取5%为个人所有，故县长对交不起罚款的贫苦农民严刑酷杖。⑤广大贫苦农民在官方的威逼之下的唯一结局：为了交纳承受不起的“烟亩罚款”，广大的贫苦农民只好借高利贷，自己的生活因此雪上加霜，生活的希望彻底破灭。⑥广大贫苦农民物质贫穷下的精神状况：失去了生活希望的广大贫苦农民，往往选择吸食鸦片自我麻痹，得过且过，以等待人生的终点。⑦新闻报道的结论：因此，河西走廊人民的贫穷并非源自懒惰，当局的倒行逆施，才是张掖、酒泉老百姓饥寒交迫、在死亡线上苦苦挣扎的根本原因。范长江在《祁连山北的旅行》中采访深入，材料翔实，剖析透彻，结论呼之欲出。

《祁连山北的旅行》对当时河西走廊经济凋敝原因的探访已经深入到社会制度层面，虽无深度报道之名，却足见深度报道之实。

2. 深度报道的自觉期

深度报道的自觉期可以分为两个发展阶段：一是发轫阶段，二是成长阶段。

(1)发轫阶段

历史的脚步跨入20世纪80年代，中国内地出现了中国历史上前所未有的新的社会状貌。在1978年党的十一届三中全会之后，中国所进行的改革开放给中国渐次带来深刻的社会变革，国内外的人流、物流、信息流来往不断，国内外不断变化的局势向社会主义提出了新挑战，而思想解放则为新闻界释放了新中国成立以来未有的思想活力，新闻工作者的独立空间越来越大，记者的独立思索开始有了现实条件。正是在这样的时代大潮中，深度报道以自上而下为主，在20世纪80年代中期首先在《中国青年报》、《光明日报》、《经济日报》，甚至《人民日报》这样一些中央主流大报中成阵容地出现并持续发展。张建伟的《大学毕业生成才追踪记》[①]、《命运备忘录》[②]，黄秉生等的《"富光棍"之谜》，马役军的《福强玻璃店的新主人》[③]，樊云芳的《一个工程师出走的反思》[④]，庞廷福等的《关广梅现象》[⑤]，杨飏的《鲁布革冲击》[⑥]等一批深度报道气势磅礴，忧国忧民，挟中国新闻工作者的社会责任感与历史使命感揭示社会矛盾，展现改革阵痛，揄扬正义，鞭挞邪恶。这些深度报道深化新闻真实，开拓广大读者的视野，激荡亿万群众深入反思，给社会带来前所未有的冲击力，引发一轮接一轮的社会大讨论，推动包括新闻界在内的中国社会深化改革。20世纪80年代中期的这一批深度报道，将解释性报道与调查性报道融于一炉并以前者为主，以思想启蒙为己任，为改革开放而呐喊，如长星行空，灿烂恢弘，社会影响强烈而深远，为1987年赢得了中国新闻界的"深度报道年"之誉。

(2)成长阶段

1992年，邓小平南巡讲话高扬思想解放风帆，中国步入社会主义市场经济，人民的生活环境日益宽松，改革开放进入了历史的新阶段。社会变化使中国内地的深度报道再次走向活跃，由解释性报道再到调查性报道，新闻报道由定性到定量，信息深度由客观世界到人物的主观世界，深度报道在探索中出现了一系列的新变化，我国的深度报道在跨世纪前后终于渐次步入稳定的成长期。

---

① 载《中国青年报》，1985-12-13～1985-12-25。

② 载《中国青年报》，1987-12-02。

③ 载《中国青年报》，1986-11-15。

④ 载《光明日报》，1986-06-17。

⑤ 载《经济日报》，1987-06-13。

⑥ 载《人民日报》，1987-08-06。

南方周末

绵竹强余震：损失不大，恐慌不小

上海倒楼调查组专家痛斥大楼施工：

低级错误

国外共产党生存现状调查

官方研究报告分析国外共产党的真实处境

活在资本主义心脏里的美国共产党

CPUSA

图 1.1 《南方周末》报(2009 年 7 月 2 日头版)：一份专门从事深度报道的大报

在这一时期，深度报道呈现出如下特点：

一是报道内容在原有的基础上与时俱进，理性化、日常化。王伟群的《北京最后的粪桶》[①]、孙德宏的《寻找时传祥》[②]、夏欣的《归来吧，妈妈》[③]、艾丰等的《资本运营：找到了一把金钥匙》[④]、余兰生的《140 万双袜子的命运》[⑤]、余刘文等的《一个叫戚艳明的职业杀

---

① 载《中国青年报》，1995-01-06。

② 载《工人日报》，1995-05-17。

③ 载《光明日报》，1995-11-17。

④ 载《经济日报》，1997-06-09。

⑤ 载《长江日报》，1997-07-30。

手》[①]、寿蓓蓓的《艾滋病少年》[②]、赵平安等的《"三盲院长"的背后》[③]、罗盘的《由谁教育富裕起来的人们——武汉汉正街第一代富翁追踪》[④]、平湖等的《基金黑幕》[⑤]、江华等的《"我没有打江青"——一个曾经看押江青的女兵眼中的江青》[⑥]、王爽等的《找个好钳工比找研究生还难》[⑦]、黄广明的《"五毒书记"和他的官场逻辑》[⑧]、刘畅等的《湖北省荆州市奶农倒奶事件解读》[⑨]、李菁等的《银广夏陷阱》[⑩]、李鸿谷等的《秘书的权力》[⑪]、莽萍的《动物福利考验人类道德》[⑫]、曾民等的《红豆杉被毁真相》[⑬]、曹勇等的《被鸡头改变的村庄》[⑭]、朱玉等的《龙胆泻肝丸——清火良药还是"致病"根源?》[⑮]、陈峰等的《被收容者孙志刚之死》[⑯]、李海鹏的《举重冠军之死》[⑰]、谢孝国等的《问责——高校自主招生腐败》[⑱]、姚海鹰的《南京师大陪舞事件调查》[⑲]、罗昌平的《安慧君落马》[⑳]、刘万永的《一个退休高官的生意经》[㉑]与《一份地方报纸的新闻敲诈路线图》[㉒]、孟昭丽等的《死囚王斌余的道白》[㉓]、张严平的《一位老人与300名贫困学生——退休三轮车工人白芳礼资助300名贫困学生的故事》[㉔]、傅剑锋等的《"平时是天使,周末是魔鬼",乡村女教师含泪供弟上学》[㉕]、柴会群的《"送子神话"的

---

① 载《南方周末》,1998-03-20。
② 载《南方周末》,1999-04-30。
③ 载《中国青年报》,2000-02-02。
④ 载《人民日报》,2000-08-01。
⑤ 载《财经》,2000(10)。
⑥ 载《南方周末》,2001-05-10。
⑦ 载《大众日报》,2001-10-11。
⑧ 载《南方周末》,2002-03-21。
⑨ 载《湖北日报》,2002-04-26,2002-05-14～2002-05-17。
⑩ 载《财经》,2002(9)。
⑪ 载《三联生活周刊》,2002(24)。
⑫ 载《中国青年报》,2002-11-13。
⑬ 载《南方周末》,2002-12-05。
⑭ 载《南方周末》,2002-12-19。
⑮ 新华社"新华视点"栏目,2003年2月23日。
⑯ 载《南方都市报》,2003-04-25。
⑰ 载《南方周末》,2003-06-19。
⑱ 载《羊城晚报》,2004-08-23。
⑲ 载《新周报》,2004-10-26。
⑳ 载《新京报》,2004-12-06。
㉑ 载《中国青年报》,2005-05-18。
㉒ 载《中国青年报》,2008-01-24。
㉓ 新华社"新华视点"栏目,2005年9月4日。
㉔ 新华社,2005年9月28日电稿。
㉕ 载《南方周末》,2006-02-23。

背后》[①]、赵亚辉等的《七问"论文迷局"》[②]、毕玉才等的《莫让工业遗产从眼皮底下消失》[③]、张琰的《"核心期刊"利益链》[④]、秦亚洲的《国家耻辱——高校成官员博士学历学位批发商》[⑤]、江雪等2002年在《华商报》上刊发的关于陕西省"枪下留人"与"夫妻家中看黄碟"的报道等新一批的深度报道，由政治经济层面扩到法治、道德伦理、民族文化、集体意识，"热点新闻"中有冷静，"冰点新闻"中蕴激情，与我国的社会变迁、政治经济体制改革同呼吸、共命运，更为广泛、深入地激荡读者的心弦。

二是深度报道遍地扎根，走入各类报刊。2008年前后，我国的机关新闻传媒从中央机关报到省委机关报大多有以深度报道为主的栏目或版面，并注意以深度报道来构建党报的权威性与影响力。中央机关报有《人民日报》的"视点新闻"、《光明日报》的"观察"、新华社的"新华视点"、《中国青年报》的"冰点"、"特别报道"等栏目；省委机关报、市委机关报中有《安徽日报》的"热点透视"、《南方日报》的"深度"、《湖北日报》的"特别关注"、《河北日报》的"新闻纵横"、《广州日报》的"新闻蓝页"[⑥]等栏目。省委机关报《南方日报》自2002年6月至2007年先后六次改版，倡导"'影响力'并不等同于'注意力'"[⑦]，不断强化深度报道，直到2007年"特别推出了《深度》版……设立了机动记者部，一个是深度报道组，还有快速反应组"。[⑧]《人民日报》将5～12版改为深度报道版。[⑨] 面向市场的都市报、晚报、晨报、专业报与新闻期刊"春江水暖鸭先知"，利用机关报的迟缓抢先开设深度报道栏目或版面，如报纸中的《长江商报》、《南方都市报》、《华商报》、《楚天金报》、《新京报》、《华夏时报》、《成都商报》、《21世纪经济报道》、《潇湘晨报》，[⑩]如期刊中的《财经》、《三联生活周刊》、《瞭望东方周刊》、《中国企业家》、《南风窗》。《21世纪经济报道》报的编辑方针明确"以深度报道为纲"。[⑪] 当然，面对深度报道在报刊中的成长，我国的电视传媒也不甘示弱，相继推出了一些有影响的栏目与节目，如有"焦青天"之称的中央电视台的《焦点访谈》

---

① 载《南方周末》，2006-03-02。

② 载《人民日报》，2006-04-13。

③ 载《光明日报》，2006-12-04。

④ 载《瞭望东方周刊》，2006(49)。

⑤ 载《半月谈》，2008(22)。

⑥ 金雁等：《都市报业品牌经营》，6页，北京，中国人民大学出版社，2008。

⑦ 杨兴锋：《以全新思路抓好主流新闻 以权威优势打造政经媒体——南方日报改版实践和体会》，2003年9月16日搜狐网，http://news.sohu.com/74/81/news213248174.shtml

⑧ 《南方日报社总编辑王春芙做客新浪》，2007年10月26日，http://news.sina.com.cn/c/2007-10-26/183614171629.shtml

⑨ 《〈人民日报〉简介》，http://www.people.com.cn/paper/jianjie/bzjj_01.htm

⑩ 邓科主编：《后台》第二辑，218～221页，广州，南方日报出版社，2008。

⑪ 刘伟洲：《零距离观察美国经济传媒》，见庞瑞锋《财经新闻道——对话美国顶尖财经媒体高层》，"序"第2页，广州，南方日报出版社，2008。

栏目以深度报道为主，《新闻调查》栏目则专攻调查性报道，社会影响力也相当了得。不过，广播电视一向以娱乐信息为主，中外皆然。美国新闻自由委员会1947年发布的《一个自由而负责的新闻界》，即著名的“哈钦斯报告”说：“广播报道和讨论公共事务的比例更低”①，故广播电视媒体在深度报道上就不能不唱配角。

三是初步形成了一批有影响的深度报道传媒空间，在报道什么，不报道什么中有了主导性的话语力量。跨世纪时期，我国内地专门从事深度报道或以深度报道为核心竞争力的新闻报刊或栏目发展得如火如荼，人望高涨，其中的佼佼者有《南方周末》报、《中国青年报》的“冰点”栏目、《财经》双周刊、新华社的“新华视点”栏目、中央电视台的“新闻调查”栏目、《光明日报》的“观察”栏目、《三联生活周刊》、《瞭望东方周刊》、《环球时报》等。自

9

冰点周刊

BINGDIAN WEEKLY

底层表情

云南盘龙云海药业有限公司

图1.2 《中国青年报》“冰点”栏目（2006年10月11日第9版）：以深度报道为主

① [美]新闻自由委员会：《一个自由而负责的新闻界》，33页，北京，中国人民大学出版社，2004。

2004年第15届中国新闻奖设立“新闻名专栏”起，深度报道栏目频频获奖，已成为中国新闻界的亮点之一，新华社的“新华视点”、《光明日报》的“观察”、《安徽日报》的“热点透视”①、中央电视台的《新闻调查》等栏目先后获奖，有的甚至不下一次。深度报道的特别威力由此可见一斑。

当然，我国的深度报道并非尽善尽美，在对何因的探讨上，由于主客观限制有见好就收，甚至浅尝辄止的趋向；在对如何的逼近中，也不乏抱恨，甚至不了了之的走向。深度报道的每一次点滴进步无不折射着社会的进步。

二、深度报道兴旺发达的原因

图1.3 《财经》双周刊(2001年第1期)：以经济类深度报道为主

(一) 是中国社会深刻变革的推拉

深度报道在中国内地的发生、成长与我国的社会状况息息相关。作为平面传媒的报业，由报纸与期刊两个部分组成。从19世纪中叶《察世俗每月统计传》始，中国的报刊虽然有过文人办报、商人办报，但占据绝对支配地位的则是政党报纸，即政治家办报或政客办报。新中国成立后的前30年，中国内地实行计划经济，中国报业以“喉舌”为唯一功能，

---

① 中国新闻奖评选委员会办公室编：《中国新闻奖作品选2007年度·第18届》，113页，北京，新华出版社，2008。

各种报纸基本可划归为机关报即官报一类。1978年党的十一届三中全会之后，中国的改革开放事业推动中国社会发生巨大变化，由社会主义市场经济所带来的社会转型使中国社会出现从未有过的新情况，多元社会利益格局形成并在不断深化，社会矛盾新旧杂陈且向纵深发展。中国报业开始打破机关报、机关刊一统天下的局面，晚报、都市报、晨报、新型新闻类期刊等面向目标消费者的偏重于市场性的报刊遍地开花，势不可遏，报人办报着手由传者本位向传者、受众双本位移动，由官本位向兼顾官民双方的本位转变，由为党政领导机关工作服务向也为民众的工余个人生活服务方向转变，以往主要面向领导阶层、党政管理机构的新闻报道，尤其是经验消息、工作通讯已不能适应社会主义市场经济条件下主流社会、精英阶层或准精英阶层对主流新闻信息的渴求，中国受众的需求得到大众传媒自共和国成立以来的空前重视。正是中国社会的变化与思想解放，为深度报道在中国内地的出现、成长与壮大创造了必不可少的社会条件。其间的起伏涨落均与中国的社会，尤其是政治生态环境密不可分。

这是深度报道在我国兴旺发达的客观条件。

教师专家解析09高考

柔性过渡 广受好评

“新高考”体现课改精神

高考作文《见证》契合新课改

新课改后三次高考过渡平稳

平稳、和谐实现“新旧”过渡

“三评制”阅卷最大限度降低误差

观察

泛珠合作 对话东盟

学术期刊权力寻租值得警惕

图1.4　《光明日报》的深度报道专栏——“观察”版（2009年6月9日第5版）：获得中国新闻奖第十七届（2006年度）新闻名专栏

人民日报 视点新闻 5

北京试行机动车按尾号每周停驶一天，限行措施能否取得实效备受关注——

限行之后，路在何方

文化名人该如何"防暴"

九成选择公交出行

"阿五加注射液"部分样本被污染

七旬"康老师"捐400万助学

5名干部被免职

图 1.5 《人民日报》的深度报道专栏："视点新闻"栏目(2008 年 10 月 15 日第 5 版)

安徽日報

焦点新闻

"清洁工程"推进村容整治

热点透视

垃圾桶"负伤"拷问公德意识

图 1.6 《安徽日报》的"热点透视"(2009 年 2 月 6 日)：一家地方党委机关报的深度报道栏目获得中国新闻奖第十八届(2007 年度)新闻名专栏

深度|A05

1.6亿天价民告官案背后的悲情“红帽子企业”

沉重的“红帽子”

图 1.7　《南方日报》的“深度”(2009 年 2 月 6 日)：另一家地方党委机关报的深度报道栏目

(二) 是报纸与电视乃至互联网竞合的结果

在广播电视出现之前，报纸在报道速度上并无敌手。但是，随着广播，尤其是电视、互联网相继问世并普及之后，电视、互联网已经成为报纸业生存与发展的强大对头。

首先，广播电视在 20 世纪的相继问世在丰富大众传媒家族的同时，又开启了平面媒体与电子媒体之间的竞争。美联社编辑达瑞尔·克里斯蒂安认为：“电视迫使报社的记者和编辑走入电视屏幕后面。我们……应该开阔自己的视野。”[①]因为制版、印刷、发行等无法或缺的环节，同样的新闻内容，报纸与受众见面要比电视、广播、互联网大约晚 10 个小时，[②]依凭现在的科技能力，报纸根本无法与广播电视拼比速度。不过，若考察文字报道的详细深入与接受的主动性，报纸的这些长处又为广播、电视、互联网所无法企及。相形之下，思想，尤其是深刻思想的传播更适合纸媒而不是电视。当然电视新闻也是可以有思想的，但电视的直观特性，使电视新闻难有多深、多复杂的思想震撼。中央电视台“新闻

① [美]布鲁斯·加里森等：《体育新闻报道》，28 页，北京，华夏出版社，2002。

② 金丹霞：《新闻竞争呼唤重振副刊》，载《新闻战线》，2001(6)，27 页。

调查"栏目制片人张洁介绍：真正的思想，特别是带有科学性的思想，必须不断重复和论证才能说清楚。因此，"电视所传递的思想，跟真正的思想是有距离的"。[①] 这样一来，在西方社会，"深度报道成为印刷媒体……新闻的救星"。[②] 2001 年 8 月，美国总统小布什宣布允许有限制地使用胚胎干细胞进行医学研究时对电视观众说："老实说，广播或电视来做这个报道有些困难，因为它要求一定的深度才能把复杂性讲清楚，因此，我建议如果你真的对这个感兴趣，最好明天读一份好报纸来了解详细情况。"[③]

其次，跨世纪前后，互联网的快速崛起又一次改写媒介竞争格局，进一步推动深度报道的发展。互联网的出现，推动媒体在新闻信息制作上与时俱进。第一，网络媒体对西方国家传媒业的影响颇为直截了当，促进传媒业的融合。网络阅读同样难以提供真正思想创新所必须的条件。2007 年 7 月，美国《华尔街日报》发行人高登·克罗维兹(Gordon Grovitz)介绍：《华尔街日报》"的报道重点已从简单地报道'昨天发生了什么'，转移到解释'这些新闻意味着什么'"。[④] 显而易见，《华尔街日报》已转以深度报道为主。该报的这种战略性转移，究其根本是媒介环境变化使然。高登·克罗维兹说："根据我们的调查，读者乐于读到有更多分析和解释性的长文。因为像公司业绩表现等简单事实，已是随处可以得到。所以，阅读《华尔街日报》的人不满足于只获取事实，因为这些一天前的新闻事实已经从电视、广播、互联网、手机上知晓了。"[⑤]《华尔街日报》2007 年将平面与网络的两个新闻部合二为一，由一个新闻编辑部统一掌控集团新闻媒体的信息生产与传播。发行人高登·克罗维兹介绍："除头版新闻和重要特稿外，所有日常新闻通过统一的新闻编辑部处理，然后给报纸、网站、音频、其他多媒体使用。……在网站上，我们先发表了一篇短文，报道关于其收入等基本事实。稍后，日报的记者详细研究了这条新闻，在第二天的日报头版发表了长篇解释性报道，指出这家上市公司表现不佳，收入下滑，主要是由于高清晰电视迅速下跌，并分析了这种下跌对制造商、零售商和消费者的不同影响。……我们操作新闻的方式已经发生了深刻变化。"[⑥]第二，因为国情不一，互联网对中国内地传媒业的强劲冲击则体现在两方面。一方面，我国的网络媒体因不具有采访权而失去信息的独家制作的客观条件，在与传统媒体的互动中有致命弱点，传统媒体因而有继续笑傲江湖的本钱。另一方面，互联网的技术特点在反映、放大民间情绪上又具有其他媒体所不具备的特殊优势，由舆情的网络建构进而拉动、推动中国社会主义民主建设的强大能力又让传

① 张志安：《报道如何深入》，12 页，广州，南方日报出版社，2006。

② [美]布鲁斯·加里森等：《体育新闻报道》，29 页，北京，华夏出版社，2002。

③ 蔡晓滨：《唯其"深刻"，才有分量——报纸深度报道的探索与实践》，载《中国记者》，2003(7)，10 页。

④ 庞瑞锋：《财经新闻道——对话美国顶尖财经媒体高层》，6 页，广州，南方日报出版社，2008。

⑤ 庞瑞锋：《财经新闻道——对话美国顶尖财经媒体高层》，7 页，广州，南方日报出版社，2008。

⑥ 庞瑞锋：《财经新闻道——对话美国顶尖财经媒体高层》，12～13 页，广州，南方日报出版社，2008。

统媒体不得不甘拜下风，媒体之间的强弱比拼局面诡谲多变。

面对传媒多元化带来的挑战，报刊生存、发展的核心只有一条，即紧紧抓住信息生产这一中心环节。其对策主要有二：一是比拼慧眼，多刊发为电视、网络所忽视或不及的独家新闻、原创新闻；二是着重于解读、深化新闻信息，在信息的深度、广度做文章，即抓深度报道。对短新闻，报纸可适当放手，着重于报道的摘要化、标题化，厚题薄文。

这是深度报道在包括我国在内的世界范围内兴旺发达的直接原因。

（三）是读者的需要

进入社会主义市场经济，我国报业生存、发展的经济来源以广告收入为主，发行收入为辅。而广告商对广告的投入，则取决于目标消费者的购买力，追求报纸目标受众与广告目标消费者的一致。因此，报纸的把关人就不能不依据目标读者，尤其是具有较强经济消费能力的主流社会阶层的需求来留弃新闻报道。目前，人们的生活节奏加快，生存压力加大，文化消费多元。深度报道的一个作用是整理新闻事实，便于忙人阅读，并进而在主流社会价值观的建构上有重大担当。从新闻传播活动的全局考虑，传播活动如果脱离信息的深度则不完整。而传媒进行新闻报道必须充分考虑读者对新闻信息需求的完整性。

目前，我国受众获悉当下发生的国内外大事主要是靠电视、网络的简明新闻。不过，报道新闻电视虽然比报纸快捷，但在新闻报道的深入、详细乃至于非娱乐上，声像的电视又有天然的弱点。2001 年 9 月 11 日，面对突如其来的灾难，大部分美国人是在电视机前度过的。但到了 9 月 12 日，连平时不大读报的人也会买一份报纸，《华盛顿邮报》一天卖了 100 多万份。9 月 11 日属于电视，但“9 月 12 日是属于报纸的”。① 至于网络，由于我国的商业网站并无采访权，故报纸尚有回击的强硬手段，这就是牢牢控制新闻信息的生产权，并因此形成新闻信息传播的主动权。显而易见，报业对向网站低价甚至无偿提供稿件的做法是应该反思的。在深度报道领域，报纸有自己得天独厚的优势，它可以扬长避短地满足受众详细、深入地了解新闻事实的要求。

（四）是新闻报道自身发展的需要

新闻报道的关键是新闻的真实性。过去，人们往往以为只要报道了事实就实现了新闻真实，就满足了读者的需求。实际上并不尽然。有的报道单看是真实的，但放在全局之内则容易造成误解，反而不真实。同时，世事复杂，如果静止观察，仅仅报道事实的一个阶段或一个方面，也常让读者糊涂。目前，我国的新闻报道必须兼顾指导性与服务性，由报道的系统、配套而生发的深度报道可以与非深度报道一起更好地满足受众的新闻阅读

① 蔡晓滨：《唯其“深刻”，才有分量——报纸深度报道的探索与实践》，载《中国记者》，2003(7)，10 页。

要求。

真正具有强大、持久社会影响力的新闻报道必然发人深思，催人奋进，自觉并善于推动社会的政治、经济与文化趋向比较重大、深刻、进步的社会变迁。而深度报道追求社会公信力，讲求社会责任，既报道事实，又往往蕴寄着思想变迁信息，发一般报道、娱乐性报道所未发，在推动我国社会进步、社会改革与提升我们的民族素养、人的素养上具备其他报道无以替代的独特作用。在21世纪新的社会环境与传媒发展的条件下，深度报道已经成为构建社会健康的整体新闻报道品质的核心力量之一，也是强化新闻传媒的自身核心竞争力及记者、编辑的品质、能力的关键。现在，包括我国在内的世界新闻界离不开深度报道。

不过，深度报道的出现、发展、壮大并不是要取代非深度报道，而是叠加，使大众传媒的新闻报道更加丰富，信息趋向完整，更好地满足受众的信息与认知需求。

第二节　深度报道：我是谁

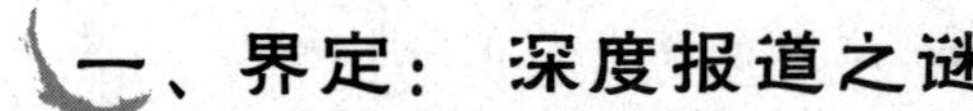

一、界定：深度报道之谜

（一）谁才是深度报道

下面的文字是让我们读起来似曾相识的新闻报道：

2007年盛夏，武汉白沙州长江大桥建成通车；湖北省汉川县的一位哥哥娶了对方的姐姐，弟弟爱上对方的妹妹，对方的妈妈嫁给自己的老爸。[①]

这样的新闻属于深度报道吗？显而易见，答案只能是否定的。这些新闻基本属于新闻事实变化的简单报道。而与一般的新闻报道相比，深度报道所反映的新闻事实要丰富、错综复杂得多。

再看一则新闻报道：

邮寄、上火车均遭拒

超大水晶婚纱照难回老家[②]

本报讯（记者梅国胜）“我和妻子花2 000多元钱，在汉口一高档照相馆照了张超大水晶婚纱照，准备运回老家挂在新房里，不料却遇到难题”。

---

① 载《楚天金报》，2007-08-25。

② 载《长江日报》，2009-01-05。

图 1.8　超大水晶婚纱照

昨日，在汉口打工的夏先生和廖女士急切地向长江日报新闻热线反映。昨晚 8 时，记者在夏先生临时租住的汉口家里看到：这幅水晶婚纱照长 1.1 米、宽 0.8 米，为整块水晶玻璃(见图 1.8)。

23 岁的夏先生称，他老家在江西省玉山县一偏远乡村，他和妻子的婚礼定在今年 1 月 29 日举行。1 日，他和妻子抬着这幅婚纱照到中山大道一家邮政局办理托运，对方连连摆手说，“太大了，又是水晶玻璃的，既无法拆装又不抗震，不能托运”。随后小两口又抬着照片接连找了几家快递公司，无奈均遭拒。最后，夏先生和妻子决定随身携带婚纱照坐火车回家。可武昌火车站工作人员告知：按铁路部门有关规定，乘客免费携带的物品长、宽、高相加不得超过 1.6 米，而他们的水晶婚纱照为 1.9 米。夏先生恳请该站办理托运的愿望也因对方不能保证“水晶”完好无损而落空。

这则新闻报道也不属于深度报道。该稿所报道的新闻事实属于软新闻，大体在花边新闻范围之内，是重大新闻的调料，故媒体可以报道，也可以不报道。

一款内地鸡蛋在港被指三聚氰胺超标　需要召回[①]

日前，香港食物安全中心指在一款内地出口的品牌鸡蛋中检出三聚氰胺超标，需要召回。有专家表示，不排除有不法分子为增加饲料含量，人为添加三聚氰胺引起污染。记者昨日走访广州市场，暂未发现有这款问题鸡蛋销售。

据香港食物安全中心公告，被检出三聚氰胺超标的鸡蛋名为“佳之选新鲜啡

① 来源《广州日报》，http://news.sohu.com/20081027/n260261657.shtml

蛋(特大装)(6只)”,生产商是大连韩伟养鸡有限公司,食用期限到本月25日,批号为“089060908003HC”。该中心表示,问题鸡蛋三聚氰胺含量为4.7ppm,一个10公斤重(约3岁)的幼童,每天食用约12只将超标。

又讯——香港特别行政区食物及卫生局局长周一岳表示,鉴于有内地鸡蛋被检出含三聚氰胺,将在一周内全面检验所有内地鸡蛋,并将化验范围扩至由内地进口的肉类及动物内脏。特区渔农自然护理署副署长刘善鹏表示,渔护署已开始抽验饲料工作。

周一岳昨早表示,截至前日,已化验12种内地蛋,发现其中1只有问题(来自大连),并已立即停止销售。他指出,香港每年消耗大约16亿只鸡蛋,每人每年食用230只鸡蛋;内地鸡蛋占香港市场约六成,其他还有美国蛋、泰国蛋,也有少量德国蛋及马来西亚蛋。期望未来一周内,能化验全部内地鸡蛋,食物安全中心未来会每日公布结果。

周一岳表示,此次事件反映可能是饲料有问题,已进行化验,暂时未发现香港农场所用的饲料有问题。针对由内地进口的肉类是否受三聚氰胺污染,将对由内地进口的肉类以及动物内脏进行化验。他表示,鸡肉会验,也会看看猪肉或鱼,还会检验动物内脏,例如鸡肾、猪腰等,看看会不会检出三聚氰胺,更会了解其来源。

周一岳指出,特区政府已与国家质检总局接触,期望协助减低源头的风险;并呼吁业界,订货时留意食物或原料的来源。

刘善鹏表示,几个星期前已经开始接触本地农户,了解饲料成分,包括是否含有三聚氰胺。部分农户说,内地供货商表明饲料不含三聚氰胺,但渔护署已开始抽验工作。他呼吁业界在订购饲料时要问清楚内地供货商,确保饲料不含三聚氰胺。

香港蛋业商会理事长杨金炎表示,香港有一至两成内地蛋来自东北,主要是辽宁、吉林、黑龙江,来自大连的较少。(记者刘俊、何颖思)

这则新闻报道报道的是一件大事。消息一经披露,我国的鸡蛋销量应声落地,一路速降,广大蛋农苦不堪言,不堪重负,大量蛋鸡被低价送往屠宰场。毫无疑义,这是一则硬新闻。然而,这样的硬新闻虽然为深度报道提供了充足的开掘空间,但其本身仍然不能跻身深度报道之列。

世界让人眼花缭乱,相关题材的新闻报道倒是不少。武汉袜厂产品积压多年,越积越多,多至140万双,一任厂长明知应该及早削价处理却迟迟不动一直拖到记者造访;湖北荆州,奶农手中积压大量的鲜奶无法脱手,最后变馊,只有“咚咚咚”地大量倾入农田。奶农欲哭无泪,当地政府束手无策。不过,经过新闻工作者的妙手写作,关于武汉袜厂的《一百四十万双袜子的命运》属于深度报道，关于湖北荆州奶农倒奶的系列报道也属于深度报道。这些新闻报道一经面世即好评如潮，影响深远，新闻界对之也交口称誉。

那么，究竟什么才是深度报道呢？新闻事实怎样才能百炼成钢，变为深度报道呢？

（二）深度报道与读者

2008年，让全中国人民最关心的是什么？夏季的北京奥运会，冬季的南方大雪，秋季的毒牛奶事件由河北燃烧到全国乃至于全球。

2008年，让全世界人民最难忘的是什么？石油价格的一路攀高几近150美元一桶，然后再一泻千里，20世纪30年代以来最严重的全球经济危机遽然发作，老百姓的荷包趋向苦涩，加入世界贸易组织后的中国也未能幸免。

这样的牵动全局、影响百姓生活与生存状态的新闻事件吸引着无数民众的目光，也成为新闻传媒抢夺受众注意力的新闻战场。但是，传统的实时报道在极短的时间内呈现给广大受众的是一个纷繁复杂乱如团麻的世界，传媒为受众提供的新闻信息连传媒自己都没有时间认真思考、消化，无以计数的信息便以排山倒海之势一轮接一轮不停地经过传媒中转而吞没受众。广大读者如坠雾中，这正应了那句老话：越说越让人糊涂。本来市场经济大潮中的读者脚步忙乱、来去匆匆，原本用来接触媒体的时间已为各种事务所切割、侵蚀，注意力也成为众多媒体激烈争夺的稀缺资源。因此，这种常规的新闻报道并不能真正满足受众的获知权、获知欲，如此新闻报道的指导思想远远落后于形势，如是传媒尚未称职。社会要求新闻传媒对产品结构进行必要的调整。

新闻传媒需要深度报道，广大读者呼唤深度报道，21世纪的新闻传播活动离不开深度报道！

二、内涵：深度报道是什么

（一）对深度报道内涵的四种误解

1. 误解一：深度报道就是解释性报道

这种看法一度颇有市场，可以复旦大学新闻学院为例。该校的一些学者持此见解，如姚福申主编的《新时期中国新闻传播述评》[①]、余家宏等主编的《新闻学简明词典》、张骏德的《深度报道的运用与发展态势》[②]等。

---

① 姚福申主编：《新时期中国新闻传播述评》，443页，上海，复旦大学出版社，2002。

② 载《中国记者》，2003(7)，12页。

在深度报道与解释性报道之间画等号是不合乎实际的。所谓的解释性报道，是一种充分利用背景材料来说明新闻事实来龙去脉，揭示新闻事实原因、实质意义或预测新闻事实发展趋势的分析性报道。在新闻五要素中，解释性报道强调的是何因，对何因的探究就构成解释性报道最突出的特点。而所谓深度，指的是触及事物本质的程度。[①] 新闻报道的深度显然与何因密切相连，但又不限于何因。同时，从外在形态看，解释性报道一般采取新闻述评的样式，将深度报道仅仅局限为解释性报道则难免将深度报道推向简单、肤浅，有违深度报道的初衷。因此，解释性报道只是深度报道的重要组成部分，而不是深度报道的全部。

那么，为什么会有那么多的人在深度报道与解释性报道之间画等号呢？这主要有两个原因。

一是新闻六要素的特点及其与新闻事实之间的关系。一般说来，何事是新闻六要素的核心。[②] 在与何事的关系上，何人、何时、何地相对单纯，仅及新闻事实的某一方面或某一区域，通过一定的采访、调查则较易被落实、明确、锁定。而如何、何因则与何事紧密一体，连筋入骨，事关全局，直接牵动着事实的内在结构与运动原理。其中，对何因的解读主观性强，容易见仁见智，生出迷雾。比如，对于非典型性肺炎的病源冠状衣原体病毒的来历，学者们见仁见智。2003 年夏，广东防治非典科技攻关小组、香港大学等发布的科研信息表明，经常接触果子狸、蛇的人其血清抗体呈阳性的多，即容易染上 SARS 病毒。而中国疾病预防中心传染病预防控制所的专家尚德秋、卢金星，广州军区总医院呼吸科主任黄子杰则认为虽然已经从动物标本中获得 SARS 病毒，但尚未找到动物身上病毒与人类身上病毒之间的关联性，故不能认为果子狸就是向人类传播 SARS 病毒的元凶。[③] 2005 年，中国科学院动物研究所李文东、香港大学袁国勇教授与美国、澳大利亚的科学家研究认为，野生蝙蝠可能是非典病毒的宿主。[④] 2009 年，武汉大学郭德银教授等研究发现，非典型性肺炎冠状病毒致命点是一组叫“非结构蛋白 nsp14”的基因编码。[⑤] 面对连科学家们在这样长的时间内都无法达成统一的如此复杂的新闻事实，记者仅仅报道发生了什么当然就远远不够了，还应该报道事实为什么发生、如何解决问题。新闻报道是绝对真实与相对真实、客观真实与主观真实的有机统一。何人、何时、何地与绝对真实、客观真实关系密切一些，如何，尤其是何因与相对真实、主观真实瓜葛稍多一些。何因是引领新闻报道走入、认知事实深度的首位新闻要素。但是，认知新闻事实深度并不仅仅限于何因，将深度

---

① 《现代汉语词典》，1015 页，北京，商务印书馆，1978。

② 洪天国：《现代新闻写作技巧》，5 页，北京，中国新闻出版社，1986。

③ 载《北京娱乐信报》，2003-05-29。

④ 陈勇：《蝙蝠可能是非典病毒野生宿主》，见新华社 2005 年 9 月 29 日电稿。

⑤ 载《长江日报》，2009-02-16。

报道与解释性报道混为一谈是片面的。

出现解释性报道就是深度报道看法的第二个原因是深度报道的发展历程。深度报道是对客观报道的反动，而这种颠覆之肇始就是解释性报道的勃兴。当时美国的卢斯为了形成《时代》杂志的独特竞争力而着力于为忙人整理新闻，将对新闻事实的解释作为新闻期刊后发制人的制胜秘诀。尽管解释性报道不断壮大，但客观报道仍为主流，为了避免"解释"一词陷入语义陷阱，当时的新闻学学者选用"深度报道"一词来取代解释性报道，并在有意无意间拓宽深度报道的疆域，将"背景性报道"、"人情味报道"、"特写化"报道也扯到深度报道中来就可以理解。①

2. 误解二：深度报道就是调查性报道

这种看法是后起，在国内外均存在。先看国内，获得中国新闻奖2004年度"新闻名专栏"的新华社"新华视点"专栏，虽对深度报道情有独钟，但实际上却专工调查性报道。②再看国外，美国华文报纸《侨报》副主编李大玖女士即持这样的主张。2007年秋季，李女士在武汉华中科技大学讲授"深度报道"课程时将"课程考核上分为两大部分——一是调查性报道……二是……阅读……调查性报道作业"，③所处理的深度报道仅为调查性报道一家。

将深度报道等同于调查性报道也是不合乎实际的。"新华视点"专栏、美国的《侨报》所认同的调查性报道源自西方，即揭丑性的新闻报道。它重在如何，是报道者通过自己较为长期、完整、独立的亲自积累、观察与调查研究，立足于公共利益立场，对某一或某类的社会事实或社会现象，以披露一些人或有关组织企图掩盖的事实真相而进行的深入、系统或深入详细的报道。然而，调查性报道并不等于所有的深度报道。它着重于通过系统与较为科学的采访披露新闻事实真相，尤其是内幕的调查性报道，并未将自身报道的重心瞄准何因，更不用说深邃的主观世界。显而易见，调查性报道是无法包办深度报道的。

将深度报道朝调查性报道倾斜事出有因。一是调查性报道的难度大，而且这种难度往往远远超过其他新闻报道。二是调查性报道的质量高，而且这种质量多为其他新闻报道所不及。社会与新闻界为此对调查性报道高度期盼。进入21世纪后，中国内地的新闻工作者在处理深度报道的活动时，开始将越来越多的注意力与热情给予了调查性报道，调查性报道的社会影响力开始抢夺解释性报道的风头。按照我国现实发展的趋势，着重于揭丑的调查性报道将会逐渐增大比重。调查性报道的高品质、信息获取的异常艰难，是误将深度报道等同于调查性报道的重要原因。

---

① 彭家发：《新闻文学点·线·面》，9页，台北，业强出版社，1988。

② 据2006年11月17日笔者与新华社国内部"新华视点"采编室主任陈芸的电话交流。

③ 李大玖：《个人工作小结》，载《华中科技大学新闻与信息传播学院工作简报》，总第13期（2008年1月9日），2页。

3. 误解三：事实无深浅之分，不存在深度报道

某省委机关报哲学专业出身的编辑曾当面向我发出质疑。在解构主义看来，世界无一不自我呈现，没有中心，更不存在深浅之别。美国的詹姆士·波普认为提“深度报道”则意味着有一种“肤浅报道”。[①] 不过，这貌似有理的看法其实只见其一，未见其二。

的确，事实是一种客观存在，没有真伪、深浅之分，但报道者对新闻事实的接触、认识与表达却有真假、深浅之别。我有个晚上不读点东西就睡不着的习惯，但睡着后眼镜却常常从脸上滑落掉在身上。而我对此往往浑然不知，半夜翻身有时会将眼镜压住。这样，我自己多次将压落的镜片用微型螺丝刀重新安装到镜框内。不过，到了 2009 年 7 月，既往的做法却再也不灵了，我怎么也无法将滑出的镜片安装到镜框内，只好进入眼镜店。眼镜店的技师告诉我镜框内的螺母滑丝了。我说：“不会的。我可以将没有镜片的镜框用微型螺丝刀拧紧的。”技师笑笑说：“你只看到了表面。这处镜框的螺母，最上面的两层已经滑丝，但下面的螺纹还没有滑丝。”于是，技师换了一枚长一些的螺钉终于将镜片安装到了镜框上。这一生活遭遇说明认识主体在认识客观事物的过程中，确有一个由浅到深的阶段。新闻报道也是这样。新闻报道是主客观相结合的产物，既离不开客观事实，又不能缺少报道者。报道者必须依凭一定的路径才能够接触、了解与把握新闻事实，新闻事实之于报道者则有一个可得与不可得，易得与不易得之分，因此报道主体对新闻事实的占有就不能不因主客观的限制而形成不同的认识路径，并因这样的不同路径而产生认识的真伪、深浅的差异。美国学者麦尔文·曼切尔认为记者采集、报道事实存在着由浅而深的三个层次：第一层报道只是严格照抄原始记录、发言；第二层报道是尽力对新闻来源及其材料进行核实；第三层报道报道新闻事件为什么发生，意味着什么，结果怎样。[②] 2003 年 6 月 24 日，中国人民大学法学院教授郭跃做客中央电视台“经济与法”节目时指出，我国著作权法不保护事实本身，保护的是作者对事实的表达。新闻报道不等于新闻事实本身，而是新闻客体与新闻主体的有机统一，是事实、作者与符号的有机统一。因此，否定在新闻事实发现、认识与表达上存在差异，存在深浅之别，本身就不无肤浅。

4. 误解四：深度报道是一种文体或报道方式、报道方法

陈健民的《深度报道初探》以为深度报道是“一种新闻体裁”[③]；张惠仁的《新闻写作学》认为深度报道“是一种以‘深’见长的新闻体裁”[④]；杜骏飞的《深度报道写作》认为深度报道是“类文体”[⑤]，即同类文体的一种集合。这是文体说。《中国大百科全书·新闻出版

---

① 杜骏飞：《深度报道写作》，2 页，北京，中国广播电视出版社，2000。

② [美]麦尔文·曼切尔：《新闻报道与写作》，120 页，北京，中国广播电视出版社，1981。

③ 陈健民：《深度报道初探》，44 页，南宁，广西人民出版社，1991。

④ 张惠仁：《新闻写作学》，238 页，成都，四川人民出版社，1986。

⑤ 杜骏飞：《深度报道写作》，2 页，北京，中国广播电视出版社，2000。

卷》认为深度报道是一种报道方法。[①] 何光先的《再谈深度报道》认为深度报道是一种报道方式。[②] 这是方法或方式说。

将深度报道理解为文体、报道方法、报道方式，是把深度报道仅仅限制在新闻报道的形式范围，未免失之狭隘。首先，深度报道之“深”，主要在于内容。脱离内容，就无所谓新闻报道的深度。其次，深度报道牵动全局。深度报道举一发而动全身，牵动着新闻报道的方方面面，既关系到思维，又牵涉采写，甚至还离不开编辑。对于报道者而言，更要思想、品德、意志、作风、经验、理论、文笔凝在一处。这些都不是仅凭方法、方式就能解决的。其实，深度报道就是应运而生的新闻报道，是新闻业发展到一定阶段后而必然涌现的事关主流新闻报道的业务活动。这就如同西方国家工业革命前后的客观报道，怎能一个文体、方法、方式了之呢？

（二）深度报道的内涵

1. 深度报道的相关提法

关于深度报道，还存在其他提法。对于深度报道，英美叫“大标题后报道”、法国称“大报道”，我国沿用过“专题新闻”、“专题报道”、“深度新闻”等名称。从电视节目分类看，电视节目可以三分为电视新闻、电视专题与电视艺术。[③] 这里的“专题”被摈弃在新闻之外。从新闻界约定提法的影响力与避免误解来看，还是以提深度报道为上。

2. 什么是深度报道

深度报道（In-depth Reporting）是对某新闻事实或新闻现象所进行的集中而专门的报道，具体讲，指的则是新闻传媒在相对集中的时间和板块中，努力运用广视角、大容量、深层次、多手法的思想视域与报道方式对某新闻事件、新闻现象所进行的专门话题报道或问题研究报道。除了电视之外，深度报道多为报刊所用，既为报纸所不可或缺，又在新闻类期刊中承担栋梁之任。

三、外延：深度报道包括什么

（一）对深度报道外延的三种误解

1. 误解一：标准杂糅，界域混乱

深度报道究竟由什么来组成，一些人在认识上因同时使用多种标准予以划分而将问

---

① 《中国大百科全书·新闻出版卷》，258 页，北京，中国大百科全书出版社，1990。

② 载《新闻知识》，1989(3)。

③ 高鑫等：《电视专题》，1 页，北京，中国广播电视出版社，1997。

题搅成了一锅粥。郭远发的《重视积累运用资料,突出〈瞭望〉周刊特色》一文云:深度报道包括六种形式,即解释性新闻、事件性通讯、新闻分析、新闻综述、新闻故事、特稿。① 杜骏飞的《深度报道写作》认为深度报道包括解释性报道、调查性报道、预测性报道、实录性报道、传记性报道。②

这样的看法是不能成立的。新闻分析、新闻综述本身就是一种解释性报道;而新闻故事或新闻小故事属于事件通讯之列;特稿(Feature)又译为"特写",为西方社会特有,原本强调新闻报道的趣味性、人情味,有新闻性但新闻性并不突出,内容偏软,20 世纪 60 年代之后出现与深度报道合流的趋向③;至于实录性报道、传记性报道所活跃的天地主要在文学、历史的领域,将之列入深度报道明显不伦不类。正是标准杂糅、界域混乱,"深度报道"一词让一些人有了"有点大而化之"④的感觉。因此,弄清深度报道的外延首先必须运用同一个标准。

2. 误解二:深度报道是一种通讯

有人将深度报道看作是"有深度的通讯"⑤,这同样是错误的。从新闻文体看,报刊上活跃的新闻文体主要有四:消息、通讯、特写、专访。广义的通讯也可以包括特写、专访。而对于深度报道而言,只要有助于报道者由浅入深地把握并报道新闻事实,那么,通讯可以用,特写、专访可以用,消息也可以用。胡俊等的《3000 小考生"妖魔化"妈妈》⑥一文报道江城小学生在武汉市"楚才杯"的参赛作文中,将自己的妈妈不约而同地描绘成"母老虎"、"变色龙"等负面形象。那么,这篇报道虽仅由五段构成,但因抓取我国现行教育体制存在的重要弊端而呈现出重大新闻气象,故并未因采取消息报道形态而与深度报道无缘。因此,消息、通讯、特写、专访不过是报道者用来达到报道深度的形式与手段。

3. 误解三:深度报道包括新新闻甚至新闻评论

这样的误解主要来自美国与电视界。

先看深度报道与新新闻。具有密苏里大学新闻学院等背景的美国学者谢丽尔·吉布斯、汤姆·瓦霍沃认为深度报道共有四种:解释性报道、调查性报道、报告文学(也叫创造性纪实作品)与社会事务新闻(也叫公共新闻)。⑦ 这样的看法是有一定问题的。先说报

---

① 《瞭望》周刊编辑部等编:《新闻周刊的理论与实践》,263 页,北京,新华出版社,1991。

② 杜骏飞:《深度报道写作》,6 页,北京,中国广播电视出版社,2000。

③ [美]福克斯:《新闻写作——报刊记者指南》,160、183 页,北京,新华出版社,1999。

④ 《中国青年报》记者卢跃刚语,见张志安:《记者如何专业》,4 页,广州,南方日报出版社,2007。

⑤ 转见程世寿:《深度报道与新闻思维》,8 页,北京,新华出版社,1991。

⑥ 载《武汉晚报》,2005-04-25。

⑦ [美]谢丽尔·吉布斯、汤姆·瓦霍沃:《新闻采写教程》,331 页,北京,新华出版社,2004。

告文学。两位美国学者的《新闻采写教程》的中译本未提供“报告文学”的英文术语，而我国对报告文学最权威的英译是 Reportage[①]。Reportage is reporting events for newspapers，即报告文学是报刊上关于具有新闻事件性质的新闻事实的报道。报告文学也被译作 Feature。实际上，中国的报告文学有自己的特色。我国的报告文学受苏俄特写的影响，特别强调文学的形象性，以人物形象塑造见长，如徐迟的《哥德巴赫猜想》[②]、理由的《扬眉剑出鞘》[③]分别塑造了科学家陈景润、击剑运动员栾菊杰的鲜活的人物形象。另外，在报告文学细节如何恪守新闻真实性的问题上，业界也还存在一些争论。美国学者谢丽尔·吉布斯、汤姆·瓦霍沃所说的报告文学应另有所指。他们心目中的报告文学有两个特点：一是让文学手法为我所用；二是作者对所报道的新闻事件必须亲历。两位还以诺尔曼·梅勒、特鲁曼·卡波特、汤姆·沃尔夫及其作品《电冷却器酸性实验》等为例论述，[④]因此其所谓的报告文学其实在以新新闻为核心。而新新闻在主观性方向上走得过远，以不入深度报道行列为宜。

再说深度报道与新闻评论。深度报道，尤其是调查性报道与公共事务直接相关，美国学者谢丽尔·吉布斯、汤姆·瓦霍沃所说的社会事务新闻则更偏向新闻评论。[⑤] 我国的电视业对深度报道的认识也是有一定的缺陷的。[⑥] 他们偏爱将深度报道划为新闻评论，如将深度报道栏目或以深度报道为主的栏目《海峡两岸》、《焦点访谈》看做新闻评论栏目。深度报道属于新闻报道，必须叙述，其底线是以叙述为主。《中国青年报》的年轻记者刘畅将记者在新闻报道中过度使用议论、抒情称作“报道采访手记化”。[⑦] 其实，新闻评论所传播的核心是意见信息，而不是事实信息，故社会事务新闻等以言论为中心的文本是不宜划归深度报道的。

（二）深度报道的种类

深度报道究竟包括什么呢？不存在争议的有两家，这就是解释性报道、调查性报道。有人认为预测性报道也是一种深度报道。预测性报道本身属于解释性报道，将之从解释性报道中独立出来或不独立都无碍大局。

那么，除了上述报道之外，深度报道是否还有其他呢？我以为是存在的。具有人性深度或政治、文化深意的人物报道如部分典型性报道，达到一定深度的精确性报道也都可以

---

① 《中国大百科全书·新闻出版卷》，21页，北京，中国大百科全书出版社，1990。

② 载《人民文学》，1978(1)。

③ 载《新体育》，1978(6)。

④ [美]谢丽尔·吉布斯、汤姆·瓦霍沃：《新闻采写教程》，352～358页，北京，新华出版社，2004。

⑤ [美]谢丽尔·吉布斯、汤姆·瓦霍沃：《新闻采写教程》，358～365页，北京，新华出版社，2004。

⑥ 欧阳明：《我国电视新闻评论的困局及解困策略探析》，载《现代传播》，2009(2)。

⑦ 张志安：《记者如何专业》，115页，广州，南方日报出版社，2007。

归入深度报道行列。衡量深度报道的基本标准是报道的内容，而不是包括文体在内的形式。判断新闻报道是否达到深度报道层面，不能依据报道是消息还是通讯、特写、专访。报道篇幅的长短与报道内容的深度没有必然联系。深度报道的内容深度差异主要来自两个方面：一是材料，即报道所触及的新闻事实的深度与高度；二是思想，即报道者对新闻事实的认识方向、范围与沿着一定的方向所深入的认识程度。对于报道者而言，具有新闻价值的主观世界不容忽视。主观世界是一个同样宽广、深邃无边并独具特征的另一个世界，新闻界是不能采取鸵鸟政策视而不见的。新华社的“新华视点”栏目“推出了子栏目‘焦点人物’，以延伸热点报道”[①]，《河北日报》在深度报道栏目“新闻纵深”内设立《新闻纵深·人物》，岭南更是出现了专事人物报道的《南方人物周刊》。这些是顺应时代变化与社会需求的明智举措。同时，既然一部分精确性报道在反映新闻事实上已有足够的深度，那么，我们同样应该正视。

深度报道严肃而理性，而且其严肃、理性又往往与分析、思辨、批判、求异，甚至否定密切相连。因此，我们既要防止深度报道泛化并进而将深度报道推向消失的方向，又要抓住深度报道的要害，正视新闻信息的深度及其背后的力量，开拓深度报道的报道领域。

第三节　深度报道的特点

一、内容的深刻性

深度报道内容的深刻性主要表现为：认识全面，思想独到，发人所未发。一般的新闻报道要求新闻有五要素，即五个 W，而深度报道讲求“七要素”，即 5 个 W＋H＋M(Meaning 意味)，“意味”多出自何因、如何，差别也由此产生。既然必须报道新闻事实蕴涵的本质规律与意义，深度报道就不是大杂烩，不能仅仅概要式地报道新闻事实了事。深度报道要事件新、信息全、思想深。光明日报社对新闻报道的要求是：报道“不仅要新，而且要深，要有跟踪报道，要有深度分析，要有背景交代，要有发展预测”。因此，深度报道不仅是感性与理性的水乳交融，而且是带有一定研究性的新闻报道，深度报道的“记者兼任读者的读报顾问”[②]。实际上，报道者没有比较系统的、深入的采访、调查、分析、研究，没有一定的学科知识与理论素养，根本无法驾驭深度报道。当然，深度报道内容的深刻性，

---

① 万武义、陈芸：《新华通讯社专栏〈新华视点〉》，见 http://news.xinhuanet.com/zgjx/2007-01/28/content_5664617.htm

② 沈征郎：《实用新闻采编写作》，153 页，台北，台湾联经出版公司，1992。

并不是专业研究的技术深度，而是与社会相关，还需深入浅出。

二、思考的科学性

思考的科学性指的是报道者要在唯物史观与辩证法的指导下，善于将复杂的新闻事实置于广阔的社会背景上进行整体而多维的透视，即思考问题、权衡利弊要动态而不是静态，要联系而不是孤立，要全面而不是片面，要纵深而不是平面。具体讲，进行深度报道必须实事求是，既不要人为地将复杂问题简单化，也不能将简单问题复杂化；必须放弃那种非此即彼、非是即非的二元对立思维方式。进行深度报道要多视角、多层次地立体、整体思考问题。离开思考的科学性就根本没有报道深度。

三、表现的丰富性

为了发人深省、通俗易懂与生动感人，深度报道在表现形式上多种多样，不拘一格。此即深度报道表现的丰富性。

深度报道表现的丰富性主要有三：一是文体以通讯为主，兼有多样，佐之以特写、专访、消息、评论，而图片因信息传播的特殊作用也每每不可或缺。二是报道方式既可以单篇，也可以根据需要单元化，采用连续报道、追踪报道、系列报道、组合报道等。三是叙事艺术空间开阔，较有弹性，可直可曲，可粗可细，一切受内容与表达目的调遣，否则将会因故弄玄虚而华而不实。

四、目标的主流化

传媒首先是公共事业，然后才是赢利行业。目标的主流化，指的是深度报道将服务对象、控制目标、消费目标指向社会主流，即讲求公共利益，追求社会改造，着力发挥影响主流文化的社会影响力。所谓“主流文化，是指在一个时期内产生了重要影响，代表中国文化的发展方向，对中国文化建设起了促进作用的文化”①。所以，考量新闻报道的社会影响力不能单看受众的数量，还要看受众的质量、结构与特点。那些把握着社会政治决定权、经济决定权、文化决定权的阶层尽管人数有限，但却拥有决定性的社会影响力。马克思在《1857—1858 年经济学手稿》中将人类把握世界的方式四分为科学理论、艺术、宗教

---

① 詹福瑞：《中国古代文学研究的边缘化问题》，载《文学评论》，2001(6)，148 页。

与实践精神。[①] 而深度报道正是体现上述人类把握世界方式的实践精神的具体道路。一般新闻的骨干读者不是政治家，不大在意和自己无关的政治、经济与文化问题，而选择深度报道的读者则有所不同。从总体看，深度报道的读者群体关心国家大事与人类命运，社会责任意识比较突出。从社会影响力看，深度报道的目标受众以有一定文化程度的阶层为主，在中高级报纸或专栏版内更为多见。

① 《马克思恩格斯全集》第21卷，341页，北京，人民出版社，1979。

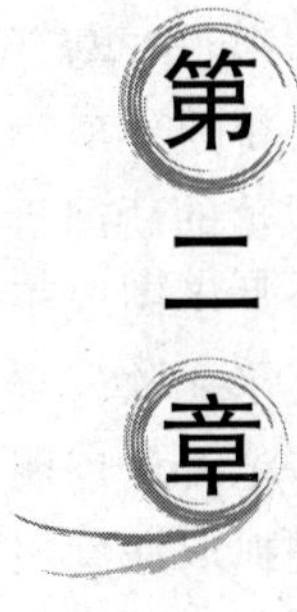

深度报道的选题

第一节　深度报道选题的意义

一、什么是深度报道的选题

（一）选题

选题与题材一词息息相关。题材有广义与狭义之分。其中，狭义的题材与素材相对应，特指在记叙类的文章写作中那些后来终为作者用入文章内的材料。广义的题材，指的是文章，一般指记叙类的文章所反映的生活领域。本书这里所说的题材指的是广义的题材，即关于写作的生活范围的选择。

（二）深度报道的选题

深度报道的选题指的是从事深度报道的采编人员对拟反映的客观世界的领域、范围与重点的具体择取。

二、选题的重要性

中央电视台“新闻调查”栏目制片人张洁说：对该栏而言“最重要的是选题”①。选题之于深度报道的重要性主要体现在以下两个方面。

---

① 张志安：《报道如何深入》，12页，广州，南方日报出版社，2006。

首先,选题直接关系着深度报道的报道价值分量。与文学创作的"怎么写"重于"写什么"正相反,新闻报道的"写什么"要重于"怎么写"。新闻报道的报道对象以新闻事实为主,而新闻事实之于采写者则构成一种客观存在。不过,客观存在的事实所包蕴的新闻价值却很不一样,甚至有天壤之别。记者所选取的报道题材若报道价值的含金量不高或根本没有,那么,报道者无论如何挖掘也无法从中炼出金娃娃。此即巧妇难为无米之炊。选题,是深度报道的第一道环节。选题通不过,深度报道即刻死亡。《南方周末》记者黄广明说:"选题错了,可谓错在起跑点上,写出来的东西关注度低。"[①]抓选题,就是抓取深度报道的先天优势与媒体的趋利避害所在。

其次,选题直接关乎着对广大受众注意力的攫取。争夺新闻资源,已经成为新闻报道竞争的头道遭遇战。在媒介竞争日益激烈的今天,谁拥有了高质量的选题,谁的报道就可能优先获取广大受众的眼球,在竞争中处于主动、良性的位置。

第二节 深度报道选题的分类

选题依不同的标准而产生不同的分类。深度报道选题的常见分类主要有五种:事件性新闻的选题与非事件性新闻的选题;正面选题、反面选题与中性选题;人物选题、话题选题与事件选题;主体选题与反应选题;规定选题与自选选题。

一、事件性新闻选题与非事件性新闻选题

依据新闻事实的客观特点,深度报道选题可以分为事件性新闻选题与非事件性新闻选题。

事件性新闻是深度报道题材的重要选取对象。事件性新闻以新闻事件为主,时效性强,[②]报道快,所报道的新闻事实往往过程较为完整,有开始、发展、高潮甚至结尾,具有一定的连贯性。事件,又是社会上发生的不平常的大事情,[③]所以事件性新闻一般又属于硬新闻。硬新闻指的是报道题材严肃,时效性较强,并以政治、经济为主的新闻报道。而软新闻则与硬新闻相对应,是人情味浓,讲究笔调轻松、可读性强的偏重于社会生活、消费资讯的新闻报道。在西方国家,消息报道多为硬新闻,特稿则以报道软新闻为主。新闻报道毕竟以传播新闻事实为核心,事件性新闻是其当家产品。2006 年 6 月武汉的华中师范大学

① 徐列编:《〈南方周末〉人物报道手册》,16 页,广州,南方日报出版社,2006。

② 余家宏等编写:《新闻学简明词典》,125 页,杭州,浙江人民出版社,1984。

③ 《现代汉语词典》,第 3 版,1152 页,北京,商务印书馆,2002。

有25名正副教授落聘[1],2007年10月陕西省镇坪县农民周正龙的所谓发现华南虎的“周老虎事件”,2008年11月中山大学学生会主席直选[2]的选题均属于事件性新闻选题。深度报道着力报道国计民生,集中关注社会的结构性变化,无论何样题材均需硬新闻品格,故高度重视事件性新闻的选题。

我国内地的深度报道重视非事件性新闻的选题。所谓非事件性新闻,指的是着力于反映新闻事实的渐进性、广泛性与常见性的新闻报道,其事实空间较为开阔,时间走向相对宽松,一般不会因晚报道二三日而失去报道价值。解释性报道、典型性报道甚至精确性报道往往属于非事件性新闻。曹建文的《学术评价不能简单量化》[3]一文关于目前我国高校、科研机构对科研人员进行研究成果的量化考核问题的报道,屠士超的《大学校园,巾帼更胜须眉?》[4]一文关于当下大学校园女生似乎强于男生的“阴盛阳衰”的报道,记者张瑜的《暗战核电》一文关于我国内陆多个省份积极争取核电项目上马的报道[5],就都属于非事件性新闻选题。由于深度报道讲求把握新闻事实的深层运作规律,开掘新闻事实背后的社会价值,注重思想性,故对报道主体的素养要求颇高,而非事件性新闻也更易见出报道者的新闻敏感、政治嗅觉与专业理论积淀,是容易一展记者职业能力是否优秀的重要天地。

二、 正面选题、反面选题与中性选题

按照选题的社会作用,深度报道选题有正面选题、反面选题与中性选题之分。正面选题是关于社会光明面的报道选题,如成就报道、节庆报道。正面选题的关键在于报道如何吸引受众阅读。反面选题是关于社会消极面的报道选题,如对贪污受贿案的报道。突发性新闻多数属于反面选题。《经济日报》前主编艾丰在《做思考的笔》一文中说:“领导者总是着重看正作用,群众常常着重看副作用。”[6]中外新闻传播史证明,“骂”式报道多为社会清道夫,一般容易聚集读者目光,并常可因眼球拥有者的高消费能力而为媒体赢取高质量的广告收入。处理反面选题的关键在于实事求是,把握好分寸。中性选题是观点、立场中立的报道选题。处理中性选题的关键是在方方面面中把握好平衡。

---

① 载《武汉晨报》,2006-06-12。

② 载《南方周末》,2008-11-13。

③ 载《光明日报》,2006-11-20。

④ 载《文汇报》,2006-12-01。

⑤ 载《瞭望东方周刊》,2009(11)。

⑥ 范长江新闻奖基金会编:《首届范长江新闻奖文集》,12页,北京,新华出版社,1993。

三、人物选题、话题选题与事件选题

按照报道对象的特征,深度报道选题可以分为人物选题、话题选题与事件选题。事件选题是以新闻事件为中心报道对象的选题,在深度报道中最为多见。人物选题是以具有报道价值的某一人物或某几个人物为报道中心的选题。比如,他本是一个亿万富翁,却过着苦行僧一般的生活,当了董事长还帮工人淘粪;本该以追逐利润为第一要务,却办免费的农民技校、赔钱的中学,赔多少都不在乎;深知商场官场潜规则,手中毫无政治资源可依仗,却不肯和光同尘,耿直倔强。他,就是河北省徐水县大午集团董事长孙大午。孙大午在2003年5月被逮捕后,又羁押半年,然后被地方法院以"非法吸收公众存款罪"判处3年有期徒刑,缓刑4年。24岁的四川年轻人吴悔7年来只做了两件事:一是复读,二是参加高考。他渴望出人头地,渴望衣锦还乡,为此不择手段。他使用了4个化名,5次复读,6次获得大学录取通知书,只是为了等待一所学校让他迅速实现"当官"的梦想。《南方周末》报分别在2003年11月5日、2005年11月17日以《亿万富翁孙大午的梦与痛》、《一个农村娃的"赌局"》对前述两人进行了报道。这样的选题即人物选题。话题选题是着重于通过有关受访者对有关新闻事实议论,并以观念新闻见长的选题。有人以为话题即选题。[①] 这么说不太恰当。话题是谈话的中心,[②]仅是记叙类的文章所反映的生活领域,即广义题材的一个部分,故话题新闻往往围绕一定的主题展开新闻报道。《光明日报》社"观察与探索"版2009年新设的"说事"栏目与"教育周刊"版的"本期话题"栏目均以刊发话题选题为主。"说事"栏目的《3G发牌后对电信监管政策有何影响》[③]、"本期话题"栏目的《择校之恼何时了》[④]两文就属于话题选题。《光明日报》"观察与探索"版主编蔺玉红在《读者在哪里,我们的心就在哪里》一文中介绍了"说事"栏目的基本操作思路:"在第一时间通过采访权威人物,深入解读新闻热点,用他们深刻的思想去影响社会舆论。"[⑤]中国科协副主席、中国工程院院士谢克昌说:有关话题性新闻"意真理当,辞切品贵,……重在观点,或指导,或启迪,各显其能"。[⑥] 显而易见,新鲜而具有远见卓识本身只要来自记者以外也可以跨入新闻事实行列,且为中高端读者热盼,故更可登大雅之堂。

---

① 左思民:《汉语语用学》,35页,郑州,河南人民出版社,2000。

② 《现代汉语词典》,第3版,547页,北京,商务印书馆,2002。

③ 载《光明日报》,2009-01-08。

④ 载《光明日报》,2009-02-25。

⑤ 载《光明日报》,2009-01-05。

⑥ 载《光明日报》,2009-06-26。

四、主体选题、反应选题

按照选题在新闻报道过程中所处的位置，深度报道选题可以分为主体选题、反应选题。主体选题是关于原初新闻事实的选题，反应选题是由主体选题派生出来的选题。2008 年 5 月 12 日，我国四川省汶川地区发生 8.0 级地震。那么，在第一时间率先报道的属于主体选题，随后对汶川地震发生的原因、抢救中的感人情景等的报道则属于反应选题。2009 年 5 月 10 日晚 8 时许，一名叫邓贵大的湖北省巴东县野三关镇镇政府男性工作人员，在镇雄风宾馆梦幻城因强行索要特殊服务而被一个名叫邓玉娇的年轻女性用修脚刀刺死。那么最初披露这一新闻事件的新闻报道为主体选题，随后对邓玉娇被公安局以涉嫌故意杀人罪立案侦查，为县法院宣判故意伤害罪成立、但属于防卫过当等被免于处罚，对现有官员在娱乐场所消费，娱乐场所的女性多来自农村的原因等探究并进行报道的一类选题为反应选题。

五、规定选题与自选选题

按照选题的来源，深度报道选题可以分为规定选题与自选选题。规定选题，在新闻界又被戏称为“规定动作”，指的是上级有关机构指定新闻媒体必须完成的选题，而自选选题则是由新闻媒体自己做主确立的选题，新闻工作者喻之为“自选动作”。中央人民广播电台“新闻纵横”栏目负责人侯永生介绍：上级指派的规定选题，在“新闻纵横”栏目大约占10%，在同行媒体中占 20%左右，地方广播电台占 15%左右，且有萎缩的趋向。[①]

第三节 媒体选题的个案分析

一、“新华视点”：主流媒体选题之一

（一）“新华视点”栏目简介

“新华视点”栏目由国家新闻通讯社新华社在 2000 年创办，是新华通讯社倾力打造的一个深度报道专栏。

---

① 张志安：《报道如何深入》，24 页，广州，南方日报出版社，2006。

据新华社介绍，截至2009年6月，该栏以强烈的创新意识和创新实践引领新华社的新闻业务改革，播发的一系列重点稿件在许多媒体的显著位置刊登，不断在海内外产生巨大影响，已连续3届获得“中国新闻名专栏”奖。8年来，“新华视点”播发的近4 000篇深度报道，涉及大政方针、国计民生、社会经济、文化教育、百姓生活诸多方面的热点、焦点问题。这些报道因导向正确、高屋建瓴、贴近群众、针砭时弊、真实准确、富有建设性，其报纸采用率一直保持在100%，而且一半以上的稿件被50家以上报纸采用。“新华视点”专栏的宗旨是：对中央工作的重点、实际工作的难点、群众关心的热点等问题，进行快速反应，及时跟踪，深入剖析，翔实报道。经过8年多的不懈努力和不断开拓，“新华视点”已成为一个具有鲜明特色、比较成熟的深度报道专栏。2009年，新华视点基本上每周播发6～7篇稿件，也有时一个主题一天播发若干篇，形成一个组稿系列。“新华视点”创办时提出的目标是“三个一”：创办一个名牌栏目，推出一批名篇佳作，培养一批名记者。这些目标现已初步实现。“新华视点”创办以来已有7篇作品获中国新闻奖。[①] 该栏以从事调查性报道为主。[②]

“新华视点”栏目的负责人陈芸，1955年出生，1983年毕业于中国人民大学新闻系，代表作《商业部长买鞋上当记》1990年获中国新闻奖二等奖。[③]

（二）个案分析

1. 选题

(1)《权威人士解读〈若干重大问题的决定〉》

作为新形势下推进农村改革发展的行动纲领，《中共中央关于推进农村改革发展若干重大问题的决定》(以下简称《决定》)在2008年10月19日发布。“新华视点”记者采访有关权威人士。这些受访者普遍认为，《决定》在认识上有新高度，政策上有新突破，制度上有新安排，举措上有新实招，对农民有新实惠；《决定》的贯彻落实必将开启城乡一体化发展的崭新时代，让亿万农民共享美好生活。

接受“新华视点”记者这一次采访的人士有全国人大常委会委员、农业与农村委员会副主任委员尹成杰，中央农村工作领导小组办公室主任陈锡文，农业部政策研究中心主任宋洪远，国家发展改革委宏观经济研究院副院长马晓河。

报道于2008年10月21日刊出。[④]

① 《“新华视点”栏目简介》，http://news.xinhuanet.com/politics/2009-06/11/content_11526943.htm

② 欧阳明：《深度报道作品评析原理》，11页，北京，北京交通大学出版社，2008。

③ 董广安主编：《中国高级记者成名作透视》通讯卷下卷，455页，郑州，河南人民出版社，2004。

④ http://news.xinhuanet.com/newscenter/2008-10/21/content_10229300.htm

(2)《目击重庆出租车罢运风波》

2008 年 11 月 3 日早晨,当不少重庆市民准备“打的”上班、赶火车、赶飞机的时候,却意外地发现,往日满街跑的出租汽车全都不见了,重庆市主城区发生了大规模出租车罢运事件。记者从重庆市公安局获悉,该日早晨 5 时 30 分左右,一些出租车车主和司机纷纷来到重庆市观音桥商圈、杨公桥等重要路段,怂恿上路的出租车开回去罢运,一些还在运营的出租车被砸。

尽管出租车罢运给重庆市民带来不便,但不少群众和网民依然对罢运行为表示理解,并认为罢运要取得的效果不是涨价,而是让管理部门和出租车公司降低规费,并打击其中可能存在的腐败行为。①

报道于 2008 年 11 月 3 日刊出。

2. 选题评析

总的看,上述两篇报道均选题重大,事关社会结构,直指执政党的宗旨与执政能力,但又各具特点。作为国家新闻通讯社,“新华视点”栏目对上述新闻事实进行报道义不容辞。

《权威人士解读〈若干重大问题的决定〉》:《中共中央关于推进农村改革发展若干重大问题的决定》属于中共中央出台的重大决策,事关我国农村的结构性变化,对于我国的农业生产、农民生活将产生重大而深远的影响。对于这么重要的新政策,作为国家新闻通讯社有责任进行深度解读,帮助广大干部、农民准确领会中央新农村政策精神。而完成这一任务,在新华社内则以“新华视点”为最佳栏目之一。同时,这是一篇解释性报道的选题,对于调整“新华视点”栏目的内在结构,丰富栏目的内容、形式也都具有积极作用。

《目击重庆出租车罢运风波》:选题勇于触碰社会转型期的尖锐社会矛盾,对于探讨当下复杂的社会问题具有积极意义。在社会转型期,一些行业、部门利用党和人民赋予的权力形成行业垄断,推出管理层与民争利的决策,并因此与民众发生尖锐的社会矛盾。这样的现象无助于社会主义和谐社会的建设,无益于社会稳定,更有悖党的为人民服务的根本宗旨。重庆出租车事件恰恰折射了社会转型期间的这种社会矛盾,且在当时全国各地出租车司机罢运中社会影响最大,故“新华视点”的选题典型,便于解剖麻雀,以一当十。“新华视点”栏目的这一选题既是对党负责,有益于上情下达,帮助读者理解中央决策,又是党报积极践行共产党宗旨的具体表现,还有助于舒缓社会矛盾,开启新闻报道的安全阀功用,可谓一石三鸟。这是一篇调查性报道的选题。栏目对选题的处理,既遵循、体现了栏目特色,强化了栏目的核心竞争力,又是媒体良知的具体体现,而选题要求记者亲身到新闻现场,则为保障稿件质量提供了坚实的基础,有助于记者了解国情,有助于记者在思想感情上亲近社会下层民众。

---

① http://news.xinhuanet.com/newscenter/2008-11/03/content_10301809.htm

总之,"新华视点"栏目选题成功,应发扬光大,坚持下去；如有可能,可以考虑关注主体世界新闻价值的选题。

二、"观察":主流媒体选题之二

(一)"观察"栏目简介

"观察"栏目由《光明日报》创办于2006年1月4日。

"观察"栏目以深度报道为主。栏目讲求以新闻事件为切入点,以引导社会热点为己任,以"逼近第一落点、追踪新闻事件、解读社会现象、服务知识分子"为定位,注重多层面、多角度的新闻报道,报道原则是客观、公正、理性、深入。栏目精心策划选题,抓热点,密切联系和团结广大知识分子,突出《光明日报》特色,实现新闻与服务并重,对社会正在经历的新闻事件进行深入解读,同步记录中国社会的变革与发展。在形态上,"观察"栏目的深度报道以通讯为主,文章力求快、精、活,评论、漫画、图片等多种新闻体裁并用,配以背景链接、回音壁等辅助报道形式,版式精美。

(二)个案分析

1. 选题

(1)《立体求解大学生"就业难"》

大学生就业难是2006年刚刚结束的"两会"上讨论的热点话题之一。是什么造成了时下大学生就业难？有人认为大学生就业难"是高校扩招惹的祸",有人认为最根本的原因是当前大学生培养结构存在头重脚轻的失衡现象,即理论型、学历型人才比例偏多,技术型、应用型人才培养比例过小。

为此,报社拟走访有关专家学者,从就业市场、教育机构、大学毕业生三方立体求解大学生"就业难"。

报道于2006年3月刊发。

(2)《莫让工业遗产从眼皮底下消失》

12月1日,沈阳金融博物馆正式开馆并向游客展示了一个110岁的老厂——沈阳造币厂的风雨征程。循着这些老照片和古钱币,人们穿越历史时空,重温一个百年老厂的兴衰与荣辱。然而,在沈阳市政协组织部分委员和顾问对沈阳市1965年以前建厂的129户大中型企业进行的筛查中,却有近70%的企业对工业文物,或者说"没有了",或者说"不清楚"。实际上,这些工业文物或者在企业改制的拆迁、破产、合并、转让过程中流失了,或者在技术、设备的不断更新中淘汰了。沈阳工业曾在新中国历史上创造了几百个第一,然而，代表沈阳工业辉煌的数百个中国“第一”的产品实物，目前大部分已很难查找到了。有关资料记载，1965年以前沈阳有21户企业的33种产品创造了新中国的第一，但是现在委员们只查到了8种。参与调研的政协委员说：“这次调查，我们看到了工业文物保护工作中好的一面，感到欣慰，也了解了不尽如人意的一面。沈阳市工业文物保护的现状，与沈阳‘共和国工业长子’、‘装备制造业基地’的称号还有距离。”

发生在辽宁省沈阳市的上述事情并不孤立。由于企业效益不断滑坡、市内污染不断加剧，该不该保留前工业时代落后的、污染的老厂房和设备，如果保护又该保护哪些遗产，又该如何保护，由谁保护，至今仍是个难题。

该文2006年12月4日见报。

(3)《太阳能产业：用标准促发展》

太阳能热水器频频遭遇小区物业的“拦路”，是许多人都遇到过的尴尬事。消费者想安装太阳能，小区物业公司却根据经验解释说，安装太阳能热水器常常发生渗漏或安全事故。无独有偶，中国质量万里行促进会发布的《太阳能热水器消费者维权手册》也披露：国内市场70％的太阳能热水器存在严重质量隐患。其中，管路冻堵、电加热水中带电、内胆腐蚀漏水、保温层漏风跑气、支架锈蚀坍塌、管路开裂漏水等质量缺陷成为消费者投诉最多的质量问题。有专家直言，质量隐患已经成为影响整个太阳能行业发展的绊脚石。

那么，究竟是产业本身不成熟，存有质量硬伤，还是市场不健全，影响消费者对太阳能产品的认知？记者决定进行调查。

报道于2008年9月3日发稿。

(4)《“安居工程”来得正是时候》

“加快建设保障性安居工程”，被放在国务院近日部署的扩大内需促进增长十项措施之首，既表明国家对解决和改善城乡居民居住条件的重视，同时也表明安居工程的建设对促进增长的巨大拉动作用。

由住房和城乡建设部副部长齐骥处得知2008年住房保障工作的成绩：2008年前三季度，已开工建设廉租住房32万套，廉租住房资金投入180亿元，接近2007年全年投入的2倍；进入2008年第四季度，各地加快了保障性住房建设进度，年底前还将进一步加大投资和建设力度，再开工一批廉租住房建设项目。预计2008年全年开工廉租住房可以达到80万套以上，租赁补贴户数累计达到287万户，基本实现对低保家庭中的住房困难户应保尽保。全年新开工经济适用住房可以达到110万套。

2008年一些城市房价下降，消费者观望气氛浓厚，房地产市场较低迷。有人形容现在的房地产市场是“限价房建一套卖出一套，商品房建一套压下一套，商品房促销广告和促销短信满天飞”。保障性安居工程最大的特点是“价格低、不愁卖”，而且以中小户型为主，房屋总价不高，市民购买压力不大。业内人士认为，越是在房地产市场低迷时，越是建设保障性住房的大好时机，因为此时建设的建材、用工成本不高，总体建设成本被拉低。

报道在2008年11月13日见报。

2. 选题评析

总的看，“观察”栏目的上述四篇报道选题有的成功，也有的表现较为一般。除《莫让工业遗产从眼皮底下消失》外，其余三个选题瑕瑜互见。

《莫让工业遗产从眼皮底下消失》：选题重大，慧眼独具，切合报纸母体的编辑工作方针，有大局观。需要指出的，同题的报道，如《人民日报》的《工业遗产保护与时间赛跑》迟至2009年6月17日方有所反应。在关于工业遗产的新闻竞争中，《光明日报》胜出。在“观察”栏目的前述四个选题中，这一个选题最佳。

《立体求解大学生“就业难”》：报道对象新闻价值重大，报道本身发现问题及时，同一问题在同行间见报早，显示出报道者一定的先见性。选题的不足主要有二：一是未能紧扣《光明日报》立足于为知识界办报的宗旨，不是从包括高校教师、管理者在内的知识界这一目标读者出发规划选题，而是将过多的立场置放在非目标读者的大学生那里，故难以唤起目标读者的阅读兴趣。在校大学生偏爱阅读《中国青年报》、《南方周末》报。二是对细节材料、背景材料的处理缺乏规划，影响了报道的深度与生动性。

《太阳能产业：用标准促发展》：选题重大，但报道对新闻信息的追究还未完全到位，比如“在没有统一标准的情况下，企业很容易陷入盲目的价格战，行业秩序十分混乱”。造成这种行业秩序混乱的原因显然是社会问题，那么，这一社会问题是什么呢？为什么过去就没有确立行业标准呢？这一选题的执行力平平。

《“安居工程”来得正是时候》：选题重大，报道的时间虽未超前，但也是及时的；报道的视野不宽，采访来源虽权威却嫌单一，报道规划嫌粗糙。在《光明日报》的上述四个选题中，这一个选题最单薄。

3. 优化对策

一是前述四个选题均属于非事件性新闻，以解释性报道为主，故应加强事件性新闻的报道。二是正面选题、中性选题偏多，负面选题偏少，新闻信息的刚性有待强化，适当增添勇气。需要说明的是，“观察”栏目在2009年已加大舆论监督的报道比例。三是主体选题偏少，反应选题偏多，可增加抢占第一时间落脚点的独家新闻。四是强化目标读者的标准长相，增进栏目的知识分子味儿，加强报道的批判意识、证伪意识，进一步增加为目标读者的服务意识。《莫让工业遗产从眼皮底下消失》的成功，主要成就在这一点上。五是写法四平八稳居多，可强化报道的计划性，加强编辑人员关于报道的策划能力、指挥能力与运行过程中的灵活调度能力。

三、《长江商报》：大众化媒体选题之一

（一）《长江商报》及其深度报道栏目简介

据《长江商报》社介绍，《长江商报》由湖北长江出版集团主办，是一张全面满足动力人群主流诉求的省级综合性权威都市日报，以武汉市乃至湖北省的动力人群为目标受众。《长江商报》2006 年 9 月 6 日正式创刊，采用国际流行黄金报型 640mm 对开大报版式。

《长江商报》的办报理念是：记录主流生活，传播权威资讯。以更彻底的服务意识，更权威的本地资讯，更广阔的关注视野，更公平的话语表达，更新锐的传播方式，挺进市场。该报由要闻、武汉新闻、财经、文体、专副刊五大板块构成。①

《长江商报》的深度报道在 2008 年"深度报道"、"特别报道"版刊发，2009 年 3 月报纸的深度报道则改以"深度"为名专栏刊出。

（二）个案分析

1. 选题

(1)《百年老街改建步行街，"开街"即没落》

2004 年初，环宇集团荆州房地产公司在沙市区百年老街——中山路斥资 6 亿兴建大型商业步行街，2005 年初竣工开盘销售。当时，该街被称为"江汉平原第一街"，一楼黄金地段商铺很快就被抢购一空。不料 2006 年真正"开街"之后，这条一度被冀望成为荆州市唯一商业核心的步行街门可罗雀，业主血本无归，地段严重贬值。

"最该反思的是盲目开发，没有精准调研它的市场前景。"郑林，沙市区政府副区长，曾分管区商务局。他说，在步行街兴建之初，他就曾发出过"预警"，可惜并未引起重视。"不仅步行街做不起来，还把一个代表沙市开埠文化的百年老街也毁了。"11 月 4 日，荆州市政府一名官员叹息不已。

该报道在 2008 年 11 月 12 日刊出。

(2)《本报独家揭秘撞人司机骆效计其人》

疯狂行凶前主动给警方打电话报警、事先给妻子和父母道别、神清气爽地买菜做最后的午餐……

骆效计是一个奇怪的凶手。就是这个人，驾车横冲直撞约 3 公里，导致数十人死伤震

① 长江商报网《关于长江商报》，http://www.changjiangtimes.com/aboutus.aspx；http://baike.baidu.com/view/810381.htm。

惊全国！“其实，事发前，骆效计有很多反常的表现！”2008 年 11 月 7 日，随州肇事司机的家属首次对媒体披露了事发前后的详情。骆的暴行给数十个家庭带来莫大的痛苦，但也将自己家庭带进悲凉不已的深渊。

2008 年 11 月 8 日，《长江商报》刊发了这一报道。

(3)《一个正厅级院长的落马》

2008 年 10 月 20 日上午，湖北省恩施市法院内能容纳百人左右的审判厅内座无虚席。从四方涌来的人们都是同一个目的：旁听彭振坤的庭审。

站在被告席上的彭振坤满头银发，事发前他曾任湖北民族学院党委书记、院长。作为一名从教师成长起来的校长，彭振坤走上正厅级领导职务花费了数十年，但他被查处到落马受审只用了不到 2 年时间。

2006 年 3 月，时年 60 岁的彭因年龄问题正常退休。他没想到，此前已有举报信寄往省纪委。甫一卸任，省纪委立即对他展开了外围调查。2007 年 8 月 6 日，彭振坤被“双规”。是年 12 月底，省纪委向省检察院移送了彭涉嫌受贿的线索。随后，此案进入司法程序。2008 年 1 月 21 日，彭被批捕。根据检方指控，彭振坤利用职务之便共受贿 199 万元。

彭的落马引起各界广泛关注。有人认为彭“是一个好官”，以他的为人，不可能受贿；还有人表示，彭的功劳大于过错，不应被追究。

报道在 2008 年 10 月 30 日公开发表。

(4)《荆门市、京山县立案调查问题水电站》

“县纪委和荆门市水利部门已介入调查！”2008 年 9 月 4 日，湖北省京山县纪委相关负责人介绍，针对《长江商报》报道的大竹水电站竣工即遭废弃、水库内洪水威胁下游村民生命财产安全一事，县委县政府高度重视，正组织力量立案调查。当初引进大竹水电站项目的新市镇镇委书记黄元峰也表示：非常欢迎舆论监督，愿接受组织处理。但他坚持，大竹水电站工程出现工程质量问题，主要是因为开发商厉崇昌不懂工程，以及偷工减料造成的，自己不应该负任何领导责任。

报道在 2008 年 9 月 5 日刊出。

2. 选题评析

总的看，《长江商报》的四个选题俱在深度报道范围之内：选题无一不具有较为重要的社会意义，报道对象较为典型；以调查性报道为主，重视主体世界的深度掘挖。但新闻精品相对匮乏。

《百年老街改建步行街，“开街”即没落》：以荆州老城改造结果与初衷的背离，折射出在我国当下普遍存在的领导政绩工程，缺乏民主、科学决策而误国误民的现象，选题重大而独家，但似曾相识。

《本报独家揭秘撞人司机骆效计其人》：选题重大而独家，报道主体取向清晰，有一定

深度报道 A13 长江商报

大竹水电站存在严重质量问题经本报报道后引起当地高度重视

荆门市、京山县立案调查问题水电站

核心提示

图 2.1 《长江商报》2009 年 9 月 5 日 A13 版

深度,但在内容的新颖性上仍有较大的开掘空间。

《一个正厅级院长的落马》:报道一位并非无所作为、尸位素餐的高级干部却最终以贪污腐败被送上法庭。类似的人物并非仅仅选题中的这位湖北民族学院前院长一人。记者注意开掘人物政治悲剧、思想悲剧的社会因素,与那种借反腐以如蝇逐臭的片面攫取受众眼球的报道策略有别。由此可见该选题重大与记者的注意开掘有关,但似曾相识感又说明开掘的思想角度还缺乏足够的创新;在法院判决后,有后续报道的必要。

《荆门市、京山县立案调查问题水电站》:选题重大,注意披露工程腐败的环境;事件尚处于发展之中,需要后续报道开掘报道深度。

《长江商报》的深度报道具有严肃的政治品格,质量比较齐整,相互间差别并不太大。除此之外,《长江商报》的四个选题还有其他可圈可点之处。一是紧紧围绕本报的编辑方针。该报地域化、城市化突出,立足武汉,以武汉市民为目标读者,是长江出版集团与本地湖北日报、长江日报两大传媒集团在大众化日报市场中竞争的利器。上述选题适合《长江商报》的地域化、城市化的大众化综合性日报的定位，有利于与自己的主要竞争对手比拼。二是选题以武汉市以外的湖北省其他地区为主。该报如此选题除了有助于扩大报纸的发行空间之外，更重要的是有助于减少报道问世前后的社会阻力。

不过，《长江商报》的选题新意有限。这四个选题给人以似曾相识之感，有相同的母题再次出现的趋势。所谓母题(Motif)，指的是叙事作品中具体运用的常规情景、手段、旨趣、事件。[①] 因此，上述四个选题尚缺乏让人眼亮而难以忘怀的效果，故缺乏特别重大的社会影响。

3. 优化对策

一是发扬优点，保持优势。二是好中择优，打造少数新闻精品。一个栏目要想篇篇都是精品是很难办到的。广大受众长期关注某家媒体或某一栏目，主要在于媒体或栏目能够经常推出适合目标读者阅读的优秀作品。精品与一般作品的搭"售"，使得受众在光顾精品的同时也能注意到一般作品。三是注意理论学习。这是栏目达到一定水准后出精品的必备条件。四是加强策划工作。五是强化社会新闻的深度报道。社会新闻是大众化报纸的优势，因此大众化报纸对于社会新闻不是放弃，而是有所抉择，通过内在结构的硬化实现社会新闻的深度报道。六是适当调整选题的内在结构。《长江商报》的前述四个选题均属于负面报道范畴，从栏目的丰富性、信息的全面性与运行的社会成本考虑，选题可适当添加解释性报道、中性报道，甚至正面报道。

四、《楚天金报》：大众化媒体选题之二

(一)《楚天金报》及其深度报道栏目简介

湖北日报传媒集团的《〈楚天金报〉简介》一文介绍：《楚天金报》是湖北日报传媒集团创办的第二代市民生活报，以"负责、实用、好看"为办报理念，以"办中国最好看的报纸"为追求目标，努力实现"深度看金报，情感看金报，时尚看金报，服务看金报，活动看金报"的承诺。

《楚天金报》自 2001 年 11 月 18 日创刊以来，坚持走新闻创新、特色立报之路，目前已形成情感新闻纯正耐读、经济服务特色浓郁、策划报道富于冲击力等主要特色。这些特色体现在真情倾诉、生活情报、冰点焦点、今日视点、教育在线、阳光白领、财经证券等特色新闻板块和金报周末晚会、金报时尚文化节、情定漂流瓶、金报情感课堂、社区对话、股市沙

---

① 林骧华主编：《西方文学批评术语辞典》，238 页，上海，上海社会科学院出版社，1989。

龙、家长课堂、为特困家庭送清凉等享誉荆楚的活动品牌上。《楚天金报》现已成为深受广大读者，特别是知识分子、财富人物、时尚男女等社会主流人群喜爱的阳光媒体。①

《楚天金报》将"冰点焦点"版自我定位为以深度报道为主的版面。

（二）个案分析

1. 选题

(1)《阳新莽男"死而复活"东莞投案》

9年前，阳新村民肖唐顺莽撞杀妻伤女后趁黑潜逃。之后，一直化名藏身江西、深圳等地打工，与家人切断一切联系。其间，"他"的尸体曾被人在江西找到，并得到其父母和警方的确认。然而，"死"过一回的他居然在北京奥运会期间回到老家阳新，与年迈的父母和幸存的女儿见了面。现在，历经9年逃亡噩梦，原以为女儿多年前也被砍死的他返东莞后发现，自己一下子从一无所有变得什么都有了，他决定在东莞投案给自己做个了断。昨日下午4时10分，肖唐顺已在黄石警方押护下登上了K556次列车，于今日晨7时许抵达阳新。

该文于2008年11月1日刊发。

(2)《吴红岩：让尸骨"供出"真凶》

"倘检验失真，则死者之冤未雪，生者之冤又成"，对中国法医学鼻祖宋慈的教诲，武汉市公安局水上分局法医吴红岩牢记在心。5年来，他练就火眼金睛，勘验尸体约800具，未发生一起误勘事件。他在履行法医基本职责的同时，还帮230余未知名尸体找到了亲人。

《楚天金报》2008年11月3日在32版的"冰点焦点"专版刊用此文。

(3)《向"不落腰包的腐败"亮剑》

这是一个关于渎职犯罪的选题：一个不具建房资格的人，不仅让违建房超标拔地而起，甚至差点获得近400万元的拆迁补偿。更严重的是，这栋房子成了武汉市三环线建设的拦路虎！检察机关在介入调查后发现，造成这一连串严重后果的起因，竟是一个官员为自己升迁打的"小九九"，渎职犯罪的危害由此可见一斑。

这篇报道在2008年11月4日刊出。

2. 选题评析

总的来看，《楚天金报》的"冰点焦点"版的选题除最后一个之外，另外两个其实在深度报道的范围之外。

《向"不落腰包的腐败"亮剑》：三个选题中最接近深度报道的选题。这篇报道的新发现就是渎职犯罪问题。渎职犯罪与官僚主义相关，是一个颇易为媒体所忽视的报道对象，

---

① 《湖北日报传媒集团上海高校招聘宣讲会》，http://career.shisu.edu.cn/DesktopModules/Articles/ViewArticle.aspx?id=6209

个中缘由值得深掘。由于记者未满足于“发生了什么”，对当下渎职犯罪的原因进行了追查，故此文属于深度报道。不过，可惜的是，报道的这种追查还缺乏足够的深度，忽视了对深层原因的挖掘。

《阳新莽男“死而复活”东莞投案》：止于对犯罪案件的猎奇甚至暴力的展示，并未报道阳新莽男杀人及其逃亡的社会警示价值。报道不仅不具备深度报道的硬新闻品质，而且有借新闻娱乐甚至格调不高的趋向。

《吴红岩：让尸骨“供出”真凶》：虽无低俗之嫌，但就事论事，止于人物做什么，满足于好人好事的报道模式，难得一见记者对人物真实内心世界及其新闻价值的把握，缺乏关于人物社会价值的时代追究。总之，稿件缺乏发人深思的事实信息或思想信息。

显然，“冰点焦点”版的选题偏软，缺乏深度报道所不可或缺的“硬骨头”。

3. 改进对策

一是召开编委会会议，改版并以硬新闻为尺度对版面重新设计。在改版中，可依新的编辑方针先试行，再调整，直到最终将版面办成真正的深度报道平台。二是强化深度报道品格，立足于国计民生与精神文明建设高度进行选题工作。三是扬长避短，充分利用政策优势。由于客观条件等限制，机关报在本应大展身手的深度报道领域普遍缩手缩脚。这实际为《楚天金报》这样的大众化报纸提供了深度报道的独特发展空间。因此，《楚天金报》应充分利用现有社会条件，扬长避短，尽早打造出一个成熟的深度报道栏目，以在长期的新闻竞争中获取首因效应。

第四节　深度报道的选题原则与主要方法

一、深度报道的选题原则

原则是说话、行事所依据的法则或标准。① 总体看来，深度报道的选题原则主要有三。

（一）以公共利益为核心，注意方式方法

深度报道的选题应以公共利益为核心。“公共”，即“属于社会的，公有公用的”②，而公共利益指的则是社会的共同利益。公共利益的关键是人民利益。世界新闻传播史证明，任何社会的主流媒体与主流新闻报道均以公共利益为旨归，商业化只能成为媒体实现

① 《现代汉语词典》，第3版，1549页，北京，商务印书馆，2002。

② 《现代汉语词典》，第3版，435页，北京，商务印书馆，2002。

公共利益的手段而不能成为根本目的。媒体的商业利益追求不能干涉媒体对公共利益的向往与落实。作为社会的主流新闻产品与一种公共服务，是否以公共利益为核心就是衡量选题是不是具备深度报道品格的第一条标准。它要求从事深度报道的采编人员首先将追求社会公正作为报道的第一要务，在确有必要时能毅然决然地割舍某些个人利益。据介绍，《中国新闻周刊》的选题着重于能反映中国社会变迁的主流事件，主流人物，主流现象。[①] 2004 年夏，曾经有两个新闻事实同时摆在《中国新闻周刊》面前：一是中央电视台某著名主持人遭一位女士上诉到法院，被控性虐待造成人身损害；二是中国足球裁判员"黑哨"龚建平在 2003 年 3 月因受贿罪被判有期徒刑 10 年，并在翌年 7 月死于血癌。在上述两个新闻事实面前，新闻期刊之所以选后者、弃前者，推出由文晔采写的《龚建平之死与一个家庭的灭顶之灾》一文，就在于所谓性虐待官司一事无碍大局，难脱新闻娱乐、花边新闻的嫌疑，而裁判员"黑哨"龚建平之死却可以由体育折射到背后的制度层面，[②]选题的骨子里属于宏大叙事。

注意方式方法。深度报道选题要以人民的利益，以党和国家的利益为核心，并不意味着采编人员可以打着正义的旗号横冲直撞、蛮干甚至于胡干。为人民服务，是长期的动态过程，深度报道的采编人员还应该将长期利益与当下利益，根本利益与非根本利益综合考量，决定进退。抓取选题要注意三点，即群众关心、领导关注、普遍存在。群众关心，意味着新闻事实与广大受众存在密切的利益关联；领导关注，意味着新闻事实已引起党和政府的重视，在着手解决，有利于深度报道避免导向错误；普遍存在，意味着新闻事实不仅真实，而且重大。政治活动是离不开必要的妥协的，尽管这种妥协有时非常痛苦，但均须恪守政治伦理底线。注意方式方法，意味着从事深度报道的采编人员既要敢于斗争，又要善于斗争。这种善于斗争，不单指注意选择斗争的场合、时机，而且还包括斗争的环节，即斗争的环节是包括从选题到策划、选材、立意、执笔、修改、定稿的整个过程，包括新闻报道必须建立在扎实的调查研究与可靠的材料基础之上，善于自我警醒，不冤枉好人，不伤及无辜。《中国青年报》"冰点"栏目近年的选题偏爱由个案入手报道民间的生活态度、生活方式，如《一位博导经历的两种自治》[③]通过一位高级知识分子的国内外阅历来反映我国城市社区的公民住宅自治问题。那么，"冰点"栏目为什么要这么办报呢？《一位博导经历的两种自治》一文，乍一看不过是一篇题材偏软的个体新闻报道，但稍加留意，则不难看出其中对民主、理性的热切探索，而一位高级知识分子的国内外公民住宅自治的阅历不过是折射栏目这一探索的路径。"冰点"栏目采编人员的良苦用心与对新闻职业理想的坚守，可谓尽在其间。

---

① 张志安：《报道如何深入》，44 页，广州，南方日报出版社，2006。

② 张志安：《报道如何深入》，45 页，广州，南方日报出版社，2006。

③ 载《中国青年报》，2009-09-09。

（二）以新闻价值为主，宣传价值为辅

以新闻价值为主，宣传价值为辅的原则，是深度报道新闻特性的必然要求。

深度报道必须以新闻价值为主。首先，深度报道属于主流新闻。它不是为个人涂脂抹粉的手段，也不是某个机构的私利公关工具。中国社会转型期间所出现的特殊问题与特殊矛盾需要植根于人民群众利益的深度报道。因此，唯有坚持选题工作以新闻价值为主，报道才会从活动的开头就围绕公共利益运转。其次，新闻报道的第一任务是传播新闻信息，而表达意见，进行宣传不过是附加在新闻信息传播基础上的次生功用。只有按照新闻工作规律办事，深度报道的宣传功用才合乎实际，对社会进步产生积极而不是消极的作用，并有助于媒体与社会主义新闻事业树立良好形象。

深度报道以宣传价值为辅。既然社会充满无法完全获得满足的利益主体，作为重要新闻报道的深度报道一经刊发就难免在不同的利益主体间有所择取。这是一个不以人的意志为转移的客观规律。因此，传播意见信息，为一定的利益集团服务则为一般的深度报道所无法避免。深度报道工作不必虚伪，而应坦诚地面对深度报道的宣传价值，并将这一价值用于正途。不过，任何传播主体的主观取向、主观利益，都必须建立在客观基础之上。唯有坚持新闻价值第一，宣传价值第二的宣传价值观才合乎新闻事实的本来面目与新闻业的运转规律。这也说明，当两大价值发生冲突时，深度报道选题的宣传价值必须服从于新闻价值。

（三）立足实际，扬长避短

深度报道的选题应立足实际。这里的实际，既包括由国情、区情所构成的社会现实，又包含我国的传媒发展局面，本报、本栏乃至于采编人员自身的主客观条件。他媒能够做到的事情，不等于自家媒体可以做到；他人能够完成的任务，也不等于自己足以胜任。知彼知己，百战不殆，只有从自身条件出发，审时度势，才能够建构自身的核心竞争力，深度报道之路越走越宽阔。

深度报道的选题应扬长避短。任何媒体均长短兼具，任何个人也有优有劣，深度报道的选题工作主体只有苦练内功，不断强化自身素养，才有可能把握深度报道规律，凝练个性，驾驭选题。

二、深度报道的主要选题方法

（一）从社会实际出发

新闻事实有无报道价值，报道价值有多大，只有密切结合社会实际始能发现，准确判

断。价值，是意义，积极作用。[①] 价值的这种有用性虽然由人辨别，但也离不开共同性。而这种价值的共同性，则来自客观世界。因此，脱离社会现实，就难以准确，而是靠碰运气地把握深度报道选题内的报道价值状况。

那么，在较为完整地掌握新闻事实及其相关事实的前提下，选题主体又应如何从社会现实出发选取选题呢？

首先，立足于社会的时代潮流来辨别选题的报道价值。时代潮流是当下社会发展阶段的进步趋向。毫无疑义，如果能够正确把握时代潮流，则有助于辨别选题是否具备政治进步、经济成长与人民幸福的成分及其这种成分的轻重程度。《××：我用明摆着的无耻对付潜在的无耻》[②]一文通过对奔波于北京演艺圈某女演员的专访着意于"揭露影视圈性交易黑幕"。《南方周末》的编者按云："将这条寻常看来有些八卦的'娱乐圈'新闻置于本报的重要版面，是因为在我们看来，这绝不仅仅是一个声色事件，它在本质上是严肃的。这是一个事关演艺人员职业伦理、人格尊严的问题，是一个事关人权保障的问题，更是一个检视全社会道德评判基准，从而亟需全社会正视的一个大问题。"通过性交易，导演等文化权力强势方拿取性收获，女性演员得到影视剧的角色出演机会，这当然极为不妥。然而，从当下中国内地的社会实际看，与孙志刚广州 2003 年被强行收容、佘祥林湖北 2005 年因"亡妻"突现方被无罪开释、张海超郑州 2009 年 6 月开胸验肺、唐福珍成都 2009 年 11 月浇油自焚抗暴力拆迁这些关涉人的生命权、健康权的新闻事件相比，影视圈性交易现象因社会危害程度毕竟轻了不少而不能不在新闻价值的分量上退避三舍。况且，影视圈性交易现象在韩国等国家同样存在。因此，从当下国家的长远利益、民族的紧迫利益与人民群众的根本利益着眼，《××：我用明摆着的无耻对付潜在的无耻》所反映的社会现象当然也应该被关注，也值得报道，但这一选题被置放在头版重要版位是否恰当，却值得商榷。

其次，立足于新闻事实的社会背景来辨别选题的报道价值。与一般的新闻报道选题不同的是，深度报道因为报道对象重大、复杂而易为假象遮蔽，报道价值多未完全外露。2001 年 7 月 13 日的莫斯科，北京申奥成功；2003 年 10 月 16 日，中国首次载人航天飞行圆满成功；2009 年春甲型 H1N1 流感全球大爆发。这些新闻事实的报道价值外露充分，无需报道者多费心机即可辨别。报道这样新闻事实的最大难处是接近信源，获取事实材料。而深度报道的选题则往往复杂得多：报道价值有的充分外露，有的半露半藏，有的深藏不露。其中的半露半藏或深藏不露，许多又事实与思想相互裹包。而新闻事实的社会背景就是一把划拨事实表象的锐器，有助于新闻事实真相大白于天下。比如，罗盘的《由谁教育富裕起来的人们——武汉汉正街第一代富翁追踪》[③]，报道的新闻事实发生在湖北

① 《辞海》三卷本，577 页，上海，上海辞书出版社，1989。

② 载《南方周末》，2006-11-23。

③ 载《人民日报》，2000-08-01。

省武汉市的一条著名商业街：这里的第一代富人因素养不足以应对时代，最终很多不文一名，为时代所淘汰。报道者认为："深度报道在采写之初，记者面临的往往是一堆零散的现象，或者是一些局部的事情。这些事情，可能发生在不同的时间、不同的地区，没有人会把它们联系起来，也没有人去追究什么。但正是这些零散的现象，隐含着深度报道的绝好机会。……汉正街老一代个体户，在富裕之后……垮就垮在缺少一种奋进的精神。"①对于这种深藏的新闻价值，报道者不慧眼独具则无以拨云见日。而报道者在貌似平平的表象处发现重大新闻的能力并不神秘，那就是善于联系，善于立足于社会背景将各种零散的现象分分合合，于无声处听惊雷。

（二）从本报的特点出发

新闻事实有无报道价值，报道价值有多大，仅从社会实际出发是不够的，还需要充分考虑本报的特点。每份报纸的社会环境不一样，自身条件也互不相同，因此其他媒体可以完成的选题并不等于自家也能够落实。深度报道的选题不能只埋头想，还应抬头展望，认真结合本报实际再做定夺。从本报的特点出发选取选题，就是围绕本报的核心竞争力选择具有难以为其他传媒所取代的核心竞争力选题。

那么，选题主体如何从本报特点出发择取选题呢？

首先，认清本报的社会环境。各报之间在共同点之外都有各自的独特地位、特定任务、目标读者与工作重心。《人民日报》是中共中央机关报，新华社是国家新闻通讯社，位高责重，是党中央的新闻舆论机关，故信息传播全面，舆论导向任务重大，获取资讯，尤其是权威资讯的条件优越，一向为社会管理层与主流社会高度重视。《光明日报》、《经济日报》与《中国青年报》虽然都是中央大报，但《光明日报》是中共中央领导、主办并由宣传部代管的机关报，面向知识界办报；《经济日报》是国务院主办的机关报，是党中央、国务院指导全国经济工作的重要舆论阵地；《中国青年报》是中国共青团中央机关报，面向广大青年，尤其是有一定文化的青年群体办报，它们在我国报业格局中的分量还是有区别的。地方性报纸则有自己的特点。《长江日报》是中共武汉市委机关报，目标读者以武汉城乡为核心，以武汉城市圈为基本范围，都市化、地域化指向鲜明。《南方周末》报由南方日报传媒集团主办，虽然地处岭南，但充分利用我国改革开放前沿广东省的商品经济先行、市场经济活跃、思想观念解放、社会环境相对宽松的条件，面向全国办报，为知识型读者服务。该报视域开阔而富有前瞻性，思想活跃，注重信息品位，讲求文字打磨。报纸的个性与媒体的社会环境息息相关。《长江日报》不是《人民日报》，《楚天都市报》也不是《南方周末》、《新京报》，更不是《湖北日报》。社会环境，尤其是宏观环境具有不可控制

---

① 罗盘：《在思考中写作——采写深度报道的一些体会》，见 http://www.xici.net/u11031778/d87620541.htm。

的强迫性，新闻工作者应以主动适应为主。忽视媒体自身的社会环境，深度报道选题势必与社会发生错位，因为做了没有必要做，甚至不应该做的新闻报道而失去办报的主心骨。

其次，认清自身的主观能力。任何一家媒体只有结合主观能力与外部条件才有可能形成真正的核心竞争力。《人民日报》长于总揽全局；新华社善于信息总汇；《光明日报》把握以文教卫为主的资讯有传统，也有韬略；《经济日报》在国家经济生活中纵横更从容；而《南方周末》报在报林之内充分尊重民间舆论，思想解放，有勇有谋；《楚天都市报》、《北京晚报》、《新民晚报》、《扬子晚报》、《华西都市报》、《齐鲁晚报》、《华商报》在各自的都市区域社情民意中颇长袖善舞。禁锢新闻工作者自己的既有外部因素，又有自身的物质、心智。因此，深度报道选题的处置还必须将本报的主观条件纳入视野。

（三）注意在新闻事实的动态中抓取选题

选题的确立、完善，应在动静结合中强化动态。这一点在突发性事件的报道中尤为重要。面对突发性事件，深度报道同样不能静等新闻事实告一段落甚至结束才开始起步，而应立即跟进，及时报道，一边报道，一边思考。由于事出突然，记者跟进仓促，对新闻事实的了解往往相当有限。在这样的情况下，媒体不能等调查清楚后再报道，而应该及时议题设置，了解多少，先报道多少。同时，努力创造条件早上深度报道。《南方都市报》的记者陈峰认为：深度报道“该等的时候要等，尽量在新闻事实清楚以后再介入”[①]。记者在先期报道时须深入调查，认真思考，一旦信息获取较为全面，认识到位，即条件成熟时则立刻对突发性事件由一般报道转入深度报道。

（四）注重策划，推动选题变为成熟的实施方案

深度报道需要必要的策划。策划，即谋划、计划之意。深度报道所处理的新闻事实规模大，结构复杂，责重义深，社会影响较为广泛、持久、深远。有的深度报道选题本身是不错的，但最后的产出者，即作品平常乏味。这实际说明，好好的报道原料，未能得到到位的开掘。从报道的过程看，其失主要在于行事仓促，报道孟浪。《经济日报》副总编辑詹国枢认为，策划深度报道得有点子。[②] 美国《华尔街日报》记者选题的平均周期是六个星期。[③]因此，为了改进深度报道的质量，报道主体应注意从报道的源头，即选题处入手，强化对未来报道的规划。

策划时，报道主体要依托调查，认真思考，一方面努力找准新闻事实要害的方向，确立

---

① 张志安：《报道如何深入》，143页，广州，南方日报出版社，2006。

② 赵振宇：《新闻策划》，9页，武汉，武汉出版社，2000。

③ 庞瑞锋：《财经新闻道——对话美国顶尖财经媒体高层》，4页，广州，南方日报出版社，2008。

报道的范围、重点、步骤乃至于竞争对手，认清报道的优势与困难；另一方面又要胸有全局，对报道的范围、步骤、重心、手段、条件，有无已刊的相近报道，可能遇到的问题、意外及其应对思谋、推敲，避免深度报道的盲目性，消除深度报道的随意性，减少深度报道的非预测性，尽可能细化计划。中央电视台"新闻调查"栏目第三任制片人赛纳介绍："新闻调查"栏目的整个生产流程分前期与后期两大阶段。其中，从选题开始到策划这个环节，"新闻调查"栏目称之为"前期"。在这个前期工作期间，采编人员研究"前期怎么确定题目？题目的标准是什么？这个大家要有共识。之后我们做题目分析：这个题目应该用什么样的方式调查？应该确立什么样的调查路径？调查的点在哪儿？调查的几个环节分别是什么？都在文字上进行规划。到了这一步，只有交给记者和编导完成。"至于"新闻调查"栏目的另"一个控制环节就是后期了"①，属于编辑工作，相当于报刊的三审制环节。与此同时，记者、编辑之间应及时沟通，相互支持，各司其职。

（五）广设新闻线人，密切方家联系

从某种意义上讲，新闻工作者的重要能力不在于自己知道多少，而在于能够准确而迅速地找到掌握资讯的人员，并能从中获取必需的信息。为此，深度报道主体有两大工作不可或缺，这就是广设新闻线人，密切方家联系。

广设新闻线人。所谓新闻线人，是通过向新闻媒体提供新闻线索，并从新闻媒体获取经济报酬的人员，②主要由职业新闻线人、兼职新闻线人、客串新闻线人、举报新闻线人与专业新闻线索提供公司五大类组成，③可以视作群众办报的时代新发展。广设新闻线人，不单有助于新闻工作者丰富报道对象，扩大选择余地，而且有利于及时发现新闻事实，充分把握全局，优化报道质量，增添独家新闻。当然，对于新闻线人及其新闻线索，媒体应严格甄别真伪，善于培育，加强管理。中央人民广播电台"新闻纵横"栏目负责人侯永生说："不管是群众来信还是手机短信，反映的选题多数都跟他的利益相关。"④《南方周末》记者杨海鹏介绍："到你这里举报的，也肯定有他的立场，有他对事实认识的局限，有时报料人甚至会想控制你。……如果你以报料人的立场为立场，以他提供的事实为事实，你的工作恐怕没有价值，也没有什么技术含量。……在浙江，有很多职业报料人。……常常给我报料，为了引起你的重视，对一些内容做了夸大。"⑤生活是复杂的。这就要求新闻工作者必须多思考，勤核查，才有可能尽量减少报道中的失误。

---

① 赵华：《央视〈新闻调查〉幕后解密》，127页，北京，中国广播电视出版社，2008。

② 胡青云：《"新闻线人"现象析》，载《新闻记者》，2004(1)，33页。

③ 宋双峰：《从新闻线人看媒体新闻源的管理》，载《新闻爱好者》，2004(4)，23页。

④ 张志安：《报道如何深入》，24页，广州，南方日报出版社，2006。

⑤ 张志安：《报道如何深入》，194页，广州，南方日报出版社，2006。

密切方家联系。方家是在某一领域学有专长的精通人士。而记者所面对的报道对象丰富多彩，要求记者对每一个报道领域都像专家那样如数家珍是难以办到的。因此，判断一个新闻事实有没有新闻价值，新闻价值有多大，记者应该注意听取方家的意见。方家的意见有助于提升记者对新闻事实的认识水平，准确地把握新闻事实的报道价值分量。当然，尊重、听取意见并不等于惟命是从。兼听则明，记者应在认真听取的同时仔细分析，坚持以我为主。

（六）讲求比例，主次分明

讲求比例，就是媒体依据编辑工作方针注意维护各种不同性质的信息在信息传播中占据合理的份额。一个版面，一个栏目只有保持合理的内在结构比例，才能够妥善地落实信息传播任务，形成特色与竞争优势，满足目标读者的需求。在比例的讲求上，要注意正面选题、中性选题与负面选题的比例，注意事件性新闻选题与非事件性新闻选题的比例，注意生产信息选题与生活信息选题的比例，注意政治信息选题、经济信息选题与文化信息选题的比例。比例的讲求不一而足，关键在于有心。

所谓主次分明，指的是媒体在信息传播中依据编辑工作方针识别竞争对手，有所作为，有所不为，从而形成并巩固特色，保持并强化优势。在主次分明上，有二策应对：

一是保持版面上的主次分明。有的报纸在深度报道上并不乏好稿，但就是难以形成鲜明的特色与竞争优势，原因在于忽视了信息传播中的主次分明。这一点在《人民日报》表现得相当突出。从 2008 年到 2009 年，《人民日报》始终大力强化深度报道。据该报报业集团介绍：《人民日报》周一至周五每日出对开十六版。一至四版为新闻版，五至十二版为深度报道版，十三至十六版为周刊、专版。新闻版实行采编分开，突出时效性和新闻性。深度报道版实行采编合一，以政治、经济、文化、科技、国际等方面的报道为主。[1] 由此不难看出，《人民日报》对深度报道并非不重视，投入的力量也不算少。然而，截至 2008 年 12 月 31 日，《人民日报》却没有一个深度报道栏目获得过中国新闻奖的“新闻名专栏”奖。这就与新华社、《光明日报》形成了鲜明的反差。毕竟新闻报道而非新闻评论，才是报纸所应传播的第一信息。《人民日报》在深度报道信息传播上的暂时落后，除了该报过于重视新闻评论之外，还在于《人民日报》在深度报道的经营上平均用力，对目标受众的标准长相并不是非常清楚，以至于栏目缺乏鲜明特色，难以凝聚出突击的力量。一般说来，《人民日报》在第五版设“视点新闻”，第六至第十二版分别依国际、政治、经济、文化、体育等专版进行深度报道，并在每双周二刊“社会观察”版。从名称等看，主打深度报道的“视点新闻”以解释性报道为主，但全社的深度报道资源又往往为后面的“政治新闻”等版面所分

---

① 人民网：http://www.people.com.cn/paper/jianjie/bzjj_01.htm

享，故当日最优质的稿件未必就在《视点新闻》版，这就难以在深度新闻信息传播的第一拳上形成重拳出击。相形之下，无论新华社，还是《光明日报》，均着力经营第一深度报道栏目。这既体现在版面的特出，又体现在人力资源的配备上，新华社、《光明日报》俱抽调优秀人员组成强大的编辑班底，集中全社的采编力量经营第一深度报道栏目。其中，《光明日报》更是由报社的副总编辑何东平亲自挂帅，2008年还在南昌召开该报的深度报道专门研讨会。在深度报道采编上的平均用力使《人民日报》没有形成特色与竞争优势。“社会观察”版既有传统的调查报告元素，又糅入了一定的调查性报道元素，走的并非新华社“新华视点”、中央电视台“新闻调查”两栏目的新闻路线，故栏目报道样式既不鲜明，也谈不上成熟，在全国性的新闻竞争中难以出头并落败也就不稀奇。

二是保持稿件的主次分明。每期的深度报道篇篇都成佳作属于可遇而不可求，因此媒体应着重抓好每一期的打头稿件。当下读者接触媒体属于有选择性地阅听，很难对满版的每一篇稿件从头细读到尾。媒体如果能够每期抓好一篇稿件，有一篇稿件特别出色，就能够凝聚眼球，带动受众在接触第一稿的同时也对本期的其他报道瞄上一眼，整体售卖，为其他稿件也被受众接触创造条件。此即好稿搭售一般稿件说。深度报道的一个版面或一个栏目，如果不能做到每期一篇特优稿件，那也应该至少每二三期有一篇特别出众的稿件被推出，以养成广大读者的约会意识、阅读依赖与关于该媒常有好稿的认知惯性。深度报道的采编人员，均应具精品意识，除了照顾一般，更要强化重点，能够经常推出为广大受众所喜闻乐见的优质稿件。

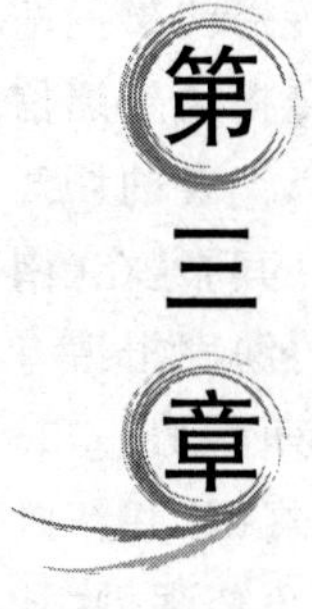

第三章 深度报道的集材

第一节　集材的重要性与特点

一、集材的重要性

（一）何为集材

深度报道的采编流程一般由五个环节构成：①记者向编辑机构提出选题；②编辑机构的有关负责人批准选题；③记者采访、成稿；④编辑部的有关编辑人员审稿；⑤编辑人员对通过审稿环节的稿件进行案头加工，经由包括终审在内的三审而进入物质制作的出版部门上版印刷。

集材是选题确立后深度报道予以实施的起点，位居作品制造的源头。所谓集材，指的是深度报道的作者为了撰写报道而以主动为主的积累、采撷写作材料的活动。按照集材的性质，集材有新闻材料的收集与非新闻材料等的收集之分。

（二）集材的重要性

1. 集材是记者报道新闻事实的基础

新闻报道对材料有专门的要求。新闻报道的第一要务是传播新闻信息，因而与书信、日记等私人写作或通知、命令、通告、请示、批复等公文应用性写作的一个重要不同，就是获取写作材料存在着对作者之外或作者工作单位之外的高度依赖。新闻报道是非私人写作，不能以作者自身的阅历、情思作为写作材料的基本出处；是非法定机关写作[①]，不能以公务为基本写作

① 任承佑、陈显耀：《公文与公文写作》，1～2页，重庆，西南师范大学出版社，1987。

材料的来源。新闻报道基本不是“我”或“我们”写“我”、“我们”,《我最难忘的一天》、《我的老师》一类题目是不适合新闻报道的。新闻报道是记者的职业活动,记者所传播的新闻信息基本发生在记者的个人生活之外。因此,离开记者对写作材料的主动采集,记者的新闻报道势必陷入言之无物的尴尬境地。《南方周末》记者余刘文谈及颇受好评的刊发在《南方周末》1998 年 10 月 2 日的深度报道《生者》时说:“我的技巧就是做足采访的功夫,占有足够多的材料,写作就相对容易把握了。”[①]深度报道更要求记者在集材上善于主动出击。

深度报道对写作材料有专门要求。深度报道必须尊重新闻报道的基本规则,并在此基础上强化对新闻信息的捕捉、拓展与深化。毫无疑义,深度报道往往新闻价值强劲,社会意义重大,字数较多,篇幅较长,因而所需要的写作材料种类多样,采集起来耗时费力。没有较为充分的,尤其是关键性的材料,深度报道就会跌入巧妇难为无米之炊的境地,报道肤浅,甚至难以为继。

2. 集材是深度报道建构分析与意见的基础

讲求分析,注意传达报道主体对新闻事实的意见,是深度报道与一般新闻报道的一大差异。在新闻报道中,并不是所有的新闻作品都要表达意见。大多数的纯新闻、部分社会新闻,如辽宁省庄河市一鸡场饲养的母鸡产下一枚双黄肾形鸡蛋的新闻[②],只要报道者将大致的新闻事实叙述清楚即可,并不一定需要篇篇有分析,件件吐主题。而深度报道则不一样。深度报道信息深度的来源之一则是关于新闻事实的分析,而且多需在对新闻事实进行事实判断的同时立足于事实判断之基础进行价值判断,形成一定的意见。《财经》杂志社常务副主编王烁说:“《财经》所有的文章都是有态度的,有的时候说清楚,有的时候要藏起来。”[③]即便是一些揭丑性质的调查性报道,尽管不宜对新闻事实慷慨激昂,但其对新闻事实真相逼近与对社会公正坚守的不可或缺,恰恰说明深度报道属于充分调动报道者主观价值取向的新闻活动,报道主体的思想情感在采写过程中是难以做到无动于衷的。深度报道对分析与意见的建构必须讲求科学性。毛泽东在《改造我们的学习》一文中说:学习和研究问题,“不凭主观想象,不凭一时的热情,不凭死的书本,而凭客观存在的事实,详细地占有材料,在马克思列宁主义一般原理的指导下,从这些材料中引出正确的结论”。[④] 毛泽东所说的这种研究思路,与深度报道的工作方向是一致的。没有扎实、深入的调查研究,没有一定种类、范围与数量的材料在握,深度报道的记者就难以准确地把握新闻事实的里里外外,也就难以恰当地判定新闻事实的性质、是非,不能生成关于新闻事实的正确认识,难以建构关于新闻事实的新颖的、深刻的分析与意见。

---

① 谢春雷:《揭开真相》,260 页,杭州,浙江人民出版社,2004。

② 载《大连日报》,2008-07-01。

③ 张志安:《报道如何深入》,40 页,广州,南方日报出版社,2006。

④ 《毛泽东选集》第三卷,第 2 版,801 页,北京,人民出版社,1991。

二、深度报道集材的特点

（一）外源性

深度报道在集材上具有新闻报道的共性。所谓集材的外源性，指的是报道者在积累、收集用于新闻报道写作材料上对报道者自身生活的超越与非依赖性。新闻报道的真实性原则与新闻信息传播的第一功能，规定着包括深度报道在内的所有新闻报道在新闻事实材料的获取上必须告别“自恋”，即新闻报道所必需的新闻事实材料只能通过记者对自身与自身阅历之外的他者处获取。记者之外的社会是新闻事实的基本出处与来源。新闻报道虽建立在记者的个体采访行为之上，但并不属于个人写作。这是因为新闻报道所传播的新闻信息基本上在记者个人的衣食住行、吃喝玩乐之外。新闻报道不是记者个人的私生活写作，而是一种社会化的文化行为。而深度报道不仅是一种社会写作，而且还是一种公共写作。深度报道所传播的骨干性的新闻信息材料必须，也只能来自广阔、复杂而生生不息、波澜壮阔的社会生活。因此，深度报道的集材要求报道者必须建构广泛、丰富、稳定而动态的社会信息沟通渠道，基本上要通过社会的“他”者，而不是“我”者获取报道的新闻信息材料。

（二）海量性

深度报道在集材上具有不同于一般新闻报道的特点。所谓的海量性，并不是指集材茫然无垠，而是指较之一般的新闻报道而在集材上所体现出来的集材的丰富多彩，具体讲则是集材种类多样，范围广阔，数量丰赡，材质宏细兼求。深度报道集材的一大弊端就是材料收集的单一、浅尝辄止。

深度报道所报道的新闻事实往往题材重大，领域阔博，构成复杂，任务较为艰巨，因此记者既要高瞻远瞩，对新闻事实有开阔的社会视野，又要潜心下沉，推敲基层生活的质感；既要收集新闻事实材料，又要寻找相关的非新闻事实材料。这样一来，深度报道的报道者不广集博绍，将报道建立在较为广泛丰富的材料上则难以进入深度新闻信息世界一展身手。

（三）时效性

深度报道对新闻事实的收集必须讲求时效性。深度报道不是新闻媒体的非新闻类专副刊上的文字，不是历史故事的讲述，没有以古鉴今的隐语、双关功能；不是知识的说明，不是理论的阐述，也不是新闻言论的论述，没有知识育人、以理服人的功用。深度报道在时效性上虽然较之一般的动态新闻常常弱一些，但其新闻报道的属性则要求集材必须控制在新闻报道的时效性所能容忍的底线之上，也要闻风而动，尽快拿到报道所必需的各类材料。《中国新闻周刊》执行主编靳丽萍介绍：该刊的“长线的题材，大概十几天或20天。……有时候还会打短平快，投入大量人员协同作战，两三天也可能出成果”。①

（四）计划性

计划性与深度报道的特点相关。所谓的集材的计划性，指的是报道者在集材实施之前，预先对集材活动予以一定的规划。深度报道的问题的复杂性、集材的海量性，要求集材应在客观条件允许的范围内尽可能预先规划，拟定集材的先后步骤，思虑集材的范围、方向、重点、难点、条件、应对措施等，以便集材既重点突出，抓取到关键性材料，又全面完整，及时获取不宜缺少的非关键性材料或关键性材料的后备队。集材的计划性，与深度报道集材的顺利、成功密切相关。

第二节　背景材料的收集

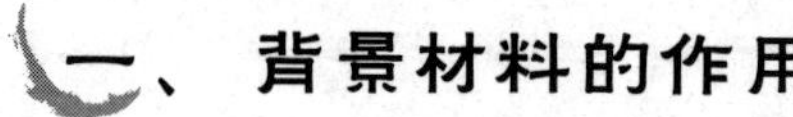

一、背景材料的作用

（一）何谓背景材料

背景材料是与新闻事实相关的用以理解新闻事实乃至于用到深度报道作品内帮助新闻价值、宣传价值予以显现的非新闻事实材料。背景材料的构成有两个要件：第一，背景材料不是新闻事实本身，而仅仅是非新闻事实材料。第二，背景材料与新闻事实相关，与新闻事实存在着一定的内在联系。

按照不同的标准，背景材料有不同的划分。背景材料，按照材料的信息特点，可以分为事实材料与事理材料；按照材料的信息方向，可以分为空间材料与时间材料；按照材料的用途，可以分为说明性材料、注释性材料与对比性材料；按照材料与报道者的使用关系，可以分为素材与题材（狭义）；按照材料的类型，可以分为人物材料、历史材料、地理材料等。

---

① 张志安：《报道如何深入》，47页，广州，南方日报出版社，2006。

（二）背景材料的作用

1. 帮助记者理解、把握新闻事实

记者理解、把握新闻事实需要一定的背景材料。新闻事实从来不是孤立的，总与一定的时空相关联，而深度报道所面对的新闻事实则往往与一定的社会环境有着错综复杂而层次不一的联系，因此，脱离一定的“语境”则无助于记者准确地理解新闻事实。“语境”的实质是语言表达上下文中关于新闻事实所发生的社会环境。占有必要的背景材料，有助于报道者知己知彼，耳聪目明，推动集材步入正确轨道，及时把握新闻事实的新闻价值与社会意义。

2. 暗示报道者的意见，是新闻报道用事实说话的重要方法

深度报道可以通过背景材料的运用来暗示报道主体的意见。深度报道的报道者是有立场的，通过完整的调查研究对所报道的新闻事实往往会产生一定的意见。报道主体的意见可以通过直接议论表达，也可以通过对新闻事实、背景材料的选择、搭配来折射。

运用背景材料是包括深度报道在内的新闻报道用事实说话的一种重要方法。新闻用事实说话，是一种对新闻报道意见表达的主要方法的形象化表述，指的是报道者在新闻报道中通过有关事实的选用来表达报道主体的意见。新闻用事实说话，是新闻报道的重要方法，属于一种意见的间接表达。从表达的社会效果看，深度报道在多数情况下以间接表达意见为上。深度报道所要处理的新闻事实往往比较复杂，对背景材料的需求常常种类多，数量大，而广泛地收集并恰当地运用背景材料有益于意见传达的艺术性。

3. 推动报道内容通俗平易，方便广大读者理解新闻事实

深度报道不是科研论文，新闻传媒也不是专业媒介，而阅听人的文化水平又参差不齐，故深度报道在撰写上追求雅俗共赏，对受众就低不就高。背景材料事关新闻事实的来龙去脉，在报道中适当运用有助于降低报道内容的理解门槛，推动新闻报道内容丰富多彩、通俗平易，方便广大读者理解新闻事实的整体。

二、背景材料的搜集

（一）种类

背景材料的种类颇多，但对记者把握新闻事实却功用不一，故从事深度报道的记者为推敲新闻事实应着重于搜集如下背景材料。

一是党和政府的有关政策、法规等规范性的文件。党和国家各级机构所出台的政策、法规事关治国安邦大局，规定着国家运行的方向、原则、路线、方略、计划与措施，故是记者

辨别是非曲直的重要尺度，是新闻采编人员判断新闻价值的主要标准。新华社记者朱玉2004年到安徽省芜湖市，本拟采访该市的土地问题，但在接触芜湖市国土资源局副局长季羡善时却无意中获知季局长一人身兼二职：除任市国土资源局副局长外，还在一家有注册资金的独立法人单位芜湖市建设投资有限公司任副总经理。根据《国务院公务员暂行条例》第七章第31条规定，记者朱玉敏锐地意识到芜湖市党政机关干部从商行为违规，"报道价值要比原来的土地问题大得多"[①]。而2002年《华商报》记者江雪对陕西省延安一对年轻夫妇因在家中看"毛碟"被举报后警方破门而入并引起争执将该宅男主人强行拘役一事的报道更能说明问题。记者直观感觉警方未经允许即入室执法做法不妥，但警方并非执法无据。这就是1985年出台的《国务院关于严禁淫秽物品的规定》。该文件明确规定：观看、制作、贩卖、传播淫秽物品应处以治安处罚。这样一来，即便是年轻夫妇家中自看"毛碟"而未聚众观看、传播也有触犯国家法规的嫌疑。就在记者深感困惑之际，陕西省公安厅的一位同志打电话告诉江雪：国务院的前述文件已在2001年被废除。记者核查，发现事实果不其然。江雪欣喜异常，因为如此一来，延安警方冲闯民宅搜查、抓人就彻底失去法理支持。记者江雪为此深有感触地说：发现国务院这个文件已被废止对于报道"是很关键的一步"[②]。显而易见，在背景材料的收集中，党和政府的有关政策、法规之于深度报道是非常重要的，可谓兹体事大。

二是与新闻事实直接相连的有关背景材料。这些材料主要有：新闻主体、客体的构成，来龙去脉，社会背景等，如某机构的名称、性质、职能、内部构成、政治背景、经济状况、文化条件等；某人的姓名、性别、年龄、收入、社会地位、阅历、性格、思想、行为特征等。与新闻事实直接相关的背景材料为新闻事实的内在逻辑性提供社会条件，也是记者把握新闻事实的必要的客观基础。

三是注释性背景材料。它是帮助读者增长知识、开阔见闻以弄懂报道内容的背景材料，主要有对名词术语的注解，科学原理深入浅出的简介，科技成果的通俗介绍，有关产品、物品的性能、特点的说明，风物人情、文史知识的解说等。如李虎军的《激辩特高压输电网》[③]对广大读者并不知为何物的"特高压"这一科技术语，也是报道的关键词进行了简洁通俗的解说："通常，为了提高电网远距离输送能力，需要增加输电电压。对于交流输电而言，一般将220千伏及以下电压等级称为高压，330千伏至750千伏称为超高压，100万伏及以上称为特高压。对于直流输电而言，正负800千伏及以上则称为特高压。"不明了何为"特高压"，那么对关于由山西长治到湖北荆门特高压工程建设所引发的激烈争辩，记者与读者因为科技概念的拦路虎均会懵懵懂懂，难以准确报道与正确接受。

---

① 展江等主编：《中国舆论监督年度报告2003～2004》，505页，北京，社会科学文献出版社，2006。

② 黎勇编著：《真相再报告——与18位中国知名记者对话》，139页，广州，南方日报出版社，2008。

③ 载《南方周末》，2006-10-19。

背景材料虽然可以分类，但记者搜集时往往统一筹划，根据需要主动出击，倒未必依据分类而采访。新华社记者朱玉 2004 年报道发生在天津市中心妇产医院的早产儿氧中毒失明情况时，调看了治疗专家黎晓新教授的医学讲座光盘，查阅了互联网上的相关材料与新华社数据库中的大量资料，跑到国家卫生部查询相关医院有无相关的疑似医疗事故的报告。[①] 她对背景材料的搜集是多元的。

（二）背景材料的来源

背景材料既可取自有生命之人，也可得自无生命之物。

1. 无生命之源

无生命之源，主要指背景材料来自有关文字、影像等资料库。它包括媒介单位的资料库，有关机构的图书馆、资料室，互联网等。

通过记者供职的媒体资料室，报道者可以获取相关的书刊文字资料、影像资料与剪报，了解同题报道情况，得知包括竞争对手在内的其他相关媒体的新闻报道状况。通过有关机构的图书馆、资料室，记者可以获取相关的专著、教材、工具书等资料，了解与新闻事实相关的各种背景。记者时间紧，任务重，采访任务一个接一个，因此利用互联网是一个减少乃至于克服背景材料常规收集渠道弱点的重要途径。不过，由互联网获取资料虽然便捷而海量，但网上的材料终究真伪杂陈，权威性极为有限，故记者在参阅时必须认真甄别、考核。另外，在背景材料的搜集上记者要尽量避免仅仅依靠互联网。《中国青年报》记者刘万永事后在谈起采写《一个退休高官的生意经》时说：报道如果介绍新闻人物王亚忱 20 世纪 80 年代在辽宁省朝阳重型机械厂任厂长时曾成为当时全国闻名的企业改革家的背景材料，则有助于让广大读者看到王亚忱在“辽宁省的经营，在官场上的经营”，但 20 世纪 80 年代的资讯有许多在互联网上调不出来。记者刘万永为自己当初未能到图书馆去查阅而不无后悔，说自己“偷懒了”。[②]

2. 有生命之人

有些与新闻事实相关的背景材料，如艰涩的专业术语、新锐的理论学说，或是单靠书刊等文字资料还不能完全弄明白，或是书刊等文献材料尚未及讨论、归纳，因此，为了更好地理解有关背景材料或增加报道的权威性，深度报道记者还会对有关人员，尤其是相关的专家学者、官员进行访问。

（三）注意事项

一是要对背景材料进行必要的核实。

---

① 黎勇编著：《真相再报告——与 18 位中国知名记者对话》，111 页，广州，南方日报出版社，2008。

② 张志安：《记者如何专业》，155 页，广州，南方日报出版社，2007。

二是要对背景材料的出处予以详实的记录。这么做的用意,主要是便于作者今后核查与满足编辑人员的核稿之需,也可以预防万一,以备不虞之用。

三要注意资料的信用等级。一般说来,权威出处要比非权威出处可信度高,如官方档案、官方组织编纂的年鉴等工具书的可靠性往往要强一些,但这不等于记者对来自权威出处的材料可以放松警惕,接收而不予以推敲。

三、个案分析:《南方周末》记者寿蓓蓓对海南省省长卫留成的一次访问

(一)材料

材料一:《"做官我宁可糊涂,但干事我不糊涂"》

"做官我宁可糊涂,但干事我不糊涂"①

本报记者　寿蓓蓓　朱红军

从企业家调任省长,卫留成推动官场改变积习时步履沉重,但在经济方面,他无疑"长袖善舞"。图为他和李嘉诚在一起。宋国强/图

角色突变

"拍板如果拍错了丢人呐,马上人家会感到,这个省长是笨蛋。"

记者(以下简称"记"):从企业家到省长,面对反差这么大的角色转换,2003年9月29日中组部找你谈话时,你心里怎么想?

---

① 载《南方周末》,2006-01-19。

卫留成(以下简称“卫”)：这时候只能有一个想法，就是感谢中央的信任，怎么样不辜负中央的重托，去做一件对我挑战性很大而不辱使命的事情，你不能再有别的想法。我早几年跟中央领导讲过，我希望就是做企业。我不算是一个特别优秀的企业家吧，但还是比较有信心，因为在我当总经理这四五年，我那个企业变化还是很大的，但是中央挑到你了，给你这么个重任，那不能再说别的话。我当时就讲，感谢中央的信任，绝不辜负中央的重托，就这么两句话。

记：这个调动你比大家只早知道了一天，在24小时中你做了什么？

卫：谈话是在晚上，根本没有24个小时，只有12小时。

记：这一宿你睡着了吗？

卫：我睡得不好。我也就想了两件事，一是我到海南以后首先应该做点什么，另外就是在海油要怎么交代，因为第二天上午八点半就宣布了，然后我就退出，至少我要讲几句交待的话。只有12小时，呵呵，给我的时间实在是太短了。

记：赴任前你对海南是什么印象？

卫：中海油在海南扶贫好多年，另外在海南有很多项目。我对海南的印象不多：工业几乎没有基础；农业嘛我没有概念，只知道海南出一些热带水果；旅游秩序比较乱，脑子里就这点印象。所以我来了之后花一个多月时间走了18个市县，跑马观花看了一遍，形成一些初步印象。

记：到海南后发现实际上是怎样的？

卫：确实发现就像你刚才说的，海南地处东南沿海，号称中国最大的经济特区，但是它的观念、经济、竞争力、社会发展程度，确确实实是一个欠发达地区。当我2003年底来，我讲到海南省是经济欠发达地区时，好多老干部都说，你说了实话。我来到海南感到一个问题，干部急于发展的思想很重，说我们发展太慢了，要快，很多时候有一种暴富的思想。海南建省之前走私汽车，建省之后房地产泡沫……

记：你是企业家出身，反而很警惕经济快速发展。

卫：我是很警惕这个东西，关于十一五的发展思路和发展政策问题，有人说我们提9%的发展速度太慢了，我在很多场合都讲发展速度与质量、与基础问题。广东省十五期间平均发展速度超过12%，十一五提出9%以上，它有一个结构调整、环境整治的因素。海南省十五期间的平均发展速度9.8%，我们现在提9%我认为已经不低了。在政府报告中我不主张提海南进入一个“跨越式”发展阶段，这个词我不用的。

记：其实好的企业家反而是务实、规避风险的。

卫：绝对是，基本的态度就应该是这样，政府也应该这样，否则要出毛病的。

我认为海南还需要三几年打基础。

记：那你的任期不就打完了？

卫：这也是我的一个思想，我能做点事就行了。海南再有三年，也就是十一五的前三年，还要继续打产业基础，形成几个100亿以上的大产业。有些产业像农业、旅游业是上档次上水平的问题，有些产业是形成的问题，把基础打好了，十一五后期可能会加快发展。

记：你从政之前三十多年在企业的工作经验，包括国际资本市场的背景，能给海南省带来什么？

卫：从1970年到2003年，我在企业做了33年，从一个公司老总到一个地方行政长官，跨度是很大的，但是我适应得非常快。我感觉政府本身也有一个执政经验问题，特别在市场经济条件下，政府的资源、资产，包括行政资源和一些经济资源，都跟一个大型企业的运转规律、模式有很多相同之处。

8日正式宣布，9日我就开始坐在这个办公室里，处理一摞摞的文件。到目前为止，我还没有出过政策上的偏差，那倒不是因为我聪明，是因为大型国有企业的主要领导人，与政府官员的很多东西比较接近，比如作为中央候补委员，我出席中央委员会，参加中央经济工作会，旁听人代会；另外，大的政策路线，只要你用心去研究，不会出错。我第一次主持政府常务会议，讨论通过政府部门规章，我心里也有些发怵啊，十几个厅长人家发了言你得拍板，拍错了丢人呐，马上人家会感到，这个省长是笨蛋。

记：有没有过这种情况？

卫：万幸，哈哈。

官场

“官场文化我搞不清楚，我也不去研究它，在这个问题上我宁可糊涂，但是我干事不糊涂。”

记：海南省四年换了三届书记两任省长，大都提出海南发展思路，比如“一省两地”、“三个特色”、“四大发展战略”，可你没有提出任何发展思路，为什么？是没有，还是只做不说？

卫：我感觉担任省长也好，市长、县长也好，一定要有一个清晰的思路。这个思路还得稳定，不要换一拨人、换一届班子就换一套东西，这很重要。比这更重要的，是把思路一步一步变成现实。人人都能提出来一两套发展思路，但是能做到的可能不多，因此一些地区就发展慢。我来了两年零两个月，没有提任何新的发展思路，我觉得能够把历届省委的这些精华保持延续性，然后把这些事干成，就行了。

记：你做的一些事，让人一听就觉得是企业家作风，或者说不合通常的为官之道。比如你在当选省长的当天，对媒体说年底前要做三件事，简单说就是查账，要全面清理政府的债权债务。我没有搜到后续报道，不知道这事你干成了没有？

卫：我干成了。总的债务，包括我们政府欠国外的，欠国家银行的，200多个亿，我记不准了。但是它的还款期都很长，其中一些我相信中央会考虑，比如海南发展银行的欠款，包袱太重。

记：查账这个举动是典型的企业家做法，接手一个企业一定先摸清家底，但在官场上是不是犯了忌——"新官不理旧账"？

卫：是的。应该说我也忌讳涉及历史上的一些欠账，以现在的观点看过去的事情，会感到有些事情很麻烦，而且收拾起来很困难。但是有些账我清楚是有好处的，比如说我们要改善投资环境，正在统计政府欠投资者的钱。最近金额最大的一笔是我们文昌市欠泰国侨领2 600万元，10年了，他们当年满腔热情，联合组织了公司来投资，最后投资未成，地也收了，钱也未还，非常让人伤心。另外政府工程款的清欠工作也在抓紧做。从现在开始，政府不能再不守信用，你答应过人家的事，你签了字的事，必须兑现。同时，对过去的历史旧账也要进行清理，采取措施，如果不做好的话，这个负面影响很大，涉及到政府诚信问题。

记：有人称你为"教育省长"，其实投入基础教育对GDP没有贡献，有些老同志好心劝你，这样抓教育不行，应该抓短期能出成绩的，你为什么不听呢？

卫：你说得对，教育是花钱的，不能马上见效，但是关系到海南的长远发展，而且关系到老百姓最切身的利益。这跟我的经历也有关，我小时候上学那个苦劲啊，比现在农村的孩子还要苦。我今天跟财政厅研究明年的资金安排，跟他们讲，人民政府的省长盯着发展，没有钱啥也干不成，但是当你有了有限的财力，你去干什么事？我觉得应该去解决老百姓最需要解决的那些事。一个是教育问题，2008年之前，还要解决农村丧失劳动能力的人最低生活保障问题、解决农民的基本医疗保障问题。

海南发展得慢，有各种原因，其中人才问题、教育质量问题是根本性问题，如果不花上十年、十五年时间去解决好，海南发展没有后劲。我带着情绪说，人民政府不能把穷困老百姓的孩子上学问题解决好，你讲什么都没有用。刚才我算了算，全部解决中小学危房改造，省内得多拿3个亿；免杂费，大数每年2个亿；解决贫困地区教师工资3个亿，就这几项教育投入，每年净增投入8个亿。

记：2005年底，海南省政府第一次把教育发展的指标细化，纳入地方官员的政绩考核项目，但这跟你自己接受中央考核你政绩的指标并不吻合，你不在乎自己的仕途吗？

卫：说心里话，我觉得为官一任，能够实实在在地为老百姓办点事，够了，真的。这不是说漂亮话，咱们也是苦出身，父母亲都是农民，我看重的是如何利用手中的权力，真正给老百姓办点实实在在的事情，真正为地方经济发展做出点贡献。

记：有的人是为做官而做事，有的人是为做事而做官……

卫：我也不敢说我是为了做事而做官，我不做官也在做事，呵呵，但是我有一个基本的想法——不做会当官而不会为老百姓办事的这种官。现在很多人对当官研究得很透，什么官场文化我搞不清楚，我也不去研究它，在这个问题上我宁可糊涂，但是我干事不糊涂，我要把它干好，每年要干成几件事。我跟市县委书记、市县长说，为官一任，你每年干几件事，五年干成十几件事，在你的权力范围之内，你这个地区变化就大。而你每年发一堆文件，五年你发了几十本文件，你如果事没办好，零，再做几年还是老样子。

记：这是不是也是一种企业家性格？就是进退自如，比较超脱，不那么看重官位。

卫：这也没什么，到哪个山，唱哪个歌吧。我希望有更多的企业家进入这种角色。

送书

"《把信送给加西亚》这本书据说在海南两次脱销，因为我送了100本出去，应该是起了作用的。我明显感到政府的工作效率提高了。"

记：你曾经说改造了一些环境，也适应了很多东西，你改造了什么？又适应了什么？

卫：我可以这么说，执行文化、执行理念、执行力，这两年多政府机关发生很大的变化，大家接受了。

记：你怎么知道大家接受了？

卫：《把信送给加西亚》这本书据说在海南两次脱销，因为我送了100本出去，这些领导给他们的下属又买，下面的书记又给下属买，有些地方不排除有做秀的成分，我相信不是所有的人都看了，看过的人更不是都理解了，但是它的最精华部分就是执行，应该是起了作用的。我明显感到政府的工作效率提高了，执行力也明显地提高了。

不过有些东西也在慢慢习惯，比如说人家叫我省长，我说别叫，叫我老卫或叫卫总，现在叫省长就习惯了。当然底下的人叫我卫总我还挺高兴。有些不习惯的东西你得习惯。

记：你在开会的时候有时候脱稿讲话，口才很好，有时候一字不差地照着念，什么样的场合你念稿子，什么时候即兴脱稿？

卫：讲话稿印就印吧，但我还是要讲我想讲的事情。比如前天的政协常委会上，有讲话稿，但是我觉得给政协委员们讲那些套话没有太大意义，还是讲一讲真实的东西，一些思想、思路、真实的情况，我觉得这样好，求真。那次讲话听他们反映，还算好，求真务实，不过要做到也太难。

记：企业家精神中最闪光的一点是创造性，你觉得企业家精神与官场文化是不是冲突？

卫：我们平常说的官场文化带有贬义，官场也好政府也好，应该有一种正常的文化。那些负面的东西在你的脑子中印象太深了，比如说裙带关系、买官卖官、贪污腐化、光说不干……这种东西给人印象太深了，因为太多了。我觉得最大的一个问题，就是企业更讲究效益、效率，政府更讲究诚信、程序，从体制上来讲，它牺牲效率，这没办法。你一个会开了半个月，讨论了半天结果可能什么事都没讨论出来，我真希望政府在保证程序的前提下提高效率。

记：你说过要努力去找省长和企业家之间的最佳结合点，现在你找到了吗？

卫：企业家和政府首长的结合点，既严格地讲程序，又要讲效率效益。企业也讲程序，但没有这么复杂，说实在的，既讲经济效益经济发展，更注重社会效益社会发展，但一个最基本的共同点，不管是企业家还是地方首长，都是一个责任心，当一个上市公司老总，你对股民、股东负责，你当地方首长，最基本的就是要对老百姓负责。

问责

“像这个问题，提出这种不疼不痒的意见，还不如不提，重新给我提出来。”

记：你说过应该由一个领导把一个项目一抓到底，完成得好该晋升的晋升，完成不好该处分的处分。这有没有相应的制度保障？

卫：应该说是有的。像我们省的《问责暂行规定》是跟这个相联系的，跟改变海南的投资环境和招商有关系，应该联系到一起。我反复强调这个观点，一个地方的发展就是要一个项目一个项目地来，才能带起它的发展，讲空话没用，所以我很重视这个。

记：2005 年初，你有一个令人关注的举动就是省政府问责制的出台。按照问责规定，启动问责程序的按钮是在省长手里，你有没有启动过这个按钮？

卫：组成调查组调查过(几件事)，但我还没启动过处分的按钮。比如说，我叫他们到有些市县调查港商反映的问题，再比如台商反映了养虾苗的问题，我都叫监察厅去调查，都已经纠正了。

记：纠正是一回事，处分责任人是另外一回事。是不是只能按照调查组提出的处分建议来执行？

卫：我跟你讲，按他的执行更麻烦，第一次提出的处分建议就抹得看不清楚了，反正这个事是真的，确有其事，但是处理问题嘛，请他们进一步研究之类的。我给它批了一通，退回去，“提出这种不疼不痒的意见，还不如不提，重新给我提出来”。重提出来的处理意见帮人家实实在在解决了些问题，并对这个事情提出通报批评。

记：问责制最重的处分是责令辞职和建议免职，到目前出台十个月了，投资环境投诉中心也已经结案24件，还没有一个处分结果比较重的例子，真没有适用的案例吗？我们了解到一些人对新制度有比较大的期待，我想问的是，问责制迟迟没有用起来，是不是该问你省长的责呢？

卫：我也想找这个突破口，但是我觉得执行要慎重。问责制是执行文化中的一种深化，提这个制度，最终目的不是为了处分谁，而是为真正改变这个环境、提高执政效率，如果这个制度已经起作用了，那不是挺好吗。如果发生重大事故……但是我这个人对人呢，有些人也说我，你说你挺厉害，到时候心就软。关于投资环境的问题，省委要成立一个领导小组，今年年底对机关进行正式评议，我想到那时候效果会更明显。

记：除了问责规定之外，2005年6月30日出台的《关于加强投资环境建设若干问题的决议》是你很看重的，这里面最得意的是哪一条？是不是对官员的评价引入社会评议机制？

卫：这是非常重要的一条，里面我最想做的事情有两条，一是政府诚信问题，再就是社会评议问题。交给谁去评议，大家有不同意见，原来说政府评议，可你自己组织评议自己不公平，再说党委评议也不行，最后研究一个办法是由省委办公厅和监察部门牵头成立一个工作组，但只负责制定评议评价方案，而真正执行评议的是政府的服务对象，是公民、企业，体现了公平公正。

我是农民的孩子

(我的名字)不是现在媒体演绎的概念，说税多留点成，而是留下来了，活了，留下来就成啊。这有个小故事。

记：你是中国第一个从企业家直接做省长的，当省长和做中海油这样企业的CEO，你觉得哪一个成就感更大？

卫：我走到现在，还不能说当省长是成功的，但是我有成就感，就是我坐在省长这个位子上，能为老百姓办几件事。在中海油也许利润每年增加几十个亿，但是它的成就感是不能等同的。

记：你做省长给自己打多少分？

卫：我确实没想过这个问题，至少是很难打。无论做老总也好做地方官也好，都很难让社会百分百满意。当省长有个70分左右我就已经很满意了，现在应该有个六七十分吧。

记：你说过要搞好一个省取决于四要素：好的带头人和好班子、清晰的战略思路、好的制度、好的执行文化，现在四大因素海南具备了几个？

卫：我们还有好长的路要走。

记：如果说你在中海油使了十分力气做事的话，在省政府使了多大力气？

卫：我想我用的力气比中海油还要大。坦率地讲我在海油没有用足劲，在地方上要复杂得多、辛苦得多、卖力得多。你看到一个事情应该干，也应该能干，但最后你干不成，在这个时候你会感到非常痛苦。这不是说谁不让你干，它这个环境、条件、各种制约因素，弄得你也不敢说是欲哭无泪吧……

记：在海南这个海岛上，你有没有孤立的感觉？

卫：偶尔有。

记：那时候你怎么办呢？

卫：哈哈哈，那时我最想干的事情，就是能让我去打一场高尔夫球……

记：有人说你当了省长以后脾气变化很大，你自己能感觉到吗？

卫：我自己也有感触，一个就是温和得多了，能够听各种意见听很长时间，尽管有些话听起来也没什么意思，但你还是要听。再就是耐着性子要参加各种会议，省长一个重要的职责就是，很多会议一定要出席，你出席了大家认为重要，你讲话了大家认为你重视这件事情。很多事情按我的看法也未必真需要，但是社会需要，那我就去做了。在海油我可以完全不做这种事情，我跟媒体接触得也特别少，每年年底见一次。过去我的头发特别乱，现在我都很注意，因为代表政府形象，自己不在意，马上一个会议，摄像机就对准你了，我老婆在电视上看到了有意见，说你的头发怎么这么乱。

记：听说你夫人在北京工作，当省长使你们夫妻两地分居？

卫：是啊。她在中央电视台少儿部做编辑，大风车那个栏目的编辑，她经常来，我也经常回北京。

记：孩子的名字一般寄托着父母的希望，你的名字“留成”有什么寓意？

卫：我的名字说起来还有一段小故事，我出生在河南上蔡，家里很苦，生下来就得了“七天风”，这是我们农村的叫法，实际上是破伤风，一般在农村是很难治好的。后来奄奄一息了，我母亲觉得不行了，就真把我扔了。结果同院的一个邻居陈大娘说，这个孩子还有气啊，得捡回来，捡回来又活了，这是我母亲告诉我的。我前面一个哥哥叫留住，这个活了就叫留成吧。留下来就成啊。

你写我个人的东西，我不反对，但是一个最基本的东西就是，从小我是农民的孩子，吃苦、上学，就这么熬过来的，现在有了点小本事了，能干点活多干点活，仅此而已。

材料二：《如何向高官发问》[①]

如何向高官发问

寿蓓蓓

南方周末新闻板块，北京

写海南省长卫留成采访提纲是如何设计的，着实有些为难——地球记者都知道，写采访提纲是绞尽脑汁的思想过程，无论预先准备问题还是在现场追问，都缺乏故事情节可写。

不过交作业的由头还是让人开心的，采访卫留成的访谈稿《"做官我宁可糊涂，但干事我不糊涂"》获 2006 年 1 月南方周末新闻奖。这印证了高官访谈坚持走新闻路线才是正途，要做深度时政报道而非平淡的宣传稿才有价值，才不负印在《南方周末》新闻纸上。"好的选题是成功的一半"，这话同样适用于高官访谈，争取到好的采访机会很重要，不浪费采访机会也很重要。

然而有评委认为该报道获奖的理由是"准备非常充足，访谈中省长几度落泪"，我倒认为这种说法可以商榷。采访卫留成之前我和朱红军在饭桌上了解到他的不幸身世，当时我们掩饰着内心的兴奋交换眼色，但是个人生活的不幸在时政报道中仅仅是边角料，不是主体内容，因此在采访提纲中我只设计了两个问题：

"孩子的名字往往寄托着父母的希望，你的名字'留成'有什么寓意？"这里的"险恶用心"是引他讲出小时候生病被母亲扔掉，又被邻居捡回"留下来就成"的悲惨童年。

另一个是："有很多被查处的贪官是穷孩子出身，你觉得苦难童年对人从政后的作风，有没有规律性的心理影响？"后来在现场没来得及问。

省长哭了，新鲜；但重点是省长为什么哭——当时他在回忆已故的母亲和前妻——任何人对自己的人生伤痛都难免落泪，省长是否落泪不应是判断一篇

---

① 邓科主编：《南方周末：后台（第一辑）》，150～154 页，广州，南方日报出版社，2006。

政治人物访谈成功与否的标志，毕竟我们不是做《艺术人生》。比起省长的眼泪，他说到官场环境掣肘时一句“欲哭无泪”来得更有价值。

写此文时正值北京召开“两会”，对我们采访到卫留成起决定作用的海南省政府王秘书长，作为海南代表团成员来到北京，请他吃饭答谢时得知，卫留成此次赴京之前，包括央视新闻会客厅在内的七八家媒体传真到海南，要求在“两会”期间采访卫留成，统统被谢绝了。有记者在会场外拦住卫要求采访未果，当场愤愤不平地说：“可省长接受了南方周末寿蓓蓓的采访，写了两个版！”自从南方周末采访之后，卫留成不再接受任何专访，“至少在最近半年。”王秘书长说。

“你们的采访是最深入的，”他说，“多少家媒体来海南采访老卫，从来没有先对周围的人做‘预采访’。”

“为什么呢？”我问，“难道其他媒体没提出过预采访吗？”

“因为你们是南方周末啊，我知道南方周末的分量，”王秘书长说，“而且接受你们采访的时间长，没问完就增加一次采访，因为提的那些问题很吸引老卫。”这位可爱的秘书长在海南第一次见到我和朱红军时说：“我爱看《南方周末》。”立刻赢得我们的好感，并且没有辜负我们的信任，第二天强行从卫留成满满的日程中硬挤出一个时间段给我们采访。

盘点一下见报的35个提问，其中事先列在采访提纲上的有25个，不到全部问题的一半，另外10个是现场追问。事先准备的问题与临时追问的比例是5∶2。

在采访提纲上的25个问题中，14个来自看书面资料后的思考，11个来自预采访过程中的发现。

14∶11∶10，即“纸面上的思考∶调查后的发现∶现场追问”。这个比例是恰当的，一次扎实的访谈所经过的阅读分析、实地调查、追问，三者不可互相替代，我就从这三个环节梳理一下当初的准备工作。

啃资料

看书面材料是来者不拒、多多益善的。出发之前，我自己和新闻助理纪冰冰、马宁宁分头从网上搜了60页资料。我有一个奇怪的发现，不同的人按同一个方向查的材料居然毫不重复，完全可以互补。

记不清我和朱红军是11月14日还是15日到海口的，总之第一个星期，一事无成，我们之间的常用对话是：今天干什么？——在房间各自看资料吧。时间之充裕，以至于朱一度想在海南捎带做个题。

出发之前我们有意对海南方面隐瞒了动向，以防被挡驾。由于朱红军前期联络的努力，海南方面已有接受采访的意向，这次出差的目的是督促敲定具体采访时间，并对省长周围相关人员做预采访。我们很快发现了自己的一相情愿。

负责接洽此事的政研室工作人员见到我们吃了一惊，反复问怎么现在就来了——确定采访时间是一个不知耗时多久并且无法预期结果的过程，而没有确定采访时间，就不能安排政府各部门的预采访——如果最终没有采访成，岂不是白白骚扰一圈。他明确告诉我们：可能白跑一趟。朱红军立刻陷入担心自己谎报军情的焦虑中，我开玩笑跟他说："实在不行就闯省长办公室吧，这里警戒不严。"毕竟做专访必须对方配合，闯关只能是孤注一掷的下下策。

尽人事，知天命。现在回想起来，除了探视恰巧在海南吃坏肚子住院的同事鞠靖、看一场《哈利·波特与火焰杯》、去海滩乘快艇一次之外，在海南的大部分日子平淡而枯燥，因为一直在埋头苦读资料。

除了卫留成的各类报道和讲话，他到任后制定的《海南省行政首长问责暂行规定》、修订的《海南省人民政府工作规则》、2004 年和 2005 年所作的《政府工作报告》都是"考试"前的复习重点，尤其看"政府报告"是了解省情的捷径。

通过阅读材料列出很多具体的问题，有些可直接提问，有些需要经过前期的了解、核实再形成问题。

例如后来在第一次采访时我问的最后一个问题："你说过'要努力找到企业家与政府省长的最佳结合点'，你找到了吗？是什么？"这就是看材料直接得出的问题。卫留成回答之后自己不满意，第二次采访一上来就迫不及待地告诉我们，他在随后出席的书记办公会上走神了，一直在思考这个问题，梳理出自己满意的答案，"现在我可以重新回答你……"

实地调查

做时政报道有个尴尬之处，就是由于政府垄断信息，如果采访始终在外围转圈，无法打入核心，就拿不到硬材料，构不成报道的主心骨。在很多时候不是记者短时间下苦工夫就能弥补的，因此采访脱离政府常常是导致时政报道隔靴搔痒的操作上的原因。

以采访卫留成为例，在海南的实地调查分为两个阶段：长时间低效率的体制外走访，采访省长前对体制内官员的一天预采访。

安排预采访之前，我们拜访了一些体制外人士，有当地新闻界跑省长线的记者、熟悉海南省政经的专家学者。

从见报的提问来看，除了海南省委党校副校长廖逊（用到 2 个提问）之外，与其他人的交流都没有直接用于提问，远不如短短一天预采访的含金量高（用到 9 个提问)。换言之,假如没有争取到体制内预采访,提问的深度必将大打折扣。

例如,关于卫留成在海南推行问责制,雷声大雨点小,采访中我说:“问责制最重的处分是责令辞职和建议免职,到目前出台 10 个月了,投资环境投诉中心也已经结案 24 件,还没有一个处分结果比较重的例子。”引用结案数字时,卫留成瞪大眼睛说:“这个数字我都不知道。”十分专注地往下听,我接着说:“我们了解到一些人对新制度有比较大的期待,我想问的是,问责制迟迟没有用起来,是不是该问你省长的责呢?”

问责制落实的情况,是我们头一天特意从省监察厅查到的,当天像赶场一样去不同的职能厅,上午最后一站是监察厅,出来时已经下午 1 点了。

当晚王秘书长请我和朱红军吃饭。这顿工作餐颇有斩获,宾主聊兴甚浓,有些不可能对当地人讲的话告诉了我们这两个听得懂的外人,我感觉王也很开心有这样难得的说话机会。吃得越久收获越多,但我无心吃下去,因为晚上还要赶写采访提纲,第二天一早就上战场了。大约 9 点我们回到酒店,一小时后伍小峰、张立做完版从广州飞来,10 点多我趁着还不困回房间继续写,这时才刚有了开头,写到凌晨两点半强迫自己睡觉,为了到现场有力气提问。

我的习惯是了解所有情况之后写提纲,如同采访结束后写稿,预采访一天下来现写确实有点手忙脚乱。不过累积到最后不仅提问思路清晰,也可以往骨架上填肉了。

出差之前的打算是剖析卫留成从企业家到省长的角色转型,以及海南特区不特的前途,计划到海南考察方向包括海南发展新思路,比如填补前任空白的,前任未重点做、他重点做的;就职两年来的施政效果;如何适应环境及对环境的影响;私下打听省长与书记的关系,这些方向在实现中没有大的调整。

现场追问

酝酿采访提纲的过程其实是一个化学反应,吃下一堆材料问了一堆人之后,理性的思路变得鲜活了,一个个具体问题自己会跳出来,我的工作就是排兵布阵,按逻辑给它分堆儿,哪一嘟噜提问搁哪儿,调整前后顺序。

到了采访现场,提问顺序又会调整,是成嘟噜地调,有些问题自己是知道答案的,有些不知道,有些他回答的和咱事先了解的不一样,可能一个回答意外牵扯到另一嘟噜话题,那就顺势转移阵地,融会贯通。包括一些追问,有时并不是一句提问,而是把谈话内容引申到更深层次的叙述句,也是基于化学反应阶段的思考,如仅凭机敏、嘴快解决不了质量问题。

其实采访要做案头与调查工作是每个记者的常识,不是访谈所独有的工作程序，只不过由于报道形式单一，就要求内容更要吸引人，对记者的提问质量自然有更高的要求，准备问题时也就更不敢懈怠。

在我国，高官访谈不可能做成负面报道，如何把正面报道做得"不像"正面报道，尽可能具有新闻性，有深度，在业务领域的确值得探讨。我认为高官访谈的最高境界是能让访谈记者与访谈对象双方获益，不仅了解到官员在想什么，理解他们为什么这样想，还能提示他们可以有新思路、新想法，就有新闻可做了。通过我们的系列访谈，如果能有更多官员展示出新思维、高境界，这个国家就有救了。

（二）评析

在《"做官我宁可糊涂，但干事我不糊涂"》一文面世之前，作者寿蓓蓓已在《南方周末》供职多年，发表过多篇产生过广泛社会影响的深度报道。寿蓓蓓这次对卫留成省长的访问得到受访人的高度评价，其提问被认为很吸引人，卫留成省长还宣布此后至少半年之内不再接受任何媒体的采访。

那么，记者寿蓓蓓对背景材料的收集有什么可圈可点之处呢？

第一，珍惜来之不易的采访机会，访前准备工作充分。

高官访问机会的难得，要求记者访前的外围准备工作做到充分。高级领导人往往掌握着直接作用于社会的较为丰富的重要信息，是媒体权威信息、权威声音与权威信源的重要组成部分，对深度报道的信息深度常常可以产生结构性的影响。不过，高级领导人工作繁忙，是否接受采访，接受谁的采访，何时接受采访，如何受访，自有领导者的利益考量与全盘谋划，并与媒体之间形成了一种微妙的互动。所以采访高官，对于记者，尤其是地方非机关报媒体的记者颇为不易。记者寿蓓蓓充分利用《南方周末》的影响力与有关人脉，主动出击，让海南省省长卫留成作出接受采访的允诺。不过，接受并不等于现实，有机会若利用不当也会丧失机会或因采访不力而降低面访的新闻价值的含金量。从这一点意义上讲，态度决定效果。记者寿蓓蓓非常珍惜这一次采访机会，预先热身，提前赶赴采访所在城市备访，以至于他们到琼之日让负责接洽的海南省政府的工作人员吃惊。

第二，备访围绕探寻报道特色而寻找报道的突破口。

让高官接受记者的采访固然不易，但同样重要的是采访活动本身的成功。成功的采访，往往标志着受访人乐于开口，并有意无意间顺着新闻价值的规律与记者的良好愿望如实提供情况。而达到这样的目标，就要求记者能够琢磨透受访者的特点与新闻事实的新闻价值之所在，采访中将掘挖之镐一次次砸在要害。《南方周末》记者寿蓓蓓立足于当下现实、所在媒体定位与目标读者的需要，反复推敲、研判受访人。通过对大量材料的阅读与研究，记者紧紧抓住卫留成省长的独特之处，即刚刚由长期工作的大型国企高管位置向地方一品大员的转移。那么，在重要领导岗位的如此转移过程中，卫留成执政海南会有怎样的特点与特点的变迁，这些特点、风格又会与先在的海南官文化产生怎样的或融或撞？基于如是考虑，寿蓓蓓将未来的访问定调为官场伦理与人生理想的互动。正是因为备访能够抓住要害，才为后来现场采访激发受访人内心情怀创造了一定的条件，让卫留成省长情不自禁地打开话匣，并一度未能自控地落下热泪，为记者撰稿供给了宝贵的现场材料与典型的细节素材。

第三，书面资料准备较为广泛而扎实。

记者高度重视书面资料作用。寿蓓蓓的备访首先由书面资料入手，以之为整个备访工作的第一基础。从采访提纲看，寿蓓蓓准备提问的25个问题有14个来自研究书面资料后的思考。

记者搜集的书面材料有三个特点。一是数量大。寿蓓蓓说："看书面材料是来者不拒，多多益善的。"为此，她与助手抓紧时间，在网上搜集了60页的资料，阅读用时高达一周。二是范围广。举凡讲话报告、工作规则、人物身世等等，只要和受访人有关，对采访有用，记者就一概拿来。三是抓重点，抓要害。深度报道备访时间毕竟有限，故采写者必须睁大双眼，以寻找关键性材料为集材中心。记者寿蓓蓓根据采访的任务与特点，将新任省长施政的特色作为报道的突破口，将省长的政府工作报告作为了解省情的捷径重点研究，仔细阅读，比较揣摩，为采访提纲成型创立基础。

记者书面准备工作扎实。一是讲究发现问题。记者通过资料与现实的互动去研究材料，讲求利用资料发现问题。二是善于设计问题。三是先调查后写提纲。对于面访前的时间，记者不是平均使用，不是生硬地组织撰写提纲，而是主要用于研究材料，吃透相关精神。比如，记者寿蓓蓓在材料的阅读中发现新任省长对问责制处分条款的安排与实际执行之间是存在明显落差的。那么，为什么会有这样的落差？这样的落差说明了什么问题呢？问题的尖锐反而让有个性的官员产生了说话的兴致。只有吃透材料，采访提纲才能够水到渠成，瓜熟蒂落。记者寿蓓蓓可谓深谙此道。

第四，针对采访困难，进行特殊的备访。

高官采访，有特殊的难度。寿蓓蓓认为："时政报道有个尴尬之处，就是由于政府垄断信息，如果采访始终在外围转圈，无法打入核心，就拿不到硬材料。"为此，寿蓓蓓为了充分了解海南新任省长的情况，还摆脱无生命的书面资料而去与相关的人打交道，进行预采访。预采访的对象有二：一是采访体制内的专家、学者，如海南省委党校副校长廖逊。二是对体制内的海南省政府的相关下级政府机构，如省监察厅进行采访。这些预采访既帮助记者快速了解省情，又帮助记者在省政府执政能力上发现了一些颇具新闻价值的问题，为现场面访提供了良好的条件。

第三节 新闻事实材料的收集

一、 新闻事实材料的特点与种类

（一）新闻事实材料的特点

1. 真实

新闻事实材料来自现实，有真实的信源，又能回到现实验证，与现实的实际情况相对应、吻合。

2. 新鲜

新闻事实材料来自刚刚发生或正在发生的现实生活。如果说记者在手的新闻事实已经变为“遗体”的话，那么也还保留着体温，甚至身体内的血流尚未因事实刚刚结束而停止流淌。因此，记者获得新闻线索后应快速反应，立刻行动，及时捕捉，割开新闻事实的血管“放血”，否则很可能造成机会稍纵即逝。

3. 多样

新闻事实是多样的。它可能是事件性的，也可能是非事件性的；可能是事实性材料，也可能是事理性材料；可能是概括性材料，也可能是细节性材料；可能完整，也可能支离破碎；可能来自现场目击，也可能来自他人转述；可能是物证，也可能是人证，不一而足。

新闻报道必须在规定的现实条件下进行，如同戴着镣铐跳舞，自有特点。

（二）新闻事实材料的种类

按照不同的标准，新闻事实可以进行不同的分类。

按照材料的证实或证伪效力，新闻事实材料可以分为关键性材料与非关键性材料。

按照材料的获取环节，新闻事实材料可以分为第一手材料与第二手材料。

按照材料的来源，新闻事实材料可以分为人证材料与物证材料。

按照新闻事实材料的特点，新闻事实材料可以分为事实材料与事理材料。

按照材料获取者的身份，新闻事实材料可以分为记者或他人的现场目击材料与由他人转述、转交的非现场材料。

按照材料来源的社会地位，新闻事实材料可以分为官方材料与民间材料。

按照材料的生活领域，新闻事实材料可以分为政治材料、经济材料、文教材料、军事材料、社会生活材料，等等。

按照材料的信息疏密，新闻事实材料可以分为宏观材料与微观材料。其中，微观材料可以二分为形象的细节材料与非形象的数据材料等。

二、收集新闻事实材料的基本原则

（一）以真实、准确为关键，以厘清新闻事实真相为目标

材料唯有真实、准确才可用于新闻报道。为此，首先记者应尽可能亲临新闻现场，认真观察、询问、调查。新闻现场是新闻事实的原发地，即便刚刚过后也容易留下遗迹，由此索取的新闻事实材料最为可靠，又有助于报道者搜集宝贵的细节材料。曾任《南方周末》记者的刘天时在山西省静乐县采写《四个乡村教师的现实》①时，采取了新华社记者穆青的与采访对象"同吃同住同劳动"②的"三同"采访方法：采访对象干什么记者就干什么。"我主要是观察他们，细致地观察他们。那个老师做饭，我就帮他烧火，看他切那个已经切了一星期的卷心菜。"③在细节材料的获取上，记者要注意采访技巧。"比如……"，"您能举个例子吗……"，"这是不是像……"，向受访人这样提问，有助于提升获取细节材料的可能性。其次，记者应尽可能接近第一信源，重视第二信源。新闻事实的信源有当事人、旁观者、知情人、转述人等。其中，当事人属于第一信源，对获取真实、准确的新闻事实最为直接；旁观者、知情人的情况较为复杂，可能是当事人，也可能是非当事人，需要记者具体考辨。转述人一般属于第二信源。第二信源可以用来验证已经获取的新闻事实的真实性、准确性，在信源紧张时又会成为记者获取新闻事实材料的关键性信源。再次，在接近核心信源时，要注意谈话方法，讲求提问艺术。采访的谈话，讲究介绍式、讨论式、问答式、闲聊式、诱发式、激发式的合理使用；采访的提问，善于恰当运用两面问、正问、反问、侧问、设问、追问等方式，注意对问题的开放式提问与闭合式提问的有机配合。比如，中央电视台"东方时空"栏目在提问上倡导"粉碎性采访"。该栏目制片人时间以为："要让人说真话。真话是靠你的问题刺激出来的……让习惯听真话的民族成熟起来，以后谁讲假话，他们都会抗拒。"④由此可见这种着意于正面报道反面做的"粉碎性采访"，实际上属于激发式谈话。激发式谈话是这样的一种谈话方式：记者向受访者提出刺激性的问题以达到采访目的。意大利著名女记者法拉奇在专访中颇偏爱这一谈话方式。激发式谈话一般用

---

① 载《南方周末》，1999-08-27。

② 穆青：《第一次采访》，见《穆青散文》，9页，北京，新华出版社，2003。

③ 谢春雷编著：《揭开真相——〈南方周末〉知名记者报道手册》，210页，杭州，浙江人民出版社，2004。

④ 赵华：《央视〈新闻调查〉幕后解密》，139页，北京，中国广播电视出版社，2008。

于采访者与受访者之间有所敌对或意见不一的采访活动中，将之用于正面报道之中既淡化了激发式谈话的对立气氛，也有助于减少或克服既往正面报道的宣传色彩。所以，采访方法方式的运用，不在照本宣科，而在于根据实际情况灵活处置。

收集材料当以弄清新闻事实真相为目标。真实、准确的新闻事实因其可能仅仅属于局部、零碎的材料而仅能验证新闻事实的某一方面，故未必等同于新闻事实真相本身。而深度报道所反映的新闻事实因其复杂，则更不易获取事实的真相。所以，报道者收集材料既要注意全面、系统与动态，又要认真考核材料的真伪、性质、价值，辨析信源与新闻事实之间的关系以及这种关系对新闻事实真实、准确的影响。同时，注意信源的权威性。一般说来，第一手材料要比第二手材料接近事实真相。在对事实真相的逼近上，往往物证重于言证，现场材料重于非现场材料，官方材料多重于非官方材料。显而易见，物证作伪的可能性远小于言证，现场材料的证实力量强于非现场材料，官方材料在社会资源的占有上远较非官方材料有优势。不过，这又不能绝对，有时言证会有特别的证实力量，非现场材料会具备让真相原形毕露的特殊本领，非官方材料更因其草根性而多具有别样的证据的生命力。另外，细节材料有时具有特殊的证实或证伪的力量。

记者采访要注意开挖有关制度、思想等深层信息。这就是说，作为深度报道的报道人，采访时既要关心何人做了什么，还要关注何人为什么这么做而不那么做，更要关注这么做而不那么做的制度性、观念性的新闻事实。据龙志的《从“打黑英雄”到“黑社会保护伞”之路》一文介绍，警察肖强 2002 年因功被提拔到湖南省耒阳市公安局局长的位置之后却逐渐与当地的黑恶势力相互勾结，直到 2007 年 1 月被政府刑事拘留时已成为黑恶势力的保护伞而有负党和人民的重托。[①] 一般说来，当下我国内地的地市级公安局的公安局长涉黑未必能构成重大新闻。从昨日党的好干部、优秀干部蜕变为党和人民的罪人，目前并不止于原湖南省耒阳市公安局局长肖强一人，因此，记者采访时若仅关注肖强堕落的事实而不关注他由好变坏背后的制度性、观念性的复杂社会成因，就难免将新闻报道推向娱乐性报道，变读者为看客，并因此远离深度报道应有之境界。从这个意义上讲，《从“打黑英雄”到“黑社会保护伞”之路》[②]尚存未收集更开阔的新闻信息之缺陷。

（二）以苦为乐，拒绝先入为主

从事深度报道的新闻工作者应秉持以苦为乐的精神状态。新闻工作比较辛苦，从事深度报道更添其一份工作的艰难，不过，深度报道又以追求事实真相为目标，通过向社会传播较为重要的真实新闻信息并以之趋向于维护社会公正，推动社会进步，其工作的社会

① 伍小峰、陈海编选：《真相的力量》，152 页，广州，南方日报出版社，2008。

② 载《南方都市报》，2007-03-28。

意义是重大的，有助于个人社会价值的实现、提升。一方面，一分耕耘一分收获，深度报道采访的艰辛是有机会开花结果的。当今的各行各业，很少脱离得了操劳。不劳而获并不光荣。另一方面，报道者应秉持只问耕耘，不问收获的态度，过于功利反而于事业有害。人是动物又不止于动物，对于一个有志于以笔来维护社会公正，推动社会进步的有心人，从事深度报道是幸运，也是责任，有助于实现心理学家马斯洛所指向的人生最高境界。

拒绝先入为主。从事深度报道仅有良好的愿望是不够的。深度报道所面对的新闻事实的复杂性要求报道者在采访时必须坚持新闻专业主义精神。因此，为了弄清新闻事实真相，记者不可以凭概念框限自己的采访，将生活简单化，而应尊重事实，摒除先在的好恶，在事实不明的情况下一概中立，冷静方能从容。《三联生活周刊》副主编李鸿谷以为："一个媒体的记者应该跟矛盾双方都保持足够的距离关系。"李鸿谷在石家庄采访原河北省委书记程维高时说："我来不是来做你的敌人的，当然你也不要希望我会做你的朋友。我是你的倾听者：你告诉我，我来作个判断。我的判断可以跟你来讨论，你再看有没有道理。"[①]新华社记者吴锦才在分析近年来我国城镇拆迁纠纷这一报道对象时说："通过一定量的调查，把握拆迁户的利益诉求是否正确，十分复杂。从整体情况看，多数情况下，拆迁工作符合经济发展的大局，但也有一些政府出于错误的政绩观的支配，甚至有的地方还因为官商勾结的目的通过拆迁损害群众利益；就微观情况看，多数拆迁户是识大体，顾大局的，是循法知理的，同时也有少数拆迁户存在缺少大局观等思想倾向，有时出现过激行为。媒体组织这一题材的监督报道时，首先要下足的工夫是了解事情的来龙去脉，了解引发拆迁的实施方与被拆迁方之间纠纷的多种原因，理性进行判断。"[②]记者吴锦才发现了房屋拆迁工作的复杂性，但仅仅如此则是不够的。房屋是房主的个人财产。按照国家的法律，政府的工作应充分尊重房屋业主对自己所拥有产权的处置权力，并在此基础上处理政府利益与民众利益、公共利益与个人利益之间的关系，从根本上减少乃至于消除我国近年来在房屋拆迁中频发的暴力事件，尤其是房屋拆迁中的群体暴力事件。生活之复杂，常常超乎记者的想象，故记者应高度警惕，尽力避免因先入为主而不慎掉入不明的泥淖之内。

（三）注意保持平衡，多方收集材料

多方收集材料，确保事实可靠。新闻事实有时较为简单，获取较易，但更多的情况是复杂多变，因此弄清深度报道新闻事实的原貌并不是一件易事。而多方收集材料则有助

① 张志安：《记者如何专业》，251页，广州，南方日报出版社，2007。

② 卓培荣主编：《破解报道难题》，174～175页，北京，新华出版社，2007。

于准确地把握新闻事实的本来面貌。所谓收集材料的多方,指的是信源不能仅有一家,而应多多益善,且各家之间务必保持相对独立。由于主客观条件的限制与当事各方的利益,记者对获取的材料,尤其是言证、第二手材料须予以多方核查。新闻学对新闻事实的核实则推崇三角定位法[①],即必须有不少于两个及其以上的互不相连、没有利益勾缠的信源能够同时指明同一个新闻事实。[②] 此即多方收集材料的要谛。历史学核实史实讲求孤证不立,故新闻学的三角定位法和历史学的史实考据在思路上是一致的。

注意保持平衡,避免偏听偏信。对同一个新闻事实,向记者提供材料的各方因为观察角度与利益立场的差异,难免有意无意间有失偏颇,因此记者在对新闻事实材料的收集中应注意坚持平衡原则,善于提取各方,尤其是对新闻事实陈述与理解截然对立双方的表达,赋予各方平等的受访权利。《中国青年报》"冰点"栏目有两位记者在采访上呈现了不同的集材原则。这两位记者一个是"冰点"栏目的元老级记者蔡平,一个是乐于为该栏撰稿的后起之秀刘万永。蔡平在采访一方当事人、知情人的同时,会遗漏对立一方的采访。《世纪末的弥天大谎》[③]报道了一位患食道癌离世的村支部书记的政治真相。这位去世的村支部书记来自湖北省丹江口市均县镇闵家沟村。那么,这位叫闵德伟的基层干部究竟是位怎样的村支部书记呢?与丹江口市以及上级主管机构十堰市委、市政府公开号召在全市范围内开展学习闵德伟的活动截然不同的是,闵家沟村的当地村民却纷纷指斥闵德伟是个"典型的村霸"!从记者蔡平的报道与上海学者张志安对蔡平的访谈《最大可能去接近真相》[④]中可知,记者蔡平在采访时仅仅采访了反对闵德伟的众多村民一方,而对当事的另一方闵德伟的亲友、当地党委与政府则未予采访。显然,蔡平的这次采访是非平衡的。而记者刘万永的《一个退休高官的生意经》则不是这样。刘万永除了采访与原辽宁省阜新市委书记王亚忱有着很深矛盾并被阜新市公安局看守所关押多日的阜新市人大代表、华隆房地产开发有限公司董事长高文华一方,而且执意采访另一方当事人:曾历任辽宁省阜新市委书记、市长、市人大主任的王亚忱。刘万永说:"我肯定要去找王亚忱。如果找不到他,稿子是没法写的。不能只听高文华一方的,还要去找冲突的另一方去求证,听到解释。"[⑤]两相比较,刘万永所坚持的是采访的平衡原则。那么,究竟是蔡平的做法好还是刘万永的处置妙呢?新闻事实多数是非常复杂的,因此采访中让当事的各方,尤其是

---

① 《南方周末》记者翟明磊认为,三角定位法是记者采访新闻事实的当事人、当事人的对立面与中立方。见谢春雷编著:《揭开真相——〈南方周末〉知名记者报道手册》,122页,杭州,浙江人民出版社,2004。

② 刘明华等:《新闻写作教程》,28页,北京,中国人民大学出版社,2002。

③ 载《中国青年报》,2000-03-22。

④ 张志安:《报道如何深入》,103～109页,广州,南方日报出版社,2006。

⑤ 张志安:《记者如何专业》,150页,广州,南方日报出版社,2007。

矛盾的双方发言，就容易推动事实真相于事实陈述的比对中浮出水面，将事实做铁。即便一时无法弄清真相，那么获取矛盾双方的各自陈述并将之付诸于深度报道的写作背景中，也是对新闻事实真相的充分尊重，是实事求是精神的具体体现。显而易见，刘万永的举措不仅优于蔡平的处理，而且体现了《中国青年报》的进步与新闻专业主义精神的健康成长。

（四）依法采访，注意保护党和国家的机密

包括深度报道在内的新闻报道属于公益行为范畴，其采访活动应该遵守公共活动的底线：法律。这就是说，新闻报道的采访活动要控制在国家法律允许的范围内之内，而不能搞特殊化。有的报社记者未经允许“潜入海军 361 潜艇基地。……惊险，混进军事基地，像当间谍一样……伪装成遇难家属。装作聊天嘛，然后在心里强记下来，到僻静处记录”。[①] 国家的军事安全往往事关国家的重大得失与人民群众的根本利益，新闻报道尊重国家的军事秘密，中外皆然。从前述某报记者擅自暗潜军事重地，违规获取军事机密而不知错的行为看，将新闻报道权利凌驾于国防安全的意识或潜意识的现象在新闻界并非孤立。中华全国新闻工作者协会 2009 年 11 月 9 日修订的《中国新闻工作者职业道德准则》第 3 条规定：“要通过合法途径和方式获取新闻素材。”因此，依法采访，注意保护党和国家的机密，就有必要一再强调。

三、 收集新闻事实材料的基本环节

深度报道新闻事实材料采集过程中的基本环节大体有五，此即准备、接触、整理、完善与鉴别。

（一）准备

俗话说得好，不打无准备之战。准备工作与成功密切相关，离开准备工作则难有成功，而成功源自准备工作的充分。深度报道所面对的新闻事实较为重大、复杂，故采访耗时较多，时间上稍可从容。但遇突发性新闻，记者在第一时间赶赴新闻现场的同时也要抢时插空进行一定的准备工作，如利用奔赴新闻现场的途中时间思考采访的计划。同时，报道者在准备阶段应考虑报道的未来可能遭遇的主要困难。新华社浙江分社的记者潘海平回老家江西省吉安县探亲时获悉老家竹产业遇到的特殊困难：江苏省的一家企业将常年从江西省吉安县购入的 10 多个竹产品申注成有争议的外观专利，致使江西吉安企业外贸

---

① 黎勇编著：《真相再报告——与 18 位中国知名记者对话》，198 页，广州，南方日报出版社，2008。

受限，整个外贸产业链条断裂，全县近25万竹农收入锐减。为了避免不必要的麻烦，新华社长三角采编中心鉴于记者潘海平为江西吉安人而主动实施回避，另派新华社江苏分社记者姜帆、新华社江苏分社主办的《现代快报》记者裴文斌调查、报道江西省吉安与江苏省某企业的竹产品外观专利争议一事。新闻稿发出不久，江苏省的那家企业公司的老总勃然大怒，向中宣部、新华社总社领导写信控告新华社记者潘海平不执行回避制度，挟私报道，要求严厉查处。事情风波的最后结局是不仅新华社长三角采编中心在江苏那家公司老总的控告中安如磐石，而且国家专利局在复议时还将江苏省那家公司的有关竹产品外观专利的申请予以撤销。[①] 如果新华社长三角采编中心事先忽视记者采访的回避问题，那么就难免让一场积极的新闻报道活动最终陷入被动而不易自拔。准备是成功的基础。

准备要力求周全。采访的记者及其小组班底可将从新闻线索、受访对象、社会资源到物质手段等诸方面尽纳眼底。宽阔的视野有助于减少甚至消除未来采访工作的死角与可能的遗憾。

准备要重点突出。记者在新闻事实的采访中不能平均用力，而要根据新闻事实的特点、任务确定重点，注意对关键信源、集材难点、事实特色、接触路径、采访步骤等予以必要的规划，充分估计采访中可能遇到的困难，强化采访的可行性、计划性、实用性。李菁、平湖的《银广夏陷阱》一文正是这么做的。该报道披露了广夏（银川）实业股份有限公司从1998年至2001年间通过股票造价而欺骗广大股民的不当行为。不过，以一家媒体的力量来坐实广夏（银川）实业股份有限公司的股票造价内幕，却委实不是件易事。《财经》杂志社的记者凌华薇为《银广夏陷阱》一稿"付出很多心血，花了很长时间"[②]。经过长期的调查，《财经》杂志社终于明白弄清广夏（银川）实业股份有限公司股票造假的"关键在天津海关。……这些造假分子胆大，但不一定做得很周密"。记者凌华薇于是深入天津海关采访，"海关给她查了银广夏在全国海关的出口，并且还盖章证明"[③]。广夏（银川）实业股份有限公司股票造价的迷雾由此云开雾散，得以大白于天下。因此，无论采访任务多么重大，时间多么紧张，完稿多么紧迫，记者均应抽出一定的时间预先对采访的重点进行一定的规划。

准备要追求细致。常言说的好，细节决定成败，准备是否细致是采访工作是否成熟的重要标志。记者备访时要注意区分事件性新闻与非事件性新闻的差异，留心正面报道、负面报道与中性报道之间的异同。除了采访的"软件"，记者还要注意"硬件"建设。比如，及

① 卓培荣主编：《破解报道难题》，186页，北京，新华出版社，2007。

② 据《财经》杂志社常务副主编王烁，见张志安《报道如何深入》，38页，广州，南方日报出版社，2006。

③ 张志安：《报道如何深入》，38页，广州，南方日报出版社，2006。

时整理通讯录，临行前准备若干支笔，对照相机、笔记本电脑、录音笔等工具在出发前予以必要的检查。小事不周，也常会误事。

（二）接触

接触是采访的主体环节，指的是报道者亲临新闻现场或与有关当事人、旁观者、知情人通过面对面或电话等方式沟通，获取信息。

循序渐进与灵活变化兼备。2006年4月，新华社"新闻热线"获悉湖北省汉川市政府下达红头文件，给全市的市直机关和各乡镇农场分解喝酒任务，全市各部门全年喝本地产的"小糊涂仙"系列酒价值总目标为200万元，完成任务的按照10%奖励，完不成的通报批评。新华社"新华视点"栏目的记者闻讯后采取了如下采访步骤：首先，赶赴当地，通过线人获取湖北省汉川市的相关文件原件并拍照；随后，到乡镇了解基层被分解的喝酒任务；再次，去公安、法院、纪检等政法职能部门了解情况；最后，与负责起草文件的汉川市市政府办公室负责人见面，了解政府文件起草的来龙去脉。[①] 新华社"新华视点"栏目记者的采访颇有章法。不过，事情总是复杂的，记者还应该善于随机应变。《南方周末》记者甄茜受命调查中华绿荫儿童村创始人胡曼莉是否以孤儿名义聚敛钱财时，在胡曼莉曾经工作过的武汉市钢花中学获悉胡曼莉前夫的姓名与工作单位。胡曼莉的前夫是报道的重要信息源。但是，记者并不知道胡曼莉前夫现在在拥有几万人职工的武汉钢铁公司的哪个具体部门工作。怎么办？记者甄茜有自己的办法：先到武汉钢铁公司宣传部与大家熟悉；继而在第二天获得公司内部的通讯录；第三步，按照通讯录以公司宣传部的名义逐个单位询问，用时一天半终于查到胡曼莉的前夫。[②] 随机应变要注意审时度势。《南方周末》记者寿蓓蓓2007年春采访国家卫生部部长高强，在受访人接受媒体采访一家接一家的情况下，时间紧凑，也就只能拣最关键的问题提问，个别未及询问的重要问题则现场讲出难处，然后按受访方的要求随后以书面方式提交。[③] 总的看，该报记者的这次采访任务已大体完成。不过，这样的随机应变能力来自采访的反复磨炼，只有功到才能自成，倒也不能性急。

采访要主动、积极。首先，记者要努力克服困难，善于审时度势，主动出击。《南方周末》报记者傅剑锋在青海省西宁调查当地林业部门监守自盗，盗卖国家珍贵的保护动物金雕一事颇为不易。通过耐心做工作，记者终于在青海省见到盗卖金雕的目击者，并由此获得了虐杀金雕分子的电话。采访至此，还远未结束。为了获取核心事实，记者除了让同事以欲购金雕老板的秘书身份与虐杀金雕分子联系之外，还独闯青海省野生动植物资源管

---

① 卓培荣主编：《破解报道难题》，174页，北京，新华出版社，2007。

② 谢春雷编著：《揭开真相——〈南方周末〉知名记者报道手册》，241页，杭州，浙江人民出版社，2004。

③ 邓科主编：《南方周末：后台（第二辑）》，92页，广州，南方日报出版社，2008。

理局和青海省森林公安局。在工作人员一概不予理睬的情况下，记者直接敲击青海省林业局局长办公室的门板，做通局长工作，由局长指示省局下属各单位配合受访。[①] 其次，采访的积极、主动还表现在重视身边的每一个线索，而不因提供线索人物的身份、社会地位而忽略任何一个线索。还是前述傅剑锋的那一次青海采访，记者获悉购买金雕标本的黑市则来自出租车司机。一个出租车司机能有什么能耐？但就是当地的出租车司机指着出租车刚好路过的西宁市人民公园对乘客傅剑锋说："黑市就在眼前。"该处此前虽遭警方打击，但贩卖金雕的行为并未收敛，只是稍加隐蔽而已。[②] 而出租车司机每天接触各色人物，对当地的黑道信息常多有耳闻，其间就有可能蕴涵着于外来记者而言十分珍贵的信息线索。

采访要冷静、理性。《中国青年报》记者刘畅认为："对公众负责是"记者"工作的基本态度和信念，不煽情，不歪曲，不遮蔽，忠实报道事实。"只有"对客观事实高度忠诚，才能实现对公众与社会高度忠诚。"因此，"铺天盖地、无尽无休的赞美、讴歌，会成为一种干扰、妨碍真相的假话和噪音"。[③] 记者采访以弄清新闻事实真相为皈依，心静则脑明，脑明方能及时发现问题，寻找到突破口。首先，要学会倾听。只有善于倾听，才有助于了解事实。有几点注意，首先，要因人而异。这个"人"，指的是受访对象。要留意、分辨有相关利益的受访人所述其间的客观性与主观性，留心受访人所展是否存在破绽、矛盾，防止被对方不当利用。

其次，采访要真诚、守信。媒体采访要立足于整体利益与长远利益，而不能走短期行为路线。只有从此不再采集新闻信息，才会只做一锤子买卖。对于与新闻事实没有相关利害的受访人，记者应真诚，以诚相待；对于存在相关利益的受访人，记者也要开诚布公，注意坦诚，不适合表达的可以不说，但说则实事求是，用国务院总理温家宝 2009 年 2 月说给英国《金融时报》主编巴伯的话是："我给你讲的一定是真话，但是我不一定把所有的话都告诉你。"[④]2008 年社会上流传的有关"防记者"段子虽起因复杂，但仍值得新闻界思考。

再次，努力寻找矛盾，核实事实真相。与受访者接触的一大好处是有利于厘清事实真相。中央电视台"新闻调查"栏目 2003 年暮秋播放的节目《派出所里的坠楼事件》很能说明这个道理。2002 年 6 月 16 日中午，湖南省益阳市居民刘骏在被益阳市益鑫泰派出所第二次传唤之后的数小时后由益鑫泰派出所的二楼坠地。居民刘骏 45 岁的生命在派出所内画上句号，是因为什么呢？益阳市赫山区人民检察院的调查结论是刘骏系坠楼导致严重颅脑损伤而亡，而死者刘骏的家人则怀疑刘骏在坠楼之前已于派出所内失去性命。

---

① 邓科主编：《南方周末：后台（第二辑）》，30 页，广州，南方日报出版社，2008。

② 邓科主编：《南方周末：后台（第二辑）》，31 页，广州，南方日报出版社，2008。

③ 黎勇编著：《真相再报告——与 18 位中国知名记者对话》，12～14 页，广州，南方日报出版社，2008。

④ 《温家宝接受英国〈金融时报〉专访》，载《人民日报》，2009-02-03。

死者刘骏之所以生前不止一次被益鑫泰派出所传唤，是因为死者与益鑫泰公司总经理胡资生有过节：死者为了其由益鑫泰公司老年服务社处租用的三间房屋尚未到期而被益鑫泰公司强行拆除受损，在6月15日进入益鑫泰公司总经理胡资生家中论理，并被胡资生向益鑫泰派出所举报。益鑫泰派出所原为益鑫泰公司的前身益阳市麻纺厂保卫处，直到2000年该保卫处的一部分才划归公安局成为派出所，且派出所与益鑫泰公司保卫处在同一座楼内办公，益鑫泰派出所工作人员的工资也来自益鑫泰公司并经市公安局划转。刘骏生前曾多次实名举报益鑫泰公司总经理胡资生本人存在导致国有资产大量流失等问题。在如此背景下，对刘骏死亡下结论就不能不细加推敲。在刘骏死亡时，有三个人均在现场参与了对死者的两次传唤而干系重大：一是益鑫泰派出所的警察卢晓剑，二是益鑫泰公司保卫处经济民警钟浩，三是益鑫泰派出所的所长劳益穗。其中卢、钟在刘骏的坠楼案案发现场。中央电视台记者通过益阳市政法委等机关得以面访劳益穗、卢晓剑、钟浩。而卢晓剑、钟浩两位此时对刘骏坠楼情况的介绍，与他们接受益阳市赫山区人民检察院的询问笔录之间是存在出入的。同时，记者还面访了益阳市人民检察院政治部副主任刘芳。刘芳原为检察院技术科主任。她根据尸检情况以为刘骏的死亡合乎高坠致死，而益鑫泰派出所二楼高度不过四米左右，故由益鑫泰派出所二楼坠落不在高坠范围之内。受访人刘芳因此承认刘骏的死因是存在于益阳市赫山区人民检察院结论之外，即由派出所二楼的非高坠死亡的其他可能性的。显而易见，记者的面访等直接接触可以及时沟通信息，当场互动，有助于发现漏洞，由事实框架、细节材料逼近、核实事实的准确性。

（三）整理

记者每次采访结束后应尽可能及时整理采访笔记，趁热打铁，充分利用记忆的遗忘曲线及时整理采访所得，有助于发现笔记中可能存在的不实、遗漏等缺陷，尽早补充、丰富采访内容。如果仅仅因为疲倦等主观因素放弃对采访笔记的事后及时整理，那么待休息、调整好之后却很有可能再也回忆不起来当初采访时的一些重要信息。

（四）完善

一些采访由于种种原因而未能实现根本目的，或存在一些漏洞，如有关的主要材料、关键材料还不完整、系统，有关的次要资料还未稳定。如此一来，报道执笔就没有进入成熟阶段。在这样的情况下，新闻事实的采访尚需完善。如果问题较大较多，可考虑采取面访弥补；如果问题较少较轻，可以通过电话、电子信件、书面信件等予以补充。

（五）鉴别

采访工作结束后，报道者应该对收集到的写作材料进行认真、细致、严格的鉴别。鉴别材料，要识别材料的真伪，认识材料的性质，估量材料的意义，掂量材料的作用。材料若鉴别不足，则后患无穷。

四、采访新闻事实材料的方法要点

（一）先易后难

先易后难有利于采访顺利。先易，为后难提供基础，创造条件，有助于降低信息获取的难度。

在具体操作路径上，按照先易后难的要点，采访上一般可先外围材料，后核心材料；先基层，后上层；先行为材料，后心理材料。有学者喻之为“不断紧缩的圈”[①]。先外围材料，有助于记者弄清新闻事实的事由、来龙去脉，找准事实要害，搞定问题所在，瞄准核心事实的方位。先基层材料，有助于记者发现问题，为采访社会上层创造条件从而找准合适的受访对象，弄清提问什么，如何提问。《阿星杀人事件透视》的报道者、《南方都市报》记者姜英爽说：“敏感的问题后问，而且要艺术地问。”[②]《中国青年报》女记者蔡平结合《枪声响过之后》以为：“从上面了解到的情况往往是被曲解的。我到村里先不去见农民而是先找到这个农民的邻居，我想看看这件事情本身是怎么回事，知道这个事情是怎么发生的。”[③]蔡平采写《枪声响过之后》一文正是通过先到基层问农民，在基层调查时又先从当事人的外围邻居入手而由外而内采访的。先行为材料，有助于探清发生了什么，并在此基础上探寻发生了什么后面的为什么发生，追寻发生了什么背后的心理动因。《中国青年报》记者卢跃刚说：“采访时不关注人而只关注事。这样的新闻作品，就相当于一张薄薄的纸，轻飘飘的，一捅就破了。新闻事件是社会的、历史的，更是人的，一个立体的人呢，他有感情，有心理动机，他的一系列行为构成了社会事件。”[④]

当然，先易后难是一种原则，尚需根据具体情况灵活调整。

（二）根据新闻事实的不同特点对症下药

新闻事实气象万千，千姿百态。它或简单，或复杂；或宽阔舒缓，或瞬息万变，不一而足，记者不根据新闻事实的不同特点对症下药，将原则性与灵活性相结合，则不足以应付深度报道的写作。对于正面报道与负面报道，记者的采访路径就应各取一策。正面报道

---

① ［美］B. D. 伊图尔：《当代媒体新闻写作与报道》，435页，北京，中国人民大学出版社，2006。

② 张志安：《报道如何深入》，237页，广州，南方日报出版社，2006。

③ 张志安：《报道如何深入》，104页，广州，南方日报出版社，2006。

④ 张志安：《记者如何专业》，4页，广州，南方日报出版社，2007。

的受访者多是报道的受益人，故一般不仅不会为难报道者，反而会对采访持支持、欢迎、配合的立场。自上而下，往往是这类采访活动最佳路径的必然选择。在自上而下的采访过程中，记者先领导层后被领导层，上层领导下指示，下面的次领导或被领导层则要配合，这样的采访往往是顺利的，能更好地、更便捷地落实采访任务。相反，负面报道的受访人多是新闻报道活动的受损害方，他们常常调动种种手段对采访设障，或是派出力量到媒体或媒体的上级主管机构进行公关活动，让深度报道胎死腹中。因此，负面报道的采访一般宜自下而上，且以稿件快采快写快编快发为上，令被报道者失去通过公关等途径毁坏报道的时间余地。《中国青年报》记者刘畅在采写《惨剧真相扑朔迷离——聚焦山西繁峙金矿爆炸案》时选取的采访路线为由下而上：①乡村→②乡→③县→④市→⑤省。[①] 天下没有不透风的墙，既然上层偏爱捂盖子，那么，记者就应直接扑向基层。这不仅因为基层易访，而且因为新闻现场常在基层，事实真相的部分甚至全部也在基层。较之先从上层开始，先由基层入手反多易获取负面信息。同时，通过由下而上的采访路线，记者可以用来自基层的事实真相面对上层，并由此从上层那里逼问更多、更关键或另外的事实真相信息。如果不善于根据新闻事实的不同特点采取相应的对策，采访的失败比率就难免大幅攀升。

（三）注意由利益入手来打开局面

报道者所期望的受访对象是否接受采访，如何受访，是否乐于吐露实情，吐露怎样的实情，原因多样，动机非常复杂。受访人对记者采访要求的反应，可能基于道义，可能基于私利，也可能是道义与私利的混合体。不过，是否受访与如何受访则大多是基于一定利益考量的必然结果。一般说来，采访的利益受益方接受采访容易、主动，采访的利益受损方接受采访困难、被动。人的行为总是受趋利避害支配的。因此，道德不是受访对象是否接受采访，如何受访的常规主要动因。同时，受访人与采访人之间的利益互动，可能来自个人利益，也可能来自集团的利益，是否受访，如何受访，有时又不是受访人个人所能左右的。有一个报社的新闻学专业实习生通过电话联系当地某家出版机构获得国家图书奖一等奖的第二负责人时说："谭总编，您好！我是某某报社的实习记者田某某。贵社近日获得国家图书奖一等奖，这是我市第一次获此殊荣。我们想对此进行报道。贵社的一把手刘总编现在外地开会，下周一才能返回，您看我们怎样采访您？"田记者这样开场会有怎样的结果，需细加分析。首先，是否接受采访，如果接受应该说什么，作为第二负责人的谭总编需要和第一负责人协商，故是否现在就接受采访在两可之间。其次，田记者是在联系出版机构第一负责人刘总编无果的情况下才转而联系第二负责人谭总编的，这就使得本来

① 黎勇编著：《真相再报告——与18位中国知名记者对话》，7页，广州，南方日报出版社，2008。

已属接受两可的采访变得乏味。于是，这位谭总编在电话中回答："那你就下周直接采访刘总编吧！"所以，田记者的上述话语不仅未能说到拟受访者谭总编的心上，还在一定程度上引起受话人的厌烦。一般说来，在无明显利益的牵连中，民间、非官方的人士、机构接受采访容易，官方的人士、机构接受采访的难度转强。因此，深度报道记者在采访中必须审时度势，明察秋毫，注意由利益入手，并根据不同的利益格局采取不同的采访对策。

第一，对于与新闻事实没有利害关系的一般人，记者要真诚相待，培养自己人际关系的亲和能力。新华社记者朱玉说：她"比较容易和各类人接触，不紧张"①。《中国青年报》记者刘畅说："善良、平和、富有爱心，就会融化人与人之间互不信任的坚冰。"②

第二，注意保护线人。新华社记者慎海雄介绍：新华社有记者在核实事实时，把记者稿件传到被批评对象那里，结果泄密，导致向媒体提供新闻线索的举报人处境危险。③ 记者这样做，不仅不道德，而且因为威胁到新闻线索来源的安全性，使新闻线索渠道的稳定性大受干扰，反过来会降低媒体的可信任度，成为媒体自身生存、发展空间的自我打压，并进而削弱民众的新闻知情权。对此，《南方周末》报记者杨海鹏有清醒的认识：记者保护线人"不仅是道义使然，同时也能获得社会资源的可持续支持，以后即使你在采访时出现困难，他们会冒风险帮助你"。④

第三，对新闻事实的当事方可以利益为杠杆来撬开对方的嘴巴。《南方周末》记者张立采访发生在湖北省京山县的佘祥林时，困难不小，佘祥林妻子的家人因为系佘祥林案责任方之一而对前来采访的十几位记者一概拒访。记者张立则另辟蹊径，瞄准对方的心理弱点开口，说，"我刚从公安局采访出来，局长说，这案子办错了，主要责任嘛，是她家人（指佘祥林妻子家人）一口认定女尸是她家的"，即佘祥林妻子家人发现女尸是佘祥林的老婆。对于记者张立的如此开腔，佘祥林妻子的家人会如何反应呢？面对记者所转述的公安局的表态，受访人又会怎样应对呢？当然责任外推。因此，不出记者所料，佘祥林妻子的大哥闻言一下子就跳了起来："我就知道公安局会这么推，记者同志，我告诉你，事情根本不是这样的。"⑤《南方周末》记者的采访成功，在于记者开口就找准受访人的心理软肋，触动了对方的痛点。

第四，换位思考。采访者与被采访者之间的互动，究其根本在于心理的触碰。通，方可顺利；若各说各话，则采访很难成功。因此，记者善于立足受访者的位置，从对方的阅

---

① 黎勇编著：《真相再报告——与18位中国知名记者对话》，115页，广州，南方日报出版社，2008。

② 黎勇编著：《真相再报告——与18位中国知名记者对话》，13页，广州，南方日报出版社，2008。

③ 卓培荣主编：《破解报道难题》，187页，北京，新华出版社，2007。

④ 谢春雷：《揭开真相》，152页，杭州，浙江人民出版社，2004。

⑤ 黎勇编著：《真相再报告——与18位中国知名记者对话》，197页，广州，南方日报出版社，2008。

历、思想、处境、得失诸处着眼，则容易进退自如，获得可以拿到的材料，也是知己知彼，百战不殆在采访活动中的折射。这一点对于采访那些面临或已被放在法律或道德的审判台的受访者则更为重要。新华社“新华视点”采编室主任陈芸说：“闻过则喜的单位和个人，我们还没有遇到过。”[①]因此，通过换位思考，记者努力寻找这么一个着眼点并以之形成突破口，即对受访者而言，接受采访比不接受采访有利，讲比不讲有利，讲透比吞吞吐吐有利。每个人的言行都有其自身的逻辑性，尽管这个逻辑可能合法，可能遵从公序良俗，也可能忤逆常规。记者放弃先在的概念，尊重事实，从杂有个人利益的受访人的心理逻辑出发接触受访者，那么，包括那些对记者抱有成见甚至敌意在内的受访人，尤其是犯罪嫌疑人或罪犯就容易趋向配合，开口放出一些真心话。

第五，求尺得寸。求尺得寸法，可见于《南方周末》报的记者傅剑锋。它指的是记者在采访时并不直接道出自己的采访意图，而是先向受访者抛出一个比记者本想知道的秘密重大得多的秘密，在受访者拒绝之后再提出自己真正想提出来的问题。这么做，就使得受访者因为拒绝了一次而不好意思拒绝相形之下重要性要小得多的提问。记者傅剑锋称这一方法在他自己的“采访中屡试无不爽”[②]。

五、个案分析

（一）个案：中央电视台《天价住院费》

《天价住院费》[③]

中央电视台《新闻调查》栏目

2005年11月23日播出

被采访人：

富秀梅　患者翁文辉的妻子

翁强　患者翁文辉的长子

于玲范　哈尔滨医科大学第二附属医院心外科重症监护室主任

郭小霞　哈尔滨医科大学第二附属医院心外科重症监护室护士长

丁巾　哈尔滨医科大学第二附属医院输血科主任

---

① 卓培荣主编：《破解报道难题》，200页，北京，新华出版社，2007。

② 黎勇编著：《真相再报告——与18位中国知名记者对话》，153页，广州，南方日报出版社，2008。

③ 黎勇编著：《真相再报告——与18位中国知名记者对话》，45～58页，广州，南方日报出版社，2008。

杨慧　哈尔滨医科大学第二附属医院纪检委书记

高松　哈尔滨医科大学第二附属医院物价科科长

谭文华　哈尔滨医科大学第二附属医院副院长

王雪原　哈尔滨医科大学第二附属医院心外科重症监护室医生

马育光　水利部总医院原副院长心外科专家

翁小刚　患者翁文辉的三子

演播室：

去医院看病对很多家庭来说都很让人发愁，因为现在昂贵的医药费已经成为了沉重的负担。前不久，黑龙江省哈尔滨市的一位观众向我们反映，他的家人在医院住了67天，光住院费就花去了将近140万，平均每天花去2万多。这么高额的费用，是不是真的？如果是，钱又是怎么花掉的？《新闻调查》记者对这一事件展开调查。

(解说)翁文辉生前是哈尔滨市一所中学的离休教师。一年前74岁的翁文辉被诊断患上了恶性淋巴瘤。因为化疗引起多脏器功能衰竭，今年6月1号，他被送进了哈尔滨医科大学第二附属医院的心外科重症监护室。之后的两个多月时间，他的家人在这里先后花去139万多元的医药费。高昂的医药费并未能挽回病人的生命。

富秀梅：真是，老头儿这死的真是死不瞑目，不是说他死了以后闭不上眼睛，就是我们家属到现在为止每想到这件事的时候也睡不着觉，心跳马上就加快。

(解说)在老伴住进医院重症监护室的两个月时间里，医院给富秀梅留下深刻印象的是两件事：买药和交钱。

富秀梅：6点钟不打电话，7、8点钟护士长打电话交钱。每天，开始6月1号、6月2号两天交了18万块钱，3号就马上通知交钱。当时我们为了救人根本没有想别的。从此以后就是每天交5万块钱。每天，第二天早早的又要交钱。

(解说)富秀梅保留着二个月来在医院给老伴交费的每一张收据。67天住院时间，他们共向医院缴纳了139.7万多元。平均每天将近2.1万元。

富秀梅：我们从来没欠过医院一分钱，只要他提出这个药，不管是多贵，我们都是想尽办法，就是你要从他身上去割肉我都得让他割，为了给老头儿治病是不是。

(解说)翁文辉夫妇以前都是中学教师，自己远没有能力拿出这么多钱看病。父亲的医疗费主要是由他们经商的大儿子翁强承担。

记者：这样每天几万块钱的花费，对于中国的绝大多数家属估计都是无法承受的。

翁强：如果从做儿女的来讲呢，你说付出几百万我认为就是几千万它也值。它不像是一个生意。所以那个时候我们肯定不会考虑它有多大的经济效益或者有多大的价值，或者有多大的意义，对我来讲，一分钟，只要能挽救一分钟，我都不会放弃的。

（**解说**）几百万元的花费没能挽回老人的生命。今年8月6日，翁文辉因抢救无效在医院病逝。在料理后事准备和医院结账时，一个意外的发现让翁家对那一摞巨额的收费单开始产生了怀疑：在住院收费的明细单上，记载着病人使用过一种叫氨茶碱的药物，但是翁文辉对氨茶碱有着严重的过敏反应。

富秀梅：不管是住哪个医院，一进去之后首先跟医生声明氨茶碱不能用、磺胺不能用、去痛片不能用。这些都是严重过敏的，都在那病历的上面给写上，注明。这个我们也是一再声明。最后就问他，他们就说这个药我们没有给你们用，那么没用的话打在这个单子上，那这说明什么问题？

（**解说**）为什么病人应该严禁使用的过敏药物会出现在收费单上？收费单背后还有什么？几经努力，翁家8月12日从医院复印到部分病历资料。这些病历非但没有解决他们的疑惑，相反，带来的是更多的不解和震惊……

翁强：你现在看到的这份化验报告。这个化验报告，我父亲是2005年8月6号凌晨去世的，可是8号还有化验单。比方说像这个也是，收到日期8月8号，报告日期8月8号，这是我父亲的名字翁文辉。我父亲6号就去世了。这是8号的报告，胸水化验。我也不知道这个胸水是谁的，化验的菌是谁的，因为6号已经就去世了，8号还有化验单。

（**解说**）按照医院的收费标准，胸腹水常规检查每次收费32元，在患者翁文辉去世后两天，还出现了两次检查，收化验费64元。

富秀梅：越看这里面问题越大。就拿这个输血，一天就各种血，血小板、白血球，输了是83袋，16 000多毫升，这是输血。

（**解说**）在7月31日的收费账单上，记者看到，这一天医院收了翁文辉22 197元的血费。

富秀梅：还有这一天的量。你可以看看这个，这个盐水一天给用了106瓶盐水。一瓶是500毫升，106瓶是50 000多毫升。再加上葡萄糖用了20瓶。这20瓶也就是10 000多毫升。70 000（毫升）再加上血10 000（毫升）多，将近100 000毫升，那要装水桶装多少桶，我们想想看？何况用血管给你输进去，这人能活吗？不能活吧！

(解说)富秀梅告诉记者,除了向医院交纳139万元的医疗费用外,他们又在医生的建议下,自己花钱买了400多万元的药品交给医院,作为抢救翁文辉急用。家属开始怀疑,这些药品到底有多少用在了翁文辉身上。

富秀梅:买的那些药,国内有的是买不到的药,儿子就到国外去买药,买的那些药都是非常贵重的,花了几百万。他们把这些药用到哪儿去了?他们有的用到老头儿身上,有的后来这些药不翼而飞了,不知道哪儿去了?这药下落不明。

(解说)如果加上自购药,两个多月时间,翁文辉的医药费超过500多万元。但是这500多万元,家属认为很多地方花得不明不白:为什么严禁使用的过敏药会出现在收费单上?病人去世后的化验费用是怎么产生的?一天之内,又怎么能输入106瓶盐水?这些仅从常理来看就让人难以置信的问题到底是怎么回事呢?

(解说)哈尔滨医科大学第二附属医院有着50多年的建院历史,年出院病人5万余人次,是当地一所著名的三级甲等医院。患者翁文辉就是在这家医院的心外科重症监护室里度过了他生命的最后时光。今年11月初记者来到了这家医院,见到了心外科重症监护室主任于玲范教授。作为科室的主管,她组织并亲自参与了对翁文辉的治疗。

于玲范:这个患者我们付出了百分之二百的努力,现在我们也不明白他为什么就是不满意。不满意他有三十多条,我们医院每个都进行调查了,他说那些东西甚至我们最后连收费几分钱的都给他查到了。我们不但没有多收,还少收了。

记者:130多万还有漏收的?

于玲范:对。

记者:为什么会有这么高呢?

于玲范:为什么?就是因为他这个病实在是太重了,他要求我们医护人员全力抢救,全力抢救的代价就是得高额医疗费。

(解说)重症监护室,英文简称为ICU,是为了救护危重病人而设置的一种新型病房。由于ICU里配备了监护仪、呼吸治疗机、麻醉机等先进复杂的医疗设备,它的使用费也比一般的病房高出很多。于玲范主任告诉记者,翁文辉这个病人住进ICU的时候,病情十分危重,所以对他治疗护理的强度非常高。从翁文辉的住院费用明细单来看,治疗强度的确很大,比如输血,在67天住院时间内,翁文辉总共输入了25.8万元的血液制品,其中7月30日这天,一天输血就达94次。

记者：那这个一天之内在这个账单中输血费收了94次，是不是意味着输了94袋血？

于玲范：94次，这个我跟你说句实话，那我不好回答你，我不太清楚这个问题。这也可能不是什么，你说问题也可能不是什么问题，但是我们不知道是怎么回事。你一会儿找输血科和护士长，可能一下子就说清楚了，就是一目了然的东西。就是我不太清楚这个东西。

（二）分析

1.《天价住院费》所报道的新闻事实典型，社会意义重大。

第一，节目所报道的新闻事实是个别的。事件发生在黑龙江省哈尔滨医科大学第二附属医院，住院的病人是位叫翁文辉的75岁的老翁，为病人支付医疗费的主要是病人正在经商的大儿子。这个大儿子很具经济实力，但也正因为这样病人家属在和医院结账时才接到一份住院仅67天住院费却接近140万元的医院收费单据，病人平均每日用费2万元。如果加上病人家属交给医院的外购药品，这位叫翁文辉老人的医药费则更高，超过500万元人民币。高得让人咋舌的医疗费因此不再是神话。事件确实少见、离奇。

第二，节目所报道的新闻事实又是普遍存在的。那就是医疗机构不按照医疗规律行医，而是利用医学治疗的技术壁垒巧立名目从患者那里多收费、滥收费、高收费，国有医院不再一心救死扶伤，实行革命的人道主义，而是利用党和政府赋予的行业垄断权力挖空心思从广大患者那里榨取经济上的私利。相形之下，只不过哈医大第二附属医院的多收费之高，滥收费之胆大特别突出，社会影响更恶劣，因而也就更具媒体报道解剖的代表性。

第三，社会危害重大，人民群众深受近年来医疗界巧立名目多收费、滥收费之害，党和政府的公信力也因此蒙羞。正是因为我国医疗界近年来愈演愈烈的多收费、滥收费、高收费，广大的人民群众看不起病，不敢就医，延误治疗，全民健康深受打击。老百姓对此非常不满。而《天价住院费》所披露的就医病人虽然有属于富人阶层的子女为之付费，但其合法的经济收入并不能成为医院巧立名目无理榨取的对象。医院多收费、乱收费、高收费近年来已经成为一颗严重干扰我国社会稳定，影响社会主义现代化建设健康发展的毒瘤。作为党和人民喉舌的新闻媒体，有责任对这一类严重危害党和人民利益的丑恶现象予以曝光。

第四，由于种种原因，医疗界多收费、乱收费、高收费的黑幕尚未得到充分披露，人们对此更多是感受而缺乏见得到的扎实证据。《天价住院费》的记者郭宇宽说："医疗是人们长期关注但又找不到突破口的一个领域。这跟孙志刚案其实很像，像这个领域，它完全是个黑箱，谁能进到这个看守所里？谁能知道里面发生的一切呢？你根本不知道。你只能听着，道听途说听一些传闻，但刚好有一个案例，这个案例可以把这个黑幕撕开一角，你把这个话题给踢爆了，那就是一种比较成功的事情。”①

第五，医疗卫生业属于公共事业范围，②商业化只能成为促进医疗卫生业公共服务健康发展的途径而不是根本目的，医疗卫生业的改革必须在公益性与商业性之间寻求良性的平衡与互动。从根本上讲，媒体是人民用以沟通信息的平台，是落实人民知情权的重要渠道。而社会主义为人民服务的根本宗旨更应将我国的媒体打造为维护人民群众合理合法利益的信息平台。在社会转型时期，我们媒体的工作重心之一是向社会弱势群体倾斜，抑制强势集团、强势人物不当利益的膨胀。在医患双方，专业技术壁垒而形成的信息不对称则益于医疗机构而不是患者，故医疗机构在一般情况下成为强势方。《天价住院费》对哈医大附属二院乱收费黑幕的报道，无疑有助于打击一个时期以来我国医疗卫生界以乱收费来坑害患者、牟取私利的歪风邪气。

2.《天价住院费》采访路线正确，为新闻事实的真实、可靠提供了有力的保证。

第一，记者采访目标明确、集中，直指问题要害。栏目此次要调查的问题是医患双方对医院收费的争执与院方是否存在乱收费、多收费、高收费。那么，在患者向医院缴纳的139.7万多元医药费中，记者如果将所有收费项目全部调查清楚，一律罗列，从医学技术考察能力到调查所需的时间花费则都为媒体所难以承担。打蛇要打七寸，故记者紧紧围绕三个充满疑窦的具体问题进行调查。这三个问题如下：一是为何医院在患者翁文辉8月6日于医院病逝后的8月8日仍有化验收费？二是为何医院在患者家属已一再向医院声明患者翁文辉对药品氨茶碱过敏的情况下仍然存在使用氨茶碱的账单？三是为何医院向患者家属提供的结账账单有单日输液高达8万毫升以上的记录？院方在接受记者的采访中，对上述三个问题均未能拿出令人信服的解释。这足以证明患者对医院收费的质疑充分而有力。

第二，记者采访争执双方时一视同仁，给予当事双方平等的受访权利。从当事双方看，患者家属一方期望媒体介入，通过媒体传播己方的陈述与意见，故接受记者采访态度积极；而当事的另一方医院在接受记者的采访上并不主动，还多有推脱。但记者并未因此放弃对院方的采访，而是采访执著，先后采访了医院的党委副书记兼纪委书记杨慧、分管医院医疗工作的医院副院长谭文华、心外科重症监护室主任于玲范、心外科重症监护室护士长郭小霞、输血科主任丁巾、医院物价科科长高松与患者翁文辉的主治医生王雪原，

① 黎勇编著：《真相再报告——与18位中国知名记者对话》，38页，广州，南方日报出版社，2008。

② 朱仁显主编：《公共事业管理概论》，7页，北京，中国人民大学出版社，2003。

这就赋予矛盾双方同样的受访话语权，有利于哈医大附属二院是否存在乱收费的事实真相水落石出。显而易见，没有记者对医患双方的平等采访，医院方强词夺理、欲盖弥彰的窘迫就很难跃然于银屏。

第三，记者的采访充满了证伪意识与核查精神。记者如果在采访中对受访人言听计从，则难免因为受访人的主观因素而导致所获材料真假杂糅甚至真伪难辨，有碍事实面目的厘清。显而易见，证伪意识与核查精神有助于弄清事实真相。比如，面对患者主治医生王雪原对医院乱收费的揭露，记者并未盲目采信，而是推敲其他的不止一个的可能性。记者一问："作为这个医院的医生，你今天站在病人和病人家属的立场上，指出这个医院在管理方面的问题和你的上级的问题，你有没有受到病人家属的压力?"二问："你们之间如果不是压力，有没有某种利益呢?"

第四，记者注意由受访人的切身利益入手获取重要信息。这在记者调查医院为患者翁文辉单日输液高达8万毫升以上一事上表现得特别突出。对患者的三大质疑，医院对药品氨茶碱进入结账账单、患者死后仍有化验单虽以写错人名、填错日期做出了说明，但一直无法解释患者翁文辉何以在24小时之内多次过量输液，如7月30日输液高达8万毫升以上这一账目数据。面对这一无法合理解释的要害问题，医院的诸医疗环节的工作人员开始相互推卸责任：重症监护室主任于玲范说："我们不知道是怎么回事，你一会儿找输血科和护士长。"护士长郭小霞则说："输液量绝大多数都是根据医嘱来执行的，我觉得作为一个护理这不是我的内行。我们主要是执行医嘱，去找护理人员。"而输血科主任丁巾则断然否定他们会让过量的血液出库，因为"到病房，它没有保存血液这个条件，我们都让它分次取"。医院内部三方各自撇清自己的结果，使单日输液超过8万毫升账单的责任开始显露出来：医生，只有医生才有权力下达如此账单。但是，这样一来，主治医生王雪原则罪责难逃，势必成为天价医药费一案的牺牲品。而这为王雪原无法忍受。那么，无论出于多么复杂的动机，就是从保护自身无责无罪的利害出发，主治医生也无法沉默。于是，主治医生王雪原找到记者，"表示愿意说出他所知道的真相"。署名"王雪原"的医嘱单，只有25%左右的笔迹是王雪原本人的。这位医生还进一步披露：第一，科室主任于玲范指示科室的两位住院医师在王雪原本人不在的情况下以"王雪原"的姓名签署医嘱。第二，在王雪原接受医院调查组询问的前一晚上，王雪原接到于玲范警告他慎言的电话。第三，王雪原曾将翁文辉病案的实情以书面材料的形式告知医院调查组。第四，患者翁文辉的家属交给医院的大量的高昂药品去向不明，存在挪作其他患者治疗使用的可能性。第五，曾经的医院调查组的调查不正常，心外科重症监护室的主任、护士长曾指挥医院调查组如何工作而不是自己接受调查。记者从主治医生王雪原处获得的材料颇为关键：可以使医院方所说的医院未在翁文辉病案中乱收费而是少收费的结论无法成立。

第五，记者的采访较为细致。比如，采访输血科主任丁巾，丁否认重症监护室主任于玲范的科室可以从输血科预先领出血液制品以便翌日用血的说法。对此，记者向输血科的丁巾追问于玲范的说法有没有另外的可能性："会不会因为ICU的科室和你们科室的某一些人工作关系比较好，破了特例呢？"

第六，记者的采访较为全面。记者既采访了医患争执双方，又采访了千里之外的中立方的医学专家；既询问了事件的结果，又探询了事件发生的社会背景。水利部总医院原副院长马育光的受访，为发生在哈医大第二附属医院的收费是否天价、离谱、怪诞提供了较为科学、权威的判定信源。

第七，记者采访注意形成证据链条。记者在对医院一方的采访中，并未仅走上层路线，只接触医院的最高领导层，而是对医院与此次治疗相关的诸重要环节一个不漏地一一探访。而不同工作环节上的工作者对事实陈述中的异同，则让媒体的探视目光大幅度地逼近事实真相。比如，关于科室由血液科的日领血量，重症监护室的主任于玲范、护士长郭小霞、输血科科长丁巾三人的陈述是不一样的：于玲范以为能够差额领取，郭小霞不置可否，丁巾则以为不可能。那么，于、丁二人陈述之间的对立说明两者必有一方说了假话，或者都不正确。记者对医院党委副书记兼纪委书记杨慧的采访也颇出彩：

记者：你们的结论是什么？

杨慧：我们由于对于他的照顾，我们少收了不少钱。

记者：少收了钱就是结论？

杨慧：对。

记者：能否解释一下什么样的情况可以使得输血费一天最后在收费单上达到了94次？

杨慧：这个具体问题我没法回答。

记者：那您明白的问题能向我们介绍一下吗？

杨慧：在目前为止我只能说这些。你还想问什么问题，我们具体工作的同志给你解答。

这位医院的纪委书记一方面将此次医患争执定性为医院少收了钱，另一方面又说不明白少收钱的根据。其自相矛盾反而使医院不敢如实面对哈医大二院乱收费的真面目得到证实。

当然，中央电视台《新闻调查》栏目的采访也并非毫无瑕疵。《天价住院费》的编导项先中事后总结经验时说：《天价住院费》"这个节目从专业角度看不是一个特别优秀的节目。……比较遗憾的是因为医学知识的欠缺，在调查中，有些关键的环节和调查点遗漏了。比如有关血滤的问题等等”。[①]

总的看，中央电视台《新闻调查》节目《天价住院费》的采访是成功的。互联网上对该报道后续讨论的不同声音[②]，恰恰证明了节目的成功，证明了中央电视台《新闻调查》栏目记者的采访是多么深刻地触动了敏感问题。

---

① 央视国际《访〈新闻调查〉编导项先中："闲散"人重"体行"》，2006 年 5 月 25 日，见 http://www.cctv.com/news/society/20060525/103021.shtml。

② 《央视新闻调查〈天价住院费〉后续讨论，正在缩水、净化中，请大家包涵》，见 http://mdc-degree.mdchome.com/dxyz-b210-53-t-4938566。

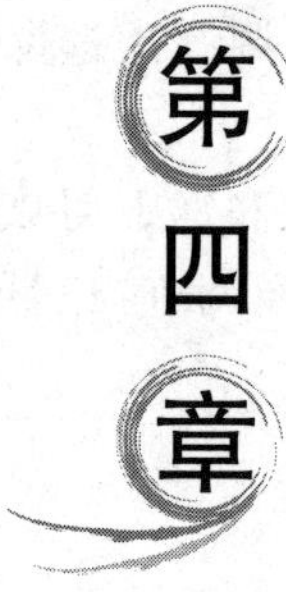

第四章 深度报道的思想

第一节 深度报道思想的特点与作用

一、什么是深度报道思想

（一）界定

深度报道思想丰富而又相对集中。

深度报道思想应是丰富的。所谓思想，指的是思维活动的结果，属于理性认识，一般亦作“观念”。[①] 由于思想既是客观存在于人的意识中的反映，又是经过认识主体一定的思维活动而产生的一种主体活动，因此，一篇深度报道的思想应是丰富的。

深度报道思想又应相对集中。一篇深度报道尽可以思想丰富，但丰富的思想之间若缺乏有机联系，甚至于相互矛盾，则与报道有百害而无一利，也从一个方面征兆了报道尚未臻成熟的状态。深度报道思想属于深度报道的思想群，离开思想“领头羊”的领导势必群“羊”无首，散沙一片，失去内在的逻辑性。而这大体相当于深度报道主题的思想就是深度报道思想。深度报道思想，即深度报道的中心思想。深度报道思想应该是蕴涵在报道中的新闻事实的有机组成部分，不能与报道中的议论等非叙事性话语直接画等号。深度报道思想包括三个方面的内容：①主题，即一篇报道的基本思想。②如为多篇构成，深度报道思想又受新闻报道思想节制。③如果多篇深度报道的每一篇存在其他比较重要的次思想观念，那么其间在子篇中起中心

---

① 《辞海》三卷本，4392页，上海，上海辞书出版社，1989。

思想功用的次思想观念则必须接受深度报道总思想，即总主题的节制。

（二）深度报道思想与新闻报道思想

深度报道思想与新闻报道思想有同有异。

首先，深度报道思想与新闻报道思想之间具有相同点。双方都是关于新闻报道的基本指导思想，是报道主体在报道中所直接或间接传达的观念，是蕴涵在新闻事实之内的主观认识而不是事实材料本身。新闻工作者在组织一个时期的系列深度报道之前，一般要根据党的方针要求与事实，设计一个时期的系列报道的基本思想，这个基本思想就是新闻报道思想。新闻报道思想，指的是贯穿在一系列新闻报道之内的主要或重要的思想观念、情感。所以，无论深度报道思想，还是新闻报道思想，在自己所作用的范围之内都具有指导、规约作用，成为记者、编辑选择材料与衡量各路思想的重要指标。

其次，深度报道思想与新闻报道思想之间又有所区别。一是作用的范围不一。新闻报道思想作用的时间较为长期，空间也较为开阔，而深度报道思想的作用对象具体而明确，仅限于此次或此轮的报道。二是信息性质不一。较之深度报道思想的一次性、具体性，新闻报道思想则较为稳定，粗线条。三是使用者有所不一。新闻报道思想的使用者以媒体的编辑体系为主，成为各个层级编辑人员用来衡量具体新闻报道是否合乎当下本媒体报道要求，能否沿着本媒体编辑方针所指引的方向报道的重要标准。而深度报道思想的使用者主要是记者，由记者取之于材料并衡之以此次或此轮的新闻报道。

二、深度报道思想的特点

（一）时代性

深度报道思想与时代密切相关。时代，指的是历史上以经济、政治、文化等状况为依据而划分的某个时期。[①] 而时代性，指的是深度报道所报道的当下一个较长时期的稳定而进步的发展趋向。深度报道的这种时代性主要表现如下：第一，来自新闻事实，密切依托新闻事实。新闻事实来自时代，而时代性则成为深度报道思想新闻特性的具体折射。第二，对新闻事实的升华。与一般新闻报道不同，深度报道既要依靠新闻事实，尊重新闻事实，又要思考新闻事实，拷打新闻事实，努力找寻规律，找寻原因，找寻时代脉搏的跳动与时代的发展趋势。第三，现实针对性。深度报道从来不是记者闭门造车、苦思冥想的产物，而是新闻工作者用双脚丈量大地与用大脑思索新闻事实的产物。优秀的深度报道往

---

① 《现代汉语词典》，第3版，1143页，北京，商务印书馆，2002。

往植根于证伪意识与战斗精神之中。

（二）导向性

导向性是当前社会主义中国深度报道的特色所在。现在，深度报道在思想上必须坚持四项基本原则，鲜明地传播马克思主义，传播党的基本路线与当前的方针政策，有所弘扬，有所批判。政治家办报的最突出的特点就是坚持报道的政治导向性。在这一点上，我们一如既往。

关于导向性与中性化的关系。近年来，我国包括深度报道在内的新闻报道有越来越多的中性化发展趋向。所谓深度报道思想的中性化，指的是面对复杂的新闻事实，报道没有明确地站在事物矛盾的某一方去拥护什么、反对什么。这在一部分人看来简直是大逆不道。新闻报道，尤其是机关报的新闻报道岂能允许没有鲜明的观点呢！那么，深度报道的中性化与导向性之间是否存在内在矛盾呢？这要看中性化是如何在深度报道中出现的。

不少深度报道出现报道思想的中性化在所难免。与一般报道不同的是，深度报道处理的新闻事实往往比较复杂，牵涉着方方面面。面对这些复杂的新闻事实或新闻现象，媒体必须改变过去的完成时处置法，而要采取进行时的报道策略，变一事一报为一事多报。这样一来，报道者一时就非常容易缺乏足够的能力对报道对象的是非曲直进行准确而快捷的判断。如果仓促之间决定意见的取舍，自然颇易将危险的种子植入报道之中，潜伏下对未来报道的伤害。比如，在关于浙江省海盐衬衫厂厂长步鑫生的报道中，最初在面对步鑫生的成功时，媒体的报道一边倒：一味肯定，不留余地，有的报道还获得了新闻奖；但是，当后来步鑫生失败时，还是这些记者，却又口诛笔伐，一味否定，不留余地。这样的报道显然片面、不真实。报道中的这种随风倒是不负责任的。我国新闻界为此交了不菲的学费。历史的经验值得借鉴。为了维护新闻真实性原则，摆脱这种报道工作两难的最佳态度，深度报道不少时候确实需要报道思想的中性化，即先不下结论，而仅仅着重于陈述事实，介绍不同的主张。2003 年，在中国肆虐的非典型性肺炎是否是由于果子狸将冠状衣原体病毒传染给人类的？解决如此复杂、艰难的问题，如果脱离科学家扎实的科学研究就难免演化为闹剧。而扎实的科学研究是需要一定时间的。因此，在此之前，记者绝不应鲁莽地充当裁判员。记者应该做的实际只有一点，即：报道事实，静观变化。中性化不是不要结论。一旦事实真相水落石出，报道者就应该立即报道应该怎样与不应该怎样。这样的中性化实事求是，值得肯定，也需要提倡。

回避矛盾不属于报道思想中性化。有的报道者不想得罪新闻事实所涉及的有关当事人，不想得罪有关读者群从而影响到报纸的发行量，或是干脆就只想让读者轻松娱乐，于是在新闻报道中追求新闻报道思想的平面化与不疼不痒。深度报道思想中性化的出发点与落脚点是维护新闻真实性原则，追求的是新闻报道的社会责任。而回避矛盾将深度报道思想平面化、低俗化，是伪中性化，并不值得提倡。

（三）知识性

马克思主义是科学的世界观与方法论，更多的是原则性的要求，不可能对不断发展的大千世界作出全部的结论。因此，深度报道思想的知识性就表现为在马克思主义指导下，汲取进步的人类文明，面对新闻事实，在遭遇具体学科、具体事物、具体问题面前，不是仅凭感觉、感情、印象办事，而是尊重客观规律，尊重新闻事实无以回避的具体的专业科学知识的理论、科学方法，从而为新闻报道提供了学科专业的基础，推动专业知识性，即知识性将深度报道的思想予以逻辑性的梳理。深度报道思想的知识性在经济、法律、科学、工程建设的深度报道中往往风头强劲。知识性，是深度报道执著于信息深度的一种必然折射。

（四）服务性

服务是为集体（或别人的）利益或某种事业而工作。[①] 而新闻报道的服务性指的则是新闻报道专心为满足读者的具体要求而工作的精神。

在新中国前 30 年的新闻报道中，新闻报道强调报道思想的指导性，而不大讲求服务性。随着新闻改革的逐渐深入，现在的新闻报道出现了鲜明的服务性倾向。这集中体现在两个方面：

第一，关涉报道思想教化性时，报道强化思想为读者所需，对读者个人的思想成长、生活方式进步有所裨益。郭梅尼的《一个普通的灵魂能走多远》[②]、夏欣的《归来吧，妈妈》重视的是深度报道在思想上对读者个人进行人生启迪。相反，尽管作者江华是位优秀的记者，但他的《访国内唯一公开病情的艾滋女大学生：我拒绝怜悯》[③]的确存在瑕疵，那就是报道对这位因为异国恋而染上艾滋病的中国当代女大学生朱力亚缺乏必要的批评。朱力亚染上艾滋病有值得同情之处，报道者也不应该先入为主，仅止于道德评判。来华的外国人什么样的都有，抱着出国、享受等思想与外国，尤其是发达国家的男性在并无深入了解与感情的基础上交朋友、发生性关系，在当下的女大学生中并不少见。因此，我们的媒体有责任发出必要的警示，起码要告诉我们的姐妹或女孩子不要沉湎于梦境：现实生活中和外国男性发生性关系，并不是只有鲜花而没有包括健康在内的危险陷阱。因此网友抨击新闻人物朱力亚“首先就应该反思自己的愚蠢”[④]并非没有道理。

---

① 《现代汉语词典》，386 页，北京，商务印书馆，1978。

② 载《中国青年报》，1984-11-10。

③ 载《南方人物周刊》，2005(5)。

④ http://news.163.com/05/0601/09/1L5C3PA20001122D_2.html。

第二，强调新闻报道的思想对读者个人具体生活的帮助。如，当地住宅楼盘走势，高考前后关于招生规模、考试范围、录取程序等情况，医疗改革，养老制度的改革，对这些事关民生的深度报道，强调的就是报道思想的实用性。

（五）组织性

深度报道思想具有内在思想纹路的系统化趋向。所谓组织性，指的是深度报道思想讲求通过对分散思想的安排来使之具有一定的系统性或整体性。深度报道思想的组织性，与深度报道的规制相关。深度报道有时单篇，但有时则由空间的或时间的多篇组成。深度报道又是一个动态的报道过程。对新的涌现、发现，甚或之前的深度报道的不足，如有必要，均需在后续中跟踪、补充或纠正。同时，深度报道思想还受由本报、本版、本栏目所构成的编辑方针系统控制，追求上级的编辑方针与具体的报道任务的有机结合。深度报道思想并不能仅由记者单方决定，而是采编合作，进行分散与系统的有机整合。深度报道所涉及的思想之丰富、复杂，都使深度报道在思想上具有一般新闻报道所难忘其项背的鲜明的组织性。

三、深度报道思想的作用

（一）“新闻用事实说话”辨

“新闻用事实说话”是一个形象化的说法，指的是新闻报道要用新闻事实与其他事实来表达报道者的意见。这里的所谓“说话”，本喻指“意见”。

长期以来，“新闻用事实说话”成为控制新闻报道方法的铁律。影响颇大的由中国人民大学汤世英等撰写的《新闻通讯写作》一书以为“用事实说话是新闻写作的基本方法”。[①] 何为基本方法？就是元方法，方法之方法，是其他方法不可背离的方法。认为新闻用事实说话是新闻写作的基本方法，就意味着新闻报道中的任何方法在写作时都必须以“用事实说话”这一方法为指导，离开了用事实说话，任何其他新闻写作方法都无以使用。这样的看法显然不合乎新闻报道实际。为什么这么说呢？第一，并非所有的新闻报道都要传达意见，尤其是报道者的意见，毕竟新闻报道的基本功能是传播新闻信息而不是宣传教育。第二，“新闻用事实说话”仅仅是客观报道的一种重要方法。通过事实来传达报道者的思想主张，能够使报道者意见的传播变得间接、隐蔽，意见更易为受众在潜移默化中接受，获取与非客观报道截然不同的传播效果。也正是这样，新闻用事实说话又被新

---

① 汤世英等：《新闻通讯写作》，58页，北京，中国人民大学出版社，1986。

闻宣传所大力借用，并成为新闻宣传的基本方法而非新闻报道的基本方法。毫无疑义，新闻用事实说话可否使用，如何使用，一切当因地制宜。作为报道方法，客观报道与非客观报道各有千秋，相互之间也难以替代，新闻用事实说话仅仅是包括深度报道在内的新闻报道的一种主要方法。

（二）深度报道思想的作用

1. 影响深度报道的品位

深度报道思想对深度报道的质量有直接影响。所谓品位，指的是物质的质量。[①] 深度报道是比较重要的新闻报道。一方面，在新闻五要素中，记者对"何因"的获取难度往往较大，另一方面，深度报道所报道的新闻事实因其重大、复杂而对报道主体的认识能力有较强的要求。《泉州"缺工"20万》[②]一文报道2003年开春以来，福建省泉州市民营企业缺工严重，直接原因是泉州不能善待外来打工者，如克扣民工酬金、政府保护当地企业违法违规的做法，受损民工投诉无门。不过，报道对"何因"的分析是不到位的。实际上，《泉州"缺工"20万》所报道的新闻事实反映了如下现实局面：在一个当时毫无商榷权的社会条件下，作为弱势一方的农民工唯有通过集体缺席的方式来反抗当地现实社会规制的不合理。这样的"何因"，既折射了市场经济的进步，又反映了现实社会的弊端。这是多么重要的"何因"啊！这说明，如果思想认识跟不上去，那么，即使报道选题选对了，报道者也挖不全或挖不出选题中所包蕴着的含金量，不能不影响到报道的分量，甚至于糟蹋了好好的写作材料。同时，由于深度报道常涉及方方面面的利益取舍，就更加需要报道者综合考量长远利益与短期利益，整体利益与局部利益，进行恰当的拿捏。报道者对于复杂的新闻事实若缺乏关于何因的深究，有时反倒易对读者产生误导。报道乡村女教师卖身供弟弟上学的《平时是天使，周末是魔鬼》的作者傅剑锋介绍：这篇深度报道通过女教师徐萍的家庭命运变迁，观察乡村伦理被透支的情况，以及后税时代乡村基层公共财富薄弱与教师待遇的关系。但是，在一个充满如此多冲突与矛盾的事件面前，普通读者如果没有合适的评论是很容易出现误读的。[③] 深度报道《平时是天使，周末是魔鬼》这篇深度报道充分说明深度报道所报道的新闻事实复杂的可能性。那么，处理特别复杂的新闻事实时，记者应该有正确的认识，在必要的时候还应该将之表达出来。而这样的表达，可以通过新闻评论的途径，也可以通过非新闻评论的途径，如深度报道言简意赅的非叙事话语同样可以帮助读者识途。《工人日报》的孙德宏说："一篇优秀的新闻作品最关键的是主题如何深刻并具有某种启示性、震撼力，以及如何按新闻自身的独立品格（比如'客观'）来准确而恰当地实现

① 《现代汉语词典》，第3版，976页，北京，商务印书馆，2002。

② 新华社2003年5月19日电稿。

③ 邓科主编：《南方周末：后台（第一辑）》，186页，广州，南方日报出版社，2006。

这个主题。”[①]思想是深度报道新闻信息的开掘利器。在对思想的依赖上，深度报道远较非深度报道程度深。因此，深度报道之深不仅在于报道主体对新闻事实把握的深入，还在于对新闻事实认识的“更上一层楼”。

深度报道思想又是检验深度报道是否自觉践行本媒体编辑方针的一块试金石。林天宏等人的《天通苑成长记》[②]报道的是地处北京市北五环以北两公里处的一个有着60万人口的叫做“天通苑”的社区从1999年建立以来10年间的成长过程。这是一篇正面报道。不过，坚持社会主义民主与理性建设的精神又贯通该文的全部。报道的这一精神为刊发报道的《中国青年报》所尊奉，也恰恰是“冰点”栏目所高扬的灵魂所在。

2. 统领深度报道全篇

深度报道思想在深度报道中具有统帅作用。在深度报道的采写作过程中，一旦主题形成、确立之后，报道的其他要素均处在受主题管理、支配的地位。清初的王夫之在《姜斋诗话·夕堂永日绪论》中说：“无论诗歌与长行文字，俱以意为主。意犹帅也。无帅之兵，谓之乌合。”[③]这里的“意”，指的就是作品中的主题。深度报道也是这样。《南方周末》记者南香红说：“写作的最佳状态，所有的东西都经过了思索、消化，尽在掌握之中。这和你‘混’在素材中的感觉完全不同。”[④]而《京冀拒马河水权之争》[⑤]的报道者胡杰介绍：在经过“连续五六天的采访，我的一个采访本也基本记满了。……要动笔了，这才感到头绪繁多，有点无从下笔”。“我用了两天的时间来清理思路。……在我看来京冀水权之争……触及国家对水资源的管理问题以及对水权使用者是否公平对待的问题。”当报道者的主题思想因此明确之后，也就“终于想清了结构”。[⑥] 依作品主题表达的需要来取舍、安排材料，调度作品的有关形式诸要素，是深度报道的基本原则。深度报道思想既来自材料，又用以梳理材料，这就是清代李渔《闲情偶寄》中的所谓“袖手于前，始能疾书于后”。

第二节　深度报道思想的要求

概而言之，深度报道思想的要求主要有四：正确、新颖、深刻与协调。其中，正确是基本要求，协调也在基本要求的范围之内，而新颖、深刻则属于深度报道不可或缺的高级要求。

---

① 孙德宏：《在历史与现实间追问人的价值》，见董广安等主编：《中国高级记者成名作·通讯卷》上卷，191页，郑州，河南人民出版社，2004。

② 载《中国青年报》，2009-07-01。

③ 郭绍虞主编：《四溟诗话·姜斋诗话》，146页，北京，人民文学出版社，1961。

④ 徐列编：《〈南方周末〉人物报道手册》，26页，广州，南方日报出版社，2006。

⑤ 载《新京报》，2004-02-25。

⑥ 新京报编：《新调查·新京报调查报道精选》，239～240页，广州，南方日报出版社，2006。

一、正确

（一）何为正确

正确的深度报道思想，可用六个具体标准衡量。一是符合事物的本来面目，符合客观规律，符合科学原理。这是深度报道思想正确的基础。二是符合人民群众的根本利益、整体利益与长远利益。新华社记者朱玉说："不去为老百姓的利益呼唤，那要记者干什么？"[①]人民的利益应该高于党的利益。三是符合马克思主义的基本原理。四是符合当代中国的马克思主义，即邓小平理论、"三个代表"重要思想和科学发展观理论，更不能违背。五是符合党的政策与法律。政策是国家、政党为实现一定历史时期的路线和任务而规定的行动准则。[②] 法律是由国家制定或认可，体现统治阶级意志，以国家强制力保证实施的行为规范的总和。法律与国家有密切联系，通常由国家制定的法律、法令、条例、决议、指示等规范性文件和国家认可的判例、习惯等表现出来，并由国家强制力保证其实施。[③] 两相比较，政策显得作用短期、多变，而法律则因作用于长期而趋向稳定。六是符合健康而正确的民族道德观念与人类的优秀文化。在这六条标准中，第一条与第二条最为关键，其余四条不过是前述两条的具体表现。2008年年末，"二战"以来最严重的经济危机在包括我国在内的全球范围内爆发。有的新闻报道在报道我国的大学生、研究生翌年就业出现严重困难时，忽视单位用人萎缩、高校连年扩招等因素，而是单纯地将就业难归结为毕业生未能转换就业观念。实际上，有的大学毕业生已开办饭馆自我谋生。与实际情况相较，有关报道的认识又怎么会不存在出入呢！

（二）几种值得注意的思想倾向

1. 煽情不等于思想正确

近年来，不少新闻报道注意关注普通人，追求报道的人文关怀。这种追求本身没有错，不过在具体的操作过程中，有的报道却出现了偏差。基于思想能力限制或操作方法不当或市场竞争压力，有的新闻报道常常将关于普通人的关注及其人文关怀演变为一次次的浅薄的煽情表演。

所谓煽情，指的是报道者脱离新闻事实而驱使主体取向奔向夸大、拔高与情感的渲染，导致读者或是对本不必同情或憎恨的人或事加以同情或憎恨，或是将可以同情或憎恨

---

① 黎勇：《真相再报告》，109页，广州，南方日报出版社，2008。

② 《辞海》三卷本，3841页，上海，上海辞书出版社，1989。

③ 《法学词典》编辑委员会编：《法学词典（增订版）》，第2版，600页，上海，上海辞书出版社，1984。

的人或事拔高到一个完全脱离新闻事实的情感强度。煽情之"情"，以同情为主。然而，脱离新闻事实而不加理性拷问的情感则是危险的。2006 年 3 月 3 日，武汉的一位叫王丽的出租车女司机失踪。经过警方工作，王丽失踪真相终于在 3 月 8 日大白于天下：出租车女司机王丽被一个曾两度入狱的叫贺汉跃的中年男子杀害。武汉当地的大众化日报如《楚天都市报》对此事进行了报道。这一新闻事件值得报道。然而，武汉当地报纸对出租车女司机王丽遇害一事的报道却表现得超乎异常的热情。这种超乎异常的热情主要表现在三点：一是连续报道，天天追踪。二是给予的版面多，版位重。以 2006 年 3 月 8 日的《楚天都市报》为例。该期《楚天都市报》首先在头版用了半版篇幅并配以系列照片加以报

楚天都市报

CHUTIAN METROPOLIS DAILY

明确试卷结构 提供示范题型

北高考《补充说明》昨发布

语数外自主命题，题型结构微调，本报约请名师解读

汉警方掘地三尺寻人觅车

的姐王丽失踪案真相大白

武昌包车男子杀人劫车，给车换漆时落网阳逻

●的姐王丽的"最后之旅"
●"失踪的士在我们这出没"
●贪婪、狡猾、横蛮的贺汉跃
●记住王丽，莫忘出车安全

2 特别报道

的姐王丽的"最后之旅"

复习备考 记忆是关键

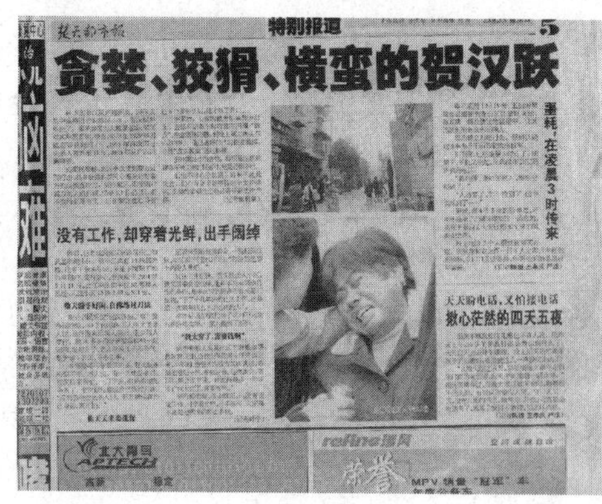

特别报道 5

贪婪、狡猾、横蛮的贺汉跃

没有工作，却穿着光鲜，出手阔绰

噩耗，在凌晨3时传来

天天盼电话，又怕接电话

揪心茫然的四天五夜

6 特别报道

一个人的命运，牵动一座城市的目光

我们想去看看孩子

记住王丽，莫忘出车安全

如果她装了GPS……

如果她出城登记了……

图 4.1 2006 年 3 月 8 日《楚天都市报》1,2,5,6 版

道，继而在第2、3、4、5、6版共用了五个整版予以报道。其中，第6版的主报道《一个人的命运，牵动一座城市的目光》则对该报超乎寻常的热情给予振振有辞的依据：不关心大人物，而关心小人物是在贯彻“三贴近”原则，是在人文关怀，是有人味的表现。三是影响所及，带动武汉地区大众化报纸一起报道出租车女司机王丽被害事件。王丽被害事件一时成为当地纸媒的新闻热点之一，而率先报道的媒体也达到了抢夺新闻话语权的目的。

那么，以《楚天都市报》为首的武汉地区的小报对出租车女司机王丽被害事件如此超乎异常的热情，是否恰当呢？我的答案是否定的。作为华中地区最大的城市，武汉市在2000年11月第5次武汉市人口普查中已有人口超过800万，[①]类似女司机王丽这样小人物的不幸经常上演。那么，武汉地区的纸媒是否可以每一次都像面对女司机王丽遇害事件一样倾全力报道呢？其实，对于普通百姓来讲，更为重要的是身处社会转型时期，人人都能有一份稳定的工作，有一份通过劳动所获取的足以顺利生存的经济收入，每周工作5天每天工作8小时，有房住，病了有能力就医，活着有尊严，遇到老板的欺压、领导的刁难有制度保障，政府可以及时施以援手。报社唯有将民众的根本利益与重要困难置放在新闻报道的核心，才是真正的“三贴近”与人文关怀，才能够升华媒体的品格，将新闻报道引向深入而不是浅薄，引向严肃而不是娱乐，引向公正而不是刺激。置分内大事而不顾，反倒将所抓取到的新闻事实的鸡毛蒜皮放大到远不止鸡毛蒜皮，这样的新闻报道就不可能恰如其分。脱离事实的热情超乎异常，不过是虚火的燃烧。其实，《楚天都市报》对出租车女司机王丽事件的报道是存在价值导向错误的：一是给予王丽被害事件的关注超过了新闻事件本身的新闻价值含量，未能把握好当下各种新闻事实之间的报道平衡，分散了媒体对其他新闻事实的应有注目，造成报纸版面的浪费。二是报道的感性有余，理性不足，报道策划失度。除了第6版《老的姐的宝贵经验》对王丽被害事件略有探究与反思之外，该期《楚天都市报》的其余报道均浮在新闻事实的表层而未扎入新闻事实的深处，并进而实现新闻报道广度与深度的有机结合。比如，杀人者贺汉跃本身就值得深究：他杀人的动机是什么，他为什么如此精神冷漠？其社会成因有哪些？可惜的是，报道连篇累牍就是不涉及这些，反而对杀人者断之以“贪婪、狡猾、蛮横”。杀人者由此被魔鬼化、漫画化的同时，报道也就距离理性与本应有的经验教训越来越远。三是报道对犯罪行为本身关注失度。《楚天都市报》对贺汉跃犯罪的报道有不厌其细趋向，如：“此时，贺汉跃凶相毕露，掏出一把匕首威胁：‘不开？老子杀了你！’”“惨无人道地用绳子将她勒死。接着，贺汉跃下车拿出铁锹，在离公路30米处挖了一个浅坑，然后拖下王丽的遗体掩埋。”女性，犯罪，杀人，财富，这些元素放在一处可以极大地强化报道的刺激性，《楚天都市报》的上述报道展示血腥、暴力如此细致入微，是难逃以血腥、暴力吸引受众眼球从而推动本报商业获利之

① 《武汉市第五次人口普查结果公布》，http://www.cpirc.org.cn/tjsj/tjsj_cy_detail.asp?id=62。

嫌的。从这些报道中,我们看不到媒体对小人物根本利益的关爱,看到的仅有就事论事,血腥,暴力。如果新闻报道在如此基础上建构读者泪水的流淌,那么,所谓的人文关怀就不真切,“三贴近”也表里不一,反倒让市场竞争及其背后的吸金意味上浮得真真切切。因此,任何脱离新闻事实而又缺乏理性的人文关怀、“三贴近”,都是伪人文关怀、伪“三贴近”。

2. 泛道德化、落后的道德观不等于思想正确

目前道德对我国新闻报道影响,还存在一定的缺憾。这主要表现为以下两个方面:一是泛道德化,二是落后的道德观。

所谓泛道德化,是偏爱使用道德观念打量本不属于道德范畴的新闻事实。标准误用,自然难有正确。一些体育报道动辄将中国队的胜败与爱国主义挂钩,弱化了体育比赛的健身性质或娱乐成分,甚至于无视有关体育比赛的商业目的。有的新闻在报道一些普通百姓的困难时,渲染当事人的痛苦,执著于吸引受众献物献钱献爱心,用眼泪来转移从根本上对这一类社会问题的解决,起到了一些麻痹受众的副作用。比如,周媛、刘凤华的《单亲家庭小学生张元:我想有双合脚的鞋子》[①]:

因为家里穷买不起鞋子,张元的鞋子都是爸爸捡来的,和他 35 码的小脚相比,捡来的鞋子都大了很多,经常将他的脚磨出水泡。记者陈卓　摄

① 载《长江日报》,2009-06-24,第 15 版“长江公益行动”。

家里有一幅张元画的画，中间画的是爸爸正流着泪，张元解释说："是因为爸爸过得太苦了。"

中午的太阳晒得人身上火辣辣的，可当见到想"圆梦"的张元时，让记者感觉他的打扮和这炎热天气并不协调。从太阳下走来，他满头大汗，脚上却拖着一双"大"球鞋，一眼就可看出这鞋大得不成比例。

残疾父亲捡垃圾拉扯大儿子

张元1岁时，母亲病逝，因得病右腿落下残疾的父亲张立新又当爹又当妈，靠捡破烂和微薄低保金，将孩子拉扯大。

2008年9月，家住江夏区郑店街合力村四组的张元转学到郑店中心小学读四年级。

刚到学校时，班主任老师王腊香通知需要在校住宿的学生缴纳35元生活费（一个月），几天过去了，张元迟迟未能把钱交齐，就连盖的被子和垫的棉絮都没带来。王老师去家访，张元的父亲只得坦白和老师解释，"家里根本就没有钱，就连多出一床被子都没有"。

交不起生活费，张元的父亲提出放弃住读，校方领导得知这一情况，为其免去住宿费，同时在高管七大队二中队民警的集体资助下，解决了生活费"难题"，就这样张元安心在学校学习，不用担心要步行一小时上下学。

现在班上，张元虽不是成绩最好的学生，但他很刻苦、很用心地读书，"以回报好心人的帮助"。

去年，家里一直以来居住的泥巴房成了危房，在福利机构的扶持下建起一间新砖房。每个周末张元回家住3天，晚上就和父亲挤在一张单人床上，看着家里唯一值钱的黑白电视。

为了帮助父亲"干活"，村间小路上常可看到这样的情景——父亲张立新骑着小三轮车，儿子张元在后推，两个人外出沿路捡空矿泉水瓶。小车上，还有一袋准备去轧（加工）的稻谷，这样傍晚回到家，两人就可吃上一顿"香喷喷"的米饭。

没有一双穿着合脚的鞋

在张元家，所有的东西都是"捡"来的，就连他和父亲身上的衣服、鞋子也不例外。张元今年11岁，因为家里条件不允许，他从没穿过合脚的鞋——父亲每次捡回的鞋，能穿的都会比他的脚大上一圈。为了穿着不打脚，天气再热，张元都会穿上一双厚袜子，系紧鞋带，以免走路拖着响。

即使穿球鞋，张元仍最怕上体育课，鞋子大得能塞下两个手指，他担心一跑步鞋就会掉。

上星期去学校时，天正下雨，张元唯一的一双球鞋打湿了，他只好穿着一双父亲的深筒胶鞋去上学。第二天天晴，可张元没有鞋能替换，上学的一个星期，他只好每天拖着一双大套鞋。

他说，自己有双凉鞋。说着，他从床下翻出一双蓝色的塑料凉鞋换在脚上，可鞋大得无法让他走路。据测量，张元可穿35～36码的鞋，而他的仅有的两双鞋都是37～38码。

他梦想有一双属于自己的鞋，"我要穿上它，我会高兴得绕着操场跑上一大圈！"

［**记者手记**］

爸爸的"眼泪"

采访中，我利用中午午休时候，将张元带回家。坐在采访车上，张元一言不发，但我能感觉到他在翘首盼望，车刚停在离他家不远的地方，他几乎是连跑带跳地跑回家，连声叫着"爸爸、爸爸"。

原来，他归心似箭。一回家，他就帮着爸爸浇菜园，一刻也不闲着。

在张元家，在一把椅子的椅背上，我看到这样一幅画——一个大人牵着一个孩子，大人上方写着两个字"爸爸"，爸爸的脸上还点着一个个的圈。画的"作者"就是张元。他向我解释，那圈是爸爸的眼泪，因为他过得太苦了。

这句话从一个11岁的孩子口中说出，像一个饱经风霜的老者，感慨万千。我问他，你过得苦吗，他不作声。

一个男人拉扯一个孩子10年了，也许，爸爸真会背着儿子掉眼泪，但我相信，不管生活怎么样，他们的内心会因为对方的存在而感觉幸福。

我眼前张元的"爸爸"，很是沧桑，衣服破了就用绳子补了补，脚上穿着一双破洞的布鞋。见有客人来，忙搬出家里唯一一个方凳子。这个方凳子，也是张元的书桌。

临别时，张元和爸爸打着招呼，"我星期五就回了啊"，那语气反倒像个大人，透着一股浓浓的爱意。

在很多爸爸的心中，孩子的愿望都要想方设法让他实现，因为孩子会因此而快乐！

《单亲家庭小学生张元：我想有双合脚的鞋子》对社会弱势者的关注值得肯定，但如果仅仅止于由社会献爱心而不触发社会管理层的思考、动作，则无助于报道中那位叫张元及其父亲所遭遇的困难的根治，更不用说千万个"张元"问题的解决。让张元们幸福的根本之路必须从根本原因入手。脱离要害，只会导致新闻报道展示苦难，并用这样的困难作用于受众的感官而不是理性。脱离理性传播困难信息，本身就难免煽情之嫌，对社会进步正面作用不大，而麻痹神经等负面作用倒不容小觑。

所谓落后的道德观，指的是反映与时代脱节的道德思想观念。一些新闻报道对中国传统道德与西方道德的良莠甄别是不够的。一些封建主义的道德观与西方落后的道德观在深度报道中有所流露。比如，有的报道夸耀政治权力，丑化谦逊；有的报道不厌其烦地渲染新闻材料中的性、死亡成分，将读者看客化，践踏人与生命的尊严；有的报道不去传播劳动致富思想，反而孤立地夸财斗富，美化人身依附，表现出相当浓厚的金钱崇拜观念与奴性思想。

3. 为揭丑而揭丑不等于思想正确

近年来，我国的新闻报道有一种为揭丑而揭丑的发展趋向。所谓新闻报道的为揭丑而揭丑，指的是批评、调查一类的新闻报道将揭丑作为报道的最终目的与最高要求，而在有意无意间忽视了丑恶事实发生背后的深刻的社会原因与偶然性因素。关注时代的社会丑恶，尤其是掌握着重大社会资源的有关机构、团体、个人的丑恶行径，使之大白于天下，有助于社会主义中国的自我净化，清理自身肌体的脓包疮疽，本是好事、善事，但揭丑不能成为揭丑一类报道的终极目标。为揭丑而揭丑的新闻报道往往无意于通过报道来推进社会主义民主与法治建设，而仅以毁灭性为快，有的甚至玩弄噱头，沉溺于出风头或基于商业利益汲汲于吸引受众的视听注意力。新闻工作者应该讲求社会责任感。我们应该明白：理想不等于现实；现实总是有缺陷的，从无十全十美；决不向丑恶妥协并不等于蛮干；中国的社会进步任重道远，不可能一步到位。因此，在有关批评性报道、调查性报道的活动中，新闻工作者既要重视丑恶事实背后的社会成因，又要直面国情，讲求沟通艺术，善于依靠党组织来推动我国武器的批判向批判的武器转变。强大的思想能力是推动新闻报道走向深度的重要推力。

二、新颖

所谓新颖，指的是深度报道思想在正确的基础上别开生面，有创见，不人云亦云。比如，关于假日旅游，有人认为假日旅游可以推动国内消费，扩大内需，为国内寻找了新的经济增长点。这样的认识在刚刚推广长假的 2000 年能够让人耳目一新，但到了 2001 年则变成老调重谈。为什么 2000 年 10 月的长假旅游局面却远不如同年 5 月的假日旅游呢？显然，上述认识对此无法给出让人信服的解释。相反，有报道认为，中国居民的年经济收入有限，对一年两次假日旅游，很多人是受不了的，所以才会在 2001 年 5 月假日旅游期间倾心于选取自己所在城市的近郊游。后一篇报道根据新情况，将报道思想发展到了一个新阶段。这样的认识既正确，又新颖。

三、深刻

所谓深刻，指的是深度报道思想不仅正确，而且能见他人所未见，相较于其他报道，看问题善于多问几个为什么，发现问题的过程也更深入几步。《幼儿男女共厕是问题吗？》[①]一文报道幼儿园男女幼儿共用一个厕所现象。对此，我们应该如何认识呢？这里存在着由浅而深的不同认识阶段：第一阶段是常见看法，认为小孩子不懂事，男女共厕没有什么问题，不要庸人自扰。这个看法其实是不正确的。科学研究证明，人从两岁起就有性意识了。现实情况也说明这个看法有缺陷，有的小孩在幼儿园不上厕所，一回家反而急忙如厕。显然，男女幼儿共厕对孩子的身体健康有负面影响。第二阶段看法认为：让小孩从小男女分开如厕有必要，可以让小孩从小养成好习惯。这个看法比前一看法深入一步，但未中要害，仍给人以隔靴搔痒之感。第三阶段的看法认为：性教育是终身教育，幼儿园男女小孩共厕说明，我国学前性教育落后，而学前性教育落后的主要原因是大人性意识观念滞后。大人观念不改变，小孩子的性教育是做不好的。显然，第三种看法震聋发聩，发人深思，见识非常人所能触及，因此读者读后就不能不受到启发。

思想的深刻与新颖之间有联系，但又不能等同。思想新颖可能深刻，也可能仅仅炫目，甚至哗众取宠，赚取受众眼球。为了新颖而新颖的思想，现实基础往往并不牢靠。而优秀的深度报道思想则新颖与深刻兼备。孙德宏的《寻找时传祥》[②]在深度报道思想的探寻上正是这样。这篇新闻作品宏观放眼，报道了在社会主义商品经济大潮席卷之下社会思潮的斑驳走向与社会深层对劳动光荣价值观的热盼。商品经济在华夏大地蓬勃发展，人们渴望富裕，渴望拥有财富，但是不少人仅仅将幸福生活建立在金钱之上，忽视财富来自劳动这一基本事实，蔑视劳动，厌恶劳动，艳羡不劳而获。他们蔑视、厌恶的对象特别指向体力劳动。这样的思想不属于工人阶级，不属于劳动人民。这是一篇关于社会主义精神文明建设的力作。一个没有灵魂的民族不可救药，没有前途。记者孙德宏在《在历史与现实间追问人的价值》一文中说："看到劳动是人类一切美好和成就的源泉时，当人们享受着劳动创造的成果时，但却开始蔑视劳动，厌恶劳动，甚至无视良知、鄙视良知……从根本上讲，这是在践踏，甚至是毁灭人类自己。"[③]在整个社会从上到下有不少人沉迷于财富的追求而难以自拔时，《寻找时传祥》却展示底层社会对劳动光荣思想的呼唤，这无异于一种近乎异端的声音，但又不能不来自天籁。这种对工人阶级力量的展示无异于一种棒喝，有拨乱反正之力，在呼唤民族的精神觉醒中体现了领导阶级，即真正主流社会的清醒、冷

① 载《光明日报》，2001-08-27。

② 载《工人日报》，1995-05-17。

③ 董广安主编：《中国高级记者成名作透视》通讯卷上卷，188页，郑州，河南人民出版社，2004。

峻、坚定。毫无疑义,作品的这一思想既新颖,又深刻。《寻找时传祥》将劳动万岁思想的时代针对性、批判性与美好生活来源并入视线,充分实现了思想新颖与深刻的有机结合。

四、协调

思想协调指的是由多篇报道组成的深度报道在思想上要相互分工,既有内在联系,又有所区别。如,《光明日报》2002 年 3 月的连续报道"新闻聚焦",其报道思想为"呼唤学术道德,净化学术环境",但几篇报道或文章在总体思想的制约下,单篇主题又有所不同:"要坚决刹住学术界少数学者的学术歪风","学术腐败在于学风浮躁、急功近利,缺乏学术规范与学者缺乏道德自律","只有建立学术规范才能根绝学术腐败"。

第三节 如何提炼深度报道的思想

一、新闻事件的三个层面意义

(一) 认识事物的三个层面

面对变动的世界,人的认识是有层次之分的。在文化历史学者看来,世上的一切均可分为自然与文化的两个方面。而所谓的文化,指的则是人类对于自然的作用、利用与创造。文化历史学者因而将文化三分如下:一是物质的变迁,二是制度的变化,三是观念的更迭。

从文化变动看,最容易的是物质变化。相形之下,制度的变迁、观念的更迭则要难多了。所谓制度,是在一定历史条件下形成的政治、经济、文化等各方面的体系,[①]制度系统由规则、对象、理念、载体四大要素组成。[②] 所谓机制,泛指一个工作系统的组织或部分之间相互作用的过程和方式。[③] 制度的变化是深层的变化。《关广梅现象》写的是辽宁省本溪市的关广梅如何在 1985 年租赁该市的国有副食品商店,《鲁布革冲击》报道的是 1984 年我国如何在西南鲁布革水电站工程之一——引水隧洞公开招标,日本一公司如何中标、实行工程合同制管理,1985 年中国工程公司如何在鲁布革水电站工程中的厂房工程也开始试行外国的先进管理方法,改革如何使社会主义优越性更好地发挥。同样的中国人,只

---

① 《辞海》,485 页,上海,上海辞书出版社,1989。

② 辛鸣:《制度论》,11 页,北京,人民出版社,2005。

③ 《现代汉语词典》,第 3 版,583 页,北京,商务印书馆,2002。

是由于机制变了，劳动生产力却发生了翻天覆地的变化。上述报道中所反映的这样的变化就是制度的变化。较之物质的变化，制度的变化显然难多了。不过，制度的变化还不算最难。马克思在《政治经济学批判·导言》中早就讲过思想意识变动的滞后性："关于艺术，大家知道，它的一定的繁荣时期决不是同社会的一般发展成比例的。"台湾地区艺人凌峰2000年中秋节曾做客北京中央电视台，通过自身经历谈到台湾的"大丈夫主义"与祖国大陆"气管炎（妻管严）文化"之间的冲突。他的大陆太太到台湾后要求外出工作，跟他吵架，而到电视台同时做客的一位嫁给祖国内地男子的台湾年轻女子则相夫教子，不顶撞丈夫。这就是观念上的差异。《为啥连螺栓都拧不紧》[①]报道二滩水电站建设中的四台国产发电机组都因螺栓或丢失或破断而造成止漏环损坏，使工程每日损失上百万元。该文将原因归结为国有企业生产管理不到位固然不错，但若能从不大讲究"认真"的中国文化着眼，则会更上层楼，增加报道的发人深思力量。德国现代物理学家普朗克云："一个新的科学真理并不是靠使它的对手信服，并使他们接受而获胜的。不如说是它的对手死绝，而不熟悉旧真理的新一代又成长起来了。"[②]普朗克的话说明了观念革新之难与滞后，真可谓"江山易改，本性（观念）难移"。最难的其实还是价值观念的变化。

（二）深度报道思想深浅的三个层面

作为人类认识世界的表现，深度报道在主题的开掘上存在着由浅而深的三个层面：一是报道物质变迁；二是报道制度变迁；三是报道观念上的变迁。

1. 报道物质变迁

如报道长江上又建了几座桥，西部又修了几条铁路。对于深度报道而言，这种报道成分一般只能作为报道的有机组成部分而不是全部。

2. 报道制度变迁

这样的报道有《关广梅现象》、《鲁布革冲击》、《140万双袜子的命运》、《跨国调查"中国母亲"胡曼莉》[③]等。关广梅的成功在于商业企业实行个人承包制。鲁布革水电站的不同于以往是因为引进了竞标与先进的企业管理制度。武汉袜厂所反映的袜子问题，主要不是个人素养问题，而是现有企业的管理体制导致140万双袜子长期被积压库房。中华绿荫儿童村创始人胡曼莉以收养孤儿为始，但最终走向以孤儿的名义来为自己聚敛钱财。不过，胡曼莉最开始的动机不能说不好，但社会对她太缺乏监控力度了，是失控的慈善制度孕育了胡曼莉人性中的丑恶或是将其人性中原本潜伏的丑恶激活、养大。[④]

---

① 载《人民日报》，2001-04-23。

② 夏基松等：《现代西方哲学流派述评》，292页，上海，上海人民出版社，1988。

③ 载《南方周末》，2001-12-13。

④ 谢春雷编著：《揭开真相——〈南方周末〉知名记者报道手册》，245页，杭州，浙江人民出版社，2004。

3. 报道观念上的变迁

作为精神文明建设的主战场，深度报道必须重视报道社会精神的变迁。也就是说，报道者要认真分析新闻事实内所蕴涵的社会意义，发掘并肯定进步的新时代精神，批评与时代精神格格不入的错误的旧观念。夏欣的《归来吧！妈妈》，报道的是北京市广渠门中学宏志班的一名叫田伟的学生。报道写他放学后在全市四处寻找自己疯母的故事。这篇报道有感而发，是针对中学生而放言。作为独生子女的新一代，这些中学生普遍存在一心只想自己而不懂得关心、考虑他人的精神状态与心理弱点。这样一来，报道就提出了关于新一代中学生精神健康的大问题，社会意义十分重大，刊发后社会反响很大。中央电视台等新闻媒体还根据《光明日报》的独家新闻进行了后来的二度三度报道。

当然，深度报道如果能从制度、观念上两个层面同时提炼报道主题，那么，就会出现更为强大的思想威力。比如，《金牌不是名牌》[①]报道的是辽宁省虽然是国家质量评奖金牌大户，但该省的工业产品的市场占有率却很低。究其原因，有机制上的，更有观念上的。报道认为，辽宁的落后有两点："经济机制和思想观念。"这就既从观念层也从制度层入手分析症结，提出了有名的"东北现象"，发人深思。因此，《金牌不是名牌》的深度报道思想就格外有力量，帮助该文跻身于中国新闻史的名篇之列。

二、由分析事物的矛盾入手，抓主要矛盾或矛盾的主要方面

（一）熟悉事实，熟悉生活，善于观察，勤于思索

思想不能凭空产生，报道者要熟悉事实，熟悉生活，善于观察，勤于思索，"多看看，不看到一点就写"[②]，"要艰苦的思考"[③]。《中国青年报》的马役军为了写好辛福强，与辛福强交朋友，长期了解达四年之久。《人民日报》的罗盘报道武汉市汉正街第一批富翁的命运进行了长达18年的跟踪了解，先后发表了多篇相关报道。作者应边采访，边思考，通过采访进行思考，促进思考，通过思考进行采访，启发采访。

（二）紧紧抓住事物矛盾这个"牛鼻子"

产生深度报道思想的过程，就是我们了解、分析、熟悉事物从而解决问题的过程。面对纷繁复杂的新闻事实与万千气象，报道者要多问几个为什么。任何事物都包含矛盾，因

---

① 载《经济参考报》，1991-08-24。

② 鲁迅：《二心集·答北斗杂志问》，见《鲁迅全集》第四卷，364页，北京，人民文学出版社，1981。

③ 郭梅尼：《我的记者之路》，7页，长春，北方妇女儿童出版社，1987。

而唯有抓住主要矛盾或矛盾的主要方面，我们才有可能抓住问题的要害。

埃德加·斯诺是一位很了不起的记者。在20世纪30年代，年纪轻轻的斯诺从美国来到中国采写《西行漫记》，第一次向西方世界介绍中国共产党人。在这篇长篇报道中，斯诺分析了中国共产党之所以大有希望的根本原因，预测中国共产党人很有可能会控制整个中国。历史证实了斯诺的预言。那么，他一个毛头的外国小伙子凭什么会有如此老辣的见识呢？

原因很多。比如，他不怕艰苦，不惜生命，敢于冒险，深入到中国陕北一线采访，这是时下许多记者不肯做的；比如，他坚持用自己的眼睛观察一切，不肯让他人预设的“先见”干扰自己的独立判断，等等。千条万条，但斯诺取得成功最主要的只有一条，即抓矛盾，在复杂的事实面前抓主要矛盾与矛盾的主要方面。这个主要矛盾是什么呢？就是土地。斯诺认为，中国共产党人之所以会站住脚跟，并可能最终取得全中国的胜利，关键在于中国共产党人抓住了土地问题。在20世纪30年代的中国，人数最多的是农民；在中国，要想得天下就必须得到农民的支持。农民靠天吃饭，土地是中国农民生存、发展的生命线，解决中国农民生计的要害是土地问题。这样，在解放区，农民们参军入伍为共产党打仗就是保卫自己的土地。相反，蒋介石则不懂得这一点。蒋介石取代北洋军阀后，中国的苛捐杂税较之过去有增无减，农民生活很苦。有的农民卖头猪，仅纳税就有6道。因此，蒋介石当时统治的旧中国，一个人往往要么赤贫，要么巨富，朱门酒肉臭，路有冻死骨。作为一个外国人，斯诺是了不起的，他当时虽然还不懂得马克思主义，但却自觉不自觉地抓住了中国社会的主要矛盾，从而把握到了中国社会的要害。

通过分析事物的上述矛盾，抓主要矛盾或矛盾的主要方面，记者可以比较准确地抓住事物的要害，提炼出正确而较深刻的报道思想。

（三）两种倾向

提炼、确定新闻报道思想必须实事求是，不要人为拔高或矮化。这其间有两种倾向值得警惕：

一是泛政治化。其要害是拒绝从实际出发，不尊重事实，对什么新闻事实都不具体分析，只满足于拿当下党的某项政治要求去解释事实。其极端者甚至采取鸵鸟政策：当无法用一种现成的政策合理解释摆在面前的新闻事实时则要么回避，要么强词夺理，断章取义，用现成的政策硬往新闻事实上套，让事实去适应某种以报道者的利益为背景的观点。报道思想泛政治化的结果是有悖新闻真实性原则，极大地破坏了党的新闻报道的公信力，败坏了党的新闻事业的声誉。关于我国民营企业的成就，一些报道每每用党的十一届三中全会以来的好政策来解释。这样看问题固然不错，但类似的解释讲多了，报道思想就容易肤浅，形成套话，难以新颖、深刻，也容易将政治庸俗化了。相形之下，《一位民营企业家对家族制的体验》[1]比较实事求是。该报道认为创业初期民营企业白手起家,亟需齐心合力,故民营企业难免家族制,但是企业做大后必须规范,淡化家族制就不可避免。这样的报道思想既包含着深刻的经济学原理,又与政治思想发生内在联系。只有建立在科学基础上,报道思想的政治性才是准确而踏实的。

二是媚俗化。其要害是满足于思想的平面化,有时还暗中迎合读者不那么健康的心理。比如,一些关于女性被拐卖的报道,如《数百坐台小姐遭拐卖》[2]、《强暴在公安局发生以后》[3]展示罪恶,是非不明,格调不高,有满足读者窥视的心理嫌疑,呈现出"亚黄色新闻"的特点。

那么,在具体的写作策略上,我们应该如何应对这一类报道呢?答曰:着重于报道被害者的痛苦。美国学者巴茨的《广告管理》以为:一个成功的"恐惧广告"离不开四个要素:一是所描绘的威胁是十分可能发生的;二是会有严重的后果;三是所提倡的行为可以改变上述威胁,甚至于使这种威胁消失;四是所提倡的行为是消费者可以做到的。[4] 因此,报道者在上述题材的新闻报道中,应将报道重点放在被害者的生理与心理的伤害上来,从而唤起读者的同情、怜悯而不是性的欲望。

三、 立足于时代精神的高度来提炼、选取深度报道的思想

(一) 与时俱进,提炼主题

符合事物本质规律的思想不一定都具有强烈的现实针对性,其新闻价值与宣传价值未必都高。爱国主义要高扬,但爱国主义还要落在实处才行。即便爱国主义次次都是事物的主要矛盾,那么,篇篇体育报道都张扬爱国主义显然是不切合实际的,新闻报道还必须立足于时代思潮的潮头,根据具体的时代精神来提炼、选择新闻报道的思想。

马役军关于辛福强的报道有影响的主要是两篇。一篇是《跃向人生的新高度——记青年个体劳动者辛福强》[5]。该文的报道思想是:无论做什么,只要我们能够全心全意为人民服务,那么,我们的人生都是闪光的。另一篇是《福强玻璃店里的新主人》[6],报道思想是肯定勤劳致富与商品交换,以为个人的合理利益与互惠互利必须尊重。那么,《福强玻璃店里的新主人》是不是在否定记者肯定过的全心全意为人民服务的思想呢?不是的。

① 载《燕赵都市报》,2001-05-21。

② 载《长江日报》,2000-09-06。

③ 载《燕赵都市报》,2001-05-13。

④ 载中国人民大学报刊复印资料《新闻与传播》,2001(6),71页。

⑤ 载《中国青年报》,1985-06-05。

⑥ 载《中国青年报》,1986-11-15。

两篇报道与时俱进，都是立足于时代精神来提炼、选择报道主题的。在1985年初，党中央关注精神文明建设，大力提倡弘扬共产主义思想。《跃向人生的新高度》正是基于这样的时代精神来提炼新闻报道主题的。而在1986年下半年，我国的改革开放走向深入，党中央对一些问题的看法已随着时代的步伐有所深化。1986年9月，中国共产党第十二届中央委员会第六次全体会议通过了《中共中央关于社会主义精神文明建设指导方针的决议》。社会也在讨论，我们应该怎样认识全心全意为人民服务。马役军认为，中国现阶段的生产力水平还不高，各地发展水平不一样，人们的思想境界不一致，因此，社会主义的精神文明建设要有层次，不能一刀切。对共产党员，应用共产主义的思想要求他们，期望他们毫不利己，专门利人。对普通公民，要反对损人利己，应要求他们勤劳致富，各尽所能，按劳分配，利己又利人。如果认为只有全心全意为人民服务的思想正确，而勤劳致富、维持个人合理利益的思想错误，那么，这样的认识就脱离实际，是不妥当的。因此，提倡勤劳致富，维护个人的合理权利，与全心全意为人民服务的思想并不矛盾。马役军在《你做了，就不会被埋没》一文中认为："福强玻璃店'新主人'的出现，是历史与社会发展的必然。但新主人的出现，并不是要否定过去。……运用新闻手段承认一个新人物与过去人物的不同，并不是赶时髦，也不是轻率地否定。表现差异，是为了给读者新的思索。"[①]《福强玻璃店里的新主人》所表达的思想引发社会与新闻界的争论、思考。《福强玻璃店里的新主人》刊发后的16年，《中共中央关于公民道德建设实施纲要》在2001年9月开始实施。该纲要"坚持社会主义道德建设与社会主义市场经济相适应"、"坚持尊重个人合法权益与承担社会责任相统一"的方针原则，特别强调"坚持把先进性要求与广泛性要求结合起来。要从实际出发，区分层次，着眼多数，鼓励先进，循序渐进"。[②] 这就是说，跨世纪的社会主义精神文明建设所坚持的标准体系由最高标准、基本标准所组成。"春江水暖鸭先知"，立足于时代的背景把握时代精神的走向，先知先觉，显示出记者马役军当时过人的识见。《福强玻璃店里的新主人》正是立足于这样的时代精神来提炼报道思想的。

所以，记者不能跟在时代潮流的屁股后面转，而要站在时代潮流的前面，分析研究有关的社会形势。这样，记者才容易捕捉到新鲜的报道主题，使稿件有较强的思想性、针对性、实用性、战斗性。

（二）学习，实践，体验，把握时代脉搏，树立正确的世界观

那么，记者怎样才能把握时代脉搏呢？答曰：学习，实践，做生活的有心人，善于体会人生的有关道理。人们往往认为作家积累生活靠体验，记者积累生活靠采访。其实，这只

---

① 载《中国青年报》，2004-06-01；http://zqb.cyol.com/gb/special/2004-06/01/content_879547.htm。

② http://www.jxgl.gov.cn/news2006/Article/ShowArticle.asp? ArticleID=5918

说对了一半。一个优秀的记者，不仅善于采访，而且也善于体验生活，根据新闻事实的实际特点让自己对生活的体验与新闻事实冲撞，产生智慧的火花。比如，郭梅尼的《一个普通的灵魂能走多远》[①]报道一位生长在上海的叫袁和的女性，如何从一个里弄工厂的小工刻苦自学从而出国留学，并在其年轻生命的最后一刻获得硕士学位的人生过程。报道的主题是：只要勇于探索、奋斗，一个普通的灵魂也能走的很远，一个普通的生命也能闪烁出灿烂的人生火花。那么，这样的认识是作者一时心血来潮？不能这样理解。养兵千日，用兵一时，这样的思想实际得自作者厚积薄发，是记者长期生活的感悟。郭梅尼，女，1935年生，湖北省孝感人，《中国青年报》记者，中国现代作家丽尼的女儿。她从未上过大学，在她近50年的记者生涯中，没有学历的她遇到很多困难，受过不少歧视。但是，她并没有垮下来，反而取得了很大的成绩，取得了让不少高学历的记者望尘莫及的成绩。英雄不问出处。她的成功靠的是什么？奋斗，刻苦，不屈不挠！她有与《一个普通的灵魂能走多远》中的新闻人物袁和一样的精神。你还能说郭梅尼写的仅仅是袁和吗？在袁和的身上，我们是不是也能看到作者本人的影子呢？郭梅尼说："记者要写好人生这个主题，首先要求记者自己对人生有深刻的认识和理解。"[②]所以，记者的有心，还表现在记者善于体验生活上。

记者要树立正确的世界观、价值观，要反对权力崇拜、金钱崇拜。这是记者能够通过人生体验获取正确、积极而不是阴暗、消极结论的思想基础。

四、增强深度报道的理性精神

（一）深度报道离不开理性精神

在提炼深度报道思想的过程中，"抓事物矛盾"与"立足于时代精神"有用但也有限。抓事物的主要矛盾或矛盾的主要方面有时会出现窘迫。比如，《体育报》记者鲁光写中国女排三连冠，以为国争光为主题。但是，有的体育队或代表团会说：我也想为祖国争光，也认为祖国的荣誉高于一切，但就是拿不了世界冠军啊！显而易见，抓事物的主要矛盾或矛盾的主要方面不能简单化，一刀切。立足于时代精神提炼主题，处理不当也会带来不少问题，况且时代精神不可能永远没有时代的局限性，甚至于根本方向的错误。比如，曾经担任新华社记者的徐迟在《哥德巴赫猜想》中报道我国著名数学家陈景润勇攀世界科学高峰时，将主题定为只要肯攀登，就一定会成功，为的是紧跟当时中央提出的在20世纪末实

① 载《中国青年报》，1984-11-10。

② 郭梅尼：《写人生——〈一个普通的灵魂能走多远〉采写札记》，见董广安主编：《中国高级记者成名作透视》通讯卷下卷，659页，郑州，河南人民出版社，2004。

现中国四个现代化的目标，并反驳那些对此目标的怀疑。今日反思，徐迟的主题则不无问题：20世纪70年代后期提出的我国在20世纪末实现四化的目标有急躁之嫌，其整个设想脱离我国客观实际，是新的大跃进；同时，这种“四化”不包括人的现代化，不是真正的现代化。徐迟为这样的时代精神打气，今天看来多少有些欠缺周全。

时代需要理性。从当前的时代任务看，启蒙的任务正逐渐让位于落实。中国目前最难的事往往不是知，而是行。深度报道既要有时代精神，又要有理性精神。理性精神是时代精神的基础。比如，同为报道残疾人犯罪，《无声世界的惊人内幕》[①]与《唐山命案警示世人》[②]在思想上相差悬殊。《无声世界的惊人内幕》不仅思想平庸，而且还包含错误的思想倾向，如：“‘老板’在其团伙内享受‘至高无上’的权力，除有固定的姘妇以外，他对其团伙的女哑巴可以随意占有，女哑巴不得反抗。……昨日下午，记者在哑语翻译的协助下，采访了女哑巴徐某。她是从安徽嫁到河商周口的，因丈夫总是打她，所以她丢下4岁的女儿跟别人出来打工‘卖画’，谁知过上了这种生活。她恨这种日子。她要回安徽老家去。记者见她伤感地直摇头，哑语老师翻译说：她说要放弃武汉，很伤心，回去算了。”这篇报道对哑巴犯罪集团头子的欺男霸女缺乏否定，对残疾人的犯罪又不无同情成分。法律面前，人人平等，残疾人也不例外，并不能因为犯罪分子是残疾人，国家法规标准就要加以特别调整。上述报道的有关表述显然存在缺陷，也是对人道主义的误解。人道主义是有底线的。相反，《唐山命案警示世人》则多方面地探讨了残疾人犯罪的深刻原因：

> 3月14日，两起杀害出租车司机的恶性案件被河北唐山市路南公安分局破获。
>
> 令人吃惊的是，3名犯罪嫌疑人均系聋哑青年，作案的直接获益，也仅仅是一百元钱；更令人不解的是，在审讯中，3人争为自己竖大拇指，称自己“功劳最大”。
>
> 另据警方介绍，3人在残忍地将人杀死后，曾兴奋得手舞足蹈，互相拥抱。
>
> 3月10日，黑龙江齐齐哈尔市聋哑人曲海峰(男，19岁)、黄伟(男，18岁)与内蒙古扎兰屯市聋哑人康建生(男，26岁)结伴来到唐山，住在半年前仅见过一面的当地哑女揣某家。由于揣某嫌他们没有钱，还吃住在她家，3人便萌发了抢出租车的恶念。12日晚，曲、黄、康3人酒后怀揣尖刀打了一辆出租车。当车行至南湖公园西南角时，他们用尖刀、石块等凶器将司机杀害。
>
> 作案后，3人把出租车中的100多元钱拿走，随后，将司机上身剥光，将外衣

---

① 载《武汉晚报》，2000-04-20。

② 载《工人日报》，2000-04-05。

挂在树杈上。发动出租车，往树上撞，并用石块砸碎汽车后灯，把司机的BB机等物品放火烧毁。犯罪嫌疑人曲海峰还觉不过瘾，又跳上汽车前盖，模仿武打动作，飞起一脚，将挡风玻璃踢碎。

晚上11时许，当3人干完这一切，又打上出租车，返回哑女揣某家，喝完酒，洗完澡，安然睡去。

13日凌晨1时许，曲海峰醒来，喊另两人再出去作案，康建生因酒醉未醒，曲海峰、黄伟就从揣某家拿上菜刀上了街。闲逛时，又拦住一辆出租车。当车在他们的指点下行驶至市郊女织寨乡郑各庄黑暗处时，曲、黄二人对司机再下毒手，并抢走一部呼机。在已知司机死亡的情况下，他们又用刀将司机的头部一直砍瘪。

之后，曲、黄不停地发动汽车，不断地喊叫。有路人发现汽车已开始冒烟，便上前提醒他们，他们不予理睬，直到汽车起火，才离开现场。

一夜两起命案，震惊唐山。市公安局局长李元江，副局长张铁力、刘仕宝坐镇指挥，路南分局局长张学宁上阵督战，终将3人抓获。

犯罪嫌疑人供认，3人自幼聋哑，曲海峰、康建生均为单亲；黄伟从未上过学，康建生学历最高，"上过5年学"。3人一直没有职业。他们在北京、天津、上海、广州、无锡等地都曾作过案，并有命案在身。

近年来，一些弱势群体，诸如身体有残疾者、青少年等类型的犯罪行为呈上升趋势，而发生在唐山的这起案件，更引起了专家的关注。

中国政法大学法社会学与青少年犯罪研究所所长皮艺军认为，从作案动机看，他们是为了劫财，但其中暴露出的社会问题应引起重视。

他说，弱势群体在成长过程中，最需要而恰好也最容易被忽略的一点，就是对他们的教育、关注和约束，这需要家庭、学校、社会三方面的共同努力。唐山命案中的这3人，几乎没上过学，没有工作，长期流浪，也就是说，他们长期处于失控状态，家庭、社会方方面面没有很好地对他们尽到责任。

皮艺军认为，这类人的攻击行为，实质是对自身挫折的一种反应，是受挫折后情绪上的宣泄。这起案件中聋哑青年杀人后所表现出的兴奋、激动情绪，则显然表现出一种反社会性，即对社会的仇视。目前社会讲究竞争、讲究优胜劣汰，相比较而言，弱势群体的竞争能力就要差得多，带来经济能力上、社会地位上的反差，并进而影响他们的心理状态，带来反社会的严重后果。

为此，这位专家特别指出，对犯罪行为，社会当然不能纵容迁就，但发生在唐山的这起恶性案件也警示人们，关注弱势群体，尽可能给他们以平等的发展机会，才是维护社会稳定、预防犯罪的根本。

该文一方面报道了这些残疾人犯罪的主观原因：无知、愚昧与对正常社会的仇恨；另一方面又分析了残疾人犯罪的客观原因：政府对残疾人的生活、个人发展重视不够，人力物力投入不足，残疾人的犯罪正是社会对自己工作失误所付出的代价。如果将残疾人对社会的破坏折算为财产、金钱，并由政府将这些作为财产、资金用于残疾人的教育、就业，那么，就可以极大地减轻残疾人对社会的仇视与破坏。只有这样考虑问题，处理问题，残疾人犯罪上升的社会现象才能够得到根治。毫无疑义，《唐山命案警示世人》这篇报道的思想既新颖，又很有深度，发人深思。从思想的准确、深刻、冷静、科学来衡量，较之徐迟的《哥德巴赫猜想》，《唐山命案警示世人》的思想毫无疑义对社会更有建设性。另外，在有关提法上，深度报道也应尽量避免情绪化、无节制。《长江日报》"文化新闻"栏目的《"老通城豆皮"何时再度飘香》[①]着力报道湖北省"非遗"保护对象、汉味小吃"老通城豆皮"的武汉总店停业三年的缘由与其如何振兴之路。然而，这一本应态度冷静的报道在介绍有关受访人物时却过于"慷慨"，如记者对文中"华中师范大学历史文化学院教授、中国餐饮文化大师姚伟钧说"的这一"中国餐饮文化大师"的称呼是否能站得住脚呢？尽管姚伟钧教授"2004年被中国食文化研究会授予'中国餐饮文化大师'的称号"[②]是可能的，但中国食文化研究会的这一授予究竟有多大的公信力呢？对此，广大读者完全有理由质疑报道是否存在讨好、夸大受访者的嫌疑。因此，该报道的底线是提供信源而不是由记者直接出面，如表述为"华中师范大学历史文化学院教授、2004年被中国食文化研究会授予'中国餐饮文化大师'的姚伟钧说"。有学者认为：面对受访对象，记者应该保持冷静。如果很轻易地被打动地话，那就不是一个好记者。[③] 实际上，缺乏理性精神，一个记者难以成为时代的优秀观察者、记录人。

新闻事实的复杂、时代精神的新锐决定着深度报道需要理性精神。理性精神是维护深度报道新闻真实性原则的重要保证。

（二）理性精神何处来？

1. 争取一专

这就是说，报道者要系统地学习某一或某几个领域的理论知识，争取对该专业有一定的发言权。所谓理性，指的是概念、判断、推理等思维形式或思维活动。黑格尔认为理性是认识的高级阶段，只有理性才能揭示事物的本质。[④] 这说明，理性不可以先天而能，获取能力、精神必须经由学习、锻炼。

---

① 载《长江日报》，2009-06-12。

② "有啊"购物网站，http://youa.baidu.com/item/f536a31fac5eb324965dd739。

③ 凌非编著：《中国媒体记者调查》，162页，北京，光明日报出版社，2004。

④ 《辞海》(三卷本)中册，3175页，上海，上海辞书出版社，1989。

新闻工作者需要理性。记者、编辑在长期的新闻生涯中，不仅广泛接触社会，而且长期跑某条线，对某一或某几个领域有较多的接触。而深度报道要求记者不仅多能，还须一专，要系统而扎实地学习有关学科的理论知识。比如，记者应怎样看待经济领域内的贪污腐败案件？有记者认为贪污腐败是因为这些当权者寡廉鲜耻，道德败坏。这样的分析正确，但未必完整，更谈不上深刻。中国正处在经济转型期，贪污腐败的频频发生显然还需要我们进一步完善社会改革的设计。那么，立足于经济学的立场看贪污腐败案件，记者则会发现：有的贪污腐败是当事者被拉下水，为“供方主导型贪污腐败”；有的是有计划有预谋的索贿，“为需方主导型贪污腐败”。适当调整看事取物的专业视角，常常会推动报道出新与走入深刻。《中国新闻周刊》执行主编靳丽萍说：“记者更重要的是在采访中学习和提高，……勤于思考，长期积累，就会形成自己的知识体系。”[①]离开了专业，所谓的理性就很容易空心化。采写功夫在采写之外。

2. 要善于运用专家的脑子

记者理论知识再多，也满足不了实际工作需要。这实际是为记者的职业所决定的。记者什么都要报道，什么都要学，但一个人的精力又是有限的，因此记者的“深”是不可能与专家的“深”相提并论的。对记者的这个难解的矛盾，恩格斯曾有很好的评论：“新闻事业，特别是对于我们这些天性不那么灵活的德国人来说，是一个非常有益的学校，通过这个工作，你会在各方面变得更加机智，会更好地了解和估计自己的力量，更主要的是会习惯于在一定期限内做一定的工作。但是，从另一方面看，新闻事业使人浮光掠影，因为时间不足，就会习惯于匆忙地解决那些自己都知道还没有完全掌握的问题。”[②]

那么，我们应该怎样去解决新闻工作者的报道多、报道宽、报道快与报道浅之间的先天矛盾呢？解决的方法归纳起来只有一句话，即向专家求助，善于利用专家的智慧。具体来说，第一，能够找到合适的专家：有足够的学识，并乐于助人。第二，善于倾听专家的意见。第三、善于捕捉专家谈话中的要害。第四，注意报道相关专家的意见，避免喧宾夺主。第五，善于将专家的意见组织起来并传播出去。在内在能力与工作要求之间的不平衡上，记者与主持人相同。主持人的任务是组织来宾，请专家谈话，调动专家的谈兴，控制专家谈话的方向与节奏。主持人不能代替专家，否则主持人失职。主持人如果企图喧宾夺主，包办一切，应付一两场或许马马虎虎，但长期以往则不可能不漏洞百出，除非主持人是神仙。其实，当年斯诺写《西行漫记》时对土地问题之于中国革命重要性的认识，毛泽东的彻夜长谈对斯诺是有启迪之功的。在一定意义上，记者斯诺不过是中共领袖毛泽东思想的转述人。因此，唯有善于利用专家的智慧，才能解决新闻工作者自身所无法解决的报道

① 张志安：《报道如何深入》，48页，广州，南方日报出版社，2006。

② 中国社会科学院新闻研究所编：《马克思恩格斯论新闻》，498页，北京，新华出版社，1985。

多、报道宽、报道快与报道浅之间的矛盾。

五、 避免绝对化，注意多面性

（一）“圆照”与避免绝对化

青年人写深度报道，由于学识、思想、经验的限制，常常会感到驾驭起来力不从心。这种力不从心，也往往在报道思想中体现出来，即分析问题时易走极端，只从一个方面去看问题，而不是多几个角度打量问题，周到思考。比如，有一个实习生采风中国西部，发现陕西宝鸡建设铁路时，当地的农民为了多索要赔偿而阻挠铁路建设队伍施工，致使工程停工两年。这个实习生写了报道，认为这是西部落后的特有表现。这个认识是错误的。实际上，为了索赔而阻挠铁路或公路开工，不仅西部有，中部有，我国东部也存在。况且陕西农民的做法也未必完全无理。实习生孤陋寡闻，又不去中部、东部全面了解情况，但无知者无畏，贸然下笔，结果落个以偏概全。一千多年前，刘勰的《文心雕龙·知音》篇云：“凡操千曲而后晓声，观千剑而后识器，故圆照之象，务先博观。”这里的所谓“圆照”，即围绕事物转着圈的观察，也就是说要多角度观察，而不要只站在一个地方看问题。可惜不少报道者不懂得这个认识问题的道理。

（二）多面理与避免片面性

提炼深度报道的思想要注意讲多面理。讲多面理是有来历的。二战期间，美国因为对敌宣传需要开展一项关于传播效果的研究。该研究由美国心理学家霍夫兰（Carl Hovland）主持。研究者将入伍的新兵分成两组分别对其放映电影。放映这 7 部纪录片意在使新兵们相信：他们为之而战的事业是正义的，他们的任务是艰巨的，盟国是有能力取得最后胜利的。研究结果证明：对没什么知识的人来讲，讲一面理的效果好；对有知识的人来讲，则讲两面理好。所谓“一面理”即只讲对自己有利的道理，不讲对自己不利的道理。而所谓的“两面理”，则既讲对自己有利的道理或事实，也讲对自己不利的道理或事实。

中国改革开放 30 多年，社会主义市场经济在神州大地向深层发展，高岸为谷，深谷为陵，中国加入世贸组织经年，中国与世界之间的联系已十分密切。目前，互联网四通八达，中国的读者视野越来越开阔。在这样的国情面前，我们的深度报道在报道思想上必须注意讲两面理甚至多面理。2002 年 10 月，广东省健力宝公司创始人李经纬因涉嫌贪污罪而被免去全国人大代表身份。谈到云南红塔集团董事长褚时健时，李经纬以为：褚时健“能够把一个名不见经传的小厂办成世界第五的现代化烟草企业，实属不易，却过不了‘经济关'"。面对记者,李经纬说:"假设红塔山做亏了,健力宝做亏了,国家还得拿钱贴补,损失可能更大;做好了,为什么没有相应的奖励?国企的老总在很差的基础上把一个企业做起来,国家是不是应该考虑用什么制度来保护他们,给他们相应的回报?"[①]李经纬看上去理直气壮,其实却是典型的"贪污有理论"。如果反腐社会机制不健全,高薪就能够养廉吗?这显然是一相情愿。好在《南方周末》记者最终还能够同时从两个不同的方面去认识健力宝公司李经纬的问题:"他在产权的水域里触礁沉没,更多的原因是来自在激励和约束机制双双缺失情况下的剑走偏锋。"[②]俗话说得好,不怕不识货,就怕货比货,只有在多面理的基础上去讲自己的主张,自己的主张才好为读者理解与接受。有的报道只讲一面理,这就不能不让早已洞若观火的广大读者厌恶、唾弃。

(三)二元对立思维与绝对化

避免绝对化,要求从事深度报道的人不仅要多方地看同一个问题,讲出几个方面的道理,而且还要放弃二元对立的思维方式。所谓二元对立思维,即非此即彼的思想惯性,将事物的矛盾绝对化,看不到事物的同一性,看不到事物之间在存在分明的同时还存在着过渡性与其他的可能性。我们思考问题只有放弃简单化,认识才有可能避免片面性与绝对化,思想才容易有深度。比如,前些年辽宁省沈阳市实行公路交通的"撞了白撞"制,即行人如不遵守红绿灯,不走人行横道,那么行人被过往汽车撞死,汽车司机不负法律责任,既不偿命,也不赔钱。有的记者既看不到沈阳市做法合理的一面,也看不到其负面因素。沈阳市的做法有其合理性:有利于依法治市,有利于交通通行效益,有利于法治思想的稳固。不过,沈阳市的做法又有其偏执之处:人的生命价值毕竟是无限的,若按照沈阳市的规定,路口处行驶的汽车司机在本来可以采取措施避免撞人的当口,则完全可以不采取任何措施驾车撞人;被撞者享有的人道主义关怀的权利于此就有可能受到了侵犯。显而易见,对目前我国内地行人不遵守交通规则的惩罚,绝对不能以违规者的生命作为惩罚对象,而应选取其他方式去落实。因此,只有将正反两面的可能性都考虑之后,报道的思想才容易周到,有分寸,才会减少负面影响。

(四)逆向思维与平庸化

适度开启逆向思维有益于深度报道告别平庸化。所谓平庸,寻常而不突出。[③] 新闻报道平庸化是导致新闻媒体同质化的来源之一。在克服深度报道的平庸化上,逆向思维大有用武之地。

---

① 夏英、陈海:《李经纬陨落》,载《南方周末》,2002-12-24。

② 徐列编:《〈南方周末〉人物报道手册》,70页,广州,南方日报出版社,2006。

③ 《现代汉语词典》,第3版,980页,北京,商务印书馆,2002。

思维路径是我们思考问题中所形成的共有路线类型。按照思维路径的常规与变异，思维路径可以分为常规思维与逆向思维。逆向思维，指的是观察者在视位、视线都不作变换的情况下的思想反其道，思维方式作反方向跳跃和思维习惯的逆动。[①] 毫无疑义，逆向思维与创新有缘。

首先，逆向思维在深度报道思想提炼中的运用有助于澄清事实，推动思想走向正确、新颖与深刻。2003年7月，湖南省嘉禾县县委、县政府启动占地189亩的珠泉商贸城项目。这一项目涉及拆迁居民1 100多户，动迁人员达7 000余人；拆迁机关、企事业单位及团体20余家。为了珠泉商贸城项目顺利进行，嘉禾县委、县政府办在同年8月7日联合下发“嘉办字[2003]136号文”，要求全县党政机关和企事业单位工作人员，做好珠泉商贸城拆迁对象中自己亲属的“四包”工作。这“四包”是指：在规定期限内完成拆迁补偿评估工作；签订好补偿协议；腾房并交付各种证件；协助做好“妥善安置工作，不无理取闹、寻衅滋事，不参与集体上访和联名告状”。“嘉办字[2003]136号文”规定，不能认真落实“四包”责任者，将实行“两停”处理——暂停原单位工作、停发工资，并“继续做好所包被拆迁户的所有工作，确保拆迁工作顺利进行”；“对纵容、默许亲属拒不拆迁、寻衅滋事、阻挠工作的，将开除或下放到边远地区工作”。湖南省嘉禾县县委、县政府的上述举措结果导致当地不少家庭父子关系紧张、夫妻离婚、兄弟反目，酿成当地民众对党和政府的极大不满。经过媒体报道，党和政府对此事进行调查。2004年6月，湖南省政府、建设部联合调查组通过深入细致的调查取证工作，在基本查明主要违法违规事实的情况下，作出结论，予以处理。联合调查组认为，调查表明，发生在嘉禾县的这一事件，是一起集体滥用行政权力、损害群众利益的违法违规事件。经湖南省委常委会研究决定，已责成有关方面按规定程序撤销周余武中共嘉禾县委委员、常委、书记职务；撤销李世栋中共嘉禾县委委员、常委、副书记职务，并依法撤销其县长职务。这就是2004年的“湖南省嘉禾拆迁事件”。《瞭望东方周刊》在2004年曾对此进行了深度报道。据介绍，在中央电视台，各家媒体基本上认为嘉禾拆迁事件是一起官方侵害老百姓利益的事情，且嘉禾县的官方在以一种穷凶极恶的负面媒介形象四处扩散的时候，《瞭望东方周刊》却选择了逆向思维：如果嘉禾县县委书记如此穷凶极恶，那他如何在这个地方当了这么多年官?[②]《瞭望东方周刊》记者通过调查研究却意外发现，时任湖南省嘉禾县县委书记的周余武并非像一些媒体描述的那样差，而是工作勤勉，反对大吃大喝，特别想干事情，想把这个地方搞好。那么，嘉禾拆迁事件为什么竟会出自这位叫周余武的县委书记之手呢？记者经过进一步调查发现，是长期以来的人治观念导致周余武在遇到阻力时，习惯于用强权来推进。也正是未能摆正主人

---

① 朱亚龙：《重视对新闻事实的理性思考》，载《新闻通讯》，2000(4)，13页。

② 张志安：《报道如何深入》，79页，广州，南方日报出版社，2006。

与公仆之间的关系，周余武面对胆敢拒绝搬迁的老百姓才会杀气腾腾地叫嚷："谁影响嘉禾发展一阵子，我影响他一辈子！"《"最好"的县委书记和最失败的共产党员》[①]对湖南省嘉禾县拆迁事件的事实真相进行了深究，并在深究中补充、丰富了新闻事实，让思想抵达发人深思的境地。《北京青年报》的记者认为，《瞭望东方周刊》由湖南省嘉禾县拆迁事件寻找到事件中人治观念与法治观念所发生的冲突，"报道对县委书记进行了还原。……这个报道点就选得特别好，这个点来于质疑"[②]。《瞭望东方周刊》能够结出如此丰硕成果的重要原因，在于报道者的逆向思维，敢于质疑，通过质疑在前新的基础上实现后新。

其次，逆向思维在深度报道思想提炼中的运用有助于独家新闻面世。独家新闻是新闻媒体的高质量新闻产品之一。所谓独家新闻，是由一家新闻机构刊布的独此一家，别无分店的新闻报道。[③] 在科学技术高度发达，资讯异常丰富的今天，真正意义的独家新闻，即独家的新闻事实（What）已经特别难以为新闻媒体所获取，加之深度报道的后发，解释性报道对何因的情有独钟，新闻报道，尤其是深度报道对独家新闻则更多在报道的角度独家，报道的思想独家之处用力。此即在重新发现新闻中构建独家新闻。[④]《财经》周刊2003年关于非典事件的报道正是这样的独家新闻。2003年由广东省始发而后迅即波及全国各地的非典事件，对中国的新闻政策构成一次重大考验。关于非典事件的报道，中国内地最早见于2003年2月10日的广州《广州日报》、《羊城晚报》、《新快报》。两天之后的2月12日，非典事件的新闻大战则在全国展开。面对如此局面，周刊《财经》逆向思维，后发制人，另辟新视角：从4月20日开始以公共政策的立场通过调查特刊，分别从弱势群体农民、我国中西部、医院感染之谜、国外疫区连续做了四期深入报道。[⑤] 逆向思维对思想别开生面的作用，有利于高端新闻作品之一的独家新闻的被生产。

六、人性之处见深度

（一）人性与新闻信息深度

在提炼、选择深度报道思想的努力过程中，根据报道客体的实际情况，从人性深处入手也是一条不错的操作路径。如果仅凭感觉，可能会产生这样的疑虑：人性是感性的，不

① 载《瞭望东方周刊》，2004-06-28。
② 张志安：《报道如何深入》，79页，广州，南方日报出版社，2006。
③ 余家宏等：《新闻学简明词典》，100页，杭州，浙江人民出版社，1984。
④ 徐列编：《〈南方周末〉人物报道手册》，25页，广州，南方日报出版社，2006。
⑤ 展江等主编：《中国舆论监督年度报告2003—2004（上）》，27～29页，北京，社会科学出版社，2006

过是哭哭啼啼，笑笑哈哈，这与思想的深刻有关联吗？答案是肯定的。所谓人性，是人类的共性，是人的自然属性与社会属性的统一。人的本质在其现实性上，是一切社会关系的总和。[①] 这就是说，人性是共性与个性的有机统一，既有自然属性，又有社会属性。首先，人性离不开人的自然属性。其次，人的社会属性是人性的关键。再次，人性中的社会属性则决定着人性离不开社会矛盾。最后，人的自然属性决定人性又和人情味息息相关。人性的特点影响着深度报道由人性见新闻信息深度的要点：深度报道用以见深度的人性，并非纯净透明，一览无余，而应该既有社会内容，有时代精神，又有人物的基于生理存在而生的精神体温。人性的社会内容、时代精神与人物的基于生理存在而生的精神体温，共置一炉是一加一再加一远远大于三。其精神反应究竟会大于三有多少，则具体情况不一而足，无以量化。由人性而呈现的新闻信息深度，更多是质而不是量。

（二）深度报道：人性中的新闻信息深度

人性之处见深度，自有特点。与追打客观世界不同的是，在人性的整合或分裂间，记者所掘挖的焦点在主体世界。主体世界同样宽广、深邃，并和客体世界沟通、融会、呼应。掘挖主体世界可以体察善恶美丑，表现社会的进步与对真善美的坚守，思想情感的冲击力同样具备内容深度。因此，作品的感染力不应仅仅属于特稿。只要恰当、得体，感染力只会强化而不是削弱深度报道的冲击力。地处我国改革开放前沿的《广州日报》相当注重人气。黄卓坚的《下辈子，我们还当母子》[②]、黎宇宇等的《八个男人换回来的一个生命》[③]从母子情、人道主义的思想立场开掘生命的态度、高尚的情操，情理交融，动人而发人深思。

八个男人换回来的一个生命

——大舜号唯一女性幸存者董颖的自述

黎宇宇　周方　李波

在危难之际，男人依靠自己的体力与死神搏斗；女人要靠自己的冷静，更需要男人们的帮助。昨日，在烟台市牟平区一家医院里，大舜号幸存者中唯一的女性董颖，无限深情地向记者描述了数日前几个素昧平生的男人们用自己的生命把她从死亡线上救回来的经历。

两粒晕船药片使我保持清醒

我叫董颖，是黑龙江省齐齐哈尔市人，今年26岁。“大舜号”出事前，在青岛市帮人卖服装。24日那天，我和姐妹解芳想到大连玩，本来买了中午的快船票，

---

① 《辞海》上册，796页，上海，上海辞书出版社，1989。

② 载《广州日报》，1996-04-08。

③ 载《广州日报》，1999-12-01。

但因风大取消了，于是临时改乘“大舜号”。

大约下午4时半钟，警铃第一次拉响后，我们穿上了救生衣。我在甲板上一直待到7时半，尽管穿了棉袄、棉裤，我冻得连站都站不住了，所以又回到了客舱过道。过道里面已经挤满人了，由于船摇晃得很厉害，许多人都被撞得头破血流，80%的人在呕吐，地上一片狼藉，臭气熏天。9时左右，我也开始晕船，想吐，旁边坐着一位带着女儿的中年妇女递给我两片晕船药，吃完以后，我才慢慢清醒过来。这两片晕船药使我在逃生的关键时刻得以清醒，可算是救了我的命。

男人们纷纷把生路让给妇孺

在逃生过程中，船上的男人们都纷纷把生的希望留给妇女儿童，把死的结局留给自己。我，就是这种人性光辉照耀下的最大得益者。

我和解芳都是黑龙江人，没坐过船，更不知救生衣为何物，两位素昧平生的大哥走了过来，让我俩别紧张，并分别为我俩系好救生衣，而他们的救生衣还没有穿上呢！其后，不论是在船舱里，还是在过道上，男人们都自动自觉地让出一条路，以方便妇女儿童们先行一步到达甲板上。

“大舜号”倾斜后，船舱内一下子就被海水淹没了。四名男乘客一边安慰我们，一边采取各种手段和方式，打碎钢化玻璃船窗，而当玻璃窗破碎之后，第一个逃出船舱的并不是男人们，而是我董颖！

我看到了一条橡皮救生筏，上面的男人拼命地伸出手，但是风高浪急，我花了九牛二虎之力也没法爬上去，旁边一个准备登筏的男人，毫不犹豫地向我游来，与筏上者一道，将我弄上去了。可是，一个巨浪，将海里那位大哥卷走，给我留下了此生无法抹去的残酷记忆。

救生筏上只有我和一位金大哥，由于风浪太大了，救生筏根本无法靠近海军“686”救援船。在黑暗、寒冷、无助的茫茫“死亡之海”上，我放声大哭起来。金大哥安慰我说，不管结局如何，他也一定会尽全力帮助我，因为我还年轻，而他已经年过半百了。

救生筏随风浪盲目地漂啊，漂啊，终于看到岸上的灯光了。我们好激动啊！没想到，一个巨浪打过来。将救生筏打翻了，当时，我一直紧紧抓住筏绳不放，但与我相依为命的大哥却被无情的巨浪卷走了……

不久，我回头一看，已经到岸边了，而且岸边有个人，我用尽力气大叫“救命”。他跑过来想拉我，但没拉住，我又被海水带回到海里。

过了一会儿，我又被冲上了岸边，为了不被再冲回去，我赶紧解开缠在身上的缆绳。我的手已经不听使唤，费了十几分钟才解开。这时腿已经冻僵了，我拼命向岸上爬，正好找到了一个木桩，刚抱住木桩，先前拉我的那个人就跑过来了，

问了我好几句话，我没回答就昏过去了。医生告诉我，幸亏是一位老人及时发现，否则我肯定被冻死在海岸上了。

贺大叔解开大衣把我裹在他怀里。

11 月 26 日上午，病房的门被推开了，进来一位满脸皱纹的老人，他的眼神里满是关心和慈祥。我立刻意识到他就是那天救我的人。大叔走过来，一边问我的病情，一边将一大袋水果放在桌子上，在我再三请求下坐在我的床边，向我讲述了那天晚上他救我的全过程。

老人名叫贺传永。11 月 24 日晚上 12 时多，58 岁的贺大叔首先发现了救生筏和我，连忙赶回家叫弟弟开上手扶拖拉机来救人。在车上贺大叔用羽绒服包住我，并把我抱在怀里，使我不被冻坏。

后来，有人告诉我，一共有 6 名难友坐筏听由巨浪推打来到云溪村的海边，都一一获救了。其他难友当然也非常非常感激云溪村的村民们。如果没有村民们，逃过大海劫难的人，也不一定能够生还。

《八个男人换回来的一个生命》情理交映，软中寓硬。这篇报道歌颂之中有批判。那么，批判的对象是什么？——利欲熏心，唯利是图，没有信仰。“十年动乱”结束，在社会经济体制由商品经济向市场经济转变的过程中，相当数量的人信仰迷失：马克思主义似乎失灵，儒家伦理成为被唾弃的封建主义，唯一信赖的只剩下金钱。一个没有信仰的人，离行尸走肉已不遥远；一个没有信仰的民族，只会走向地狱。拜金主义横扫之下的土地，绝非人类乐园。《八个男人换回来的一个生命》有褒有贬，褒在明处，贬在暗里，具有鲜明的战斗性。这一切并不难体会。人性之处自见深度，将永恒与时代熔为一炉。

第五章 深度报道方式

第一节 深度报道方式的地位与作用

一、深度报道方式的地位

（一）深度报道方式的内涵

1. 报道方式

报道方式，又叫新闻报道方式。不过，弄清报道方式则需要追根寻源。方式是"说话做事所采取的方法和形式"。[①] 那么，什么是方法、形式呢？方法是解决思想、说话、行动等问题的门路、程序；[②]形式则是事物的形状、结构等[③]。因此，方式实际是内容的外在表现与追逐目标的路径。不过，报道方式专用于新闻报道，指的是新闻报道主体在新闻报道的过程中，对新闻报道的内容信息所采取的框架式的表现形态与为实现报道任务而采取的因先后程序所呈现的进展路径。换句话说，报道方式在内容展现与任务追逐上有空间延展、时间伸展的两维可用。

报道方式作用于整个新闻报道。在新闻报道的规划阶段，需要对未来的报道方式加以酝酿；在新闻报道的起始阶段，需要依据操作路径迈出报道方式的第一步；在新闻报道的中途与收束阶段，需要落实报道方式的规划，疏通操作路径，并根据新闻事实、社会环境的实际、动迁而随机应变，确

---

① 《现代汉语词典》，第 3 版，353 页，北京，商务印书馆，2002。

② 《现代汉语词典》，第 3 版，353 页，北京，商务印书馆，2002。

③ 《现代汉语词典》，第 3 版，1401 页，北京，商务印书馆，2002。

有必要时还要对报道方式适当调整。显而易见，那种将报道方式的实施主体仅限于新闻报道策划者的看法[①]并不合乎实际，恐怕于新闻报道有害无益。

报道方式属于新闻报道的形态，而不仅仅止于新闻报道的形式。形式与形态既有关联又有区别。形式与形态都关乎内容的外在表现，但形式又在形态之内。双方的区别主要产自采写与编辑的不同需求。形式来自采写环节，是一篇稿件内容的外在表达，而形态则来自编辑环节，是包括内容、形式在内的一篇或多篇稿件的媒介外在表现。新闻信息内容得自采写，但离开形式则无以表现。尽管编辑也管理稿件，但新闻稿的采写基本依靠前方的记者，故形式来自稿件，属于稿件，也主要由采写人直接落实。不过，新闻报道若仅完成了采写环节，尚无法与受众见面。离开一定的媒介形态，新闻报道是无法为受众所接触到的。以报纸为例，任何新闻报道只有具有一定的版面空间形态之后，才能制版、印刷、发行，以纸张为介质而为广大读者所购阅。报纸的这种空间的呈现，是一种可为我们的感觉器官具体感受的事物外在形貌，不属于稿件的形式范围。任何稿件必须经一定的媒介时空形态，始可传给受众。那么，这种对新闻报道形态的控制力量出自何方？当然只能出自编辑而不是记者。其实，新闻报道活动的关键在于编辑工作。编辑是新闻信息制造的枢纽与终极定夺所在。因此，新闻报道的形态尽管记者可以触及，但其主要责任则压在编辑的肩头。总之，报道方式属于媒介形态而不限于稿件形式。对此，我们应有清醒的认识。

2. 深度报道方式

深度报道方式从属于报道方式，是适宜在深度报道中运用的新闻报道方式。深度报道的字数较多，图表较丰富，所占版面较大，所报道的新闻事实还常有一定时间的持续。这样一来，深度报道的内容就需要报道主体多加考量：是一次性报道，还是多次性报道？在一次性报道之中，字数有多少？是否需要化整为零与如何化整为零？在多次性报道之中，报道的多次之间是怎样的关系？相互之间如何区隔与勾连？如何由浅入深？哪些是一般性报道，是铺垫性报道？哪些是核心报道，是骨干报道？哪些在深度报道之外，哪些在深度报道之内？于是，深度报道方式开始出场。这里正是报道方式的用武之地与大展宏图所在。2002年，湖北省荆州市倒奶事件爆发。《湖北日报》特稿部面临着对包括报道方式在内的各种要素能否恰当选取的考验。2002年4月，《湖北日报》社记者刘畅到湖北荆州市政府一些部门采访，在有关单位的电话记载单上看到一则求助信息：沙市窑湾农场的奶农在牛奶销售时遇到困难，因为天气变热而被迫将无法卖出的牛奶一桶桶地白白倒掉。奶农们盼望政府帮助他们尽快为自家生产的牛奶找到买主。记者刘畅获得这一新闻线索后立即赶往位于沙市东郊的窑湾农场，触目惊心的同时迅速采写消息见报。不过，《湖北日报》的新闻工作者并未就此满足。刘畅说："我也是在边采访边思索中，认识问题

① 郑兴东等：《报纸编辑学教程》，332页，北京，中国人民大学出版社，2001。

的脉络才逐渐清晰的。我最初只是就这个现象写了一篇消息，后来紧跟着，在编辑部的组织下，基于理性的思考和分析，从小农经济的角度，市场经济的角度，解析这个事件。就是这样，我们完成了一系列的跟踪报道。……采访过程中具体的想法也是一直和编辑部保持沟通的，也得到了新闻编辑部的支持和赞成。一得到消息，编辑部就很重视，把它作为一个战役，进行整体的策划，以及后续的报道。"[①]显然，《湖北日报》的记者、编辑认为荆州奶农倒奶事件的报道价值是重大的，一篇短讯远不能解决问题。于是，他们从小农经济与市场经济互动的角度解析荆州奶农倒奶事件，先后刊发四篇解释性报道，并因而形成系列跟踪的报道方式，推动报道由表及里，走向深入。毫无疑义，《湖北日报》对荆州奶农倒奶事件的这种有组织的工作样式就是深度报道方式。虽然与文章结构有些类似，但报道方式因着重处理篇章之间的结构组合关系而较文章结构呈现出更宏观的报道状态。

有的深度报道由一篇稿件组成。那么，只有一篇的报道是否存在深度报道方式？如果存在，这一篇报道的报道方式与写作方式又是否是一回事呢？深度报道即便只有一篇且报道仅有一次，也仍然存在报道方式，只不过其报道方式因为一篇一次而相对单一。不过，由一篇报道构成的深度报道，其报道方式与写作方式是有区别的。报道方式比写作方式广泛。写作方式主要与记者的采写相关，而报道方式则不是这样：不仅与记者有关，还与编辑人员相连；不仅关系到写，而且涉及编。仅仅将新闻采回来写成稿件，还不能说新闻报道已经完成。新闻报道的报道者由前方的新闻记者与后方的新闻编辑共同组成，但新闻报道的真正决定者则属于新闻媒体编辑部。只有当报道通过新闻传媒传向大众，报道的传者才算基本完成任务。深度报道方式与编辑部的工作是息息相关的。不少新闻媒体如《人民日报》[②]的深度报道采编部门实行采编合一，深度报道的完成有赖于记者与编辑之间的通力合作。比如，深度报道《大学生买手机面面观》[③]，通讯员、记者只完成了核心的文字报道。为了报道的开阔、生动，编辑另外组织记者补充了背景材料《大学生通信工具史考》与照片。

3. 报道方式在深度报道的适宜运用

作为为内容服务的形态，报道方式在深度报道中的使用空间是广阔的。不过，从我所观察到的实际情况看，报道方式目前在深度报道中的运用又是十分有限的。因此，在深度报道方式的运用上，一方面要量体裁衣，讲求针对性；另一方面又要具体情况具体分析，只要合适则无妨大胆尝试，成熟方式在崭新领域的恰当投入也是创新，同样可以收取良好的传播效果。

---

① 欧阳明：《深度报道作品评析原理》，226～227 页，北京，北京交通大学出版社，2008。

② http://www.people.com.cn/paper/jianjie/bzjj_01.htm

③ 欧阳明等，载《楚天金报》，2002-09-09。

（二）深度报道方式的地位

1. 地位

深度报道方式在深度报道中具有较为重要的地位。报道方式为深度报道不可或缺，在深度报道中为内容服务。

第一，离开形式则内容无以表达。深度报道没有一定的报道方式则无以成形；报道方式使用不当又影响内容表达的准确性、生动性。第二，深度报道方式是丰富的。在报道方式上，深度报道有版面的空间呈现，有连贯的时间接续。第三，深度报道方式在内容表达上地位独特。一方面，深度报道方式要遵从文体所规定的方向运行，另一方面又搭钩深度报道内容表达的基本框架，成为规范表达方式、语言与部分结构要素的刚性力量。

2. 深度报道方式的地位与新闻报道的特殊性

报道方式在深度报道中有特殊功用。它大体相当于一般记叙文的结构功能，对深度报道的内容表达有框架定型的特殊功用。报道方式的如此功用，与新闻报道的特点息息相关。首先，在材料上，新闻报道与一般记叙文有所不一。历史叙述在事实早已结束之后，作者自可从容考察，静心打量。文学叙述遵循艺术真实的可能性与必然性的有机统一，根本不拘泥于现实的雪泥鸿爪。而新闻报道所面对的新闻事实刚刚发生，正在进展，报道者唯有当场反应，即时追踪，随机应变，相机行事方能为胜任职责打下良好的基础。这一切就使得新闻报道在结构上难以如历史叙述、文学叙事那样细腻、精巧，而主要以大体成型为安。其次，在接受环境上，深度报道与一般记叙文有所不一。无论历史叙事文本还是文学叙事文本，接受者在接受中都持以较为认真的态度，较为平和的心境，所付出的接受时间较为充分，场所也较为宁静。而深度报道的接受者在接受中往往持以投机的心态，好看就看，有用就看，否则放弃；接受行为是选择性的，合适就接受，哪里合适就接受哪里，不会轻易从头看到尾，接受讲求抓关键词、关键句与关键段落；接受时间是紧迫的，有时即便面对好稿子，也只能一目十行；接受环境是多样的，常较为杂乱，不宜细读。接受环境的反差导致文本内容表达的有所区别。历史叙事、文学叙事的文本，结构分层，区隔与联络讲求清晰，即便是《史记》这样的历史著作或《红楼梦》这样的长篇小说，也不过多分些章节，作品的浑然一体是不能被破坏的。而深度报道必须考虑读者接受的便利，并因此倾向于将报道化整为零。深度报道化整为零的局部与局部的切割线，多选取在一般记叙文的层次部位。在局部与局部的间距上，深度报道往往要比一般的记叙文宽得多，也糙得多。报道方式在包括深度报道在内的新闻报道中的地位，有些近乎结构在一般记叙文的位置，因而还是颇为重要的。

然而，报道方式的重要性尚未引起学界应有的重视。在新闻实务的教科书中，我们很少看见关于报道方式的探讨，既使偶有涉及也欠应有的研究深度。新闻实务研究关于报道方式的忽视局面应该改变。

二、报道方式的作用

（一）落实深度报道的内容

报道方式是对深度报道的定型加工。通过报道方式，深度报道建构报道完整的大功能块的结构组合模式，形成言之有序的操作运行大局。报道者的匠心独运，在报道方式这一环节也有独特的体现。新闻报道思想、报道主题与新闻事实只有依靠一定的报道方式才能得到体现或较好的体现。因此，报道方式运用是否得当，直接关系着报道者对报道内容传达的优劣，更决定着深度报道的质量。

（二）吸引读者阅读

“议题设置说”(Agenda-setting)认为，媒体报道时突出某些问题或忽视某些问题，常会使受众关心或忽略媒体所强调或轻视的问题。有专家认为，读者的这种被左右，不仅在于媒体强调了哪些问题，而且还在于这些被关注的议题是如何被表达的。[①] 从广大受众对报刊新闻报道的阅读习惯看，读者阅读什么，怎么阅读是有选择的。这种读者有选择的阅读，首先表现为跳跃性选择。读者用于选择的时间是短暂的。打开报刊，读者首先读题，读图片，读摘要，读文摘；然后对感兴趣的进行第二次选择，其他则一概略去。读者有选择的阅读，其次表现为即刻性选择。读者用于选择的时间是可以随时调整的。读者会根据自己的阅读兴趣，及时决定阅读的快慢、深浅；还可以马上作出进一步的选择；一旦发现稿件无趣或对自己无用，则立刻终止阅读。既然这是无法为媒体所改变的接受环境，媒体就应该调适自身，让自己适应环境而不是相反。在这样的阅读环境下，报道主体需要为读者贴心考量，以报道方式来上承标题、图片，下接短文，采纳大功能块的结构组合模式来适应、方便读者的阅读选择。好酒也怕巷子深。毫无疑义，报道方式关系着深度报道能否充分释放优势，能否吸引读者的眼球。

（三）落实编辑部的报道要求

无论是记者、通讯员采写的稿件，还是经由传媒编辑部选题决策确定之后交付作者的报道选题，编辑部都在新闻传播过程中处于关键的“中枢”与“把门人”位置，具有从媒体、社会、执政党管理的互动高度与广阔视域来调配传媒报道的权力。报道方式直接关系着

---

① [美]沃纳·赛佛林等：《传播理论》，265页，北京，华夏出版社，2000。

深度报道大功能块的组合格局，故报道方式的处置就难以由记者单方决定。从深度报道的实际看，对报道方式的调配属于编辑部的权限范围。如果说在深度报道的语言、叙事、选材甚至新闻主题上，记者可以也必须自行实施主导性的决定的话，那么在报道方式上则需要记者与编辑密切配合，甚至以编辑决策为主。较之一般的新闻报道，深度报道更多来自编辑对记者的指挥。而报道方式恰为编辑统一调度的重点区域。毫无疑义，如果脱离报道方式，编辑部再好的报道设想也只会大打折扣，甚至于高高在上，落地无处。

第二节 深度报道方式的类型

一、深度报道方式的分类标准

（一）深度报道：报道方式与表达方式

深度报道方式不同于深度报道的表达方式。有教科书以为新闻报道的报道方式有直陈式、转述式。[①] 这样的看法是否正确呢？这样的主张是不合乎实际的。而产生这种误解则在于将报道方式与表达方式混为一谈。表达方式，又叫表现手法，是由表达内容与表达目的所决定的使用语言的手段。人们在使用语言文字表达对客观事物的反映和认识时会有所不同，或陈述过程，或描绘形象，或解说性状，或阐明观点，或抒发感情。因此，这种因表达目的的差异而形成的使用语言表达的手段就是表达方式。表达方式有 5 种，即叙述、描写、说明、议论与抒情。而报道方式是关于内容信息的框架式表现形态与因报道任务而采取的由先后程序所呈现的基本进展路径。报道方式并不是使用语言的手段。因此，那种基于所谓的报道方式分类而产生的直陈式、转述式应为深度报道的表达方式，如叙述的人称问题，而不应该理解为报道方式的有机组成部分。

（二）深度报道方式的分类标准

对深度报道方式进行分类应该坚持科学的标准。按照报道方式的客观分布，深度报道方式可以二分为快速型与组合型；按照报道方式的呈现特征，深度报道方式可以二分为客观型与主观型。从实际运行的效果看，值得集中探讨的深度报道方式主要有快速型、组合型与客观型三类。

---

① 郑兴东等：《报纸编辑学教程》，332 页，北京，中国人民大学出版社，2001。

二、快速型

（一）何为快速型

快速型是以时间为经的报道方式。快速型是线性的报道方式。这就是说，以时间为序，报道方式的快速型呈现为线性的报道形态。其间的不同，基本来自在时间经线上的铺展：报道方式起自何时，终至何时，中间何时断何时续。在时间中轴线上的这种不同的变换，可以产生不同的快速型报道方式。在时间的运作上，深度报道方式可以一次，也可以多次，还可以变一次为多次，变一篇为多篇。

快速型的报道方式不仅可以大大提高报道的速度，而且有益于吸引受众的眼球。在时间轴上的多次密集刊播，是持久吸引受众注意力的有效方式。1997 年，我国上报规划的电视剧每部平均长度增加到 14.8 集，相形之下中短篇电视剧在下降。[①] 电视剧增加长度的目的之一是为了有效地榨取受众的注意力。电视剧如此，深度报道也是这样。

（二）快速型的常见方式

1. 连续式

“连续报道！连续报道！直至问题真正被弄清。”[②]普利策的这句话说明，为了获取报道深度，有必要就新闻事实或一个报道话题进行连续多日的报道。此即连续式。连续式是伴随新闻事实的进展而进行连续多日的报道，是否连续，怎样连续，直接受新闻事实的时间进展制约而不可以调换连续刊出的顺序。

连续式往往日日有报，但也可以在天数上略有间隔。如，2000 年 8 至 9 月，宁夏有一对曹氏兄弟，二人收到了大学入学通知书，但因家境贫穷求学困难。《光明日报》时任总编辑袁志发从一个会议上了解此事后，经与国家教育部、报社记者部等研究，就此事推出的《伸出援助之手》采用的就是连续报道方式，并成为《光明日报》推出的第一个教育特别报道。[③] 具体做法为：

① 先报道曹氏兄弟的事；

② 再报道有关部门对曹氏兄弟的经济帮助；

③ 随后报道其他省市如何帮扶困难学生；

④ 报道我国各地高校贫困学生即时入学情况；

---

① 陈申：《电视剧趋长日益严重》，载《钱江晚报》，1997-03-10。

② [美]埃默里父子：《美国新闻史》，297 页，北京，新华出版社，1982。

③ 汪大勇：《抓特别报道，创精品名牌》，载《新闻战线》，2002(7)，42 页。

⑤ 报道全国有关高校贫困生贷款情况。

连续式要善于营造悬念。第一篇报道当然要先声夺人,但不一定要亮明报道者对新闻事实的立场。如何处理,既要便于内容的传达,又要考虑可读性、生动性,以在随后的每篇报道中留有适当的悬念为上。

连续式还可以借鉴文学艺术的某些样式。常见的借鉴样式如下:

(1) 章回小说式

章回小说是中国古代小说的经典形式。深度报道借鉴我国古代章回体小说的形式,按照新闻事实的内部阶段或节奏分为若干部分依次报道,各章节部分多在紧要处戛然而止,注意留有悬念。如《光明日报》2000 年 2 月间对世乒赛的报道:第一回:追根溯源,介绍赛前情况;第二回:报道开幕式;第三回:报道中国男女队首战西班牙、中国台北大胜而归;第四回:中国男女队小组内各赛两场,均凯歌高奏;第五回:小组最后一战;第六回:中国女队战港队;第七回:中国男女队战韩队;第八回:中国女队在女团决赛;第九回:中国男队团体决赛落败。该报道的第一回如下:

万里南海起烽火 百路诸侯问功名(本报记者　蔡闯)

话说吉隆坡乃马来西亚首都,地近南海,气候湿热。乍逢新春,时值元宵节,第 45 届世乒赛即将于此开战。一时间,乒坛名将尽聚于此,要在新千年重排座次,再树威名。

本届世乒赛已在去年打完一半,五个单项盟主已定,皆是中国选手。男单冠军刘国梁,女单状元王楠,男双刘国梁、孔令辉折桂,女双王楠、李菊占先,混双杀出一对新人,正是马琳、张莹莹。因此,此番大马论剑,不再比单打独斗的功夫,却要在团体赛上见个高低。中国队总教练蔡振华笑道:"相对而言,团体赛的难度比单项要小一些。"

不说蔡振华雄心正盛,那一班洋将也各自不服。瑞典名将瓦尔德内尔、佩尔森,德国刀斧手普里莫拉茨,法国盖亭、艾洛瓦等早磨刀霍霍,要在大马会一会新老结合的中国乒团。那佩尔森在去年世界杯上赢了中国快枪手刘国梁,竟放出话来:"我们已经找到了对付中国队的方法。"此话一出,激得中国将士心头火起,蔡振华率全队赴河北正定闭门苦练,连春节也没歇着,只待吉隆坡再决高下。

再说女子方面,欲显身手者也不少。韩国、朝鲜两个对手也就罢了,那一群闯荡海外的中国旧将状态甚佳,也不可小视。现籍德国的施婕曾打败过当时中国女队名将乔红,何千红更在去年战胜过众多中国主力,连中国队当家花旦王楠也被何千红挡在中国公开赛决赛之外。还有一个中国台北的陈静,在国际乒联职业巡回赛总决赛上连克王楠、李菊,夺得世单花冠,蔡振华说:"这事要是出在奥运会或世乒赛上,麻烦可就大了。"

2月17日,中国乒团晚9点抵吉隆坡,第2天一早到赛场,却发现主要对手皆已到齐,强队中,中国选手是来得最晚的。瑞典的老瓦与队友卡尔松正对拉弧圈球,佩尔森也与哈坎松练得汗透衣衫。有人说,团体赛本来可报5人,瑞典队却只来了4员战将,别看他们少一员,却真是精兵强将,以一当十,堪称中国男队第一劲敌。

施婕练球时,还抽空与中国记者聊上两句:"我们周一就来了,时差也倒过来了,状态还可以。"她的队友何千红却是一脸杀气,别人问什么,她只回答三个字:"不知道。"只是她脸上热得通红,手脚却不闲着,连削带扣,竟如上了赛场一样,与她对练的也是个中国人,原来是前国手朱小勇。

大战之前,各路消息不断传来,曾打败过邓亚萍的日本人小山智丽不来了,据说是身体不适,德国的另一名削球手田静也不出战,大概德国人想锻炼一下他们自己的本土球员。当然,比赛还未开始,虚实却只是一句空话罢了,热闹一下是例行公事的烟幕,不可尽信。

目前已有93支男队、73支女队,近100个国家和地区的选手报名参赛,有实力夺冠的队伍不下十支。

近来吉隆坡时阴时晴,间或有雨。中国队于各种变幻中能否中流击水,南海伏波,且看下回分解。(本报吉隆坡2月18日电)

利用章回小说体作为报道方式亲切新颖,轻松戏谑。章回体小说本身往往故事性强,情节波澜起伏,动作性突出,因此,采取这种报道方式必须注意选择报道题材。只有那些新闻事实相对完整、轻松、阶段性又比较分明的新闻事实才比较适合采用章回体小说式的报道方式。另外,重大的时政新闻因内容的严肃而一般不适合采用章回小说式。

(2) 连续剧式

连续剧式与章回体小说式接近,不同的则是借鉴对象着重于戏剧而不是小说,报道方式上突出新闻事件的场景、人物之间的对话。《中国体育报》2004年8月对雅典奥运会羽毛球比赛的报道就采取了戏剧的报道方式,如19日的《今日热点剧目:冤家路窄 张宁张海丽争女单桂冠》:

表演时间:19日19点(北京时间)

登场人物:张宁、张海丽

主角:张宁

导演:李永波

剧情:不是冤家不聚头,对于打完这届奥运会就将退役的张宁来说,她做梦也没有想到自己会再度碰上老冤家张海丽。

张宁与张海丽之间的恩恩怨怨，源于1994年尤伯杯的时候。当时两人都初出茅庐，19岁的张宁败在了16岁的张海丽的拍下，导致中国队丢掉了尤伯杯。那一战之后，张海丽从此扬名世界，而张宁背负了很大的心理阴影，逐渐沉寂下来。直到2003年的世锦赛，两人再次在半决赛中相遇，而这一次，张宁抓住机会战胜了张海丽，其中有一局还以11比0剃了张海丽一个"光头"。在前不久结束的尤伯杯上，尽管张宁很期待与张海丽再度交手，张海丽却因为种种原因没有参加比赛。

今年29岁的张宁是最后一次参加奥运会，如果能够拿到女单的冠军无疑将为她的羽毛球生涯画下一个完美的句点，而她在决赛中竟然再度"遭遇"张海丽，令人不得不感叹命运的巧妙安排。两人10年来的相持都化为这最后一战，张宁将如何了结这段恩怨呢?

连续剧式还可以采取适当的途径强化与读者的互动，融入经营因素，调动受众参与的积极性。比如，《武汉晨报》自2006年7月12日起用连续剧20集的报道方式连续20天报道武汉市公安局经保处侦办涉案金额高达2.4亿元的合创公司特大金融诈骗案，并配合短信的有奖竞猜活动。

(3) 小故事式

即化整为零，用一个又一个的新闻小故事去连续报道新闻事实。如夏斐等的《吴天祥的故事》。该新闻小故事之三《"我收你一分钱，就证明我不值一分钱"》①如下：

武昌区有位太婆叫陈君莲，80多岁了，有一个儿子也50多岁了，身残，一直没有职业。一家人生活困难可想而知。为了帮儿子找个饭碗，陈老太不知跑了多少年，求了多少人。听别人说区里有个吴天祥，挺愿意帮助老百姓，就拄着拐棍来找吴天祥。

吴天祥听了老太的诉说，二话不说就开始打电话。安排一个残疾人光打电话是不行的，吴天祥也不知奔波了多少次，终于帮助他们办成了一个副食摊点。陈老太的心病没了，家里的经济状况也大为好转。

为了感谢吴天祥，陈老太买了一件400多元的短大衣，想送给吴天祥，又怕吴天祥不收，就悄悄地放在他办公室里。

吴天祥开始以为短大衣是哪位干部或者来访者丢的，问遍区里的干部，没有人丢大衣，后来他准备贴"招领启事"时，才听说是陈老太送的。

① 载《光明日报》，1996-05-20。

怎么办呢？直接退回去，陈老太不会收，而且她家也没有人能穿，因为陈老太是按吴天祥的身材买的。吴天祥决定退货还钱。

退到哪里去呢？吴天祥不知陈老太在哪儿买的，又不好去问陈老太，就到区委机关附近的一些商厦逛，看哪家商场、商行卖这种衣服。找了几天，才访出是从区委附近的司门口九通商厦买的。售货员记得陈老太的模样，也承认是这里买的，但是，她说："没有质量问题，肯定不能退。"

吴天祥犯愁了！但是不把钱退到陈老太手里，吴天祥就是睡不着觉。他找到区里的干部说情，终于开"后门"把衣服退了。

吴天祥喜滋滋地拿着410元钱来到陈君莲家，陈老太就是不收钱。最后，吴天祥严肃地说："我收您一分钱，就证明我不值一分钱。"陈老太这才把钱收下。

2. 追踪式

乍一看，追踪式报道与连续式报道似乎没有什么区别，都是在时间的轴线上依次展开的对某一个问题或事件的连续报道。但仔细分辨，双方还是有所不同的。连续式报道有计划，在报道的开头就计划好了整个报道规划，安排好了后面的报道。而追踪式报道则不是这样。它要相机行事，追踪并不一定报道，只有出现值得报道的新闻时才随即报道，所以，追踪式报道一般也不必加"编者按"来预告今后的报道情况，即便预先介绍本报将进行跟踪报道，记者也往往无法确定未来报道的确切时间。例如，《中国青年报》对山东省肥城县一少年杀人案的追踪报道。该少年被社会黑势力逼交"保护费"，于是去偷窃，但在偷窃时因被一老太太发现，竟杀死老人。该追踪报道如下：

① 2000年8月31日报道少年杀人事，并在报道中预告"本报将继续关注此事"。

② 2000年9月4日在采访调查基本清楚后，报道少年杀人的深层的社会原因，并通过注明上一篇报道的刊发日期来表明本文的追踪式报道的特点。

3. 系列式

系列式与连续式、追踪式有同有异。三者相同之处是均连续多日进行多篇报道。不过，系列式又和连续式、追踪式存在区别。系列式的连续多日报道主要不是依据新闻事实的时间先后顺序，而是依据新闻事实的内在逻辑关系来安排报道的时间先后。因此，系列式的连续报道，先刊出的报道后发，后发出的报道先刊并非完全不行，其先后刊发顺序的调换对新闻报道的内容本身一般并不构成实质性的影响。比如，《光明日报》在2006年年初推出以个人人生轨迹的滑动来表现时代变迁的系列报道"身边巨变话'十五'"，从1月16日起先后刊出反映一位叫"卢文俊"的女性的《下岗后，她"编织"人生》（2006年1月16日），一位外地留京大学生"小童"的《一个"北漂族"的安居与自得》（2006年1月19日），出版社编辑一家的《陈辉家的恩格尔系数》（2006年1月23日），一位云南玉溪农民的《农民赵吉高的幸福生活》（2006年2月9日），一位叫"李云辉"的年轻经理的《汽车梦与"十五”亮点》(2006年2月14日)。在这五篇报道中,若将第二篇与第三篇相互调换先后刊发顺序,对系列报道本身并不能产生什么实质性的干扰。中国新闻奖的“系列报道”奖项,基本上就属于这种在报道方式上依据新闻事实的内在逻辑关系来安排报道时间先后的系列式,如中国新闻奖2006年度获奖作品中的《经济日报》的系列报道“城市河流,让我们重新认识你”、《湖北日报》的系列报道“荣辱观的生活解读”。①

4. 现场式

现场式报道是对具有新闻报道价值的现场进行具体而形象化的报道,追求“身临其境”的感受。

现场式有三点需要指出:第一,报道者最好到新闻现场,以免失实。用事后“触景生情”的采访方法写现场是有危险的。如果事实可以反复出现,那么,报道者也可以采用体验的方法收集报道材料。第二,对于现场不宜描写过细。只看一次的事实发生现场,报道者除非摄像,否则能记住的往往是现场事实的大体形貌。如果报道描写太过精细,再不注意核实,报道内容就容易失实。第三,少写人物的心理活动。人物心理活动的材料特别难收集,写心理活动很容易出现失去依据的凭空想象。深度报道篇幅较长,容易腾出写人的笔墨。因此,倘若报道涉及人物的心理活动,作者当格外小心。

三、组合型

(一)何为组合型

组合型是以空间为纬的报道方式。组合型是扁平的报道方式。这就是说,以空间为序,报道方式的组合型呈现为“面”性的报道形态。其间的不同,基本来自在平面纬线上的铺展:报道方式起自何方,终至何处,中间何处断何处续。在空间中轴线的这种不同的变换,可以产生不同的组合型的报道方式。在空间的运作上,深度报道方式可以一块,也可以多块,还可以变一块为多块,变一篇为多篇。换句话说,深度报道在报道方式可以一事一报,也可以化整为零,变总结式为个体式。这样的报道方式大大地强化了报道对受众眼球的一次性轰炸。

组合式即深度报道不是一篇报道,而是由多篇有机组成。组合式的组合部分,除了新闻报道之外,还常常搭配有评论、背景文字、专家点评、读者讨论文字、相关法规政策、照片图表等。

---

① 中国新闻奖评选委员会办公室编:《中国新闻奖作品选(2006年度·第十七届)》,北京,新华出版社,2007。

（二）组合型的常见方式

1. 正面配合

几个组成部分均从积极方面表现报道内容与报道主题。如，对 1997 年中国内地大学论文科研成就情况的一组报道[①]共由三大块组成：

①《南京大学为何多》：介绍最佳集体，为南京大学；

②《前沿创新严谨》：介绍最佳个人，为山东大学一教师；

③《高校论文排座次》：介绍面上情况。

整组报道以第三大块为核心，以第一、第二大块为两翼来展开。

类似的处理并不少见。如《长江日报》2006 年 3 月 28 日“武汉城市圈”版一主多辅的正面组合式的报道方式。

武汉城市圈　2006年3月28日　星期二

责任编辑：彭仲

“买建材也上武汉”透露市

“武汉价低”是相对的

编者的话：

“8+1百姓生活扫描”是一组系列报道，本版23日发表了首篇“餐饮篇”，今天见报的是第二篇。建设武汉城市圈是政府推动的一项区域发展战略，各地经济和社会发展的交互与融合则是原动力，作这种扫描的目的，是想从社会层面展示相关现状、数据、机会等信息，反映城市圈发展的趋势，对普通读者和专业人士都有所助益。我们也希望读者为这种观察贡献智慧和意见，使我们的扫描更加周到、细致。

周边市场不大的症结

改变“1>8”还得靠商家

咸宁人装修越来越精明

图 5.1 《长江日报》2006 年 3 月 28 日“武汉城市圈”版面

① 载《中国教育报》，1998-11-13。

2. 正反配合

指整组报道的几个组成部分从对立双方展开报道。如，梁衡报道山西省曲沃县集资办教育事业采用的报道方式就包含正反配合的组合式。报道中的《穷队要翻身，赶快培养人》与《富队不育人，到了还是穷》，一贫一富，是正反对比。不过，这样的正反配合报道在对比中应注意同时突出双方共同点。如前述梁衡关于山西省曲沃县集资办教育的报道有对立双方的共同点，此即：无论贫富，都集资办教育，该县集资办教育好。

3. 多家意见

这种报道方式既报道多方的情况、意见，也比较尊重多方的情况、看法。如，在全国人大常委会法制工作委员会印发了婚姻法修正案的征求意见稿时，崔丽推出了《修改婚姻法热门话题再聚焦》①，报道婚姻家庭法建议稿起草人、法学教授、社会学教授、律师、杂志社社长就婚姻法修改中的若干争议。不过，对这些有争议的问题，专家之间有的是针锋相对，有的是互有差异。

那么，记者应该如何进行报道呢？这要看是非曲直是否已经解决。如果对错一目了然，记者就应立场明确。如果是非尚未争论清楚而又必须报道，记者应该怎么办呢？对此，有人认为记者比法官管用，记者要拿主张。但这样处理报道是危险的：容易出现错误，给媒体造成被动。国家并未赋予媒体、记者以法官的裁决权力，记者强行充当法官进行裁判，很容易遭遇不应有的麻烦。所以，媒体和记者不要将自己当作法官，当成裁判，而应该采用多家意见的报道方式，尊重客观事实，尊重多方面的意见，保持平衡，对自己不认可的意见同样加以报道。只有这样，才有益于探索真理，符合传播的两面理，有益于受众的接受，也可以避免自己陷于被动之中。

多家意见的报道方式有两种情况：

第一，既报道多家意见，也报道自己的立场。但是，报道者在介绍自己认同的立场时并不将另一种意见妖魔化。

第二，只报道多家情况、意见。有些事情比较复杂，其中的是是非非记者报道时还难以下判断，形成公论。但是，这样的事实又有新闻报道价值，那么，报道者就应只进行事实判断，而将价值判断先放到一边。《仿膳饭庄该不该迁出北海》②就是这样的报道：

> 北海是1961年国务院公布的第一批全国重点文物保护单位。它历史悠久：从盛唐兴建海子园算起，已有1 300年；从金世宗在琼华岛建大宁宫算起，也有811年。忽必烈进北京时就在大宁宫办理政务。明清两朝北海成为

---

① 载《中国青年报》，2000-09-04。

② 载《光明日报》，2001-12-27。

皇家御园。

北海琼华岛周山文物密布，古木参天。漪澜堂建筑群坐落在北坡山脚下，是清朝乾隆皇帝仿照镇江金山江天寺而建。除观景之外，乾隆皇帝在这里读书、写字、赋诗，与学士切磋、观戏。历史上这里是皇上与后妃观看冰嬉和观赏河灯的地方。

1959 年仿膳饭庄迁至琼岛，目前占用自倚晴楼城关至分凉阁城关的全部延楼与回廊，建筑面积 1 469.69 平方米；占用漪澜堂、道宁斋、晴兰花韵三个院落及抱冲室、大戏台等全部建筑 1 206.37 平方米；自盖建筑 12 间，面积 320.4 平方米。历史地理学家侯仁之先生说：北海是北京的发祥地，没有北海就没有现在的北京城。古建专家罗哲文先生认为，从北京发展的历史看，北海在北京历史上有着独特的地位。从历史价值来说，它远远超过了颐和园。在世界上历史如此悠久，保存又如此完好的皇家园林独一无二。所以北海早已被列入到申请世界文化遗产的候选名单，北海评不上人类文化遗产太可惜了。

文物保护是一个社会普遍关注的话题。对同一问题，见仁见智也是非常正常的。本报今天介绍政协委员对仿膳饭庄搬迁的不同见解，意在引起人们对文物保护工作的进一步重视、支持和思考，以便纠正错误观念，澄清模糊认识，推动问题积极稳妥地解决。

国家重点文物保护单位北海是中国现存历史最悠久、保存最完整的大型皇家园林之一。继颐和园和天坛申报世界文化遗产成功之后，北海成为北京最有资格申报世界文化遗产的单位。因此，自 1999 年周舜武等十位北京市政协委员联名提交将仿膳饭庄迁出北海的提案以后，社会各界对仿膳饭庄的搬迁备加关注。但政协委员之间观点并不一致，两种意见截然相反、针锋相对。

主张仿膳饭庄迁出北海者的理由是：

主张必须搬迁的委员认为，仿膳饭庄已经对古建筑群和周边环境造成破坏：为了经营需要，仿膳饭庄将煤气管道和大量现代用电设备引入古建，埋下极大的火灾隐患。琼岛四面环水，在此经营餐饮，污水、泔水对附近水体造成污染。长期排放烟气已使 21 株古树相继死亡，现在周围仅有 5 株古树幸存；珍贵的铜仙人承露和太湖石被熏得污黑。为了经营需要，擅自改动了古建筑的建筑格局和彩画风格；拆除转移部分艮岳太湖石；自盖违章建筑12 间。被当做仓库的延楼年久失修，西侧游廊立柱倾斜，亟待抢修。铁栅栏围阻，各种管线骑墙跨路，既与皇家园林景观极不和谐，又妨碍游览观瞻。

北海要申报世界文化遗产，就要按照联合国教科文组织有关条文规定，拆除那些与文化遗产不协调、甚至危及文化遗产安全的建筑与附加物，保存并恢复历史原貌。所以,仿膳饭庄必须限期迁出北海。

九三学社北京市委文化委员会还组织六位从事文物、文化工作的同志对仿膳饭庄占用古建情况进行了历时9个月的调研。他们查阅了大量历史文献和资料,多次约请有关专家座谈,多次走访北京市文物局、园林局、消防局和国家文物局,拍摄了一批照片和录像片,写出一份长达七八千字的调研报告。报告以详实的材料支持仿膳饭庄必须迁出的观点。报告后面还附有仿膳饭庄占用古建筑和自建房屋明细表,用电、用气、用火情况表。

反对仿膳饭庄迁出北海者的理由是:

仿膳饭庄历史悠久,1959年以后,许多国家领导人多次光顾仿膳,几十位国家元首和政府首脑先后慕名而来。仿膳以其浓郁的民族历史文化内涵成为一个文化亮点。因此仿膳饭庄本身就是一份应该受到保护的文化遗产。如果仿膳饭庄与特定的皇家园林环境分离,就会丧失特色。这样做相当于砍去北海的一个重要标志物。

从饮食文化角度讲,仿膳饭庄是"满汉全席"的发源地。自从仿膳饭庄在皇家御膳谱基础上挖掘出"满汉全席"之后,"满汉全席"便渐渐成为八大菜系之外的一个独立的北方大菜系。它的一个重要特点便是和皇家园林环境直接联系,每道菜都有历史,都有典故,都有深厚的人文地理气氛。许多游客来北海是冲着仿膳和北海这两个目标而来。仿膳饭庄陆续投入近千万元对古建进行维修保护,铺设了独立的天然气管道、下水道。漪澜堂、道宁斋由里到外金碧辉煌、美丽非凡。颐和园里有听鹂馆餐厅存在,但并未妨碍颐和园被评定为世界文化遗产。所以,仿膳饭庄留在北海公园内不仅和评定世界文化遗产不相矛盾,而且会使文物保护、发展旅游、开拓饮食文化及创造经济效益相得益彰。

两种意见争执不下。仿膳饭庄的去留等待有关领导部门依据法规和实际情况作出最后决断。

地处北京北海的仿膳饭庄何去何从?这一问题显然相当复杂。在专家尚争论不休的情况下,媒体最明智的办法只能是不偏不倚,向广大读者同时呈现两种意见与各自的理由。在前述修改婚姻法的争论中,就如何看待同性恋问题,专家之间也同样出现了针锋相对的意见。那么,同性恋者可否成婚?婚姻法修改时是否加入相应的条文?显然在新闻发生的当下是难以妄下断语的,其间的利弊还要随社会发展来渐次判断。与其现在评出是非功过而为今后留下话柄,倒不如先观察更为妥当。因此,《中国青年报》2000年9月4日在以子题《同性恋者的婚姻》报道时,就仅仅报道事实、意见的方方面面。这样做,报道者显然更接近科学的态度,也能使报道者和报社处于主动的地位。

四、 客观型

（一）何为客观型

客观型是按照报道方式的呈现特征而划分的报道方式类型。

新闻报道总是由人来报道的，报道立场本身是没有绝对的客观而言的。但是，报道方式则不然。它是可以有主观、客观之分的。因此，作为一种报道方式的类型，所谓的客观报道方式，指的是报道者在新闻报道中不直接呈现自己立场的报道方式类型。

（二）客观型的常见方式

1. 报道事实式

报道者着重于报道事实材料，但是报道者的主观取向仍然是集中而鲜明的。报道者的立场主要是通过对材料的不同选弃、使用而间接地传达。如，《"能把资金投到这里吗"——随一位外商在河北某地洽谈项目手记》[①]重点报道了三件事：

① 宾馆电话簿上标明打往芬兰的电话每分钟 29.50 元，而宾馆实际上却按每分钟 57.75 元收费。外宾询问，宾馆只解释说宾馆另收 50％的服务费。

② 谈判桌上中方厂长旁若无人地长时间打电话。

③ 讲吃讲喝，吃饭重于谈判。

报道者对此虽然没有直接表态，但通过以上事实的选择则间接地表达了报道者的立场、态度，即河北省对外合作软环境如人的素质、管理水平、办事效率等较差，在对外开放活动中必须改革落后的观念、习惯。

2. 人物自述式

新闻报道如果让报道者的"我"（记者）去报道被报道者的"我"（新闻人物），那么，新闻报道就可以给人以客观的感受。

人物自述式有如下不同的类型：

(1) 独语式

新闻人物直接叙述新闻事实。如王根礼的《买缸记》[②]由人物自述新闻事实：

> 今年秋季大丰收，我家粮食打得多，急需买几口缸盛粮食。但是，爸爸连去窑厂三次，都没有买到，十月二十六日，天未亮，爸爸就把我叫起来，交给三十元

---

① 新华社 1996 年 4 月 4 日电稿。

② 王根礼：《买缸记》，载《河南日报》，1981-12-31。

钱吩咐说："快去窑厂等着，今天出窑，晚了又抢不到手了。"

当我来到窑厂门口，发现已经来了很多人。其中，有一男一女正大声嚷嚷。仔细一看，那女的是近门的三婶。她嚷道："我那四千多斤稻谷，七百多斤芝麻，九百多斤黄豆都在地上堆着哩，缸买少了能中?!"

那男的，我不认识。只听他瓮声瓮气地说："老嫂子，一窑一次只装百十个缸，你一人就抢了十仨，我搬俩你就不同意，能看着俺空手回家?"

三婶不让人地说："为买这缸，我已经跑两趟空腿了！这回要不是起了个大五更，又找了个帮忙的，恐怕还抢不到手咧！再说我买十仨也还是不够哩。大妮还托我买四个，二妮叫买五个，未过门的媳妇还要四个。"三婶将手里一大叠票子，抖得"哗哗"。那男的见三婶执意不匀给他，便一副笑脸地商量说："好嫂子，我家地里光芝麻就见了一千七百多斤，原来的缸啦、篓啦、穴子啦早满了，确实没地方装。您行行好，还是匀给俺俩吧!"说罢，眼巴巴地瞅着三婶。

三婶见那男的说得挺实在，想了想，说"你把钱留在我这，下次出窑，嫂子再起个五更给你抢俩，行不行?"

"好！好！那太麻烦您了。"说着，那男的恋恋不舍地离开了窑厂。

这时天已放亮，三婶从人群中把窑厂的会计心强拉到跟前，说：娃子，缸，我还得买！你大姑、二姑、弟妹，还有刚才跟我吵架的那位，一共还得十五个。下次出窑，你说啥也要给老婶子抢到手。她一边说，一边往心强口袋里放钱，"给，先给你十个缸的钱!"

窑厂门口很快平静了。我知道这第四趟又是白跑了，可我一点怨言也没有。因为我看到了农村大好形势，看到了更加美好的明天！

(2) 当面对谈式

当面对谈式是由报道中的新闻人物或有关人物向采访者倾诉。如，黎宇宇、周方、李波的《八个男人换回来的一个生命——大舜号唯一女性幸存者董颖的自述》。

(3) 日记式

日记式在中国源远流长。民国时期，著名记者黄远生采用过《新闻日记》来报道时局的变化，新中国成立后，20 世纪 60 年代媒体报道雷锋事迹时也使用过日记式，其传播效果颇佳。

日记式有两种情况。一是记者采用报道者本人日记的方式报道新闻事实，如刘天时的《四个乡村教师的现实》一文通过记者日记的形式报道了山西省静乐县四位性别、年龄不同的乡村教师的生存状态。二是通过新闻人物等被报道者的日记来报道有关的新闻事实。如李振海等的《庄户日记》[①]一文以下乡干部的日记来报道河北省高碑店市的干部吃住农家并帮助当地农民发展农村经济的新闻事实。日记可以叙述，可以描写，可以说明，也可以议论、抒情，因此，两相比较，记者日记式主观色彩浓，只有新闻人物的日记式才能够给读者以客观报道的印象。

日记式的报道方式展示的是报道者或新闻人物在现实生活中的真实感受、所见所闻，增强了报道的见证功能，写作上灵活方便，叙述、描写、说明、议论穿插自如、自然。文学创作一直比较注意借用日记式以假乱真。可惜的是，新闻界反到冷落本属自家领域内的武器。这应当引起注意。

(4) 书信式

直接展示有关人员的书信，其间对错分明的，则通过书信间接地表达记者的立场；对错难辨的，则让读者自己判断其间的是是非非。如《我心中的保护神被他玷污!》[②]报道一场纠纷，湖北省司法厅某田姓干部诉说自己乘坐武汉市 572 路公共汽车时被车门挂破衣服而提出赔偿，售票员提出修补衣服。在虎泉站，双方下车，自己却遭到两名青年男子毒打。田后到珞南街派出所报案，发现墙上挂的一张照片中的李姓警察与一打人凶手为同一个人。但武汉市公安局认为李姓警察未打人，是遭诬陷。那么，在一时难以弄清事实真相的前提下，媒体唯一正确的选择是刊发双方的记述，并通过刊发双方记述来廓清事实真相。为此，《楚天都市报》如实刊发了田姓干部写给报社的信件、省司法厅致报社函等。

① 当事人信件：

省司法厅干部田红星悲愤投诉：
“我心中的保护神被他玷污!”

编辑同志：

“我是省司法厅法律事务中心干部。现向贵报投诉一事。

“11 月 29 日中午，我由八一路乘 572 路公汽回家。在我人还未完全上车时，车门突然关上，将我上、下衣服挂破。我对售票员提出赔偿，售票员同意。车行至虎泉站附近，售票员将乘客全赶下车，说带我去补衣服。洗衣店缝补的师傅不在，我正要离开时，该乘务员在马路对面电话亭喊道，572 路领导马上就到，要我不要急着走，等着解决问题。大约过了 5 分钟，我毫无戒备，不知从哪冲上来两个青年男子向我突然袭击，一砖头拍在我的后脑将我击倒在地，然后用穿着皮

① 载《河北日报》，1999-05-28。

② 载《楚天都市报》，1999-12-04。

鞋的脚猛踢我的头部，用砖块、石头在我身上乱砸。这期间我脱身逃到一公用电话亭报警，被这两人追上强行抢走话筒，凭职业训练，我开始识记其中一人的面部特征。这个人对我吼道："么样，你还对老子的模子？老子打死你！"对我又是一阵暴打，我被打昏在地。

"我从昏迷中醒来，血流满面，爬上一辆公汽，来到洪山公安分局门前的110岗亭报警。一位姓李的干警接待后，让我先到医院处理然后再到珞南街派出所报案。在街派出所作完笔录时，我忽然发现打我的凶杀之一在我眼前一晃，我装着吐口中的血水到门口一看，此人是该所刑侦队的二级警司李某。

"担心再次遭受不幸，我没有当场指认，并回头涂掉了留在派出所的电话，写了一个化名。我刚回到家，家人说恐吓电话打到了家里，威胁说有人要找到我家里来。为什么我留在派出所并被涂掉的电话号码这么快就被凶手知道了？"人民公安"这一神圣的名字——我心中的保护神被他玷污！

"党纪国法不容践踏。为此，我请求执法监督部门伸张正义，惩办凶手，维护法律的尊严，维护公安队伍的纯洁性。"

省司法厅干部田红星

（本书作者说明：该新闻报道配有田红星被殴后面带伤痕的照片）

② 省司法厅函件：

"害群之马"损害队伍形象
省司法厅提出初步看法

本报讯（记者张欧亚、傅文仁）继田红星投诉后，省司法厅又在昨日致函本报（见影印件），就该厅干部无端遭殴打一事提出看法。

据介绍，35岁的田红星，是中国政法大学（双学位）学士。

省司法厅的来函说：公安干警是人民群众的保护神，个别干警不仅不保护群众的安全，反而殴打无辜，并在事后打去恐吓电话，性质是极其恶劣的；公安队伍是纯洁的，竟出现了像李某这样的害群之马，损害了公安人员的形象，应该引起领导高度重视。省司法厅希望新闻单位深入报道、揭露，充分发挥舆论监督的作用。

（本书作者说明：原报道配有省司法厅的来信影印件的照片一张）

3. 对话式

亦可称平衡式，着重于报道有关当事人员的叙述、议论。对其中对错分明的，通过对话间接地表达记者的立场；对错难辨的，则让读者自己通过报道中的有关对话自我判断。

对话式形式上客观，但又可以传递报道者的主观取舍。阿曼波尔认为："客观性意味着给涉及各方陈词的机会，但并不意味着平等地对待他们。”[①]曾宪斌的《“蛇口风波”答问录》[②]一文正是这样。该文报道来自北京的思想政治工作者李燕杰等人与深圳方面就思想教育问题所发生的一次深刻的分歧。

“蛇口风波”答问录（节选）

编者按：这是发生在半年多前的一场小小的争论，后来几家报纸作过报道。本报今天向读者介绍事情的经过及有关各方的意见，并且愿意继续为更多的同志参加议论提供一点版面，共同探索新时期青年思想政治工作问题。

今年1月13日，深圳蛇口举行了一场“青年教育专家与蛇口青年座谈会”，出席座谈的有中国青年思想教育研究中心研究报告员李燕杰、曲啸、彭清一三位同志和蛇口近70名青年。对这个座谈会，新闻媒介曾广为介绍，至今余波犹存。尽管对这次对话褒贬不一，有一点却是共识：它的意义已经超出了风波的本身。

笔者于7月上旬和中旬，分别在北京和深圳，采访了李燕杰、曲啸、彭清一、袁庚等各方有关人士，就读者关心的问题请他们各抒己见。为使读者得到客观、公证的事实，笔者将采访的答问实录分几个问题报道如下，其中的是非曲直，读者自会判断。

这次座谈会是“突然发难”吗？

问：不少报刊在报道这次座谈会时，说三位报告员“认为这次座谈会上有的青年‘突然发难’，把座谈会开成辩论会”，并且“把会议引向邪路”，实际情况如何？

李燕杰：说这次座谈会有点“突然袭击”，我想不过分。当时蛇口区请我们参观浮珐玻璃厂，根本没有提要开什么座谈会。据说这会是蛇口区团委主持的，可是当天陪同我们参观的市团委书记也一点不知此事。直到吃了晚饭，说是请我们去坐坐，却看见“青年教育专家与蛇口青年座谈会”的海报。我想这至少是不礼貌的行为。我们几个为了不让青年人“坐蜡”，就进去了。

荆跃（招商局蛇口培训中心副主任）：在座谈会前两天，我曾向燕杰老师提出过，到蛇口后与青年们见见面，他没有表示反对。

谢鸿（蛇口区团委副书记）：当时我们团委是受培训中心的委托组织这次座谈会的。至于几位老师会前知不知道，我想并不重要。既然是青年教育专家，来到蛇口，和青年见见面，谈一谈，不是很正常的事么？至于说有意准备好要为难几位

① ［美］罗恩·史密斯：《新闻道德评价》，69页，北京，新华出版社，2001。

② 载《人民日报》，1988-08-06。

老师,这是绝没有的事情,有两点可以证明:一是参加座谈的青年,包括发言的几位青年,都是自发而来的,二是我们连录音也没有准备,就是为了让气氛随便些。

曲啸:开始是谢鸿主持会议,请李燕杰和我谈了来到深圳和蛇口之后的感想。我和其他几位来深圳、蛇口时间都很短,感受最大、最深的是巨大的变化。深圳由几年前只有2万人的边陲小镇崛起为几十万人口的现代化城市,1980年工业产值是6000万,而现在是57亿6千万。这证明了党的特区政策的正确,反映了特区劳动者的功绩。我和燕杰同志为特区建设者感到自豪,特别是为特区的青年人感到骄傲。就这样,燕杰谈了"美的风光,美的心,美的山河,美的人",我赞美了特区青年不是断了线的风筝,而是腾飞的银鹰。我现在也不明白,这样说有什么不好,怎么就叫空洞?

彭清一:曲啸老师发言后,坐在门口的一个青年说:"希望三位老师能和我们一起讨论一些实质性的问题,不要讲些空洞的说教。你说来深圳的人有建设者、创业者,也有淘金者,请你们解释清楚什么叫淘金者?"开始气氛还算平稳,后来我们的发言经常被打断,我看很不正常。

谢鸿:其实类似这样争论起来的座谈会在蛇口是司空见惯的,比这更激烈的也有,就在这次座谈会后不久,温元凯来到这里搞了一次对话,那辩论的程度比这次要厉害得多,可大家都习以为常。这里的青年思想活跃,敢想敢说,并不是要跟哪一位过不去。而三位老师的观念有些与蛇口人实在想不到一块,多提了几个问题是毫不奇怪的,没想到几位老师把问题看得那么严重。事后大家都议论说,这几位老师可能是在内地总是听到掌声、欢呼声,不习惯这种讨论问题的方式。

会上争论了哪些问题?

……

报道将来自北京的李燕杰等人与深圳方面的不同看法,按照对话原话放到同篇报道之内。这就给读者以客观的阅读感受。但报道发表后,前者有意见,认为报道不客观。

当双方陈述有出入甚至截然相反时,一定要给予双方同时陈述的平等机会。这在报道者一时还无法辨清事实真相的条件下格外重要。西方新闻界将平衡视为新闻工作专业主义的几大原则。美国"自由论坛"主席欧沃白(Charles L. Overby)以为新闻报道的"公平"(Fairness)来自"A+B+C+D+E=F"。其中,A是Accuracy(准确),B是Balance(平衡),C是Completeness(完整),D是Detachment(独立),E是Ethics(道德),F是Fairness(公平)。[①] 前述《楚天都市报》在报道湖北省司法厅干部田红星与武汉市公共汽车司售人

---

① [美]海曼·韦斯廷:《最佳方案:公平报道的美国经验》,10页,汕头,汕头大学出版社,2003。

员黄某发生肢体冲突时，为什么在如实刊发省司法厅干部田红星、省司法厅致报社信件后，会依旧引起武汉市公安局及其洪山公安分局珞南街派出所民警李某的不满并进而引发了一场民警李某状告《楚天都市报》的司法纠纷呢？除了省司法厅干部田红星的投诉有误之外，也与报社的报道方式不当息息相关。在《楚天都市报》就田红星与武汉市公共汽车司售人员黄某之间发生厮打一事进行连续报道之后，湖北省公安厅与武汉市公安局警务督察部门组成了联合调查班子。调查结果显示：田红星遭殴时，民警李某值夜班后正在单位寝室睡觉，不可能出现在殴斗现场；打人者是与田红星发生冲突的售票员黄某的丈夫。[①] 实际上，《楚天都市报》刊发省司法厅一方的来函没有错，错在刊发省司法厅来函的同时，没有能够及时刊发另一方当事人民警李某的陈述，并在武汉市公安局要求报社在市公安局调查清楚后再报道后的翌日依然报道省司法厅厅长要求处理民警李某的表态。这就有失客观报道的平衡原则。

第三节　如何运用深度报道方式

一、服从于新闻报道的意图

报道方式的运用要根据新闻报道内容的表达需要来进行。单纯说深度报道方式哪一种好哪一种不好，是没有意义的。深度报道方式运用得好或不好的关键，在于运用是否恰当。而是否恰当，就不能不考虑新闻报道的意图。1991 年《中华工商时报》对河南省郑州商战的报道很能说明这个道理。这一年年初，《中华工商时报》国内部的记者曾白凌向该报副总编介绍：在河南省三门峡市参加一个新闻发布会时遇见光明日报社记者谷文雨，谷说目前郑州市有六个大商场正在进行商战。于是这位副总编指示曾白凌速赴郑州采写商战一稿。一周后，曾交了一篇 4 000 字的报道。报社总编看后，认为郑州商战折射出来的社会意义重大，要进行深度报道，认为报道思想应为：企业必须面向市场；市场必须有竞争；竞争必须有规则。因此，报社决定对郑州商战在报道方式上化空间为时间，从 1991 年 1 月 30 日至 5 月 4 日对郑州商战进行连续报道。

第一篇：《六商场逐鹿郑州》，报道郑州商战概况，介绍商战的来龙去脉，报道六大商场的档案资料。

第二篇：《六商场首脑中州论剑》报道郑州市六大市场负责人对郑州市商战的看法，并配评论《有竞争比没有竞争好》。

---

① 晓亮等：《武汉“田红星事件”水落石出》，载《检察日报》，2001-03-27。

第三篇:《怎样看待亚细亚现象》报道读者们对郑州市商战的认识。

第四篇:《国营企业不能被捆绑着走向市场》,呼唤平等的商业竞争条件,要求政府对大中型国营商业企业放权。

第五篇:《郑州中小企业在夹缝中求生存》。郑州市当时只有100多万人口,城市的购买力有限,郑州商战在六大商场销售额上升的同时,郑州中小商业企业却受到不小的影响,销售下滑严重,故报道呼吁在发展经济时要协调方方面面,注意社会稳定。

相反,有的报道不顾报道内容的特点单纯追求报道的吸引力,一味在报道方式上出花样。这显然是错误的。2003年,美国对伊拉克发动战争,我国的一些传媒在报道中糅入了戏剧成分,将战争戏剧化,让受众看客化,这就不免残忍,对那些无端去世的战争受害者不无轻薄。类似的片面追逐报道方式的出新,近年有加剧之势,如《小叔子刺死嫂子情夫,上演现代版武松怒杀西门庆》,本是人命关天的大事,却被记者经由对我国古代小说的戏拟与戏剧化的报道方式加以调侃。这是对生命的亵渎,是玩新闻,很不严肃!这种"玩新闻"的新形式值得警惕。

二、根据新闻报道事实的特点来选用一定的深度报道方式

新闻报道事实大致可分为两类,一是新闻现象,一是新闻事件。前者静,后者动。那么,从选用深度报道方式看,前者选用组合型报道或系列式往往更为贴切,而后者选用连续式报道、追踪式报道常常更为吻合。细而观之,按照报道题材,国际报道更宜于用客观型报道,节庆报道更适合用组合型报道。反之,章回小说体式比较适合体育报道,多家意见式用来讨论比较复杂的事实较为恰当,客观型与批评性报道相匹配则较为顺畅。比如,有一个实习生采用单篇新闻报道某省近来的体育彩票,没有引起什么社会反应。这属于新闻现象,又属于体育新闻范围,因此,报道者可以在报道方式上予以变化,采取组合式:①彩票负责机关领导自述;②不同阶层彩民的意见;③非彩民的意见;④专家的意见。深度报道是媒体的重要报道,报社应该给予较高的报道地位。如果采用组合型,那么,某省体育彩票一事就会被传媒授予较高的地位,增强报道的可读性,容易引起读者较多的关注。

判断新闻事实的特点还要考虑事实的轻重。一位在某晚报实习的学生计划报道某市动物园的动物如何度夏,原来打算采用连续报道方式,一天报道一馆。但这样的报道方式并不适合于报道动物园动物如何度夏。动物园里的动物如何度夏一事新闻价值终究不大。对于此事,不妨用组合型:可以报道动物园动物度夏的总体新旧情况,可以重点报道大熊猫、北极熊等少数珍稀动物度夏情况,还可以摘要介绍国外动物园动物度夏的背景材料,可以配评论,配上一定的图片、表格。采取这样的报道方式,报道者的报道意图、读者的阅读兴趣就能得到较好的落实与满足。

三、善于变化，丰富多彩，努力创新

（一）善于变化

1. 报道者要有变化的愿望

如果报道方式总是一个样子，既不利于新闻报道思想的表达，也不利于读者阅读。比如，2002 年年初，《青岛早报》来了一位叫秀秀的姑娘。她 20 多岁，5 岁时被拐卖到福建，成人后到青岛打工。随着年龄的增长，秀秀渴望找到自己的亲生父母，于是向《青岛早报》求救。为此，报社的记者陪同秀秀三下江南，行程数万里，从抓获的人贩子那里一处处查找秀秀被拐卖的地点与丢失孩子的家庭。在经历了一次次希望、等待、认亲、失望、痛哭、悲伤之后，2003 年 3 月秀秀终于在湖南省找到了自己的亲生父母。这是一场人间的悲剧、喜剧，报社经过思考采用跟踪的报道方式。该报道后来收到了良好的传播效果。①

2. 要根据新闻事实的特点进行变化

新闻报道以内容为主，报道方式要根据新闻事实的不同特点灵活调用。2002 年，《厦门日报》热线电话获悉：一位叫汪月英的女士，她的哥哥为了独霸父母去世后留下的房产，竟在居委会开了一张妹妹汪月英已经死亡的证明，然后到区公证所办理公证，将父母遗留的房产据为已有。那么，《厦门日报》是否应采取与《青岛早报》相同的报道方式呢？由于上述事实已经发生，所以《厦门日报》采用的是新闻小故事连载报道《活人的“死亡”公证》。该报道采用倒叙法，先报道已被公证死亡的妹妹却依然健在，其原因在于哥哥企图独霸房产，用以形成整组报道的悬念，然后再一天一则故事，分别采访、报道居委会、房管所、房管局、公证处，层层剥笋，追根溯源，之后请律师点评。报道最后请市司法局表态做结。② 只有充分考虑新闻事实信息，报道方式的选用才可以避免削足适履。

（二）丰富多彩

深度报道的报道方式要丰富多彩。美是多样的。只要恰当，无论怎样的报道方式均无不可。比如，新中国成立 50 周年的成就报道。某省报采取宏观与微观相结合的方式：第一，本省钢铁工业 50 年；第二，本省某村选举村委会主任的特写。而武汉市某报采取“三眼”的方式进行报道：武汉人眼中的武汉；外地人眼中的武汉；外国人眼中的武汉。上述做法各有千秋。

---

① 蔡晓滨：《唯其“深刻”，才有分量——报纸深度报道的探索与实践》，载《中国记者》，2003(7)，11 页。

② 颜智强：《深度报道的选题与策划》，载《中国记者》，2003(7)，15 页。

（三）努力创新

深度报道的报道方式还要努力创新。墨守成规，没有出息，一个人如此，一个民族也如此。创新为报道方式提供无限的可能。新闻工作者要有信心，要勇于探索。

1. 如何创新

首先，报道方式创新是思想创新。没有思想的求新，就不会有报道方式的出新。比如，节庆报道年年都要进行，长期以往就形成了节庆报道的套路，一般为一两篇报道，或分或总，再加两幅照片，举例子，掏数字，介绍成绩。这样的报道观众不买账，不爱读。《经济日报》1990年对节庆报道进行了改革。当时的中宣部副部长徐惟成认为：成就报道只有与人民群众的日常生活，切身利益结合起来，才容易亲切。《经济日报》立足日常生活角度，变组合报道为系列报道，先推出《吃的变迁》、《穿的变迁》、《住的变迁》、《用的变迁》、《行的变迁》5篇，再推出《变迁的背后》5篇，最后把人民群众生活上的种种变化与国家重点工程建设联系起来。报道方式的变换，推动深度报道收到较好的传播效果。[①]

其次，报道方式创新要多要素，巧组合。如，《人体摄影涉嫌商业炒作》[②]一文报道2001年8月30日在武汉市南京路一照相器材市场举行了一场面对裸体女模特的摄影创作比赛。该报道共有5个有机组成部分：①事实简介；②模特话语；③人体摄影策划者自述；④类似事实；⑤人体摄影照片。显而易见，报道的组成元素与板块越多，思路越机巧，则报道方式的花样就越多，变化的空间与可能性就越大。

2. 方式创新与方式新用

新闻报道方式上的创新表现在两个方面：一是报道方式本身的创新，一是报道方式的新用。前者如梁衡报道山西省曲沃县办教育。后者如光明日报社用连续式的新闻小故事报道吴天祥的先进事迹。连续式的新闻小故事早已有之，但用它来报道典型人物则是第一次。这就是方式新用。

创新，是没有尽头的。报道者只有勤奋实践，开动脑筋，勇于探索，才能够寻找出新的报道方式或报道方式新用。

四、服务读者，注意简洁

深度报道方式在善于变化、努力创新的同时，又要考虑读者实际，简洁报道。现在，读者的阅读时间少，不那么从容，报道方式过于复杂不利于读者阅读，因此，报道者要具有化

---

① 郑兴东主编：《好新闻后面》，215页，北京，新华出版社，1993。

② 载《京华时报》，2001-09-01。

繁为简、举重若轻的能力。《人民日报》2009 年在我国汽车文明出行风尚的系列报道中，先后以整治酒后驾车、治理大货车、打击机动车涉牌涉证违法行为等中心进行报道，“车德”为每一单篇报道的中心。整个系列报道以时间排序，串连为一个有机的新闻报道整体。与此同时，该系列报道的结束篇，即汽车行驶领域道德问题篇(《人民日报》2009 年 9 月 10 日第 15 版，见“图 5.2”)在空间上又由大小不等的五个部分组成：除了主打报道《车德：汽车社会的灵魂》之外，还有背景材料《在美国感受车德》、报社调查、网友留言以及言论《是道德呼唤更是法律要求》。该组新闻报道的报道方式主次分明，齐整中见变化，变化中有逻辑。

人民日报　法治实践　15

关注

道路交通安全系列报道④

车德：汽车社会的灵魂

——文明出行三人谈

热点对话

车德事关性命

车德不仅是人品

车德需要培育

是道德呼唤更是法律要求

在美国感受车德

人民调查

网友留言

图 5.2　《人民日报》2009 年 9 月 10 日第 15 版

报道方式之所以要简洁，目的只有一个，为了方便读者，为了内容表达。

第六章 深度报道的叙事

第一节 深度报道叙事的重要性

一、新闻报道叙事：形式的中观与微观

新闻报道叙事倾向于新闻报道形式的中观、微观层面。新闻报道的叙事一般止于篇章：既处理新闻报道的段落、语群、句子甚至于一词一字的推敲，又解决一篇新闻报道之内的段落与段落之间，层次与层次之间，段落与层次之间，段落、层次与整个篇章之间的关系。新闻报道叙事的忙碌终究不溢出篇章，故相较于着力处理篇章之间关系的新闻报道方式，新闻叙事无论宏观或微观，均不能不倾向于新闻报道形式的细微部分。形式，是新闻报道方式与新闻报道叙事所必须面对的共同领域。不过，由于新闻报道方式致力于应对新闻报道各个篇章之间的互动而呈现宏观与粗线条的走向，新闻报道叙事则因着力于篇章内局部与局部，局部与全局之间的互动而呈现中观、微观兼备的细线条或较细线条的走向。其中，有关局部与全局之间的互动，往往属于新闻报道形式的中观，局部与局部之间的互动常常属于形式的微观。如果说报道方式处理的是新闻报道的宏观报道形式，属于深度报道形式中的“句法”。那么，报道叙事对理的就是深度报道的微观报道形式，属于新闻报道的“词法”。老到的叙事技艺需要新闻工作者日积月累、厚积薄发，在随物赋形中精雕细磨。

二、好酒也怕巷子深：新闻报道叙事的不可或缺

美国三大财经新闻期刊之一的《财富》(*Fortune*)聘用记者、编辑别具一

格，受聘人员不能创作诗歌、散文这样的文学作品则很难获准入门。[①] 那么，《财富》杂志为什么会有这样看似与新闻真实性有所冲突的要求呢？一言以概之，为了受众的接受。与报纸不一样，新闻类期刊以刊发深度报道为主，而深度报道因为新闻信息的深化则容易提高读者阅读时理解的难度。这一点在经济新闻与新闻期刊的深度报道中，往往表现得较为突出。因此，要求采编人员能够创作文艺作品，主要是期望深度报道，尤其是充满枯燥数据的经济类深度报道可以借此深入浅出，风情万种，妖娆迷人，报道不仅准确，而且尽可能通俗而不是艰涩，尽可能生动而不是生硬，尽可能贴近目标受众的信息需求、文化口味、接受心态而不是唯我独尊，忽视目标受众渴求的恣意任性。那么，非经济类的新闻报道呢？一家德国杂志社主编飞抵我国上海请当地有关媒体的朋友一起吃饭，《南方周末》记者杨海鹏一行因为该报被西方同行认可而受到"很礼貌地迎接"。不过，德国人给《故事会》一位编辑的礼遇则更高：主编亲赴饭店门口迎接。其原因是这家《故事会》杂志颇会讲故事，发行量在中国内地惊人。[②] 其实，当下存在一定竞争的中国新闻资讯市场，早已不是供不应求，而是在常规新闻信息供给过盛的同时又被那些为受众迫切需求的新闻信息反严重供给不足所困扰。而这种新闻信息的供给不足，除了内容本身，也包括深度报道叙事因素在其间所形成的梗阻。因此，如何将新闻事实讲好，已成为我国所有新闻报道面临的重要压力。由于报道者新闻报道叙事素养的欠缺，不少深度报道记者或者抓不准报道客体中所蕴涵的新闻价值，或者手捧新闻价值却不知如何进行恰当的新闻报道。在这样一个既供过于求，又供不应求的新闻信息市场中，好酒也怕巷子深。关心新闻报道叙事，既是编辑部及其采编人员对自己的负责，也是采编尊重受众、社会的一种具体折射。在新闻资讯极大丰富乃至于令广大受众目不暇接、眼花缭乱的新闻传播格局下，忽视叙事对深度报道进行必要的打磨，则报道难以避免乏人问津的尴尬处境。

三、新闻报道叙事的相对独立性

对于包括深度报道在内的新闻报道来说，一般是内容第一，包括叙事在内的形式第二。与虚构类的艺术创作不一样，新闻报道属于一种功利性写作。所谓功利性写作，指的是写作活动以写作行为自身之外有关的现实目的为写作的中心目标或终极追求。写作之外的功利性，是功利性写作的关键。对于功利性写作，写作本身不过是个用于实现实际目的的工具而已，恰如学者钱钟书所云，功利性写作属于到岸舍筏，得鱼忘筌。[③] 当然，功利性的写作内存良恶之分。只有着力于对人类、民族与社会有益，对社会进步有积极推动作

① 欧阳明：《外国新闻传播业史稿》，260页，武汉，武汉大学出版社，2006。

② 谢春雷：《揭开真相》，154页，杭州，浙江人民出版社，2004。

③ 钱钟书：《管锥篇》第1册，12页，北京，中华书局，1979。

用的写作功利性,方在良性范围之内。在新闻报道活动中,传播新闻信息是现实的功利,宣传教育、传播知识更有明显的现实的社会功利。这些都不是为了情感的愉悦。当然,一些新闻报道也有娱乐性,不过,这种娱乐性也同样实际利益另陈:或是为了宣传教育,或是为了扩大读者数量从而提升报纸的广告额,骨子仍是功利性的。因此,那种专司形式探索的文艺创作在新闻报道是没有生存余地的。当然,新闻报道的形式,包括叙事在内,自有价值。但是,新闻报道形式的这种价值,只服务于新闻报道的内容,并不具备独立价值本体。毫无疑义,在深度报道的活动中,叙事作为新闻报道的手段只能处于配角的位置,报道者首先应在内容上多下工夫,下死工夫。

尽管属于配角,但新闻报道叙事具有相对的独立性。首先,离开叙事,新闻报道的内容同样无以外现。叙事毕竟是新闻报道内容的重要表达手段。其次,叙事削弱,新闻报道的可读性、生动性都会受到致命的打击。《光明日报》记者樊云芳说:"新闻作品作为时代的镜子,……应是千姿百态……我还是努力去寻求和表现自己新闻作品的个性……只属于我的独特的感受、独特的文采、独特的构思、独特的新意。"[①]作为新闻报道的一种重要形式,叙事不仅关系着内容外现的有无,而且制约着内容展现的高下,直接影响新闻报道之于受众的可解、可读与可爱。再次,新闻报道叙事的创新也是新闻报道进步的重要组成部分。截至目前,新闻传播学对深度报道叙事形式虽有一定的探讨,但这种探讨不仅起步较晚,而且还未真正摸到了门路,因此这种状况又为深度报道在叙事形式上的探索留下了相当广阔的空间。实际上,部分新闻报道名篇之所以能在新闻报道发展史上站住脚,主要原因是得益于其在叙事形式上的探索,福庚的《追老姚》[②]、王根礼的《买缸记》、刘衡的《妈妈教我放鸭子》、李蕴藻的《王老师的小屋》、刘蔚的《汉城决战的最后四十秒》、郭萍等的《北京有个李素丽》[③]之所以常让人念念不忘,一个重要原因是这些报道在叙事形式上的出新。因此,深度报道者在叙事形式上也要努力创新,不能怠慢。一般说来,叙事形式上具有探索性的作品对后来者是具有示范作用的。如《湖北科技报》的《追站长》:

> 5月14日,我们专程到枣阳市梁集棉花站找站长田玉勤了解有关情况。刚进大门,职工段仁兵告诉我们:田站长一大早就下乡到后湖村去了。
>
> "跟踪追击。"我们借了两辆自行车,迎着徐徐的轻风,向后湖村驶去。到了后湖村,村里的同志说:"田站长到2组村民李德忠的棉田帮他移栽油菜茬棉花去了。"我们又赶到李德忠棉田时,不见田站长。老李说:"他在这里说我棉花栽稀了,每亩要栽4 000株,帮我栽呀,补呀,刚走。这是他给我的种棉技术资料,

---

① 樊云芳:《我就是我》,1页,武汉,长江文艺出版社,1987。

② 徐占焜主编:《中国优秀通讯选》上册,北京,新华出版社,1985。

③ 载《工人日报》,1996-10-04。

要我向大家宣传。"

我们赶到宋湾村已是汗涔涔了。村头,不少农民围成一个团。走近一看,原来是田站长正在帮村民宋安发做麦后棉方块育苗。他一边做一边向身旁的农民示范说:"方块育苗下籽前一定要用药拌种,做到湿土方格、湿籽、湿土盖,出苗后5至7天还要搬到方格蹲苗。"田站长看到我们,忙挤出人群,双手搓了搓沾满的泥土,对我们说:"我下来看看,准备跑三个村,还没有完成任务哪。"

"叮呤呤",他和我们又一起骑着自行车向耿垸村驶去。

在《追站长》中,我们不难发现20世纪50年代《追老姚》一文写法上的基本格局。相形于内容,包括叙事在内的形式则体现出更多的恒定趋向。

尽管作为形式的叙事在深度报道中处于第二位,但叙事植根于深度报道中的不可或缺又使其具备相对的独立性。

第二节　深度报道事实的特点

一、叙事与新闻叙事

(一) 叙事的二分

由于叙事学的研究起源于欧美,故欧美学者对何为"叙事"有一个由二分到三分的过程。法国学者日奈特之前的欧美形式主义文论家倾向于将"叙事"二分。所谓叙事的二分,即叙事由两大部分构成:一为"本事",二为"情节"。其中,"本事"(英文单词又为Fabula,译音为"法布拉")指的是材料,即客观事物在实际生活中所呈现出来的顺序和形式。"情节"(英译为Syuzhet,译音为"休热特"[①])指的是作者关于材料的表达形式,即作者叙述时使事实所呈现出来的顺序和形式。需要说明的是,"本事"又译为"故事",但为了更好地与我国的常规"故事"[②]这一概念相区别,故学界更倾向于使用"本事"一词。

叙事话语是否可以产生良好的接受效果,仅仅靠本事本身是不够的。本事是情节的基础,情节是本事的挥发,本事的不同表达形式,可以产生天壤之别的接受效果。好酒也

---

① [荷兰]米克·巴尔:《叙述学:叙事理论导论》,"译者前言"第5页,北京,中国社会科学出版社,1995。

② 我国的常规"故事"一词,指的是叙事性作品中一系列为表现人物性格和展示主题服务的有因果联系的生活事件。由于它循序发展,环环相扣,成为有吸引力的情节,故又称故事情节。见《辞海》,3846页,上海,上海辞书出版社,1989。

怕巷子深。因此，只有对叙事话语进行一定的打磨，才容易产生良好的接受效果。

（二）叙事的三分

法国学者日奈特以为先前的“叙事”二分法不合乎实际，故转而提出了“叙事”的三分法。[①] 日奈特关于“叙事”的三分法：①故事(histoire)：可以译为“本事”，指的是符号所指，即被叙述的内容信息。②叙述话语(récit)：叙述“故事”所产生的口头或书面或视频的话语。③叙述行为(narration)：产生“话语”的行为与过程。叙事即一定的本事，经过一定的叙述行为，产生一定的叙述话语。

（三）叙事、新闻叙事

何为叙事？叙事就是对一个或一个以上的真实或虚构事实的叙述、介绍，[②]可以二分为“本事”与“情节”，也可以三分为故事、叙述话语与叙述行为。而新闻叙事指的则是叙事主体对一个或一个以上的新闻事实的叙述、介绍及其呈现。

二、 深度报道事实的特点

深度报道的事实即“本事”或“故事”，是新闻报道的原材料。它是构成深度报道的重要物质基础，故不能不对其特点加以剖析。

（一）所报道的事实多不完整，不连贯

深度报道事实比较深入、详细，但从报道材料的获取看，新闻事实的形态相当复杂。首先，它有时完整、连贯。如《一个工程师出走的反思》报道的是一场关于若干企业、党组织相互之间的人才流动纠纷：国营大厂常德纺织机械厂工程师谢中秋未经本厂同意，在未办理任何工作调动手续的情况下入乡镇企业江苏省武进纺机厂工作；中国纺织机械总公司闻讯后要求江苏省武进纺机厂立即悬崖勒马，中止随意招引人才，否则将予以惩治；谢中秋因此被迫返回湖南，并被常德纺织机械厂责令书面检查；此时心乱如麻的谢中秋因为双方谈得来而拨通湖北省京山县县委书记钱亭章的电话一诉衷肠，并受邀在不办理人事手续的前提下赴京山县任提花编织机攻关指挥部的总指挥；常德纺机厂后派厂纪委书记北上京山县，要求谢中秋回常德参加整党活动，但为谢中秋所拒；谢中秋选择在湖北京山参加整党活动；为此，常德纺机厂对谢中秋做出党内除名、行政除名的处理。至此，

---

① 申丹：《论西方叙事理论中“故事”与“话语”的区别》，载《外国文学评论》，1991(4)。

② 参考罗钢：《叙事学导论》，2页，昆明，云南人民出版社，1994。

这一发生在1985年3月至1986年1月间的地涉三省的谢中秋事件大体尘埃初定,告一段落。这样的新闻事实有始有终有过程。其次,深度报道面对的新闻事实有时基本完整,大体连贯。如余兰生的《140万双袜子的命运》报道武汉袜厂从1987年到1997年7月发稿前工厂仓库袜子积压由少而多,直至140万双的过程。当然,到发稿时该问题仍未获解决。没解决也是种结果,故该报道的单个事实材料基本完整。再次,深度报道有时整体事实由众多各自孤立的材料汇聚而成,不那么完整,相互之间互不领属。如连仲、存基的《酸甜苦辣——四个农业专业户"兴衰史"给人的深思》[①]报道辽宁省瓦房店市四家农户在党的十一届三中全会之后从事农业专业生产中的起落遭遇:一是种粮大户刘清云近两年从以往的大丰收转为目前的大亏损,以至于将自家100亩土地中的60亩转让出去,余下的土地也有不少改种了果树。二是养兔专业户闻传凯从1982年开始养兔的大赢利转为而今的大亏损,以至于一只兔子也不再养了。三是养猪大户孙宝强从曾经红火一时的万元户转为当下的一蹶不振,以至于只能转而养鸡。四是养鸡专业户孙广友虽时下处境较好,但因为养肉鸡是跟外贸打交道,自己没有能力收罗经济、市场信息而不敢扩大养鸡规模,仅能求确保"小富"。这四位农业专业户从1982年至1987年间的农业生产经历互不影响,各无相关,而能够将这四位农业专业户的新闻故事凑到同一篇深度报道之内,皆拜报道者在报道中对当时我国农业专业户在生产上遭遇的大起大落、忽冷忽热的命运的新闻现象的关注,期望党、政府创造条件以减轻乃至避免农业专业户产销如此不稳定的报道思想。显然,深度报道的事实材料往往不像事件通讯,尤其是多数叙事文艺作品那样事实完整、连贯。

深度报道事实的多不完整、不连贯,与深度报道的非虚构特质密切相关。深度报道由于必须恪守新闻真实性原则,故既要充分尊重那些本来尚未完整、连贯的新闻事实,也要严肃面对现有写作材料因客观条件所限而无法将原本完整、连贯的新闻事实展现无遗的局面。新闻报道不能如艺术创作般通过艺术虚构之于事实无中生有、移花接木、张冠李戴。艺术创作追求的是不同于新闻真实的艺术真实。同时,深度报道和大多数新闻报道一样,面对客观所限的事实材料只应实事求是,就料写作。而那些完整、连贯的新闻事实往往由事件性新闻报道承包。不过,这样的幸运在新闻报道中终究属于少数。相对于艺术创作,新闻报道更近乎戴着镣铐跳舞。因此,深度报道事实的多不完整、不连贯也就在所难免。

(二)所报道的事实既有事件,又有看法

与一般的记叙文或其他新闻报道相比,深度报道所要报道的事实往往既有事件,又有

---

① 载《大连日报》,1987-11-14。

看法。新闻事实一般属于社会中人们的活动。其中,事件是社会人们不那么平常的变化,且往往具备事实的发生、发展、高潮、结束的阶段性。事件的变化有时间,有地点,有施事者,有受事者,有过程,有结果。《一个工程师出走的反思》、《酸甜苦辣——四个农业专业户"兴衰史"给人的深思》报道的都是当时发生的新鲜而真实的事情。比如,前文发生的地点有湖南、江苏与湖北三省,后文则仅在辽宁;两文的时间均在20世纪80年代中期;主要施事人前文是谢中秋、谢亭章等,其中谢中秋是核心施事人,后文是种粮大户刘清云、养兔专业户闻传凯、养猪大户孙宝强与养鸡专业户孙广友;过程以前文为例是国营大厂常德纺织机械厂工程师谢中秋未经单位同意而调入江苏省武进纺机厂工作,后又因北京介入而为武进方暂时拒绝,返回常德被原厂要求写书面检查,在同样未办理人事手续的情况下再赴湖北省京山县从事技术工作,并因不肯回常德参加整党活动而终遭常德纺织机械厂党内与行政双除名。这些事件,作者、读者均可以通过采访或阅读历历在目。因此,事件是事实,不难理解。

相反,事实也包括看法,这个道理则不那么好理解。所谓看法,是人们对客观事物所抱的见解、意见。在一般人看来,看法跟主题差不多。其实,这只看到事物的外表。看法与主题都是意见、见解,但是,主题是文章的中心思想、中心论点,并不是所有的思想、见解都是文章的主题。在文章中,有的思想、见解是可以做事实材料的。解释性报道《湖北省荆州倒奶事件解读》一文所报道的新闻事实共有两类:一类是事件。如,2002年5月14日见报的《一堂生动的经济课》中介绍的因湖北省荆州市力能达奶业有限公司自该年2月5日始不再如常全部收购奶农家的牛奶而致使当地奶农从2月至4月期间将大量的变质原奶倒入农田,荆州市早餐店的店主向记者反映豆奶在当地比鲜奶受欢迎,荆州市力能达奶业有限公司总经理称虽历经3年在荆州市培育鲜奶市场却仍未赢利。这些均属真实具体的新闻故事。另一类是见解、意见。同样是《一堂生动的经济课》,记者所介绍的武汉大学乔洪武教授对荆州奶农倒奶事件的看法,荆州市力能达奶业有限公司总经理李保民、奶农大户范后奎对荆州奶农倒奶事件政治性质的认识也属于记者的报道对象。话题性新闻报道或近乎话题新闻,更是以新闻人物或有关人物的意见作为基本的新闻事实报道对象。如《仿膳饭庄该不该迁出北海》、《激辩特高压输电网》[①]、《贵州马岭河峡谷国家重点风景名胜区筹建水电站,引来一片反对声;"天沟地缝"该不该建电站?》[②]。对于专家、有关当事人的意见,新闻报道仅仅是介绍,告诉读者社会对有关事实出现了什么样的主张,记者一般没有任务去论证这些看法谁对谁错,如何对错。在新闻报道中,作为事实的看法虽然也是见解,但却是作为客观事实而由报道者报道给受众的。换句话说,这些见解、意见是

---

① 李虎军:《激辩特高压输电网》,载《南方周末》,2009-10-19。

② 汪志球:《贵州马岭河峡谷国家重点风景名胜区筹建水电站,引来一片反对声;"天沟地缝"该不该建电站?》,载《人民日报》,2006-11-13。

事实化的见解、意见。当然，在报道他人的看法时，报道者要认真地仔细核实，尤其是涉及党政公文，要尽量使用原文。

既然新闻报道传播的意见属于事实，那么，这种报道是否属于说明呢？不属于。有关学者认为，“说明是对事物的发生、发展、结果、特征、性质、状态、功能等进行解释、介绍的一种表达方式”，“具有知识性和科学性”，“解说性和条理性”等特点，[①]而包括深度报道在内的新闻报道所介绍的有关意见、见解可能正确，也可能不正确。因此，深度报道对意见、见解的介绍属于叙事而不是说明。

深度报道的事实既有事件，又有看法，与新闻报道的新鲜性密切相连。为了避免新闻变为旧闻，深度报道必须及时发现、采集并传播。与历史叙事不同，新闻报道在集材上能够利用的时间很短，报道的这种不从容往往需要记者获悉什么就立刻报道什么，对新闻事实何因的报道常由于有关人物的意见而一针见血，而新闻报道的连续性又会使后续的社会反响成为新闻事实的有机组成部分。意见信息常在这样的社会反响中扮演重要角色。

（三）所报道的事实以硬新闻为主

深度报道以硬新闻为主。所谓硬新闻，指的是传播事实严肃、时效性强的新闻报道。它一般为政治、经济类的报道，事关国计民生，属于事涉公众事件的新闻报道。而深度报道与非深度报道的一大不同，就是以公共利益的建构为自己的中心任务。所谓公共利益，是与私人利益相对应的事关人民、国家、民族与人类整体需求、终极好处的共同利益。忽视公共利益而仅仅关心鸡毛蒜皮或只求哈哈一乐，是不在深度报道的视线之内的。故深度报道多为时政、经济或文化的社会建构的信息。

深度报道的硬新闻重在精神气质。有的新闻报道表面看偏软，但其偏软外表之下却是对公共利益建构的孜孜以求，深度报道的精气神也就这样产生了。因此，深度报道有一目了然的硬新闻与含情脉脉的硬新闻之分。《中国青年报》的“特别报道”与“冰点”两栏所刊发的深度报道多分属于一目了然的硬新闻与含情脉脉的硬新闻。“特别报道”栏目从2009年9月16日至9月25日先后以《一个教育局长的“职务后”突击》等题报道河北省武安市教育局局长冯云生在2009年8月19日被免去教育局局长之后的当晚擅自签署调令，将数百名农村教师调入城市。这样的以披露事涉公共利益丑闻的调查性报道，显然属于硬新闻。而《中国青年报》2009年9月9日“冰点”栏目刊发的《一位博导经历的两种“自治”》报道中国科学院一位曾留学日本的学者2000年回国后在社区居民住宅维权方面的遭遇，并将这种遭遇与自己1998年前后在日本居住区担任居民自治组织会长的经历相对比。这样的报道直接反映的仅仅是个人生活状态，与政治没有面对面的对接，时效性

① 路德庆主编：《写作教程》，第2版，327～331页，上海，华东师范大学出版社，1984。

相对薄弱，似乎无关轻重，单依题材好像远离硬新闻。然而，“冰点”栏目在这么一篇似乎远离政治的生活表象之下，却直扣公民社会在中国内地建设这么一个事关社会结构性建设的颇有些宏大的社会话语，是对社会主义民主建设的呼唤。显而易见，这一新闻报道柔性形貌之下的新闻信息刚性毕露，里子只能属于硬新闻而不是相反。毫无疑义，“冰点”栏目的这一新闻报道在精神上应该属于深度报道。当然，“冰点”栏目时下走含情脉脉硬新闻之路，实是媒体与社会环境互动之后的一种新闻信息传播策略，也是正确、唯一的现实生存选择。

（四）所报道的新闻事实往往是较为重大的社会冲突

较大的社会冲突是深度报道的新闻价值所在。深度报道所报道的新闻事实的反常，往往表现为事实本身所内含的社会冲突。非深度报道的新闻事实可以有社会冲突，也可以不存在社会冲突。霍墨·比加特的《日本签字投降》①是第二次世界大战亚太战场军事冲突的一种结果，而《延安庆祝日本无条件投降》②则是“二战”期间中日军事冲突结束之后的一方欢庆，新闻事实本身像大多国事新闻报道一样并不存在社会冲突。相形之下，深度报道因为所报道的新闻事实新闻价值较为重大而不能不具有一定的社会冲突。而深度报道的社会意义通常也就蕴涵在这样的社会冲突之内。庞廷福等的《关广梅现象》直面商业经营活动中国有国营和国有个人承包制之间的制度是非之争；张建伟等《命运备忘录》触及改革开放时代国营企事业单位的人才浪费现象与人才自己追求人尽其才之间的社会冲突；张严平等《一位老人与300名贫困学生》一文所报道的早已退休的天津三轮车夫白芳礼老人在74岁之后仅凭自己流汗蹬三轮车挣下35万元捐资助学，在当下不同的人生比对中，既紧扣肉体满足与精神追求之间的冲突，又在利己与利他之间的搏击中彰显了人生升华与对生命价值的叩问。

第三节　深度报道的采写主体与叙事主体

一、作者与叙事人之间的关系

（一）作者、表达者与记叙文、议论文、说明文

文章的类型不一，作者与表达者之间则有所不同。所谓作者，是文章的创造人。议论

① 载《纽约先驱论坛报》，1945-09-03。

② 载《解放日报》，1945-08-16。

文、说明文和记叙文都少不得作者。而文章的表达者，是面向接受者将文章的内容采取一定的形式加以表现的行为主体。作者未必一定是表达者。不同类型的文章，表达者是有所不同的。所谓叙事人，是记叙类作品事实的讲述者，仅为记叙文所有。同样，议论文只有议论人，说明文只有说明人。议论文、说明文没有叙事人。

（二）记叙文的作者与叙事人

记叙文的类型不一，作者与叙事人之间是有所不同的。按照事实信息与现实生活之间的关系，记叙文可以二分为虚构性记叙文与非虚构性记叙文。因为这样的虚构与非虚构之别，作者与叙事人之间的关系则存在两类区别。

先看虚构性记叙文。在虚构性的文本写作中，作者现实存在，叙事人则非现实性，只有纸头上的生命。① 比如，老舍的短篇小说《月牙儿》的叙事人"我"是那位在半封建半殖民地旧中国的死亡线上苦苦挣扎而最终不得不靠出卖自己年轻的肉体以换取生存物质条件的北平姑娘，而小说公开发表时作者老舍却已是 36 岁的中年男子。在短篇小说《月牙儿》中，作者在现实生活中真实存在，而由作者所虚拟的叙事人则仅存在于虚构性的记叙文中。作者虚构类记叙文的叙事者"我"是不能离开具体的虚拟叙事作品而生存的，故不能等同于作者。

再看非虚构性记叙文。在非虚构性的文本写作中，无论作者还是叙事人，均采取现实的生存状态。毫无疑义，历史类非虚构性记叙文《史记》，新闻类非虚构性如《县委书记的榜样——焦裕禄》②，其作者、叙事人都确有其人。其中，历史类非虚构性记叙文的作者与叙事人是同一的，如《史记》的作者与叙事人均是太史公司马迁而不是其他什么人。

（三）新闻报道的作者与叙事人

新闻报道的作者与叙事人之间是否也如历史类非虚构性记叙文的作者与叙事人那样是同一的呢？答案是否定的。新闻报道的作者与叙事人之间要比历史叙事复杂一些。总的看，新闻报道的作者与叙事人之间存在两类关系：一是叙事人等同于作者，如通讯报道《县委书记的榜样——焦裕禄》的作者与叙事人是同一个人，都是穆青。二是叙事人不是作者，而是等于现实生活中实有的某个人物。比如，《会计伢嫌我的油壶小》③：

六月开了门，乡里喜盈门。我们超卖了菜籽油，平均每人还分九斤二两油。

---

① ［法］罗朗·巴特：《叙事作品结构分析导论》，见张寅德选编：《叙述学研究》，29 页，北京，中国社会科学出版社，1989。

② 载《人民日报》，1966-02-07。

③ 载《湖北日报》，1980-07-04。

分油那天，我兴冲冲提着壶赶去。只听会计伢蔡后建在那里左右开弓，嫌李二婶壶小了，怪张大妈不抱个大坛子来，还说我的油壶是拿来“做得玩”的。我心想，你这伢是“洋人的房子——光是门”，就说：“你这伢，我去年拿这个壶来，是哪个笑话我‘心大壶也大’的？”会计伢忙赔笑说：“二婆，您老人家把老花眼镜戴上看看！去年吃的是‘大锅饭’，收的那点油还不够‘锅’吃；今年‘分灶吃饭’，干活劲大了，收的油多了，壶就小了呗！”我这才想转来：是哩！今年分组作业、联产计酬的办法就是好，以后再不吃“大锅饭”的苦头了。

湖北省云梦县义堂公社建合三队 王二婆讲，吴学标记

这篇新闻报道的叙事人是兴冲冲去村里分油的老太太王二婆，文字的形成者是吴学标，故该报道署名为“王二婆讲，吴学标记”。在新闻报道中，作者与叙事人之间的关系不是如小说那样属于控制与被控制的关系，而是相互控制的关系。吴学标不能无中生有，张冠李戴，但可以根据具体情况传此弃彼，即可以有选择地传播。而王二婆尽管是信源所在，但离开了吴学标，就难以让广大读者知道发生在她身上的一段真实故事。

更具挑战性的是报道《继母，我亲亲的娘》[①]。此文报道的是当年湖北省高考文科第七名李铭与她继母之间的动人故事：

1999年9月，湖北省文科高考第七名、襄樊市文科高考状元李铭到武汉大学法学院报到。李铭来自一个特殊的家庭。这位腼腆的“女文科状元”讲述了一个关于后妈的故事，一字一泪——

1988年5月，那年我刚9岁，家里遭受了一连串的“天灾人祸”。

第一个遭难的是我叔叔；他因患胃癌医治无效去世了。9月，奶奶又患了肝癌。三个月后，奶奶也去世了。不久，妈妈陈运芝因患肾盂肾炎又住进了医院。一个月后，父亲李祖成的肝部隐隐作痛，到医院一查，竟又查出了个“肝癌”。

还在医院治疗的母亲顾不上自己的病，陪父亲到武汉检查，结果是肝囊肿。那时父亲刚刚调任庙滩粮管所主任，在赶往襄樊办事的途中又遇到了车祸。父亲被撞成了二级脑外伤，腰椎骨骨折，住院治疗了两个多月后，病虽好了，却留下了后遗症。

叔叔去世后三年，婶婶无奈之下留下了他们唯一的女儿改嫁了。母亲毫不犹豫地收养了比我大两岁的姐姐，我便叫她为二姐。我们的家从此负担更加沉重。

1995年11月，母亲因为劳累过度，肾炎转化成尿毒症，外加上肾性高血压。

---

① 载《光明日报》，1999-12-21。

1996年8月9日，母亲撒手西去了，从此，我们的家便风雨飘摇，如同散沙。

母亲去世时，我正在谷城县一中参加暑期补习。当我得知噩耗，心急火燎地赶回家，母亲的遗体已经殓棺了，我没能见到母亲最后一面，心痛欲裂。

没有母亲的日子我们过得好累好累，原来充满欢声笑语的家，一下子变得沉寂起来。父亲平时就很严肃，很少与我们交流，妈妈去世后，他更加沉默寡言了。家里少了母亲的温柔，就好像没有了春天的阳光，我突然了解了母亲对于一个家庭的重要。我有什么委屈和想法只好对哥哥、姐姐讲。好在我已上了高中，吃住都在学校，这个家，我渐渐有了一种疏远的感觉。

一天，父亲跟我们说他要结婚了，对象是本单位的李仲全阿姨。李阿姨我们早就认识。她丈夫1992年病逝，当时她儿子才两岁，她一个人带着儿子顽强地生活，人品极好，我们对她印象很好。但她一下子要成为我们的继母我们却无法接受。

1997年元旦，李阿姨领着她7岁的儿子嫁给了我的父亲，名正言顺地当起了我的后妈。

我住在学校不常回家，回家了也不跟李阿姨说话，我用冷淡来表达我的不满。但一段日子过后我发现，李阿姨很贤惠，也很通情达理，对父亲体贴入微，所有家务事都不让我们插手。吃完饭，她独自到厨房收拾碗筷，让我们兄妹几个陪父亲，说是我们难得聚在一起。在李阿姨的身上，我多少又看到了母亲的影子。而父亲是越来越愉快了，精神也振作了。为父亲着想，我甚至想就这样接受李阿姨算了，但我仍然无法开口叫她，我心中妈妈的地位是坚不可摧的。

1997年腊月三十，父亲和李姨让我们兄妹回家团聚。那是一次尴尬的团圆，我们不知如何称呼眼前这个后妈。改口不习惯，叫阿姨也不妥当，只能用一些模糊不清的语言来替代，真是别扭极了。

中午吃过团圆饭后，大哥大嫂执意走了。李姨仍然面带微笑地忙着。她体贴地照顾着父亲，亲切地招呼着我们兄妹，并边看电视边和我们姐妹几个聊天。一时间我仿佛又看到了妈妈从前在家里温柔的身影。……

此文作者栏署名为张天儒，而另外设置的主持人栏署名为“孟昕”。不过，这一篇报道的第一段显然由栏目主持孟昕所写。同时，因为该段文字已与后面李铭的自述连为一体，取消势必影响可读性，故既不能称“编者按”，也不适合叫“主持人语”。显然，这篇报道还对新闻报道的著作权提出了挑战。

包括深度报道在内的新闻报道属于非虚构性的文本写作，作者与叙事人之间的关系自有特点。

二、深度报道的人称

（一）人称与叙事作品

1．人称

何为人称？以《辞海》的看法为妥。《辞海》以为：人称，语法范畴之一。是通过一定的语法形式表示行为动作是属于谁的。属于说话人的是第一人称，属于听话人的是第二人称，属于说话人、听话人之外的是第三人称。①

人称在文章中与现实生活中的人际交往中的表现不一样。相对于记叙文，议论文、说明文的人称相对简单。在议论文中，发表意见的一方是作者，通常采用第一人称“我”或“我们”自称；向通常采用第二人称的受众“你们”、“你”论述自己的主张；对议论文中运用的论据及其当中的人、物、事可以用第三人称“他”“她”“它”或“他们”“她们”“它们”相称。

2．叙事作品的人称

记叙文的人称有些复杂。关于记叙文的人称，学界多以为记叙文只有第一人称叙述、第三人称叙述两种，不存在第二人称叙述。北京师范大学中文系编写的《写作基础知识》对此讲得最为清楚，也很有代表性：“在有些文章中，有第二人称代词（‘你’‘你们’）出现，这样的文章不能认为是第二人称的叙述。叙述的人称问题，是个立足点、观察点的问题，所以第二人称代词是没有的。”②这样的看法是不合乎实际的。

所谓记叙文的人称，不过是记叙文中的叙事人对叙事的主体、客体、受众的称谓。而称谓不过是人们由于亲属等相互关系以及身份、职业等获得的名称。③ 需要指出的是，在包括新闻报道在内的记叙文的符号世界之内，关于人称称谓，故事的讲述者在称呼自己时只能采用第一人称“我”或“我们”而不可能用第二人称或第三人称自我称谓。这就是说，讲述者的第一人称不可易位。我们平常所理解的记叙文的第一人称、第三人称乃至于第二人称，指的实际是被叙事者。只要承认关于人称的这一认知，那么，记叙文的人称就既有第一人称叙述、第三人称叙述，也存在第二人称叙述。叙事者“我”或“我们”如果面向接受者“你”或“你们”（可以是读者，也可以是采访者）讲述的如系以“我”或“我们”为主的故事，如鲁迅的小说《伤逝》、《孔乙己》或新闻报道《会计伢嫌我的油壶小》、《买缸记》甚至仅根据一位受访人的访谈而成稿的《一位母亲的呼吁——摘自一封震撼人心、发人深省的举

---

① 《辞海·语言文字分册》，18页，上海，上海辞书出版社，1978。

② 北京师范大学中文系编：《写作基础知识》，168页，北京，北京出版社，1979。

③ 《现代汉语词典》，第3版，157页，北京，商务印书馆，2002。

报信》[1]的第二叙事层次，那么这样的记叙文章就属于第一人称叙事；讲述者"我"或"我们"面向接受者"你"或"你们"，讲述"他"、"她"、"它"或"他们"、"她们"、"它们"的故事，如鲁迅的小说《阿Q正传》或新闻报道《我三十万大军胜利南渡长江》[2]、《县委书记的榜样——焦裕禄》、《鲁布革冲击》，那么，这样的记叙文章就属于第三人称叙事；而讲述者"我"或"我们"讲述"你"或"你们"的故事，接受者"他"或"他们"因此按照文本"游戏"规则成为未邀自来的贸然偷听人，那么这样的记叙文采取的就是第二人称叙事。1985年的消息报道《华罗庚骨灰安放仪式在京举行》之所以少见，就在于报道采取了第二人称来称呼报道客体：

> **新华社北京6月21日电** 安息吧，华罗庚教授，党和国家领导人及首都各界五百多名人士今天——1985年6月21日上午在八宝山革命公墓礼堂为您举行骨灰安放仪式。
>
> 低回的哀乐寄托着人们对您的无限哀思。礼堂正中悬挂的您那大幅遗像显得是那样安详，您的骨灰盒上覆盖的党旗是那样鲜红。礼堂四周摆放的胡耀邦、叶剑英、邓小平、赵紫阳、李先念、陈云、彭真、邓颖超、徐向前、聂荣臻、乌兰夫等中共中央、中顾委、中纪委、全国人大常委会、国务院、全国政协的九十七位领导同志和中共中央、全国人大常委会、国务院、全国政协、民盟中央、中国科学院、国家科委、中国科协、北京市领导机关和您的家乡江苏金坛县等单位送的花圈，礼堂里摆不下，又摆到了院子里，表达了人们对您的沉痛悼念之情。
>
> 中共中央政治局委员、国务院副总理万里主持了您的骨灰安放仪式。中共中央书记处书记、全国人大常委会副委员长陈丕显在为您致的悼词中，称赞您是中国杰出的数学家、中国共产党优秀党员、著名的教育家和社会活动家。他还特别称您是我国最早把数学理论研究和生产实践紧密结合做出巨大贡献的科学家，赞扬您在建造中国的"通天塔"——四个现代化的事业中做出的重大贡献。
>
> ……

在《华罗庚骨灰安放仪式在京举行》中，作为叙事者的新华社记者李尚志等人站在叙事者的立场采用第二人称"您"来称呼第一叙事客体罗庚教授，采用第三人称"他"来称呼非第一叙事客体，如陈丕显。当然，广大受众在接受这篇报道时所处的被称呼的人称位置是第三人称。而报道者李尚志等人的自我称谓若加明示则只有选用第一人称"我们"。显然，在任何一篇记叙文中，表达着关于世界的观察、认识、介绍的言说者，说到底只能是

---

① 作者曲志红，新华社1995年12月17日电稿。

② 新华社1949年4月22日电稿。

"我"之所为,而不可能由"他"或"你"去观察、言说。"他"或"你"只不过是被叙述者、被言说者或叙述者、言说者的接受对象——听众、观众、读者。

(二)深度报道叙事人的两种"我"

1. 什么是直接叙事人、间接叙事人

依据叙事人、作者之间在记叙文和事实联系的环节,包括深度报道在内的新闻报道的叙事人"我"或"我们",共有两大类。一类是作者本人,一类是有关新闻事实的当事人或旁观者。对于前一类"我"或"我们",即作者本人,因为集作者与讲述者为一身而无中间环节,故亦可称之为直接叙事人。对于后一类"我",即新闻事实的当事人或旁观者则可称为间接叙事人,这是因为报道客体是作者之外的其他人物以及发生在这些人物身上的事实,当事人或旁观者的叙述还必须接受记者或编辑的控制。在间接叙事人那里,与直接叙事人不同的是,叙事人成为作者或编辑放在新闻文本中的"喉舌",而控制当事人或旁观者"喉舌"的线则掌握在新闻报道的作者或编辑手中。

2. 深度报道中直接叙事人、间接叙事人与作者的关系

先看直接叙事人。刘畅等的《湖北省荆州市倒奶事件解读》、姚海鹰的《南京师大陪舞事件调查》、王爽等的《找个好钳工比找研究生还难》、马役军的《福强玻璃店里的新主人》与日本记者本多胜一的《死在故乡》[①]诸文的叙事人都是记者本人。如姚海鹰《南京师大陪舞事件调查》片段:

> 10月8日中午,南京师大先林校区东四栋学生公寓楼门口,身材高挑的舒丽笑盈盈地站在秋日的阳光里,一脸纯真。但这位音乐学院2003级舞蹈编导专业班的班长与记者约见的另外3名女生一样,开始谁都不愿重提发生在9月27日那个"不愉快"的接待任务。
>
> 相对于班上其他女生来说,这件事更令舒丽感到沮丧——身为班长的她正是这次接待任务最直接的执行者和组织者。一切都从接到那个"紧急通知"开始……
>
> 9月27日中午,正在午休的舒丽突然接到班主任刘理老师的电话:"学院褚书记要你下午到她办公室去一趟,有重要任务布置到你们班。"
>
> 舒丽告诉记者,她当时感到有点奇怪:班主任为何不像以往直接通知我们呢?是什么重大任务需要学院领导耳提面命?
>
> 带着疑问,下午3点刚过,舒丽如约来到学院二楼书记办公室。学院党委副书记褚慧平向她分派了任务:"你下午带全班女生陪上面来的领导唱唱歌、跳跳

---

① 载《朝日新闻》,1966-09-15。

舞。”舒丽的第一感觉是这个任务很荒诞，当时她表示了异议：“我不敢肯定大家能接受这样的接待任务！”

“你们一定要服从学院安排，这是校长办公室分派下来的，也可以说是校长布置的，你向全班女生讲明这一点，必须要去！他们现在正在参观学校，马上要去。”

舒丽别无选择，身为班干部的她应该尽力为学院领导分忧。

……

在直接叙事人里，作者的“我”与叙事人的“我”合二而一，叙述的是“我”采访、接触到的为他人所身陷其内的新闻事实。这类新闻报道又被称为第三人称叙述。直接叙事人“我”一般为记者、通讯员。

再看间接叙事人。黄卓坚的《下辈子，我们还当母子——一位痛失儿子的母亲自述》乃至于非深度报道的《会计伢嫌我油壶小》、《买缸记》的叙事人都是新闻事件的当事人与旁观见证人。在这些间接叙事人当中，作者与新闻事实的叙事人分开，如《买缸记》的作者是王根泉，叙事者是男孩“我”。这类新闻报道也被称作第一人称叙述。

3. 直接叙事人与间接叙事人的混合体

新闻报道还存在着直接叙事人与间接叙事人的混合体。我国的新闻报道曾长期坚持间接叙事人的作者与叙事人的分离。抗美援朝战争期间，有一位老记者在朝鲜前线采访恰遇敌人进攻。当我军连长被炮弹炸死时，该记者挺身而出指挥全连打退了敌人的进攻。新华社记者黎信曾问该记者为什么不将此事写成新闻报道。该记者回答：个人经历不是新闻，写新闻报道只能写其他人。因此，作者与叙事人的合一其实也构成了直接叙事人与间接叙事人的混合体。新闻报道的这种混合体的主要特点是：一是叙述人写自己的经历，而不是转述他人的经历；二是叙述人往往来自新闻战线以外，不是职业新闻工作者。其典型代表是万福来的《黄继光献身的一刻》(片段)：①

十九日晚十点钟，我们紧跟着强大的反击炮火，一口气收复了“五九七·九”高地右侧的六、五、四号三个阵地。眼看这条起伏的山腰就要被我们全部占领的时候，敌人主峰周围和零号阵地上残存的火力点突然复活了，上下交织成一片火网，向我们恶毒地飞盖过来，把我们压在主峰下面零号阵地的山脊上。这时我们的炮火已按时延伸射击了，前进的障碍必须我们自己来扫除。突击部队停下来，利用坑道和敌人的尸体隐蔽自己。这时阵地上升起照明弹，照耀得如同白昼一

① 冯健等主编：《通讯名作100篇》，北京，新华出版社，2000。

样。从这里我清楚地看到，距离我们五十公尺远得零号阵地前沿是两个并排的火力点，掩护着后面几公尺远一个囤兵的大炸弹坑；再后边三十公尺的地方还有一个大地堡，这些火力点把山头变成了一个不易接近的顽固的碉堡。……

这是篇有些特殊的新闻报道。作者、叙事人万福来并不是新闻记者，而是上甘岭战役中特级战斗英雄黄继光生前所在连的连长。万福来是以当事人、见证人的身份来写《黄继光献身的一刻》这篇报道的。因此，一方面，与直接叙事人的记者叙述他人事实的不同，混合体是叙事人叙述自己的事实或自己与他人之间的事实；另一方面，与间接叙事人的不同，混合体的叙事人同时兼任新闻报道的作者：不是新闻报道的伪作者，叙事人背后没有操纵自己的真正作者（而《买缸记》叙事人"我"背后存在记者"王根泉"）。显然，《黄继光献身的一刻》的叙事人"我"兼有直接叙事人与间接叙事人的双重特点。直接叙事人与间接叙事人的混合体也是一种人们平常所说的第一人称叙述。

4. 叙事人的混合体与"个人经历报道"

叙事人的混合体近乎西方的"个人经历报道"。著名的"个人经历报道"有美联社记者劳伦斯·埃德蒙德·艾伦的《死里逃生》。当艾伦进行采访时，艾伦恰遇"条纹号"巡洋舰遭袭击并被击沉，自己落水后逃生。他因此把个人对新闻事件的亲自参与写成新闻报道。不过，此事若由其他记者执笔，则叙事人势必做直接叙事人。

新闻实务的改革推动我国近年出现了不少"个人经历报道"。伴随改革开放，我国新闻界已经达成共识，即那种个人经历不是新闻，新闻报道只能写其他人其他事的看法，属于对新闻报道的误解。个人经历报道的叙事人是混合体：在报道发生在当事人自己身上的事实时，叙事人既是报道者（直接），又是当事者（间接）。李捷的《三甲医院就诊记》[①]夹叙夹议，写法灵活轻便：

今年9月22日晚上，我觉得右腿小腿肚子硬得像铁块，挨地就疼，我以为是转筋了。但睡了一夜并不见好。9月23日早晨上班后，右腿疼得更厉害。我用毛巾热敷，但并不能解决问题。让同事帮助按摩了一阵，也不能缓解。

午饭后，一点半，我去了附近的一家按摩院，以为按摩可以治好。

医生并不给我按摩，而是先检查。他查看了我的两条腿，一会儿让我仰卧高抬腿，一会儿又让我俯卧，检查我的腰脊。医生还把我的脚趾头掰开，检查我是否有脚气。过后我听到他打电话找主任说，他没见过这样的症状，左腿软硬正

① 载《中国青年报》，2003-11-19。

常，右小腿腿肚子硬得像铁块儿。

主任来检查。他让我屈膝，伸腿，让我俯卧检查脊椎，也掰开我的脚趾检查脚气。最后他说："你这是静脉曲张，看你的袜子把腿都勒成什么了！静脉曲张已经造成了血栓。"

他严肃地嘱咐我说："你应该立即做CT检查静脉。我们医院没有这类设备。你赶快去大医院。你这病，轻则输液，重则手术。别耽误。"我觉得这里的医生和这家医院倒是很负责的。

下午3点多，我给一个当医生的亲戚去电话请教，他说应该挂城东一大医院的血管外科。

这是一家三级甲等医院。生活在北京等大城市的人们都知道，"三级甲等"意味着有最好的医疗设备、最好的医生和诊疗水准。在一天的时间里，我"转战"了三家三甲医院，算是领教了什么是"最好"。

"不安网子，溶栓和手术都免谈"

9月24日，我夜里醒来就觉得右腿疼，5点就起床了。7点半我爱人陪我打车去北京城东这家三级甲等医院，挂好了血管外科的号。

在候诊室，我们坐了好一阵，一个男医生终于来了。他只听我叙述，根本没给我检查，连我的腿都没看一眼，就开了一张做超声波检查的单子说："先去检查。"

我们交费后到超声检查的地方，被护士告知，做下肢超声波检查必须等下午。疏通了好久，终于破例给我做了超声波检查。我们再返回男医生那里，他看了检查报告说："应该化血栓或做手术，但都必须先安个网子，免得血栓移动到肺部造成肺栓塞，肺栓塞有生命危险。"

他又说："安网子要1万元。如果不安网子，就免谈化血栓和手术。化血栓或手术都必须住院，因为要严密观察，可我们科现在没有病床。"我问他，那怎么办？

他说："如果要输液化血栓，超过48小时就化不开了。你现在已经超过24小时了，去别的医院看看吧。"我一个当医生的亲戚，建议我去另外一家有血管外科的三级甲等医院看看有没有病床。

我们冒雨打车到了第二家三级甲等医院，此时是上午10点半。而这家医院的血管外科要下午才有门诊，中午12点半开始挂号。听那些排队挂号的人说，挂血管外科专家号的人，是半夜4点来排队的，就住在医院附近的小旅馆。队伍里正在为是否有人插队发生争执。挂专家号的队伍已经很长很长了，我们是没希望挂上的。终于在1点多钟，挂上了血管外科的普通号。

在血管外科诊室门外等候了一个多小时，一个男医生给我检查。他只听了我的自述，让我撩开裤筒，看了一下我的右腿，再看了看第一家医院的超声波检查报告。他说："必须住院，无论是化血栓还是做手术，都必须安个网子，以免血栓跑到肺部造成肺栓塞。这网子是进口的，要两万元。"

这网子，比刚才那家医院贵出了1倍！

……

个人经历报道寻找新闻事实依据以报道者自身为主，这不仅需要记者保存妥帖事实材料，而且要求记者有职业操守，拒绝使用模棱两可、吃不准的事实材料。

5. 叙事人的混合体与体验式报道

个人经历报道与我国近年流行的体验式报道趋向合流。所谓体验式报道，指的是报道者本人以某一个社会角色作为新闻事实的当事人，深入到新闻事件之内去接触、采访、收集新闻事实材料并加以报道的新闻活动。这一报道样式可以隐形采访，也可以公开采访。显然，体验式报道表达的就是报道者的当下个人经历，自然常采用叙事人的混合体。

进行体验式报道，有三点注意事项：第一，在体验式报道中，报道者既报道事实，又报道自己在新闻事实中的活动与感受。第二，所报道的新闻事实往往可以重复出现。这就是说，记者往往发现一种新闻现象后再进行体验式报道。一般情况下，一次性出现的新闻事实事先难以预料，故不易体验。第三，报道人不可体验违法事。1998年8月20日，为了检验上海警方快速反应的工作效率，广州《羊城晚报》记者在上海以外地在沪旅客被抢去一条项链为由拨打当地"110"电话号码向申城警方报警。在报案后的2分10秒，上海警方的四辆警车赶到《羊城晚报》记者指称的所谓案发现场。该报于是在8月25日刊发了所谓的体验式报道。[①] 但是，报社的这一做法未经对方允许，已经违反《治安管理处罚条例》，干扰了上海警方的正常工作，并不可取。

在写作上，体验式报道可以由非体验人报道，也可以由体验人本人报道。《记者卧底追查包身工》[②]一文报道一记者通过被招为民工去体验、了解河南省郑州市西南郊贾咀窑非法拘禁、虐待民工的事实，但该报道采写分离，体验人与写作者不是同一个人，故未采用混合体。而苏会志、王进业的《菜价追踪》[③]则采写合一，对从山东到北京的蔬菜销售情况由记者本人体验并执笔写作。在《菜价追踪》中，文内的"记者"为两个人，其自我人称应为"我俩"、"我们"。一般说来，由体验人写的体验式报道更具备说服力。

---

① 顾理平：《隐性采访论》，133页，北京，新华出版社，2004。

② 载《燕赵都市报》，2001-04-05。

③ 新华社1994年4月12日电稿。

三、叙事人"我"言说的标准与叙事人类型

选用什么样的"我"或"我们"做叙事人是有标准的。由于标准不同，又形成了深度报道的不同类型的叙事人。

（一）隐身叙事人与新闻事实的特点

新闻事实有自己特定的时空，有的复杂，有的简单，作者要根据新闻事实的特点来选取不同的叙事人。

从记者采写到的新闻事实看，陈峰等的《被收容者孙志刚之死》一文的新闻事实有两个特点：一是事实比较零散，记者到手的事实是死者孙志刚短暂一生中的一个个人生片断，不能连成完整无缺的一片。二是过去时，记者采访到的材料基本是来自死者孙志刚之外的第二手材料。由于南下求职的大学毕业生孙志刚在记者报道之前的一个月左右已经去世，故记者既无法直接采访被报道的当事人，也无法找其核实事实。根据如上新闻事实特点，该报道采用隐身叙事人，即叙事人隐身在文字后面报道新闻事实，叙事人没有在报道中以"我"来自称暗存的记者"我"：

> 孙志刚来广州才 20 多天。2001 年，他毕业于武汉科技学院，之后在深圳一家公司工作，20 多天前，他应聘来到广州一家服装公司。
>
> 因为刚来广州，孙志刚还没办理暂住证，当晚他出门时，也没随身携带身份证。
>
> 当晚 11 点左右，与他同住的成先生（化名）接到了一个手机打来的电话，孙志刚在电话中说，他因为没有暂住证而被带到了黄村街派出所。
>
> 在一份《城市收容"三无"人员询问登记表》中，孙志刚是这样填写的："我在东圃黄村街上逛街，被治安人员盘问后发现没有办理暂住证，后被带到黄村街派出所。"
>
> 孙志刚在电话中让成先生"带着身份证和钱"去保释他，于是，成先生和另一个同事立刻赶往黄村街派出所，到达时已接近晚 12 点。
>
> ……

报道采取隐身叙事人叙事，便于叙事人串连起报道的中心客体孙志刚的一个个互不相连的事实片断，容易让读者产生客观的阅读效果。

（二）旁观叙事人与见证作用

由于记者获取报道材料的条件不一样，因此，记者与获取材料条件之间的不同关系，

也是选取叙事人类型的重要参数。比如在《"能把资金投到这里来吗?"—— 随一位外商在河北某地洽谈项目手记》[1],记者梁栋由于工作条件的允许,得以亲眼观察到大量新闻事实。由于亲历,记者本人就是事实的见证人,因而这篇报道就没有采取外视角的隐身叙事人。该报道片断如下:

谈判桌上的尴尬

我们所去的几家企业不能说对项目没兴趣。他们早早就到宾馆将外商接到了企业,在交谈中也一再表示出合作愿望。然而,在谈判过程中他们却忽略了一些起码的礼貌,给外商带来了不快。有一次,正与一家企业的几位领导洽谈,厂长的手机响了,他便在桌上大声打起了电话,大家怕影响他通话,只好停下来等他。一开始都以为他会很快结束,他却不慌不忙慢条斯理地足足打了20分钟,大家也足足等了20分钟。我们想也许厂长处理的这件事比较重要,用的时间长一点,也就没说什么。出乎意料的是,之后厂长的手机不断响。他便不断通电话,在他没发言时也是一样,大家只能停下来等着。最后一次,大家你看我我看你又等了近15分钟,厂长仍没有停下来的意思。外商实在忍不住了,便问记者:"能不能请厂长出去打电话?"办公室主任听到后,推了推旁若无人的厂长,厂长才一边大声说话一边离开了会议室。一阵尴尬过后,外商已很难集中精力谈项目了。

这段报道写得很精彩,记者的立场、观点、爱憎一清二楚。但是,记者只报道事实,即便报道事实发生时自己当时的想法,也是被作为事实来介绍的。记者没有对事实进行事后和现在时的是非议论。事情本身与正确行为准则之间的矛盾已将是非突现得一清二楚,作者若再臧否是非,必画蛇添足。这里的叙事人是旁观者"我",起新闻事实的见证作用。

马役军的《福强玻璃店里的新主人》一文采用的也是旁观叙事人,记者马役军"我"以旁观见证人的身份叙述了一位叫辛丽荣的姑娘的言行:

"我干一个月,顶我哥哥干一年的。"走进"福强玻璃店",凳子还没坐热,辛福强的妹妹辛丽荣就毫无顾忌地向我透露了这个"秘密"。

玻璃店很气派。趁她为顾客割玻璃的工夫,我左右打量:

铝合金玻璃柜台后面整齐地摆放着各色油漆和涂料,构成一个多彩的世界;柜台外面,在几摞玻璃、镜子旁边,一个铁管焊制的割玻璃案子上铺垫着厚厚的毯子;再往里,是一个新的"一头沉"的办公桌,玻璃板下压着一排电影明星剧

---

[1] 新华社石家庄1996年4月4日电稿。

照。一个精巧的梳妆台，镜子里是辛丽荣的侧影——披肩发，深米色西服，时髦的眼镜后面是一双敏捷的眼睛。

……

这篇报道没有《能把资金投到这里来吗》那么透明，记者的观点有一定的含蓄性。该文之所以如此处置主要是报道意在破除老旧观念，锋芒性强，当时还少不得一些宣传报道政策上的顾忌。所以，旁观叙事人既可以见证，也可以写得含蓄、委婉。

（三）导游叙事人（不加掩饰的叙事人）与解释功用

深度报道涉及的新闻事实又五花八门，各种各样，叙事人有时不加解释，读者则难以领会新闻事实及其所包孕着的含义。面对这样的事实，叙事人常不得不亲自出马解释，夹叙夹议，如一位导游员让读者能在新闻事实的迷宫之内自由出入。比如，孙德宏的报道《寻找时传祥》一文的片断：

采访时传祥老伴崔秀庭老人是一天傍晚。住着挺宽敞的三居室的老人指着去年春节时73岁的王光美来家看她的合影，便说起了李瑞环、倪志福等时常来看她的事，然后就一定要记者在她家吃饭。家里除了一台电视机外，再也看不出还有什么值钱的东西。这位解放前因老板不让时传祥回家，便抱着大公鸡"拜堂"的老人头脑极清楚，但也说不出什么"闪光"的话，多是看着儿女们与记者谈。可儿女们也多是一味地让菜……当听到要写时传祥传时，老人就挺激动，同时也有些黯然："现在实实在在干活，本本分分做人还时兴吗？你写劳模还有人看吗？"

记者默然。

几天前，记者与几位挺有身份的人士聊天。有人问"忙什么？""在写时传祥。"大家就笑。后来其中一人单独对记者说："现在赚钱再多的人内心深处也都有一种感慨——大家都能像时传祥那样正直、敬业、实在，该多好！"

在这里，除了现实材料与历史材料相通，谈话纪事与现场见闻互融，概括介绍与细节描写交织，记者在讲述自己行踪的同时，也表达自己的思想活动。经过叙事人的解释，叙事人叙述的那些事实则变得容易理解。

与隐身叙事人、旁观叙事人相比，导游叙事人因为深度报道理性、客观表达的需要，对于解释不仅有所节制，而且有时还会采取分段加括号等间接途径。如孟昭丽等的《死囚王斌余的道白》通过段落形态将新闻事实与解释直接做比：

8月19日和26日，记者先后两次到石嘴山市第一看守所，与王斌余对话了10个多小时。在取得信任的基础上，王斌余向记者袒露他的内心世界。

……

今年5月份，父亲因为去年修房子腿被砸断一直没治好，家里急需用钱，再加上我身体一直不好，实在不想继续干下去了，就想要回今年挣的5 000多元钱。可老板却只给50元。

我气不过，就去找劳动部门，他们建议我到法院。法院说受理案子要3到6个月，时间太长，让我找劳动部门。劳动部门负责人立即给陈某打电话，说他违反《劳动法》。陈某却诬赖我看工地时偷了铝皮，不给我工钱，可我并没有偷。

5月11日，经劳动部门调解，包工头吴新国向劳动部门承诺5天内给我算清工资。谁知回到工地，吴华把我们宿舍的钥匙要走了，不让我们在工地上住。晚上，我和弟弟身上没钱，可住店一天最少要10块钱，我们就到吴新国家要点生活费。吴新国一直不开门，住在旁边的苏文才、苏志刚、苏香兰、吴华还有吴新国的老婆过来让我们走。吴华骂我像条狗，用拳头打我的头，还用脚踢我，苏文才、苏志刚也一起打我和弟弟。我当时实在忍受不了，我受够了他们的气，就拿刀连捅了5个人。我当时十分害怕，就跑了，到河边洗干净血迹，就去公安局自首了。

（旁白：石嘴山市第一看守所第二管教中队中队长王佐宏：当时听到王斌余的案件时，以为他是一个凶神恶煞的人，后来通过跟踪观察，发现他很淳朴、善良。由于从小生活的环境没有多少温暖，在社会上遭到种种白眼、欺侮，多次讨要不到工钱，产生了报复心理）

（四）人物叙事人与特殊效果

选择叙事人还必须考量新闻事实表达的接受效果。让新闻人物自己或跟新闻事实有密切关系的有关当事人、相关人做新闻事实的叙事人，即为人物叙事人。比如，黄卓坚的《下辈子，我们还当母子——一位痛失儿子的母亲自述》一文报道广州市英语教师许美云与她从小患重病的儿子之间的故事，报道介绍这位母亲如何教育自己的孩子正确对待疾病，孩子如何与疾病抗争，一份母子情感写得十分动人。这篇报道良好的表达效果与作者选择恰当的叙事人是分不开的。可以想象，如果报道由记者转述，那么，报道的感染力与情感的真诚就不能不大打折扣。

人物叙事人的长处是：可信度高，便于表达人物的内心思想情感，议论、抒情自然、不生硬。

四、关于深度报道的元叙事

（一）何为元叙事

在新闻报道中，除非由当事人亲自出马，否则，离开了记者这一环，新闻事实是无法传播的。在报道中，报道者有时以"我"或"记者"的提法直接出现在报道中。如：

① 记者带着信息的"触角"，最近专程采访了鼠肉罐头的出生地——临猗县三管乡。[①]

② 今天，循着那被淡忘的历史，记者去重访时传祥的足迹，探寻他的生前身后。

③ 今秋时节，我来到大寨，第一个印象是，这里山村静悄悄。[②]

④ 今年3月下旬，我到太原出差，在迎泽大街偶然碰上我25年前上高中时的一位同学。[③]

⑤ 预旺堡是位于宁夏东南部的一个古老的回民城池，现在成了一方面军司令部的驻地，我在这里找到了该军的参谋部和司令员彭德怀。[④]

所谓元叙事是指叙事人在记叙文中不仅叙述他人他事，还交代自己关于事实的有关叙事原理、方法与计划。元叙事可以用于各种记叙文中。

元叙事，衍生自结构主义符号学。法国结构主义学者罗朗·巴特提出第一序语言与第二序语言说。罗朗·巴特以为，所谓第一序(First-order)语言是为言说者言说的客体语言，所谓第二序(Second-order)语言则是言说者自己的语言。第二序语言可以居高临下对第一序语言产生作用，故又叫元语言(Metalanguage)。元语言是可以论述另一种语言的语言。[⑤]

新闻报道的元叙事，是报道者在报道中不仅报道他人，还言说自己对报道如何进行规划、处理。换句话说，元叙事，指的是叙事人在叙事作品中对自己如何采写的介绍，报道的是报道者本人的报道工作而不是那些关于新闻人物、新闻事实的报道客体部分。

（二）元叙事在深度报道中的作用

报道中的"记者"或记者"我"，在报道中起什么作用呢？概而言之有二：一是见证作

① 徐培英：《"发鼠财"指日可待》，载《经济参考报》，1985-07-06。

② 李克林：《今日大寨》，载《人民日报》，1985-10-05。

③ 姬乃甫：《留得清香在人间》，载《经济参考报》，1984-09-09。

④ [美]斯诺：《西行漫记》，董乐山译，229页，北京，三联书店，1979。

⑤ 郭宏安等：《二十世纪西方文论研究》，402页，北京，中国社会科学出版社，1997。

用,即用来证明所报道的事实的真实性与具体出处;二是线索作用,即穿针引线,将互不相关的事实缀成一体。如果报道者"我"或"我们"介入了故事,报道可以采用人物视角。比如,万福来的《黄继光献身的一刻》:

这正是党和祖国需要我们献出自己的时候。我向参谋长请求亲自去执行这个任务。冯玉庆同志也同时向参谋长请求参加爆破。参谋长按住我们两个的肩头严厉地说:

"不行,你们是指挥员!"

这时,站在他身旁的营部通信员黄继光挺身而出:

"参谋长,把任务交给我吧!"

相反,如果叙事人没介入故事,那么,最好不要选用人物视角,更不要采用元叙事去讲自己如何采写构思。采取非人物视角的新闻报道不宜使用元叙事的写法,就在于新闻报道的客体一般是他人而不是报道者本人。元叙事的不当介入,会干扰报道者对报道对象的关注。比如,有一篇叫《素质教育助我迈向成功》的报道,介绍华中理工大学电信系95级学生贺荔宁研制出存墨毛笔并获国家专利与上海大世界吉尼斯证书的事迹。文章报道贺荔宁成功的因素是他父亲从小对他进行"目标式管理方式"的教育,即只规定大体目标,至于具体采用什么方法达到目标,则由孩子决定。这种教育意识能较充分地培育孩子的独立意识与创造精神,对既往应试教育的旧观念旧做法也是个冲击,值得报道。但这篇报道并未采用人物视角,而是采用记者的外视角。这样,当报道开头在介绍了贺荔宁的成就并形成悬念后,又接着在下面加入元叙事成分,即新闻报道的报道者"我"如何采写的。这样一来,元叙事就与全文的外视角造成了冲突:

同样是一名大学本科生,贺荔宁究竟凭什么创造这一切?带着疑问,11月5日,我们走近了贺荔宁。

见到贺荔宁时,他正在书桌前奋笔疾书。看到我们来,他忙让座倒茶,边收拾桌面的纸笔,边解释说,他正在给银川、山西对有墨毛笔感兴趣的书法爱好者回信。弄清我们的来意后,他第一句话便是:"那点成绩没什么,我实在没什么好写的。"

果真如此吗?……

像《素质教育助我迈向成功》这篇报道,其报道的对象当然是新闻人物而不是报道者"我"本人。但是,报道者的"我"、"记者"、"笔者"如何如何的一类言说每每出现于新闻报道中,就干扰并分散了读者对报道客体的留心。这就像唱戏一样,编剧自己也跑上舞台,势必打扰观众对舞台上演员所扮演的角色的注意。美国记者阿伦森认为这是作者"硬要闯进稿子里去”,“犯了喧宾夺主的毛病”。[①] 美国《新闻观察家报》主笔彼得·赞恩(Peder Zane)说得好:“使用第一人称的目的不是让读者来关注我们,而是让他们去关注另一些人。”[②]当然,如果报道者在报道中亮明自己华中理工大学的学生记者身份,报道者就同时具有证明事实的证人身份,如同编剧穿好行头,以一个剧中人的身份登上舞台。这就是说,由于深度报道趋于人物视角,报道倒是可以兼用元叙事的方式的。

第四节　深度报道的叙事时间

一、叙事时间及其范围

(一) 叙事时间与故事时间

新闻报道无论文字还是视听,都是时间的文本。作为文字的新闻报道,需要作者一个字一个字完成,读者一个字一个字接受,因此,报刊上的新闻报道沿时间轴铺展而呈现出线性的状态。

深度报道的时间有两类,一是故事时间,一是叙事时间。所谓故事时间,即本事时间,指的是新闻事实发生时的自然状态。它包括事件与意见两大部分。所谓叙事时间,指的是新闻报道文本所呈现出来的先后时间状态。与事件不同,意见往往有叙事时间,没有故事时间。同时,与故事时间因受现实约束而生成的明确时间线性相比较,叙事时间由于讲述人语速的快慢、阅读者阅读能力的强弱而有一定的变化,其长短也有了一定的弹性。故事时间与叙事时间的不一样,恰恰说明这两个时间在叙事文本之内颇不易同步。因此,写作者对这种不一致需妥善处理。

(二) 叙事时间的内容

叙事时间包括三个方面的内容。它们是:

一是叙事时间的顺序。它关涉着深度报道怎样写才能开好头,怎样写才能形成全文的高潮,怎样才能行文新颖曲折。

二是叙事时间的时距。它关涉着深度报道怎样处理好叙事节奏,如何张弛有度、主次分明,如何干净利落,没有废话。

---

① 沈苏儒:《对外报道业务》,204页,北京,今日中国出版社,1992。

② [美]斯坎伦编:《美国最佳新闻作品集(1999)》,10页,北京,新华出版社,2001。

三是叙事时间的频率。它关涉着深度报道对同一个故事时间作出不同的叙事，以使报道公平可信。

二、 叙事时间的顺序

（一）叙事时间顺序的种类

1. 顺叙

顺叙是叙事时间依故事时间的自然顺序先后来叙事。以数字1表示故事时间开头，5表示故事时间结束，2、3、4表示故事时间的中段前后，则顺叙为1→2→3→4→5。在顺叙中，叙事时间前后与故事时间的线性方向一致。顺叙在深度报道中常见。

2. 倒叙

倒叙是从故事时间的后面开始叙述，然后再从头依次叙述。它分两种情况：一是5→1→2→3→4；二是4→1→2→3→5。

倒叙的关键是找准时间的切入口。《11岁少年命丧教室》[①]一文报道发生在江西省上饶市一乡镇小学突发一位小学生食物中毒死亡事件及其法律纠纷。这篇报道所选取的时间切入点为2002年3月22日，即法院的一审判决书下达日：

> 2001年4月20日，江西省上饶市沙溪镇向阳小学三年级学生祝学树突然死亡。得知爱子死于教室，他的父母踏上了漫漫的告状之路。今年3月22日，在痛苦与悲伤中等待了11个月之后，他们终于盼来了判决书。然而面对迟来的一审判决，祝学树的父亲的祝琴德却表示：我要上诉。
>
> **无辜少年惨死教室**
>
> 2001年4月20日上午7时30分，祝学树像平时一样，来到学校背课文。一会儿，座位后的女同学何丽群发现他的抽屉里有一包"水蜜桃"冰袋，便问他怎么不喝？背书之后已口干舌燥的祝学树，看到冰袋惊喜不已，连想也没想，拿起来就往口里送。……

不过，报道的这一时间切入口并非最佳。这是因为：第一，如此切入，表现了作者对法院判决的不满。第二，法院已经追究了学校、镇政府的责任，判学校、镇政府承担连带责任，共同赔偿原告1万元。因此，与诉讼标的117万元相比，死者父母上诉可能是嫌判决共计38.5万元的经济赔偿轻了，记者对法院判决不满的理由并不充分。实际上，从新闻

---

① 载《长江日报》，2002-04-03。

事实蕴涵的价值看，报道若探寻深层新闻信息应该从学校死人入手，将报道的核心放在中学生为什么投毒上。另外，记者还应该考虑新闻报道的新闻由头问题。有如下具体处理办法参考：第一，开头概写死者父母的悲伤。如可在第一句之后加写“一年来，孩子的父母并未因司法介入而减轻悲伤。”第二，为了避免干扰报道主题，法院的判决与死者父母的上诉意志可安排在报道的后面或结尾处交代。上述开头可以进行如下改写：

> 2001年4月20日，江西省上饶市沙溪镇向阳小学三年级学生祝学树突然死亡。而造成死亡的原因竟然是一个中学生投毒。一年来，孩子的父母并为因司法介入而减轻悲伤。那么，是什么导致这个中学生投毒杀人呢？

有的倒叙在从现在回溯以往时又不断逆流而上。所谓倒叙的不断逆流而上，指的是叙事人在从现在时回溯以往时，除了倒叙的第一个过去时，还沿着倒叙的第一个过去时继续前溯时间寻旧。美国记者赫·乔·威尔斯《我的第一次飞行》[①]用自己的亲身经历报道人类刚刚成功研制的水上飞机时的开头正是这样：

> 迄今为止，我只是在幻想中飞行，而今天下午(1912年8月2日，星期五)，我真的飞行了。我在空中逗留了十至十五分钟。我们首先来到大海上，随即滑翔起飞，飞向陆地，盘旋上升后又笔直地向大海俯冲。着陆以后，我更加确信，飞行的乐趣是无穷的，而我今天只不过是浅尝而已。只要有机会，我一定要再去飞行，更高地飞，更远地飞。
>
> 这次亲自飞行的经历，唤起了我旧日所有的热情。长时期以来，由于过多听别人的议论，过分拘泥于书本知识而未能亲自实践，我对飞行有些冷漠了。十五年前，当兰利和李赖恩索尔首次提出飞行设想的时候，我是相信并写文阐述人类飞行有可能实现的少数几个新闻记者之一……

如上《我的第一次飞行》片段，存在三个时间点：一是记者威尔斯飞行的时间，即1912年8月2日下午；二是记者威尔斯写作时间，即现代时，处在飞行时间1912年8月2日下午之后，应为当日晚上；三是记者威尔斯撰文表达人类飞行能够成功的15年前。这一时间起码在1897年8月2日下午之前。记者威尔斯除了从写作的现代时首次倒叙至既往的飞行时间1912年8月2日下午，还从第二次1912年8月2日下午再次倒叙，回溯15年前的一次新闻报道撰写活动。

3. 平叙

中国有句俗话叫“花开两朵，各表一枝”，指的就是平叙。西方新闻界常用的“双线式布局”写法，一条叙述新闻故事，一条交代背景材料的，也属于平叙之一种。

---

① 载《美国杂志》，1912(12)。

平叙是依照故事时间的顺序，在叙事时间上同时交叉叙述两个或两个以上的故事。早在中国元朝，高明的剧本《琵琶记》就使用过平叙，交叉叙述两件同时发生的事：一是A故事，即赵五娘在家伺奉公婆。二是B故事，即赵五娘的丈夫蔡伯喈在京城中状元后被牛丞相招赘为婿后的荣华富贵生活。

在新闻报道中，运用平叙的作品也不为少，如我国的《为了六十一个阶级兄弟》[①]、《汉城决战的最后四十秒》[②]、美国的新闻名篇《世界最佳急诊室》[③]、《火星人来了！》[④]。其中，《世界最佳急诊室》平叙二事如下：一为A故事，即创伤中心医生从接警到抢救伤员结束的抢救工作过程，此线包括背景材料；二为B故事，即一名少妇在公路上从受伤到被送往创伤中心的过程。

深度报道运用平叙，要善于使两条线索之间形成一定的关系，如正反、虚实，这有助于增加报道的内在含量。

4. 预叙

预叙是在叙事过程的前面，将相对于此时的属于未来发生的事件先提前有所交代。由于宿命论等的作用，中国古代的叙事作品其实并未少用预叙。小说《红楼梦》第五回《贾宝玉神游太虚境　警幻仙曲演红楼梦》用十二支曲子提前暗示了金陵十二钗未来的命运结局。正是根据这一预叙，民国以后的专家才反对高鹗续书后40回中对有关人物命运的安排。因此，不能说运用预叙不合乎中国读者的传统阅读习惯。

西方国家的新闻作品运用预叙较多。如斯诺《西行漫记》第二篇《去红都的道路》，报道作者本人由国统区去解放区路途的所见所闻。在此篇开头"遭白匪追逐"一节，讲述斯诺在赴苏区的路上，遇见了白匪民团，但因为红军将白匪击溃，斯诺才未在路上被白匪民团绑架。斯诺的一段遭遇相当危险。[⑤] 在对这个事实的叙事上，斯诺用了预叙的技法，即在全书第一篇《探寻红色中国》之四"通过红色大门"中提前打了个招呼："在前面等待我的是一场险遭不测的事件，以致后来谣传我被土匪绑架杀掉了。"西方叙事艺术源远流长，其源头处古希腊文学中最辉煌的艺术作品是两大叙事史诗《伊里亚特》、《奥德赛》。这些不能不对西方的新闻报道产生重要影响。

预叙先将一个事实分解为若干部分，然后再在记叙文的前后分别放置，并用前面设置的信息来提示后面即将发生的事实，半掩半盖，处理得好，有助于形成悬念，推动叙事产生波澜。李海鹏的《举重冠军之死》一文在叙事上的考究就包括对预叙的运用。其开头使用

---

① 载《中国青年报》，1960-02-28。

② 载《体育报》，1986-10-11。

③ 载美国《读者文摘》，1981(6)。

④ 载美国《读者文摘》，1969(12)。

⑤ [美]斯诺著：《西行漫记》，董乐山译，39页，北京，三联书店，1979。

了预叙：

> 这天是5月31日，早上4点，布谷鸟刚叫起来，商玉馥梦见儿子喊她："妈呀，妈呀，你给我蒸俩肉馅包子吧，给那俩人吃。"在梦中，老太太最初以为儿子又像往常一样饿了，可是一阵突如其来的心慌让她猛然害怕起来。果然，儿子马上又重复了那句让人难以理解的话，"给那俩人吃！"商玉馥惊醒了，透过没有窗帘的窗子看了看微明的天色，心里堵得难受，叫起了老伴才福仲。这天清早老两口心情压抑，在租住的郊区房附近的野地里，紧抿着嘴，一言不发地走，一走就是好几个小时。等他们回到家，吃了稀饭，就接到了儿子的电话。

《举重冠军之死》报道我国著名举重运动员才力退役5年后不幸病逝的新闻事实。在报道的开头，记者通过母亲商玉馥和儿子在梦中的不祥遭遇，暗示报道的主人公才力即将死亡。其中，母亲关于儿子在梦中的叫喊与商玉馥的心慌就是预叙。

如果新闻报道搭配使用几个预叙，可以使叙事的紧张感更为突出。新闻报道《贞操受损判赔八万元》[①]一文报道一位叫王丽的姑娘在深圳被一位澳大利亚籍华人强奸而起诉获贞操受损赔偿事件。此文在写到那位叫李伟的澳籍华人预谋伤害王丽时用了预叙：

> 在李伟的再三坚持下，王丽又改变了想法，因为她看到李伟文质彬彬，谈吐很有教养，看上去也很诚恳。于是答应跟他去。没想到这个决定给她带来终生的痛苦和遗憾。
>
> 当天下午5时30分，李伟带着王丽来到他的住处。两人在客厅用完晚餐后，李伟说："澳大利亚风光世界闻名，那里有世界最美的黄金海岸，是冲浪者的天堂，在我的卧室里有很多照片，请过来看看吧。"▲王丽不疑有诈，没想到刚刚走进卧室，李伟就将房门反锁……

这里的"没想到这个决定给她带来终生的痛苦和遗憾"即为预叙。在▲处，记者如果加入第二个预叙，则可以进一步强化紧张气氛，如："如果王丽这时候借故离开李伟的住处，那么，她本可以避免受到伤害，可惜的是，她没有看到危险正一步步逼来。"相形之下，深度报道《举重冠军之死》对预叙的运用则显得流畅而纯熟，形成了一个前后呼应的预叙链。该文从开头到才力去世的讲述，除了开头，还使用了如下不少于7处的预叙（预叙处下加横线）：

> ……

---

① 载《燕赵都市报》，2001-04-07。

由于忙于给全家人做饭，刘成菊也没有意识到，丈夫的烦恼已经预示了可怕的危险。……

刘成菊事后对因自己的口气而与丈夫发生的一点儿口角后悔不迭。……

当天早上闲呆在院子里的居民们，都看到160公斤的才力摇摇晃晃地上了车，车身因此剧烈地一沉。一种莫名的担忧和惆怅，使得刘成菊站在窗口，目睹了这一幕，但她没有意识到这就是永别。……

下午两点半，商玉馥又一次催促儿子去医院，才力磨蹭着不愿意去，留恋地说："再唠唠嗑，走了就回不来了。"早在1999年，医生就告诉过商玉馥，她儿子随时可能死去，因此这句话让她特别敏感。她气恼地质问说，"这叫啥话？"

才力意识到自己说错了话，大声地争辩说："住院就隔离了，能回来吗？又不是死！"

他揣着母亲给的20元和父亲给的100元，打车去了中国医科大学附属医院，8个小时后真死了。……

就在岳父借钱的这个当口，像是一栋被侵蚀太久的庞大建筑物，才力的健康状况突然间开始崩塌了。……

康健教授事后回忆看到X光片时的感受时说："当时就知道没救了，肺部几乎没好地方，什么都晚了。"他觉得如果早一些送到医院，才力本可以避免死亡。……

赶在妻子挂机之前，才力说出了最后的遗言："别哭，别哭。"

第二天早上8点，二楼的邵永凤又听到敲门声，开门一看又是刘敬玺，脸色发黑，手里攥着300块钱。她问他："你着急还啥呀？"老头儿痛苦的回答把她吓了一跳："才力死了。"

显然，在这些地方，预叙及其连用增加了全文的紧张感，推动叙事产生波澜，显示了才力死亡的必然性。由于预叙的特殊叙事功用，故记者当给予必要的重视。

（二）深度报道的开头

处理深度报道开头与非深度报道有所不一，应注意把握两大原则：表达主题与吸引读者。英国将开头称作"引子"(Intro)[①]。新闻报道不同于文学作品，如果开头吸引不了读者，那么后面再好也没人看，开头对于深度报道要远比结尾重要。好的开头对后面是个弥补。深度报道需求首因效应。

那么，深度报道的开头怎样才能先声夺人呢？其具体要求大体如下。

---

① [美]鲍勃·富兰克林等：《新闻学关键概念》，291页，北京，北京大学出版社，2008。

1. 用悬念、情趣吸引人

深度报道不能强迫读者阅读，所以开头必须亮相漂亮，吸引读者，使读者产生比较强烈的读下去的欲望。那么，深度报道的开头怎样才算漂亮，才能吸引读者呢？答曰：有悬念，有情趣。

那么除了围绕主题表达之外，还应该怎么做，才能使深度报道的开头有悬念，有情趣呢？

(1) 用足以造成紧张氛围或情趣的事实结果、事件结尾来开头。

深度报道往往不同于消息报道。消息报道的经典结构是倒金字塔式，除了吸引读者的注意力，还可以通过报道新闻事实概要、提供主题来让时间紧或对消息所报道的事实不那么感兴趣的读者只看导语。但是，深度报道的目的则比较单纯，就是为了吸引读者，让读者产生读下去的欲望。因此，那些不大可能调动读者阅读欲望的新闻事实结果或新闻事件结尾是不适合于作深度报道的开头的。如果新闻事实本事足以具备吸引读者的本钱，那么，报道无妨以交代事实开篇，且用语准确而简洁。如刘云伶的《平遥古城拆迁背后的腐败》[①]一文的开头：

> 不久前竣工的南门外综合整治工程，是山西省平遥县近年来投入最多、拆迁量最大的项目，古城南门由此成为中外游客进入平遥古城的主要入口。然而，这项关系古城未来风貌的重大工程，竟成了一些拆迁户和有关领导干部合谋套取拆迁补偿款的摇钱树。

像这样的新闻事件本身相当重大、曲折，故作者只要准确、简洁地将新闻事件概要写好，读者的视线就可以被吸引过来。对于新闻价值本身特别突出的新闻事实，报道者当抓住新闻价值的要点开门见山即可。其间可以平实冷静，若是非分明也可以如《平遥古城拆迁背后的腐败》那样叙中寓议。所以，刘云伶一文开头的成功，既有作者的主观努力，也离不开新闻事实提供的客观基础。

(2) 有藏有露，开头为谜面，只将最足以吊起读者阅读胃口的部分事实放在报道的起始。

对于那些非事件性的新闻，应该考虑使用灵活的开头技巧。如《140 万双袜子的命运》的开头：

> 家有一筐苹果，会过日子的人往往会把现出一点烂眼的择出来，把烂眼削尽后吃掉，以免烂眼扩大，丢得更多。俗话叫做"救一点算一点。"
>
> 发生在武汉袜厂的故事，却违背了这个"过日子"的常理。

---

① 新华社 2007 年 12 月 28 日电稿。

那么,武汉袜厂为什么违背过日子的常理?又是怎样违背过日子的常理的呢?对此,开头通过来自日常生活的比喻形成诱人的谜面以待随后的正文解答。

2. 用形象、具体的描写吸引人

抓住新闻事实的典型场景、典型环节与典型细节并以之当头,从而形象具体,用以吸引读者。如江华的《访国内唯一公开病情的艾滋女大学生:我拒绝怜悯》一文以自然景象的优美与新闻人物糟糕的命运所形成的巨大反差开篇:

> 正值春天,油菜花开得艳黄,桃花和梨花在枝头炫耀华丽的生命,河边的牛在安静地吃草,湖北北部的一个县城的一切,都让人感觉到世界的美好和安静。在此避世的朱力亚,却和这个世界,渐行渐远。

李鸿谷等的《秘书的权力》一文的开头,在具体、形象之中还蕴涵有对主题的敲击:

> 从地形上看,张家口、石家庄与北京呈相对标准的三角形,但从张家口到石家庄却不能完全遵循"两点之间直线最近"的原则,必须通过北京。目前特快列车从张家口到石家庄需要5个多小时,而即使乘坐高速大巴,从张家口到石家庄"直线"的541公里,也需要7个小时以上。经过北京,这是最快捷的张家口—石家庄线路选择。对李真而言,这种线路就不仅仅是交通意义上的选择了。

《秘书的权力》一文的主要社会意义是通过河北省省委书记的秘书李真的发迹过程及其最终为庄严的国法判决死刑,来直捣高级领导身边工作人员以权谋私这一普遍性的社会灾难。这篇报道的开头紧扣李真发迹轨道的地理特殊性,文笔既具体,形象,优雅,又话里有话,在自然地理路线之下又寄寓着李真"鸡犬升天"的政治路径,含蓄,蕴藉,发人深思。这是一则非常漂亮的开头。

3. 用小故事吸引人

用有意思的小故事来开头,有益于吸引受众的眼球。在对读者的感官刺激上,具体的故事总要比抽象、概括的东西有力量。比如,《华中理工大学缘何形成院士群》[①]一文报道我国一所高校的院士建设成就工作。那么,这些该怎么开头呢?概括地写成绩,或讲院士建设的必要性,这是常见的写法。但这样的写法要么抽象,要么老套,对读者的吸引力不强。而这篇报道弃老套,采取两个小故事来开篇:

一是记者的亲历。1997年底,记者住华工招待所时为每晚窗外的不绝于耳的施工噪声烦心,一问,才知学校正在建院士楼,两栋,可住八户。当时该校仅有两位院士,记者怀疑如此大兴土木的必要性,问校党委副书记:能住满八户吗?回答说"没问题"。

---

① 载《光明日报》,2000-02-28。

二是一则笑话。该笑话讲杨叔子1997年评选为院士后,有关部门建议华中理工大学不要让杨叔子坐飞机,否则一旦出现闪失,学校的自有院士会重新归零。而杨叔子的确有几年不敢坐飞机。

用小故事开头,生动、风趣,而且这里的小故事通人性。很多读者正是因为开头的小故事而忍不住在无形中看完全文的。

相反,《为了建设国际一流学科——华中科技大学引进高层人才纪实》[①]的开头则显得陈旧、乏味:

> 近年来,华中科技大学采取超常规措施吸引国内外高层次人才。1997年以来,已有5位院士,30多名学科带头人,200多位博士以上学历的中青年学者竞相加盟。
>
> 海纳百川涌春潮。这些新引进的人才用新思维改造传统学科,用新模式发展新兴学科和边缘学科,拓展了数十个科研领域,产生了一批世界先进水平的新成果,带来了清新的学术风气,使学校焕发出勃勃生机……

这样的开篇一味摆好,套话连连,缺乏亮点,容易让人生烦而激发逆反心理。

对于非事件性新闻,可以通过选取新闻现象中的某一个别事例、人物、景象起笔来达到深度报道开头形象、具体、吸引人的目的。近年来,北京市的房价很高,与房价较低的河北省形成了较大的房价落差,于是有不少北京市的市民跑到邻近北京周边的河北省的市镇购买房产。对于这一非事件性新闻,赵志国在深度报道《10万北京人"移民"河北调查》[②]一文中以北京张氏到河北省廊坊燕郊购房来开头:

> 走下930空调公交车,滚滚热浪扑面袭来,张文抬起手腕看了看表,37分钟,从东三环的八王坟到燕郊的这段距离让他还算满意,让这位京城白领在酷暑天气里奔波的理由只有一个,他要找一个远离都市的"栖居之地"。
>
> 燕郊,一个完全"北京化"了的移民小城,与北京仅一水之隔,开埠于春秋时期,唐宋时期曾盛极一时,清朝时则有"天子脚下,御驾行宫"之美称,如今,燕郊是河北省内首屈一指的经济技术开发区,同时也是河北吸纳北京城市移民最多的地方。
>
> 走在燕郊的街道上,随处都可以感受到北京的气息,930公交车每隔三五分钟就开过一辆,满大街都是挂京字头牌照的汽车,甚至连许多单位的电话都使用北京号码。多年来当地人谈论最多的一个话题就是燕郊的行政归属问题。关于

---

① 载《光明日报》,2000-11-26。

② 载《燕赵都市报》,2005-07-25。

燕郊划归北京的说法在当地大有市场，一位当地人在与记者交谈时也承认这种说法“几乎没有可能性”，因为燕郊作为河北的一面“示范性窗口”，它的地位是不可替代的。

据记者了解，这座有10万城镇人口的开发区，北京人至少有8万。这其中，一些中直单位落户燕郊是一个因素，更主要的是，近几年来，越来越多的北京人选择在燕郊买房置业。

莽萍的《动物福利考验人类道德》一文报道我们中国人未能善待供人类食用的动物时，也是以小事例开头的：

一个九岁的孩子，看到菜市场里的鸡下的蛋特别小，就产生了好奇：这里的母鸡下的蛋为什么小得像鹌鹑蛋呢？

在父亲的鼓励下，他与其他孩子一起到菜市场和屠宰场调查，结果发现，菜市场的鸡因为经常看到同类被宰杀而紧张恐惧，因此便产出不正常的小鸡蛋。不仅如此，孩子们还发现，市场里的杀鸡场地都与活鸡笼子离得很近，笼子里的鸡能清清楚楚地看到和听到它们的同伴被怎样杀死。那些鸡甚至能够分辨出杀鸡人和路人。当杀鸡人走近鸡笼时，鸡会纷纷后退，并发出惨叫声，孩子们靠近时，鸡却没什么反应。

最让孩子们感到震撼的是，在屠宰场的宰杀池前，当一头猪被宰杀时，周围待宰的猪都背向这头猪，本能地躲避，不敢目睹，不少猪吓得全身哆嗦。动物被屠宰时的这些遭遇让孩子们感到非常不安。于是，他们在今年世界环境日发出呼吁，恳请人们善待动物，不要折磨它们，不要在活的动物面前宰杀动物(《深圳商报》2002年6月5日)。

其实，这些认真的孩子们所“发现”的问题，都是我们中国人日常生活里的普通景象，只不过大人们不以为意罢了。在全国各地城市乡村的大小菜市场里，摊贩们都是这样公开宰杀活鸡活鸭活鱼的(现在也开始公开杀狗)，买者也都乐于目睹自己买的鸡鸭或鱼鳖被活宰。这被认为是新鲜和可靠的。而对新鲜的追求，在我们这里已经演化为活吃活喝某些动物的血肉了。

《10万北京人“移民”河北调查》的第二、三、四段已进入北京市民到北京市周边河北省有关市镇购房这一面上的新闻事实中，但第一段用的则是上面情况中的一则个别事例即“张文”看房。《动物福利考验人类道德》从第四段起开始介绍面上情况，但构成报道开头的前三段讲述的是一个小孩子对菜市场里的母鸡为什么产小蛋的追问。两篇报道的开头虽然后者由小孩子的角度写小故事而使《动物福利考验人类道德》的一篇开头远比前一篇生动，但双方起笔的共同点均在于用个别的易懂取代一般的概括，专司吸引读者的阅读兴致。不过，这样的写法西方特稿一直在用，且程序明晰，还名之以"《华尔街日报》写法"[①]。

4. 用精辟的思想见解吸引人

用议论开头未必最好，但也不算太坏，关键在于能抓住事实特点、要害与读者的心理，有针对性地落笔。其见解必须一针见血，发人深思。如李虎军等的《抽水马桶与南水北调》[②]一文的开头：

> 把卑微的抽水马桶与宏伟的南水北调工程相提并论，看似小题大做，然而在一定程度上，抽水马桶的节水效率可以看作是一个国家节水水平的缩影。尽管节水投入远比调水投入低，且同时可以减污，但值得深思的是，很多人并不愿意做这个事情，因为节水不容易看出业绩来。

精辟的议论在于新、深。首先，再好的见解被人多次引用也会陈旧，难以吸引人。其次，议论要让人能灵魂出窍，否则不用或少用。以此衡量，《抽水马桶与南水北调》这篇报道的起点还有一定的新意，尚差强人意。

5. 用通俗易懂的叙述风格吸引人

深度报道不是学术论文，而是大众文化的消费品，讲求雅俗共赏，因此开头必须通俗易懂。除了用语深入浅出之外，深度报道怎样开头才能通俗易懂呢？

(1) 要善于针对新闻事实的特点，以报道重点与报道主题提出问题。

比如，《北京名医"走穴"保定》[③]开头如下：

> 事件：翻开4月5日的保定某报，可以看到北京专家到保定会诊的内容目不暇接，细细数来，竟有6家医疗机构举办会诊，大都称要请北京专家。据业内人士介绍，这其中有一些是打着北京医生的幌子，来骗取患者钱财的，比如一些并不需要多高技术的性病治疗，一些难治好但也治不死的白癜风、糖尿病等，但大多数敢标出来者是哪路名医，姓甚名谁，任职何处的，一般都有两下子。这些来自北京的专家，肯定会挤掉保定医生手中的一些生意。那么，保定的医生是否欢迎？患者是否受益？管理部门允许其长期存在下去吗？

有针对性地提问题化繁为简，突出重点，提醒注意，为读者阅读提供了便利。

(2)注意分段，除非必要，不要一段到底。

有人以为开头是报道的第一段。这个看法不对。开头是报道的起笔，行使引出话题、

---

① [美]布赖恩·布鲁克斯等：《新闻写作教程》，258页，北京，新华出版社，1986。

② 载《中国青年报》，2001-08-16。

③ 载《燕赵都市报》，2001-06-01。

切入事实的作用，故可一段，也可以几段，关键是看作用。由数段构成的开头是导语群[①]，即复合导语。由于不同媒介之间的竞争与新闻报道讲究通俗易懂，因此深度报道开头尽可能地多分段，就有益于读者阅读理解。比如，孙德宏的《寻找时传祥》一文的开头：

> 36年前，一个人与另一个人握了一次手。
>
> 26年前，另一个人连真名也不能说地去了；这个人后来知道后，精神便有些失常，不久便也去了。
>
> 他们死于同一场名叫“文化”的“革命”。
>
> 这一个人是个北京淘粪工人，叫时传祥。
>
> 另一个人是共和国的主席，叫刘少奇。

由于分段，这篇报道的开头显得格外利落，诗歌般紧凑，也节省目力好读。

(3) 简短而不要套话、废话连篇。

有人写报道，不清楚读者知道什么，不知道什么，想知道什么，不想知道什么，因而报道开头套话太多，显得啰唆。

(4) 多讲述、转述，少展示。

现代社会阅读者总是匆匆忙忙，这决定了报道的开头节奏要快，不能拖沓，不能停在一个时间或空间的“点”上转来转去不离开。

某省报2001年的深度报道《莫让“伪正版”毁了电脑软件市场》一文的开头如下：

> “奥美的《暗破坏神Ⅱ》，又跳票了。”“不会吧，我在家门口的书摊上买了一套，花了59块‘银元’。”“肯定是盗版。”“瞎说，那包装盒印得精美。并附赠一本完全攻略呢……”日前，记者与好友小朱争执起来。

这样的开头让读者莫名其妙。话说了不少，读者仍如坠云雾不知其真正的意思。这一开头存在两点不足：一是讲了读者不熟悉的事物，如“奥美的《暗破坏神Ⅱ》”、“跳票”。二是开头只是暗示“伪正版”，而没有说明一下什么叫伪正版。这个开头用的就是展示，而不是讲述、转述。

关于讲述（转述）与展示，古希腊的柏拉图有述。他在《理想国》中说：要讲述（Telling），而不要展示（Showing）。我们可以借用古希腊荷马史诗的《伊利亚特》来说明什么是讲述与展示。在《伊里亚特》中，祭司克律塞斯的女儿被希腊大军统帅阿伽门农抢走，父亲克律塞斯带礼物见阿伽门农求他放了自己的女儿。但阿伽门农怒斥克律塞斯，叫他离自己远点，否则就对他不客气。为此，克律塞斯向阿波罗祈祷。关于克律塞斯的祈

---

① [美]B. 伊图尔：《当代媒体新闻写作与报道》，439页，北京，中国人民大学出版社，2006。

祷，荷马的文字如下：

> 他这样说，老人害怕，听从他的话。老人默默地沿啸吼的岸边走去，他走了很远，便向美发的勒托的儿子阿波罗祈祷，嘴里念念有词。①

如是内容，柏拉图在《理想国》第三卷中改写如下：

> 老人听到恐吓胆怯了，他默默无言地走开；但一出营便迫不及待向阿波罗祈祷。②

其中，荷马的写法为展示，柏拉图的写法为讲述。在与故事之间的距离上，展示要近于讲述，似乎事实在自己展现自己，信息较细，但又没有讲述简练。

新闻报道在叙事上有展示、讲述（或曰转述）及其前述两者之间的中间过渡。江华、左明星的《“我没有打江青”——一个曾经看押江青的女兵眼中的江青》一文有如下片段：

> 在一次上岗时，江青和蔼地对李红说，你的面部轮廓清晰，拍侧面照很好看。“我当时心里很高兴，江青毕竟是搞艺术出身，当过演员，眼光应该不错。”

作为记者用来写作的原材料，这一片段应为：“在一次上岗时，江青和蔼地对我说，你的面部轮廓清晰，拍侧面照很好看。我当时心里很高兴，江青毕竟是搞艺术出身，当过演员，眼光应该不错。”对这样的素材，报道若改写为“在一次上岗时，江青和蔼地对李红说她的面部轮廓清晰，拍侧面照很好看”。则属于讲述；若如原材料那样原封不动使用，则为展示。而记者所选取的实际叙事，即“在一次上岗时，江青和蔼地对李红说，你的面部轮廓清晰，拍侧面照很好看”。则介于展示与讲述之间，即法国学者日奈特所说的“间接叙述体”③。

接受新闻报道的读者，其阅读环境、阅读心情、阅读期待均不如读文学作品那般从容，因此深度报道的叙事除意在证实之外应少展示，多讲述、转述。前述报道的开头可以作如下更改：

> 日前，好友小朱与我发生争执。我俩为在家门口买的一套58元的软件是不是盗版争论不休。那么，目前市场上出现的这种与正版软件不相上下的软件，到底是不是盗版的呢？

这一改写段先总后细，并去掉冒号、引号，将直接引语改为间接引语。这样的叙事自

---

① [古希腊]荷马著：《伊里亚特》，罗念生等译，3页，北京，人民文学出版社，1994。

② [法]日奈特：《叙事话语 新叙事话语》，110页，北京，中国社会科学出版社，1990；可参考柏拉图：《理想国》，96页，北京，商务印书馆，1986。

③ [法]日奈特：《叙事话语 新叙事话语》，115页，北京，中国社会科学出版社，1990。

然简洁而明晰。

（三）深度报道的波澜

新闻报道是给广大读者看的，在报业竞争的今天，深度报道跟电视节目一样，必须要好看。文似看山不喜平，那么从叙事策略上看，深度报道应该怎样写才可能有波澜呢？

1. 善于抓矛盾，建冲突

冲突指的是分歧、矛盾、争斗。新闻报道有冲突，就容易出现情节波折，容易产生悬念，为报道的生动可读创造条件。不少报道者不注意分析新闻事实，不善于抓取事实本身蕴涵的矛盾设置冲突，因而写来枯燥无味。深度报道往往文字较多，有更多的条件抓矛盾，建冲突，并进而增强报道的可读性。

那么，如何抓取矛盾、设置冲突呢？

(1) 必须分析新闻事实的内在矛盾

冲突是矛盾的一种表现，因此必须从矛盾处入手抓取矛盾。面对新闻事实，报道者应善于分析新闻事实的特点。无事物没有矛盾，矛盾的特殊性蕴涵着新闻事实的特殊性。面对新闻事实抓矛盾建冲突离不开两个条件：一是要有对立的双方，二是对立的双方要有分歧。那么，抓矛盾、建冲突就必须分析新闻事实的特点，找到事实内的矛盾双方，让双方对立、阻碍、困难的形成形式报道的紧张部分，让双方对立、阻碍、困难的消除形成报道的松弛部分，从而使报道有张有弛，有紧有松，形成波澜。调查性报道因其新闻事实的披露与遮掩之间的矛盾自不必说，即便是正面报道，只要善于分析，在新闻事实中同样能够寻找到矛盾。梁衡的《一个农民养猪专家的故事》[①]一文报道山西省忻县一位叫岳安林的农民科学养猪的新闻事实。但是，如果只写科学养猪的方法、成就，报道就会平淡，就会缺少看点。为了加强报道的可读性，梁衡精心挑选材料，写有的饲养员以干不了为由找岳安林撂挑子，向岳安林发出挑战。这样，记者就用养猪中的困难形成波澜、冲突，在看似平常的养猪事实中发现戏剧冲突。其实，因事实较为重大，深度报道的新闻事实往往充满更为强烈的内在张力，比非深度报道具有更为优越的抓取矛盾设置冲突的天然条件。

(2) 必须在诸矛盾中抓取主要矛盾为报道的冲突内核

深度报道所面对的新闻事实往往蕴涵着多种矛盾。王楚的《有胆识的决定》[②]一文所报道的江城武汉改革的新闻事实矛盾重重：1984 年 5 月，武汉市被批准为省会城市经济体制综合改革试点。面对江城武汉是否打开城门兴发改革大业，摆在记者面前的社会矛

① 载《光明日报》，1980-11-14。

② 载《人民日报》，1985-05-11。

盾冲突多种多样：①武汉市的“九省通衢”地理位置与该市而今流通日趋不畅之间存在矛盾。这是条件与结果之间的冲突。②本市的计划经济惯性与市场经济发轫之间存在矛盾。这是历史与未来之间的冲突。③本城利益与外地利益存在矛盾。这是自我与非我之间的冲突。④武汉市的落后现实与一些人甘于现状意识之间的矛盾。这是现实与观念之间的冲突。⑤武汉市落后的现实与市领导意欲先进愿望的矛盾。这是现实与意志之间的冲突。⑥市委市政府领导敞开大门建设武汉的想法，与一些干部怕敞开大门让肥水外流忧虑之间的矛盾。这是观念与观念之间的冲突。诸如此类，矛盾冲突不一而足。面对各种矛盾冲突若无主次之分，报道就难免眉毛胡子一把抓，一塌糊涂。显然，报道一个城市的工作，颇为不易。而《有胆识的决定》能将一座城市的改革写得头绪清晰、活灵活现，与报道善于在叙事上抓矛盾建冲突是密切相关的。有矛盾，就有冲突，那么报道就应直面现实，在分析矛盾中建构本文冲突。在《有胆识的决定》中，记者一方面紧紧抓住矛盾打造冲突的客观基础，使得整个新闻事实起伏不定，躁动不安，充满了活力、张力；另一方面又牢牢抓住主要矛盾，让主要矛盾构成全文的冲突主线。那么，武汉市是否打开城门兴发改革大业这一新闻事实所包含的主要矛盾是什么呢？是观念与观念的冲突，即人与人之间的冲突。这个矛盾不解决，武汉市的改革开放大业就是空话。于是，《有胆识的决定》的第一节报道面对困境是否改革的争议；第二节报道改革开放进行中的争议；第三节报道改革开放一个时期取得重大成绩之后不同认识的相互靠拢与争议继续之间的互动。抓新闻事实的主要矛盾有益于深度报道的眉目清晰，主次分明，波澜起伏。善于寻找、提炼、抓取主要矛盾，是深度报道可读性的重要基础之一。

(3) 实事求是，不人为制造矛盾冲突

新闻真实性决定深度报道必须充分尊重现实矛盾来营建报道的冲突。首先，现实矛盾决定着深度报道冲突的性质、范围、程度。《福强玻璃店的新主人》着力于我国改革开放初期的时代理想与社会常规之间的矛盾及其互补，《被收容者孙志刚之死》所报道的新闻事实反映计划经济时代对人口行政控制与市场经济对人口流动调节之间的矛盾，《“核心期刊”利益链》直面我国学术期刊近年来游走在公共利益与媒体利益之间的愈演愈烈的矛盾。其次，深度报道的冲突选取与处置又有相对的独立性。面对新闻事实内部的各种矛盾，报道者选取哪一个矛盾作为深度报道的冲突或主要冲突，又要服从于报道的意图、主题。

2. 设置冲突的前提

(1) 分清冲突内容的类别

矛盾冲突有三种：一是人与自然环境间的矛盾冲突，二是人与人之间的矛盾冲突，三是人自身的内在矛盾冲突。不过，对于新闻报道，矛盾的核心是人，没有人就没有冲突。

(2) 深度报道的冲突以一种为上，至多三条深度报道需要处理的新闻事实往往矛盾重重，记者应条分缕析，善于化繁为简。一些新闻报道肤浅，也和叙事不当相关。《产科医生竟盗男婴》[①]一文所报道的新闻事实是存在多重矛盾的：

39岁的谈朝晖看起来比实际年龄大很多。已是尿毒症晚期的他异常虚弱，低着头长时间一语不发。小他一岁的妻子强海香则不停地抹着眼泪。

"我们一直把马芹当成我们的好大姐，觉得她人漂亮，心眼又好，谁知她竟长着颗狼心，害得我们家破人亡！"强海香说不下去了。

谈朝晖夫妇是安徽省南陵县奎湖镇高桥行政村老元谈村村民。他们说的"好大姐"马芹是镇卫生院的妇产科医生。

"创意"调包为"香火"

在芜湖市区南陵县奎湖镇，王少俊是个家喻户晓的人物。他从80年代开始做金刚砂生意，有了大把的钞票，有了漂亮的楼房，但他的眉头却没有一天舒展过：妻子俞新梅一连给他生了两个女儿。

1992年11月23日，王少俊满心欢喜地盼来了第3个孩子的降生，谁知又是个女孩儿，接生医生是镇卫生院医生马芹。

就在此时，心烦意乱的王少俊忽生"灵感"，"我老婆刚生个女孩，如果这几天有人在医院生男孩，我用女孩把他换过来不就成了?"俞新梅听了丈夫的"创意"，当时两眼放光。

把小孩调包，谁又能帮这个忙呢？想来想去，也只有镇卫生院的妇产科医生马芹啦。俞新梅的姐姐俞晓凤就住在镇卫生院的斜对过，平日里与马芹的关系最好，在俞晓凤的帮助下，王少俊夫妇找到马芹，没想到马芹竟一口答应了。

产科医生盗男婴

1992年11月26日，也就是俞新梅生下三女儿的第4天早上，天还没亮，谈朝晖扶着大肚子的强海香来到马芹所在的镇卫生院。

见强海香进来，正在酝酿"调包"计划的马芹高兴坏了，她热情地让强海香躺下，进行一番检查后说，可能是个女孩。同时，试探性地问谈朝晖："这下又生个女儿怎么办?"当听到谈朝晖"生个女儿就女儿呗"的回答后，马芹心中窃喜。她假装关心地对谈朝晖说："我有两个儿子，就想要个女儿，你们两个长得漂亮，人又好，如果生个女孩我给养着，你们还可再生一个。"

考虑到马医生人不错，家庭条件又好，谈朝晖夫妇答应了。于是，在孩子出生前，谈氏夫妇与马芹达成了一份"口头协议"：如果生的是男孩，自己抱回家；

① 载《燕赵都市报》，2001-05-12。

如果生的是女孩，由马芹抱养。

凭着自己多年的接生经验，马芹判断产妇分娩的时刻到了，为了顺利实施"调包"计，她不动声色地对谈朝晖说："孩子一时半会儿也生不了，你赶快回去抱床被子来。"老实巴交的谈朝晖二话没说，转身就回家拿被子了。

谈朝晖离开约10分钟后，一个活泼可爱的小生命就诞生了。

"哎哟，又是个女儿！"马芹大声喊着。由于极度虚弱，强海香一下子昏了过去。马芹趁机把男婴抱出了产房，由马芹的丈夫杨凌云将男孩抱走。

"又过了20多分钟，我被痛醒了，就问马医生怎么这样痛，她说是包衣(胎盘)还没下来。我心里一惊，这么长时间包衣咋还没下来，你把我小孩抱哪儿去啦？她说，抱到隔壁她儿子的床上啦(马芹当时家住在医院)！"事后，强海香回忆起当时的情景。

正在这时，谈朝晖回来了。马芹告诉他，强海香生了个女孩，让谈"要说话算数"，把女儿送给她。

在谈朝晖带着妻子出院时，马芹特意交待："回村后有人问起，就说生个女孩一落地就死掉啦，别讲给我了，否则追究起来，下一胎就不好生了。"

就这样，生下男孩的强海香，在丈夫回去取被子这半个小时内，被马医生完成了调包计。而被调过来的"女儿"，也是未见上一面，就让马芹给抱养了。

骨肉八年伤别离

第二天，谈朝晖到医院给马芹送洗过的垫被时，马芹突然变卦了，说自己是共产党员，不能带头违反计生政策，强海香刚生的孩子她不要了。

毕竟是自己的亲骨肉，谈朝晖立即表示要把孩子带回去。

"我在芜湖有个朋友，家里条件很不错，你回去与海香妹妹商量一下，要是她同意，把小家伙送到芜湖去。"马芹考虑得很"周到"。

最后，谈朝晖夫妇向马芹提出条件：孩子送芜湖可以，但要到领养孩子的人家去看看。马芹先是不同意，后见谈朝晖眼泪出来了，就说下午芜湖方面来人接小孩。

中午12点多，谈朝晖就来到了马芹家，一直等到下午四五点也未见人来，马芹就让谈朝晖去帮自己的婆婆收小卖部的摊子，仅仅过了不足半个小时，等他收完摊子回去，马芹告诉他晚来了一步，芜湖方面的人来得急，孩子刚刚被抱走。马芹许诺：等海香妹妹过满月后，我陪你们到芜湖去看孩子。

1992年12月26日，刚刚满月的强海香在丈夫陪同下，依约找到了马芹，马芹又推说已是腊月了："干脆过罢年再说，正月没事干，我一定带你们去！"

1993年春节，强海香夫妇过得很不踏实。然而，正月十七，他们再次找到马芹，她却讲：这个小家伙老生病，瘦得不能看，现在去看怕你们心里难受。于是，推到了"春天再去看孩子吧！"

两个月后，夫妻俩又一次踏进了马芹家的大门，没想到一见面马芹就哭了："大姐对不住你们，小家伙体质不好，老生病，已经死掉啦。"

对于马芹的话，强海香依然相信。因为她前面生的两个孩子都有吃牛奶呕吐的现象，看来马大姐说的是真的，孩子可能是死了。强海香的心中不由一阵阵难过。

8年时间一眨眼就过去了。然而，这8年对谈朝晖一家来说，简直是度日如年。为了早圆生子梦，体质本来就差的强海香先后多次流产，谈朝晖则是背井离乡，卖过茶叶，烧过砖，搞过建筑，卖过沙。1995年5月17日，谈朝晖的沙船在张家港出事，船上价值十多万元的东西连同强海香胞弟年轻的生命，全都沉没水底。

1999年下半年，谈朝晖突然出现怕冷、呕吐现象，到医院一检查，已是晚期尿毒症，仅半年多时间就花掉了5万多元。

"后院起火"败隐情

2000年6月29日上午8点多，谈朝晖在妻子的劝说下，到镇上散心。当他走到鱼市门口时，碰到了马芹的丈夫杨凌云，刚吃过早点的杨凌云一见面就告诉谈朝晖自己头一天已经与马芹离婚了。

于是杨凌云便把当年盗婴之事捅了出来，但杨凌云隐瞒了自己曾参与盗婴的事实："你当时生的不是女孩，是男孩，这都是马芹搞的鬼！"杨凌云还告诉谈朝晖，小男孩满月那天，他看到王少俊给了马芹一沓钱。

回家后，谈朝晖把马芹8年前盗卖儿子的经过讲给妻子听，妻子怎么也不相信："不会的，马大姐不会干这种伤天害理的事！"

为慎重行事，强海香经过几天考虑，找到了俞新梅，问她有无此事，俞新梅哭了。

俞新梅告诉强海香：确有其事。据俞讲，调包过来的孩子毕竟不是自己亲生的，因此，无论是感情上，还是心理上，都难以对孩子亲热起来，夫妻俩为了这个孩子常常发生争吵。直到有一天王少俊把一个贵州女人带回家中，两个人闹起了离婚。

离婚后，大女儿归俞新梅，二女儿和男孩归王少俊。因为男孩尚在哺乳期，暂由俞新梅抚养。一年后，王少俊接走了孩子。据说，王少俊把孩子带到江苏省扬中县后，寄养在一户人家，后来王与那位贵州女子结婚，贵州女不喜欢这孩子，便在小孩子两岁时，送到西安被人领养。俞新梅还把自己保存的孩子一周岁时的照片交给了强海香。

7月4日上午，谈朝晖夫妻在村党支部书记张正常的陪同下，找到了俞晓凤，俞晓凤讲，1992年农历11月初3上午，杨凌云捧着一个纸盒子放在她家，杨讲是一个婴儿。约过了两个小时左右，杨凌云把婴儿抱走了。3天后，她才知道妹妹生的女婴换成了男婴。

气愤不已的谈朝晖夫妇无奈中向公安局报了案。7月12日，马芹因涉嫌拐骗儿童被刑事拘留。一周后，杨凌云也被"请"了进去。

"这让我死不瞑目"

南陵县公安局接到报案后，立即派人四处打听王少俊的下落。

在搞清小男孩现在的确切地址后，2000年7月24日，南陵县公安局毛军副局长率3名刑警抵达西安，在陕西柴油机厂江舵、龚锡琴夫妇那里找到了孩子。

回来了，日思夜想了8年的亲骨肉终于回来了！

2000年8月22日，马芹和杨凌云被逮捕。今年3月26日，南陵县检察院向南陵县人民法院提起公诉。法院依法组成合议庭，于4月13日公开开庭审理了此案。

4月26日，南陵县法院以拐骗儿童罪依法判处马芹有期徒刑2年6个月；因杨凌云在缓刑考验期间，前罪和后罪实行数罪并罚，判处杨凌云有期徒刑4年。

孩子找到了，"狼医生"受到了法律的制裁，谈朝晖却要走了。

"马芹对我造成的伤害太大了，我们与儿子骨肉分离8年造成的精神损害又如何计算？马芹仅仅被判两年多，我又得不到1分钱的民事赔偿，这让我死不瞑目！"5月6日，重病在身的谈朝晖在接受采访时不停地抹着眼泪。据悉，那个被"调包"过来的俞新梅的三女儿，如今在安徽旌德县一户人家，生活得很好。

《产科医生竟盗男婴》所报道的新闻事件离奇、复杂，报道文本涉及3条各有特点的线索：第一，被害人谈朝晖、强海香夫妇的孩子刚刚出生，就在医院被医生马芹掉包。这一线索可产生人情味。第二，根据王少俊夫妇的要求，医生马芹将王少俊夫妇的女婴与谈朝晖夫妇的男婴在医院偷偷调换。这一线索具有社会意义，虽事关法律，但道德层面的开掘空间较大。③富人王少俊、俞新梅夫妇的掉包行为。为了男孩子居然将亲骨肉送人，如此亲情异化，令人震惊。这一线索重在轻女重男意识，具有文化意义。在实际处理上，这篇报道同时触及上述三条线索，结果导致报道头绪繁杂，轻重不分，尤其是马芹线与谈氏夫妇线并驾齐驱更让整篇报道重心不明。其实，不同线索蕴涵着不同的意义，报道者应该去二留一：如煽情或批判重男轻女思想可以以谈朝晖夫妇为线索或以王少俊夫妇为线索；

如批判道德沦丧可用马芹为线索，挖马芹犯罪的思想根源。从新闻事实的离奇与深度报道的硬新闻要求看，比较妥当的处理是抓取医生马芹，以马芹故事为报道的中心线索，着重推敲医生马芹的知法犯法、监守自盗及其背后的时代道德走向与社会管理制度建构。王少俊夫妇这一线索的信息开掘深度也不浅，同样值得重视。

深度报道的叙事空间虽然大于消息，但毕竟不是小说、电影，过多的冲突种类和线索容易使报道笨重、庞大，影响报道的简明，增加阅读的难度。

(3) 要善于交代

所谓交代，是深度报道对有碍读者理解的概念、术语、事实的来龙去脉等进行简洁的说明、解释。交代不属于新闻事实本身，但又和新闻事实的理解密切相关。从叙事种类看，交代实际上属于插叙。所谓插叙，指的是在顺叙的过程中，暂时中断叙述的线索，插入一些与中心事实相关的内容。其中，所插入的内容在插入处此时先前发生，又叫追叙；所插入的内容是对插入处此时前面的事实诠释、补充，又叫补叙。

深度报道不注意交代必要的情况，会影响事实叙述的准确、清晰、易懂。如，《阜阳“白宫书记”张治安被起诉》①一文报道安徽省阜阳市那位因建豪华的办公楼而“赫赫有名”的区委书记报复举报人使其致死一事：

> 日前，涉嫌报复陷害举报人的阜阳“白宫”书记张治安被芜湖市人民检察院提起公诉，在历时一年多的侦查后，检方正式以涉嫌报复陷害、受贿两项罪名起诉阜阳市颍泉区原区委书记张治安。
>
> 2008 年 3 月 13 日凌晨，李国福在安徽省第一监狱医院非正常死亡，他因举报颍泉区委书记张治安，被颍泉区人民检察院拘捕 5 个多月。
>
> 李国福非正常死亡的事件经中国青年报独家报道后，引起了安徽省有关领导的高度重视。今年两会期间，安徽省人民检察院检察长崔伟向中国青年报记者介绍，报纸刊发当天，安徽省委书记王金山，安徽省委常委、政法委书记和他本人当即作出重要批示，先后派出 3 个调查组调查此案。
>
> 然而，在安徽省联合调查组调查期间，中国青年报的报道遭到当地媒体的攻击，称中国青年报“妖魔化阜阳”。
>
> 2008 年 6 月上旬，张治安被安徽省联合调查组带走，7 月 31 日，张治安、汪成因涉嫌报复陷害罪被逮捕。
>
> ……

遍览该文，稿件对新闻事实中因举报而沦入非正常死亡的重要当事人李国福其工作

① 载《中国青年报》，2009-07-10。

单位等基本情况通篇未予提及。作者这么处理，或许鉴于该报 2008 年 4 月 22 日曾以《阜阳“白宫”举报人蹊跷死亡调查》为题独家报道过此事。然而，《中国青年报》此回再次报道这一新闻事实的发展，毕竟距首次披露该新闻已差不多一年零三个月。李国福为什么能够知晓区委书记腐败的关键信息？李国福缘何毅然决然举报？因此，忽视必要的交代就影响到此刻广大读者因对新闻事实来龙去脉的不解而坠入迷雾。该版同一报道的第二篇《张俊豪被无罪释放》同样存在类似毛病。如，李国福的女婿、身为团委书记的张俊豪在已被阜阳市颍泉区人民检察院以涉嫌贪污罪、帮助毁灭证据罪、包庇罪三项罪名拘捕一年半的同时，为什么又会和岳母一家反目成仇，与妻子离婚呢？报道对这些一概付之阙如。如此忽视必要的交代，是很容易让读者一团雾水的。

由于内容相对丰富，故深度报道需要交代的要点比一般报道多。需留意交代的有：新闻事实或相关较重要事实的出处、来源，新闻的事实要素，读者不容易明白的概念、问题、相关的其他事实，相关人物之间的关系，事实之间的前后环节、关系等。对于未成年人、残疾人、受害人，尤其是受到犯罪分子强暴的女性要注意进行必要的保护，如对人物使用化名或“小朱”一类的简称，省略或只提供当事人“湖北省某市”一类粗线条的单位名称、居住地址，遮盖照片中的人物面孔。但是，对这些为保护被报道者合法权益所进行的技术处理，记者、编辑也要随文加以简明说明。

3. 设置悬念的方法

(1) 立足于读者与情节这两要素来设置悬念

深度报道讲求悬念的使用。电视剧赢取读者的途径较多，如可以利用剧中人物的特点或影视明星演员的人气来抓取受众。在琼瑶电视剧《还珠格格》、主旋律电视剧《激情燃烧的岁月》中，“小燕子”、“石光荣”的性格，女演员吕丽萍的名气本身就是吸引观众眼球的卖点。而深度报道吸引读者靠的则是新闻事实，是思想，故深度报道要利用好事实，就必须讲求悬念。所谓悬念，清朝的李渔《闲情偶寄》称之为“收煞”，指的是记者根据读者阅读时情绪需要得到伸展的心理特点与事实特征，对新闻事实作悬而未决和结局难料的安排，以引起读者急欲知其结果的迫切期待心理。① 悬念，包括情节与读者两个因素，一是作者在新闻事件发展中有意铺设后事如何的疑端，形成神秘感，二是读者由此而产生的那种急于知道的期待、关注心理。

悬念的处理应注意“设悬”与“释悬”的呼应。所谓“设悬”，就是在情节发生或发展的关键之处，突出地显示或提示有关情况不明的人、事、物，从而激活读者的疑惑、关注、紧张、期待的心理。所谓“释悬”，指的是在情节发展的特定阶段或最后阶段，通过矛盾的解决，揭示事情的原委，从而使读者的疑惑心理得以消除，或者使读者的期待心理得到满足。

① 《中国大百科全书·戏剧》，440 页，北京，中国大百科全书出版社，1989。

在悬念的设置上，应前“设悬”，后“释悬”，否则深度报道的读者很容易被搞糊涂。

(2) 设置悬念要环环紧扣，此起彼伏

深度报道有时有一个悬念，有时有几个悬念。悬念有整体悬念、小悬念。[①] 如果有一个悬念，那么，报道者就要区分悬念的阶段性，循序渐进。报道如果有几个悬念，那么，报道者则要将几个不同的悬念串连起来，有先有后。江雪的《枪下留人，赶在行刑前四分钟》[②]一文采取顺叙，从头到尾大致有五大悬念。第一，开头：26 岁青年董伟被延安市中级人民法院以其在延安电影院用残忍手段殴人致死而判处死刑，但董伟的父亲认为法院所认定的事实与实际存在出入，被害人侮辱董伟的女友并带两个人打人在先，故奔西安，请某律师事务所的律师朱占平为自己的儿子担任辩护人。朱律师以为若董父陈述属实，被害人也有过错，董伟则存自卫情节，罪不当死，于是决定代理此案。那么，朱律师的辩护能起作用吗？董伟的死刑判决可能改判吗？这是悬念一。第二，发展：律师朱占平根据证据发现此案疑点颇多，向省高院递交董伟罪不当死的辩护词。但二审裁定维持了对董伟的死刑判决。有鉴此案的执行也许很快进行，朱律师决定即刻赴京到最高人民法院申诉。那么，朱律师的北京申诉能够成功吗？一波未平一波又起，这是悬念二。第三，陡坡：时近“五一”，不巧又赶上最高法院刑庭因由院内的一座楼搬到另外一座而电话不通，但 4 月 28 日上午赶到北京的朱律师最终打通电话，一位女法官取走申诉材料，并表示尽快审查。然而，风云突变，当日下午 5 时许，正在一家小饭馆吃饭的朱律师接到董伟父亲电话，悉延安法院已决定 4 月 29 日即明天上午 10 时 30 分对董伟执行死刑处决。此时即便立刻搭车，到达目的地时最高人民法院也将下班，朱占平律师于是决定留京明日再奔波。那么，死刑翌日将被执行，一个小小的朱律师在偌大的京城又能掀起什么波澜呢？果真能更改延安司法机构铁板钉钉的人命关天判决吗？新闻事实被推到陡峭的悬崖一步又一步高攀，矛盾的峰巅在望。这是悬念三。第四，巅前：朱律师次日一大早赶到最高法院，但因法官们所乘坐的大小车辆不在法院门口停留而无法找到昨天接受申诉材料的那位女法官；打电话，刑庭家未搬完，不通；朱律师请求入院，被门警依规拒绝。朱律师唯有电话打不停。上午 9 时 40 分，董伟亲人来电，哭诉囚车与武警来到看守所，“来不及了，我们知道你尽力了……”朱律师说：“只要枪声没响，我的努力就不会停止！”此时，距死刑执行仅余 50 分钟，一位连最高法院大门都进不去的小律师，如此执拗究竟会是一个怎样的结局呢？矛盾的峰顶几乎伸手可及。这是悬念四。第五，高潮：朱律师 9 时 45 分，以买《最高人民法院公报》为理由领到通行证；5 分钟后，冲到刑一庭李副庭长办公室介绍案情与申诉理由。5 分钟后，李副庭长调阅申诉材料，向院长下达暂缓执行命令；又 5 分钟后，即 10 时

---

① 《中国大百科全书·戏剧》，440 页，北京，中国大百科全书出版社，1989。

② 载《华商报》，2002-07-12。

整，在座机、电脑尚未接通的情况下，李副庭长用手机辗转询问所需的电话号码。10时15分，董伟亲人电话，告延安警方已戴上口罩，准备枪决犯人。10时18分，李副庭长接通陕西省高级人民法院某副院长电话，获取执行法官的电话号码。此时，距离死刑执行仅剩下12分钟。10时24分，李副庭长拨通延安刑场执行法官的手机，命令对董伟的枪决暂缓执行。这一通话结束，离原定的死刑执行时间仅欠四分钟。层层推进，新闻事实终于攀上峰顶，一览众山小。这是高潮，也是悬念五。第六，结局："暂缓执行命令"很快签署，董伟的父亲在电话中放声大哭；李副庭长表示自己从未见过像朱占平这样敬业的律师。水落石出，新闻事件的一大阶段谢幕，全文结束。由此可见，一波未平，再兴一波，生动自然出自其间。不过，悬念不论一个，还是几个，俱应环环相扣，此起彼伏。

(3) 观念性新闻事实：在关键处适当设问，利用设问层层推理，有起有伏

有的深度报道不是报道事件，而是着重报道观念性的东西。对这样的报道内容，报道者虽离不开逻辑性，但需讲求层层推理，善于高潮配置，清楚在何处应该出彩。设问是话语交流的一种重要修辞方式，故在话题性、新闻现象一类注重观念事实的深度报道中，恰当运用设问则可强调、突出要害问题，同样能生发悬念，推动报道节奏出现紧张，从而调动读者的注意力。如刘欣欣、何大新的《金牌不是名牌》[①]：

> 几年前还为金牌大省而洋洋自得的辽宁人，如今却受到了市场无情的嘲弄：目前，在全国各省、市、区中，辽宁产成品资金占用"三角债"全国第一……
>
> 然而，许多辽宁人尚不知道悲哀。
>
> **闪光的金牌没市场**
>
> 金银牌一直青睐着辽宁。几十年来，国家每年评比金银牌，辽宁的得数都排在前三名，目前其获奖金银牌总数已达520块之多，占全国金银牌总数近1/6。
>
> 然而，市场却不肯把她那媚人的秋波送向辽宁。
>
> 沈阳生产的沈乐满牌热水器与广东万家乐牌热水器同为国家银牌产品。论性能，"沈乐满"的安全可靠性和煤气燃烧率全国第一；看结构，"沈乐满"由500多个部件组成，属高档产品，而"万家乐"只有300多个零件，属中档货，二者的零售价又相差无几。然而，"万家乐"去年销售30万台，"沈乐满"只有8万台。
>
> 辽宁生产的雄狮牌美发器是我国第一家引进设备生产的，质量超过香港产品，国内称雄，可是在北京、广州、上海等地那群芳斗艳的美发用品柜台前，却难见沈阳的"雄狮"。
>
> 昔日在全国显赫一时辽宁引为自豪的丹东手表、金笔、营口幸福牌钢琴、友谊牌洗衣机、沈阳的机床等，如今都坠入市场萎缩的困境。

---

① 载《经济参考报》，1991-08-24。

失去市场的直接后果是产品的大量积压：今年初，在沈阳市一轻局各工厂的仓库里，积压着18万辆自行车、72万只手表、1.2万台冰箱。流动资金压死了，生产难以为继。

机械行业是辽宁的支柱产业，光国家金牌就有73块，雄居全国首位。令人难堪的是，1990年，辽宁省机械产品竟在全国夺得积压第一的"桂冠"。

有金牌无市场，金牌大省的处境着实可怜。今年1至5月，全省60%的国营企业亏损。除鞍山、本溪、盘锦三市因有鞍钢、本钢、辽河化肥厂三个"赢利大户"支撑外，沈阳、大连、抚顺、丹东、营口、锦州等11个城市的工业全部亏损。

金牌大省成了亏损大省。

"上帝"为何不买账？

金灿灿、银闪闪，一块块奖牌货真价实，为何难博"上帝"的宠爱？

究其背后的原因，辽宁的金银奖牌有五大缺憾；

一曰："杨贵妃"型——"养在深闺人不识"。金牌并不等于名牌。在电视广告节目中，人们看到10次"万家乐"，也难见"沈乐满"一面。前者已成为消费者倾慕的名牌，后者却鲜为人知。

二曰："模特"型——不能成批量生产。这样的金牌于企业有何用？

三曰："铁拐李"型——生产腿长，销售腿短，销售渠道少，网点更少。获国家味素行业第一块金牌的沈阳红梅牌味精早就名扬大江南北，而今却因销售乏术，在市场上不得不拱手称臣。

四曰："皇帝女儿"型——价高无人攀。据介绍，辽宁省的名优产品价格普遍比外地高。功能过剩是价格高的一个重要原因。沈阳一家新型建筑材料厂生产的石棉瓦质量之好可用50年，因此荣获同行业唯一的一块银牌。可是时代进步了，现在人们用石棉瓦盖暂设房。一家建筑单位表示："能挺两年足矣，50年不坏，有什么用呢？"于是用户都去买乡镇企业生产的寿命短但价格低的产品。

五曰："老面孔"型——沈阳某大机床厂一种获得银牌的车床生产20多年，直到去年销售不出去了才大吃一惊。

曾使辽宁人引为自豪的金牌产品，如今却又给人们带来苦涩的疑惑：这样下去，金银牌产品还会闪耀出当初那迷人的光彩吗？

市场呼唤"制造商"

记者在大连、沈阳时，发现不少企业的金银奖牌或奖杯不摆在销售科、展销室，而是供奉在荣誉室、贵宾会客厅。有人曾问：金牌是什么？一些辽宁人回答：是政府给的荣誉，是上级的褒奖！可一位南方厂长则说，它首先是市场的通行证！

重生产、轻流通，这是金牌大省悲哀的症结所在。

目前，辽宁省的一些领导部门最关心的自然是“产值”，每个月，不少企业都要收到以“必得产值”为首的调度令。一些地方、一些企业仍在积极扩大生产规模，然而，对其产品能否走上市场变为商品却不甚关心。辽宁的许多企业，精兵强将、优秀人才集中在生产上，销售人员过少，有的上万人大厂竟然没有开过订货会，且不知产品市场在何方。

行家说辽宁，感触最深的一点是这里的生产组织结构落后，生产结构刚性化，调整适应性差，大批量生产单一品种容易，干那些小批量、多品种的产品难上加难。沈阳的标准件厂、铸造厂、低压开关厂等企业均号称亚洲最大，人才、技术、设备、资金都占优势，可面对市场的新变化、新需求却是“磨盘身子——转不动”，拿不出适应用户需要的产品来。沈阳某大机床厂生产的普通车床大量积压，而眼看着一叠叠轴承车床、管子车床的用户订单，连连叹气：咱这“母鸡”不会下这种“蛋”。

难怪有人出言入木三分：“辽宁多的是生产者，少的是制造商。”

事实最有说服力，向以豪爽著称的辽宁人在花钱做广告上显得格外小气。今年5月，在北京召开的首届中国国际广告研讨会暨展览会设置的300多个广告摊位中，多数是南方企业，其中福建省的三个市就占32个摊位。而偌大的东北三省只有三席。更使辽宁人丢面子的是，自己家门口的广告媒介也成了外地人的天下。1990年，沈阳共发布3.4万条广告，其中当地企业的只占1/3。据一位广告界权威人士介绍：沈阳市共有5 400家企业，到目前，做过各种广告的只有540家，占1/10，而广东省轻工行业做过广告的企业则占总数的9/10。

难堪也罢，不服气也罢，现实无情地告诉人们：“金牌”现象是一面镜子，它从一个侧面映照出，面对新的市场格局，辽宁人无论在经济机制或思想观念上都是不适应的。

补上市场这一课已成为摆在辽宁人面前的重要课题。给人们希望的是，辽宁省许多有识之士已开始认真地思考，他们开始承认自己的不足和落后，他们开始探寻新的出路。

在《金牌不是名牌》中，记者用疑问句或肯定句的小节标题形成一个个提问：

① 开头：金牌大省辽宁经济问题严重，洋洋得意很少自知。开篇报道就提出总问题，掀起第一轮波澜。

② 发展：闪光的金牌没市场，金牌大省反成亏损大省。这是在报道“是什么”。

③ 攀爬："上帝"为何不买帐：广大消费者不买辽宁产品的原因是辽宁的获奖产品有五大缺憾。这是在报道"为什么"。总矛盾冲突之中推出另一轮小波澜。

④ 高潮：市场呼唤"制造商"，而辽宁多的是生产者，少的是制造商。这是在报道"应该怎么办"。震聋发聩，行文封顶。

⑤ 结尾：辽宁省的有识之士开始探寻新路。一种"辽宁现象"大白于天下，全文结束。

此文行文有波折，恰应了那句话：文似看山不喜平。

(4) 善于将冲突的双方人格化、情感化

新闻报道有的写的是具体的人，具体的事，事实本身就充满了性格特征与情感成分，那么报道者只要抓住新闻事实本身具有的这些素质就可以了。但是，有的新闻报道报道的是政府、机构、单位等非人格化的报道对象，或是报道某些新闻现象，那么报道者无妨将这些非具体的报道对象或较为宏观的报道客体通过具体的人物个别化、人格化，推动这些单位、机构、群体变为有感情温度的个体，使报道有血有肉，从而形成冲突双方的人格化，带动报道的情感起伏。

王楚的《有胆略的决定》一文在这一方面的处理是有特点的。该文紧紧抓住市政府有关领导者、有关人物的情感思想波动表达面上的一般信息。在写市委书记、市长时，该报道云："市委第一书记，五十九岁，打仗出身；市长吴官正，四十六岁，学自动化专业的。"一个武将，一个文臣，一个掌舵，一个参谋长，寥寥几句，将一场政府改革戏剧化，形同舞台上的人物亮相。再看另一方的部分干部，一两重的棉花糖获得国家质量银奖，"么样吵，湖北佬还是厉害哟"，不理解改革的人也因此活灵活现。报道就是这样将这些一时不能理解市委、市政府改革的人们的盲目自信的性格特征与一时得意洋洋的情感形态写得绘声绘色，言简而意赅。这些情感随物赋形，有起有伏，情感线索也因此有了波澜。

4. 穿插：深度报道的重要润滑剂

穿插，指的是深度报道既报道现在，又追溯以往，纵观周边；既传播新闻事实，又交代与新闻事实密切相关的背景材料；在叙述事实的同时，有时也分析事实，议论事实。新闻事实与背景材料相互交织，叙述和描写、说明相互你来我往，甚至叙述和议论、抒情互相交融。穿插之于深度报道的润滑作用，一是拓展新闻事实的时空，丰富新闻事实与背景材料的相互涂抹，延展新闻事实的信息纵深；二是优化新闻事实的信息表达，增加报道的可读性、趣味性乃至于生动性。

一些新闻报道存在新闻化娱乐或哗众取宠的不良倾向，这也和报道不善于根据新闻事实的特点适当穿插相连。《老英雄娶了一个小保姆》[①]报道的是湖北省孝感市京剧院家属宿舍内的一个特殊的和谐幸福家庭：妻子 36 岁，女儿不满 10 岁，丈夫却已然 72 岁，还

---

① 载《长江日报》，2000-01-17。

无钱，无权，无名。特殊的生活充满和谐幸福，必有独有的人生规律。这就是在真挚的情感基础之上结构人生，建设家庭。客观地说，这篇报道在开头、语言、编辑版式上均难挑毛病，但为什么实际传播效果却难免猎奇之嫌呢？除了思考不足之外，还与报道缺乏背景有关系。这篇报道如果联系目前社会上有关婚姻常常附加婚姻外的金钱、权力等因素的背景，适当结合钱钟书《围城》中关于“丈夫是女人的职业，没有丈夫就等于失业”[①]等材料，报道是完全可以摆脱新闻娱乐化乃至于猎奇之嫌的。报道者进行深度报道时不仅善于将砖石砌得横平竖直，还能够将砖石之间的一道道缝隙填实、勾齐、涂平、抹光。

三、叙事时间的时距

（一）叙事时间的不同时距

1. 时距：现实、本事与文本

在时距上，现实生活与本事、文本的叙事形态往往有所不一。所谓时距，指的是在时间轴上，某一单元时间相互之间的距离。从新闻报道看，时距有现实时距、本事时距与文本时距之别。现实生活中的时间秒秒分分，故现实时距均匀、等速。本事，即报道者所获取的用来报道的新闻事实。其各个时段之间在时距上可能充分，即和现实生活同步，也可能不充分，即报道者关于新闻事实的各个时段，有的在握，有的却不在手。故本事时距多数不齐，少数完整。新闻报道文本的叙事时间线和本事时间线之间，不一致是常态，一致是非常态。故文本时距各式各样，不宜整齐划一。

2. 新闻报道文本的时距种类

(1) 省略

省略，指的是作者通过上下文暗示性地报道某些新闻事实，而这些新闻事实并未在字面上直接出现。如李蕴藻的《王老师的小屋》[②]：

> 四中数学教师王培德，住一间12平方米的小屋。里边，王培德睡一张折叠床，同妻子、儿子共用一张小桌，地上锅呀盆的排成了行。
>
> 这屋子虽小，却常挤满了人。班里的学生来问功课，高考落榜的学生准备再考，已工作的学生来请教问题，再带上他们好学的伙伴……常常是：七八个人围

---

① 钱钟书：《围城》，第2版，46页，北京，人民文学出版社，1991。

② 载《天津日报》，1983-02-18。

住了王老师，十几条胳膊压在那张小桌上。有一次，那小桌承受不住这持续的重压，哗的一声塌了下来。常常是：学生在这里“饱餐”了一顿数学，满意而去，可王培德还空着肚子。

小屋挤吗？王培德似乎不觉得。有人在门口探头，看见屋里这么挤，老师这么忙，犹豫着不肯进。他见了，总是连忙招手：“来呀，来呀，快进来！”侯笑茵现在是南开大学经济系一年级学生，在四中上高三时，是班里最不喜欢数学的学生，一上数学课就打盹儿。她觉得反正自己文科功课不错，高考数学能及格就行了。一次全市数学统考，她只得了四十来分，这下急坏了，去找王老师。王老师问她：你学文科是为了什么？是为了建设国家，可是搞现代化建设，不懂数学行吗？数学是基础课，数学不好，别的课程学好也难。从那以后，她也成了常找王老师问问题的学生。与侯笑茵同届毕业的刘宝和，也不愿学数学，可架不住王培德抓得紧。去年夏天，一次他去王培德那里请求答疑，10道题，王培德足足讲了一个多钟头。王培德正犯病，讲一会儿，憋得喘不过气来，就从衣兜里掏出“气喘气雾剂”往嘴里打几下。讲完题，衣服都湿透了。王培德的汗水没有白流，刘宝和现在是天津冶金机电学校一年级的学生。

在这拥挤的小屋里，学生们得到的不仅是知识，还汲取了力量。孙健是四中七九届高中毕业生。头年参加高考落榜，他有点灰心，认为自己不是上大学的材料。……

这小屋里，不只是艰苦和辛勤，也常充满了欢乐。王培德是河北大学1965届数学系毕业生，最近被评为市级劳动模范。他患有肺气肿、肺心病，多次住院治疗。一次病愈出院，几十个学生抱着各种营养品，鱼贯地进入这小屋，从他床前走过，向他表示祝愿。……

王老师的小屋，是许多教师住房的一个缩影。这小屋既是他们劳动力再生产的场所，也是他们生产精神财富的场所。

我们歌颂王老师的小屋，却并非歌颂他的屋子之小。我们希望那些肩负教书育人重任的老师们，能够不再住这样的小屋。

这篇新闻报道仅仅介绍王老师工作之余教书育人，对王老师校内的教学活动则未置一词。这就是说，报道将王老师8小时的工作情况一概略去。不过，广大读者通过王老师业余教书育人的特别成就自不难明了王老师课堂教学的出色。《王老师的小屋》达到了省略的最高境界。

(2) 概要

美国芝加哥大学W.布斯教授说：《坎特伯雷故事》中的叙事人乔叟“凡是与他的目的

不直接相干的事情，他就概述”。[①] 那么，何为概要？概要又叫概叙、概述，指叙事文本内的故事时间较叙事时间为长。如，穆青的《为了周总理的嘱托——记农民科学家吴吉昌》[②]：“十几年来，他走过了一条光荣而又布满荆棘的道路。”在这句话中，叙事人的讲述时间是叙事时间，报道主人公吴吉昌的人生经历是故事时间；叙事人的一句讲起来到不了半分钟的话却足足涵盖了报道主体的十几年人生。

(3) 场景

场景，指故事时间大体上相当于叙事时间。深度报道的展示部分，有细节，大体等同于场景。当然，由于机器记录，广播、电视中新闻报道的同期声、现场录像的完整片段，可以在故事时间与叙事时间之间保持几乎分秒不差的高度一致。

(4) 停顿

停顿，指的是叙事作品对一处时间很短的事件做了超出故事时间长度的叙事。文艺作品对停顿用得较多。如苏联电影《战舰波金将号》中叙述“敖德萨台阶”一段：沙皇军队对抗议者进攻的实际故事时间为 3 分钟，但电影的实际叙述放映时间则为 5 分钟。[③] 不过，新闻报道也有停顿，如樊云芳、夏浩然的《“飞天”凌空——跳水姑娘吕伟夺魁记》[④]片段：

> 她站在 10 米高台的前沿，沉静自若，风度优雅，白云似在她的头顶飘浮，飞鸟掠过她的身旁。这是达卡多拉游泳场的 8 000 名观众一齐翘首而望，屏声敛息的一刹那。
>
> 轻舒双臂，向上高举，只见吕伟轻轻一蹬，就向空中飞去。有一瞬间，她那修长美妙的身体犹如被空气托住了，衬着蓝天白云，酷似敦煌壁画中凌空翔舞的“飞天”。
>
> 紧接着，是向前翻腾一周半，同时伴随着旋风般的空中转体 3 周，动作疾如流星，又潇洒自如，一秒七的时间对她似乎特别慷慨，让她从容不迫地展示身体优美的线条：从前伸的手指，一直延续到绷直的足尖。
>
> 还没等观众从眼花缭乱中反应过来，她已经又展开身体，笔直地像轻盈的箭，“哧”地插进碧波之中，几股白色的气泡拥抱了这位自天而降的仙女，四面水花悄然不惊。
>
> “妙！妙极了！”站在我们旁边的一名外国记者跳了起来，这时，整个游泳场都沸腾了，如梦初醒的观众用震耳欲聋的掌声和欢呼声来向他们喜爱的运动员

---

① 载[美]布斯：《小说修辞学》，192 页，北京，北京大学出版社，1987。

② 载《人民日报》，1978-03-14。

③ 载《电影艺术》，2000(1)，123 页。

④ 载《光明日报》，1982-11-25。

表达澎湃的激情。

在这篇报道中，故事时间，即运动员一跳用时 1.7 秒，但叙事时间，即叙事人用来讲述的时间自然要胀破 1.7 秒的瞬间。这篇报道的时距，属于停顿。

(5) 故事时间与叙事时间之比

① 符号

TH= 故事时间

TS=叙事时间

> = 大于，长于

∞ = 无限

< = 短于，小于

≌ = 等于

② TH 与 TR 之比

省略：TH>∞TR

概要：TH>TR

场景：TH≌TR

停顿：TH<∞TR

（二）深度报道的节奏

1. 讲求有详有略，快慢得当

深度报道的节奏宜有快有慢，时快时慢处理得当。首先，叙事节奏的快慢取决于记者叙述新闻事实时的详略处置。所谓详，是事实叙述详细一些，报道新闻事实单元信息丰富，添加背景，交代情况，进行议论，均可使文字在叙事此处多几个旋转，故而叙事节奏放慢；反之，叙事节奏为快。其次，深度报道节奏快慢是否得当，则取决于材料详略处理是否合理。判断材料的详略处理是否合理，应主要着眼于主题的表现、报道任务的落实与报道目的的实现。如夏斐的《武汉火锅里有多少罂粟壳》[①]：

> (1) 武汉卓刀泉一带，大大小小的宾馆餐厅都备有火锅，且生意挺火。不过，记者时常听人说起这一带的火锅多数放有罂粟壳。记者近日也邀人“吃”了几处，发现确实如此。
>
> (2) 圣诞前夜，在一家中等规模的火锅店里，座无虚席，老板双手抱拳：
>
> (3) “实在对不起，只好让你们等一会儿。”

---

① 载《光明日报》，1996-01-05。

(4)“生意火红，一定有独到之处啰，我们等一会儿。”

(5) 约半小时后，我们找到空位子，火锅热气腾腾地端上来了。里面飘浮着约10来颗长椭圆形的果子，捞上来一看，淡棕色，都是裂开的空壳。记者问身边的女服务员：

(6)“这是什么果壳啊?”

(7)“这是‘炒果’，你多吃几次就会尝出味来的。好比抽烟，会抽烟的人才能分出烟的牌子。”

(8)“‘炒果’是长在哪里的，能不能吃?”记者捞起一颗故意问道。

(9)“我们也不知道，听老板说是炒果，好像不能吃。”

(10) 圣诞之夜，记者路过武昌八一路。这里正在修马路，车子只能走单行道，白天行人都很少，可晚上却异常热闹，几家大大小小的餐厅灯火闪亮，门前也停有几辆高级小车。是不是也有“炒果”?

(11) 记者走进一家不太显赫的火锅店，要了火锅.没有漂浮的“炒果”。记者故意说：“老板，味道不怎么样嘛，加上炒果，就是那个壳壳。”服务小姐从里屋抓了一把丢了进去。记者吃了一会说：“唉，现在不错，这果子真有味，请教一下，哪儿买的，明天我也去买点在家吃火锅。”老板说是四川弄来的，不是市场上买的，是送上门来的。“这炒果到底是什么东西呢?”“炒果就是炒果嘛，我也不知道是什么，反正武汉的火锅店差不多都有。”老板回答。

(12)“炒果”到底是什么呢? 1995年12月27日晚，记者驱车到汉口一家挺排场的火锅店再次探访，还特意带了一个“大个子”作陪，果然火锅里也加有“炒果”。我们迂回地与服务小姐聊了半天，也没问出进货的渠道。正要结账走人的时候，一位西装革履老板模样的青年人走过来说：“二位不用结了，算是我请客，大家交个朋友，你们刚才的话我都听见了，只求不要为难我们这个小店就行了。”

(13)“那你得告诉我们，炒果到底是什么?”

(14)“炒果就是鸦片壳，学名叫罂粟壳。”老板说。

这篇调查性报道共14段，不长，但有快有慢，节奏分明。段(1)为开头，披露近日武汉市出现饭馆在火锅中使用罂粟壳的情况，快速入题。段(2)至段(9)为第二层次，呈现新闻事实，报道记者亲历武汉市饭馆火锅中在使用“炒果”吸引食客，属于展开部。段(10)至段(13)为第三层次，直逼火锅中所使用的“炒果”究竟是什么的本来面目。(14)为第四层次，揭秘“炒果”实际就是“鸦片壳”这一惊人的事实真相。通过剖展，可见这篇报道的节奏有快有慢，快慢相间：①开头仅一段，入题干脆，叙事上属于快节奏。②随后的第二层次，徐徐展开一部分的事实奥秘，叙事上属于放缓的节奏。③第二层次与第三层次之间，属于快节奏。在第二层次与第三层次之间没有一字，又何来节奏呢？原来，这篇报道的第二层次与第三层次之间，无过渡照应，无起承转合，即没有专事连接两个层次之间的“铆钉”，而是断裂成文，即摒弃一切过渡话语，层次之间仅以逻辑关系前后直接相连。这样一来，就在第二层次与第三层次之间潜藏下一个过渡的结构环节。而过渡环节的潜藏，在第二层次与第三层次之间实际上就形成了整篇调查性报道的第三步。毫无疑义，这一步速度奇快，又间隔开全文的第二层次与第三层次。④第三层次逼向“炒果”究竟是什么，属于慢节奏。⑤第四层次揭破“炒果”为何的事实真相时戛然而止，余音袅袅，属于快节奏。

2. 善于通过有限来表现无限

有人认为新闻报道一览无余，没有回味。其实不然，新闻报道也可以用有限的文字写出文字之外的其他新闻事实。报道天津四中王培德老师倾心育人事迹的《王老师的小屋》，对王老师的动人事迹只选取王老师在一间12平米的家庭小屋里教育学生的部分，对王老师在学校如何教书育人则未置一词，但广大读者通过王老师的课余生活则不难推断出王老师在学校教书育人的实际状况。这篇报道做到了言有尽而意无穷，在叙事时间的处理上颇有点《三国演义》中关羽温酒斩华雄的笔墨，值得学习。

3. 捕捉典型细节，点击推进

西方国家的新闻报道讲求趣味性。就特稿而言，其保证趣味性的三大法宝，一是“记者目击观察”，二是“使用人物引语”，三是“运用轶事”（即世人不大知道的关于某人的短小有趣的事迹）。如阿尔贝·扎·卡尔的《法国总统德斯坦的一天》[①]：

> **7点30分**：清晨，巴黎第16区贝努维尔大街上一片寂静，不少人还沉睡在安谧的梦乡。就是那些匆匆而过的行人也不会留心看一眼站在11号门前的那位身穿制服的警察。这所住宅同毗邻的住宅没有什么不同，旁人谁也不会猜想到共和国总统就住在这里。当年戴高乐将军住在爱丽舍宫，而今，德斯坦总统却愿意住在他自己的私人住宅里。今天是5月的一个星期三。同往常一样，他准时醒来，打开收音机先听听当天的第一次简明新闻，看看有什么消息。
>
> ……
>
> **9点30分**：他们俩人又在“米拉”会议室里见面了；部长们围坐在铺着蓝灰色丝绒的长方桌前，墙上的镜子反射出道道金光。
>
> 今天要讨论的问题很多，总统特别关心的却是对外贸易的发展。他说：“我们应该千方百计地增加出口。法国的科技水平是很高的，并早已在国际上享有盛誉。我国是世界上航空工业最发达的国家之一。在石油设备和电信技术方

① 载《编译参考》，1980(10)。

面，我国的工艺水平也是很高的，我们要很好地利用这些王牌。”

总统要求内阁办事要雷厉风行，他自己发表意见也言简意赅。像平时一样，他在自己面前放一个小铜钟，这还是他外祖父阿热诺·巴尔杜留给他的呢。他不时地看上一眼，他可能就是这样战胜了最大的敌人——时间。

在报道中，“当年戴高乐将军住在爱丽舍宫”、“在自己面前放一个小铜钟，这还是他外祖父阿热诺·巴尔杜留给他的呢。”属于使用细节轶事。这一法宝的运用有力地增加了整篇报道的可读性。美国学者以为：“逸闻趣事……是撰写……深度报道的非常有用的工具。”①

由于获取的新闻事实材料往往不那么完整、连贯，因此，深度报道要善于捕捉典型的细节，并以此在叙事文本内形成叙事时间上的局部场景或停顿，各个局部场景或停顿之间可再用有关话语连缀，从而推动整篇报道的节奏快慢有致。董月玲的《黑熊改变了我的生活》②一文有一片断介绍一位叫葛芮的女记者到中国广东拍新闻片时的经验。该片断如下：

经国际爱护动物基金会与中国政府交涉，广东关闭了两家活熊取胆的熊场，基金会随即在广东番禺建了一个黑熊救助中心，收养这些熊。

“救助中心开张时，我去拍电视，真没想到，当时的情景让我怵目惊心，终生难忘，也改变了我的生活。”葛芮说。

被监禁了13年的黑熊，如同被解放出来的黑奴。每只熊都伤痕累累，拨开它们的毛，皮肉上都是铁棍子印，它们常年呆在铁笼子里，没有活动空间，只是神经质地摇头，身体摇来晃去，经年累月身上被铁栏杆压出一道道伤痕。每只熊肚子里插根管子，天天抽胆汁，有的还戴着铁背心。

有只熊，放进笼子里时是小熊，它长大了，但笼子还是原先那么大。结果它的锁骨根本不发育，头部抬不起来，根本没法自己吃东西，只好给它安乐死。

剩下7只熊，被送到养护区。养护区不大，只有两亩，但有水池子，有草有树。

“照理说熊是应该生活在树林里，能够呼吸到新鲜空气，喜欢在草地溜达。可这些熊，一辈子都没碰过草。

“那天，熊从笼子里出来后的情景，看得我热泪盈眶，熊爪子刚挨到草地，就吓得缩回来，伸一下，又缩回来，像被烫着似的。它们只知道爪子应该放在笼子里，放在水泥地上。园子里也有条水泥路，是为了车能进去。结果这群黑熊，就

---

① [美]B.伊图尔等：《当代媒体新闻写作与报道》，440页，北京，中国人民大学出版社，2006。

② 载《中国青年报》，2000-08-30。

那么沿着窄窄的水泥路，走来走去，怎么也不肯回到它们真正的栖息地——土地和草地上去。”

……

在这一报道片段中，画线部分采用了细节材料，形成了叙事话语中的停顿或场景，而非划线部分则属于非停顿。此片段善于抓取典型细节，用白描表现动物遭遇中的细处，用叙述概叙事实轮廓，连接个别细节，或用非叙事话语表现主体取向，写来有张有弛，节奏流畅而舒展。

四、叙事时间的频率

叙事时间的频率指的是在一定的时间内将新闻事实叙述的次数。

（一）叙事时间频率的变化

叙事时间在频率上有许多变化，概而言之有四。

1. 讲述一次发生过一次的事

法国学者日奈特称之为“单一叙事”。王根礼的《买缸记》报道某农民夏收时节某日的买缸事件，马役军的《福强玻璃店的新主人》报道记者自己和劳模辛富强妹妹辛丽荣的一次短暂交流，都属于叙事人讲述一次发生过一次的事。这是最常见的叙事频率。

不过，如果所有的新闻报道只有这么一种叙事时间频率则未免单调。

2. 讲述一次发生过几次的事

魏巍的通讯《谁是最可爱的人》①，由记者一次讲述了志愿军三连松骨峰战斗、马玉祥救朝鲜儿童、小战士坑道里谈苦与乐三件事。连仲等的深度报道《酸甜苦辣——四个农业专业户“兴衰史”给人的深思》由记者在政府要为农民服务而不要一味指责农民意识落后的主题之下，一次讲了四个农民创业的坎坷经历。在新闻报道中，这样的叙事时间频率也属常见。

3. 讲述若干次发生过若干次的事

有人介绍自己情况时会说：“星期一我起得早，星期二我起得早，星期三我起得早”，这就是讲述若干次发生过若干次的事。《三国演义》中的“三顾茅庐”与此类似。张建伟的深度报道《大学毕业生成才追踪记》由若干相对独立成篇的小报道组成，每一篇小报道报道一位大学毕业生的遭遇，合起来《大学毕业生成才追踪记》就属于讲述若干次发生过若干次的事。这样的叙事时间频率在新闻报道中还不算少见。

---

① 载《人民日报》，1951-04-11。

4. 讲述几次仅仅发生过一次的事实

法国学者日奈特称之为重复叙事。这种叙事时间频率十分适合报道争论激烈的事实或是过于复杂而一时难以分辨的新闻事实。《"蛇口风波"问答录》报道的是1988年1月15日在广东省深圳市蛇口召开的一次名为"青年教育专家与蛇口青年座谈会"上的争论。对这个争论,报道让不同的人对事实进行不同的介绍、评说。单向前等人的《家人眼中的汪洋湖》①一文对吉林省水利厅厅长汪洋湖报道时,让汪洋湖的子女、妻子、亲戚分别陈述他们与汪洋湖之间的真实故事。这样的叙事时间频率在新闻报道中不多见。

（二）深度报道：时频有变，耳目一新

作为讲求质量的新闻报道,深度报道一般情况下在叙事时间频率上宜有所讲求。如果根据新闻事实的特点在叙事频率上适当变化,那么,深度报道的叙事也可以让人耳目一新。讲述一次发生过的事实、讲述一次发生过几次的事、讲述若干次发生过若干次的事实,这三种叙事时间频率常用,不足为奇。相比之下,讲述几次仅仅发生过一次的事实的叙事方法则不应该受到冷落。

运用讲述几次仅仅发生过一次事实的叙事方法,有如下需要强调的要点。

1. 适合于复杂、能发人深思的新闻事实

讲述几次仅仅发生过一次的事实的方法,便于或见仁见智,或针锋相对,或求同存异,特别适合那些比较复杂、能发人深思的新闻事实。比如,《"富光棍"之谜》②一文报道20世纪80年代中期江苏省金坛县丁金关虽为种田大户,自己的儿子却多娶不上媳妇的事情。丁金关有四子,除老大外,其余三个儿子在记者进行报道时始终找不到老婆:

> 常见的是穷打光棍,而一旦"栽了梧桐树,便有凤凰来"。可颇有点名气的金坛县种田大户丁金关,四个儿子,除老大外,三个还在打光棍。这消息在不久前的一个全省性会议上传出,有些人觉得是个谜。为解开这个谜,我们两次去金坛。
>
> **乡党委书记刘保生说:"他家富,人不错。"**
>
> 第一次是9月17日下午,我们来到了丁金关所在的金坛县凉渎乡。丁金关这天正在县里参加种田大户座谈会,下午同我们一起回乡。
>
> 乡党委书记刘保生先作介绍:
>
> "丁金关是本乡凉渎村农民。1982年秋,承包了村农科队50亩搁荒低洼地和10余亩水面,加自己原来的14亩责任田,成了种粮大户。83年收5.8万斤

---

① 新华社2001年10月23日电稿。

② 载《新华日报》,1985-12-28。

粮；84 年又扩大承包 5.5 亩田，收 7.1 万斤粮，多种经营收入 6 000 元。这下他家由穷变富了：现有 6 间瓦房、5 间工房，有电视机、落地风扇、录音机，还有手扶拖拉机等农业机械。特别是今年年初，他把 30 亩低洼地改成鱼池，年内有万把元收入，明年，将会更多。

"再说他那三个儿子，都端端正正，老老实实，一身力气，是种田能手。老二还会开拖拉机，会点木匠活；老三亦会木匠，会理发；老四还是漆匠，现在县城干活，可就是找不到对象……"

"唉！"一声叹息，打断了老刘的话——

丁金关说："今年介绍了五个，都嫌田多，崩了！"

"我家老二原与表妹订的婚，不合婚姻法，1982 年回断了。但年龄拖大了。以后，牵线的不少，今年就有五个。

"第一个姑娘是相我家老四的。姑娘来后，老四才从河里摸蚌回来，一身水，两脚泥。姑娘不中意，回去捎信来说：长相老，不像 27，有 30 岁了。我说，那看户口本子，它不骗人。可后来的消息说，不是嫌长相，而是嫌田多。

"第二个姑娘相的是老二。她父亲年初帮我家挖鱼塘，看中了老二。姑娘起初同意，后来变了卦。说是要找一个舒适点的婆家。

"第三个姑娘，介绍给老二。人没来，条件先来：'不种田，进厂'。进厂就进厂。乡党委帮忙，刘书记几次在会上讲过：谁做丁金关的儿媳妇，订婚就进厂，进什么厂由她挑。可还是没成功。这姑娘说：'下班以后回去看家里这么忙，我能歇着？'还是嫌苦。

"以后，第四个、第五个也都嫌田多，结果，都谈崩了。"

老人的话完了，一片沉默。

村妇女主任戴阿娣说："我们真担忧！"

晚上七点多钟，风雨中找到了村妇女主任戴阿娣：

"老丁是省劳模，他儿子找不到对象，我当然急。多次牵线，都没成功，有其他原因，但主要是嫌他家田多。

"现在一些姑娘找对象，既要票子，又要面子。种田大汉，黑不溜秋，不像在乡镇企业做的，皮肤雪白，穿戴整齐，崭新的自行车一骑，嘀铃嘀铃，小两口子，'凤凰'前面走，'飞鸽'后面追，收音机吊在车把上，一路走，一路歌，那架势，帅！吸着姑娘们的心哪！

"不仅丁金关的三个儿子找不到对象，我们村还有一个专业户，磨豆腐，种蘑菇，很富，两个儿子二十六七了，也没找上。原因呢？也嫌他家做得苦。

"这引起的连锁反应可不小啊。不少做父母的，现在千方百计地让自己的儿子进乡办厂，学手艺，或做买卖，就是不学种田，这样下去，谁种田呢？我们真担忧啊！”

由于一些其他原因，我们的第一次来访仅仅到此。11月28日，我们第二次到金坛。

县委农工部副部长吕怀玉说：“‘富光棍’有特殊性，青年不想种田则比较普遍。”

29日上午，县委农工部副部长吕怀玉接待了我们，他说：

“丁金关儿子富打光棍，这是带有特殊性的。但种田的小伙子不容易找对象，较普遍。这种思想也是以一定的社会存在为条件的。种田的经济效益不高，劳动强度蛮大，所谓‘甜头少、苦头多’，于是，就把种田跟没出息划等号。‘跳出农业万丈高，什么都比种田好。’这样，许多青年不想种田。反映在婚姻问题上，在乡镇企业的女青年，百分之八九十不找种田的；种田的女青年，又大多要找在乡镇企业做工的，恋爱婚姻上形成了这种‘水位差’。

“你们刚才说，团县委介绍，全县青年中种田的占20%左右，但这20%左右青年的素质如何呢？是否都安心务农呢？还是个问题。当然，随着农村产业结构的调整，大部分青年应逐步转移到其他产业上去。但是种田也需要一部分有文化、有才能的青年人，单靠老弱妇孺，怎么能实现农业现代化呢？”

县委副书记陈胜海说：“这是一种挑战，是对农业中繁重体力劳动的挑战，我们要探索新的路子。”

原先的戴阿娣的担忧，加上现在老吕的话语，也使我们的心情抑郁起来。我们带着这个问题去请教陈胜海。这位刚从浙江农业大学毕业回来的县委副书记，却从中得出了与众不同的结论：

“丁金关儿子找不到对象，板子不应打在姑娘们身上。姑娘们的择爱标准，虽然有不尽恰当的地方，但其中也孕含着一种对现代生活方式的追求。问题是，我们应该从这现象中得到什么？我个人感到了一种挑战，一种对农业中繁重体力劳动的挑战。我们要探索新路子，迎接挑战。

“现在鼓励土地向种田能手集中，发展大户，取得规模效益。但如果大户等于大苦，那大户也是很难形成的。所以在种田大户中，将农艺和农机结合起来，简化农事操作程序，降低农业劳动强度，加快传统农业向现代化的转变，是很迫切了。

“其实，现实中已有这样的典型。我县水北乡的种粮大户梁来方，31岁，夫妇俩带一个小孩，种了50.5亩地。我前些时候去看他，本以为他夫妇俩面黄肌瘦，累得不成人样。出乎意料，一家三口挺精神的。原来，梁来方搞了一些改革，如水稻搞了部分水直播，省去了育秧、拔秧、插秧；使用除草剂，省去了弯腰拔草；用自己的拖拉机跟人换工插秧等。这样，他没雇一个工，也不太苦，就把这么多地种下来了，那时水稻估计能收5万多斤。

“所以，我们探索一条现代化的种田新路子，使种田不太苦，使种田的农民能够同务工的、经商的一样，享受现代文明带来的文化、精神生活。这是能够做到的。80年代的青年应该有这样的理想。当然，要做到这一点，需要吃一点苦。我们这一代农村青年，肩负着由传统农业向现代农业转变的任务，这同样是一种伟大的创业。创业维艰，但事业是豪迈的。话到最后，回到原来的题目上，我们欢迎有志气的女青年，能与丁金关的儿子结成伉俪，并肩探索、去奋斗。”

为什么在记者报道的当下，富裕户的儿子一直难以成婚呢？对于这个新闻事实，作者黄秉生等人采用了多次讲述的方法：①乡党委书记讲述：介绍丁家情况。②种田大户、家长丁金关讲述：介绍自己儿子相对象多次不成的结果和本人对此的迷惑不解。③村妇女主任戴阿娣讲述：介绍村上一些专业户家的孩子找不到媳妇的事情，对丁金关儿子找不到老婆感到焦虑，对其间原因的分析，如“现在一些姑娘找对象，既要票子，又要面子。种田大汉，黑不溜秋，不像在乡镇企业做的，皮肤雪白，穿戴整齐，崭新的自行车一骑，嘀铃嘀呤，小两口子，‘凤凰’前面走，‘飞鸽’后面追，收音机吊在车把上，一路走，一路歌，那架势，帅！吸着姑娘们的心哪!”④县委农工部副部长讲述：对丁金关的儿子找不到媳妇的看法。他认为，在农村，人们往往将种田跟没出息画等号，全县种田的青年仅占全部农村青年的20%。种田也需要有文化、有才能的青年人，单靠老弱妇孺，怎么能实现农业现代化呢？⑤县委副书记讲述：丁金关的儿子找不到对象，板子不应打在姑娘们身上。姑娘们的择爱标准尽管有不恰当之处，但却孕含着对现代生活方式的追求。丁金关的儿子找不到对象说明，中国的农业正面临着由传统农业向现代农业转变的任务，要科学种田，降低农业劳动强度，使农民同样能享受现代文明带来的文化、精神生活。同时，他欢迎有志女青年与丁金关的儿子结成伉丽，一起去探索如何将中国农业的传统向现代的转化。俗话说得好：兼听则明。在报道中，几种陈述，若干认识，相互印证，相互补充，也可以相互纠正，发人深思，将报道逐渐推向高潮，将读者的目光引向问题的深处。相反，如果新闻事实并非特别复杂，也不一定非要将一个新闻事实让几个人分头讲述若干次。另外，如果版面特别有限，报道者需慎用此法。毫无疑义，一件事讲述两次往往要比仅讲述一次多占用篇幅。

2. 适合于社会环境较为复杂的深度报道

有的新闻事实直接关系着多方的现实利益格局，报道者无论讲述一次发生过一次的事，还是讲述一次发生过几次的事，讲述若干次发生过若干次的事，都无异于直接介入矛盾之中，并很容易自觉或不自觉地站在某一方。公开报道引发较为激烈的社会争议正常，但媒体、报道者需要认真考虑自己因为报道而与有关社会力量发生直接而剧烈的摩擦所必须支付的代价是否值得，社会意义是否投入大于产出，更何况不少情况让媒体一时无法分辨事实真伪，无法认清思想是非。在这样的情况之下，深度报道通过让若干当事人，尤其是对立双方就同一件事分别讲述新闻事实、表达意见，则不失为一种明智的叙事策略。《“蛇口风波”问答录》所报道的新闻事实看似不大，但其中折射的社会矛盾、思想认识却直接与时代潮流的走向挂钩。

第五节　深度报道的叙事视角

一、视角与叙事、思想、结构

（一）三大视角

视角，也可以叫角度，是个从摄影、摄像等领域借用来的提法，指的是写作者观察事物、表现事物的立场。这个立场实际上是有思想、结构与叙事之分的。可惜一直很少有人如此看待。

1. 思想视角

思想视角是写作者认识写作对象、写作材料的具体的思想立场。思想视角的不同，可以带来文章在思想立意上的不一样。比如，报道数学家陈景润的事迹，徐迟认为有三个思想视角可供选择，一是揭批“四人帮”极左路线对我国科研工作的破坏；二是做成一件事，必须专心致志，善于排除干扰；三是世上无难事，只要敢登攀，不树雄心大志成不了气候。

2. 结构视角

结构视角指的是面对写作对象、写作材料，写作者选写哪部分材料并如何来结构全文。最常见的结构视角分类，依接触的空间方位而分为正面视角与侧面视角。如表现女人的美丽，先秦诗歌《诗经》中的《硕人》用的是正面视角，而汉乐府的《陌上桑》用的则是侧面视角。

> 硕人其颀，衣锦褧衣。齐侯之子，卫侯之妻，东宫之妹，邢侯之姨，谭公维私。手如柔荑，肤如凝脂，领如蝤蛴，齿如瓠犀，螓首蛾眉。巧笑倩兮。美目盼兮。
>
> ——《硕人》（片段）

> 行者见罗敷，下担捋髭须。少年见罗敷，脱帽著帩头。耕者忘其犁，锄者忘其锄。来归相怒怨，但坐观罗敷。
>
> ——《陌上桑》（片段）

结构视角也可因线索的不同而不一。如曹靖华的散文《小米的回忆》[①]一文共叙述了三件事：一是"我"家乡黄河边瘠薄土地上的小米故事；二是"我"因看望沪上居住的鲁迅而产生的小米故事；三是抗日战争期间"我"在国统区重庆中共《新华日报》社所发生的小米故事。这三则故事若非由小米贯穿，则无法结成一篇完整的文章。曹靖华以"小米"为行文线索，通过"小米"将全文的三大材料缀连一体并表达自己的人生感悟。

新闻报道也不乏其例。比如，报道优秀教师的教书育人、无私奉献，既有报道太原工学院副教授栾茀的《追求》[②]（作者樊云芳等），北京大学中文系教授孟二冬的《走近孟二冬》[③]（作者罗旭等），海军大连舰艇学院教授方永刚的系列报道如《使命》、《源泉》（作者郭嘉等）[④]。那种由穆青通过《县委书记的榜样——焦裕禄》等报道所开创的依全面、完整、宏伟、多样所组成的结构正面视角，也有以巧取胜的结构侧面视角。其中讲求四两拨千斤的报道，除了李蕴藻的《王老师的小屋》，还有刘先琴等的《刘亚民和他的109本教案》[⑤]等。刘先琴等的这篇报道通过教案折射河南省安阳市北郭乡一中刘亚民老师的红烛精神，其结构角度是机巧的。同样，报道非事件性新闻，有的因为正面视角而全面、完整、宏伟，有的因侧面视角而滴水见阳光。比如，报道我国艾滋病的近年变化，有的深度报道以宏观取胜，如孔奇志等通过《防"艾"，重点在农村》、《大学生志愿者组成"青春红丝带"宣传防治艾滋病》、《桂希恩：防"艾"永不言退》、《悄然推进的"安全行动"》[⑥]等诸篇采取系列报道方式；有的则以从整个新闻事实选取微观个案见长，如王舒怀等的《孟林与慕容枫：两个"草根"的抗艾之路》[⑦]因仅选择现实生活末端的两个个体来折射新闻现象整体而侧面角度切入：其一是"中国活得最久的艾滋病人"孟林，其二是来自河北的艾滋病患者慕容枫。两相对比，正面视角的宏观信息全面，便于反映全貌，但具体缺乏，易导致新闻事实的质感模糊；侧面视角的微观资讯丰满、灵活，往往洋溢着人的个性体温，顾盼生辉，易于读者接受，但也难免盲人摸象，容易与新闻事实的全局异构。这两大类的结构视角互有千秋，关键在因地制宜，故无妨相机同用互补。

3. 叙事视角

叙事视角关涉的是叙事人与故事、叙述行为、叙述话语之间的关系，即叙事人站在什么方位去感知故事。叙事视角最常见的划分是三分法，即叙事视角被划分为全知视角、次知视角与戏剧视角。

---

① 载《人民日报》，1977-03-13。

② 载《光明日报》，1981-03-26。

③ 载《光明日报》，2005-12-13。

④ 新华社2007年4月2、3日电稿。

⑤ 载《光明日报》，2001-10-18。

⑥ 载《湖北日报》，2004-08-19、2004-08-20、2004-08-25、2004-08-26。

⑦ 载《人民日报》，2008-12-09。

（二）新闻叙事与全知视角、次知视角、戏剧视角

三类叙事视角与新闻报道存在亲疏关系。在新闻报道中，全知视角被用得最多，也最滥，颇易磨平棱角与光泽。对于全知视角，记者们应调动智慧，文质彬彬，适度创新。次知视角在新闻报道中也常采用，处理得好，颇有助于新闻报道的艺术性。和前述两类叙事视角相比，戏剧视角在新闻报道中因节奏相舛则很少被采用。所以，对包括深度报道在内的新闻报道的叙事视角探讨，应以次知视角为重点。

二、深度报道的人物视角

（一）关于次知视角的理论背景

对于深度报道而言，所谓次知视角的运用变化主要表现在对人物视角的翻新上。

深度报道讲求新闻事实的报道准确、深入而又新颖别致。从叙事视角考察我国的报刊则不难发现，作为一种叙事视角，全知视角叙事长短兼具。虽然全知视角方便于报道者调遣材料，表达感受，但其无所不能，无所不晓，又极易使叙述人趋于上帝态或教师爷态。之于我国整体素质正日益提高的广大国民，这种常高高在上的叙事视角容易物极则反，让接受效果大打折扣。因此，从文本内部传播、报道的社会传受互动计，除适度运用全知视角进行报道外，报道者还应重视人物视角，考虑如何由人物视角而因事生文，推动深度报道在准确、深入、详细的基础上容光焕发，别开生面。

所谓人物视角，指的是深度报道放弃记者或通讯员“我”的叙事视角，而以介入新闻事实的某一新闻人物的立场、身份、思想、性格来感知乃至于言说所要报道的新闻事实。人物视角实际上属于次知视角的一种表征。在西方，有实录新闻一说，如《他们谁都不明白为什么被推向坟墓》[①]一文报道的即为二战受害者里芙卡·约瑟勒芙斯卡夫人自陈第二次世界大战期间白俄罗斯境内的明斯克犹太人村被德国人屠杀事件。

（二）巧借、活用人物视角

深度报道可采用的人物视角本来很多，但从目前的观察看，人物视角的运用在未来应有广阔的发展空间。不过，人物视角虽有特殊功用，但包括深度报道在内的新闻报道能巧借、活用的主要在如下几种类型。

1. 少年视角

---

① 载《纽约时报》，1961-05-08。

童言无忌，少年最突出的特点是实话实说，不吞吞吐吐，不说假话，因而少年视角叙事常能于平凡中见出不凡，在一片喝彩中一针见血，这就易先天赢取读者的普遍信任与喜爱。不过，从目前的观察看，少年视角倒是在非深度报道中有一定的运用。王根礼的《买缸记》报道的是党在十一届三中全会后所推行的农业生产责任承包制给我国农业生产带来的巨大变化。《继母，我亲亲的娘》报道湖北省襄樊市一女生与其继母间的动人故事。由于《买缸记》、《继母，我亲亲的娘》采用了少年视角，报道真诚、感人，获得了独特的表达效果。

2. 亲人视角

相对于外来的记者，父母、儿女、配偶或恋人与新闻人物之间的相知当然要深得多，"知子莫如父"、"心心相印"就是对亲人间知心的传神写照，因此，亲人视角也是值得报道优选的人物叙事视角。曲志红的《一位母亲的呼唤——摘自一封震撼人心、发人深省的举报信》[①]、单向前等人的《家人眼中的汪洋湖》两篇报道放弃全知视角而采用人物视角叙事。兹以前文片段为例：

> 我是一位普通的中年妇女，原本有一个幸福的家庭。可近来，我每每以泪洗面，夜不能寐。思前想后，我下决心给您写这封信，因为我相信我们的党、我们的国家、我们的政府。
>
> 我和丈夫都在企业中工作，生活条件比较差，但我们认为这没什么，我们有我们的骄傲——我们的儿子。儿子很聪明，读书成绩一直不错，我和丈夫把所有的希望都倾注在他的身上。我们希望他能争气、能成材。可是最近发生的一件事，却彻底打碎了我们的梦想。
>
> 事情还要从年初说起，儿子从去年开始自学电脑，而且学得不错。丈夫和我商量了半年，终于咬咬牙花了8 000多元钱给他买了一台电脑。我的家庭经济并不富裕，不怕您笑话，家里的电视机还是黑白的，可是我们认为值得。谁想到，事就出在这电脑上。
>
> 近两个月来，我发现儿子一直神神秘秘，经常把自己锁在自己房间里，当时也没觉得怎样。可后来发现他近期几次考试成绩直线下降，好几门功课竟只有六十几分。问他原因，他一直说粗心，未答好试题。有一天，班主任打电话给我，说我儿子几个月来上课一直不认真，精神恍惚，最近几个下午竟没来上课。我接了电话，气得不行，马上请了假冲回家，打开儿子的房门……

相对于记者的转述，亲人视角叙事则包孕了更多的来自生活的原汁原味，往往有事

---

① 新华社1995年12月17日电稿。

实，有意见，有解说，有情感，便于直呈新闻人物的内心世界与具体的心理活动，写来感受精细，抒情鲜活，又生见证功能。

3. 熟人视角

熟人视角指的是新闻报道源自新闻人物本相熟的朋友、邻里、同事、同学等。历史的经验值得借鉴。秦兆阳早在20世纪50年代撰写的报道《王永淮》[①]值得学习。这篇运用熟人视角报道的是建国初期优秀的乡村干部王永淮同志。不过，王永淮的故事并未由记者讲述，而是更之以王永淮的一个乡邻，由这位乡亲在与一位欲见王永淮的外地人同路时讲了一路王永淮的故事。俗话说，远交近攻，不在一起共事易成朋友，成了同事由于利害关系反倒容易生分出现矛盾，因此，王永淮能赢得乡亲的由衷赞誉很不容易。王永淮的故事本是讲给外乡人的，但广大读者的旁听者地位却使王永淮的故事读来格外真切、细致、生动，乡亲们的从误解到理解、钦佩，王永淮的一心为公的品格和平和、爱动脑筋的思想性格都通过熟人视角得以活灵活现。我们读到的是人家的一场谈话。这种反差中的真实、生动，是记者的外视角所难以比拟的。

4. 拟人视角或拟物视角

拟人视角指的是报道新闻事实时赋予无生命的讲述者以人的思想情感与讲述等行为能力。所谓的拟物视角则相反，指的是报道新闻事实时赋予某位或某几位讲述的当事人、相关人物以动物、植物或其他无生命物体才有的外在行为举动。张许峰的《4 000万吨钢的自述》[②]一文让无生命的钢铁开口发言，采用的就是拟人视角：

> 1. 我是河北工业的骄傲
>
> 当前最需关注的是，如何在科学发展观指导下，实现我的协调和可持续发展。
>
> 告别懵懂少年时，4 000万吨的分量，昭示着我在河北工业大家庭中的地位。
>
> 到2003年底，我的四大突破被誉为具有“历史意义”的跨越：钢产量突破4 000万吨，达到4 035万吨；销售收入突破1 000亿元，达到1 606.28亿元；利税突破200亿元，达到200.95亿元；利润突破100亿元，达到117.32亿元。
>
> 4 000万吨的身躯，我托起了全省工业销售收入总额的27.4%，增加值的37.8%，利润总额的30.25%。
>
> 我是河北工业的骄傲，无愧于燕赵工业大家庭中长子的称呼。我为河北经济快速发展作出了巨大贡献。在去年全国工业经济总量排行中，河北省跨前一步，跃居第6位，我功不可没。

---

① 载《人民日报》，1953-12-27。

② 载《河北日报》，2004-04-14。

在钢、生铁、钢材连续3年均居全国第一位后，去年我以净增1 375万吨钢，53.48%的增幅，占去了全国总增量的35.77%。高高的个头，让我“一览众山小”。

……

5. 本人视角

本人视角观察与言说的重点则是有关新闻事实当事人“我”眼中的“我自己”的故事；“我”不仅是讲述者，还是被讲述者。本人视角是“我”叙“我”，自传色彩强，主体倾向浓，可信度也高，具有证实力量，故在深度报道，尤其是调查性报道中采用较多。虽然题材相近，但与冯瑛冰等的《药价追踪》[1]的记者“我们”着重于报道非记者“他们”的际遇不同，赵书华等《“医药代表”揭秘——一位“医药代表”的自述》[2]由非记者的新闻人物“我”报道“我”的经历：

干医药代表这个行当，我是无意中闯进去的。

那时，初出校门的我，跨进省会的职业介绍中心，大厅里求职的人摩肩接踵，我在一个招聘“医药业务代表”的厂家招牌前坐了下来。简短的一番交谈之后，我知道所谓的医药代表就是推销药品，推销的对象是医院(确切地说是医院里的大夫)。我对他们提供的丰厚的待遇颇感兴趣，而他们显然对我所学的专业有些犹豫。……

不过，由于叙述人“我”与被叙述人“我”过于紧密，本人视角叙事的周转空间也狭小了许多。

(三) 人物视角的短长

由前述五种人物视角不难看出人物视角叙事的突出特征，即叙事人角色化。叙事人角色化给人物视角带来如下优点：人物视角叙事现场感、真切感突出；人物的话语也是一种行为，披露的是主体体态，故主体色彩的鲜明便于自由地表达人物的心里活动；“我”往往成为叙事的线索，便于串连互不相干的故事并夹叙夹议；文本内的受者多是特定的采访者或其他新闻人物，读者处于偷听者地位，读者所对应的传者实际上是作者。这些既有益于增强受者的自愿接受程度，又有助于文章的文似看山不喜平，为报道传播带来了折度与弹性。

人物视角也有局限。人物视角与全知视角在长短上恰恰相反：对方的优势是自己的劣势，自己的优势又是对方的劣势。人物视角必须承受某新闻人物的限制：人物没有见

---

① 新华社，2000-06-11。

② 《燕赵都市报》，1998-07-09。

到的事,叙述人不能叙述;人物不会说、没有说的话,叙述人不能讲述。这就限制了叙述人观察的视域或言说的范围。不过,人物视角的这种局限可以通过视角转换来克服,比如,全文先"甲人物视角";再"乙人物视角";三"丙人物视角",以此类推,或者人物视角与全知视角的有机搭配。兹以后者为例,如刘蔚的《汉城决战的最后四十秒》"现场内容用报宋,再采访内容用楷体,一目了然,泾渭分明"[①]:

1986年10月5日,汉城时间14点20分(北京时间13点20分)。汉城奥林匹克体育场。

发令台上裁判员枪指蓝天,起跑器前选手们面地而蹲——相持半月之久的亚运会金牌大战就要在这之后的40秒见分晓。

4日晚上,韩国队同中国队以92比92金牌数持平。当地报界哗然:"韩国成为亚洲第一体育大国"、"中国万里长城被摧毁"。

此时,中国女子4×100米已取胜,韩国队有把握用足球金牌来抵消它,使金牌总数保持平局。对中国队来说,出路只一条——男子4×100米接力夺得第一,拿到取胜的唯一王牌。

枪声颤栗着在体育场上空炸开,最后争夺开始了。

中国队打头阵的是苏州小伙子蔡建明。

我是中国队最后一炮的头一发炮弹,我要是卡了壳,后边哥们就没戏了,尽管我在200米预赛、复赛均处前5名,但我还是决定放弃决赛,力保接力。

蔡建明在第一个弯道上已追上前面的对手,进入第一接力区。这时,后面选手也蜂拥而至,两拨选手挤作一团。

忽然一人冲出人丛,狂奔而去,他就是中国队第二棒、北京选手李丰。

头天晚上做了一夜噩梦,总担心自己有伤的左腿不争气。来汉城前,我妈妈说:"好好比,拿块金牌回来。"我憋足了劲儿,这可不光是还我妈的愿,这是还祖国人民的愿啊!

李丰身后,韩国选手张在根(200米冠军)正拼命追赶,企图打乱中国队阵脚。

韩国给他们的田径选手打了"强心剂":拿一个冠军7.5万美元,并享有终身月薪600美元。

这时李丰一马当先,风驰电掣,狂奔在最前。

---

① 刘蔚:《"颠覆"传统新闻报道的尝试》,见宋玉书主编:《新闻传播精品导读·特写与报告文学卷》,109页,上海,复旦大学出版社,2004。

我一进场就相信我们赢定了。我只管玩命跑,只要别失手把棒甩到观众席上就行。

李丰以两米的优势完成他的使命,接棒的是广东名将余壮辉。

这次韩国想吃掉我们,所以把我们安排在第六跑道,日本第五跑道,他们自己在第四跑道,形成我们前边跑,他们后面追的局面。显然,这种安排也有利于他们赶不上我们时,让日本队来干掉我们。

沿着跑道线,余壮辉像飞逝的流星,划向最后的直道,领先3米多。

我们是破釜沉舟,日本队没有这种压力,但我们不能当"舞台上的运动员",平常比赛挺能"表演",强手一来动真家伙就腿软。

就在胜利的曙光依稀可见时,中国第四棒选手启动稍早,不得不减速等棒,交接成功时,还差两三步就跑出接力区了,此刻,日本选手将差距缩小到只亏一步。

这时,由几十名中国田径运动员、教练员组成的拉拉队,竟然在和满场韩国观众的"对抗"中占了上峰——中国队——加油——加油——郑晨。

我是浙江金华人,"金华火腿"长盛不衰,只是我的腿今年却不争气,从8月30日右腿拉伤到参加亚运会比赛,我最长只跑过30米。来汉城前大夫才把我的腿治得听了使唤。

离终点还有30米,郑晨放松了两步,穷追不舍得日本选手不破弘树伺机要上,他在百米中赢了郑晨,日本队指望他拼掉中国队。

我的右腿抽筋了,这会儿是关键时刻,只要能动,我就拼到底。

郑晨奋力向前,率先冲向终点,二十五米、二十米、十五米……还差最后五米,郑晨挥起手来,胜利在握!

这一瞬间,多少人泪眼朦胧、喉头哽咽,多少人手舞足蹈、紧紧拥抱……中国队以39秒17的亚洲纪录,换得了最后一块宝贵的金牌。

94块金牌分量是一样的,但祖国人民不会忘记第94枚金牌是怎样得到的。

——这难忘的39秒17。

人物视角对深度报道的采写有较高要求。从采访来看,人物视角叙事多不适合从和新闻报道存在直接利益冲突的人物那里获取材料;要求记者不仅要腿勤,还要以诚待人,善交朋友,方法多,点子活,能采访到人物的心里话;采访准确、扎实、细致,询问不厌其烦,善于核对;材料像真实、准确、具体、丰富,除了注重搜集日记、书信等反映新闻人物事迹、心理与言语的材料外，对新闻人物或有关当事人、知情人的采访还必须有准确、详细的记录。从写作上看，要注意选准人物视角。《南方周末》报记者南香红谈到《野马危机》[①]的采访时说：自己"借用他人的眼睛来采访"，[②]于是"要能想到可能发生的细节，……跟他们聊的时候，可以设想当时会有哪些场景，需要知道当时发生了什么，这些都需要他们给我还原，……在采访中……记下……疑惑、应注意的地方，然后在采访对象回答完问题再补充提问"。[③] 不过，从写作实际看，让承担人物视角的叙事人与被叙事人之间拉开一定距离的这一点，还没有引起应有的重视。其实，叙事人"我"与被叙事人之间有明显的不同甚至反差，表达效果常会更好。

要严格忠实于采访到的真实材料，力戒虚构，防止受访人的陈述言过其实，防止行文与新闻人物的思想、性格、身份、社会地位、特定情境中的心理波动相冲突。以此衡之，《买缸记》的结尾就不太妥当：

> 窑厂门口很快平静了。我知道这第四趟又是白跑了，可我一点怨言也没有。因为我看到了农村大好形势，看到了更加美好的明天！

这话不大合乎少年的思想特点，反让人怀疑报道的可信性，纯属画蛇添足。

在严格恪守新闻真实性原则的大前提下，深度报道应该也必须充分运用早已为文学创作广泛使用的人物视角叙事。实际上，人物视角叙事不仅为深度报道提供更多的可能性与多样性，也使文本内部的传播多元化，有助于将深度报道写巧写活。

三、 视角与声音

（一）叙事中的声音

所谓叙事的声音，指的是叙事人开口说话，其落实到纸面上就是文字，呈现在广播或电视则是声带发出的具体有声话语。

叙事声音与叙事视角有同有异。首先，双方有同。叙事视角与叙事声音都直接来自叙事人，并为叙事人所用。其次，双方有异。叙事视角主管叙事人目之所及，叙事声音负责叙事人形之于外的话语；先有目之所及，后有形之于外的话语。不过，尽管叙事视角是叙事声音之源，但叙事声音和叙事视角之果却可能相关，也可能不相关。显然，叙事视角所见可能被说，也可能不说；叙事声音所说可能忠于所见，也可能言不由衷。

---

① 载《南方周末》，2002-01-10。

② 谢春雷：《揭开真相》，88页，杭州，浙江人民出版社，2004。

③ 谢春雷：《揭开真相》，85、86页，杭州，浙江人民出版社，2004。

（二）深度报道中的叙事视角与叙事声音

深度报道如何调遣叙事视角、叙事声音，报道者有充分的自由。有的深度报道叙事视角和叙事声音同一，视角与声音来自同一个主体，都源自叙事人。在《三甲医院就诊记》中，叙事视角所获取的新闻事实来自作者李捷，对同一新闻事实的话语表达也始自作者李捷。《湖北省荆州市奶农倒奶事件解读》也是这样。但是，有的深度报道则叙事视角与叙事声音相分离。如刘万永《一个退休高官的生意经》的开头数段（《中国青年报》2005 年 5 月 18）。

> 截至 5 月 17 日，许宁已经在辽宁省阜新市看守所关押了 44 天。他始终不明白，自己到底犯了什么罪？
>
> 2005 年 4 月 1 日早上 8 点多，许宁和妻子苏雨去医院看病。车刚开过阜新市解放大街广场时，一辆白色警车突然别住了他们。
>
> “车一停，王晓刚和另外三个人跳下车，王晓刚挥着两尺长的警棍，一把把许宁拖下车。”苏雨对当天的情景记忆犹新，“王晓刚狠狠地用手铐把许宁的手抽伤，然后把他铐上，掏出手枪顶在许宁的头上，一边拖上警车一边骂，‘你妈个×，我打死你，你信不？’”
>
> 王晓刚，阜新市公安局治安警察支队副支队长。许宁，阜新市华隆房地产开发有限公司（下称“华隆公司”）职工，公司董事长高文华的司机。
>
> 许宁被带到阜新市细河区公安分局刑警队。王晓刚举报：许宁偷卖华隆公司的一辆奔驰车。但细河区刑警队查明，奔驰车并没有被人盗窃和私卖。
>
> 举报不实，应立即放人。4 月 3 日，人还没有放，王晓刚又举报：许宁盗窃了一辆凌志轿车。
>
> 第二天上午 10 点，苏雨接到《拘留通知书》后，立即将购车合同、行车证等证明材料送到细河区公安分局。
>
> 4 月 10 日，细河区公安分局调查后决定：撤销此案，释放许宁。
>
> 还没有走出看守所的大门，阜新市海州区法院的工作人员匆匆赶来宣布：4 月 4 日，王晓刚和王晓云（王晓刚的姐姐，阜新市公安局副局长）以“诬告陷害诽谤罪”起诉许宁（许宁在 2004 年 2 月 23 日向辽宁省“两会”代表散发举报两人的检举信）。法院决定立即逮捕。
>
> 短短十天，自己被王晓刚三次指控，许宁想不明白，这是为什么？

由这一片段首尾“他始终不明白”、“许宁想不明白，这是为什么？”，可以判断，上述片段的叙事视角来自许宁，但叙事声音因为没有人物许宁“我”在其中自我陈述而显示系来自一位外在于许宁的叙事主体。那么，这一叙事声音的来源在哪里呢？依叙事本文逻辑，在这个叙事片段中发出叙事声音的主体只能是记者刘万永本人。毫无疑义，在这则叙事片段中，叙事视角、叙事声音之间已经分离。《三甲医院就诊记》、《一个退休高官的生意经》虽均刊在《中国青年报》的“冰点”栏目，但在叙事视角、叙事声音的关系上，策略则截然不同。

第六节　深度报道的叙事层次

一、叙事层次的简单与复杂

叙事作品是有叙事层次的。所谓叙事层次，指的是由叙事人自身行为话语与言语话语所形成的不同的高低叙事层次。比如：

小王说：	“我刚吃了一顿饭。”
第一层	第二层
行为层	话语层
支配层	被支配层
引导词层	引语层

这种叙事层次，从理论上是可以无穷的。如：小王说：“我见到了小李，小李说：‘我见到了小赵，’小赵说：‘我见到了小张’，小张说：‘我见到了小刘’，小刘说：……”

一般说来，文学作品的小说在叙事层次上比较多变。如鲁迅的《狂人日记》：

> 某君昆仲，今隐其名，皆余昔日在中学校时良友；分隔多年，消息渐阙。目前偶闻其一大病；适归故乡，迂道往访，则仅晤一人，言病者其弟也。劳君远道来视，然已早愈，赴某地候补矣。因大笑，出示日记二册，谓可见当日病状，不妨献诸旧友。持归阅一过，知所患盖“迫害狂”之类。语颇错杂无伦次，又多荒唐之言；亦不着月日，惟墨色字体不一，知非一时所书。……
>
> 一
>
> 今天晚上，很好的月光。
>
> ……

《狂人日记》的叙事层次有三层：

叙事人“我”→	某君→	某君之弟（即狂人）所语之“日记”
第一层	第二层	第三层

新闻报道一般没有小说这么复杂。

二、深度报道的叙事层次

（一）单层与多层

新闻报道多为单层叙事层次。这既是新闻报道快速报道的需要，也是报道通俗易读的需要。但是，作为往往篇幅较长，又讲求报道形态的深度报道而言，若叙事层次只见单层，也容易导致报道的表现趋向简单、拘谨、乏味，与深度报道目标读者的文化需求出现反差。如果能根据实际适当变化，则有助于深度报道的内容生动引人。不过，深度报道在特别情况下虽可酌情加层，但其加层一般不要超过两层，以免报道因叠床架屋反增添读者接受的不必要难度。

（二）深度报道双层的主要方法

1. 在新闻人物的自我陈述之前加入记者的叙事话语，从而形成高低两层的叙事层次

为什么要加入记者的说明叙事层呢？原因很简单。新闻人物的自我陈述虽有生动、真实可信的长处，但是，如果记者不做必要的介绍，那么，新闻人物及其话语的来龙去脉、背景等就常常不易为广大读者在短期的阅读时间内把握。如黄卓坚的《下辈子，我们还当母子——一位痛失儿子的母亲自述》1996 年 4 月 8 日《广州日报》片段：

> **记者的话**：昨天，在广州市建设六马路小学，该校英语高级教师、广州市优秀教师许美云对记者讲述了一个关于她和她的儿子的真实故事。这是记者多年来最动感情的一次采访。许老师的叙述是记者流着眼泪记录下来的。记者觉得有一份责任将它告诉所有读者，告诉普天下身为父母的人们。记者相信，对于这样一个充满人间真情的故事，人们一定会想得很多，很多……
>
> 在今年年初七，当春天到来的时候，我的儿子张云峰却安详地离开了这个世界。他和病魔拼搏了十几年，总算迈进了 16 岁花季的门槛，而我这个当母亲的感到安慰的是，儿子虽然身患绝症，心理却是健康的。
>
> 儿子两岁的时候患了“何杰金氏症”，这是一种恶性淋巴瘤，病魔真是来势汹汹，基本上是两年大发作一次，每次都得上医院做半年的化疗。因此，骑车送儿子上医院，成了我时常的“功课”，儿子也仿佛就是在自行车的后座上悄悄长大的。
>
> 儿子生性活泼，爱说爱动，但当他懂得将自己与别人相比的时候，阴影就不期

而至了："妈妈，为什么我那么瘦弱啊？为什么我总是感到辛苦呢？为什么……"

我说，因为你是个有病的孩子，我们还不能选择不生病。但可以选择不示弱，只要努力，你照样可以生活得很快乐。有个叫张海迪的阿姨，虽然高位截瘫了，但还做了许多了不起的事情，你能蹦能跳，条件比海迪阿姨好多了，儿子，我们不能"执输"（失败）啊！

话虽然这么说，但生病的孩子很容易产生自卑自弃的心理，我和丈夫在这方面格外留神。有一次，学校组织学生去游泳，老师担心儿子的身体吃不消，没让他下水，儿子未免有点沮丧。回家之后一个劲儿地问我："妈妈，游泳是不是要很勇敢啊？在水中是什么滋味呢？"望着儿子那充满渴求的眼神，我和丈夫一商量，决定带儿子闯一闯：全家游泳去。那天，套了个救生圈的儿子在水中手舞足蹈，笑哈哈地激起了串串水花，高兴极了。那一刹那，我也觉得自己俨然是世界上最幸福的妈妈。……

这篇报道共有记者与报道客体教师许美云即人物两个叙事层。这样的叙事层既全局轮廓鲜明，结构面目清晰，又通俗、亲切、生动。

2. 人物叙事话语层与记者叙事话语层错落化

具体说来，记者的叙事话语层与人物的叙事话语层不限于一处，可以化整为零地分别放到报道的前、中、后的不同位置。如江华、左明星的《"我没有打江青"——一个曾经看押江青女兵眼中的江青》（《南方周末》2001年5月11日）的叙事层次安排如下：

（第一叙事层次：叙事人江华、左明星）

1979年4月17日19时，年轻漂亮的20岁女兵李红站在哨位上，她惊讶地发现，她和同样年轻的战友们看管的人犯仍然风韵犹存。

22年后，已经42岁的李红，仍然清晰地记得她第一次见到江青的情景：一袭长袖的黑色布拉吉，优雅的背影，浓密的黑发，高傲的神情、白皙的脸庞……

2001年3月下旬，李红拿出尘封了22年的已经发黄的日记，开启封闭了20年的话匣子，叙述了一个女人和另一个女人之间的故事，道出了一个普通人眼中的江青，在燕山脚下的秦城监狱，等待共和国审判日子里的点滴历史。……

（第二叙事层次：当事人李红）

江青是一个很敏感的人。我第一次上岗，很好奇，但是有军规，不敢说话。江青一见到我们是生面孔，眼睛直直地盯着我们，显得很惊讶又不可思议的样子。

当时的江青已经64岁了，但从我的眼光看，一个60多岁的人皮肤和身材保养这么好真是奇迹，我是女孩子也爱美呀！我看到江青穿了一身黑色的布拉吉、长袖,从背面看衬出她姣好的身材,腰板笔挺,站有站相,坐有坐相,很高傲。

江青习惯戴男式的带沿帽子,黑框眼镜,很高雅,在这方面,我不能诋毁她。……

(第一叙事层次:叙事人江华、左明星)

尽管李红慢慢地适应了看管"大人物"的工作,但是也越来越觉得工作的枯燥无味。同时,独立分队又接受了看管其他监区林彪集团要犯的任务,李红又接受了看管201监区的任务,更忙了。

(第二叙事层次:当事人李红)

李红日记:×××要走了,他对我说:"我并不喜欢这个地方,我是不愿意离开你们这些战士,我担心你们的青春是否毁在这秦城了。你们要好好学习……"(1978年6月12日)

李红日记:"上午和亓玉梅到203(作者注:江青监舍),中央专案组要提审'04',向04(注:江青)宣读中央文件,对她的问题作了准确的结论,我们执行押解任务。该犯态度极为反动,大吵大闹,表示对中央的决定不满,那也无际(济)于事。"(1978年6月16日)

……

(第一叙事层次:叙事人江华、左明星)

1991年6月4日,新华社发布消息说,江青自杀。

江青自杀的时间是1991年5月14日。

美国作家R.特里尔的《江青全传》中写道:"3点30分,一名护士进来,发现她已经吊在浴盆的上方,其他的医生和护士匆忙赶来,但已经太晚了。这位集演员、政治家、文艺女皇和毛泽东妻子于一身的'白骨精',在她77岁的时候死去了……"

李红说,她听到这个消息久久没有说话。……

李红曾在1978年3月22日的日记中写道:

(第二叙事层次:当事人李红:)

今天看了香港电影《画皮》,吓得我出了一身冷汗,鬼用美丽的面纱盖住了那丑恶的心灵……

这个影片对于我们批判"四人帮"很有教育意义,它从侧面告诉了人们,对于任何一个人,都要从内心认识他……

……

3. 表里两层,阳奉阴违

典型的例子是福庚的《追老姚》(《人民文学》1956年第5期)。

编辑室主任交给我一个紧急任务：采访天津乡村邮递员姚濯新同志。他向我竖起两个手指："两天缴卷。"

初春天气，一连下了几天几夜的雨，天还是虎起个脸，那么阴沉沉地，风，像许多把快刀子，使劲地割人的皮肤。我坐了汽车又坐三轮，转了差不多两个钟头，才在一个村子的拐角处找到了他的工作地点："李七庄邮局。"一顺四间屋，靠右边正在盖楼房，门口尽是雨后的污泥，害得我一进门就滑得摔了一跤。

"有什么事，同志？"屋里闪出个矮个子，挺和气地问我。

我正没好气，便说："找你们局长！"

"我就是。"

"啊？"我吃了一惊，连忙掏出介绍信，说明我的来意。

他显然很高兴，"对！老姚真值得你们结结实实写一下"。但他一会又皱起了眉头："他一早就下乡啦，怎么办？"

我愣了一下。他连忙让我进来，向我介绍了老姚的爱人。她生得很瘦小，可是个挺热情的人。她带着埋怨的口气说："你问老姚吗？他不准啥时候回来。这个老头，整天风里来，雨里去，晚上回家也不歇着，总是读报，看书。肚里能有多少墨水？可就是那么一本正经地。我要催急了，才洗脚，吃饭，换农服，一面换一面还哼哼个什么歌子，真不像话！"

局长向我眯缝起眼："老姚和他老爱人可亲着哩！"

"哈哈！"连大院里的一个同志也跟着笑了。

我想，他们一准生活得挺有趣。

"同志，你看怎么办？"笑了一阵，局长又为难地看着我。

我忽然想起一个办法，就问局长："你们有脚踏车吗？"

"你去找他吗？路可不好走啊。"

"不碍，"我有意挺挺胸脯，表示自己身体挺结实的，不在乎路好路坏。

"那也行，村里横竖都认识他，好找。大伯子、二叔子，王家婆子、李家婶子，还有系红领巾的小侄子，……都熟！"

我噗哧一声笑了。局长一把把我拉进办公室。屋里墙上贴着姚濯新两年不出差错、每日超额完成推销报刊任务的大字报。局长得意地向上面瞟了一眼，说："老姚可真是个好邮递员，宣传员，他把报刊看成党传播政策思想的工具，好几次报纸有积压，有些同志装没看见，老姚一翻，马上提起那个粗嗓门：这怎么行！国家损失钱不算，党的政策传播不下去，咱们邮递员是有责任的。说着他就随身带走了，一宣传，回来不留一份。"

沉默了一会，他一昂头又说："你下乡找他面谈一下也好，瞧瞧他怎样工作吧。来,我给你画个路线……"

辞别了热情的局长,我骑自行车,鼓足了勇气驶向王南庄。路可真不好走,到处像一锅稀粥,还被大车轮子压成一道道深沟,烂泥常常陷住了车轮,一不注意,就是个"斜栽葱"。我像打醉八仙拳一样驶进了王南庄。满眼不见一个人影。好容易在一个井边碰到了这村农业合作社的饲养员,他正在打水,我满面笑容地迎了上去:"劳驾,有个邮递员来这里没有?"

他把我上上下下一打量,忍住笑问:"你找老姚吗?"

"对。"我自己也知道浑身是跌得不成样子了。

"我刚才还看见他下地给大伙送信送报去啦。"他一面打着水一面说。

"他还下地?"我追问了一句;

于是,他问我从哪里来的,找老姚干什么,我们就谈起来了。

"嗨,老姚还给咱们组织地头读报组哩!"他慢慢拾掇着挑起水桶,一挥手:"这个老头子,工作可真行,晴天人骑车子,雨天车子骑人,一脚踏车往肩膀上一扛,腰一弯,可有个架势……'喂,乡亲们!看今天的报纸呵,上级领导咱们开大河,吃甜水,合作社的旗子到处飘,各地经验齐交流',怎么积肥,怎么用料,怎么耕地,怎么读报……到最后大喊一声:'走啰!'真有个听头。"

……

这篇新闻报道有两条线索,一条为明线,即记者"我"的采访线,一条为暗线,即新闻人物"老姚"的人物线。这两条线索有主次之分,主线为"老姚",副线为"我"。然而,与一般的报道不同的是,这里的主线不是明线而是暗线,副线"我"反而升为明线。这种错落有致的组织使该报道既简单又丰富,开创了新闻报道的一种新写法。同时,在叙事层上,副线"我"成了行为层、支配层、引导层,而"姚濯新"的工作这条线索则成为话语层、被支配层与引语层。

第七节　深度报道的非叙事性话语

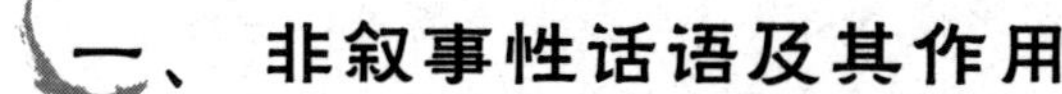

一、非叙事性话语及其作用

(一) 何为非叙事性话语

非叙事性话语与叙事性话语相比较而存在。所谓非叙事性话语,是叙事人在叙事文章中对所叙述事实的议论、抒情。在深度报道中,那些对新闻事实的评价性话语就是非叙事性话语。所谓虚实相映之“虚”，指的就是非叙事性话语。

（二）非叙事性话语在深度报道中的作用

叙事类文章或新闻报道可以有非叙事性话语，也可以没有非叙事性话语。议论文必须以议论性话语为核心，但常需要叙述在文章中担任配角；叙事类文章同样如此，在以叙事为核心的同时也往往需要非叙事性话语加以辅助。不过，新闻报道离开非叙事性话语依然可以成立。

新闻报道非叙事性话语的有无虽不会危及新闻报道的生存，却会影响新闻报道形态的优劣。首先，非叙事性话语可以影响新闻报道的形态。实际上，非叙事性话语关涉着新闻报道内容是否概括，思想是否透彻，节奏是否张弛，风格是热烈还是冷静，结构层次怎样连接，等等，这就影响着新闻报道的不同报道形态，推动新闻报道形成不同的个性、风格。其次，非叙事性话语有时也能够干扰新闻报道的优劣。对于有些新闻报道来讲，新闻事实信息的复杂、传播需要的特殊性（如字数限制，简明通俗的要求）均可以使非叙事性话语不可或缺。有时一大堆叙事性话语也不如一句非叙事性话语来得痛快。在这样的情况下，如果离开非叙事性话语则势必妨碍新闻报道关于新闻事实的传达。1940年，德军占领法国巴黎，苏联战地记者爱伦堡正在法兰西的首都，于是挥笔写下通讯报道《巴黎陷落后的一个月》。其开头如下：

> 6月14日，德国军队开进了巴黎。在凯旋门旁边，举行了一次大检阅。机械化部队穿过了城，开向南方去。巴黎是空虚的：在城的四郊有一些老太婆，在香榭丽榭有一些盛装入时的女郎，此外就是写奉公守法的举手行礼的警察。这是一个新的幻想的城市，这不是巴黎，而是它的骨骼：房子关上了百叶窗，商店拉长了铁门，长而直的街道没有一个行人，垃圾箱里面装满了垃圾。静寂。猫儿在跑着，鸟儿在叫着。

这篇报道不能说记者的立场不鲜明，文笔不漂亮，但若不经讲解，广大读者恐怕读起来会有些糊涂。比如，“这是一个新的幻想的城市”一句是什么意思？其实，这里的“幻想”无外乎是说德军入侵后巴黎大变，变得迥异于以往，以至于而今的巴黎似乎不像巴黎，让人身在其间如坠入梦境。不过，新闻报道毕竟属于大众文化而不是纯文学，那么，这样的讲述倘若不能够让广大读者快速读明白，就是文笔再漂亮，又有什么真正的价值呢？立场再鲜明，又有什么实质的意义呢？德军占领巴黎属重大新闻，西方国家也有报道。美联社记者罗希洛在《死寂的巴黎》[①]中则报道得别开生面：

---

① 载美国《生活》杂志，1940年7月8日，见徐学增等编：《中外记者笔下的第二次世界大战》，268页，北京，东方出版社，1987。

自从5月10日西线攻势开始以来，我在比利时和法国北部，经过许多死城；但是我紧随着德军第一批先锋，在6月14日进入法国举世无双的首都——巴黎时，没有比这种使我心中更难以磨灭的经历了。至今我站在这里，这个丰富、快活、喧闹的大都市竟成了死城，真是不可思议，然而它真是死城；这一名城竟落在德军手里，真是难以想象，然而它却真是被德军占领了。

四百万人口的巴黎市，除开街头站着的警察外，很难找到人，德军锐不可当的挺进以前，每一个人都逃走了——百分之七十逃到了附近的县市和乡间，百分之三十躲在自己家里。

你若到过巴黎，请想想这种景象，协和广场前，没有了车水马龙按着喇叭的汽车，没有尖声叫卖的卖报人，没有了一本正经的警察，没有了愉快聊天的行人。这些，原是这个壮丽广场的景色，现在都没有了。只有一片沮丧的沉寂，不时被德国军官座车的声音所打破，他们正驶向克里隆旅馆——当地德军司令部匆匆设立的总部。这家旅馆的旗杆上，德国军旗在微风中招展。1919年，星条旗也曾在这里飘扬，威尔逊总统在阳台上接受法国群众的欢呼……

在《死寂的巴黎》中，除了报道新闻事实，记者还注意解释、留心介绍丰富的背景材料，非叙事性话语使用到位，将一切讲述得清清楚楚。两相对比，这两篇报道的相同之处是都写得生动；不同之处是《死寂的巴黎》更通畅易懂，而来自苏联的爱伦堡的报道则艰涩朦胧。那么，作为新闻报道的《巴黎陷落后的一个月》为什么会出语晦涩呢？究其原因还是在于前苏联首先将新闻报道视为宣传工具，于是传者至上，受众的接受需求遭忽视也就在所难免。

二、非叙事性话语的类型

分类标准不一，非叙事性话语的类型则不一样。

（一）按议论人的不同分类

1. 叙事人的非叙事性话语

这指的是记者、通讯员或承担叙事任务的有关人物在报道中的直接议论、抒情。这是直接性的非叙事性话语，深度报道应尽量少用。

对于叙事人的非叙事性话语，无论按照中国内地的“新闻用事实说话”的要求，还是西方国家的“记者的舌头是缩在后头”[①]的标准，记者在包括深度报道在内的新闻报道中都

---

① 刘明华等：《新闻写作教程》，33页，北京，中国人民大学出版社，2002。

应尽可能或巧借他人之口，或化议论为分析。在《动物福利考验人类道德》中，记者莽萍对我国不少人偏好市场现购活宰动物现象进行报道时有一处非叙事性话语："在缺乏诚信的社会里，人们只有当面看到动物被宰杀、血流出来才能相信所谓鲜活。这一点加强了人们要亲眼看到动物被宰杀的欲望。因之种种，菜市场里宰杀动物行为便'合情合理'地发生了。至于牲畜在人们看不到的屠宰场和饲养场里怎样被屠宰，动物在大规模机械化饲养和运输过程中被怎样对待，在其他同样广泛的领域里如何被利用（比如实验动物和工作动物），则更少有人考虑和看顾。在这样的情形下，动物的苦乐和生存需要几乎完全被忽略了。"在这里，记者的非叙事性话语化议论为对何因的分析，而这样的分析比记者直接议论易于为读者接受。

2. 人物的非叙事性话语。

严格地讲，被报道的人物的议论、抒情一类话语，是作为叙述人的所指来介绍的，即作为新闻事实来介绍的，因此本属于叙事性话语。但这类话语在报道中同时又可以担纲非叙事性话语的作用，如点拨、补充、一语中的、流露情感、帮助形成作品个性等。这种手段是巧借他人之口表达记者自己的意见，虽然看似间接，但其作用可等同于议论或抒情，故也可纳入非叙事性话语中。间接性的非叙事话语，常常为"新闻用事实说话"所调遣，深度报道无妨多加青睐。

（二）按话语的性质分类

1. 意见

意见，指的是报道者对新闻事件或有关问题的理性认识与看法，其报道方式外化为议论。如《一堂生动的经济课——荆州市奶农"倒奶事件"解读之一》：

> 李保民透露，他们当初从武汉来荆州投资办厂，是因为受有关部门和专家提倡"少喝酒，多喝奶"的鼓舞。同时，我国鲜奶市场供不应求，而荆州城区是鲜奶生产的空白，"应该"具有良好发展空间。
>
> 但市场没有"应该"的事，宏观层面上的供不应求并不能保证每一个具体地区、每一个微观市场都会如此。在未对当地市场有效需求、居民消费水平和消费习惯进行深入调查的情况下，仓促上马的力能达只能自咽苦果。在近乎绝望中，公司 5 大股东已有 4 家先后撤资。

在《一堂生动的经济课——荆州市奶农"倒奶事件"解读之一》的这一片段中，记者除了叙述新闻事实或背景材料事实之外，还通过发议论来表达意见。"但市场没有'应该'的事，宏观层面上的供不应求并不能保证每一个具体地区、每一个微观市场都会如此。在未对当地市场有效需求、居民消费水平和消费习惯进行深入调查的情况下，仓促上马的力能达只能自咽苦果。”在这些议论中,记者流露的主要是分析、主张,而非情感宣泄。此即属于“意见”的非叙事性话语。

2. 情理交融中的情感取向

情感取向,指的是报道者对新闻事件或有关问题的或爱或恨或同情或惋惜的情感波澜。不过,由于情感波澜是建立在思想认识基础之上,故应情中寓理,理中寄情。如张建伟《命运备忘录》中的片段:

> 刘中天,MBA 学员曾给这位老大哥起了个外号叫“老枪”。可这把“老枪”遇上他的厂长,就彻底哑了火:想调走?那不行。你塌心在这里干吧。我既然供得起你上学,就能养得起你。不信?看我养你 20 年!
>
> 20 年?!刘中天今年已经四十有二……
>
> 记者来到刘中天所在的工厂,几番求见厂长,得到的却是专人陪同游览厂区附近风景的礼遇。直到记者通过中间人再三申明:此行绝非问罪,而厂里惜才、爱才的苦心记者也完全明了,才终于得见厂长,并当场得到了一番教益:“刘中天学的东西现在是有点用不上,但我们不能放他,我们厂将来也是要发展。人家美国都知道重视这种人才,咱就不能欲穷千里目,更上一层楼吗?”……
>
> “只争朝夕”的 MBA,撞上了“欲穷千里目”的厂长,即使你有一万种“危机感”,又能感动谁?

在这一叙事片段中,记者有时叙述事实,有时交代被报道的有关单位领导的心理活动,但行文又笔端带情。不过,记者并未满足于此,力聚最末,又直接跳出来对阻碍人才合理流动的现行体制揶揄挖苦,高声斥责。全文的火爆,仅由细处的非叙事性话语间也不难见出。这就与《湖北日报》社对湖北“荆州倒奶事件”深度报道的情感内敛显出迥然不同的报道风格。

三、如何运用非叙事性话语

(一) 掺杂使用,夹叙夹议

非叙事性话语是记叙文中造成报道叙事停顿的重要元素,因此,深度报道使用非叙事话语一方面可以推动报道的叙事节奏有张有弛;另一方面议论的不当运用又容易伤害叙事节奏,造成报道行进步伐拖沓,不利于读者接受。所以,深度报道在运用非叙事性话语时应将非叙事性话语与叙事性话语掺杂起来,从而形成叙事的夹叙夹议。如沙林的《成都动物惨遭虐待现状调查：残忍的口福》[1]一文的片断：

> (1) 如果说生抠鹅肠还不够残忍的话，那么流行于成都乃至四川民间的另一种吃法算得上极端残忍，这就是所谓的“鸡要吃得叫、鱼要吃得跳”。
>
> (2) 8月25日，有朋友请我们到他家里品尝“拿手菜”。只见他提着锋利的菜刀直接将活鸡胸部上的左右两块肉割下，然后把鸡丢在地上，飞快地跑进厨房，将鸡胸肉切成肉丁。油锅早已准备好，肉丁丢进锅里，很快炒熟。端上桌子时，那只可怜的公鸡还在院子里哀鸣！
>
> (3) 做鱼时，他用一条湿毛巾将鲤鱼的头部包上，直接将剥去鱼鳞的活鱼身子放进油锅，左右翻面爆煎数次，之后放进盘子、浇上汁水：“来，开吃喽！”此时的鲤鱼嘴巴还在动。看着那张大的鱼嘴，大家不敢下筷子。
>
> (4) 问：“这样吃太残忍了吧？”
>
> (5) 朋友笑说：“它们本来就是拿来吃的嘛。”

这段文字叙事精彩、流畅，写得触目惊心，耐人琢磨。这段文字有五块：(1)是写四川成都有两种吃法：“鸡要吃得叫、鱼要吃得跳。”对这样的吃法，记者给出了意见：“极端残忍。”正是因为意见鲜明，故这一句属于非叙事话语。(2)是写“鸡要吃得叫”的具体事实情形：厨子用刀直接从活鸡的胸部割肉炒菜。(3)是写“鱼要吃得跳”的具体事实情形：厨子用湿毛巾包住鱼的头部下滚沸的油锅，活炸鲤鱼；当鱼做熟时，鱼因为头部未被烹炸而尚存一丝活气并不停地张口。上述(2)和(3)两处均介绍事实，属于叙事性话语。(4)是通过人物之口的反问再次表达意见：“鸡要吃得叫、鱼要吃得跳”这样的吃法“太残忍”。这是非叙事性话语。(5)是交代厨子对自身行为丑恶性的麻木，但又寓意于事实之中，说明厨子心理残忍的严重程度，虽属于叙事性话语，但又兼具议论因素：叙事人的叙述位居叙事话语高层，人物的议论位处叙事话语的下层。在这一部分报道中，文字的感染力是离不开叙事性话语与非叙事性话语的有机搭配的。

叙事性话语与非叙事性话语的有机搭配可以先事实，后解释、议论，也可以先解释、议论，后叙述事实。张悦等《深圳2007房价暴涨背后的秘密》[2]一文的片段采取前者：

> 新楼盘的销售不得不在酒店或会展中心进行——因为只有这些地方，才能容纳下等候抽签的购房者。过去常常只在彩票摇奖时出现的公证人员，现在则出没于各个售楼现场——他们的在场，多少能缓解人群对地产商的责难。

在这段的两个句子中，以破折号为界，前为交代事实，后为解释原因。由于西方叙事

---

① 载《华西都市报》，2004-09-05。

② 载《南方周末》，2007-07-12。

文化偏爱先叙述事实后解释，故喜欢如此做派的《南方周末》报在深度报道中常染有一点“西洋”味儿。

叙事性话语与非叙事性话语的有机搭配，还可以和其他元素相交融。西方特稿讲求现实材料与历史材料相结合，谈话纪事与现场见闻相结合，概括介绍与细节描写相结合，可供借鉴。如卡尔·霍夫曼的《种族歧视充斥意大利球场》[①]：

马里奥·巴洛特里是意大利足坛上的一名天才球员，现效力于国际米兰俱乐部的一线队。这位拥有典型意大利姓氏和身份证的球员却遭遇一种难以抒解的困扰：他与生俱来的黑皮肤成了他无以逃遁的原罪。驰骋绿茵场的他经常遭到对手以及对方球迷的辱骂和挑衅。“足球和暴力”现已成为意大利足球场上难解难分的一个怪胎，着实令人悲哀。在上个赛季结束之前，意大利足球场上的暴力事件达到了令人忧心的高潮。

在尤文图斯队与国际米兰队的比赛中，对方球迷齐声高喊“婊子生的巴洛特里！”

这让巴洛特里怒不可遏，他朝叫嚣的球迷伸出舌头，并且大声咆哮着“你们闭嘴”，导致现场的情况更有如火上浇油。

出生于意大利巴勒莫的黑人球员巴洛特里在比赛结束后对意大利足坛的乱象予以毫不留情的批判：“‘种族主义’也许是少数人的意见，但我相信，意大利是存在种族主义分子的。我承认，我的态度也许不太妥当，但我只是针对球迷们的谩骂做出反应，没有进行人身攻击。比起球迷们的态度，我的反应一点也不过分。冲着种族主义分子伸舌头，叫他们闭嘴，我做得不过分。相反，这是正常人的反应。”

虽然各球场的管制措施越来越严厉，某些外地的比赛也禁止特定的球迷团体进场观战，但是种族主义仍在球场上蔓延。最新的发展状况是，一些年轻的极端球迷聚集在球场的入口处惹是生非，直到警察将他们驱散。

（二）勾心斗角，连前接后

深度报道所传播的事实，尤其是新闻事实往往并不完整，多由诸多岛状事实组缀为事实的链状。那么，这些岛状的事实如何被组装为一个有机的链状整体呢？其中的一个用来照应前后的重要粘合剂就是非叙事性话语。

适当地使用非叙事性话语可以使报道有关部分的前后连结成有机的整体，保证深度报道思路的畅通。比如，张建伟的《变阻力为推力——大学毕业成才追踪记之一》[②]一文

---

① 德国之声电台网站 2009 年 11 月 12 日。

② 载《中国青年报》，1985-12-13～1985-12-25。

的开篇部分表达两个事实：一是天津家具六厂两年内进的大学生只有魏培春风得意，此人现已主持全厂全面工作，人们都说他是个人才。二是在人事关系复杂的今天，人们认为青年要成才，非“大智若愚”不可。应该说，这两个事实之间有一定的内在联系，但是，若没有联结部分，这两个部分又是分裂的。为此，恐怕只有使用非叙事语言，才能将这两个部分简洁地联结起来。实际上，这篇报道是用三个字来联结前后两部分：“何以然？”“何以然”三个字，承前提出问题，启后回答问题，整篇报道由此文脉贯通。另外，非叙事性话语也有助于强化报道的宏观意识，使孤立的叙事信息在非叙事性话语内的思想信息的观照下生发意义，变出重要。

（三）水到渠成，画龙点睛

深度报道毕竟以报道新闻事实为主，报道者的看法、观点，一方面应点到为止；另一方面又要蓄势，为议论创造必要的条件。如，张建伟的《阳光下的阴影——大学毕业生成才追踪记之七》有片断概要如下：有位1982年毕业的大学生，毕业分到所在单位后一心扑在科研项目之中。她的指导老师曾告诉这位大学生说：“我全力扶助你！但你要知道，一旦失败，会有许多人看不起你！”“那，我要是成功了呢？”“那就会有许多人嫉妒你！”不久，这一年轻人的第一个科研项目初步成功，第二年，她搜集数据，准备写论文，写书，但业务主管领导却调她去搞另一个项目，原项目改由该业务领导主管。在新的科研项目里，当这位大学毕业生半年多后再次接近成功时，那位业务领导又来了，说：“你一个人的力量比较单薄。我来帮助你！”于是新项目只好又有了业务领导的大名。写到这里，报道者忍不住喝道：“喝水的不是掘井的！摘桃的不是种树的！”叙述至此，作为非叙事性话语的议论既蓄势不得不发，又一语破的，仅点到为止，可谓水到渠成，画龙点睛，颇干脆利落。

第七章 深度报道与文体

第一节 文　体

一、文体与体裁、文类

文体与体裁、文类之间有千丝万缕的联系，需要加以辨析。

（一）文体与体裁

文体、体裁之间大体相当。所谓体裁，文章形式的表现要素之一，是人们对各种文章按照不同的表达与使用目的而进行的文章分类。文体大体上等于体裁，但相互之间仍存在细微的差别。文体是按照文章的体裁而对文章种类所进行的较为实用的划分。体裁在文章的分类上穷尽一切，强调对文章分类的理论归纳，而文体强调的是文章分类的实用性。

（二）文体与文类

文体与文类具有对应关系。所谓文类，是对文章种类的粗略归类。文类对文章的这种粗略归类对文章写作有理性认识与实验价值，但实战价值偏弱。比如，中小学语文教学一般将文章分为四大类，即记叙文、议论文、说明文与应用文。这样的文章分类可将天下文章大体划分干净，但主要对中小学生的语文学习作用突出，对那些社会上实际使用的分类文章或有作用，或无作用；或作用大，或作用小。而在成人社会的文章写作中，情况则较为复杂：有的文章写作要求文章形态简单，有模块，以便简捷成文，交际方便；有的文章写作讲求特征张扬，标新立异，变化多端；也有的文章兼具多方要求。这样一来，文类的四分法因不能满足一些文章的写作要求而必须再次划分。相形之下，文体则强调文章种类划分对实用性等社会需求的满足，故对文章种类的划分较文类细致。比如，记叙文属于一种文类，小说、消息、通讯、专访则属于文体，而且属于记叙文这种文类中的文体；议论文属于一种文类，杂文、社论、文艺评论则属于文体，而且属于议论文这种文类中的文体；说明文属于一种文类，解说词、说明书、科学小品则属于文体，而且属于说明文这种文类中的文体。所以，文体与文类均属于体裁范畴，但相形之下，文类实用性不强，而文体因在采写活动中能够形成切合实际的应普遍遵循的形式规范而更具实用性。在深度报道的采写活动中，文体比文类要贴近采写实际。

二、文体的划分

（一）文体划分的视野

文体划分存在着语言学与写作学两大视野。

语言学的文体划分标准是语言。英文“Style”一词汉译颇为丰富，可以译为“文体、风格、语体、文风、文笔”诸义。[①] 而西方的文体学研究实际上是语言的特色问题，考察的是在人际交流过程中语言运用的适合性。在人际交流中，一个人在语言表达时尽管语法、语音、词汇正确，但若违背了交际的适合性要求仍可以出现语言表达错误。因此，语言学中的文体与作品评析所说的文体是有区别的。

写作学的文体划分对象是文章及其写作。文章无远弗届，可以传之后人，故写文章不同于几个人当面交流。文章作品的条理性、完整性使得写作学视域的文体无法仅限于语言。写文章离不开语言，但写文章也离不开结构、表达方式，因此写作学对文体的划分既存在于语言，又对语言有所超越。

（二）文体的划分

文体的划分存在多种情况，其中较为合理的划分如下：

<table>
<tr><th colspan="2">文艺文体</th><th>新闻文体</th><th>公文文体</th><th>著作文体</th><th>日用文体</th></tr>
<tr><td>诗歌</td><td>格律诗
自由体诗
民歌体诗
散文诗</td><td rowspan="4">新闻报道
新闻评论</td><td rowspan="4">法令
指示
报告
会议纪要
总结
命令
通知
……</td><td rowspan="4">科学论文
讲义
实验报告
……</td><td rowspan="4">日记
书信
笔记
发言稿
……</td></tr>
<tr><td colspan="2">戏剧
小说
散文</td></tr>
<tr><td>口头创作</td><td>曲艺
故事
歌谣</td></tr>
<tr><td colspan="2">……</td></tr>
</table>

① 童庆炳：《文体与文体的创造》，1页，昆明，云南人民出版社，1994。

文体的划分是分级的。在上述五大文体的一级划分之下,可以根据实际需要进行二级、三级等的进一步文体细分。在新闻报道的分类中,可以依据所报道的新闻信息的性质与深浅程度,二分为一般报道与深度报道。在深度报道中,可以根据新闻信息的特点、重点、使用范围,将深度报道分为解释性报道、调查性报道、精确性报道与包括一些典型人物报道在内的深度人物报道。其中的解释性报道、调查性报道与精确性报道文体形态稳定,而典型性报道在我国由计划经济进入社会主义市场经济后则只有典型人物报道尚常胜不衰。不过,文体划分的分级要适度。如果文体分级脱离了写作的实际需要,达不到文体形态的大体稳定则标示着文体分级的失败。

第二节　文体在深度报道中的地位与作用

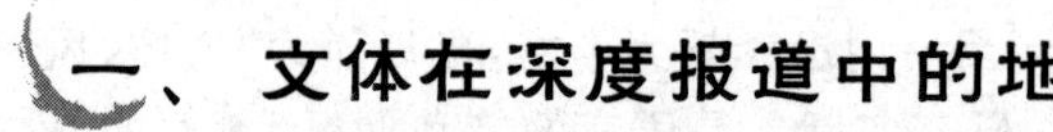

一、文体在深度报道中的地位

对文体在深度报道中的地位,应准确估量。地位与作用相互制约。地位高并不一定作用重大;反之亦然。地位之于作用,关键在于是否位居要津;而作用重大,则势必占位较为关键。所以,只有正确判断文体在深度报道中的地位,才能恰当地估量文体在深度报道中的作用。

文体不在深度报道中的核心地位。深度报道能否成立,是否优秀,最关键的在于内容,在于新闻信息的高品质。

文体在深度报道中有较重要的地位。尽管内容第一,形式第二,但形式的反作用力量决定着形式之于深度报道的不可或缺。文体属于深度报道的形式范畴。因此,深度报道缺乏必要的文体意识与操作途径,则深度报道易变味、走形,严重影响深度报道的质量。

二、文体在深度报道中的作用

(一)文体规定着深度报道的总体面貌,对深度报道的形式有入门与把关的定型功能

文体对于文章作品具有形式的总体规定性。任何一种文体,都是在人类长期的写作实践过程中逐渐形成与完善的,有一个从无到有,从产生到成熟甚至消亡的发展过程。成熟的文体,体现着文章的内容与形式之间浑然一体的和谐关系。在作品的形式中,语言、

结构、报道方式都不具有统领作品全局的能力，而只能在遵循一定的文体规范的前提下完成各自的文章形式任务。大千世界五花八门，文章也用途各异，由一种文章满足社会，满足人们的所有表达要求是不可能的。明代的陈洪谟说："文莫先于辩体，体正而后意以经之；……体者，文之干也。"[①]唯有文体才是构成文章形式的总规定者。文章写作要遵循文体规范。深度报道作品也不例外。新闻界对深度报道文体的一些迷茫，为深度报道由幼稚走向成熟过程中所不可避免的。其实，深度报道在中国内地的崛起，即便以 1987 年为界，至今也不过 20 多年。将 1987 年前后的深度报道与现今的深度报道相比，则不难发现当下的深度报道已经告别单一形态而走向丰富，告别激烈有余而走向激情与理性相平衡的自我调整，由成长的冲动而走向生长的有方有度，自在从容，开始有当与不当的收放自信。而在西方发达国家，深度报道的自我调适更为稳定。当然，深度报道开始成熟，并不等于深度报道已将所有重要问题均解决妥当，人物报道、精确性报道的信息深度问题是摆在中西新闻界面前的有待解决的共同难题，而典型性报道如何走向深度报道既是对党的新闻业的一大考验，也决定着典型性报道真正和长远的生命力。然而，深度报道的成就与面临的困难都说明深度报道在我国内地已不再是咿呀学语的婴儿，正开始步入青春骚动的少年阶段。在这样一个阶段，深度报道在形式上已不能任其自生自灭，疯长无度，必要的规范之于深度报道利大于弊。在这种关于深度报道的规范中，文体则构成一种不可或缺的重要规范。

（二）文体规定着作品形式的总体轮廓，对文章形式有提纲挈领的总览功能

文体规定着作品形式的总体轮廓。作为一种形式要素，文体看似虚无缥缈，实则协调各形式要素，构成作品的形式总纲，打造深度报道写作的基本规范，并影响着采访的用力方向与必须加以观照的边边角角。深度报道作品的结构、语言、表达方式均依文体要求而各就各位。同时，文体又与深度报道的内容形成互动。只有恰当的文体才能适合一定的内容表达，而一定的内容也只有凭借合适的文体才能够尽意尽情。文体在作品中的这种特殊作用，要求深度报道主体强化报道的浑然一体，努力破除那种一内容二形式而对深度报道完整性所生发的割裂。

文体对文章形式有提纲挈领的总览功能。文体动中有静，静中有动。有的文体不适用于时代的交流而消失，有的文体又因时代的交流而萌生、壮大。比如，跨世纪前后互联网的快速成长在中国内地已经形成了一个与传统媒体在互动中有同又有异的另一家舆论场。新闻信息舆论生态的这种变化已经对包括深度报道在内的新闻报道的守成与改良，

---

① 徐师曾：《文体明辨序说》，见郭绍虞主编：《文章辨体序说·文体明辨序说》，80 页，北京，人民文学出版社，1962。

尤其是对深度报道文体的走向定型产生了不可小觑的作用。因此，文体是包括深度报道在内的各种新闻稿件采写、沟通时必须认真考虑的作品要素。刘勰的《文心雕龙·熔裁》云："是以草创鸿笔，先标三准：履端于始，则设情以位体；举正于中，则酌事以取类；归余于终，则撮辞以举要。"文体在作品中的这种特殊作用，要求深度报道主体高度重视文体，同时也应注意由文体入手把握深度报道的形式特点、形式内部各要素之间的关系，并善于由形式切入作品内容，形成形式与内容的水乳交融，努力减少深度报道的遗憾。

第三节　深度报道文体的基本原则与主要注意事项

一、深度报道文体的基本原则

（一）文体的选择必须服从于内容表达的需要

作为作品的一种形式要素，文体因内容、功能的不同而萌生不同的文体分类。解释性报道重在报道新闻事实的何因要素，因此，基本的新闻事实、丰富的背景材料、权威者的分析、夹叙夹议的表达方式、逻辑性的层层递进结构及其相互勾连，就构成了解释性报道文体范式的常规形态。调查性报道着重报道显性的新闻事实背后的隐性新闻事实，尤其是为社会强势力量遮蔽的负面的隐性新闻事实，因此，披露记者的调查路径、调查方法，提供材料，尤其是关键性材料的具体出处，运用不动声色的叙事语言使记者的调查路线与报道的结构前后相一致，成为调查性报道文体规范的常规形态。精确性报道数量当头，主要采用社会科学所运用的"量化研究"方法较有系统地采集新闻事实数据，并在此基础上对新闻事实进行定量描述、解析，因此，介绍量化调查的出处、方法，提供量化数据，以逻辑性的文章结构突出从数据中寻找到的新闻事实并进行解析，成为精确性报道文体规范的常规形态。至于典型人物报道，着力传播的不仅是人物，而且是社会生活中先进而又具有普遍的社会指导意义的人物，因此，围绕人物的言行事迹与思想境界，尤其是人物思想的时代意义，以叙为主，描写、说明、议论甚至抒情一齐上阵，推崇细节材料，结构形态多种多样，语蕴深情，成为我国内地典型人物报道文体规范的常规形态。当然，典型人物报道的得失与文体相关，但文体却不能为此负主要责任。社会需要典范，但社会典范的公信力来自何处？是否只能由官方树立？对于典型人物的内心世界，记者应该深入，也应该浮出；在人性的恒长性与时代性之间建构典型人物主体世界的真实性。只有在现象真实与本质真实、客观真实与主观真实的有机统一的基础上实现人物真实，典型人物报道在文体上才具有长远的稳定性。因此，典型人物报道现存的根本问题的解决，最关键的还是在全社会，尤其是社会的管理者能够实事求是，解放思想。显而易见，文体的演变与守成源自深度报道的内容。社会需要、社会控制决定着深度报道内部有关文体形态的必然性。

（二）文体的运用应着眼于受众的接受兴趣

作为新闻报道的一种支配性力量，受众利益要求深度报道必须从公共利益与广大人民群众的根本利益这一战略高度出发，践行主流新闻生力军的重任，不忘通过文体来落实广大读者对主流新闻的渴求。比如，调查性报道一般为什么要远离情绪性的报道语言？为什么要注意采用平衡报道策略？显然，新闻报道在揭露重大的隐性新闻信息，维护社会公正时，如果叙事语带煽情，则容易引发身处今日资讯发达时代的广大读者对报道新闻真实性的怀疑，容易出现破绽让被曝光者利用，产生新闻纠纷。而缺少平衡报道策略的调查性报道必然缺少证伪意识、质疑精神，影响新闻的真实性。典型人物报道所遭遇的窘境，从根本上讲也集中凸显了传者与受者之间在传受关系上的一种矛盾。一方面，广大人民群众在和平时期渴望英雄，呼唤平凡时代的不平凡的精神圣境；另一方面，我们的不少典型人物报道却只见人物的言行而很少披露人物的内在精神世界，很少能够准确地把握人物性格的规定性与非规定性之间的矛盾，很少性格变化，很少人物的人性内心挣扎，很少充分揭示人物"傻"中的不傻，"傻"中的不凡与平凡的时代意义。缺少典型人物思想性格的逻辑性，典型人物报道的新闻真实性则无从谈起。因此，只有充分尊重受众的接受兴趣，自觉遵守新闻传播规律，从人物的实际出发又落实到人物，典型人物报道才能够真正实现文体的稳定与变迁之间的良性互动。

（三）文体的处理应遵循新闻传播活动的基本规范

深度报道作品应该通过文体履行新闻专业主义。新闻专业主义是新闻工作者用以保证新闻工作与新闻作品品质的职业理念。报道新闻事实，坚持新闻真实性，不畏强权；在社会各方利益的合法或不合法的博弈中坚持为公共利益服务，追求社会公正；勇于质疑，善于质疑，给予争论各方同等机会；不侵犯隐私权等。[①] 这些是新闻专业主义的精华。新闻专业主义可以有效地暴露政治专制及其新闻观的破绽，构成深度报道内诸文体规范的科学基础，强化深度报道的公共利益方向。比如，深度报道既然属于记叙文，那么，深度报道就不能以议论代替叙述，报道者的抒情就必须适当节制，用事实说话就不能够成为新闻报道的基本方法，就必须以记叙作为深度报道的基础性的表达方式。深度报道按新闻规

---

① 吴洪霞等：《新闻专业主义与传媒消费主义之张力分析》，载《人文杂志》，2004(1)；商娜红：《职业主义与英美新闻业》，载中国人民大学报刊复印资料《新闻与传播》，2005(7)，49页。

律办事，恪守新闻专业主义，有益于报道主体遵循新闻传播活动的基本规范，有助于媒体抵制来自社会的不当干扰。

深度报道作品履行新闻专业主义也应该善于利用文体。文体可以成为深度报道是否践行新闻专业主义的一个晴雨表。比如，从报道主体的可用报道时间看，深度报道新闻信息的新鲜性同样使其偏紧，故深度报道也有一定的现成结构模块供报道者快速成文来选用。如解释性报道在结构层次上多采取如下三部曲模块：第一步，是什么；第二步，为什么；第三步，怎么办。这样的结构模块虽然类似于消息报道对经典结构倒金字塔结构的运用，但深度报道可用的报道时间终究较消息报道从容，故其为报道主体运用的伸缩空间也就宽广了不少。文体也是检验深度报道能否按照新闻规律办事的一个指标。

二、 深度报道文体的主要注意事项

（一）坚持文体要害，杜绝混淆

深度报道的文体运用，要坚持文体要害。这些要害主要如下：第一，文体属于文章的形式之一，故必须为深度报道的内容服务。深度报道采取何种文体，如何采用，一切以内容表达为旨归。第二，在深度报道的形式上，文体要与结构、语言、表达方式相互配合。一方面，结构、语言、表达方式应按照相关文体规范行事；另一方面，确有必要，结构、语言、表达方式的新变化、新组合可以丰富深度报道的表达形态，扩大深度报道内容的形式表现的可能性，推动文体适合时代变化与现实的新需求，留心文体的新增长点，并采取恰当的措施应对。

深度报道在文体上要杜绝混淆。这里的混淆不是指因社会、报道内容而催生的文体扩张与文体的新增长点，而是指因不明文体与非文体的区隔对文体、非文体要素运用的杂乱无章。这种需要防范的混淆主要有三：一是将结构与文体相混淆。比如，面对以横截面见长、见巧的《王老师的小屋》，将这种本属于结构角度创新的形式表现混同于文体创新。就文体而论，李蕴藻的《王老师的小屋》一文按新闻报道分类属于通讯；按照深度报道分类，则属于典型性报道。二是将表达方式与文体相混淆。有的新闻稿以议论为中心，明明属于新闻评论，结果却被断之以深度报道。三是深度报道诸文体内部的相混淆。比如，《鲁布革冲击》是属于调查性报道还是解释性报道呢？在深度报道初期的 1987 年，深度报道文体个性尚未十分鲜明在所难免。就《鲁布革冲击》而论，记者将新闻事实的大体轮廓、来龙去脉调查清楚并不困难，报道的核心是追问不同的工程管理机制何以会造成工程的重大差别，并由此形成了对我国既往工程管理机制的探究：现行工程管理制度已远远不能适应新时期社会主义建设，是造成鲁布革工程建设问题的关键，我国的工程管理制度需要按照改革开放的时代要求采用世界上先进的工程管理制度。《鲁布革冲击》以负面信息为主，并无揭丑目的，也无意于立足中性信息的调查，而是何因当头，并逆流而上，将何因溯源到工程制度。显而易见，《鲁布革冲击》的基本操作思路、方法都在解释性报道的范围之内。深度报道的报道主体如果缺少文体意识，在报道的“合体”上势必一团雾水，以其昏昏自难躲避深度报道文体的不当混淆。

（二）坚持以深度新闻信息为中心标尺

在深度报道中，只有深度新闻信息挂帅，才有助于在报道中避免步入非深度报道或伪深度报道的误区。目前，深度报道已经成为新闻传媒的核心竞争区域之一，绝大多数主流媒体高度重视深度报道，投入可观的力量进行深度报道。然而，由于主客观的限制，不少名为“深度报道”的作品并不具备深度报道的基本精神。因此，借助文体区分深度报道与非深度报道，区分深度报道内部的各自分工，从而从一个侧面快速提升我国内地深度报道的水平，就成为深度报道文体的任务之一。在文体的处置上，深度报道主体应牢记如下要点：首先，看报道的题材是否事涉国计民生，有无宏大叙事品格。文化体育报道不同于时政新闻、经济新闻，颇易走向新闻报道的休闲、轻松方向，但若转向如足球体制改革、电视剧《潜伏》2009 年春火遍我国银屏的深层原因等事件，这样的新闻报道就迈入深度报道的方向。其次，对于那些具有软新闻外表的深度报道，要从主题、采写动机入手。如果报道的实质指向公共利益，戟指社会管理，逻辑脉络无可挑剔，那么软新闻外表的选题仍然具有深度报道的精神内核。曹勇的《被鸡头改变的村庄》报道在湖南省溆浦县低庄镇存在数量可观的拐卖本地妇女并组织到外地卖淫的“鸡头”（老鸨），本地年轻女性因此大量流落外地卖淫。这是一篇非事件性新闻，选题似乎无碍国计民生。那么，格调一向严肃并以维护社会正义为己任的《南方周末》刊发这样的新闻报道，有心的读者初看完全有理由发出疑问：这是不是一篇借“色”打擦边球的软新闻？对问题的准确回答必须考察记者怎样处理所报道的题材。面对湖南省溆浦县低庄镇如此猖獗的犯罪行为，本地公安机关却打击不力。长期以往，当地社会风气渐次发生重大变化，这就是笑贫不笑娼。那些一向面朝黄土背朝天的原本淳朴的农民而今却只问钱财而不问钱财来路是否干净。金钱重于道德，人们的价值观开始发生非常可怕的演变。这种正在向地狱沉沦的价值观异常恐怖，远甚于妇女卖淫行为本身。在《被鸡头改变的村庄》中，我们看见原本淳朴、善良的村民是如何在黑恶势力与当地政府冷漠的合围下一步步灵魂堕落。这篇报道从当地村民观念变迁入手，将一个看似庸俗的新闻故事提升到严肃的社会批判境界，在事关社会结构性变化中将报道由风花雪月演变为民族精神建构的宏大叙事。曹勇的《被鸡头改变的村庄》一文之所以具备优秀深度报道的品格，就在于记者用思想性将新闻题材彻底洗涤。

（三）按照深度报道内各有关文体标准运行

深度报道不是一种新闻文体，而只是聚集着有关文体的渊薮。深度报道中的诸文体各有各家的功能与规范，因此，深度报道要注意文体的各行其是，相互融合也要服从于内容表达的需要而不能一味蛮干。解释性报道、调查性报道、精确性报道与深度人物报道异中有同，同中现异，在文体上有的较为稳定，有的尚有更多的探索空间，这一切必须具体情况具体分析，以“合体”为主，妥善处理报道的文体“合体”与创新之间的关系。

第八章 解释性报道的写作

第一节　解释性报道的界定与作用

一、解释性报道的界定与分类

（一）界定

先看一则新闻报道。王建康的摄影报道《箍桶匠（实录）》[①]全篇如下：

图中正在箍木桶的老人，是76岁的朱福兴，家住苏州平江区钮家巷。他从15岁起开始学做箍桶手艺，至今已经做了60多年。

① 载《人民日报》，2009-07-09。

如今，随着经济社会的发展以及人们日常生活器具的更新换代，箍桶匠这个千年行当何去何从令人关注。朱福兴老人希望有人继承这门手艺，能让它继续传下去。

毫无疑义，《箍桶匠(实录)》是一篇常规的新闻报道。不过，这则新闻报道虽聚集了问题，却没有回答问题。解释性报道与这样的常规报道是不一样的。解释性报道(Interpretative Reporting)是一种充分运用背景材料来说明新闻事实的来龙去脉，揭示新闻事实的原因、实质意义或预测新闻事实发展趋势的分析性的报道。

那么，我们应如何理解解释性报道呢?

首先，解释性报道是分析性的深度报道。美国的麦克康伯斯(Maxwell Mccombs)认为新闻事实如同海面上漂浮的冰山，客观报道仅能报道露出水面的冰山锥体。[①] 解释性报道则不是这样。它提供的不是单纯的消息来源，而是通过对各种事实的解读来报道新闻事实背后的有关因素。在新闻六要素的传播上，解释性报道并非一视同仁。何因是解释性报道的重心。与常规新闻报道相较，解释性报道的深度着重于新闻事实背后的复杂而深刻的致因，对报道者与媒体的研究问题能力有较高的要求。

其次，解释性报道不同于一般的事件性新闻。它在报道速度上稍慢，属于慢新闻；在篇幅上较长，一般不属于短新闻。它报道的不是发生了什么事，而是这个新闻事实是为什么发生与如何发生，故属于非事件性新闻，而非纯新闻或事件性新闻。

再次，解释性报道也不同于调查性报道。调查性报道重“事”，着重于报道新闻背后的新闻，即那些已经披露的新闻事实背后还有哪些被掩盖着的新闻事实；解释性报道则重“理”，着重于对新闻事实的发生、走向等进行有根有据、合情合理的分析与解释。相形之下，在新闻六要素的择取上，调查性报道着重于“如何”，解释性报道则着重于“为何”。

解释性报道还有其他一些提法。这些提法所包含的报道一般都属于解释性报道，它们有：解释性新闻、新闻分析、新闻述评、新闻综述，等等。“瞭望”、“观察与思考”一类的栏目所刊载的新闻报道常常为解释性报道。

（二）分类

按照时间要素，解释性报道可以划分为如下几类：

1. 一段时间的解释性报道

这是对当下发生的个别新闻事实或新闻现象所进行的意在揭示深层意义的报道。如，武汉市2008年在兴建位居武昌青山区的武汉火车站，那么，为什么在武汉市已有武昌

---

① 罗文辉：《精确新闻报道》，21页，台北，正中书局，1991。

站、汉口站这两大火车站的情况下还要建设武汉火车站？要怎样建设武汉火车站？围绕这样的问题进行报道就是一段时间的解释性报道。解释性报道意在报道深层致因。

一段时间的解释性报道是最常见的解释性报道。

2. 一个时期的解释性报道

这种解释性报道的新闻对象是那些在一个相当的时期之间累计出现或经常发生的新闻事实、新闻现象。比如，近年来，武汉市对汉口英美租界的外国式建筑不再拆毁，而是予以悉心修缮。那么，武汉市政府为什么会在城建上出现这样的大转弯？其社会背景怎样？这样做的意义是什么？如是解释性报道的新闻事实持续时间较长，即为一个时期。而且这样处理，会比 2003 年 8 月主流媒体采用传统思考与写法对武汉市创建文明城市进行的报道招人喜爱。

3. 一个时代的解释性报道

这一种解释性报道跨度大，时间长，要解释准确、清晰很不容易。它对报道者本人的基本素养提出了相当高的要求。比如，党的十一届三中全会以来的 30 多年，武汉市在我国经济发展中的地位是怎样的？在对外开放上起到了哪些特殊作用？武汉市的这种地位与作用是如何形成的？等等。这样的解释性报道就属于事关一个时代的解释性报道。解释性报道如此运作则在时间跨度上更大，属于对一个时代的报道。

二、解释性报道的作用

（一）分析原因，说明意义

解释性报道不是仅仅将新闻事实报道出来了事，而是要在对基本事实报道的基础上分析报道新闻事实发生、发展的深层原因、社会影响、社会意义等。这是解释性报道的最突出的作用。

（二）提供背景，完整深刻

解释性报道具有集中、整合信息的功能，将新闻事实与相关的新闻背景聚集到一处解释新闻，分析事实，因而其提供的新闻信息比纯新闻要完整、开阔、系统、深刻，可以满足受众接受纯新闻后的信息饥渴。

（三）推度前景，提供预期

解释性报道不仅可以结合过去与周边情况来分析新闻事实的成因，还可以解释新闻事实未来的可能走向。

第二节　解释性报道产生的原因

深度报道的发源地在解释性报道。从解释性报道的发生看,它首先兴起于西方,在中国内地流行则要晚得多。

一、在西方产生的原因

(一)对客观报道的"反动"

伴随欧美近代资产阶级革命的成功,西方报业迎来资本主义报刊的发展壮大:先是政党报纸取代封建主义官报,后是初期商业报纸对政党报刊的替代。在资产阶级革命以前的漫长岁月,西方国家新闻业的新闻采写主要向历史悠久的文学借鉴,写作上缺乏明显的新闻个性规范。进入政党报纸阶段与商业报纸初期,新闻报道倒是有了个性,可惜主观恶意却比比皆是。议论、抒情成为此期报刊新闻报道的家常菜。各党派所属的报纸为了一党之私,往往自我鼓吹,互相攻讦,常以低俗用语甚至于造谣来贬损对方,而初期的商业报纸并不比政党报刊强多少,为了发行量、广告带来的利润也热衷于新闻报道的耸人听闻。毫无疑义,政党报刊、初期商业报刊一律煽情色彩浓郁。煽情报道虽对早期报纸素朴报道"反动",认为后者对读者缺乏吸引力,但煽情对新闻真实性的玩弄在使新闻报道缺乏合格产品品质的同时,又逐渐名声狼狈,丧失公信力。无论政党报纸还是初期商业报纸,煽情报道俱难免言过其实,在市场竞争中缺乏持久的营销品质与真正长远的竞争力。

市场竞争的优胜劣汰使煽情化的新闻报道失去广大读者,推动西方报业在19世纪中叶进入一个客观报道时期。当时纽约三大便士报之一的《纽约先驱报》的老板贝内特首先提出了"客观报道"主张。客观报道是对煽情报道的反动,意在纠正煽情性报纸的主观弊端,使新闻报道真实可靠。客观报道倡导"非个人化的报道",主要特点是:①注重纪录性,反对同情,认为记者是所报道新闻事件的观察者而不是参与者,[①]力求纠偏而中立;②将事实与言论分开。记者如要议论,则请另写评论别文刊发。在工业革命完成之后,伴随普利策、奥克斯的改革所带动的欧美报业的成功转型,尤其在由奥克斯所开辟的主流大报采编新路的巨大成功面前,客观报道作为一种基本原则开始畅通无阻,横扫天下。从

---

① [美]罗恩·史密斯:《新闻道德评价》,318页,北京,新华出版社,2001。

19 世纪末到 20 世纪 50 年代，客观报道原则曾长期主导、统治欧美新闻业，成为新闻报道的不二法门。

对客观报道的质疑与反动是解释性报道萌生、壮大的温床。解释性报道的发展有媒体与现实生活两大因素。先看媒体因素。日报的高速发展对既往的媒介领头羊期刊构成严重的威胁。在时效性上，新闻期刊无法与报纸相抗衡，以资讯的深度后发制人因而成为期刊业随后的必然选择。20 世纪二三十年代，解释性报道开始进入期刊社的视域。解释性报道的首创者为同时刊发新闻报道的《纽约客》杂志所勇夺。[①] 而新闻期刊的创始人卢斯认为，时代的快速发展、资讯的层出不穷与人们生活节奏的越来越快使得读者成为“忙人”，读者因而迫切需要经过整理的新闻信息；新闻期刊恰恰拥有解决上述问题的特殊优势。通过经由媒体整理的新闻信息，“忙人”们可以用较少的时间对当下的主要新闻与社会状态一目了然。思想决定行动。1923 年，卢斯与同学哈登在纽约创办了新闻期刊《时代》周刊。卢斯认为，《时代》是新闻事件的整理者、注释者，虽追求公正却无法做到不偏不倚(Impartial)，主张报纸放弃新闻报道与社论在版面上分设的传统做法。[②] 1948 年，《时代》周刊的一篇文章公开向客观报道挑战：“不偏不倚与公正的区别是什么？一个有责任感的新闻工作者对在他看来是符合实际情况的事实进行分析时，是‘有偏向的’。他只要不是为了说明自己的观点而歪曲事实，只要不隐瞒说明一个不同观点的事实真相，他就是公正的。”[③]《时代》周刊的新闻报道因为讲述新闻故事、提供丰富的背景资料、强化报道的人情味、讲求报道的风韵，而成为解释性报道的先驱。期刊讲求传播意见信息的特点，也推动了解释性报道的成长。解释性报道开始由边缘进入中央。1933 年，美国报纸编辑协会通过协议，承认可以对新闻解释、分析。[④] 1947 年，英国皇家报业委员会认为客观报道原则企图用两个“半真实”替代全部真实，这样的客观报道只能产生伪客观性。[⑤] 再看社会现实因素。期刊业的努力并没有从根本上动摇客观报道在新闻业的统治地位。解释性报道发展的真正转机出现在 20 世纪五六十年代。1950 年美参议员麦卡锡关于国会共产党员的发言，20 世纪 60 年代的越战和美国黑人对种族歧视的反抗，引发了美国国内政局的跌宕起伏，广大读者对这些却一时不明就里。广大受众所需要的新闻绝不仅仅是发生了什么事，读者还需要明了新闻事实为什么会发生。读者迫切需要新闻报道能够对新闻事实有正确的解释，合理的分析。然而，当时的所谓的客观报道却以反主观为由不理不睬，拒绝给广大读者提供事实真相。读者的需要与客观报道的错误、局限，反倒促使解释

---

① 王栋：《对话美国顶尖杂志总编》，80 页，北京，作家出版社，2008。

② 罗文辉：《精确新闻报道》，22 页，台北，正中书局，1991。

③ [美]埃默里父子：《美国新闻史》，389 页，北京，新华出版社，2001。

④ 李良荣：《当代世界新闻事业》，210 页，北京，中国人民大学出版社，2002。

⑤ 张威：《比较新闻学：方法与考证》，291 页，广州，南方日报出版社，2003。

性报道在美国逐渐走向强盛，报纸不再执著于“客观性”理念，[①]开始向新闻信息的深度挺进。到了20世纪60年代，解释性报道在美国正式取代客观性报道而成为一时的新闻报道时尚。

（二）与电视竞争的需要

“二战”后，电视在以美国为首的西方世界快速成长，成为解释性报道发达的另外一只重要推手。电视的长处，使报纸无法在快速报道上与之抗衡。但是电视声像符码的直觉性、时间的一去不再性又使电视报道在具备快速、形象之长的同时，存在着浅薄的天生弱点。在思想的深度上，电视天然地不及文字。受众在看完纯新闻报道后，还想知道新闻事实的来龙去脉、深刻致因、发展前景等，报纸的优势在这里则能较好地发挥出来。美国的《新闻周刊》杂志则总结了一套解释性报道的流水作业流程。此即《新闻周刊》解释性报道的“三元一体”制造模式。该模式由三大部分组成：新闻事实＋背景材料＋新闻分析。[②]由于有了解释性新闻，报纸不仅未被电视击垮，而且与自己相比，也有了飞速进步。美国的《基督教科学箴言报》、《华尔街日报》等西方国家的主流大报均以刊发解释性报道见长。[③] 据介绍，在《纽约时报》、《华盛顿邮报》等大报之中，解释性报道已占了这些报纸整个新闻版面的70％以上。[④]

（三）“社会责任论”为解释性报道提供了理论支持

西方新闻业的传统新闻理论是自由主义报刊论。该理论认为人是聪明的，只要给人们权利，人们就会天然地明了是非曲直。英国的弥尔顿(John Milton)在《论出版自由》中提出了“观点的公开市场”(即自由表达)与“观点的自我修正”，信心满满。同时，通过媒体的新闻自由(新闻自由包括自由的采访权、自由的报道权、自由的批评权、自由的出版权)，社会还可以有效地反击、制止独裁。新闻自由、出版自由(发布自由)是天赋人权。不过，后来的事实充分证明，人并不总是那么出色，也干了不少糊涂事甚至于罪恶。同时，新闻出版的自由主义也并未有效地制止住专制。相反，在自由主义报刊论的指导下，意在博取受众眼球的煽情性新闻到处泛滥，资本取代政府控制报刊，同样助长了对意见自由市场的扼杀。

对自由主义报刊论形成的重大打击在1942年。是年，美国时代出版公司老板亨利·卢斯出资20万元请芝加哥大学校长罗伯特·哈钦斯主持一项“对报刊自由的现状与前景

① [美]沃尔特·福克斯：《新闻写作——报刊记者指南》，15页，北京，新华出版社，1999。

② 欧阳明：《外国新闻传播业史稿》，258页，武汉，武汉大学出版社，2006。

③ [美]埃默里父子：《美国新闻史》，497页，北京，新华出版社，1982。

④ 李良荣：《西方新闻事业概论》，120页，上海，复旦大学出版社，1997。

的调查”。结果，调查结论却与时代出版公司出资人的初衷适得其反。该调查认为，新闻自由报刊理论损害了国家与社会公众利益，报刊屈从于广告客户的要求，使权力服务的真正对象不是国家、公众，而只是报刊所有者自己。该调查因此认为，自由应有附加条件，报刊必须约束自己的行为，大众传媒要承担社会教育的职责。

这种社会责任论也帮助解释性报道大行其道。而在这之前的19世纪30年代，由于客观报道与报刊自由主义理论兴盛，解释性报道曾被视为一个肮脏的字眼，[①]美联社当时就不准自己的记者采写解释性报道。

二、在中国产生的原因

（一）解释性报道在中国发生的基本脉络

我国内地解释性报道的萌芽颇早。从清末到民国初年，新闻报道中那些对何因、如何的不同程度的分析则潜藏着解释性报道的元素。共和国成立以后，新闻述评、工作通讯的分析成分更多，已相当接近于解释性报道。在20世纪80年代之前，解释性报道在我国内地尚处于一种萌芽状态，《北京的确良府绸为什么供不应求》[②]、《长沙市火柴脱销的原因何在?》[③]以何因要素作为新闻报道的中心，可谓一篇较为简单的解释性报道。20世纪80年代是解释性报道在我国内地正式登陆的始点。当时的一大批有社会影响的深度报道作品，如《关广梅现象》、《命运备忘录》、《一个工程师出走的反思》、《鲁布革冲击》因为着力于思想解放，讲求采用新思想或新的思想视角探析新闻事实的本质要害，以何因为报道重点，故其基本精神属于解释性报道。20世纪90年代中期，邓小平南巡讲话再扬思想解放风帆，中国社会主义市场经济如火如荼，无以压抑。时势造英雄，解释性报道伴时代东风，随深度报道的第二波兴盛也走向纵深，进入自家发展的第二阶段。进入21世纪，我国新闻界对解释性报道的认识越来越准确、清晰，现实的演进与读者的需要让解释性报道与调查性报道分道扬镳，各司其职，不再混同，过去春风得意的工作通讯、新闻述评开始越来越向解释性报道靠拢。深度报道开始采纳国际标准，解释性报道也注意既说“汉语”，又说“世界语”。目前，我国内地的解释性报道已经进入了一个个性鲜明、特点突出、功能集中、采编操作较为自如的成熟期。

通过解释性报道在中国发生的基本脉络可以看出，20世纪80年代末90年代初是解释性报道在中国发展的分水岭。

---

① 李良荣：《当代世界新闻事业》，122页，北京，中国人民大学出版社，2002。

② 新华社1978年10月5日电稿。

③ 载《湖南日报》，1982-05-20。

（二）解释性报道在中国成长的主要原因

解释性报道20世纪80年代末90年代初在中国出现有着深刻的社会原因与媒体发展因素。其在中国蓬勃发展的原因大体有如下三个方面。

1. 中国社会发展的迫切需要

解释性报道的兴起是中国社会发展的迫切需要。一方面，改革开放使中国告别过去的计划经济，前所未有的社会变迁在华夏大地快速发展，利益群体之间的利益博弈，价值多元化的发展，这一切都使得既往的仅仅以报道发生了什么的新闻资讯根本无法满足中国社会的政治、经济与文化的需求。社会转型的巨大落差与复杂，迫切要求以何因为中心信息诉求的解释性报道快速成长。另一方面，中国的社会主义市场经济建设是人类社会从未有过的社会发展浪潮。成就与缺陷相伴相随，进步与动荡相互追逐。中国社会的快速发展需要社会稳定，但回避矛盾的稳定是虚幻的，于民族大义无益。斗争中求稳定，稳定中有斗争。新闻舆论更不是世外桃源。在中国，新闻媒体是党的喉舌，也应该做人民的喉舌，党的各级党委的机关报刊更直接肩负着宣传党的主张，实施舆论监督与舆论引导的社会重任。解释性报道在这一点上有自己的独特优势，那就是通过对重大新闻事件的解释、分析来解读党和国家的有关政策法规，为大局服务，为党的事业服务，为人民群众解疑去惑。

2. 读者阅读的需要

目前，人们获悉重要的时讯多依靠电视、互联网而不是报纸。广大读者现在读报，主要是为了对复杂的世界有深入的了解。当前资讯十分发达，但与以往不同的是，广大受众遭遇的困难不再是信息缺失或不足，而是供过于求，需要面对的媒介信息太多。因此，对于那些比较复杂的新闻事实，普通的读者希望能通过报刊在众多的信息中迅速找到自己所需要的新闻，这就要求新闻报道既报道事实，又能对新闻事实进行必要的整理、解释、分析。

3. 与电视乃至于网络媒体竞争的需要

20世纪80年代中期之前，中国盛行的基本上是客观报道与宣传教育式的报道。这些报道多罗列经意识形态筛选后的新闻事实，或是由此张扬主流社会，尤其是官方的观点，而缺乏依据具体事实分析事实。20世纪80年代中期以来，中国家庭的电视普及率迅速提高。目前，电视已经成为中国老百姓不可或缺的文化消费与精神娱乐工具。电视是分流报刊读者的媒介之一。

不过，分流报刊读者的媒体不止于电视，来自网络的冲击同样不容小觑。进入21世纪以来，互联网的迅猛发展正对报刊的生存、发展构成愈来愈严重的威胁。《人民日报》

2008 年 7 月报道，我国网民数量为 2.53 亿，网民数量、宽带网民数、国家域名注册量开始位居世界第一。[①] 一年之后的 2009 年 6 月 30 日，我国的网民规模发展到 3.38 亿，其中宽带网民达 3.2 亿，占总网民数的 94.3%；互联网普及率稳步提升。2009 年 6 月 30 日，我国互联网普及率已经达到 25.5%，未来数年仍将保持高速增长的态势。[②] 不过，与电视的影响相较，互联网对报刊的冲击自有特点。我国内地的网络媒体除了利用网络演播厅进行谈话直播之外，到眼下仍未获取必经国家授予的新闻信息采写权力，网络原本可以腾挪的空间其实也非无限。这本是国家送给传统媒体的政策优惠。报刊凭此高地，完全可以从信息传播过程的上游，即信息产品制造环节来控制整个信息传播流程。一条无水的河床，本无法成为河流。然而，报刊社若未审时度势，反纷纷将自家花费许多人力、物力才辛辛苦苦采制的信息产品，以极为低廉的价格，甚至于无偿地交由网络媒体刊用，则难免作茧自缚。媒介融合要有底线。“传统媒体的草养大了网络媒体的羊。”任凭网站对报刊的新闻作品随意转载、摘编，报刊有自毁长城之嫌。当然，面对如此媒介局面，单一的报刊社起不了什么实质的作用。它需要的是整个报业团结起来，步调一致。中国版权协会副秘书长孙悦认为：“目前纸媒向网络廉价提供内容产品的畸形状态必须改变，才能实现多方面利益平衡，形成多种媒体共存、互惠、共赢的传媒格局。”[③]而如此协调、统一，只能由中国报业协会、中国期刊协会一类行业权威机构担纲，并处理好《中华人民共和国著作权法》(第五条)、《中华人民共和国著作权法实施条例》(第三条、第五条)中关于“时事新闻”不受国家著作权法保护这一关键问题。不过，也正是报刊与网络媒体的如此互动，让深度报道在报刊利器的构建上责无旁贷。显而易见，国家著作权法对报刊的深度报道，必须加以保护。

基于上述局面，伴随中国改革开放的发展，由电视、互联网所带来的竞争与报业多元化的发展趋向，再加之西方新闻业发展史对我国大众传媒，尤其是对我国报业的启发，解释性报道在中国自然涌现，自觉喷发，日益壮大。

在中国，以上诸因素有主次之分。一般说来，中国社会的发展需要居于第一位。如果报刊不考虑如何让读者能读、爱读，那么，不仅那些需要面向市场的非机关报刊在生存上颇为艰难，而且各级党委的机关报也因缺乏有效阅读而遭致社会影响力大打折扣，难逃被边缘化的伪主流尴尬处境。

---

① http://www.nbbaxh.net/mshow.asp? id=2292

② http://it.sohu.com/20090716/n265267860.shtml

③ 王俊秀：《网络不能再吃纸媒的“廉价大餐”了》，载《中国青年报》，2009-06-23。

第三节 解释性报道的特点

一、兼通评论、通讯与消息三方

解释性报道既报道新闻事实，又报道对新闻事实的进一步分析，还比较讲求报道的生动性与趣味性。这就使得解释性报道具有通讯报道、消息报道与新闻评论的有关个性。首先，与一般消息相比，解释性报道既报道事实，又报道解释。其中的报道新闻事实与消息报道一致，但对解释的报道则为一般的新闻报道所没有或不成为报道的重心。其次，与新闻评论相比，解释性报道既报道分析，又要报道新闻事实，其所报道的意见也只是报道者本人或是接受采访的专家、权威人士等的一家之言，并不像社论、编辑部文章的观点一样代表着报社或背后官方、政治势力集团的主张，行文上也意在介绍而不是论证。在关注意见上，解释性报道与新闻评论存在共同区域。不过，解释性报道终究属于新闻报道，而不是新闻评论，叙事而不是议论方为其根本。再次，与常规通讯比较起来，解释性报道则兼具事实与意见两者，双方的分量半斤八两。常规通讯往往以叙述为主，着重报道事实而不是报道意见。

比如，同样是报道国家教育部关于国家部属高等院校在高考招生中降低学校所在地生源比例一事，消息报道与深度报道不一样。消息报道《教育部称今年部属高校属地招生比例下降》①全文如下：

> 本报讯（记者郭少峰）教育部昨天表示，今年教育部直属高校属地计划安排比例较去年平均降低两个百分点，计划共减少5 200余名学生，这些招生名额的80%将投向中西部省区。
>
> 教育部昨天发布公报说，今年在保持各地招生计划总量相对稳定的同时，教育部加强政策引导和计划调控，将招生计划更多地向中西部地区倾斜。据教育部统计，今年中部11省市招生计划总量比去年增长6.5%，西部12省区比去年增长7.3%，均高于全国平均5%的增幅。
>
> 教育部有关负责人介绍说，去年中央部门高校属地招生比例为30%，这意味着依招生计划，今年属地招生比例为28%。
>
> 但有一个概念需要明确，招生计划并不等于最终的录取数额，今年清华、北大在制订招生计划时都曾确定了在京投放计划分别为270人和286人，今年两

---

① 载《新京报》，2009-07-17。

校最终均将在京扩招50多人。其中北大在京扩招超过20%，清华在京扩招接近20%。最终两校在京招生人数占本科招生人数的10%左右。

有统计显示，2004年北大在京的招生名额占总数27%，复旦在沪招生占总数40%，武汉大学在湖北招生占总数50%，浙江大学在浙江招生占总数70%。有人不断呼吁要警惕部属高校招生属地化。

《名校去地方化能否医"旧疾"》[①]则是一篇同题的解释性报道。其全文如下：

同样的分数，北京、上海的考生可以进入部属重点大学，中西部一些省份的考生却只能上普通本科。近年来，部属高校在招生录取上的属地化倾向一直备受质疑。

教育部日前要求，2008年各部属高校在属地的招生计划比例一律不得提高，超过30%的应逐步回调至30%以内。政策甫一公布，就引来诸多关注。记者近日走访多所高校，发现招生属地化现象依然比较明显。新政策能否带来新变化，还需拭目以待。

名校青睐属地考生

"直接造成了高考招生中的地域歧视现象"

目前全国共有教育部直属院校70多所，其招生人数占到全国普通高校招生计划的1/10左右。由于历史和经济发展等原因，大部分重点部属高校分布在中东部的大城市。而在近年来的扩招大潮中，这些高校在招生计划指标比例上也频频向所在省市倾斜。

"招生属地化，直接造成了高考招生中的地域歧视现象。"在日前举行的"教

---

① 载《人民日报》，2008-05-13。

育改变中国公益论坛”上，学者徐友渔列举了一组数据：北京一所知名大学在北京地区招收380人，在河南招收72人，在贵州招收32人。而河南省人口是北京的8倍，贵州省人口是北京的3.36倍。

其他高校也有相似情况。据了解，复旦大学在上海招生占总数40%，武汉大学在湖北招生占总数40%，浙江大学在浙江招生占总数70%。而在生源大省河南、湖南等地，重点高校资源却相对不足。

教育部相关负责人表示，为了促进教育资源的均衡配置，教育部早在5年前就加大了政策调控力度，减少部属高校在属地招生比例，向生源多、质量好的省市投放。西部地区招生计划已连续5年平均增幅超过全国平均水平，部属高校在属地招生比例近5年已由40%多降至30%左右。

招生指标此消彼长

“考本地名校可能难了，但考外地名校机会多了”

教育部发通知之后，一些部属高校采取相应的措施，调减了属地招生比例。“2007年武汉大学属地招生占总计划的比例为36.6%。今年在湖北省招生计划为2 500人，占招生总计划的32.9%。”武汉大学招生办公室相关负责人吴老师说。南开大学招生办负责人也表示，南开今年计划在北京、天津等地缩减一定招生名额，在河南、安徽等省份以及西部地区略有增加。北京大学招办副主任王亚章表示，北大在京招生比例常年维持在10%左右，今年招生计划总体规模为2 650人，其中属地招生计划286人，比去年减少14人。

这一政策也引起了部分学校和家长的担心。武汉大学吴老师表示，这一变化可能会导致湖北高分考生的流失。“我们会逐渐地降，最终达到30%的比例。”吴老师坦陈，不希望因此给考生和家长造成错觉，认为武汉大学在本地减少了招生，湖北学生不敢报考，而外省学校报了又怕考不上。

女儿今年将要参加高考的天津市民魏先生担心，今年这些部属院校在津的分数线可能会提高；而外地的高校，分散到各个省市的指标很少，风险也不小。对此，教育部门相关负责人表示，“此消彼长，考本地名校可能难了一些，但考外地名校机会却多了”。

去地方化进退两难

“解决问题，要从高等教育资源供给上着手”

专家分析说，重点大学在当地招生比例过高这一现象是逐渐形成的。像浙江大学、武汉大学等一些部属高校，都曾合并过一些地方高校，致使地方生源比例随之增加。复旦大学历史地理研究所教授葛剑雄则认为，“近年来复旦大学本地招生比例从10%扩大到40%，就是因为实行省部共建，主管部门给复旦大学拿 6 个亿，上海也拿出 6 个亿，这样就要提高本地招收的比例”。

在“省部共建”中，不少部属重点高校都成为教育部与当地政府共建的大学，获得了当地政府的配套办学资金。作为回报，高校便会相应扩大在当地的招生规模。目前地方“省部共建”的配套资金已经成为学校投入的重要组成部分，部属高校去地方化政策可能陷入两难境地。

上海交通大学教授熊丙奇指出，如何协调当地政府投入与人才培养回报的关系将是部属高校去地方化面临的主要问题。如果招生规模缩小，当地政府的投入也减少，办学资金本就十分紧张的高校，将进一步面临经费难题。招生比例由此在一定程度上成为地方政府、教育部和学校间的博弈。“要从根本上解决以上问题，必须从高等教育资源供给上着手。”熊丙奇建议，从学校角度看，大学办学要拓宽经费渠道，如果把主要办学经费来源寄托在政府身上，必然导致学校对政府的依赖，或者导致学校发展严重受到当地经济发展的影响。从政府角度看，应给大学获取资源创造条件，这就必须打破对高等教育资源的垄断，建立高等教育的多元发展模式。

在这一同题新闻报道中，消息报道与解释性报道有所不一。消息报道叙述了新闻事实的框架性信息，但未涉及国家教育部要求各地教育部部属高等院校削减当地生源比例的原因、实施困难等深层信息。相形之下，解释性报道不仅报道各地国家部属高等院校向降低当地生源比例方向发展的新闻事实，而且着重于在如上事实的基础上，报道部属高等院校当地生源高比例所造成的社会危害，问题的来龙去脉以及部属高等院校由此产生的削减当地生源数量的主要困难。

二、 夹叙夹议，重在原因

在一般情况下，纯新闻的新闻六要素的重要程度依次为：What、When、Who、Where，然后再根据需要来决定是否报道 Why、How，即“原因”与“如何”。而解释性报道则相反，既然一般的新闻事实已由纯新闻承担，那么纯新闻的次要要素“原因”和“如何”反而在多以第二新闻落点为重心的深度报道中升为重点。其中解释性报道着重于报道“原因”。可以说，离开对事实发生原因的报道，那么，解释性报道也就无从谈起。比如，屠仕超的《大学校园，巾帼更胜须眉?》不仅报道当下我国高校学生在学习、社会活动等各方面出现的阴盛阳衰走向，而且通过一边叙述，交代各类事实材料，一边论说，提供意见，报道导致这一阴盛阳衰走向的诸多成因，且将何因作为整个报道的重心：

大学生中的女生比例越来越高；女学生干部人数越来越多；最高奖学金往

往被女生垄断；社会活动中女生表现更抢眼……“女生强势现象”已经引起很多高校教师的关注——大学校园，巾帼更胜须眉？

这是一份沪上某大学最新公布的2004级学生奖学金获奖情况：广告系奖学金获得者10人，男生2人；新闻系获奖者12人，男生2人；广播电视编导系奖学金获得者15人，男生3人；摄影系奖学金获得者6人，男生2人……该校负责学生工作的老师说，奖学金特别是最高奖学金被女生垄断的现象越来越明显。

而另一所高校刚刚选拔出的研究生支教团10人团员名单中，女生7人、男生3人，而去年也是女生占60%以上，“本该男生更积极的活动，却往往女生唱主角”。大学校园里的“女生强势现象”已经引起了很多高校老师的关注。

相比男生，大多数女生学习更用功。
刘畅摄

校园出现“阴盛阳衰”？

在大学里，越来越多的女孩不仅撑起了“半边天”，还逐渐占据优势。

首先是大学女学生越来越多的现象。在上海师范大学等一些文科类为主的学校，男女生比例严重失衡，常常一个班级鲜花成片，却只有孤苦伶仃的几棵“草”。某大学新闻系一个班30个人，竟然出现了1∶29的男女比例。每次新的任课老师进教室，总是会不由惊叹一句：“你们班没有男生吗？”

女多男少的现象正从师范类、外语类等学校向综合性大学蔓延。甚至在交通大学等传统的理工科学校，女生比例也逐年“抬头”，那些土木、桥梁、机械等过去男生一统天下的专业，男女生人数的差距也越拉越小，大有“平分天下”的趋势。

除了人数上的优势，女大学生在各个方面似乎都“巾帼更胜须眉”。同济大学经济与管理学院的吴晓洁说，在她们班级里，女生们更热衷班干部的竞选，十来名班干部里只有孤零零两名男生，其余都是“娘子军”。同济大学广告系辅导员唐乐也表示，女生们普遍比男生更细心，责任心也强，很多事情交给女生做更放心。

“在我们的社团里，主力核心都是女生。”沪上某知名大学社团联主席告诉笔者，女生更愿意参加社团活动，“我们在主席团选举时已经考虑到限制女生人数了，总不能清一色女将吧，但是能供选择的男生实在太少了”。

大学女生普遍比男生上进？

“在我的课堂上，经常出现很有趣的现象。”同济大学传播与艺术学院王健副教授告诉笔者，“女生全线压阵，黑压压地在前面坐了一片。而男生大多坐在后面不易被注意的地方。上课的时候，女生在前面认真记笔记，而男生在后面聊天、睡觉、看小说，还往往中途逃课。”

这样的现象在高校几乎司空见惯。笔者在华东师范大学某思想道德课上看见，偌大的教室里，中间部分都是女生，后座和周围一圈则稀稀拉拉地坐着男生。到了课堂讨论的时候，女生们则一个个踊跃到台上发表自己的见解，而男生们基本处于“小范围讨论”状态甚至直接“失语”，除非被老师点名叫起，否则躲在角落里一声不吭。

除了课堂上学习的区别外，男女生对于课外时间的分配也极为不均匀。女生常常会去自习教室安安静静地看书，而男生则多选择玩游戏或者踢足球。据笔者观察，在大学宽松的环境里，男生面临的诱惑似乎比女生多。有的沉溺于网络游戏，有的结伴抽烟喝酒……自制力差的男生往往就此消极下去。而大多数女生，比较文静乖巧，能遵守校纪校规，所以讨老师喜爱，学习成绩也较为优秀。

同济大学教务处的一位老师对此表示说，在大学学习中，基础与天分并非决定一切，勤奋才是成功的关键。女生上课出勤率高，听课认真，笔记整洁，还保持晚自习的习惯，成绩自然就好了。一些男生自认就业相对女生容易，导致学业放松。而且，在当前以记忆为主的大学考试模式中，勤奋的女生的确比男生更容易胜出。

就业性别歧视成女生动力？

有专家指出，女大学生婚姻观念的进步也是一个重要因素，开放的社会心态让女大学生们觉得，追求真正意义上的男女平等，必须要提高自己的“含金量”，学得好了，经济上独立自主了，才能有幸福的家庭和美好的未来。因此，她们认为，相对“嫁得好”，“干得好”更重要。

对此，同济大学新闻系柳珊副教授也表示：现在基本上都是独生子女家庭，家长对子女很宠爱，女孩子也成了家里的唯一希望。现代女性，独立意识正越来越强，而独立的前提则是经济独立，这就要求女大学生们，在大学期间必须要好好学习，不懈奋斗，将来能找到好的工作。

“不少用人单位在招聘上或多或少带有性别歧视，这就造成了女大学生就业比男性难的问题。”同济大学团委孔老师说，“现在，不少女生都意识到了这一点，所以她们比男生更加拼命用功读书，获得更出色的专业成绩，希望增加就业时的

'砝码'。"广告系女生小钱认为,在影响就业的种种因素中,实力才是关键。只要知识、能力,以及综合素质都比男生好,女生一样能找到好的工作。

男生把更多热情用在课外

"男生在学习等方面落后于女生,主要原因有三条。"同济大学心理学老师陈增堂分析认为,一是以网络和电子游戏为代表的现代科技,更容易使男生沉迷于其中,而对女生影响较小;二是当前各类考试的内容较注重基础知识和技能,而不是对各方面能力的综合考察,使男生在抽象逻辑思维、发散思维、动手能力等方面的优势较难发挥;三是社会大环境的影响,男生就业、独立创业的途径较多,社会认可程度也高,而女生在这方面并不占优势,这也使男女生在对待学习上态度会有不同。因此,男生想要赶上女生,除第二条因素无法改变外,只要少打电脑游戏,端正学习态度,应该可以与女生并驾齐驱。

男生也有自己的解释。"我们并不是不看重成绩,不在乎奖学金,只是把更多的时间和精力用在自己喜欢的事情上。"同济大学车辆工程专业的小胡对笔者说:"在他们汽车学院,女生们学习只为了期末考试,因为这直接关系到成绩好坏。而男生不同,有的投身校园创业活动;有的在网上开起小店,把生意做得红火;还有的专注于乐队、滑板、网球、街舞等时尚活动,考试在男生们学习生活中分量相对轻一些。"

但是很多辅导员老师也提到,男生们在学习和自己喜欢做的事情这两者之间,能否把握好个度,这才是至关重要的,成绩、奖学金、社会活动不能代表一切,但是也至少代表一个人认真过、努力过、收获过。

三、 背景材料唱大戏

背景材料在解释性报道中相当重要。在纯新闻中,背景材料为配角,大都起补充或展示的作用。而解释性报道则大为不同。只有充分使用背景材料,解释性报道才能将新闻事实的来龙去脉、意义、症结等等说清楚,从而落实报道深度。对于解释性报道,背景材料绝非可有可无。因此,解释性报道的另一个突出特点则是广泛而大量地运用背景材料来进行报道。

总之,解释性报道属于深度报道的一种。从采写的难度看,解释性报道介于纯新闻与调查性报道之间:较纯新闻复杂,但往往又比调查性报道阻力小,需要控制的局面相对简单。

第四节　解释性报道的写作要领

一、选择需要解释的新闻事实或新闻现象为报道对象

（一）如何选择

解释性报道对于报道对象必须认真选择。有些新闻事实比较单一，透明，易于洞穿，意义往往不言自明，故写成一般消息将事实交代清楚也就够了。有的新闻事实虽然有解释的空间，但是报道价值不大，没什么普遍性，本媒体的广大读者又不感兴趣，对这样的事实我们也不必进行解释性报道。相反，只有那些广大读者感兴趣，不解释便不易让人理解，不解释便无法揭示其深刻内涵的带有相当普遍性的比较重要的新闻事件、新闻现象，才适合做解释性报道的报道对象。

新闻事实越重要，越需要解释，则选题的价值就越大。

（二）选择什么

具体说来，以下四类新闻事实、新闻现象比较适宜做解释性报道：

1. 党和国家新出台的方针、政策、法规

党和国家的有关方针、政策、法规既事关全局、规范性强，又文字简洁。因此，新闻报道不仅要报道这些方针、政策、法规的主要内容与实施范围，而且还要向广大读者报道出台这些方针、政策、法规的原因、意义、实际的社会因素乃至于违规的后果，等等。在这里，解释性报道就有了用武之地。比如，2004 年 2 月，《中国共产党党内监督条例（试行）》颁布。作为中华人民共和国的唯一执政党，中国共产党掌握着国家决定性的执政权力。而社会主义市场经济是人类历史上前所未有的事业，对中国共产党构成新的重大考验。从国家强大、人民幸福与执政党执政能力的与时俱进计，党内民主则不能不成为社会主义民主建设的重要组成部分。故党的建设则成为当今中国政治生活的重心之一。那么，为什么中国共产党在 2004 年春颁布《中国共产党党内监督条例（试行）》？该监督条例与党建工作存在怎样的关系，与社会主义民主建设乃至于反腐败又有什么联系？《中国共产党党内监督条例（试行）》为无产阶级政党的发展是否提供新的启迪？如果存在，又是怎样的启迪？等等。由于《中国共产党党内监督条例（试行）》直接关系着国家政治大局的走向，与广大人民群众的核心利益密切相关，故主流媒体在《中国共产党党内监督条例（试行）》公开颁布之后进行解释性报道就非常必要：通过解析该条例的社会意义、作用与深远影响，

帮助广大党员与人民群众更好地把握、理解国家政治生活的变动，为广大读者解疑释惑，强化民众的社会生活质量。

2. 较为重大的突发政治、军事事件

对这些突发的重大事件，除了及时刊发动态消息之外，还要刊发解释性报道，用以揭示事件的意义，帮助广大读者了解新闻大事的前因后果。2002年8月7日晚利比亚领导人卡扎菲在同来访的英国外交国务大臣迈克·奥布赖恩会谈时表示，利比亚愿意向洛克比空难事件遇难者家属做出赔偿。1988年，泛美航空公司的一架客机在途经苏格兰洛克比镇的上空爆炸坠毁，机上259名乘客和机组人员以及地面上的11人在空难中丧生。利比亚虽受这起爆炸牵连，遭到联合国和美国的制裁，却不承认对空难负有责任。然而15年后的2003年8月，利比亚却与美英达成协议，同意对洛克比事件遇难者家属支付总额约27亿美元的赔偿。联合国也因此于同年9月份取消了对利比亚的制裁。那么，长期以来一直反美、反西方的利比亚领袖卡扎菲为什么在2003年夏季突然一改其强硬立场，承认对洛克比空难事件负有责任，并予以重金赔偿呢？利比亚与美英就洛克比空难事件达成协议的各自动因又是什么？协议的达成对未来的美国与利比亚，西方国家与利比亚，利比亚与阿拉伯国家之间会产生怎样的影响？显然，对于这些，媒体不进行解释性报道，广大读者势必雾里看花，一片茫然。当然，在解释性报道中，国际新闻与国内新闻的处理有所不一。

3. 重大的科研成果或科技活动

当今的科学技术发展很快，一些科研成果或活动如能进行解释性报道，讲清楚其作用、意义，则便于广大读者理解这些科研成果或活动。

4. 经济领域和其他社会生活中出现的比较重大的新情况、新问题

这些新情况、新问题社会影响较大，又往往涉及广大群众的切身利益，因此常常需要解释分析。比如，2006年深秋，坐落在贵州省黔西南布依族苗族自治州境内的马岭河峡谷，即万峰湖风景名胜区的赵家渡水电站举行奠基仪式。但是，这一工程还未开工，就遭到当地一些干部群众的反对。那么，这一为当地带来经济红利的工程为什么会在当地遭遇强大的反对声音？对此工程，国家水利行业为什么热情洋溢？环保专家为什么态度谨慎？问题还不止这些。显而易见，报道者面对报道对象必须综合各方得失，并基于国家的整体利益与地区的局部利益，民族的长远利益与族群的近期利益，应分析性地报道贵州赵家渡水电站建设工程。这种事关社会结构性建设的复杂新闻事实，颇适宜于深度报道。

（三）两种新闻线索

解释性报道的新闻线索主要来自两种：一种来自其他新闻，尤其是普通新闻，二是来

自独家新闻。

作为深度报道，大多解释性报道属于反应报道，即从大量的普通新闻报道中发现进行解释性报道的对象。比如，《湖北日报》驻荆州的记者发现倒奶事件后首先在2002年4月26日的《湖北日报》发表了短讯《沙市奶农见识市场残酷，5万公斤鲜牛奶倒进农田》。该报特稿部以为此事意义重大，值得进一步关注，于是才随后策划、组织了系列报道《荆州市奶农"倒奶事件"解读》。

但是，也有部分解释性报道属于独家新闻，如《出租车为何自降起步价》[①]：

打的可以讨价还价

在兰州，如果是外地人，或者偶尔乘坐出租车的本地人，都是按价格表付费：桑塔纳、夏利出租车的起步价7元，面的起步价为5元。如果是本地人，就有讲究了。他拦截夏利、桑塔纳出租车时，就把五指伸开，意思是要求"起步价5元"。如果出租车司机停车，就意味着同意这个价格。否则，出租车就会开过去。

出租车两个价，有人认为：价格混乱，对于不知行情的乘客而言，不公平。但也有人认为：司机愿意降价，乘客坐车又少花了钱，这是双方都高兴的事。

"绿桑"入市，出租车连锁降价

兰州出租车出现两种价格，是因为绿色桑塔纳轿车入市引发的。

起初，兰州的出租车起步价只有两个档次：5元和7元。排气量在1.0以下的面的，起步价5元；排气量在1.0～2.0之间的为7元。因为夏利、富康、桑塔纳车的排气量有1.2、1.6、1.8等多个档次，购置一辆不同品牌的出租车的费用也相去甚远。比如，购置一辆夏利出租车为9万元，桑塔纳为16万元。

让这些车辆放在同一起跑线上竞争，显然是不合理的。但因为直到2001年8月之前，桑塔纳出租车的数量有限，从总体上构不成对夏利车的威胁，所以大家还相安无事。

2001年8月，800辆崭新的桑塔纳出租车，清一色地披上"绿装"入市。因为颜色鲜亮、整齐划一，起步价又与其他出租车一样，"绿桑"在五颜六色的轿车中十分抢眼，一下成了市场骄子。对以夏利为主的低档出租车构成了严重威胁。

为了生存和竞争，夏利开始降价，在挡风玻璃上打出了"5元"的招牌。起初，"绿桑"态度非常坚决，怎么也不肯降价。但当每日的营运收入从500多元降到300多元之后，"绿桑"也抗不住了，也开始有选择地降价拉客。

---

① 载《人民日报》，2002-05-20。

降价行为屡禁不止

对于出租车的自行降价行为，兰州市公路运输管理部门一直采取制止态度：抓住一次罚款200元。但出租车司机在检查时把降价牌子拿掉，到了晚上和周末、节假日，照挂不误。今年3月，兰州市运输管理部门决定加大处罚力度，规定：擅自抬价、压价的，处以500元以上1 000元以下的罚款，甚至扣留营运证。在政府部门的强力干预下，降价的牌子一日之间从出租车上消失了。但降价行为并没终止，"五指分开打的法"开始悄然流行。降价仍是出租车司机和乘客心照不宣的选择。

"你到哪儿买东西，都是一分价钱一分货。桑塔纳和夏利不是一种车型，你非让它们一个价儿，这公平吗?"一位夏利出租车司机认为，政府部门在价格出台前没做充分的论证和调查，出台的价格不合理，这是夏利、面的不得不降价的根本因素。

甘肃省社会科学院院长周述实教授认为：政府要学会以市场手段管理市场。定价只有符合市场规律，才会被市场认可，政府才有权威。否则，市场机制就可能被政府行为扭曲。

二、 做好第二手资料与相关专业理论的准备工作

写解释性报道，不同于调查性报道，更不同于纯新闻。首先，解释性报道需要第二手资料。解释性报道要求报道人对新闻事件的来龙去脉有深入的了解，对问题要有较强的洞察力、分析力，要求报道者对新闻事件所进行的分析、解释实事求是、击中要害、科学准确。因此，报道人既要注意搜集第一手材料，到新闻现场去寻找活生生的材料，采访有关的当事人、见证人，又必须善于积累、利用第二手材料。进行解释性报道，报道者除了必须熟悉新闻事件或新闻现象之外，还应该掌握有关人士对新闻事实或新闻现象的评价，把握必要的背景材料，如有关新闻事件或新闻现象的来龙去脉，党和国家的法规、政策，相关事实的学科理论、知识等。

其次，解释性报道对报道主体有较高的专业要求。既然分析解释，解释性报道对新闻事实的解释分析就应该触及问题的要害。然而，要解释新闻事实，光有热情是不够的。解释性报道的报道者既应该熟悉新闻事实本身，还应该熟悉新闻事实的来龙去脉，具备相关的专业理论修养。而这些对于至多只能熟知一两个学科的记者，则勉为其难。所以，与其他报道不同的是，解释性报道的作者可以多元化：既可以由能胜任解释性报道的记者完成，也可以由时事评论家、具体行业的专家学者独立完成或与记者合作完成。2000年11月，国家药品监督管理局发布紧急通知，要求全国各个医院、药店暂时停止出售康泰克药

品。对此,《长江日报》与《人民日报》分别进行了解释性报道。

康泰克为什么遭禁[①]

16日,国家药品监督管理局紧急告诫病患者,立即停止服用所有含有PPA(苯丙醇胺)成分的感冒药,因为服用该类药品有可能会引发中风、心律不齐、肾衰竭等严重后果。这一纸通知使康泰克、康得、感冒灵胶囊等常用感冒药,一夜之间从各医院、药店撤销。而近10天来,从美国发端,全球各国相继发出停用部分感冒药的紧急通知。这PPA是什么呢?

PPA即苯丙醇胺,用于人体能产生类似交感神经兴奋的作用,有助于减轻或消除感冒引起的鼻粘膜充血、肿胀引起的鼻塞。与解热镇痛阿斯匹林等配合组成复方制剂,成为常用的抗感冒药品。这种药品还有降低食欲的作用,美国人亦把它作为减肥药。这种药物临床应用有可能引发血压升高,甚至心律失常,这是早为临床药理研究所证明的事实,因此我国从未将这种药物作为单一药品用于临床,仅限于以较小剂量配制成复方制剂。

医药界为保障民众用药安全,强调必须对已在临床使用的药品继续进行有效性、安全性的监测,许多发达国家在这方面早已形成完善的监测制度。早在20世纪70年代,专家就通过药品不良反应的报告途径发现,有些年轻妇女发生颅脑内出血可能与PPA有关;80年代又有30余例相似报告,支持这一观点。药品不良反应病例报告常常是发现严重不良反应的警报。美国食品和药品管理局(FDA)以此为据,于1992年建议由耶鲁大学医学院组成研究小组对PPA与出血性脑中风发病的相关性进行流行病学研究。调查研究发现,出血性脑中风的发病与服用PPA的事实有密切相关性,其中与服用含PPA减肥药的相关程度极高。FDA结合所有有关PPA上市后监测的报告内容,于2000年11月6日决定从药品市场上撤销一切含PPA的药品制剂,以保障公众用药安全。

国际上,有关药品安全性评价的科学信息是人类共享的。我国药品监督管理部门十分重视国际药品安全性研究的新进展,并结合我国情况及时作出了相关决定,这充分体现了国家对人民大众用药安全的极大关注。

在康泰克等感冒药遭禁后,不少朋友问:停用这类药品,感冒了吃什么药?其实仍然有许多可供选用的治疗感冒的药品,如阿斯匹林制剂,不含PPA的对乙酰氨基酚复方制剂、中药银翘解毒片、桑菊感冒片等,对不同类型的感冒都有好的治疗效果。

---

① 载《长江日报》,2000-11-21。

从暂停使用和销售含PPA药品制剂这一事件中，我们可以获得两点重要启示。一是加深对药品作用两重性的认识，即药品具有有益的治疗作用，又可在一定条件下出现危害健康的毒性作用。即使已批准为非处方药的药品，也应当注意其潜在的危害。无论是医师处方用药或患者自行使用非处方药都要持慎重态度，避免药物滥用；二是加深我们对执行我国《药品不良反应监测管理方法》重要性的认识。无论是医师、药师、药品经营人员，还是广大药品消费者，都应留心用药的反应，对可疑不良反应应作出及时报告。只有健全药品不良反应的报告和监测制度，我们才可能及时调整临床用药，保障广大民众的用药安全。

（作者：华中科技大学同济医学院临床药理研究所教授 曾繁典）

与由医学专家独立完成的《康泰克为什么遭禁》不同的是，《为什么PPA现在才被暂停使用?》一文则有新华社记者李佳路撰写。

为什么PPA现在才被暂停使用?[①]

由于使用含PPA(苯丙醇胺)药品会引起如过敏、心律失常、高血压、急性肾衰等症状的可能性，国家药品监督管理局近日下发紧急通知要求暂停使用所有含PPA的药品制剂。但是一些含PPA的药品已经上市了很长时间，为什么现在才被暂停使用呢?

记者近日带着这一问题采访了有关专家。据介绍，药品在上市前的研究上由于受到许多因素的限制，存在着局限性。一是病例少，如我国《新药审批办法》规定一期临床试验病例数量为20到30例，二期为100例，三期为300例以上；二是上市前药品的临床试验过程一般较短，观察期也相应较短；三是试验对象年龄范围窄，上市前药品不具备在特殊患者人群，如老年、儿童患者中使用的实际经验；四是用药条件控制较严，有心肝肾功能异常、妊娠、精神异常、造血系统异常的患者不参加试验；五是试验目的单纯，药品上市前研究主要考察疗效，临床试验的观察指标只限于试验所规定内容，未列入试验内容的一般不予评价。

正是由于这些原因，使得一些发生频率低于1%的不良反应需要较长时间应用才能发现或迟发的不良反应未能发现。这种情况也造成了药品在上市时间和发现不良反应并实施管理时间上存在的时滞现象。

专家指出，时滞现象是客观存在的。比如，非那西丁是于1887年上市的药

① 新华社北京2000年11月22日电稿。

品，然而据资料显示，因其造成肾损害的有 2 000 余人，死亡的有 500 余人，但是发现其有不良反应并引起警觉是在 1953 年，证实存在不良反应是在 1959 年，对其实施管制是在 1974 年，而这时与其上市时间已经相隔了 87 年之久。美国药品管理部门从 1980 年到 1998 年先后从上市药品中撤销了 13 种药品，其中上市时间最短的是 4 个月，而最长的达到 24 年。

据介绍，由于药品在上市前研究的局限性，所以世界各国普遍开展了药品上市后的再评价工作，世界卫生组织从 60 年代开始推行国际药品监测合作计划，我国也于 1998 年加入该组织并成为其成员国。

上述两篇报道各有千秋。专家与记者各有长短。一般说来，专家学者的弱点多是不熟悉新闻报道的要领，稿件易过于专业而艰深，不生动，可读性不强，记者的弱点则在于由专业知识缺乏带来的肤浅乃至于错误。如有可能，报社应当注意开掘、培养有关专家，善于与那些既有专业理论修养又懂得报章通俗、生动的写作要求的专家们进行充分合作。

总之，报道者对第二手资料掌握得越充分，对相关理论把握得越扎实，那么，报道的解释分析就越有说服力，越强于其他报道。

三、将原因作为报道的重点、中心

（一）为什么要以原因作为解释性报道的重点、中心

解释性报道的根本目的是报道新闻事实发生的原因和将要如何，因此，Why（为什么）就成为解释性报道的核心、重点。一篇解释性报道写得是否合格，是否优秀，关键就看对于新闻事实的解释是否合理，是否有根据，是否有新意，是否有说服力。而这正是解释性报道的深度新闻信息所在。

（二）解读原因：如何才能够有力

1. 通过抓取主要矛盾把握何因：纲举目张敲命门

解释性报道所选取的报道对象往往事关全局，社会影响重大而又内部复杂，为此，报道者若不善于抓取主要矛盾或矛盾的主要方面则颇易导致报道疲软乏力。陈道林、王德华等的《40 多年来连起葛店和武汉　25 路公汽何以败走葛店？》[①]所报道的正是一个貌似简单却实则不简单的新闻事实。该文全篇如下：

① 载《楚天都市报》，2006-04-19。

25 路车连起葛店和武汉

4 月 15 日早上 6 点，鄂州市葛店镇东岭村村民郭怀忠(化名)坐上了葛店到武昌的班车。

郭怀忠在武汉市洪山区鲁巷一带做“马路”水电工 8 个年头，他几乎每天都要去鲁巷等活计。“5 块钱。”售票员对他说。掏钱买票时，郭怀忠心里又掠起了一阵不快。

“以前坐 25 路车是 2 块钱，现在一天来回就得多花 6 元。你说这钱我赚得容易吗?”提起 25 路车的事，郭怀忠气不打一处来。

葛店镇党委副书记吴学良说：“25 路车伴随葛店三代人成长，在葛店，提起 25 路车男女老少无人不晓。”

武汉市公交集团五公司的资料显示，25 路公汽于 1958 年 6 月开通，由武昌汉阳门开往葛店镇。葛店镇当时属武汉市管辖，辖区有国家重点化工企业葛店化工厂，许多工人上下班往返两地，更是当地居民进城的必经通道。

20 世纪 60 年代，葛店镇划归当时的鄂城县(现鄂州市)管辖，但 25 路公汽跨市经营到葛店镇的历史一直未变。

吴学良说，葛店虽然划归鄂州了，但经济、文化流向仍然是武汉。葛店镇的蔬菜种植面积接近 2 万亩，可谓武汉市的“菜园子”，大东门、小东门、水果湖、红钢城等菜市场的菜农，相当一部分来自葛店，加上在武汉的务工、经商人员，每天往来葛店与武汉之间的葛店居民近万人次。

1992 年，应葛店镇政府要求，武汉公交五公司出资 2 万元，由镇政府在葛店高中门前正式修建 25 路葛店车站，双方签订了有关协议。

从此，25 路车站成为葛店人民熟悉的一个地标性建筑。

1997 年 12 月，受葛店经济开发区邀请，鄂州市运管部门发文同意，25 路前延 3 公里至葛店开发区。

吴学良说：“可以毫不夸张地说，25 路已成为葛店镇不可缺少的组成部分，葛店人民离不开它。”

“红灯”频闪撤出葛店

记者从武汉市公交集团五公司了解到，2000 年春节，少数中巴车以 25 路不执行春运票价和节日期间调整客运能力为由，擅自扣押 25 路营运车辆，后由公安部门出面才平息事态。

2001 年，鄂州市运管部门以规范管理为由，要求 25 路营运规模缩至 20 台，同时鄂州市华松客运公司和武汉市洪山交通运输发展公司的车却激增至 77 台。25 路在夹缝中生存，规模逐步萎缩至 10 台。

2004年9月24日，鄂州市运管部门向武汉市公交五公司亮出黄牌：依据当年施行的《道路运输条例》规定，跨行政区域经营的道路客运，必须经省级运营机构许可之后才具有经营资格，要求25路按程序履行申报审批手续，否则不得再经营武昌至鄂州葛店线。

同年12月28日，25路车缩至武汉区域内调头，不知情的乘客强烈要求司机进入鄂州，纠纷时有发生。去年4月6日，25路司机张高群驾车在武汉市左岭镇上街村掉头时，遭到乘客的围攻。鉴于此，武汉公交集团公司3天后作出决定，25路缩到洪山区左岭镇运营，以保障司乘人员的人身安全。

这条营运了40多年的跨区域公交线路就此画上了句号。当地居民以前坐公交车到鲁巷是2元，到大东门是3.5元，现在坐客运班车实行5元“一票制”。据葛店镇政府估算，25路车撤出葛店之后，当地居民进出武汉每年要多花800多万元的车费。

利益链缠住了25路车的轮子

经营武昌到葛店线路的鄂州华松客运公司和武汉市洪山交通运输发展公司认为，25路车不缴客附费、养路费、过桥费等费用，与自己存在极大的成本差距，形成了不公平竞争。物价部门核定武昌到葛店的全程价格是7.8元（现自行降至5元），而25路公汽全程票价仅4.5元，并实行梯形票价，路程越近越便宜，因此遭到这两家公司的强烈反对。

鄂州市运管处在给市交通局的一份汇报中称，武汉25路车对支持鄂州特别是葛店经济有一定的贡献，但一直未经有关部门行政许可，属违法经营。华松客运公司和洪山交发公司要求取消25路葛店站，如果运管部门置之不理，属行政不作为。

武汉公交集团五公司则认为，这条公交线路已经运营40多年，曾得到过相关部门的批准，应该尊重历史和人民的现实需要。如果报请省交通部门批准，25路公汽就要上缴各种税费，公交是公益事业，要是亏本经营，公司宁愿放弃葛店站。

省运管局一位负责人称，25路车是随着行政区划的调整和新法规的施行而出现的问题，有关部门协调磋商过多次。交通主管部门既要保护消费者的权益，也要保护合法经营者的权益。

武汉市运管处一位不愿透露姓名的人士指出，25路车不仅涉及经营者的利益之争，还涉及部门和地方利益之争。道路客运班车缴纳的养路费、客运附加费、运管费等费用，由车籍所在地的运管部门收取，而开行公交车则意味着各种费用的减免，这对地方财政来说也是一种损失。

武汉城市圈客运一体化的标本

武汉市公交管理办公室一位人士称，25路车的遭遇，为"1+8"武汉城市圈内推行客运一体化提供了一面镜子。

根据《湖北省"十一五"道路运输发展规划》，湖北省将推进客运一体化，在武汉城市圈运输发展上实现新突破，今年选择武汉至孝感客运班线试行公交化改造。

这位人士说，在9个城市之间全面实行公交化改造，引发的利益之争肯定会比25路车更大，政府应该以人民群众的需要为出发点，协调、整合各方的利益。

省运管局一负责人认为，公交化改造最突出的矛盾票价问题。目前正在进行的道路客运班车公交化改造，只是运营模式的改变，不是长途班车变成公交车，也不是用公交车替代长途班车。具体地说，就是增加道路班车的发班密度、停靠点，并适当调整运价，车辆的各种规费还得缴。

这位负责人说，随着武汉城市圈建设的推进，公交化改造能否有新惊喜，我们也在期待。

上月30日，葛店镇政府再次向鄂州市政府递交报告，要求恢复武汉市公交25路汽车至葛店。

25路车能否重回葛店，牵动着"1+8"武汉城市圈客运一体化改革的大局，也和成千上万个郭怀忠们的利益息息相关。

这则解释性报道报道了武汉市的一路开往一处名叫"葛店"的25路公汽线路败于葛店的新闻事实的来龙去脉及其背后的复杂原因。在新中国成立后的60多年间，葛店的行政归属在武汉市与鄂州市之间摇摆。伴随行政归属变化所浮现的行政利益迁转与两地社会发展的必然需求之间在趋同的同时，更多的是两地管理方围绕各自利益的博弈。而如何真正做到权为民所系与突破行政分割，服从于区域经济和谐发展，则彰显出武汉市25路公汽在葛店运营的是是非非。面对复杂的新闻事实，《40多年来连起葛店和武汉　25路公汽何以败走葛店?》一文紧紧抓住社会主义市场经济的内在需求、武汉城市圈这一区域发展的共同利益与行政区划管理惯性追求的这一主要矛盾，故得以将新闻事实的成因清晰梳理，直抵问题要害，有助于具体问题的解决，并进而推动所在媒体积极做党和政府的帮手。

相反，解释性报道如果不能抓住新闻事实的主要矛盾，则难以把握新闻事实成因的命门，无益于正确化解社会矛盾。瞿凌云的《胡春林论文"克隆"背后的困局》①虽然篇幅不短，但对新闻事实主要矛盾的把握却不无迷茫、彷徨。

---

① 载《长江日报》，2009-08-10。

题记：湖北工业大学实验员胡春林硕士学位论文几乎全文抄袭，却一路通过，顺利拿到硕士学位，学术造假触目惊心。是老师一时心软，还是一种现实困境下的必然？

2009年将是中国学术打假新的里程碑。两套软件今年起首次用于学术界反抄袭，目前已覆盖了约300所高校和1000多家期刊社。更大规模的论文剽窃事件今后有可能陆续被曝光，越来越多的“胡春林”将会被揪出来，论文作假的“脓包”会不断被刺破。

当越来越多的人群因抄袭牵扯出来后，有关学术原罪是否可赦免，或许会成为一个新的话题。

“别人都在拿文凭，自己也想拿一个”

5月26日，上海博士研究生小唐向媒体揭发，湖北工业大学41岁的胡春林论文抄袭。名不见经传的胡迅速“出名”。

华中师范大学研究生处处长覃红8日告诉记者，本月15日学校将召开学位委员会，将正式向各位委员通告撤销胡春林硕士学位一事，近期将会派人取走其学位证书。

胡春林是谁？为什么敢如此大胆的全文抄袭？经多方打听，记者终于在湖北工业大学实验实训中心一楼值班室门上看到了胡春林的名字，门上显示他为该中心高级实验师。

2日晚，记者拨通了胡春林的电话，胡春林坦率承认自己就是抄袭者。和机械打了20多年交道的胡春林，自称2001年看到华中师大文学院的学位班广告，随即报名，“别人都在拿文凭，自己也想拿一个”。3年内，每个周末只要没事他都会去听讲，老师引经据典，上课对他来说是一种享受，但没想到，“都过去5年了，还是被挖了出来”。

在某期刊全文数据库中，记者查到了两人的论文。和广西大学黄晓慧2003年5月的硕士论文《试论财经领域的新闻舆论监督》相比，胡春林2004年5月提交的硕士论文《试论财经领域的新闻舆论监督》，除论文封面、致谢、字的大小及篇幅页数不同外，其他一模一样。

论文不通过导师遭“威胁”

记者多次试图与员怒华取得联系，最终无果。该校一知情教师称员怒华人“蛮好”，去年还拿了教育部的课题。在华中师范大学校园论坛中，记者发现学生对其评价也不坏。

知情人说，过去几年学校开设有在职研究生学位班，为了给他们上课，老师甚至坐火车去学生所在地，上一节课的报酬约30元，一天上七八节课，舟车劳顿，非常辛苦，“实在不是为了赚钱”。

这位老师抱怨道，要是去打听一下在职研究生的论文写作流程，就会知道老师拿他们实在没办法。他说：“那些交了钱的在职学生，临近毕业要论文答辩，老师催，他们根本不着急。老师严格点，论文不让过，不准按时毕业，到了下一学期，这仍是指导教师的麻烦。反正交了钱，这些学生迟早是要毕业的。”

更有甚者，“有学生毕不了业，甚至找老师哭，有的甚至寻死逼老师，这在高校中已不是个案”。此前有媒体报道说，胡春林当年硕士论文第一次没有通过，很痛苦，甚至还喝醉了酒。

这位知情老师还告诉记者，另一隐情是导师不敢把学生多留，留时间长了，学校里有人会认为这不是学生的问题，相反怀疑老师没水平。

被金钱化了的在职教育

“我花了钱后，就想拿个本本(硕士学位证明)，这是人之常情。”胡春林接受采访时称。

几乎所有受访人均认为研究生学历班文凭最水，最为混乱。但在服务社会的大旗下，高校对在职学位班教育乐此不疲，金钱和本本之间的交换在全国各高校不断上演。

“为什么要开设这样的学位班?”记者就此请教曾带过在职研究生的某教师。对方答，“你去问问现在上面给学校多少钱，不创收，大家怎么活呀?”

长期对高等教育跟踪研究的华中科技大学教育科学学院副院长别敦荣告诉记者，高校办学位班，很大一部分原因就是弥补教育经费的不足。

别敦荣介绍，国家财政每年生均拨款约 6 500 元，以武大、华中科大为例，生均培养成本达 15 000 元，学校收取的生均学费约 5 000 元，收入和成本间缺口不小。此外，高校教职员工收入中的“津贴”，也由学校自筹，高校日常开支也没纳入国家预算，这些均需要学校通过创收来解决。

国家财政性教育经费投入占 GDP 的 4%，这一政策目标 1993 年提出迄今 16 年，仍未达标。加上扩招引起的盲目扩建，甚至腐败和贪污，高校负债沉重。有些高校，财务账面上只有百万余元，有高校财务部门常全部放假，害怕债主上门无法脱身。一独立学院董事长曾告诉记者，有高校曾向他借钱发工资。

一大学相关负责人告诉记者，目前高校收入来源很单一，社会捐赠微乎其微，高校要创收，唯一的资本就是手上有张文凭。而别敦荣所知道的，为弥补经费不足，有学校甚至靠在职教育的收入来支撑全日制教育。

据悉，国内高校在职研究生教育规模还将继续扩大，和国外一样它将成为研究生教育的主体。按照覃红的理解，全日制教育目前占研究生教育和在职教育之间的比例将是3∶7。

别敦荣认为，国内对此无制度约束和规范，这就更需高校和教师自律。

论文怎样算抄袭？还无国家标准

"除非特别明显的情形，什么是抄袭剽窃？连老师都说不清楚。"武汉大学信息管理学院副教授沈阳受访时告诉记者。

2007年，他在武大大一、大二、大三本科生中调查发现，过半数学生不知什么是剽窃。在武大另一有关抄袭剽窃原因的调查，他发现45%的学生不清楚剽窃的评判标准。

1985年文化部出台了一个有关著作方面的规定，规定文中"超过10%"的内容是别人的，就是抄袭，不过有关论文怎么算剽窃目前没有详细规定。

据介绍，国家有关部门虽明文规定禁止抄袭，并制定了一系列相关的惩罚条例，但什么是抄袭，什么是剽窃，什么是合理的借鉴等，法律法规和制度中都没详细规定。

在模模糊糊中，甲抄别人的东西占其全文的30%，结果没事，通过了。乙抄别人的，占40%，最后也没问题。丙于是想，我抄别人50%估计也没问题吧，最后果真还是没问题。抄袭日趋普遍，最终导致几乎全文照抄的"最牛抄袭"产生。

抄袭剽窃曝光或现高峰

覃红坦承："胡春林事件发生后，我们也在反思，这个是过去研究生教育混乱的一种体现。"

他介绍，约两年前学校就大力压缩研究生课程班，此前每年招生千余人，现在降至100多人。

而令覃红心中有底的是，他们年初开始使用一套反抄袭的软件，"用得非常好，可帮助我们从源头上规避一些学术不端行为"。

今年3月，北京某公司正式向社会大规模推广一套反抄袭软件。在这种氛围下，此前不敢推广，怕学术界震动太大的沈阳，也开始向外界介绍自己的反抄袭软件。

至今年4月，这两个反抄袭软件已覆盖了国内约300所高校和1 000多家期刊社，其中武汉有20多家高校。

就在胡春林抄袭曝光后，网上还爆出其他多例论文抄袭事件。沈阳预计，在网友人肉反剽窃和技术反剽窃下，论文剽窃曝光今后可能会集中爆发。"被牵扯出来的人群会很大。"

硕士学位论文为何会抄袭造假？记者唯有密切结合社会实际才能切中问题要害。在学位论文造假所关涉的学生、教师、校方、教育管理机构诸矛盾方看，有关教育管理机构的方向迷失才是丑闻现身的关键。为什么这么说？人民群众对学位论文造假一贯深恶痛绝，政府又足具社会控制力量，因此，只要国家教育管理机构认识到位，大范围的学位论文造假现象是不可能出现的。然而，教育产业化的旗号近年来在我国异军突起，颇有市场，再经“解放思想”口号包装，让不少包括教育管理机关在内的我国高等教育界人士一时不无迷惘。一手文凭、一手金钱，已成为我国不少高等院校获取办学与教职工福利的重要途径。在这样的一种教育观的指导下，教育质量被逐渐淡化，办学单位的金钱收益被不断放大。有如此社会背景，是非颠倒在所难免：学位论文不造假不正常，造假反倒正常。显而易见，学位论文造假这类歪风邪气肆无忌惮的关键是教育管理者的指导思想生病，并进而导致教育管理不到位。然而，《胡春林论文“克隆”背后的困局》这篇报道却抓芝麻，丢西瓜：一是对何因的报道或肤浅，或不当，未能充分结合当下现实分析何因。“老师甚至坐火车去学生所在地，上一节课的报酬约 30 元，一天上七八节课，舟车劳顿，非常辛苦，‘实在不是为了赚钱’。”不为赚钱，那是为了什么？难道是学雷锋？“你去问问现在上面给学校多少钱，不创收，大家怎么活呀?”难道大学不独自创收，广大教职工果真就吃了上顿没有下顿而必须集体搞第二职业？报道者对受访人这些不堪一击的自我粉饰缺乏甄别，暴露出报道主体在冷静、理性这些为深度报道所不可或缺的素养上积淀的单薄。二是受访专家选取欠佳，貌似权威的专家在分析中也未能抓取问题要害。受访专家“告诉记者，高校办学位班，很大一部分原因就是弥补教育经费的不足”。高校办学位班的经济收入，究竟有多少变为办学的教育经费，而不是成为教职工的个人收入，尤其是教育机构领导用于自我的资金？高等院校又有多少不比奢侈而基于国情勤俭办学？记者关于受访专家的报道尚未切中肯綮。那么，为什么报道中的专家没有抓住问题的要害呢？除了报道主体因素之外，尚不能排除另外两种可能：一是专家过于学究气；二是心存顾忌，不想说真话，怕说真话。究竟如何，当具体情况具体分析。正是由于稿件对何因的报道未抓住问题的要害，故这篇报道就不能不隔靴搔痒。其实，解释性报道的操作形式不算繁复。解释性报道的真正难处，在于报道者对复杂的新闻事实能否有准确的把握。这是解释性报道达到一定水准之后的主要角力点。

2. 全面：横看成岭侧成峰

优秀的解释性报道需要善于立足全局来报道何因。需要解释、分析的新闻事件、新闻现象往往相当复杂，因此，报道者应既抓主要矛盾，又要登高望远，兼顾方方面面，避免只从一个角度孤立地研究问题。只有这样，报道才有可能准确、全面、深刻。2002 年 4 月下旬，湖北省荆州市突然出现奶农倒奶事件。为什么会出现这样让人痛心的现象呢？新中国成立后的《政治经济学》经典教科书在阐发资本主义制度没落时，经常提到的一个典型材料就是在美国出现的倒奶事件。那么，我国正在兴起的市场经济还是社会主义的吗？显然，荆州倒奶事件反映的问题十分重大而敏感。系列报道《荆州市奶农“倒奶事件"解读》[1]实事求是，对奶农倒奶事件进行了全面、深入的分析报道。记者通过采访、调查、思考，认为倒奶事件的主要致因是"区域性需求不足"，没有人收购奶农们生产出来的牛奶。那么，为什么会区域性需求不足呢？记者进一步分析：①荆州人经济收入较低；②劣质奶屡禁不止，缺乏公平竞争的市场环境；③奶农不熟悉市场；④一家一户分散经营，奶农缺乏整体意识与团队精神，小农意识突出。而鲜奶属于"易碎品"，具有极强的就地消费特点。奶农生产若忽视具体市场的有效需求，则必然出现产品不适应市场的情况。这组深度报道对发生在湖北省荆州市奶农倒奶事件这一异常复杂的新闻事件的分析既准确、全面，又主次分明，分寸得当，很见功力，获得包括中国新闻奖在内的一系列奖项自在情理之内。

3. 深入：多问几个为什么

解释性报道对何因的正确把握，还需要报道主体面对报道对象时不是浅尝辄止，而是善于推敲、质疑，注意探讨的一路追击，哪怕山环水绕，迷途重重。这是提升解释性报道再上层楼的一大工作态度。董小荣的《谁的"制造"更好？》[2]可谓善于多问几个为什么的样板。

2月17日，丰田汽车公司在天津向来自全国各地的大约200多位记者展示了锐志轿车的碰撞试验，其目的是"让中国消费者知道日本制造的质量是非常好的"(丰田驻中国首席代表服部悦雄)。

早些时候在长春，一汽-大众也曾分期分批地邀请了全国的媒体以即将上市的速腾轿车为背景，进行了"德国制造"的技术讲座，其目的是"希望中国消费者进一步了解德国制造的精髓"(大众品牌市场部经理王枫)。

有意思的是，2月15日东风标致206在海南进行的媒体试驾活动中，东风标致高层在与记者聊天时则多次提到"欧洲制造"这一概念(东风标致副总经理唐腾)。

至于一些二手车经销商在谈到美国车和韩国车的"保值率"这一概念时，其表现可用"大失所望"来形容(北京某汽车品牌4S店二手车高级评估师)。

随着中国汽车市场正在逐步成为"万国博览会"、中国汽车消费者正在从关注价格转向更关注性能的时候，"谁的制造技术更好"就成为各汽车生产企业争论的重点。

那么，到底谁的"制造"更好呢？

---

① 载《湖北日报》，2002-05。

② 载《中国经济时报》，2006-03-15。

“德国制造”的功与过

忘了是哪部很老的中国电影中主人公拿着一把驳壳枪很得意地说：知道吗，这是德国造的枪牌橹子。意思是说那把枪特棒。一百多年来，“德国制造”在全世界几乎都成了质量可以让人放心的标签。这也正是一汽-大众为什么在速腾的推广中刻意强调“德国制造”的重要原因之一。

“德国制造”之所以拥有如此高的信誉，一方面得益于其拥有一套完整的职业培训体系，另一方面就是来自于企业完善的质量控制体系和工程师对完美的追求。就汽车领域来说，中国消费者最熟悉的莫过于奔驰、宝马、奥迪、大众等这些世界知名汽车品牌，它们几乎就是技术、质量的代名词。用一位日本某汽车公司高层的话形容：德国汽车的制造理念就是追求挑战极限——无论速度还是质量。这恰恰与德国文化有着重要关系——专注于汽车设计、技术和品质，而不善宣传“工程师文化”。德国车就是德国文化的一部分，因此，德国人在营销方面更愿意抱着“酒香不怕巷子深”姿态，而不太愿意像美国人那样“吆喝”着做买卖。

但最近情况发生了一些变化。在日韩车的咄咄逼人之势下，德国人也开始在市场营销方面采取一些新的办法。例如在“领驭”的发布会上，上海大众高层人士“犹如超级推销员一般，做了长达 30 多分钟的生动演讲”，而一汽-大众干脆借“速腾”下线之机，分期分批邀请全国各地记者对其整个制造工艺进行“前所未有的深入考察”，以期使媒体对“德国制造”有更深一步的了解。

在汽车制造领域，德系车的优势主要体现在：领先的设计理念、领先的技术水平、高成本的制造工艺，以及材料的精心选择等方面，由此带来的则是车辆性能高超、驾驶安全可靠、使用时间长久的优势。比如很多去过欧洲的人都知道，奔驰在德国是被用来做出租车使用的，原因就在于它“能跑上 20 年”(德国出租车司机语)。

关于汽车设计理念，在汽车圈内流传着这样一个说法：10 年后，面对一个坏了的零部件，德国人会问——它为什么坏了。10 年后，面对一个没坏的零部件，日本人会问——它为什么没坏？这就是两种设计理念最大的不同——德国人追求的是长远质量保证，而日本人追求的则是更好的性价比。

“速腾”作为具有代表性的德国制造技术的产品，也就在一定程度上回答了很多中国记者以及消费者的疑问：“为什么德国车的价格总比别人家的贵?”因为“速腾”所采用的“激光焊接”、“空腔灌蜡”、“双面镀锌”等对中国汽车消费者还有些陌生的技术，都需要很大的投入。

但是，对于还在成长中的中国消费者来说，当他们还不了解德国车的技术特点时，德国车最大的“罪过”就在于其价格相比竞争对手来说“太黑了”。不过有

理由相信，随着消费者们的逐渐成熟，当有一天他们把自己的生命看得比金钱更重要的时候，他们就会更倾向于那些在技术和品质上更有保障的产品。

“日本制造”的是与非

关于“日本制造”曾流传过这样一个笑话：在通往芝加哥机场的公路上行驶着一辆出租车，车上乘坐着一个日本游客。一辆车超了过去，日本人喊道：“瞧，丰田！日本制造！多快呀！”又一辆超了过去：“看，尼桑！日本制造！太快啦！”再一辆超了过去：“嗨！是三菱！日本制造！快极啦！”出租车司机是个百分之百的美国人，看见那么多日本车超过自己的美国车，加上那个日本人的张狂语言，不免有些恼火。当出租车快驶入机场停车坪时又一辆车超了过去：“是本田！日本制造！快极啦！没治啦！”出租车司机停下车，没好气儿地指了指计价器说：“150美金。”“这么近就要150美金?!”“计价器！日本制造！快极啦！没治啦！”

如果没有纯粹狭隘的民族情绪，相信大多数人会对“日本制造”的品质给予肯定，也不会有人把这个笑话当真。其实，日本在20世纪80年代也曾被誉为“世界工厂”，但它在那个工业化时代里成功地追赶上了欧美，而“高度重视生产现场”则是日本制造技术水平提高的重要因素之一。

相对于美国人擅长的在“制造什么”方面的革新来说，日本人似乎更善于在“如何制造”方面的革新。记者曾多次参观过丰田公司的汽车生产线，对于生产线上工人们那种一丝不苟的工作态度尤其印象深刻，特别是风靡全球汽车制造业的“丰田生产方式”，早已成为各汽车制造企业必备的管理模式。几年前，记者在采访生产斯柯达的原四川丰田公司时曾发现，车身钢板因不够平整而出现反光折射现象，问现场的日方技术人员，这种情况如果在日本是否会允许出厂？得到的回答是否定的。后来在日本丰田总部，这一回答得到了进一步证实。

在汽车制造领域，“丰田制造”几乎也成了“日本制造”的同意语。但是，“婚礼门”事件的发生，使人们对“日本制造”产生了怀疑，加上德国品牌对“德国制造”的大力宣传，使丰田公司也把注意力放在了“日本制造”的宣传攻势上，这才有了这次对丰田在中国来说是“开天辟地”之举的“锐志碰撞试验”。

略懂汽车的人大概都知道，德国车比较硬朗、日本车比较温柔、美国车比较粗糙。日本车的这种所谓“温柔”，其实也是源于日本的文化。记者曾与丰田公司的另一大品牌——雷克萨斯的设计师及负责中国事务的高层探讨过雷克萨斯的设计理念，得到的印象是：日本车追求的并不是“挑战权限”，而是“兼顾更多人的驾驶感受”。从这一点出发，很多日本车给人的感觉是“说面不面，说强不强”，意思是它虽然没有德国车那样强烈的驾驶快感，但也不会像美国车那样三天两头大小毛病不断。

不过,"锐志碰撞试验"想告诉人们的显然不是这些,而是丰田公司想让中国市场接受的另一些概念。

曾经有很多开过日本车的司机抱怨,一旦发生撞车事故后,车身变形严重,无法修复,只能报废。在试验现场也可以看到,64公里/小时、40%可变形物侧面碰撞后,这辆价值20万元左右的锐志基本报废,技术人员说已没有修复的可能,即使修复也不合算。

那么,为什么日本车这么"不禁撞"?

丰田公司认为,安全性是汽车消费者在购买时考虑的重要因素之一,但对于安全性的认识存在着"钢板越厚越保险"、"气囊越多越安全"的误区。实际上,在时速达到50公里以上时发生碰撞,钢板厚或薄几毫米的作用并不明显,重要的是车身结构的吸能以及抗变形能力。而不系安全带时气囊若打开,更可能危及驾驶员的生命安全。

正是基于这种开发理念,丰田公司根据世界多数国家的安全基准,结合事故的发生状况,设计了GOA(Global Outstanding Assessment)。运用GOA车身技术,丰田在使用高张力钢板的同时,采用CAE(计算机模拟控制)技术,开发具有高强度座舱和冲击能量高效吸收能力的车身结构。从而实现在车辆撞击发生时,吸收碰撞能量的车身和高强度驾驶室能够有效吸收碰撞能量,并将其分散至车身各部位骨架,将驾驶室变形减少到最小程度,确保座舱中驾乘者的安全。

日本有很多汽车制造商,也许丰田并不能代表所有的日本车,但至少丰田的很多制造技术在本田、在马自达等公司中得到了普遍运用,这对于提高日本车的制造水平无疑是有帮助的。

"欧、美、韩制造"的今与昔

"欧洲制造"对于中国消费者来说应该并不陌生,15年前神龙公司引进的富康轿车经过时间的检验,已被证明是一款非常好的汽车,只不过因其生不逢时(两厢概念还有待于中国消费者接受),而自从诞生之时起即命运坎坷。在中国,神龙公司生产的雪铁龙、毕加索、赛纳、爱丽舍和标致307、206算得上是法国车的代表了,虽然有一些老车型的市场表现不那么引人注目,或者因其设计理念过于超前而难以让还不够成熟的中国市场接受以外,其技术含量和产品质量却是公认的事实。最近亮相的标致206和雪铁龙凯旋就得到了媒体的一致好评。

但是,神龙公司为什么却从不拿标致和雪铁龙的制造优势作文章呢?东风标致雪铁龙副总经理唐腾认为,那是因为"欧洲制造"的概念在整个中国市场的成熟度还不够，仅靠神龙一家的工作还不足以托起这一概念，他们需要联合其他欧洲公司共同在这方面开展工作。

“欧洲制造”的代表时期可以追溯到20世纪60年代，当时的欧洲制造业已经达到了鼎盛时期，工业大约占到了全部工作岗位的40%。到1985年左右，随着钢铁和造船业转移到诸如韩国等低成本的国家，这个数字下降到了30%。毫无疑问，由于生产力成本越来越高，欧洲的制造业正在大批转向其他市场，但以德国、法国、瑞士等为代表的欧洲制造业，仍然在技术和工艺等方面占有绝对的优势。曾有消息说，欧盟委员会甚至在考虑设立一个贴有“欧洲制造”标签的所谓“共同产品标识体系”，以此打开欧洲产品在世界各地的销路。唐腾的想法正好与欧盟的打算不谋而合。

也许一位汽车记者的话在某种程度上道出了欧洲车的特点：它开起来既不像德国车那么硬，也不像日本车那么软，它让人觉得很舒服。

说到美国车，记者们比较喜欢的一个比喻是：车糟，人不糟。意思是说美国车其实不怎么样，但美国人比较会“忽悠”，所以才能把一款不怎么样的车卖得挺好。

可能有一个例子能说明为什么美国车的品质“就那么回事”。记者在丰田采访时，一位技术人员说，他们曾帮助美国某汽车公司设计一条生产线，无论怎样进行调试，都只能达到设计能力的95%，最后才发现，原来“丢失”的那5%源自于美国文化中的那种满不在乎情结。同样，记者还发现在日本很少见到美国车，对此日本人的解释是，美国车“大而不当”，且小毛病太多。当然，这其中除了对美国车的质量存在非议外，也不能排除日本人对美国人的仇视心理。不过，日本品牌的雷克萨斯在美国获得巨大成功，不能不说是美国车的一个悲哀。

一位二手车经销商的话恐怕是对美国车品质的最好诠释：美国车在二手车市场上跌价太快了。

不能否认韩国汽车业发展迅速的事实，但国内一家汽车厂在解剖了一辆韩国车后得出的结论却不能不让人惊讶：怎么可以这样造车？我们决不能这样造车！而一篇关于海南某试车场内韩国车在烈日下暴晒后的表现，读完也让人感到心有余悸。

不过，像中国传统的儒家思想一样，韩国车追求的是“中庸之道”——不着重汽车哪一部分的特别出色，而在各个方面力求综合平衡。韩国特尔菲汽配公司总裁就曾声称：“韩国让你在质量和成本之间找到了一个平衡。”这句话大概最能说明为什么韩国车可以卖那么便宜。

对于起步相对较晚的韩国车来说，与世界一流水准相比无疑尚有一定距离，至少到目前为止韩国车中还没有出现一辆“超级跑车”，这就证明韩国车无论在底盘技术、还是在车架刚性等工程技术方面，还有很多需要提高的地方。

中国汽车市场开放以来，几乎所有的世界知名汽车制造商都在中国设立了合资或独资企业，并引进了各种各样车型，面对这样一个“汽车花花世界”，中国消费者打算选择一款“谁制造”的汽车，那就要看我们的首要诉求点是什么了。是价格？是品牌？是技术？是品质？无疑，这是一个仁者见仁，智者见智的事情。

这一篇报道视域开阔，纵横捭阖，锋利而又流畅。面对每一个国家或地区的汽车技术、文化，报道主体均能够具体分析，短长互较，颇有定力。显然，报道主体如果缺乏多问意识与追究行为，势必难以拓宽报道视野，全景透视报道对象。

四、 结构层次：多采用逻辑关系为报道的基本脉络

（一）结构层次的基本状貌

由于新闻事实的复杂成因是解释性报道的中心与重点，故解释性报道在行文结构上一般不按事实的自然顺序安排组织前后，而是围绕新闻事实的成因、意义并采用一定的逻辑关系结构全篇。一般说来，解释性报道在结构上不采用倒金字塔式或金字塔式，而是在开头力求形成悬念以抓住读者，或依据事实概括观点、提出问题，或概要地介绍事实后再提出问题，然后再围绕开头提出的问题予以解答、推进，条分缕析，层层剥笋，步步深入，从而将新闻事实的复杂成因推为报道的重头戏或高潮。

（二）常见模块式类型

1. “三部曲”式

解释性报道在结构层次上多采取如下三部曲模块：第一步，是什么；第二步，为什么；第三步，怎么办。《出租车为何自降起步价》正是采取如此三部曲来结构全文的：首先，在“打的可以讨价还价”一节，厘清兰州市是否存在出租车自降起步价这一新闻事实及其基本特征。其次，“在‘绿桑’入市，出租车连锁降价”一节，报道兰州市为什么会存在出租车自降起步价的基本原因。再次，在“降价行为屡禁不止”一节，报道面对兰州市出租车自降起步价的局面本应尊重市场的正确决策。

2. 先新闻事实介绍，后新闻何因分析

《贵州马岭河峡谷国家重点风景名胜区筹建水电站，引来一片反对声：“天沟地缝”该

不该建电站?》[①]一文正是采取如是稿件结构程序的解释性报道：

马岭河峡谷，全长74.8公里，从谷底往上看，天像一条沟，从谷顶往下看，地像一条缝，素有"天沟地缝"之称，又有"天下第一缝"、"地球上最美丽的伤痕"的美誉。

位于贵州省黔西南布依族苗族自治州境内的马岭河峡谷——万峰湖风景名胜区，拥有"国家自然遗产"、"国家重点风景名胜区"、"国家地质公园"三大称号。

不久前，这里举行了赵家渡水电站奠基仪式。但工程还未开工，就遭到当地一些干部群众的反对。

11月9日，马岭河大峡谷水电开发建设调查会上，贵州省黔西南布依族苗族自治州常务副州长张定书表示："赵家渡水电站还未经建设部正式批准，目前并没有开工建设，只是做些前期工作。"

担忧

电站建成后，核心景区将被淹十多公里

11月10日，记者来到有"天沟地缝"之称的马岭河，只见一道道瀑布秀美绝

① 载《人民日报》，2006-11-13。

伦，千姿百态；悬崖峭壁的钙化岩石形状奇特，谷中景色美不胜收。

“马岭河是大自然对黔西南人的一种恩赐，我们每个人都有责任和义务保护它，并把它完整地留给子孙后代。”黔西南州政协常委、民进黔西南州委副主委彭殿基激动地说。

按照规划，准备建设的电站位于马岭河龙头岛以下河段，大坝在赵家渡大桥下游500米处，高83米，总装机容量10万千瓦，年平均发电量为3.55亿千瓦时。总投资6.5亿元，年发电销售收入8 108万元。

景区一位负责人介绍，电站一旦建起来，其尾水回水位将达龙头岛，平水潭、堆石坝、赵家渡三个核心景区都在被淹范围之内，而这一段也是号称“西部第一漂”的马岭河漂流中最惊险、最精彩的一段。水电站建成后，“景区规划的从赵家渡到坡洋口的漂流将随之泡汤”。

赞成

把电站建成新景点，添财又添景

“坝址是经过严格论证并经贵州省建设厅批准的，大坝将设计为双曲拱坝，坝的外形和形成的湖面可以成为一个人造景点。”11月9日，在赵家渡坝址选址处，黔西南州赵家渡水电开发有限公司总工程师胡劲松说。

“对马岭河水能资源综合利用的规划早就有了，建电站能带来直接的经济效益，仅税收每年就有1 400多万元。”黔西南州州政府助理巡视员陈湘麟说：“电站建成后形成的人工湖，可以让本地人和来自外省的游客泛舟湖上，欣赏湖光山色。”

目前，赵家渡电站已经通过了地质灾害、水土保持、矿产压覆、环境影响等项目评估，获得6个支持性文件。

“国家级风景名胜区要以保护为主，但法律并没有否定水资源的综合利用。”张定书说：“为了减少电站建起后对生态环境的影响，州里关闭了在峡谷附近的兴义造纸厂，上游工厂全部实现达标排放。”

反对

自然景观不可再生，应保证其完整性

近年来，贵州已累计投入5 600万元来打造马岭河峡谷——万峰湖风景名胜区。据统计，截至目前，风景区游客人数已达80万人次，预计今年将为兴义市带来旅游总收入3亿多元。

“从长远看，旅游带来的效益远远超过建水电站，建电站实在得不偿失，是一种短视行为。”一位景区管理人员说。

据介绍，马岭河峡谷地貌景观的独特性、地质演化的多样性，决定了其开发利用首先应重在保护。同时，马岭河峡谷是研究喀斯特地貌最重要的依据。一旦建电站，就改变了它的原真性，破坏了完整性。而且，景观遭破坏后便不可再生。

2005年3月，在黔西南布依族苗族自治州“两会”期间，彭殿基联合15位政协委员，提出《建议取消在赵家渡修建水电站》的提案，但提案一直没有得到回复。

提案指出，为了一点蝇头小利，毁掉一个国家级风景区实在不可取，马岭河峡谷不光属于黔西南，它还属于中国，属于世界。

马岭河峡谷筹建电站，引起社会很大关注。在当地一个网站上，很多网友跟帖表示反对。

专家

经济账和环境账要一起算

在2003年通过的《马岭河峡谷——万峰湖风景名胜区总体规划》中，记者并没有看到建赵家渡水电站的规划。

法律专家说，国家级风景名胜区的资源开发应以国务院批准的该风景区总体规划为准，而当地政府部门仅依靠水能资源综合利用规划就在风景区筹建水电站，用规划否定规划，缺乏政策和法律依据。

新的《风景名胜区条例》也规定，在风景名胜区内“禁止开山、采石、开矿、开荒、修坟立碑等破坏景观、植被和地形地貌活动”。

对此，张定书在9日召开的调查上表示，“我们要进行重新论证，州政府将严格按审批程序报建设部审批”。

有长期从事环境科学研究的专家指出，在国家级风景名胜区建设水电站要慎之又慎，经济账和环境账应一起算。

采访时，记者碰到一位上海游客，他听说要在峡谷一段建电站，感到很遗憾：这么好的原始自然景观，应该原汁原味地保持下去，造个湖泊，好些自然的东西再也看不到了，“太可惜了！”

实际上，《“天沟地缝”该不该建电站？》一文只有两大结构层次：一是“是什么”，二是“何因解析”及其建立在何因基础上的对策。在“是什么”中，稿件包括报道的第一节“担忧电站建成后，核心景区将被淹十多公里”，第二节“赞成把电站建成新景点，添财又添景”与第三节“反对自然景观不可再生，应保证其完整性”。上述三节报道的新闻信息其实只有一个焦点，即在贵州省的“天沟地缝”建电站存在巨大的社会争议。而在关于何因及其对策的报道中，记者在最后一节“专家经济账和环境账要一起算”，通过背景材料、专家访谈解析了在“天沟地缝”处建电站的巨大弊端，并报道了相关的正确对策。

五、 科学地使用背景材料

（一）背景材料使用的必要性

解释性报道在解释新闻事实的原因时是不能孤立进行的。报道主体必须将新闻事实放在新闻所产生的背景之中，只有通过考察新闻事实与周围、与历史的时空关系，才有可能把握新闻事实发生发展的来龙去脉，将何因报道清楚。

（二）背景材料运用的要求

运用背景材料，必须依照报道主题与新闻事实的特点进行。从材料的各个环节看，积材要多，选材要严，用材要活。调查时，材料多多益善；鉴别、选择时，要严加甄别；运用时，要灵活多样。在用材上，其具体要求如下：

1. 要根据与新闻事实成因关系的密切程度来决定背景材料的去留与多寡

比如，《非法移民缘何涌向英国》[①]一文分析报道2001年时大量的非法移民涌向英国的诸多原因。在讲到对移民而言“英国是欧洲最容易生存的国家”时，报道将英国现状与其他欧洲国家进行了对比：

> 就整体而言，英国是欧洲最容易生存的国家。英国体制一直有别于政府控制较严的欧洲大陆国家。英国几百年来流行的自由主义和个人主义传统，使政府对公民和移民的控制在欧洲最少，也最宽松。英国甚至没有严格意义的身份证制度，非法移民一旦进入英国只要投亲靠友，就会从此消失在英国社会之中。……与欧洲大陆国家比较严密的警察和巡警制度不同，英国从来不流行警察搜身或者检查证件的情况，除非当事人有严重犯罪嫌疑，同时英国的警员数量比起欧洲大陆其他国家也相当有限。……在法国，获得容留的移民必须接受强制性医疗检查，大规模的收容中心每周“提供”一到两次心理治疗，不可以打工。德国规定从1997年5月抵达的移民，在审查期间不可以进行任何形式的工作。

在这里，报道者将英国与法国、德国等欧洲大陆国家相比。这样的比较能够更好地说明非法移民涌向英国的原因。如果没有这种比较，报道对问题的解释则必然要大打折扣。深度报道运用背景材料并非多多益善。此处根据报道主题的需要而对材料的选取是得当的。

---

① 载《光明日报》，2001-09-21。

2. 新闻事实与背景材料要紧密结合

具体说来，新闻依托背景，背景烘托新闻，背景材料可以说明有关新闻事实复杂成因等的来龙去脉。《出租车为何自降起步价》一文在新闻事实与背景材料的有机结合上处理较好。该文一方面报道新闻事实，另一方面又报道背景材料。正是由于能够将新闻事实与背景材料有机结合，该报道才把兰州市出现的出租车自降起步价新现象背后的何因解读得准确、到位和清晰。

3. 根据深度报道思想的需要穿插使用背景材料

由于解释性报道的背景材料较为丰富，故一般情况下适宜对众多的背景材料分割成若干相互关联的片段，根据内容表达需要分散到全文各处，而不宜将所有的背景材料或新闻事实材料集中安排在报道的某一处，形成一块僵硬的疙瘩。严华的《臭干子为何不"臭"了》[①]对近期武汉市市场上所出现的"臭干子不臭"这一新闻现象进行报道时采用较为丰富的背景材料。在背景材料的运用上，该文采取的是化整为零的天女散花式的方法：

臭干子不臭了

40 多岁的叶先生，从小就喜欢吃臭干子，可近来他发现"臭干子不臭了"。接到投诉后，记者去叶先生家察看了他从超市买的臭干子：和真正的臭干子相反，它的颜色不是白中带黑，而是全白，也确实没有一点臭味。

对叶先生的投诉，武昌这家超市 22 柜的课长助理陈先生也犯了难——说这不是臭干子吧，提供产品的武汉某豆制品厂的相关产品证书上，明白无误地写着这就是"臭干子"，而且其相关证件一应俱全；说它是吧，叶先生反驳的话句句在理："我们以前吃的臭干子洗过后还是臭得不行，放在油锅里一炸，老远都闻得到那味道。"

而豆制品厂的解释是，怕臭干子发酵后达不到卫生要求，因此，他们缩短了"卤水"浸泡时间，泡了 10 分钟就送到超市里包装上柜了。

"速成"臭干子令人惊心

臭干子是武汉的特产，也是许多人酷爱的美食。那它到底是怎样生产的呢？

几经周折，在蔡甸区一些背街小巷里，记者找到了用传统方法常年生产臭干子的作坊。这里的几名老板介绍，正宗的臭干子是将豆腐干自然发酵，通过乳酸菌的分解作用制成的，其生产过程依温度不同，产品耗时在 10 天至 1 个月左右。但现在有些不法商贩，一般采用豆浆加硫酸亚铁和硫化钠，配制成浸泡液，然后将豆腐干放在其中，硫酸亚铁使豆腐变色，硫化钠使豆腐发臭，生产这种臭干子

---

① 载《楚天金报》，2004-04-19。

几乎一夜可成。

武汉市商品质量监督管理站有关负责人证实了这些说法。该站高级工程师党文玲称,传统的臭干子是用豆腐脑、八角、芝麻、花椒、桂皮、白酒、食盐等原材料制作成卤液,将豆腐干浸泡在里面至发酵发臭。由于传统工艺耗时长、成本高,现在确实有些不法分子走"捷径",非法使用硫化钠、硫酸亚铁来快速生产臭干子。

臭干子亟须行业标准

叶先生买的"臭干子",是不是用非法化学药剂泡制,凭外观无法判断,需要对其进行检测才能得知。但可以肯定,不是臭干子。党文玲还肯定地说,用化学药品泡制的臭干子对人体非常有害,也是市场监管部门重点打击的对象。

虽然超市已答应全额退还叶先生的购物款,并考虑补偿他因此造成的损失,但叶先生和其他许多市民一样,仍然十分担心,因为他们不知道哪里买回的臭干子是"正宗"的。记者从权威部门获悉,臭干子目前还没一个行业标准,管理部门也称没有可行的检测手段。市场上的臭干子质量,主要靠商家"自觉"。

据介绍,采用传统工艺制成的臭干子,颜色相对较浅且不牢固,用水清洗,会有脱色现象(变成浅灰色);而用化工原料做的臭干子,颜色漆黑牢靠,不太容易脱色。

在这篇报道中,画线的部分属于背景材料。由此可见《臭干子为何不"臭"了》的背景材料主要集中于前后三处。新闻事实与背景材料在新闻报道中往往会产生不同的叙事效果。新闻事实时新,背景材料事实或久远,或属于知识,故新闻事实线索倾向于新闻事实的线性展示,而背景材料线索倾向于片段或静止。因此,背景材料在新闻事实中穿插有助于形成新闻报道的动与静的结合。《臭干子为何不"臭"了》的背景材料在新闻事实中的穿插,既有分散,又未过于零碎;既有穿插,又不是胡乱穿插,这样一来,三处背景材料与新闻事实的相互交织就推动全文形成有动有静的局面与时动时静的叙事推进节奏。

六、夹叙夹议,解释分析多说明

(一)夹叙夹议析新闻

夹叙夹议,是解释性报道的一个写作特点。解释性报道既有最新的新闻事件材料,也有背景材料，还有作者、专家等的解释、分析。如《美国军事准备紧锣密鼓》[①]的片段：

> 美国为组织这次军事打击已经做了大量的游说工作，甚至不惜与一些宿敌妥协。为了最大程度地扩大反恐怖阵营，美国政府一方面要求阿拉伯国家与支持恐怖活动的国家划清界限；另一方面，宣布不排除与伊朗等“支持恐怖组织”的国家合作，为其在阿富汗的军事行动创造有利条件。伊朗是阿富汗反塔利班联盟的支持者。美国的做法充分体现了“敌人的敌人是我们的朋友”这一外交定理。

以上画线部分为解释、说明、议论部分，其他为叙述部分。解释性报道的分析要紧密结合事实材料进行，而事实材料则要围绕对新闻的分析加以安排。

（二）在解释分析之中，多说明，少议论

解释性报道要将议论变为解释性的议论。显而易见，现在的读者厌恶说教，而解释性报道的目的是报道事实的原因、意义、未来走向。因此，解释性报道必须着重报道事实，而不是评价对错，发表己见。那么，解释性报道的解释分析是不是议论或说教呢？不是的。解释性报道的解释性、分析性的文字虽然表面上看近于或属于议论，但除了少数起评价是非善恶的议论作用之外，这些解释性、分析性的文字多数起得却是说明的功能。这就是说，报道者在解释性报道中的解释、分析，主要是为了说明事实的真相，而不是为了论证某一看法的正确与否。因此，这些解释性、分析性的文字往往貌似议论，却实为说明。解释性报道的夹叙夹议，实际上是一边叙述，一边说明，即夹叙夹说。在解释性报道的写作中，报道者应针对新闻事实着意于说明性的分析、解释，而不要过多地进行议论性的分析、解释。

（三）较多地引用权威人士的分析

解释性报道一般都要引用权威人士的分析。权威人士指专家、知情人、政府官员等。一方面，由于客观要求无限与主观能力局限之间的矛盾，解释性报道单靠记者的分析是不够的。记者的分析，深刻的往往只有少数，多数则容易平平甚至浅薄、有缺陷。另一方面，现在的读者对媒体的神秘感越来越少，更易接受专家的主张。因此，业有专攻的权威人士分析素有研究的问题往往驾轻就熟，更容易准确、深刻，产生强大的说服力。好钢用在刀刃上，所以，解释性报道要善于在报道之中，尤其在关键处，运用权威人士的分析。

---

① 载《光明日报》，2001-09-21。

在具体的引用中，权威人士的分析可以有两种使用方法：第一，权威人士的解释、分析可以与具体的事实材料搭配使用。权威人士的分析为意见，具体材料为根据。第二，权威人士的分析可以与记者的解释性、分析性的认识搭配使用。权威人士的解释性、分析为依据，记者的认识为意见。

为了强化解释性报道引用的说服力，除非迫不得已，一般不要采用“有关人士指出”一类含糊的表述，而应该明确介绍被引用的权威人士的姓名、身份。

（四）适当使用文学的手法

相对于其他新闻报道，解释性报道主观色彩较为浓郁，因此，适当使用一点文学手法可以使解释性报道生动易读。由于形象性是文学的根本特点，因此，那些针对非文学文本的所谓文学手法，主要指的是有关的修辞技巧与巧用线索一类的笔法。在对文学手法的借用上，解释性报道可以适当地运用洗练的语言，运用一些比喻、对比、拟人等文学的修辞手法，从而使新闻报道产生或老道或灵活或调侃的报道色彩。

在李鸿谷等的《秘书的权力》[①]一文的开头，记者表面上是写河北省委原主要领导的秘书李真从家乡张家口到河北省省会石家庄的地理行走路线，实际上则暗示着李真个人的政治发迹的曲线：在家乡不得意的李真之所以后来能够成为河北省委主要领导的秘书，不是因为河北省委的直接考察，而是凭借身居北京的他父亲的老战友杨伯伯的帮助。在这里，李鸿谷等人实际采用了文学创作中经常使用的笔法：双关。

七、报道形式上可以丰富多彩

（一）在表达方式上，叙述与议论之间在比例上可以互为进退

解释性报道可以夹叙夹议，分量相当。如，《出租车为何自降起步价》、《中国队为何再度无缘汤杯》[②]、《谁的“制造”更好？》、《经济增长工资难涨的背后》[③]，主观色彩比较浓郁，议论较多。解释性报道也可以叙多于议，只在一些关键处议论。如，《如何看待“小灵通”现象》[④]、《一个工程师出走的反思》，显得比较冷静、含蓄，客观色彩比较充分。

① 载《三联生活周刊》，2002(24)。

② 载《光明日报》，2002-05-18。

③ 载《南都周刊》，2006-07-24。

④ 载《人民日报》，2002-05-27。

（二）在文体类型上，可以各式元素搭配，多种多样

解释性报道既可以写成新闻分析，由记者、通讯员一手包罗，也可以采用专访的形式。《湖北省荆州市奶农“倒奶事件”解读》、《台湾岛上的拼音之争》①写成了新闻分析，而绍志勇等人的《印度军力膨胀为哪般——访国防大学胡思远教授》②则采用了专访的形式，别有一番效果。以上双方各有千秋。《印度军力膨胀为哪般——访国防大学胡思远教授》一文采取记者与受访者的二人对话方式：

问：印度国防部长费南德斯今年在印度最新的一艘战舰“布拉马普特拉号”下水时曾说：印度将调整与他“有利害关系”的海上活动区域，请问这些区域包括哪些范围？

答：前不久，印度宣布要自行建造一艘航空母舰，如果未来这艘航空母舰完工，印度航母数目将增加到三艘，到时印度海军不仅将改变东南亚地区海军力量的均衡局势，而且将使印度的有利害关系区得到进一步扩展，印度国防部长费南德斯所说的：印度将调整与他“有利害关系”的海上活动区域，而这些“有利害关系”的地区将从阿拉伯海北部扩大到南中国海海域，从阿拉伯海到南中国海都有它的战略利益。印度这些军事动作，将一个海上军事大国的地位活生生地展示在世界面前。

问：印度曾提出要建立一支具有足够威慑能力的快速反应部队，提高机动能力特别是战略空运能力，以便对周边小国实施威慑，请问印度实施的具体策略是什么？

答：长期以来，印度始终把南亚次大陆看作一个战略实体，强调次大陆的稳定与安全对于印度有着重大的利害关系，在区内防止对印度的“离心倾向”。印度提出要建立一支具有“足够威慑能力”的快速反应部队，提高机动能力特别是战略空运能力，以便对周边小国实施威慑，使任何一个国家都不敢触犯印度的利益。对区外印度推行“南亚是南亚人的南亚”，决不允许本地区以外的国家，在印度周边任何一个小国建立军事基地，或对印度施加不利的政治影响。

自90年代开始，印度进一步加强对印度洋的控制，印度海军制定一项为期25年（1990—2015年）的持久现代化的计划，以便保持一种“强有力的军事态势”，确保有效地“慑制任何其他大国进入印度洋”。印度洋是国际经贸的生命线，也是印度海路贸易和能源供应的战略水道。在那里印度连同其海岛共有海

---

① 载《光明日报》，2000-11-14。

② 载《光明日报》，2000-11-15。

岸线7 500公里，有大的港口11个，中小港口200多，每年通过印度洋的约6.2万艘船中一半以上进入印度港口，印度97%的对外贸易亦通过海路进行。印度洋地区石油天然气等资源十分丰富，海湾国家和中亚国家更有“世界能源的钥匙”之称，是“西方国家必争之地”，也是印度发展经济必须依靠的地方，对印度在21世纪的命运有着极其深远的影响。据印度塔塔能源研究所估算，2011年印度的石油消耗量约为1.5亿吨，而本国最多只能生产6 500万～7 000万吨，每天需进口150万桶。

问：印度目前已是世界上第10海军大国，它所担心的海上威慑主要是指哪些国家？

答：印度所担心的海上威慑主要是针对在印度洋保持军事存在的美国；其次是其他区外大国如日本、德国、法国及中国的海军进入印度洋；最后是保持对印度洋沿岸国家的绝对优势，慑制其可能对印度进行的任何军事冒险。这种威慑，并非要战胜超级大国的海军，而是要与之相抗衡。为此，印度不断加强海军的远洋作战能力，发展航空母舰、核潜艇、新式常规潜艇、导弹驱逐舰、导弹护卫舰、远程反潜侦察机等攻击型武器装备。

印度海军目前是印度洋周边国家中最大的海上力量，舰种齐全，有一定外海和远洋作战能力，在确保国土、海岸线和领海的安全，有效控制200海里专属经济区的同时，印度将其势力向马六甲海峡到好望角之间的广阔海域拓展，力求控制霍尔木兹海峡、保克海峡和马六甲海峡等印度洋重要的海上通道，把印度洋纳入印度的势力范围。

问：当今印度最令人注目的是它的军事领域。印度前总理拉·甘地执政后，就确立了“立足南亚，面向印度洋，面向未来，争取在21世纪成为世界军事强国”的国防发展新战略，请介绍一下这方面的情况。

答：自1986年以来，印度一直是世界上最大的武器进口国，仅在80年代的10年中，印度就购买了价值180亿美元(约合3 000亿卢比)的武器、潜水艇和先进飞机及高尖电子产品。目前，印度的兵力是南亚七国兵力总和的两倍，它生产的武器占第三世界国家生产的全部武器的31%。印度前总理拉·甘地执政后，就确立了“立足南亚，面向印度洋，面向未来，争取在21世纪成为世界军事强国”的国防发展新战略。与此同时，印度历届政府都强调以21世纪初成为东南亚和印度洋地区“第一军事强国”、“世界中等军事强国”为目标的20年国防现代化计划。目前的印军在数量和质量上都有了突破性发展，有些装备的现代化程度之高，令人瞠目，其军事实力已今非昔比。60年代至70年代，印度的国防建设主要依靠前苏联援助，得到前苏联提供的10亿美元(约合110亿卢比)，购置坦克数百辆、大炮几百门、导弹上千枚、军用飞机数百架。同时修建了三个米格飞机工厂,生产米格21型战斗机。另有军舰数十艘并把孟加拉湾的维沙卡帕特南港和安达罗群岛改建成海军基地,用于海军舰只停泊、加油和维修。

1980年以来,印度在军事研究与发展上的开支预算逐年上升。印度政府在1990年制订新的五年国防开支计划时,将国防经费提升到9 250亿卢比(约合910亿美元),比前五年的国防总开支增加了11.38%。印度国防经费持续增长,使其国防实力明显增加。目前,印度的国防力量已仅次于美国、独联体和中国居世界第四位。

问:我们是否可以把印度所做的一切归结为它的大国之梦?如其梦想成真,将会有什么样的局面?

答:印度的国际地位及其在全球的作用相当有限。如苏联解体之初,美国总统布什邀请一些国家首脑去讨论形势,印度被排除在外;1997年印度竞选联合国安理会非常任理事国席位失败,迄今支持印度出任安理会扩大后的常任理事国的国家屈指可数。印度K.森德吉将军预言,印度到2025年尚不能成为世界级大国。美国前总统安全事务顾问布热津斯基在《大棋局》一书中称,印度自视为潜在的重要全球角色是"过高估计了自身的长远能力"。但印度绝不会放弃其世界大国目标,而一旦实现世界大国梦想,可能对其邻国形成安全压力。

朱振国的《一所中学与高考制度改革》[①]一文采取记者与两位受访人对话的多人对话方式:

提起高考和升学率,许多人会想起黄冈中学。黄冈中学在上世纪八九十年代,以90%以上的高考升学率在国内声名大振,黄冈中学教育现象也被人们誉为"教育神话"。然而,近10年来,黄冈中学的高考升学率似乎不比从前,于是,有人说黄冈中学高考神话的光环在开始消退。近期,记者就如何评价黄冈中学教育现象,黄冈中学教育现象与中国现行高考制度及其改革有着怎样的关联等问题,对黄冈师范学院李金奇、袁小鹏教授进行了访谈。李金奇、袁小鹏以黄冈教育文化及社会发展为背景,编撰出版《黄冈中学"教育神话"解读》(以下简称《解读》),以教育学为主要视角,通过教育学、文化学以及社会学的多维度解读,探究基础教育的深层次问题。该书是湖北省高等学校人文社会科学重点研究基地"鄂东教育与文化研究中心"项目成果之一。

---

① 载《光明日报》,2009-05-27。

"高考神话"的尴尬与高考制度选择的无奈

记者：有人说目前黄冈中学高考神话的光环已经开始消退，你们怎样评价这一说法？这一现象预示着怎样的教育发展趋势？

李金奇：改革开放30年间，黄冈中学的高考、奥赛和教辅资料创造了中国基础教育的奇迹，人们甚至把这种奇迹称之为当代中国的"教育神话"。然而，实事求是地说，近年来黄冈中学的高考相对学校发展的黄金时代的确有一些变化，这所学校在高考方面的优势与影响依然存在。因此，我们不赞成简单地否定黄冈中学高考业绩的说法。我们在撰写《黄冈中学"教育神话"解读》一书时，曾不断地向学校领导和教师探寻一个问题，那就是为什么黄冈中学能够在高考以及奥赛方面取得如此巨大的成绩与影响，他们几乎一致地强调是因为抢占了先机，即当别人在高考和奥赛的问题上还没有十分重视的情况下，黄冈中学抢抓机遇，率先突破，取得了成功，并因此而获得了巨大的社会影响。

值得深思的是，黄冈中学与湖北省乃至全国同类学校之间在高考升学率问题上的此消彼长，这一现象所凸显的正是我国现行高考制度背景下高考升学率的竞争。也可能是"树大招风"，黄冈中学随着它在我国高中教育阶段声名鹊起，招致的批评和责难似乎越来越多，而所有的批评与责难都集中到一点，即黄冈中学是一种应试教育的典范。一方面，是教育专家以及一批社会精英对现行高考制度的强烈不满与抨击；另一方面，是在社会压力下学校之间关于高考的愈演愈烈的竞争。非常有意思的是，这样两种教育趋势之间的对立与冲撞至今不仅没有丝毫的缓解，反而是愈来愈显得剑拔弩张。这主要表现在对于现行高考制度的批评不断升级，对于现行高考制度弊端的理性分析之深刻，抨击言辞之激烈都已达到前所未有的地步；但是，各地高中为高考升学率而战的态势丝毫没有退让，只不过有些学校是在暗中使劲，有些学校则是大张旗鼓。

袁晓鹏：黄冈中学教育现象折射出的，正是我国教育和社会发展的困窘。民众乃至一些学校领导、教师对于高考升学率执著的追求，确有理性的、自觉认识的成分，即对现行的高考选拔机制蕴涵的积极的教育和社会理念的认同；但更多的则是一种基于现实的无奈的抉择。针对现行高考制度所进行的一些改革措施之所以没有收到应有的、积极的效应，并非这些改革措施本身有什么缺陷，而是因为我们还不具备实施这些制度、措施的现实条件。

……

第九章 调查性报道的写作

第一节　调查性报道的来历与特点

中国的调查性报道与西方发达国家的调查性报道在走向上相互靠近，相互距离缩短，但双方的发展路径则差异颇大，因而唯有关注中西调查性报道的异同，才有助于准确地、全面地认识调查性报道，推动我国调查性报道的健康发展。

一、调查性报道在西方

（一）西方调查性报道的来龙去脉

西方的调查性报道源远流长，在正式面世之前有一个漫长的酝酿阶段。在调查性报道的酝酿阶段，以美洲大陆的美国表现最为突出。调查性报道在西方以揭丑起家，这为其后来的鲜明特点打下较为扎实的基础。1690年创办后仅出版了一期的美国《国内外公共事件》曾披露法国路易十四国王如何调戏自己儿媳的乱伦丑闻。这样的报道虽对皇权大不敬，但因与本邦缺乏紧密的现实联系可权当笑料供大家一看，故社会冲击力终究有限。

在调查性报道的酝酿阶段，这些处于萌芽期的调查性报道与既往官方对新闻报道、言论的限制还是有所区别的。比如，1660年，英国查理二世反攻倒算成功，在斯图亚特王朝复辟后相继颁布《制止出版诽谤、叛国和未经许可证之书刊、小册子法》等法规，以为国会与神授的君权一样神圣不可侵犯，报道即触犯，议论即冒犯，就犯了诽谤罪，故不允许刊登之于国会无论无利还是有利的消息，不许议论国会。[1] 而调查性报道不是议论，而是披露信息，且着重披露当道者的当下丑闻真相。

调查性报道在西方的问世时期大致在19世纪末20世纪初。从诞生至今，西方的调查性报道大体经历了三个发展阶段。

1. 第一阶段

第一阶段在19世纪末20世纪初，为西方调查性报道发展的萌生阶段。

在这一时期，西方资本主义大国的工业革命相继完成，社会分化为前所未有的截然对立的两大阶级，社会矛盾难以调和，社会对立日益尖锐，社会主义运动风起云涌，社会冲突此起彼伏，渐繁渐剧。这是调查性报道在西方率先破土而出的一个重要的社会基础。杂志在调查性报道的萌生中扮演了核心推手的作用。面对普利策、奥克斯的报业革新所形成的报纸业高速发展的汹汹来势，一些新闻杂志扬长避短，借助调查性报道再度崛起。既然在资讯的快捷上与报纸无法抗衡，那么，《角斗场》、《人人》、《世界主义者》、《柯里尔》等杂志就转而扎根于信息的全面、系统、深度，并将之具体为调查性报道。其中，以创办于1893年的《麦克卢尔》杂志最为著名，该刊的编辑主任林肯·斯蒂芬斯(Lincoln Steffens)更因成就卓著而自称是美国的第一个黑幕的揭发者。

2. 第二阶段

西方调查性报道的第二阶段在20世纪的六七十年代。

在第二阶段，西方的调查性报道光彩夺目，走向成熟，主要阵地由杂志变为报纸，优秀作品接连不断，取得有史以来最为辉煌的成绩。其中最著名的调查性报道当属《华盛顿邮报》罗伯特·伍德沃德与卡尔·伯恩斯坦的揭丑报道。他们披露美国政府水门事件的报道最终导致尼克松总统下野。这一阶段的其他引发全球轰动的资本主义国家的调查性报道，还有日本的《文艺春秋》对日本首相田中角荣的报道与联邦德国1962年的“明镜事件”。《文艺春秋》1974年11月号刊登日本著名记者立花隆所采写的调查性报道《田中角荣研究——金脉与人脉》，揭露日本首相田中角荣以权谋私、聚敛财富的内幕，成为日本首相田中角荣后来无奈辞职的导火线。1962年，《明镜》周刊以《有限的防御准备》为题报道联邦德国国防部长施特劳斯的国防渎职事件。施特劳斯为此恼羞成怒，联邦检察院以“泄露机密”的叛国罪名逮捕了《明镜》周刊的总编奥格斯坦因。但西德国内外的舆论也因此大哗。最后，西德联邦最高法院以起诉缺乏事实依据为理由停止审理该案，奥格斯坦被无罪开释，获称“民族的良心”，而施特劳斯则被迫挂冠而去。

第二阶段西方调查性报道的成熟还表现为专司调查性报道独立机构的出现与专门奖项的问世。1975年，一个专门向调查性报道的记者提供帮助并维护从事调查性报道记者

---

① 欧阳明：《我国新闻传播业史稿》，56页，武汉，武汉大学出版社，2006。

权利的独立组织“调查性报道新闻工作者组织”(Investigative Reporter & Editor Inc.)在美国成立。1985年,普利策新闻奖开始设立调查性报道奖,不再由1959年开始的“为公共利益服务奖”或1962年诞生的“地方特别调查性报道奖”来包揽年度优秀调查性报道。

3. 第三阶段

西方调查性报道的第三阶段处于20世纪至21世纪的跨世纪前后。

在第三阶段,西方的调查性报道现身于多类媒体。首先,除了报刊,电视在这个阶段也高度重视调查性报道。西方国家对广电业采取与报业放任主义截然不同的行业管制对策,官方每隔若干年,如日本邮政大臣每三年核发一次广电媒体的营业执照,广电媒体对于揭丑报道多存忌惮,故那些将总统、首相等高官拉下马的调查性报道一般长期由纸媒报刊承担。这一局面在跨入21世纪前后开始出现一定的改变。美国的有线电视网(CNN)、哥伦比亚广播公司(CBS)的《60分钟》栏目在调查性报道上均有不俗的表现,一些报道也颇为轰动。比如,1998年,美国盐湖城KTVX电视台报道,美国盐湖城冬奥会组委会副主席约翰逊在致非洲喀麦隆奥委会主席埃萨姆巴的女儿的信中,称将不再为对方提供学习费用。KTVX电视台的报道据此判断:美国盐湖城奥委会有贿赂嫌疑。[①] 经媒体曝光后,最终有4名与丑闻有染的国际奥委会委员被迫辞职。其次,出现了专事调查性报道的新闻机构。美国的华盛顿有“美国公众诚信中心”(CPI),亚洲的菲律宾有“菲律宾调查报道中心”(PCIJ)。这些专事调查性报道的新闻单位是非营利的独立性机构,“自己不经营报纸和电视台,我们是调查报道的批发商”[②]。

不过,就调查性报道的社会影响计,西方国家跨世纪时期的调查性报道要略逊于其20世纪60、70年代的第二阶段。这个时期的调查性报道开始讲求报道的修辞,倾向于寓教于乐,硬度有所软化,如哥伦比亚广播公司《60分钟》栏目中的节目被认为不再是纯粹的调查性报道。[③]

(二)西方调查性报道的特点

西方的调查性报道以美国最为突出。作为调查性报道,它有三个不可或缺的要件。这三个要件也构成了西方调查性报道的三个特点。

1. 揭丑:所报道的新闻必须是一些人或有关组织企图掩盖的事实真相

西方的调查性报道不是表扬性的报道。《华盛顿邮报》对美国总统尼克松“水门事件”的报道,日本《朝日新闻》对日本首相竹下登任内“里库路特”丑闻的报道,都是记者历尽千难万险才获得并勇敢地予以披露的事实真相。“调查性报道的目的在于揭露被隐藏起来

① 张威:《比较新闻学:方法与考证》,436页,广州,南方日报出版社,2003。

② 赵华主编:《国外媒体记者谈新闻调查性报道》,30页,北京,中国广播电视出版社,2009。

③ [美]休斯顿等:《调查记者手册:文件、数据及技巧指南》,5页,广州,南方日报出版社,2005。

的情况”。[①] 调查性报道所报道的新闻事实并不光彩,故调查性报道在西方又被称为揭丑报道。英国广播公司《全景》(Panorama)栏目执行制片人安迪·贝尔(Andy Bell)之所以以为媒体“必须谨慎地利用调查性报道”[②],就在于调查性报道除了采写难度特别大,还在于调查性报道的揭丑应努力避免伤及无辜。

2. 独立:调查性报道必须是新闻媒介独立进行的原创工作

在资本主义国家,记者最大的消息来源其实是政府,日本共同社的主干原寿雄说:“见报的事实大部分已通过政府的手和眼作了第一次选择取舍。题目的设定完全在消息源——政府一边,政府在进行舆论诱导。”[③]因此,调查性报道要求从事调查性报道的记者不仅不能接受政府的经济资助,而且在信息资料的获取上也必须独立进行。日本学者川嶋保良认为,调查性报道要求从事“调查性报道不是依赖当局发表的材料写报道,而是记者亲自进行调查,逼近真相”,[④]“不是依赖警察”。[⑤] 在调查性报道出现第二个高潮的20世纪六七十年代,美国的《纽约时报》、《华盛顿邮报》都追求独立进行调查性报道。报道者这么做的目的除了获取独家新闻信息,不吃他人嚼过的“馍”之外,更多的是推动调查性报道摆脱外力控制,以便尽可能逼近新闻事实真相,多些真实、理性与客观。

不过,调查性报道的调查是艰难的,费用是相当高昂的,时间少则一周,多则数年。如艾达·塔贝尔对美孚石油公司的系列报道,耗时5年,老板对每篇报道的投资达4 000美元。[⑥] 因此,真正的调查性报道往往只能由资本雄厚、很有影响的媒体来组织。

3. 公共利益:调查性报道设定的问题重要,为公众普遍关心

由于调查性报道所揭露的对象不在普通个人,而是那些有能力对社会、对他人造成巨大伤害的政府机构、公司财团、社会团体、黑社会势力及其不法行为,因此,调查性报道的问题重大,议题设置很能赢得受众的关注。在美国,衡量一个事物成效的重要标准是其看对法律的影响,而调查性报道恰恰影响到美国一些法律的变革,如《肉食检查法》(1906年)、《克莱顿反托拉斯法》(1914年)等。[⑦] 英国广播公司《全景》栏目执行制片人安迪·贝尔说:调查性报道“要审慎地考虑对权力的利用和滥用的问题,无论是在私人领域还是在公共领域”。一家媒体“要想挣钱,调查性报道不是一个明智的选择”。然而,“公民……要知道事实的真相。……是他们的权力”[⑧]。而调查性报道恰恰在此具有难以

---

① [美]布赖恩·布鲁克思等:《新闻写作教程》,384页,北京,新华出版社,1986。

② 赵华主编:《国外媒体记者谈新闻调查性报道》,1页,北京,中国广播电视出版社,2009。

③ [日]川嶋保良等:《大众传播视点》,85页,地人书馆,1990。

④ [日]川嶋保良等:《大众传播视点》,85页,地人书馆,1990。

⑤ [日]川嶋保良等:《大众传播视点》,85页,地人书馆,1990。

⑥ [美]林肯·斯蒂芬斯:《新闻与揭丑》第Ⅰ卷,3页,海口,海南出版社,2000。

⑦ [美]林肯·斯蒂芬斯:《新闻与揭丑》第Ⅰ卷,6页,海口,海南出版社,2000。

⑧ 赵华主编:《国外媒体记者谈新闻调查性报道》,1、2页,北京,中国广播电视出版社,2009。

为其他新闻报道所替代的特殊功用。"美国公众诚信中心"(CPI)总监刘易斯(Charles Lewis)说:"我们的使命就是追踪权力造成的腐败,我们不报道天气或者体育。"[①]调查性报道在西方是高品质的新闻报道,数量虽不多,却往往有一般新闻报道所难以企及的重大社会影响。

调查性报道不同于那些专以揭露个人隐私以希图博得读者廉价一笑的黄色小报或格调低下杂志的新闻稿,因此,它需要喜欢读传奇故事的中国读者有一定的阅读耐心。要想改造社会,必须首先认识社会,调查性报道之于社会改良还是有一定的益处的。但是,西方的调查性报道毕竟为的是维护资本主义社会机器正常运转,因此我们不能幻想其中会有根本性的变革吁求与革命性的精神。

二、 调查性报道在中国内地

(一) 萌芽:调查性报道与调查报告

总体看,中国的调查性报道与调查报告有不解之缘。本来,揭露社会黑暗、腐朽与人民苦难的新闻报道在辛亥革命之后并不算少,如清末民初黄远生的《外交部之厨子》(1912年)、范长江的《祁连山北的旅行》(1936年)、刘时平的《沈崇女士访问记》[②]等或曝光政治窳败,或披露百姓生存惨状,或揭露外国列强在华横行霸道,悉具强大的社会冲击力。然而,这种以负面信息为核心诉求的报道在晚清至共和国成立之前终因统治者的政治独裁而相当有限。不过,以负面信息为核心诉求的新闻报道在1949年以后的一个相当长的时期内也不得志,受到的社会管理越来越严格。这样的严格管制的局面直到1980年7月《工人日报》报道"渤海二号"钻井船翻沉事件方开始扭转。

相形之下,调查报告则一枝独秀,在中国共产党内由来已久。调查报告是调查者对客观事物或社会问题进行调查后,将所得的结果记录下来的书面报告。[③] 早在新民主主义革命时期,调查报告就颇受倚重。1927年,为了了解中国农村社会实际,回答党内外对中国南方农民革命的指责,毛泽东花去32天的时间对湖南省的湘潭、湘乡、衡山、醴陵、长沙五县的农民运动实地考察,写出《湖南农民运动考察报告》,用以指导中国的农民革命。共和国成立后,从1949年到20世纪80年代中期,调查报告在中国内地一直是党政机关了解社会实际、指导全局工作的一种常用的工作手段。这一时期的报刊不过是党和政府用以控制、管理社会的一种得力工具,故调查报告也因借助报刊上情下达、下情上达而成为

---

① 赵华主编:《国外媒体记者谈新闻调查性报道》,32页,北京,中国广播电视出版社,2009。

② 载《燕京新闻》,1947-01-06。

③ 朱伯石主编:《写作概论》,248页,武汉,湖北教育出版社,1983。

一种新闻体裁。调查报告在当时仅为党政机关用以指导全局工作的工具，近似于工作通讯，缺乏实质意义的独立性。影响所及，是期报刊上发表的调查报告绝大多数以褒为主，很少有负面信息。

（二）走向成熟：调查性报道由中性向揭丑倾斜

调查性报道在中国走向成熟是在20世纪80年代末至90年代初。

在20世纪80年代中期，调查报告在中国内地开始分流。伴随改革开放，中国内地在20世纪80年代中后期出现巨大变化：社会改革由经济向政治渗透，经济改革由商品经济向市场经济推进。这些推动中国社会生发了前所未有的社会变革，而中国社会的转型带动政治生活向宽松方向发展，社会价值观向多元递进，新闻媒体在党管国有的大前提下也因允许局部利益存在而有了相对的独立性。在新形势下，传统的调查报告因不能适应时代的变化、民众的各种需要而趋于式微。调查报告开始转型。调查报告转型的总基调是坚持新闻真实性，追求公共利益，理性而冷静。在总基调的指导下，调查报告向调查性报道转变，并开始与20世纪二三十年代的范长江们对接。中国的当下现实、传统力量、域外新知三股力量将中国的调查性报道一分为二：一种是偏向中性的调查性报道，一种则是贬义高涨的调查性报道。从中国进步与读者需要看，后者在当下远比前者更为重要与宝贵。

中性的调查性报道注意继承以往调查报告的因素，往往视域开阔，广视角、多方位、点面结合采写新闻。立场中性或偏向褒扬或轻度不良为其基本格局。可以列举的作品有苏志会等的《菜价追踪》，蔡平的《性别的挣扎》①、《教育迁徙：河北读高中，北京考大学》②，崔晓林等的《珠三角"倒闭潮"真相》③，瞿凌云等的《梁子湖：利益博弈下的救赎》④。

贬义高张的调查性报道则回应时代呼声，重在揭丑，可谓揭丑报道。伴随中国社会的深刻变革，社会矛盾新旧杂陈，一方面是政治改革的相对滞后与体制设计跟不上时代发展的步伐，另一方面则是媒体的社会安全阀功能与权力对基层控制力的减弱。这些就为借鉴西方揭丑报道的调查性报道在中国内地悄然兴起，提供了必要的社会条件。然而，毕竟中西国情不一，理念有异，近期中国的揭丑报道与西方的调查性报道还是存在一定的差异。

---

① 载《中国青年报》：2002-07-24。

② 载《北京青年报》：2005-11-21。

③ 载《中国经济新闻》，2008(48)。

④ 载《长江日报》，2009-04-13。

三、调查性报道的界定与分量

（一）什么是调查性报道

从我国的实际看，调查性报道指的是报道者通过自己比较长期而完整的亲自积累、观察与最近的调查研究，对某一或某类社会事实或社会现象所进行的深入的、系统的、详细的报道。

（二）调查性报道的分量

调查性报道的分量往往重于解释性报道。与解释性报道相比，调查性报道多为独家新闻而非新闻资源的二度开发，采写上难度高，社会影响更大。英国的休谟说：所有的政治家都可能成为无赖。为了防止政治家成为无赖，必须设置预防机制，并以制度的形式体现出来。制度性的缺陷使许多无赖混进政治舞台，祸害人民；而好人在里面也会慢慢变坏。[①] 因此，调查性报道应重在监督大权在握者，而不是草根小民。这对于社会生态的良性建设更有力量，对国家的长远利益具有结构性的建设功用，也是社会主义真谛的具体折射。英国广播公司《全景》栏目执行制片人安迪·贝尔说："调查性报道是我们盔甲里面最厉害的利器。"[②]鉴于当下中国社会的转型，调查性报道理应多消灭丑恶，做捕鼠的猫，捕"硕鼠"的猫。有人以为真正的深度报道是调查性报道，解释性报道要靠边站。这样的主张无论是否正确，但终究反映了调查性报道特殊的社会功能。

目前，我国刊发调查性报道的主要阵地有新华社的"新华视点"栏目，《中国青年报》"特别报道"栏目、"冰点"栏目，中央电视台"新闻调查"栏目，《财经》杂志，《南方周末》报和《南方都市报》。

四、当前我国内地调查性报道的发展特点

（一）发展的不稳定性

当前我国内地的调查性报道具有发展不稳定的特点。这种发展的不稳定主要表现如下：

---

① 曾华国：《中国式调查报道》，9、42页，广州，南方日报出版社，2006。

② 赵华主编：《国外媒体记者谈新闻调查性报道》，1页，北京，中国广播电视出版社，2009。

1. 揭丑报道与中性报道相辅相成

调查性报道与国家政治生活联系密切,多为政治活动的有机组成部分。一方面,作为国家真正主人的人民群众有知情权、参与权、表达权与监督权;另一方面,调查性报道的根本目的是促进社会进步,国家强大,人民幸福,国家对调查性报道也需要必要的调控。这样一来,揭露假、恶、丑在报道中就应仅为手段而不是真正的目的。中央电视台"新闻调查"栏目第四任制片人张洁说:"纯揭黑的节目会让人对生活的环境失望。"[①]20世纪末担任中央电视台"新闻调查"栏目制片人的王坚平进一步以为:新闻调查"栏目本身应该有文化,你给观众的应该是一种文化,就是你对社会的一种认识态度,而不是说你一定要每天做触目惊心的案件就好看。如果这个栏目在这种态度之下,节目出来是对观众有启发的"。[②] 著名记者、作家麦天枢说:"舆论的进程一定要符合政治的总进程,它才是理性的。……追求过度自由的知识分子和新闻记者,是不体谅中华民族处境的一种自私,是一种职业自私和位置自私。"[③]因此,尽管目前揭丑报道占有上风,但眼下谁也无法独居调查性报道的发展空间。

2. 中性调查性报道保留有一定的调查报告或工作通讯的色彩

冯瑛冰等的《高煤价:谁是"推手"和渔利者——电煤价格追踪》[④]既有披露负面新闻信息的倾向,又有追究新闻事实真相以推动当下我国经济正常运行的以往工作通讯的功用。该报道如下:

> 今年以来尤其是进入二季度,全国电煤价格疾速飙升,部分电厂因燃料采购成本过高而停机。电煤价格到底涨在哪些环节,其背后的"推手"是谁?谁又在本轮煤价上涨过程中获利?
>
> 近日,记者沿着电煤生产、运输、港口和用户的流向,在追踪调查电煤价格后发现,与国有大矿讲责任、执行合同保电煤不同,小煤矿成为高煤价的直接推动者和最大获利者。
>
> **一吨电煤的"价格之旅"**
>
> 山西大同是我国著名的动力煤生产基地,其电煤生产、供应和价格,对全国市场有较大影响。
>
> "小煤矿坑口要价高,全部是现金交易。"以收购地方小矿煤炭为业务的同煤集团煤炭运销大同公司负责人介绍说。

---

① 赵华:《央视〈新闻调查〉幕后解密》,149页,北京,中国广播电视出版社,2008。

② 赵华:《央视〈新闻调查〉幕后解密》,74页,北京,中国广播电视出版社,2008。

③ 赵华:《央视〈新闻调查〉幕后解密》,253页,北京,中国广播电视出版社,2008。

④ 新华社太原2009年9月4日电稿。

7月中旬，大同地区地方小矿发热量5 500大卡/公斤的电煤坑口价格为580元/吨。记者选择了大同左云县一家小煤矿进行电煤价格追踪。

一吨电煤纯煤价是580元，装上汽车运到70公里以外一家叫晋宏煤站的火车集运站，中间的短途运费为120元/吨(包括煤检、查验合同和煤票费用)，运到站台后的煤价涨到了700元/吨(不含税)；

在煤站，发运企业要代煤矿交纳28元/吨的可持续发展基金，再加上煤站自己的管理费用35元/吨，此时的装车价，也就是“车板价”，变成了763元/吨；

电煤装上火车，经过大秦线的千里运输后，中间要加上大约93元/吨的铁路运费、7～8元/吨的杂费；到了港口还要加上包括过磅、化验、堆存等费用在内的港杂费约20元/吨；

这样，运到秦皇岛港的电煤价格就到了883元/吨。而这883元还只是税前的价格，在交纳13%的税后，煤价就成了998元/吨。这就构成了这一吨电煤的装船价，也即“平仓价”。

这一吨电煤从秦皇岛港装上轮船，运往长三角地区某电厂的码头，海运费70～80元/吨，到了用户手里的最终煤价为1 068元/吨。

至此，这一吨电煤完成了从坑口—公路—铁路—港口，再装船下海到用户的“产运之旅”，煤价则经历了从580元到1 068元的“价格之旅”。

从坑口价到用户价，这一吨电煤上涨了488元，除去中间环节，坑口价占到了最终煤价的“大头”。市场电煤价格迅猛上涨的直接“推手”就是不断上涨的小煤矿坑口价格。

长三角地区的那家电厂今年上半年累计采购220万吨原煤，煤价同比平均增加了220元/吨，增幅超过30%；进入7月以来，这家企业在秦皇岛港采购的原煤“平仓价”最高曾达到了1 050元/吨。

晋宏煤站经理高军志介绍说，今年以来，大同周边小矿的坑口价涨得“让人害怕”：以5 500大卡/公斤的电煤为例，一季度大约320元/吨，第二季度涨到360元、430元直至490元，到了7月初，煤价已经涨到了530元，7月中旬还曾达到580元。

3. 81元和300多元：大矿小矿利润差距惊人

小煤矿在涨价过程中获利多少?

同煤集团运销公司的相关人士分析认为，按小煤矿的采煤设备、工艺、管理和用工情况，吨煤成本在150元左右，即使加上基金和税费，也不会超过200元。

以7月中旬580元/吨的坑口价计算，小矿的吨煤利润为380元。一座年产45万吨的小煤矿，每年利润就超过1亿元。

小矿旁边的国有重点煤矿赢利如何呢?

据同煤集团提供的财务数据,今年上半年,同煤集团吨煤平均售价(坑口价)为395.14元,完全成本则为391.33元,吨煤利润仅为3.81元。拥有20万职工的同煤集团已连续3年产销量过亿吨,今年上半年完成6 200万吨,利润总额虽然超过了去年的全年水平,但也仅有可怜的2.36亿元。

价格上涨而成本也在上涨。今年上半年同煤平均售价比去年上涨了近76元/吨,完全成本增加了74.06元/吨,其中可持续发展试点三项基金上涨近17元/吨,安全费用增加20.25元/吨,工资成本(含附加费)增加了11.69元/吨。

3.81元和300多元,这就是国有大矿与地方小矿的利润差距。而这一差距目前仍呈现扩大之势。

当务之急是有效控制坑口煤价

不少业内人士反映,国家实施电煤价格临时干预政策,对约束国有大矿稳价格、保合同、保供应收到了立竿见影的效果,对港口交易价格也起到了限制作用。但市场电煤涨价的源头在坑口,在小煤矿,要想使临时干预政策收到预期效果,就必须控制住小矿的坑口价格。

大同上深涧煤站经理刘斌说:“小矿的坑口煤价一个劲上涨,我们运销单位目前都不敢往港口发煤,因为收购价居高不下,要是按港口的限价销售,发一吨煤就要赔200元。”

江苏某电厂燃料部负责人告诉记者,自6月19日限价干预政策实施以来,从秦皇岛港采购的5 500大卡/公斤市场煤“平仓价”从880元/吨,最高涨到了1 050元/吨。

与此对应的是,大同地区小矿的电煤坑口价也一直在上涨,7月初为每吨530元,7月中旬达到580元,目前涨到670元。

中国煤炭市场网首席评论员李学刚认为,此轮煤价上涨中,小煤矿是最大的受益者,应该从源头上加以控制。除了可以算得出的超额利润,在高涨的煤价背后还隐藏着诸多问题。

首先是国家利益流失。由于供应紧张,当前包括电煤在内的煤市已进入“卖方”市场,煤价完全由小煤矿自己说了算,而且是现金交易,交易过程中偷漏税,不交税金,给国家和地方经济利益造成重大损失。

其次是超能力生产,矿井安全隐患必将加大。

记者在采访中发现,目前大多数小煤矿安装了生产、安全监控系统,从技术上完全有可能控制住煤炭产量,而物价、税务等部门可以凭此建立一套切实可行的监控机制。

3. 调查性报道与批评性报道、新闻舆论监督有一定的混同

(1)调查性报道与批评性报道

批评性报道原本是计划经济时代的产物，是上级党委用来指挥全局工作的一种有力武器，故难免喜好议论评点；报道多就事论事，问题揭露的范围、程度有限，一般不涉及制度层面。2009年的《深圳返汉的父女俩被迫栖身行李厢内20余小时，又在高速公路上被甩——如此经济舱黑良心》[①]仍有明显的批评性报道特征：

本报讯(记者李亦中 通讯员汪建兴 程敏宁 胡星明)我省红安县一对父女新年经历了一段"黑色"旅程：从深圳返汉途中，被客车司机蒙骗，不得不在长途客车行李厢里待了20多个小时；最后，还遭遇"黑心"司机在高速公路半途甩客。

昨日凌晨3时许，省高管七大队执勤民警接到武汉市110转警称：一对父女受困京珠高速公路武汉北，需要援助。1个小时后，民警找到这对父女。

原来，两人遭遇长途客车半途甩客。看到民警后，父亲一边哭诉其遭遇，一边激愤地揭发"黑心"司机。

前不久，父亲陪女儿到深圳参加公务员考试。2日晚，两人打算回汉，在深圳长途汽车站附近，一中年妇女声称有便宜车票卖，把两人骗上一辆号牌为豫R13578从深圳至南阳的长途客车。

一路上，该车走走停停，不断有人上车，已经严重超员，在快要上京珠高速公路卡口的一处加油站时，客车司机突然对父女俩说："前面有交警执勤，你们的票便宜些，先委屈一下，到客车下面的行李厢去躲一躲，过了检查站，就放你们出来。"

父女俩无奈，与另外两人一起进了行李厢。然而，客车一发动就没有开过行李厢门。数小时以后，车到京珠高速某服务区，司机才打开行李厢，让几人出来上厕所。

对于司机的行为，父女俩表示抗议。然而，司机恶语相加，称两人本来就是买的"经济舱"票价。更可气的是，客车上此时早已人满为患，连过道上都挤满了人，父女俩被迫再回到行李厢。

昨日凌晨3时，司机突然停车，称已经到了武汉境内，将父女俩甩下客车，让其自行走下高速公路。

由于在客车行李厢里被困20多小时，又没有进食，父女俩身体都很虚弱。

---

① 载《长江日报》，2009-01-05。

民警为其购买了方便面和饮料，并联系了一辆开往汉口新华路的长途汽车，将两人送回家。

目前，省高管七大队已与河南当地交管、运管部门取得联系，对豫R13578客车的违法行为进行核查。

不过，批评性报道与揭丑式调查性报道毕竟均以传播负面新闻信息为中心。

(2) 调查性报道与新闻舆论监督

新闻舆论监督要复杂一些。先看舆论。舆论是公众关于现实社会以及社会中的各种现象、问题所表达的信念、意见和情绪表现的总和，具有相对的一致性强烈的程度和持续性，对社会发展与有关的事态进程产生影响，有社会舆论、新闻舆论等。其中狭义的舆论则仅指新闻舆论。社会舆论自下而上，反映并代表群众的利益。但新闻舆论有所不一，是由新闻传媒通过传播新闻事实的方式而形成的舆论，故既自下而上，也自上而下。经过新闻媒体，舆论的主体既包括群众，也包括新闻媒介与控制媒体的政治力量。与社会舆论不同，新闻舆论可以仅反映并代表新闻媒介与控制媒体政治力量的利益。次看监督。监督是一方以一定的规则为标准，监察、督促另一方，以使另一方合乎规则。它有上级对下级的监督，下级对上级的监督，相互之间的平行监督。民主监督是监督之一种，是一种民众行使自己政治权力的监督。民主监督的客体主要是掌握公共权力的机构与个人。社会主义的民主监督有党内监督、群众监督、法律监督、行政监督、舆论监督。三看舆论监督。舆论监督是以舆论作为工具的监督方式。其监督主体的民众，按照一定的标准通过公共意见形成舆论力量而对监督客体形成约束。舆论监督的重点对象应该是权力组织和决策人物，强迫这些政治强势者正确使用公共权力。四看新闻舆论监督。新闻舆论监督是这样的一种监督：新闻传媒在法律允许的范围内，将政治机构等公共权力部门的信息传递给人民，监督主体（人民）在对各种信息进行判断、评价的基础（知情权）上形成的舆论，然后再通过新闻传媒（表达权）反馈给被监督的客体（参与权），从而以舆论的力量达到对监督客体实施约束和监督（监督权）的目的。在我国内地的利益格局建构上，新闻舆论监督具有其他社会主义民主监督所无以比拟的特殊作用。一方面，新闻传媒选择舆论，另一方面，新闻传媒又放大舆论，引导舆论。从本质上说，新闻舆论监督是一种自下而上的民主监督，但控制新闻传媒的有关社会力量也可以通过所控制的传媒达到自上而下的监督。而后者恰在目前的中国普遍存在。因此，要警惕并努力减少控制新闻媒体的力量对舆论的不当利用。

舆论引导是种特殊的舆论监督。如果衡量是非的标准错误，维护的利益主体错误，则势必出现错误的新闻舆论引导。舆论引导的终极目标是公共利益，是党的根本利益，是高于政党利益的人民整体利益。毫无疑义，大众媒体因其无处不在与使用的便利性而成为当今社会最强大的公共信息与公共意见的广场，社会影响力巨大。这样一来，在社会转型期，大众传媒就不能不担当起其特有的社会角色：新闻舆论监督与新闻舆论引导。新时期的新闻舆论监督出现特别复杂的局面：一方面，因为传统媒体为党和政府牢牢控制，社会管理层在控制传统大众媒介的新闻舆论监督上游刃有余；另一方面，因为网络媒体的桀骜不驯，目前社会弱势团体反倒对互联网有了一定的自主控制权力，并因此形成一个新的舆论广场。因此，传统传媒、网络传媒之间的新闻舆论监督、新闻舆论引导构成了颇为复杂的信息互动局面，要求各级社会管理层全心全意为人民服务，审时度势，因势利导，自觉接受群众监督；党和国家建章立制，严格执行，建设足以制止有关社会强势机构、人员因谋取局部利益或官僚主义而对以人民利益为核心的公共利益加以伤害的包括新闻传播在内的制度体系。面对新的新闻舆论局面，各级社会管理层若不求学若渴，胸怀社会危机感与高度的政治智慧，不兢兢业业地认真对待，则势必媒体事件接连不断，损害社会主义建设大局。

调查性报道因其信息传播性质与信息品质所在，而成为新闻舆论监督、新闻舆论引导的重要工具。调查性报道既可以监督民间的不当行为，又可以监督社会管理阶层的不当行为，并形成不同的舆论引导。在这样的社会背景下，调查性报道往往既是上级党委和政府用以指导全局的工作手段，与反腐倡廉息息相关，成为党的纪委组织、政府监察机构打击以权谋私、官僚主义的以清除自身内外疾患的政治斗争利器，又是党和政府用来维护社会正常运行的社会“安全阀”，因时因地适度开启，通过一泄民愤来维护社会稳定。调查性报道是最见政治家办报智慧的新闻报道领域。

4. 从事调查性报道的大众传媒五花八门

西方国家的新闻舆论监督以主流媒体为主。在西方国家，小报小刊以刊播软信息为主，新闻舆论监督主要由大报大刊担当，调查性报道差不多成为主流媒体的专利。反观中国内地，从事调查性报道的大众传媒则各式各样。这其中既有大报大刊，如党委机关报、《南方周末》、《财经》、《三联生活周刊》、《瞭望东方周刊》、中央电视台“新闻调查”栏目；又有以面向市场为主的都市报、晚报、晨报等小报。其间政治、经济缠绕、穿梭。“由于政策壁垒，我国内地没有民营报刊台、外资报刊台，因此我们的新闻媒体进行调查性报道多多少少都具有一定的行业垄断性。过分批评，但是不是这条道路之外还有别的道路可选择？”[①]李鸿谷的分析既是一家之言，但又有一定的道理，其眼光还是颇为毒辣的。

5. 采访渠道多元化

调查性报道在采访上多途并举。采访上既依靠传统的党政行政渠道，又发挥媒体的

---

① 张志安：《记者如何专业》，250～251页，广州，南方日报出版社，2007。

自身力量，自家独立的暗访等手段频频使用。陕西《华商报》记者江雪介绍，她在对电子游戏厅的赌博活动进行调查时采用过暗访手段，并曾遭遇被人围困。[①]

调查性报道应慎用暗访。2009年11月9日经中华全国新闻工作者协会修订的《中国新闻工作者职业道德准则》第三条第1款规定："要通过合法途径和方式获取新闻素材。"西方国家对暗访的运用也存在一定的争议。因此，使用暗访应起码具备三个条件：一是为了公共利益；二是新闻报道意义重大；三是其他采访的途径、方法已经失灵。

我国调查性报道时下发展的这种不稳定是当下我国社会现实的反映。目前，中国内地的社会主义市场经济正深入开展，我国加入世界贸易组织多年，多种经济成分不断扩张，社会多元利益互动的格局俨然形成。与此同时，社会贫富悬殊值得重视。2001年，日本的基尼系数是0.28，韩国是0.31，[②]而我国基尼系数早已从改革开放之前的0.16[③]越过0.3的稳定线，近年始终在0.4的警戒线之上，2004年为0.47，[④]时下正日益逼近0.5的危机线。经济发展、社会公正与维护稳定之间的良性互动已成为必须解决的根本性的时代命题。另外，我国的文化改制工作正在进行，各种各类媒体、媒体集合体之间已经形成一种不完全的市场竞争局面，新闻舆论引导与新闻舆论监督之间盘根错节。这样的双重转型过渡状态的社会环境与媒介环境，是我国内地调查性报道发展不稳定的根本。其前景究竟如何，尚待静观。

（二）鲜明的调研性

鲜明的调研性，为中西方调查性报道所不可或缺。所谓调查，指为了了解情况而多到现场进行的考察。[⑤] 所谓研究，指用科学方法探求事物的本质和规律。[⑥] 在写作材料的获取上，调查性报道不同于其他新闻报道的关键就在于对采访调查研究性质的特别强调与规范。

调查性报道采访上的调查研究性质有若干表现。一是多面，即若有可能则采访上力避仅接触新闻当事的一方。二是深入，即采访拒绝浅尝辄止，以弄清新闻事实真相为中心目的，多追问，讲求沿着一定的现实路径接触新闻事实，观察、探问、分析相结合，由此及彼，由表及里，由浅入深，努力深入新闻事实内部并不断扩大、拓宽这种深入。三是系统，

---

① 黎勇：《真相再报告》，142页，广州，南方日报出版社，2008。

② 载《瞭望东方周刊》，2004(26)。

③ 冯海宁：《个税改革应彰显"穷人政治"》，载《羊城晚报》，2009-02-09。

④ 载《国际金融报》，2005-10-12。

⑤ 《现代汉语词典》第3版，290页，北京，商务印书馆，2002。

⑥ 《辞海》三卷本，4294页，上海，上海辞书出版社，1989。

即讲求新闻专业主义，依循科学精神，有调查，有研究，讲步骤，条分缕析，努力全局与局部相结合。新华社记者朱玉说："法律上有个名词叫证据链，意指要有足够的证据形成链条，支持诉者的主张，最后达到谋求法律支持的目的。我觉得调查性报道的某些做法，也十分像在法律上寻找证据链。"[①]四是细致，即注意微观调研，善于细节材料累积，貌似不起眼的重要角落不能遗漏。小材料有时足以掀翻大船。

（三）较强烈的重大性

调查性报道报道的不应是那些无关痛痒的新闻事实，而是当今现实社会存在的比较重大的，甚至关系到社会结构的新闻事实。这些新闻事实往往事关国计民生，事涉公共利益，与人民群众的切身利益、核心利益息息相关，触碰甚至调整多方社会势力的利益格局，涉及社会的整体局面，社会影响相当重大，往往为广大读者所密切关注，为党和国家所高度重视。2003年3月，由武汉刚刚来到广州就职的大学毕业生孙志刚仅因未及办理暂住证与未随身携带身份证就被当做"三无"人员送到广州收容遣送中转站，并因遭毒打而丧命。从2002年到2004年，辽宁省阜新市前市委书记、市长王亚忱巧取豪夺，将他人的巨额财产一步步鲸吞。河南省新密市刘寨镇老寨村村民张海超从2004年8月到2007年10月，在郑州振东耐磨有限公司打工中接触大量粉尘，并于2007年8月开始出现咳嗽、胸闷的症状后被北京、郑州多家医院一致确诊为"尘肺病"。但张海超的职业病鉴定要求，却因张海超原工作企业拒绝提供相关资料被职业病防治所以职工必须有单位开具的证明方予进行的国家规定而被长期搁置。后经向上级主管部门多次投诉，张海超虽取得正式鉴定机会，郑州市职业病防治所这家具有职业病诊断资质的机构却为张海超做出"肺结核"的诊断。这个诊断让张海超既无法作为尘肺病患者获得治疗，又得不到原曾工作过的企业的赔付。走投无路之下的张海超2009年6月在郑州大学第一附院不顾医生劝阻，坚持"开胸验肺"，用一个人的无奈之举，揭穿自己患"肺结核"病的谎言。上述新闻事实无不是重大公共利益高悬。对这些新闻事实的报道就不能不成为一次次对社会公正、社会良心与社会制度的拷打。调查性报道一般属于新闻报道的硬中之硬，并因这种公共利益的重大而常占据新闻报道的最佳品质位置。

调查性报道追求公共利益、媒体利益与个人利益的高度统一。中央电视台"新闻调查"栏目制片人张洁说："男人努力的最大目标，就是你所干的事情跟很多人有关，而不只跟你朋友和家人有关系。"[②]调查性报道已成为全局利益与局部利益的凝聚点、集合处。

---

① 黎勇：《真相再报告》，111页，广州，南方日报出版社，2008。

② 张志安：《报道如何深入》，18页，广州，南方日报出版社，2006。

（四）相当的艰巨性

与其他新闻报道相比，调查性报道相当艰巨。其一，所报道的内容敏感，记者接近新闻事实真相困难重重，采写特别费时费力。《羊城晚报》记者赵世龙介绍：有一个女性外教本在境外患有艾滋病，但在我国海南某大学教书的两年多期间先后与20多位学生发生了性关系。赵世龙获知此事新闻线索后即和《南方周末》记者江华开展调查，但无奈此时那位女外教回国已半年，无法寻觅。而那些和患有艾滋病的女外教发生性关系的同学或已退学，或被找到也不愿意接受采访。虽多方努力，但中间线索最终中断，记者最后只有放弃。① 为了对新闻事实能有较为全面的把握，也是为了减小调查性报道刊发的社会阻力，揭丑报道有时也采取反题正做的办法，将正面信息作为报道的社会背景。其二，调查性报道往往分量重，所披露的对象常位高权重，手握重要资源，而报道则触及当事者的重大利益，如重磅炸弹当场爆炸，因而社会风险高，采编阻力大。中央电视台“新闻调查”栏目制片人张洁介绍：以调查性报道作为栏目核心竞争力的“新闻调查”栏目“批评报道做五个起码死两三个”，②即便做完的节目也有十分之一不能播出，一年有五期左右。③ 新华社记者朱玉说：“我们有时候要学会妥协，有时候要学会坚持。”④有的报道因为社会环境限制只好隐去被披露对象的名称，如《中国青年报》“冰点”周刊的《老校长痛斥象牙塔的倒掉》⑤：

拿到全国总工会发的一份职工状况问卷调查时，78岁的老校长在上面填的几乎都是“很好”和“满意”。

“还有什么意见?”这是问卷的最后一个问题。

“我没地方讲我的意见。”老校长认真严肃地写道。

他的意见几乎都与高等教育和学术腐败有关。老校长搞了一辈子教育，在当大学校长时，他算是敢说敢做，常针砭时弊，曾因为反对伪科学而在科学界有些名气。

后来，他从领导岗位上退了下来。再后来，在院校合并大潮中，他的大学和另外两所大学被合成了一所部属“211”重点大学。

孩子们以为，学校和职务都没了，父亲不会再像从前那样关心教育。七八年来，学校的意见征求会，也不再邀请这个老领导参与。但白头发的老校长，一有

---

① 黎勇：《真相再报告》，167页，广州，南方日报出版社，2008。

② 张志安：《报道如何深入》，8页，广州，南方日报出版社，2006。

③ 张志安：《报道如何深入》，14页，广州，南方日报出版社，2006。

④ 黎勇：《真相再报告》，113页，广州，南方日报出版社，2008。

⑤ 载《中国青年报》，2009-09-09。

机会跟人谈的，除了教育问题，还是教育问题。

我愿意作证，并承担后果

9月6日下午在北京的这场讨论会，就来自老校长的争取。这原本是一场以“科学与无神论”为主题的会议，会期一天半。

但在接到参会邀请时，老校长提出：“能不能拿出点时间，从学习实践科学发展观的角度，专门讨论一下高等教育和学术腐败的问题？”他对眼前的一些腐败问题，“实在看不下去”，需要找个地方来说说。

会议主办方同意了他的请求，会期延长半天。

讨论会上，老校长讲的都是自己了解的一手资料和亲身感受。狭小的会议室里，不时弥漫着愤怒的气息。讲到一些“太不像话”、“太说不过去”的地方，老校长会提高声音做出手势。

这些年来，老校长已经记不得有多少大学教师找过自己。他们主要来自老校长身在的那座高校云集的省会城市，也有一些来自其他地方，包括了老中青三代人。他们想告诉老校长一些他们亲身经历的事情。

一位教授告诉他，自己正忙于为政府机关中的某主任写专著。另一位教授则向老校长倾诉了自己的委屈。教授指导几名学生做课程设计，后来发现指导教师却写成另一位老师。他问为什么，有关领导说，那位老师要申报“名师”，由于教学工作量不够，便“借用了”教授的工作量。

老校长看到一名研究生忙着写论文，便问，“你的论文数还不够吗？”“我自己的已经够了，现在写的是导师要我代某企业的某领导写的文章。”研究生答道。

而在老校长自己的课题组里，也曾出现副教授让自己的学生代写论文的事情。课题组里的一名研究生因为作弊无法毕业，学生家长直接在电话里质问老校长：“你们的老师还让我儿子帮他写论文呢，凭啥不让我儿子毕业？”

老校长对这件事情做了严肃的处理。“碰到这些事情我就火透了！”在宾馆房间里，他抽完最后一口烟，把烟头狠狠地摁灭在烟灰缸里。

不过，在讨论会上，他还是克制着自己的情绪。一直以来，老校长拒绝说出任何一个找过他的人的名字。他担心说了名字，“就再也没有真实情况的信息来源了”。他更为担心的是，一旦说出那些研究生的名字，“这些年轻人就彻底毁了”。

而他也不愿透露自己的姓名，理由很简单——“年纪大了，想安静地思考些问题”。但他随即强调道：“如果法律上需要我就所说的事实提供证据，我绝对会出来作证，承担后果。”

或许是对老校长的性格有所耳闻，那些经历过学术腐败的人，愿意把自己的故事讲给他听。

“他们也感觉自己做的事情很不好，但没有办法，内心很无奈。”老校长边说边摇头。

从“难以容忍”到“忍无可忍”

因为看重这场与高等教育和学术腐败有关的讨论，来北京之前，老校长给不少人打过电话。他们中有这些年来报道过学术腐败事件的媒体记者，也有关心学术腐败问题的学者。

“一听说还有新闻媒体参与，就发怵，不少人说自己临时有事。”老校长无奈地说。他解释，之所以把媒体找来，是因为觉得自己老了，需要介绍一些情况，供有精力有兴趣的年轻人去调查。

而老校长现在所在大学的校长，也因为涉嫌论文剽窃，正陷入一场风波，被媒体所关注着。

“不能让这个事情，就这样不了了之。”说话的是另一位头发全白的老人。讨论会上，听得最认真发言最多的，也是这几位白发老人。

教育部门有领导曾声称，对学术腐败要采取一票否决的制度。“这么多的校长、副校长接连出事，他否决了谁啊?”有位老人质问道。

今年年初，老校长被学校某学院的学生会邀请去做讲座。老校长只给他们讲了一个话题，“什么叫学术”。他希望年轻的这一代，要有独立的人格和思想。“这很重要！这样才有坚持的动力。”他高声强调道。

他坚信大学里必须学术至上，但他听了太多有关学术的荒诞故事，他害怕眼前这群刚上大学的孩子，会在“金钱挂帅”下见利忘义，“没有独立的人格，那就完了”。

老校长喜欢打桥牌。有一次打牌之余，他跟一位年轻副教授闲聊。

“最近在忙什么啊?”老校长问。“忙考试。”对方回答。

老校长有些纳闷，便追问道：“你都博士毕业评上副教授了，还考什么?”

“代别人考啊，可能以后还得替他写毕业论文呢。”副教授笑道。

老校长这才恍然大悟，副教授所说的“别人”，是当地的一位领导。

老人也看到了他当领导时所不曾看到的一些场景。有人为了评教授，提着个小包，装着礼品甚至是红包，在全校到处跑。还有人亲口告诉他，自己连续评了三次才评上，前后送了三回红包。

老校长曾将这些情况向一些高校的领导反映，有些高校校长则告诉他，“现在这些情况没办法收拾，你这么大年纪就别去搞了”。

但他不肯就此放弃。来北京时，他带来了一堆材料，几乎全部与学术腐败有关。到北京的第一天，他就拿着一些与教育腐败有关的材料，去咨询了一位知名律师。

"这些腐败现象会伤筋动骨，会影响我们的灵魂的！"老校长这样解释自己的坚持。这些现象，他在任时难以容忍，退下来了依旧忍无可忍。

正是基于此，他才要求在这场与教育几乎无关的会议上，就高等教育和学术腐败问题进行讨论。

……老人们大都注意到了最近的新闻。老校长所在大学的时任校长，原本是被校方推荐为2009年中国科学院院士候选人的。在经历了"剽窃风波"后，该校长最终未能进入8月31日公布的院士增选初步候选人名单。

有人曾问老校长："你反学术腐败，怎么反远不反近？"

老校长则有自己的苦衷。合校初期，学校开意见征求会，会邀请他去。但在会上，他总是讲教学和学术中存在的问题，校长和书记们听了后，总是说"不好办"。后来这几年，所有征求意见的会，都不再通知他去了。

有一年，他主动报名参加有关学校发展问题的大辩论，但他最终还是未被安排参与辩论。甚至在党支部里，他这种喜欢讲问题而不怎么讲成绩的人，也不大受欢迎。

……然而，现在校长却出了问题。"我认为这是必然的，这批人的指导思想就是包装，就是把所有人的成果都搞到一个人的身上，好让他当院士。"老校长直言不讳。

有位教授给他讲过一件极为荒唐的事。该教授主持的科研成果获得了国家级二等奖，他去申报院士，材料在初审后就被退了回来。一查才发现，原来该校某领导在上一届院士评选时已用过该奖，并且已评上。而真正负责该项目的这位教授，丝毫不知情。

一所知名大学的教师告诉老校长，他们学校的科室甚至是医院，都有创收任务，如果完不成，就会扣奖金。有些老师无奈之下只能到社会上"骗钱"。该教师觉得这样是在丢学校的脸，便去找校长反映。不料校长却在大会上讲，你有本领你也去骗啊，告什么状？你骗到了一百万，我就给你教授当。

这令老校长极为愤怒。在他看来，这会把高校的骨气搞没了，因为"追名逐利的人不可能有骨气"。

报道所触及的是哪一所学校，"老校长姓甚名谁，该文一概略去，这自是为了见刊之便和刊后免去无谓的社会纠缠"。

其三，调查性报道内容重要而丰富，篇幅较长，文字较多，需要有坐实或证伪的扎实材料、关键性材料，故报道者必须胸有全局，讲求弄清事实的来龙去脉、深深浅浅，对事实的关键要害处更要一清二楚。

调查性报道的内容常常处于潜在、保密的状态。被调查的事实真相不能一望即知，而有关人员又十分敏感，戒备心强。有关部门、单位、人员还常常想出种种办法来设置障碍，制造混乱，遮掩事实真相。因为涉及实际利益，有关当事者还可能讲假话。报道人及相关支持者有时还会受到来自金钱、美女等的诱惑，受到来自外界的威胁、打击、报复，甚至于为此惹来杀身之祸。中央电视台"新闻调查"栏目的《透视山西运城渗灌工程》其新闻线索来自曾任"新闻调查"栏目制片人夏骏的一个熟人举报。夏骏当时让举报者认真思考有关问题："日后如果有人想要收拾你、报复你，你有没有什么把柄被别人抓住？这都是需要考虑的。"当该节目最终播放后，这位举报者被判刑 12 年。与此同时，制造虚假事实的一些人在节目播发后仍被提拔，如"说缸里长出了一棵苹果树"的县委副书记"这个人也被提拔了"，"那个吆喝[①]老农民的乡长被提拔成镇党委副书记。"[②]

调查性报道的高难度对报道者是重大考验。首先，调查性报道对报道者有身体要求。《华商报》记者江雪说："必须得有一副好身板。……身体素质还行，我才坚持到今天。"[③]其次，调查性报道对思想品德与实际能力有较高的要求。这是对从事调查性报道人员最重要的要求。从思想品德、实际能力看，调查性报道有由低到高的两大标准。一是新闻专业主义。这是从事调查性报道的基本标准。它指的是进行调查性报道要按照新闻传播规律办事，对得起自己的职业，不伤及无辜。中央电视台"新闻调查"栏目制片人张洁说："'做调查'的人……有另外一个词，就是'专业主义'。我们恪守理性、平衡，不是为了制造轰动效应去做节目的，必须符合专业理念和道德规范。"[④]"我们这个团队……是为荣誉而战。"[⑤]栏目的努力方向是"一个月做一期有影响力的调查性报道；如果这个目标达不到，就两个月一期；再达不到，三个月一期。哪怕一年只做两期真正的调查性报道，我们的目标也已经实现了"。[⑥]《中国青年报》特别报道部副主任刘万永说："一个记者或一个媒体要坚持自己的立场，就必须在金钱面前保持独立。……一个记者要靠工作养家糊口，但不能利用新闻去赚钱。"[⑦]二是为人民服务的精神。为人民服务是利他精神。这一标准衡量的是报道者的理想、信仰。为人民服务，指的是为了人民的利益，即公共利益不惜牺牲个人的利益。这是从事调查性报道的最高标准。人，还是要有一点精神的。《新京报》北京

---

① "吆喝"应为"呵斥"。——作者注

② 赵华：《央视〈新闻调查〉幕后解密》，90～91 页，北京，中国广播电视出版社，2008。

③ 黎勇：《真相再报告》，143 页，广州，南方日报出版社，2008。

④ 张志安：《报道如何深入》，16 页，广州，南方日报出版社，2006。

⑤ 张志安：《报道如何深入》，15 页，广州，南方日报出版社，2006。

⑥ 张志安：《报道如何深入》，10 页，广州，南方日报出版社，2006。

⑦ 黎勇：《真相再报告》，78 页，广州，南方日报出版社，2008。

新闻部主编陈峰说："人想得到的太多，就容易被利益所诱，迟早当叛徒。"[①]人民的利益与党的利益完全一致，人民的利益高于党的利益，在人民的利益之外"党没有自己的特殊利益"[②]。作为党的新闻媒体，采编应严格恪守以为人民服务的精神来指导调查性报道。这实际是中国共产党政治伦理的必然诉求。《透视山西运城渗灌工程》节目的最终刊播还颇为惊心动魄，可以说明这一道理。据曾在中央电视台"新闻调查"担任记者的王利芬介绍，《透视山西运城渗灌工程》节目完成后，分管副台长让王利芬自己拿节目找中宣部。不过，时任中宣部新闻局局长的人曾担任过山西省委宣传部部长，王利芬的中宣部之行因而似乎凶多吉少。当王利芬来到中宣部新闻局局长的办公室请局长看片子，局长意见明确：我知道，运城的片子，不要播了。对于这时的具体情况，王利芬介绍得较为细致："我说我们把情况给您汇报一下。汇报完了之后，我说我不知道您有没有录像机，我带来了一个做好的家用录像带，您给看一下。他说不看不看，没什么可看的，怎么能播呢。他当时给予的理由并不是特别的充分，而且不让播的东西已经下到《新闻调查》了。当时我就特别不客气了，我这时候，说老实话，我那种本性也就出来了，我骨子里挺不怕人的。我说局长，我是一名普通的记者，但是我做这个节目千辛万苦……其中的艰辛可能是您想象不到的，我今天把片子做成了，播和不播咱们另论，但是您应该看一下，希望您尊重我们的劳动，我们把接线人员都给您带来了，您有什么理由不看一下呢？他说那我看吧。好，他就看了。因为我那时候已经很那什么了，就跟他翻脸了，你不尊重我的劳动，你没有什么理由，如果你看了说不播，你告诉我一个明白的理由……一般说来，一个记者不会跟一个新闻局长这么样子的。当时我也无所谓了，我本来就是中国农民，农民下放，流放不还是当农民吗？咱们不就是在中央电视台当个小记者干活儿吗？这有什么可怕呢？……那时候没想什么，我估计没有人跟他这么顶过。那个节目应该说比较客观和有可视性。局长看完之后，沉默了一会儿说，播。并且说，这个电视是太了不得了，人证、物证俱在。我说谢谢您，那我们走了。……随后，局长又亲自给副台长打了一个电话说，你们这个节目要播。我相信他被里面的事实震撼了。"[③]有人问王利芬："您是够厉害的，勇气从哪儿来？"王利芬回答说："一个记者你做批评，必须有非常高的境界……爱国是一个栏目的灵魂，更应该是一个人的灵魂。"[④]

---

① 黎勇：《真相再报告》，59页，广州，南方日报出版社，2008。

② 杨健《"替谁说话"与"为谁执政"》，载《人民日报》，2009-06-19。

③ 赵华：《央视〈新闻调查〉幕后解密》，184页，北京，中国广播电视出版社，2008。

④ 赵华：《央视〈新闻调查〉幕后解密》，184～185页，北京，中国广播电视出版社，2008。

第二节　调查性报道的调查研究

一、调查研究的重要性

调查研究是采写调查性报道的基础。《中国青年报》首席记者刘畅说："记者对事实是有信仰的，对客观事实高度忠诚，才能实现对公众与社会高度忠诚。"①因为新闻信息的复杂、敏感，调查性报道获取所需要的信息在难度上特别大，非其他新闻报道可比。中央电视台"新闻调查"栏目制片人张洁介绍：该栏有些节目较弱的"关键是取证太难"②。而调查性报道看重的就是事实证据，国外从事调查性报道的记者又将调查性报道称为"证据的报道"(Evidential reportage)③。掌握少量、鸡毛蒜皮的信息，或许可以写成一般报道，但无法写就合格的调查性报道。因此，没有大量深入、细致与艰苦的调查研究，报道者就不可能对新闻事实有真实、准确、全面、深入的了解与认识，就不可能有调查性报道所不可或缺的丰富而关键的报道材料，那么，从事调查性报道就是一句空话，再好的思想、技法都派不上用场。可以说，调查研究的深浅、多寡直接左右着调查性报道的深浅、优劣。调查研究是报道者获取"烹饪"调查性报道所必需的好"米"的必经之路。

二、调查研究的方针

（一）深入系统，点面结合

采写调查性报道必须系统地、深入地进行调查研究，这意味着报道者对报道对象进行调查研究时不能仅仅限于局部，不能杂乱无章，不能浅尝辄止，不能只抓鸡毛蒜皮系统地、深入地进行调查研究有如下要点：一是调研多方。二是注重调研对立面。《中国青年报》记者刘万永介绍《一个退休高官的生意经》时说："我肯定要去找王亚忱，如果找不到他，稿子是没法写的。不能只听高文华一方的，还要去找冲突的另一方去求证，听到解释。"④三是深究，即寻找问题，一个探寻接一个探寻。中央电视台"新闻调查"栏目第三任制片人

---

① 黎勇：《真相再报告》，12页，广州，南方日报出版社，2008。

② 张志安：《报道如何深入》，13页，广州，南方日报出版社，2006。

③ 张意轩等：《调查性报道的力量与魅力》，载《中国记者》，2003(7)，16页。

④ 张志安：《记者如何专业》，150页，广州，南方日报出版社，2007。

赛纳认为："'未知'实际上是一个调查节目的动因，"[①]"首先要有问题，如果没有问题你调查什么？""当记者对这个事情还没有一个底，没有一个答案的时候，实际上悬念天然就存在了"。[②] 那种只解其一、不解其二的了解、采访，不能叫调查研究。名为调查报道的《打工妹之死》[③]在调查研究上恐怕很不到位：

一位17岁的外来打工妹死了，死在一个酷热的夏日，死在他乡异地的武汉，死在她连续工作了16个小时的一家服装加工小作坊。

她叫刘丽，来自洪湖边的一个小村庄。刘丽在家排行老二，上有一个姐姐，下有一个妹妹和弟弟。为了生活，几年前，刘丽的父亲带着大女儿远走他乡去南方打工。刘丽小学未毕业就辍学回家，与母亲一起包揽了家里所有的农活。

这几年，村里像刘丽这么大的，还有许多比她小的孩子都到外面打工去了。刘丽也想出去打工，年轻人总是渴望外面的世界。今年春节，嫁到外村的刘某回来了，说在武汉办了一家服装厂，想招几个女孩做学徒，管吃管住，但只给零用钱，没有工钱。刘丽听说了说她想去，母亲觉得，虽然去了挣不到钱，但熬几年能学门手艺，也就答应了。

今年2月，刘丽与本村及邻村的8个女孩跟着刘某离开家乡来到了武汉。她们中，刘丽的年龄是最大的，其他几个女孩都只有十三四岁。

刘某的服装加工厂其实只是一间小作坊，租的是汉阳区月湖堤一幢民居的二楼，面积也就二三十平方米，里面只有几台缝纫机，一张熨衣服的案板和一把电烙铁。这个小作坊的下面是工作间，上面用木板搭建的阁楼便是打工者的住处。阁楼高不到一米，她们要上去睡觉必须爬着进去，如果坐着穿衣服，连腰都不能伸直。冬天她们住在阁楼上，天热了，便铺张席子睡在工作间的地上。

月湖堤地处江汉一桥南岸桥头，与全国闻名的汉正街小商品市场仅有一桥之隔。由于汉正街寸土寸金，大部分老板都将生产加工车间迁出汉正街。近年来，月湖堤一带逐渐发展成为汉正街的后方加工厂，其中大部分是服装加工。有人估计，在这个面积不大的地区，小作坊式的加工厂少说也有几十家。

据月湖街派出所一位姓熊的民警介绍，这些小作坊的老板大都来自洪湖、仙桃、监利等县市，打工者大都是这些老板从老家带出来的，也有的是他们的亲戚，打工者的年龄大都很小。他说有天晚上，派出所突击清查几个小作坊，一下就清出十几名童工。几天前，也就是8月8日的晚上，他们配合区劳动局、工商局对

---

① 赵华：《央视〈新闻调查〉幕后解密》，123页，北京，中国广播电视出版社，2008。

② 赵华：《央视〈新闻调查〉幕后解密》，122页，北京，中国广播电视出版社，2008。

③ 载《中国青年报》，2001-08-13。

12 家个体、私营企业清查，当场就发现有 6 家涉嫌非法使用近 10 名童工。其中除一家为理发店外，其余 5 家均为服装加工小作坊。小作坊的老板在向派出所申请暂住人口证时，拿来的要么是假身份证，要么是打工者所在地派出所出具的证明，有的真实年龄只有十二三岁，证明上却写着 16 岁。据当地居民反映，这些半大的孩子常常要工作到凌晨，为了让他们不至于打瞌睡，老板竟半夜打开录音机来“提神”。

据房东介绍，刘丽她们一般是下午开始干活，常常要一直干到凌晨，有时活多，会干到天亮，上午睡一会儿，下午又接着干。因为老板一般都是上午去汉正街接活，接到活后马上赶工，第二天早晨要将做好的服装送到汉正街，再接下一批活。

7 月 9 日中午 12 时，刘某从汉正街接了一批活回来。刘丽她们马上开始赶工。这天，武汉市气温高达摄氏 36 度，工作间里又闷又热，只有一台旧电扇“呼呼”地吹着热风。由于那天接的活多，老板担心干不完，从中午一直干到晚上，大家一直没休息，吃了晚饭后又接着干。刘丽那两天一直感冒，但因人手紧，她不能休息。她负责给衣服锁边，一件又一件衣服送到她面前，她忙得一刻也不能停。

一直到凌晨 4 时，这批活儿终于赶完了，刘丽摇摇晃晃地站起来，想爬上阁楼休息，却突然一头栽倒在地上。老板找来几个人将她送到附近一家诊所，医生给她用药后，见仍昏迷不醒，催促赶快转院。6 点钟左右，老板让人将刘丽送到武汉市第一医院，自己却悄悄回去了。这时，刘丽的体温已达 42 度，每分钟心跳 220 次，医院立即下了病危通知书，上午 9 时 20 分，刘丽不治身亡。

听说刘丽的母亲当天下午就赶到了武汉，可是见到的却是女儿已经僵硬的尸体。可怜的母亲抱着女儿哀哀地痛哭，却没有怪罪老板，她以为这是命，她说：“不怪你，是我的伢没这个福分。”

房东听说老板给了刘家一笔安葬费，有人说只给了几千，有人说给了几万。可是不管多少钱，它都换不回一个活泼泼的年轻生命。

8 月 11 日下午，笔者走进刘丽生前打工的地方。这是一幢三层的楼房，房东一家住在三楼，二楼的那间小作坊已上了锁。房东说刘丽死后，老板匆匆回来将其他几个女孩子都带走了，从这以后再没露过面，欠她的房租也没给。

离开小楼时，发现一楼拐角有一个十几平方米的房间，里面摆放着 7 部缝纫机，进去一看，发现里面还有一个七八平方米的小间，(后来才知道那是老板住的)，小间里有几张“娃娃脸”在玩牌。问他们是哪里人，说是从仙桃来的。问他们知不知道这里前不久死了一个叫刘丽的女孩，他们说才来几天，不知道这里死了人。

转身离去时，心里起了沉沉的悲哀。

在采访中记者了解到，自7月中旬以来，武汉市加大了清查“童工作坊”的力度，小作坊较集中的硚口区、汉阳区，联合劳动、工商、公安等部门对辖区内的个体、私营企业一一进行清查，对非法使用童工者依法进行处理。硚口区还将专门成立外来劳动力管理领导小组，对外来劳动力实行日常长效管理。

但愿刘丽的悲剧不再重演。

《打工妹之死》报道的是一位名叫刘丽的外地农村姑娘在武汉市的一家服装加工厂打工的不幸命运。在这家私人企业中，这个打工妹冒着酷暑连续工作16个小时后倒地昏迷死亡。但是，这篇报道落笔竟然根据所谓的“据说”报道所谓的私人企业老板已经赔偿死者家人一笔费用。对于打工妹死亡这件事，报道所接触的调查对象按划线处仅有月湖街派出所、房东、新来的打工妹。但是，刘丽死于何因？她是否属于非正常死亡？她的合法权益是否得到了维护？私人企业的老板有什么责任？是否犯法？当地公安局、派出所对此如何处理？政府等公权力机构在刘丽死亡一事中的作用、责任等等。对此，这篇报道一概付之阙如。按理说，这篇新闻报道所触碰的不过是家小作坊老板，调查的阻力应不太大。但如此调查，又美其名曰调查性报道，就很不妥当了。作为调查研究，该报道起码应该认真考虑如下问题：第一，对关键性的信源进行调研。具体讲，应考虑通过医院接诊的主治医生、病历，公安局的接警警察等权威出处获取打工妹刘丽死亡的最为可信的原因、处理情况。第二，对相关问题的规范性信息进行调研。具体讲，应考虑通过当地工商局、劳动局、工会等管理机构获取党和国家的相关政策、法规，听取上述机构对刘丽死亡一事的看法。第三，对核心信源进行调研。具体讲，应采访死者刘丽家人与私企老板双方。兼听则明，记者遇有争执或敏感的新闻事实应采访、听取当事双方的想法、做法。私企老板一方的接触不可省略。若对私企老板一方采访无门，报道者应在报道中加以交代。第四，调查了解这一死亡事件是否存在违法的地方，如连续超负荷工作是否违法，违什么法，应该不应该报检察院立案。记者查阅相关的法律法规，可以通过律师等途径先行了解，积累必要的专业知识。第五，如果存在违法情况，记者还要去检察院、法院采访、调查。第六，调查弱势群体农村外来打工者的情况，如调查其他到武汉来的外来打工妹们的工作、生活、报酬等情况，了解打工妹刘丽所在家乡对村民外出打工的管理等情况。这样做，一方面报道者可以通过一位打工妹之死管中窥豹，调查在汉外来打工妹的打工生存状态、心态等实际情况；另一方面可为刘丽之死提供开阔的社会背景，有助于了解打工妹之死的深层社会原因。第七，如有可能，采访党和政府的有关机构，获取中央和地方的相关工作部署，以寻找积极的社会因素。显而易见，《打工妹之死》的所谓“调查”距新闻专业主义的采访要求还差得颇远。该报道的所谓“调查”单薄、浅显，蜻蜓点水，走马观花，是非调查，更谈不上研究，离调查性报道系统的、深入的采写要求还有相当大的距离。那么，我们的调查研究如果远未达到调查性报道的要求应该怎么办呢？很简单，既然客观条件不成熟，就不要动笔。

采写调查性报道还要根据实际，点面结合地进行调查研究。首先，报道者要根据实际，分析新闻事实是否可作调查性的报道。如果是一个单纯的事件，找个别关键部门即可采访清楚，那么，这样的新闻事实一般不适合进行调查性报道。比如，2001 年，一些报纸报道湖北某女大学生将经常热吻她的父亲告到湖北省秭归县人民法院。为了了解有无此事，《楚天都市报》的记者去该县法院立案庭、审判庭去采访，结果马到成功，[①]情况一目了然。这样的采访简便易行，根本就不是调查性报道。其次，调查研究要点面结合。这里的“点”，指的是个别的事实、数据、细节等材料。这里的“面”既包括新闻事实的整体情况、背景材料，又包括党和政府的相关政策法规。对我国变性人生存状况这样的新闻现象[②]进行调查，要既有个别情况又有面上情况，对组织“枪手”从广东省到华中重镇武汉代人“替考”这样的个别的新闻事件采访[③]，也要注意立足于整体、宏观的高度来接触个案。而《华商报》记者江雪对延安夫妻家中看黄碟事件报道的突破点则始自对一个文件的获取：延安警方接到举报后深夜闯入民宅，将家中看黄碟的男当事人强行带到派出所。延安警方的执法依据是 1985 年国务院颁布的《严禁淫秽物品的规定》。不过，陕西省公安厅的一位同志告诉记者江雪，1985 年国务院颁布的《严禁淫秽物品的规定》在 2001 年已被废除。经核实，陕西省公安厅那位同志的介绍属实。[④] 报道者正是因为及时获取了判断新闻事实是非的标准，关于延安看黄碟事件的整个报道才柳暗花明，云开雾散。最后，注意配合。特别繁重的调查研究工作，可以通过组成报道小组，小组成员既各自分工又通盘合作来加以解决。调查性报道善于点面结合进行调查，有助于报道者对被调查的新闻事实或新闻现象既有个别的了解，又有概括的把握。

（二）广采博纳，注意顺序

1. 要尽可能多地获取方方面面的材料

书到用时方恨少，在众多的新闻线索与信息之中，有价值的信息比例往往相当低，因此，一方面，撰写调查性报道的报道者在调查研究时必须多方搜集新闻线索；另一方面，记者又要善于接近关键人物，获取有效证据。

先说多方搜集新闻线索，对采访对象要不分高低贵贱，一视同仁。进行调查性报道的

---

① 载《楚天都市报》，2001-09-21。

② 见蔡平《性别的挣扎》，载《中国青年报》，2002-07-24。

③ 郑杰等：《广东“枪手”武汉替考被抓 记者千里赴考求铁证》，载《新快报》，2003-11-17。

④ 黎勇：《真相再报告》，250～251 页，广州，南方日报出版社，2008。

记者，即便面对可能或者已经犯有错误甚至罪恶的人也要放弃审判者的立场进行接触。这里的原因有三：第一，这些可能或者已经犯有错误甚至罪恶的人往往是重要的当事人，是记者欲加披露的丑行的实施者、知情者。第二，记者以为有错误的人可能恰恰没有违反党的纪律，记者以为有罪的人可能并未有罪。记者在没有掌握确凿的证据之前必须抛却“先见”，不偏不倚，以平常心来进行调查，以免在追求正义的动机与名义下制造人间冤屈。第三，即便丑恶的事情也是人去做的，只有冷静地、客观地面对未知世界，努力理解对方，记者才有可能为受访者接纳。《三联生活周刊》副主编李鸿谷介绍采写河北省省委书记程维高[①]的秘书李真政治黑幕的《秘书的权力》[②]的经过时说：“一个媒体的记者应该跟矛盾双方都保持足够的距离关系。比如说我曾经采访过程维高，到石家庄跟他见面，我说我来不是来做你的敌人的，当然你也不要希望我会做你的朋友，我是你的倾听者：你告诉我，我来作个判断，我的判断可以跟你来讨论，你再看有没有道理。”[③]因此，记者的准确态度是接近对象，获取事实，以己度人，走入对方的内心世界努力理解其步入错误乃至罪恶的种种偶然与必然的原因。

再说记者又要善于接近关键人物，获取有效的核心证据。在相当长的一个时期内，山西省临汾市第二人民医院在外科手术中不按国家规定使用当地中心血站的供血，而是违规采用由血头组织提供的血液。1998 年 2 月，山西省一位叫宋鹏飞的少年在该院的一次手术中因为输入这样的非正规血液而在后来被查出感染了艾滋病病毒。在对这一新闻事件进行调查的过程中，《南方周末》报的记者先后较为顺利地采访了正在北京治病的受害人宋鹏飞及其父母，通过山西省卫生厅接触了临汾市第二人民医院的现任院长、分管副院长、主刀医生、血站站长与临汾市卫生局的有关领导。不过，记者的采访虽然较为全面，但却未及关键性信源之一：记者两次均未能够找到临汾市第二人民医院的前院长曹诚。临汾市第二人民医院之所以会发生由手术而导致病人感染艾滋病病毒的重大医疗事故，显然与该医院肆意破坏国家的采血、用血制度直接相关。临汾市第二人民医院时任院长曹诚，在破坏医院的采血、用血制度中所起的作用当然是决定性的。显然，前院长曹诚是调查性报道《艾滋病少年》[④]能否成功的关键人物之一。通过机智勇敢，《南方周末》报的女记者寿蓓蓓孤身一人最终顺利地完成了对曹诚本人的采访，[⑤]获得了宝贵而扎实的写作材料。

---

① 程维高，2003 年因严重违纪被开除党籍。

② 载《三联生活周刊》，2002(24)。

③ 张志安：《记者如何专业》，251 页，广州，南方日报出版社，2007。

④ 载《南方周末》，1999-04-30。

⑤ 谢春雷编著：《揭开真相——〈南方周末〉知名记者报道手册》，29～35 页，杭州，浙江人民出版社，2004。

2. 调查研究还必须重视调查顺序

首先,先察觉后下手。调查性报道的调查研究一般分为两个阶段,记者必须先发现值得追踪的蛛丝马迹,找到调查研究的线索,然后再进行具体的调查活动。新华社记者朱玉介绍关于早产儿氧中毒失明事件的报道《一千零四十小时——早产儿氧中毒失明情况调查》[①]时说:"当我在电话里大概地与当事人刘东江交谈了几句后,看着自己在便条上随手写下的早产儿、氧中毒几个字,我嗅到了新鲜新闻的味道。……这是一种让我眼睛发亮、心头狂跳的味道。"[②]对重大新闻的准确判断,让记者朱玉随后由此真正拉开这篇调查性报道的采访进程。

其次,记者调查要循序渐进,先易后难,先外围,后核心。记者要先找那些愿意合作、可能提供情况的人调查,要按材料获得的难易程度与认识事物的顺序依次进行。只有善于安排调查研究的顺序,报道者才容易发现缺口,胸有成竹,避免事倍功半。比如,安徽省有一位被判了刑的犯人竟然阴差阳错未予关押服刑,直到7年后该犯人到派出所要求重上户口时才被发现是个未服刑的犯人。报道此事要调查的对象有:(1)犯人;(2)法院;(3)看守所;(4)监狱;(5)公安局;(6)犯人家乡;(7)法律规定;(8)司法专家;(9)司法部门的有关领导;(10)其他知情或当事人;(11)检察院。调查研究的顺序应如下:(1)先做案头准备,了解事实大概,仔细研读国家的有关法律规定,取得采访权;(2)在几个重要的当事人和单位中,如犯人、法院、监狱、看守所、公安局、检察院,应首先调查犯人,将其中可能会做补充采访的对象放在前面进行调查;(3)其他知情人;(4)司法专家;(5)司法部门的有关领导。

(三)利用矛盾,寻找缺口

一个较复杂的问题往往涉及方方面面,因此事情不可能铁板一块。首先,报道者要善于利用矛盾。与当事人有矛盾的他人值得注意,这样的人容易提供有关当事人的情况。其次,报道人要善于利用人人都想保护自己利益的心理,寻找缺口,从而揭开事实内幕。美国学者认为,调查性报道应该采访的对象有七种:记者试图调查、了解的有疑点者的敌人、朋友、败在他手下的人、受害者、专家、警察与遭到麻烦的人。[③] 按照敌人的对手是自己朋友的惯例,那些与记者欲调查者有矛盾的人如"敌人"、"败在他手下的人"(即记者调查对象的手下败将)与"受害人"均是揭丑记者进行采访、调查可以充分利用的获取材料的对象。而对"遭到麻烦的人",记者则要利用其自我保护的心理寻找弱点使对方开口。

记者调查前述安徽省灵璧县的犯罪分子被判刑而未服刑一事的原委就是这样做的。

---

① 新华社北京2004年1月15日电稿。

② 黎勇:《真相再报告》,110页,广州,南方日报出版社,2008。

③ [美]密苏里新闻学院写作组:《新闻写作教程》,400～402页,北京,新华出版社,1986。

事情经过是该犯罪分子利用工作便利挪用公款生财，将公款两万元借给他人。但是，当借款人不归还这笔公款时，犯罪人为索款而绑架了借款人的家人。这样，绑架者被判处犯了挪用公款罪、绑架罪与勒索罪。1993年，犯罪分子被判刑6年。但法院宣读完判决书之后，犯罪分子却自己回了家。当7年后犯罪人被重新收监，犯罪人不服，认为自己刑期已过，不应再服刑。那么，当年犯罪人为什么没有被收监？责任在谁？法院、公安局、看守所、监狱、检察院互相推脱自己的责任。看守所说：接到了文件，但未见到接收人。监狱说：看到判决书，但未看到犯人。法院说：自己只管判决，判决之后由公安局负责。公安局说：自己将犯人带到了法院。检察院说：自己不知道此事，故无法检查落实情况。按照这样的相互推脱，事情的真相与责任似乎真说不清了。

但是，从将犯罪嫌疑人解送到法庭，宣判犯罪嫌疑人有罪后再递解到监狱这整个过程，国家有一套严格的规范。按照司法程序，该案司法工作顺序应为：第一步，按法院要求，由公安局从看守所将犯人提上法庭。第二步，犯罪嫌疑人被予以有罪判决之后，法院要在公安局的协助下将犯人押解到看守所。第三步，看守所收文收人签字后将罪犯送到监狱。第四步，监狱接收犯人时，也必须见文见人才签字收监。按此规定，那么，法院判决后，法院是否在公安局的协助下将犯人押到看守所了呢？看守所在接到了文件的同时为什么没有同时接到罪犯呢？经过追查，县里再也无法自圆其说，法院与看守所为了推脱责任，互道对方私情，真相最终得以大白于天下。原来，法院为了让犯罪人能够还清欠款，允许犯人监外挣钱，故法院当初在公安局的协助下将犯人带到看守所大门口外，即让公安局的人回去；法院的人进入看守所交了文件但未交人，看守所在收文未收人的情况下也签了字。可见，法院、看守所均有责任，但前重后轻，故后来县法院院长，即原案的审判长被开除党籍、公职，原看守所所长受到行政记大过和党内警告处分。记者按照司法工作程序，最终弄清了事实真相。

（四）多提问题，多方验证

对于调查采访到的材料，报道者既不要轻易相信，也不要轻易不信。报道者要对得来的材料仔细推敲，多问几个为什么。只有获取确切证明，才能将采访调查得来的材料确定为可信。首先，高度重视物证。重庆电视台制片人陈仲义以为证据有证言、证物与证人三种。[①] 不过，对于调查性报道，什么是证人？一个人对某事的证实或证伪，除了语言（含文字）还能有别的途径吗？否定是唯一的回答。因此，调查性报道中的言证（即证言）与人证（即证人）实属一回事。对于调查性报道，一般说来物证重于言证。从事调查性报道的记者应和司法人员办案那样向坐实事实的方向靠拢。其次，信源多元，相互印证。单一的消

---

① 赵华主编：《国外媒体记者谈新闻调查性报道》，76页，北京，中国广播电视出版社，2009。

息来源为弄清事实真相的大忌。曾供职于《南方周末》报的记者翟明磊提出采访的“三点定位法”：关键细节材料的获取一要采访说话的当事人；二要采访对立面，三要采访中立方。[①] 一般说来，如果有两个或两个以上的各自独立的消息来源能证实事实，那么，该事实一般是可以采信的。

比如，《中国青年报》1998 年对青海西宁烈士陵园卖墓地事件的调查。驻地记者从人们的来电来信中了解到西宁烈士陵园正在卖墓地。实地调查后被告知，1949 年 9 月 30 日前参加工作的离退休干部、省级劳模、有高级职称者，可以购买该陵园的新建公墓。烈士陵园认为自己卖墓地，根据的是 1994 年民政部的广州会议精神，而烈士陵园原先埋葬的也不全是革命烈士，也有一些老干部。这样一来，陵园的做法看上去似乎无可厚非。但是，记者反复思考却认为，陵园卖墓地是否正确，关键要看该新建的公墓是属于经营性的还是属于公益性的；如为公益性的，则不能出卖墓穴。这之后，记者到市民政局采访，局长告诉记者，该烈士陵园以公益性为主，经营性为辅，建经营性公墓只要市里批准即可。记者又从局长这里知悉，青海宏狮集团介入了公墓建设。记者再访宏狮集团，集团副总经理告诉记者，集团与按 4∶6 与陵园分成，陵园占 6 成。记者因而判断，运作西宁烈士陵园建公墓卖墓地的是三家，即陵园、宏狮集团与市民政局。随后，记者再到省民政厅调查。省厅答复是：在烈士陵园内建经营性墓地的审批权，在省里而不在市里。记者再查阅文件，获悉国务院 1998 年 5 月 19 日转发了国家民政部关于公墓管理的意见，而 1998 年新文件的问世则使 1994 年的旧文件不再生效，即西宁市民政局他们根据 1994 年广州会议精神可建公墓的说法不攻自破。采访调查研究至此，西宁烈士陵园新建公墓出售的情况与出售是否符合国家规定则一目了然。

这位记者的调查虽然很不容易，但由于调查研究细致，最终则弄清了问题。

（五）搜集过硬材料，注意保留证据

首先，用于调查性报道的写作材料，最好能人证物证一应俱全。这样做，除了保证报道真实、准确、扎实、过硬之外，还可以有效地保护报道人。一旦有人对调查性报道挑剔、上访、诉讼等，过硬的材料就能够有效地阻挡对报道者的有关批评、指控。

其次，要注意收集照片、日记、书信、权威机构文件等第一手材料。最好能让受访人在其提供的材料上签字。物证重于口证，有些材料要有录音、录像。如果有关组织机构能提供证明材料的，则尽可能让权威的组织机构出面作证。

最后，过硬材料收集到手后，还必须妥善保管。有的证人出于各种目的，有时就可能出尔反尔，改口不认账，或是报道见报后找记者扯皮、打官司。采写调查性报道只有做好

---

① 谢春雷编著：《揭开真相》，122 页，杭州，浙江人民出版社，2004。

为人所告的准备，才能防患于未然。妥善保管事实证据，是调查性报道报道人的有效的自我保护方法。

三、调查研究的主要手段

调查性报道调查研究的手段既有常规的，又有特殊的。

（一）亲身手段

所谓调查研究的亲身手段，指的是调查性报道的记者通过自己在新闻现场与有关材料搜集地域亲自接触新闻事实以获取新闻报道材料的具体方法。

1. 三深入

“三深入”方法，指的是记者深入基层，深入实际，深入群众。新华社记者穆青在长期的新闻工作中创造了采访调查的“三同”方法，即同吃同住同劳动。“三深入”的方法是对穆青“三同”方法的进一步概括。[①] 那么，这种中国共产党新闻事业的优良传统，在今日是否过时了呢？答案是否定的。较之从战争与毛泽东思想直接教育中走来的老一辈新闻工作者，当今的新闻工作者文化水平高，新闻实务手段多，但长期的和平生活与社会的多样化也容易造成后者思想道德起伏大，怕吃苦等有碍新闻工作者健康成长的内在问题。因此，“三深入”的方法在今日有着特殊的现实意义，对于记者适当淡化精英意识，培育草根精神是有启发意义的。赵瑜为了采写《马家军调查》，专门到辽宁省女子中长跑运动大连训练基地同教练马俊仁和运动员们共同生活了数月。这实际未尝不是穆青“三同”方法的时代变体。

2. 蹲点调查

指记者用较长的时间在一个地点亲身调查。这种调查适宜于比较详细地、深入地了解事实。

3. 开调查会

开调查会，指的是记者将新闻事实的相关当事人、知情者、目击人等会聚一处，对新闻事实及其相关情况当面陈述、描述、说明、议论。这种方法有助于便捷地搜集资料，尤其适合各方当场澄清说法不一的事实。不过，开调查会的社会成本较高，那些掌握较多社会资源的媒体、记者在使用时遭遇的阻力相对要小一些。

4. 隐性调查

记者调查采访不公开自己的身份，或公开身份而不道出真实的采访意图，这样的调查

---

① 据穆青的秘书陈二厚叙述，河南电视台 2003 年 11 月 8 日节目《和穆青在一起》。

研究的手段即为隐性调查。隐性调查在调查性报道中使用比较普遍。使用隐性调查主要是为了防范受访者弄虚作假,有意伤害记者,意在获取公开调查时所难以了解的真实情况。随着科学技术的进步,进行调查性报道的记者要善于挑选并操作可手的先进设施,如微型录音机、录像机等。

不过,这种方法除了慎用外,采用时应依法行事,注意不要侵犯他人的隐私。

5. 现场观察

现场观察指的是记者亲到新闻现场,仅用自己的眼睛、耳朵等感官搜集新闻事实材料及其相关材料的具体方法。运用现场观察方法,由于记者成为新闻信息的主要信源,故有利于记者获取包括细节材料在内的鲜活的第一手资料。不过,记者采访若仅现场观察而不开口询问,往往是客观条件所限下的无奈之举。西方对依赖现场观察获取新闻信息的新闻,名为"观察性报道",其经典作品有《火葬——甘地永存》[①]、《奥斯维辛没有新闻可写》[②]等。

6. 随意调查

随意调查指的是随时随地对社会生活作的调查。这种调查随机应变,没有预定题目,没有预定调查目标。

随意调查可以开拓记者的视域与知识,并偶有重要的收获。

(二)非亲身手段

所谓调查性报道调查研究的非亲身手段,指的是调查性报道的记者通过非亲自接触新闻事实获取新闻报道材料的具体方法。

1. 电话调查

电话调查是通过使用电话获取新闻事实或其他信息的具体采访方法。电话调查既可以获取第一手材料,如采访新闻事实的当事者;也可以获取第二手材料,如采访非新闻事实的当事者。电话调查的优点是简便易行,节约时间,节约费用,但其信道单一,证实或证伪的力度偏弱,故在获取报道的关键性证据时应当慎用。

2. 搜集、查阅书面文字等第二手材料

文字材料亦有一手材料与二手材料之分。新闻当事人的书信、领导人亲笔签署的资料文件等属于第一手材料。目击者的笔述属于第二手材料。档案情况复杂,有的属于一手材料,有的属于二手材料,需要具体甄别。

书面文字材料有自身优势,如,不会改口,不会为了保全自己而牺牲他人;但其获取

---

① 载《纽约世界——电讯报》,1948-01-31。

② 载《纽约时报》,1958-08-31。

难度一般要远大于口头资料的搜集。

3. 问卷调查

这种办法将被调查的问题数量化，是方法自然科学化的表现。但这种方法在调查性报道中除了按相关的科学规律进行之外，更重要的是要适可而止。调查性报道必须坚持以记者实地调查为主的采访原则。

4. 委托调查

在无法由记者自己去调查但又必须立即调查的情况下，新闻单位可以委托可靠的单位或可靠的人进行调查。

委托调查有两点值得注意：一是受委托者必须可靠；二是被委托人与被委托的事没有个人的利益关系牵连。

第三节 调查性报道的写作要点

一、选择高度关注的报道对象

（一）报道对象的高度关注

所谓高度关注，指的是新闻事实、新闻现象与民众、国家与人类的工作、生活有重大利益的紧密关联，为广大受众所普遍关注，社会影响较强。只有选择被关注程度高的新闻事实、新闻现象作为调查性报道的报道客体，报道才容易对实际工作有较大的推动作用，对社会活动产生较深远的影响，对广大群众有较实实在在的帮助，也才能为广大读者所喜闻乐见。从报道题材看，比较适合于调查性报道的事件各式各样，如，四川一女孩被上贞操锁、浙江省定海古城乱拆乱建、武汉理工大学校长与博士研究生合撰的会议论文涉嫌抄袭；新闻现象也五花八门，如，武汉出租车司机向宾馆送客拿回扣、高等学校有关权力人在学校基建、购买计算机等仪器设备的活动中拿回扣。

那么，上述选题有无轻重之分呢？当然有。如《送客住店、休闲，甚至购机票都可提“片子”钱——江城的士送客拿回扣现象调查》[1]：

“门口牌子上明明说有98元的特价房，为什么却偏要我开160元的房间？”前日，从江西到汉游玩的杨先生向记者投诉：自己打的前去住店，怀疑的哥与酒店之间有猫腻。昨日凌晨，记者对江城数家酒店进行暗访发现杨先生所言不虚，

① 载《楚天都市报》，2008-10-22。

绝大多数中档酒店、休闲洗浴场所，都会给送客前来的的哥一定数目的回扣（武汉俗称“片子”钱）。

从50～150元“片子”遍地开花

昨日凌晨2时40分，记者来到汉口民意四路的鑫都宾馆——这正是杨先生前日准备入住的酒店。酒店门前立着醒目的标牌：特价房每间每天仅98元。随后，记者扮作的哥入内，问道：“我带了两个客人，有没有片子钱？”服务员态度十分热情，表示“肯定有，保底价是100元，我给他们开150～160元一间，每间房你至少可以提50元。”紧接着，两名“外地人”询问价格，服务员一口咬定“特价房没有了，标准间最少150元”；十多分钟后，另一记者用武汉话直接要求开一间特价房，服务员满口答应。

图：形形色色的的士提成卡
记者佟建国摄

凌晨3时19分，记者来到万松园路的振华大厦，服务员同样介绍说：如果能给客人开218元的房间，的哥可提80元；如房价为238元，则可提至90元，“不过现在还不能提，我给你开个单子，你明天或后天来拿都行。”至凌晨5时许，记者先后询问了汉口中山大道、武昌民主路、卓刀泉南路等处的6家酒店，均得到同样的承诺：只要你送客前来开房，都可以提“片子”钱，一般“起步价”为50元左右，最高的每间房可拿到150元；如果客人连续住宿数日，的哥还可按每日5元提成，这被称为“连续剧”。

休闲场所出手最大方

“最好提‘片子’钱的还不是酒店，而是洗桑拿搞按摩的场所。”昨日，两名“资深”的哥向记者报料。

一名的哥向记者出示了五花八门的“提成卡”。武珞路一酒店的“会所”名片上，用词分外“热情”：的哥您好！全部都是贵宾房，所以提成快！每位提150元，有专人接待；紫阳东路某休闲会所干脆直接打出“的士提成卡”，并明码标价：300元提50元，400元提150元。

……

相形之下，浙江省定海古城乱拆乱建、武汉理工大学校长与博士研究生合撰的会议论文涉嫌抄袭、高等学校有关权力人在学校基建、购买计算机等仪器设备的活动中拿回扣现象这些选题，终究因与公权力息息相关而更为重大和敏感。

（二）报道对象高度关注的显性与隐性之分

所谓报道对象的显性关注，指的是报道对象的这种被关注的性质、程度容易为人们依据日常生活经验、常识所判断。刘畅、柴继军的《惨剧真相扑朔迷离——聚焦山西繁峙金矿爆炸案》[1]报道 2002 年 6 月 22 日发生在山西省繁峙县义兴寨金矿松金沟矿井的爆炸事故。事故发生后，相关责任人却破坏矿难现场，将 38 具遇难者的遗体冒雨掩埋，毁尸灭迹。这一新闻事实的是非善恶不难判断，难就难在报道者如何才能获悉新闻线索，接近新闻事实，让矿难真相大白于天下。医药代表与医疗机构的医生等工作人员发生不当的经济联系，用回扣手段推销高价药品坑害患者。这其中的对错也一目了然，关键是报道者怎样才能将这种联手坑害患者的黑手牢牢抓住。因此，赵书华等人的《"医药代表"揭秘——一位"医药代表"的自述》对勇于揭开医药黑幕的医药代表的采访就变得非常珍贵。显而易见，报道对象的显性关注有两大特点：一是识别不难；二是难在获知线索、采访知情人从而接近新闻事实真相。报道对象显性关注的难度集中在客观条件。

所谓报道对象的隐性关注，指的是对于报道对象的真相或被关注的性质、意义或问题的严重性，报道者不借助一定的专业理论知识、特别深入的调查或政治敏锐、精心的分析则难以发现。报道对象隐性关注的难度在主观能力。

先说专业理论知识带来的需特别深入调查的隐性关注。高考舞弊有碍教育公平，社会公正，是对国家庄严法律的粗暴践踏，与 2000 年分别发生在湖南省嘉禾县、广东省电白县与 2009 年发生在吉林省扶余县的大规模高考舞弊事件相比，出现在 2004 年北京中国音乐学院春季高考艺术类招生中的名堂则诡谲得多。该学院此次招生的游戏规则改为由 15 名考官为考生打分，在去掉四个最高分与四个最低分，考生成绩高下的决定权力实际掌握在剩下七位考官所打的分数。这样一来，七位考官中的四位若意见一样，分数一致，是足可以左右所有考生成绩的。不过，如此教育黑幕，若无中国音乐学院内部的行家出面则难以被戳穿。中国音乐学院的上述高考丑闻始自该院教师，我国著名二胡演奏家宋飞的亲自披露。宋飞是此次中国音乐学院艺术考试的评审考官之一。鉴于既往艺术高考中的神神秘秘，她对此次部分复试考试现场偷偷进行了完整的录像。那么，宋飞的指控是否属实呢？中央电视台"新闻调查"栏目对此事进行报道时，除了倾听指控者宋飞的意见，还分别请了两位中立人就宋飞录像中的现场演奏高下做决断。这两位中立专家一位来自中国音乐学院，一位来自上海音乐学院。在播放这些录像时，中央电视台记者打乱考生顺序，不透露考生的得分结果。最后，当这两位中立的资深专家的意见与指控人宋飞的意见

---

① 载《中国青年报》，2002-06-29。

不谋而合时,中国音乐学院此次艺术高考存在不当内幕交易的真相终于难再掩盖,得以浮出水面。① 不过,面对上述考试现场的完整录像,若无专家指证,则一般人根本就无法明白其葫芦里卖的是什么药。显而易见,中国音乐学院此次高考舞弊要比前述湖南省嘉禾县等的高考舞弊隐蔽得多。

再来看由政治敏锐、精心的思考分析所形成的隐性关注。姚海鹰的《南京师大音乐学院女生停课陪舞事件调查》所披露的核心新闻事实,是一所高等院校动用学校里青春貌美的女大学生以跳舞、吃饭等方式款待江苏省委党校"厅局级干部学习班"的省内高级领导干部。在不少人看来,这类事情而今比比皆是,没啥反常,无足挂齿。在一些新闻工作者看去,现在"这种陪舞现象社会上太普遍"②,南京师范大学"类似这种接待活动也不是第一次",③新闻价值不大,没有什么"新闻兴奋点","不是特别值得关注"。④但记者姚海鹰不这么看。经常如此就一定合理吗?每每这样就缺乏新闻价值吗?姚氏凭借自己的眼力,坚信南京师大女生陪舞事件"是个十分难得的好'料'"⑤。那么,新闻价值的有无、轻重究竟藏身何处呢?它不在对教科书的生搬硬套中,也不在新闻工作者脱离实际的想当然中。新闻价值的有无在社会公正之中,新闻价值的大小在人民群众的心中,新闻价值的轻重在广大读者的善恶天平之上。姚氏认为:南京师大女生陪舞事件的"看点在于,这种低俗的社会接待风气居然蔓延到了象牙之塔——高等院校之中,何况还是在'德高为师、身正为范'的著名师范大学校园内!"而"接受陪舞的对象……是人民的公仆,而且还是厅局级高级公仆,并且还是在参加省委党校学习提高期间!仅这两点,就足以让中国所有的公众关注和愤怒"。让"公众感到愤怒的是对这帮人民公仆和高校育人环境的深度失望"。⑥《南京师大音乐学院女生停课陪舞事件调查》问世后的波澜四惊,舆论大哗,充分证明记者姚海鹰价值判断的准确性。

当然,实际操作中,也有的报道对象处于隐性关注与显性关注的中间状态。这种中间状态的关注,隐性关注与显性关注兼具,既需要对新闻事实的接近,又离不开专业理论知识与认真的思考。在新华社记者朱玉报道早产儿氧中毒之前,《深圳特区报》、《上海青年报》等新闻媒体已就早产儿氧中毒问题有所披露,但直到朱玉的《一千零四十小时——早产儿氧中毒失明情况调查》问世之后,国家卫生部才针对新闻报道所反映的问题出台了规范性文件《早产儿治疗用氧和视网膜防治病变指南》,要求加强对医务人员早产儿抢救治疗用氧方面的管理,强化对早产儿视网膜病变的预防、诊断、治疗方面的培训,并严格执行

---

① 展江、白贵主编:《中国舆论监督年度报告(2003～2004)》(下),437～444页,北京,社会科学文献出版社,2006。

②④⑤⑥姚海鹰:《南师大陪舞事件:一篇险遭"流产"的报道》。

③ 姚海鹰:《南京师大音乐学院女生停课陪舞事件调查》。

有关规定。同时，记者为了让天津市中心妇产医院接受自己的采访，又“想尽办法”[①]。记者对报道对象医疗错误实施曝光，对报道对象的不当利益可以抑制、打击、纠正。面对有强大官方背景的新华社记者的调查采访，有错的报道对象自知凶多吉少，难免胆战心惊，很难配合，故媒体的调查是艰难的。正是这种对真相接近的外在艰难与记者内在素养的共同作用，才推动报道最终得以完成，让报道对象隐性关注与显性关注兼备。

二、结构层次，相机而动

（一）结构层次与模块式

结构层次在文章写作中有特殊作用。所谓层次，文章结构的内容之一，指的是文章各层意思的顺序及其逻辑联系。此即《易经》所说的“言有序”。与段落不同，层次不是按文章的自然状态，而是按文章的内容状态对文章的整体通盘考虑。先写什么，后写什么，中间怎样安排；此处用什么材料，彼处使什么资料，要合乎逻辑，从而使全文脉络清晰，层次井然，故层次在结构的全文布局中起总纲作用，写作者对此能力的提升须高度重视。

深度报道对全文结构的层次模块式有迫切需求。深度报道终究属于新闻报道：第一，记者要快速成文；第二，媒体日常性的大量新闻报道任务推动深度报道在文章结构层次上走向简洁明了。第三，便于读者快速阅读，节省接受成本。深度报道的结构层次模块式因而应运而生。

我国内地的调查性报道粗具若干结构层次模块。所谓模块，指的是系统中的一个具有独立功能的部分。[②] 若干模块依一定的关系相组合，可以形成若干可以快速操作的模式。吴飞的《新闻编辑学》介绍：模块式的版面结构，是整个报纸版面由一个个规则为矩形的模块构成。[③] 包括调查性报道在内的深度报道文章结构层次模块，与报纸版面的模块有相近之处，即整体由一个个自成一格的局部模块构成；包括调查性报道在内的深度报道的结构层次模块依新闻报道的先后顺序呈线性的模块发布。

调查性报道的结构层次模块主要分为以问题为序、以争执各方为序、以新闻事实发展变化的时间为序、以报道者的调查采访路线为序、模块混合式等。

（二）以问题为序

以问题为序的结构层次模块，指的是新闻报道的全文依据新闻事实的内在逻辑由表

---

① 黎勇：《真相再报告》，111页，广州，南方日报出版社，2008。

② 《现代汉语词典》，第3版，1710页，北京，商务印书馆，2002。

③ 吴飞：《新闻编辑学》，第3版，289页，杭州，浙江大学出版社，2003。

及里逐层展开。陈峰、王雷的《被收容者孙志刚之死》就是如此安排结构层次模块的。该报道由先后顺序如下的四大结构层次模块构成。

① 孙志刚死了：先被带至派出所，后被送往收容站，再被送往收容人员救治站，之后不治而死。

② 孙志刚是被打死的：尸检结果表明，孙志刚死前几天曾遭毒打并最终导致死亡。

③ 孙志刚是被谁打死的：民政局认为收容站不可能打人，救治站否认孙的外伤发生在住院期间，黄街派出所拒绝接受采访。

④ 孙志刚该被收容吗：有工作单位，有正常居住，有身份证，只缺一张暂住证。

《被收容者孙志刚之死》由若干前后环环相扣的问题组成。报道者首先提出坐实孙志刚是否已经死亡的问题。那么，既然孙志刚已经死亡，那么孙志刚是怎样死亡的呢？是正常死亡吗？这是随之而来的第二个问题。既然已经弄清楚孙志刚属于非正常死亡，是被人打死的，那么报道者随之提出了第三个问题：孙志刚是被谁打死的？冤有仇，债有主，必须查清致人死亡的元凶。在调查清楚孙志刚是死在广州收容遣送中转站，那么第四个追问就水到渠成：孙志刚属于被收容人员的范围吗？孙志刚被广州收容遣送中转站作为收容人员加以收容的原因是什么？这篇调查性报道从孙志刚已死亡这一无法掩盖的新闻事实出发，追根寻源，步步探寻，将对问题的探寻不断扩大，最终一步步抵近事实真相的内幕。全文共四大结构层次模块。

（三）以争执各方为序

以争执各方为序的结构层次模块，指的是调查性报道全文对事实真相予以叙述、说明、议论的各方，尤其是截然对立的双方，采取平衡策略，按照一定的关系，用大体相同的分量报道各方的主张及其依据，从而实现对新闻事实真相的依次披露。杨海鹏等人的《三位诺贝尔奖科学家指斥中国核酸营养品》[①]一文采取了以争执各方为序的结构层次模块。该文结构层次如下。

① 核酸营养品出现：中国内地保健品市场有一个正销路大畅的商品。它的名字叫"珍奥核酸"。该产品被国家卫生部下属的中国保健科技协会视为"第三代保健食品领航产品"。

② 拥戴中国核酸营养品一方："珍奥核酸"的专利发明人是大连医科大学德育专业副教授吴文国；"生命核酸"的专利发明人是大连医科大学的崔秀云教授。对于上述核酸产品，大连市科委、中国保健科技协会、国家卫生部、辽宁省政府或大力支持，或向消费者推荐，或授予奖项。有关医学专家对之高度肯定，有的文字工作者更是梦笔生花，说中国核

---

① 载《南方周末》，2001-02-23。

酸营养品与 38 位诺贝尔奖获得者相关。

③ 反对中国核酸营养品的一方：中国"人类基因组计划"项目负责人杨焕明、在美国从事博士后研究的生物学博士方舟子认为人体不需要补充外缘核酸；一套 478 元的"珍奥"产品及其高达千元的夕阳美精品袋，在营养价值上与米粉没有太大的区别；核酸营养是个商业大骗局。

④ 拥戴中国核酸营养品的一方：中国生物化学与分子生物学会工业生化专业委员会副主任乔宾福、中国保健科技协会副秘书长黄达明认为杨焕明是外行，国家卫生部内部会议决定继续支持中国核酸保健品。

⑤ 反对中国核酸营养品的一方：被拥戴中国核酸营养品的一方视为支持己方的中国工程院院士李载平否认"核酸营养说"，并发函要求北京某报提供关于自己支持"核酸"保健品的根据。中国科学院院士刘新垣、复旦大学首席教授赵寿元公开反对核酸保健品，认为其宣传是骗人的，是笑话。拥戴中国核酸营养品的一方提到的支持核酸有益健康的国外三位诺贝尔奖获得者均公开表示核酸没有特殊营养，与健康无关。

《三位诺贝尔奖科学家指斥中国核酸营养品》一文由五大结构层次模块构成。其中，除第一个模块是介绍中国核酸保健品的来龙去脉，后面四段依正方、反方错落相对排列。

（四）以新闻事实发展变化的时间为序

以新闻事实发展变化的时间为序的结构层次模块，指的是按照新闻事实发展变化的自然时间顺序来安排新闻报道结构层次模块的前后格局。《南京师大音乐学院女生停课陪舞事件调查》一文正是以新闻事实发展变化的自然时间为顺序的。

① 学院书记下任务，女学生难违命：报道南京师范大学音乐学院有关女生被安排陪领导跳舞。

② 权威途径下通知，相关领导诉委屈：女学生陪舞的命令来自学院、学校办公室。

③ 女学生被派去陪舞，联欢惹来不愉快：正在上课的学生被迫停课，其间的一些女生被叫到舞场陪领导跳舞。

④ 陪舞之后要陪吃，女学生多逃离：报道跳舞结束后，女学生被安排陪领导吃饭与女生的家长获悉女儿陪舞后所生发的意见。

这篇报道以时间为序报道南京师大音乐学院女生停课陪舞的新闻事件。全文共分四大结构层次模块，除①与②因为倒叙可互换外，余下的③、④之间为顺叙。

（五）以报道者的采访调查路线为序

以报道者的调查采访路线为序，指的是新闻报道的全文依据调查性报道主体对新闻事实的采访路径，来安排报道结构层次模块的先后。中央电视台"新闻调查"栏目偏爱采取这一结构层次模块。该栏目自我介绍中说："记者的调查路径是围绕悬念展开的，每一次调查行为都是通过悬念的提出、悬念的求证、悬念的解决来完成的。悬念的开始是调查的开始，悬念的结束也是调查的结束。总之，调查文体就是这样一种以展示记者调查行为为主的新闻报道方式。"[①]中央人民广播电台记者郭静认为："调查性报道强调和展示的，往往不是事物单纯的发生、发展过程，而是记者如何通过艰难深入、丰富细致的现场调查和逻辑推理，层层剥笋般接近并揭开被遮蔽或被尘封的事实真相的调查过程。……很多调查性报道都以记者的调查路径行文，实现结构的逻辑化。"[②]前述夏斐的调查性报道《武汉火锅里有多少罂粟壳》虽短，却在报道中充分地体现出这样的采访调查路径。

（六）模块混合式

有的调查性报道在结构成文时综合运用了两种或两种以上的结构层次模块，这就构成结构层次的模块混合式。刘万永的《一个退休高官的生意经》可谓结构层次的模块混合式。

① 许宁被阜新市公安局收押：许宁是前辽宁省阜新市市委书记、市长王亚忱的两个在市公安局担任要职的子女有问题的举报人，也是华隆公司董事长高文华的司机。

② 采访对立面的当事人之一，阜新华隆公司董事长高文华：被王亚忱方指控为许宁后台的高文华，讲述他与王家交恶的来龙去脉。他与王家交恶皆因自己的财产，即投资一亿多元的阜新商贸城被王家一步步所巧取豪夺。

③ 采访对立面的当事人之一，前阜新市市委书记、市长王亚忱：王亚忱讲述他与高文华交恶的来龙去脉。这一切皆因自己不满高文华疯狂贪污公司的金钱而予以举报。

④ 记者调查王亚忱儿子王晓军的真正身份：高、王争执的中心是大连华隆公司究竟属于谁。王晓军任该公司的董事，占有公司注册资本金的50%。王晓军的权利由其父王亚忱代为行使。被王亚忱称作南非公民的王晓军，经公安机关调查证明是中国公民，现住大连，多次出国去南非均持中国护照。

⑤ 高文华代理律师的主张：认为这一案子违法之处甚多。

⑥ 结论：辽宁省抚顺市望花区检察院的审查报告结论是，公安机关移送、审查起诉高文华的罪名事实不清，证据不足，不具备起诉条件。这一结论获得辽宁省检察院、国家公安部、国家最高人民检察院一致认可。但获释的高文华回到自己的商贸城时却发现，公司已被王亚忱更名。新公司的董事长是王亚忱的儿子王晓军。

《一个退休高官的生意经》采用了两种结构层次模块：一是以探寻的问题安排结构层

---

① 张志安：《报道如何深入》，19页，广州，南方日报出版社，2006。

② 郭静：《调查性报道的调查路径设计》，载《中国记者》，2007(4)。

次模块，如全文的总体结构层次模块的逻辑性；二是以对立当事人双方安排结构层次模块，如报道的局部②、③。

三、化繁为简，行文有据

（一）化繁为简，人性带头

近年来，人性化的写法在《南方周末》报、《中国青年报》“冰点”栏目等思想新锐、勇于探索的新闻传媒中相当活跃。所谓的人性化的写法，指的是报道在谋篇布局时放弃大而全，转而依赖具体的人物及其思想情感讲述新闻故事。在头绪较多或新闻事实距离人们日常生活较远的情况下，使用人性化的写法既有助于报道的生动活泼，又可以化繁为简，以一当十。2004 年 10 月初，南京师范大学组织音乐学院年轻、漂亮的女学生陪到校视察的领导跳舞。对于这一新闻事件，出现了两种写法。

《重庆商报》报道的处理由最典型的个别事例开始，然后再从头讲述：

“那些来访干部大都是四五十岁的男人。女生们一去，就被叫过去陪着跳舞。那些女孩子虽然是舞蹈专业的，但她们大都不会跳交谊舞。但是那些男的还是半搂半抱地要教她们跳，一边跳舞一边还和她们闲聊，讲着一些什么身材好、皮肤好之类的话。有些人还追问她们的手机号码，有的还故意透露自己的身份……女生年纪大多都才十七八岁，这样一群女孩子居然被和她们父亲差不多年纪的人抱在怀里跳舞，就因为那些男人都是什么干部吗？更让人难以置信的是地点就在大学校园内。”10 月 26 日，《新周报》披露了南京师大音乐学院强迫女生停课陪到校视察的领导跳舞一事。

学院书记下任务舞蹈女生难违命

10 月 8 日中午，南京师大先林校区东四栋学生公寓楼门口，身材高挑的舒丽笑盈盈地站在秋日的阳光里，一脸纯真。但这位音乐学院 2003 级舞蹈编导专业班的班长与记者约见的另外 3 名女生一样，开始谁都不愿重提发生在 9 月 27 日那个“不愉快”的接待任务。

相对于班上其他女生来说，这件事更令舒丽感到沮丧——身为班长的她正是这次接待任务最直接的执行者和组织者。一切，都从接到那个“紧急通知”开始……

9 月 27 日中午，正在午休的舒丽突然接到班主任刘理老师的电话：“学院褚书记要你下午到她办公室去一趟，有重要任务布置到你们班。”

舒丽告诉记者，她当时感到有点奇怪：班主任为何不像以往直接通知我们呢？是什么重大任务需要学院领导耳提面命？

带着疑问，下午3点刚过，舒丽如约来到学院二楼书记办公室。学院党委副书记褚慧平向她分派了任务："你下午带全班女生陪上面来的领导唱唱歌、跳跳舞。"舒丽的第一感觉是这个任务很荒诞，当时她表示了异议："我不敢肯定大家能接受这样的接待任务！"

……

武汉《新周报》的报道则直接由个别人物讲起：

10月23日下午，舒丽在电话中向记者提及那件事，仍然心情抑郁，她是南京师范大学音乐学院2003级舞蹈编导专业班的班长。她的抑郁可以追溯到中秋节前一天的9月27日下午。那天，该校音乐学院2003级舞蹈编导专业全体女生，被学校"强行组织"参与了一场接待来访领导的陪侍任务，身为班长的她正是这次接待任务最直接的执行者和组织者。这个事件后来在南师大校园平地涌起轩然大波……

在写法上，两篇有所不同。《重庆商报》的报道从整个事件中挑选出一个最典型的个别事例倒叙并以之开篇，提纲挈领概叙整个新闻事件之后再从头讲述整个新闻故事。而《新周报》则放弃先综合后个别的写法，而选择顺叙中穿插预叙来直接讲述新闻故事；在陪到校视察领导跳舞的众多女生中，报道紧扣班长一人来叙述新闻事件。这样一来，整个故事就不能不染上这个叫舒丽的女孩子的情绪。《新周报》有意识地调遣了人性化的写法结构报道，突出主线，从而化繁为简。

（二）交代出处，真实可靠

1. 写作时要注意交代调查材料的出处

为了调查材料的真实可靠，调查性报道一般要交代调查材料的出处，有时还要简明地交代报道人的调查研究方法、过程等。

有的材料出自相关当事人、知情人，可以采用"某某对记者说"一类的表述。

有的材料是记者在新闻现场的亲力亲为，报道同样要交代事实出处，可以采用"记者见到"、"展现在记者眼前"一类的表述。

调查性报道的采访过程相当复杂、曲折。在这样的情况下，记者就要注意具体交代事实出处，因而讲清楚调查、采访的方法、过程等调查的信息也就在所难免。《被"鸡头"改变的村庄》比较具体地介绍了报道所依据的各类事实的来龙去脉：

2002年11月中旬，一名读者向记者报料，透露了一个令人震惊的事实：湖南省溆浦县有一批被称做"鸡头"的人，他们拐带女孩，强奸她们，并强逼她们卖淫。

那位读者说，几年前当地一位名叫张希生的老人对“鸡头”现象进行了调查，掌握了大量事实，并带领一些受害女孩家长进行抗争。但这些抗争几乎没有任何作用。

几天后，记者前往张希生老人的家乡溆浦县低庄镇，展开了调查。

……

将挤在门口看热闹的孩子们赶走后，张的儿子张妙林小心翼翼地从里屋找出一个油纸口袋，低声说：“这就是村民们反映的材料。”

这本包裹得严严实实的厚厚材料，张希生花了几个月时间才整理出来，它记录了该镇7名被骗外出卖淫少女及其家人的血泪控诉。

……

在低庄，说起“鸡头”时人们会是怎样的一种表情？愤怒？不齿？鄙夷？嘲笑？

“不，你错了。”某村村民王福成（化名）神色平静坐在记者面前，悠闲地点上一支烟，“只要能赚钱，做什么不好？现在谁还管什么面子不面子？”

……

这种现象已经影响了当地年轻人的择偶观。王福成说，一些低庄青年在交女朋友时，首先注重的，不是女孩人品好不好，而是女孩有没有“卖相”。“的的确确是这样。”见记者半信半疑，王福成赶紧声明。

2. 实行平衡原则，对出入各方的陈述均不可省去介绍

对相互矛盾的事实或有分歧的事实，调查性报道的记者一定交代事实出处的各方。2005年5月，已经在外地工作的韩杨获悉，自己在河北省泊头的老家突然收到两年前自己所报考的河北大学的硕士研究生录取通知书。这显然是一起重大事故。那么，为什么考生迟至两年才收到自己的研究生录取通知书呢？校方认为原因是邮局投递失误，邮局则认为责任在学校，学校根本未将韩杨的硕士研究生录取通知书交付邮政局。新华社记者吕国庆在报道这一当事各方相互指责的新闻事实时，就交代了各方对事实的不同陈述的出处：

韩杨对记者说，她首先找到了河北省泊头市邮政局，因为这封迟到的《研究生录取通知书》是该局投递员送达的。泊头邮政局对此表示，该挂号信是由天津邮政局于5月5日发给泊头邮局的，泊头邮政局按照规定程序及时送到小韩家中。泊头市邮政局副局长许建民告诉她，从封发邮件清单上可以看出，这封号码为0638的挂号信是2005年5月5日9点55分由天津邮政局到达泊头市邮政

局，泊头市邮局并没有耽搁信件。至于为何一封挂号信要走两年，信件是在何地被耽搁，目前不好确定。

……

记者近日与保定市邮政局办公室副主任刘艳取得联系，她对记者说，韩杨的录取通知书的情况他们已进行了调查，并做出了调查报告。根据保定市邮政局的调查，2003 年 8 月 20 日手写的收寄登记簿初始登记挂号信函 191 件，被划销登记的邮件 44 件，韩杨录取通知书的 0638 号信函包含在被划销登记的邮件中。这就是说，当时她的录取通知书并未投递。

保定市邮政局说，当时邮政局已对挂号信函实行了微机抄登，由于河北大学分批交寄的邮件较多，故提前向支局领取了大宗挂号信条码和收寄邮件登记簿，由其自行贴条码、抄写邮件登记簿。河北大学工作人员交寄该批邮件时，收寄登记簿对没有收到的邮件进行划销。收寄登记簿共有三联，河北大学、保定邮政局、石家庄邮政局各一联，经石家庄邮政局和保定邮政局档案确认，邮局当时的确没有收到该邮件。

对于韩杨为什么后来又能收到那封邮件，保定邮政局的解释是，2005 年 5 月 2 日晚 20 时左右，保定市邮政局工作人员处理市内各邮筒取回的平信过程中，发现平信中混有 8 封粘贴挂号条形码签的邮件，经汇报上级同意后，认为可能是重要信函，于是对其进行登记并按挂号信函处理，随挂号清单发给石家庄邮局，经天津最后达到了韩君在泊头市的家。刘艳还告诉记者，韩杨的这封信贴的邮资是 3.6 元，执行的是 2003 年的资费标准，现在应为 3.8 元。

……

记者近日来到了河北大学研究生院招生办公室，找到了负责此项工作的徐亚清老师。

徐亚清对记者说，这封录取通知书肯定是和其他大批录取通知书一起寄出的，他认为，学校对研究生录取工作都很重视，工作都很认真，每年的研究生录取工作都会及时寄出。至于为什么 2003 年寄出的录取通知书直到现在才收到，他也搞不清楚，可能是邮寄环节出了问题，信件被积压。

徐亚清对记者说，据他们了解，邮局发现的 8 封挂号信(包括韩杨的)都是他们学校寄出的录取知书。经调查，其中 5 人已经过其他渠道了解了自己被录取的情况，现已在读研究生。另一名已明确放弃就读。还有一名未能联系上。

……

韩杨对记者说，她曾向河北大学索看当年的邮寄凭证，得到的回答是，因为事情已经过了将近两年，当初的邮寄凭证已经很难找到了。

记者在认真查看了这封挂号信后还发现，这封信的投递日期非常模糊，似乎有人故意不想让别人看清。对此，保定市邮政局解释说，这封信是在今年5月2日晚20时左右发现的，在当时相关单位均已下班、找不到有关人员询问的情况下，开拆组的工作人员用开拆组的日戳代为盖销邮票。日期模糊可能是非专业人员盖戳造成的。[①]

相反，《小保姆受赠巨额遗产的背后》[②]则有失兼顾矛盾的当事人双方：

时隔近一年，轰动一时的60万元遗产赠与保姆案再次引起了社会关注。这一次，以法律界人士居多，原因在于，类似的故事似乎已成为一种遗产争端的模式。

遗产赠保姆

"我在等高院的消息，但现在还没有结果。"3月17日，当事一方胡青在电话中告知了最新的状况。3月上旬，她状告父亲保姆案在湖南省高院举行了听证会。

2004年，长沙居民、湖南省粮食局干部、73岁的胡宗良去世了，留下一坛骨灰、一份公证遗嘱、8封情书和价值60万元的资产，从而引发了一场旷日持久的诉讼。(本报2007年5月10日曾作报道)

长达3年的诉讼，在不同的法庭展开，一方是胡宗良的女儿胡青，另一方则是陪伴胡宗良8年的保姆吴城(化名，下同)。胜者的奖励，除了这笔遗产，还有双方的名誉。

2004年11月23日，湖南省粮食局退休干部胡宗良去世。在深圳工作的胡青接到噩耗，立即飞回长沙奔丧。当她赶到长沙市苏家巷18号5栋父亲的住宅时，父亲的遗体已被保姆吴城火化。

吴城用一份遗嘱答复她的疑问。这份经过公证的遗嘱中，胡宗良不仅将存款、丧葬费、抚恤金和109平方米的房产等共计60万元(时价)的全部遗产给了保姆吴城，并且将骨灰也交给她处理。

"这很荒唐，很荒唐，不是父亲的遗愿。"胡青向记者回忆当时的感受：省粮食局领导曾告诉她，住院期间，胡宗良给单位领导留下遗嘱，表示将骨灰交给亲属。然而，两个半月之后，胡宗良再次写出遗嘱，内容却与以前给单位领导的遗言大相径庭——将包括这套房子在内共60万元遗产赠与了保姆。

胡宗良有两个女儿，大女儿方小群，现定居澳门，胡青是他的小女儿。此事

---

① 新华社2005年7月3日电稿《通知书迟到两年 女考生向谁问责》。

② 载《中国青年报》，2008-04-01。

一出，舆论哗然。不少人在猜测，胡宗良的举动是否与胡青的不孝有关？或者是其他原因？

公证有瑕疵

2005年4月18日，胡青一纸诉状将保姆吴城告上了法庭。然而在庭审时，保姆吴城却指出，这一切都是胡宗良的遗愿，“胡宗良说，无论如何，我给你的东西，不能给她（胡青）得到。”

为了证明自己的上述说法，吴城拿出了当时长沙市公证处两位公证员作出的谈话笔录。

在这份问话笔录中，公证员问：“为何不给女儿呢？”胡回答说：“吴城是我的保姆，她自16岁来以后一直是她照顾我，特别是我生病期间，无微不至地照顾我。”

然后，公证员又问：“你的女儿来看过你吗？”胡回答说：“没有。”

最后，胡宗良还申明，他的骨灰由吴城处理，他死后留下的一切皆由吴城继承。

父亲的笔迹胡青很清楚，遗嘱不像是假的。胡青的想法是，要证明这份假遗嘱没有法律效力，有两个突破口。一是公证程序有误；二是父亲临终前受到胁迫。

胡青查询了司法部《遗嘱公证细则》，其中规定：遗嘱人为老年体弱、危重伤病人，公证人员在与遗嘱人谈话时应当录音或录像。但长沙市公证处在公证过程中却没有这么操作，所以不能够体现胡宗良的真实意愿。

另外，“细则”规定，公证员询问遗嘱人时，除见证人、翻译人员外，其他人员不得在场。而当时吴城却出现在公证现场，她既是翻译人员，又是见证人，还是被赠与人员。胡青认为遗嘱公证过程如同儿戏。

“即便父亲的遗愿是真的，父亲留下的身家，也有母亲去世后留下的部分，这一部分肯定要重新分割。”胡青说，而当时的公证，没有考虑到这个成分。

2005年11月，胡青起诉长沙市司法局的行政诉讼开庭。胡说，对方说拿出了一份谈话笔录，可父亲根本就不能说话。

长沙市公证处有关人员介绍说，喉癌不能代表完全不能说话，当时胡宗良说话能表示这个意思，只不过是断断续续的，最关键的地方是用笔写的。而且谈话完毕后，还有胡的亲笔签字，“这也充分表明了，这是胡当时的真实意愿表达。”他说，“当时医院的医护人员打电话要求办理遗嘱时，并没有说明他不能说话，直到去了以后，由于没有设备，就没有录音或录像。”

一审法院支持了胡青的陈述理由，确认此份公证遗嘱无效。之后，司法局又提出了上诉。2006年底,二审法院判决胡青败诉:认为公证过程虽有瑕疵,但不影响其法律效力。

胡青在二审之后,她再次向省高院申诉。之后收到了传票,于3月上旬对此案进行听证。胡青诉长沙司法局一案是否重新再审的问题,成为今年这次听证的焦点。胡青和代理人认为,长沙市公证处为父亲遗嘱所作的公证程序不合法,应当重新审理。而长沙市司法局认为公证过程虽有瑕疵,但不影响其合法性,因此要求法庭确认公证有效。

这一天,离胡宗良去世已过去3年半时间。

阴谋论

对于遗产为何赠保姆?在胡青看来,父亲临终前受到某种胁迫等因素,也是她应该关注的重点。

保姆吴城则认为,这些遗产应该是对自己劳动的一种回报。"他(胡宗良)叫我无论如何不要松手,我给你的一定不能让她(胡青)得到,他跟我讲了这句话,这是胡宗良先生在他生前的一种遗愿。"她在法庭上如是说。

胡青说,从小到大,她与父亲的关系非常好,父亲把她视若掌上明珠。2003年11月,父亲患病住院,胡青专程从深圳赶回长沙,请假3个月守候在病房伺候父亲。她还买了一个价值2 000多元的MP3,下载了数百首歌曲给父亲听。当时,胡宗良当着许多人的面,还夸赞女儿的细心和善解人意。

因为工作关系,胡青没法与父亲居住在一起。但在其父患病住院期间,胡青请假3个月在病房伺候。而且,每隔两三个星期,她都会从深圳飞回长沙探视。她把父亲在病重期间写下的字字句句都珍藏了下来,作为永久纪念。

在一张陈旧的纸张上,父亲对女儿如此写着,"青儿,你辛苦了,爸爸感激你,这期间你有什么委屈,一切看在我的分上,你历来脾气温和,大度宽容,我是深知的,总之一切朝我看,有什么不对都怪我一个人好了,如何?青儿,昨晚做梦梦到你了,我很想你,我的女儿"。

当胡青对遗嘱和公证质疑时,保姆再次拿出胡宗良的一封信,"她不是我的女儿,我为这样的女儿感到羞愧。她来的目的就是为了提前得到遗产,所以对我毫无父女亲情,现在一放手什么都完了"。

字字句句依然是胡宗良的字,毋庸置疑。让胡青觉得匪夷所思的是,为何赠送遗产的同时,一定要把50年的亲情否定,对亲生女儿冠以一个不孝的骂名呢?

2006年,胡青找到了当时给父亲做陪护的湖南省人民医院陪护管理员,他分析说:"你毕竟是他的女儿,我个人估计是不是被胁迫的?"

而保姆的一个细节让陪护管理员觉得保姆照顾不周。

他举了一个例子，胡家前后换了十几人陪护，“她打扑克牌，我也喊过她，我说，别人出钱给了你，你要守到病人的病床边，你不能坐在这里，她说她请了人……”胡青做了录音，并作好了录像资料，以便将来呈交法庭。

在去年的一次调查中，一个男陪护给了胡青意外的收获。这个男陪护回忆，保姆曾经请三四天假回了老家一趟，说是回家离婚去了。大约 10 天后，胡宗良嘱咐这个男陪护说，他有些担心保姆不来了，是不是在家拖延时间？

胡宗良给男陪护写了个字条，意思是，1993 年保姆去开发廊，向老人借了钱。有一次进行手术前，还有 8 万到 10 万元的首饰给保姆保管，可现在没有拿出来。胡宗良曾答应了保姆，只要照顾到他去世，5 万元的存单给她。男陪护问胡宗良，“你女儿知道吗？”胡宗良说，“不知道，不敢告诉她”。对于这个重要的细节，胡青也做好了录音和录像。

情人或其他？

一天，胡青无意间发现一个包，翻开一看，全是父亲寄给保姆的信，总共有 8 封。令胡青惊讶的是，高龄父亲与保姆的亲昵不比年轻人逊色。例如，一封信中说：“亲爱的小×，当我接到你的电话，我高兴得心都快要跳出来了……”落款是“永远爱你的良”。

面对一封封类似的信件，胡青似乎明白了什么。而对于这些信件，保姆并不认可，以致在接受媒体采访时，保姆完全否认。胡青说，不难发现都是已经寄出的信件，上面清楚写着保姆的名字和保姆老家的地址，还有邮政部门的戳印。

没有人能准确记住吴城是什么时候来她家做保姆的，因为前前后后换了 10 多个保姆。但是在更换吴城时，胡青印象尤为深刻。一天中午，她回家吃饭，母亲十分生气，指着吴城痛骂。

而后，吴城被辞退。可是胡母去世后，胡宗良又把这个 16 岁时就在胡家做事的保姆接了回来，胡青当时也觉得关系有些微妙，但她觉得，只要父亲开心，作为子女都应该顺从。

此时，第二次踏进胡家的吴城已经是有一个一岁半孩子的母亲。2004 年初，做了胡宗良 4 年保姆的吴城与丈夫离了婚，将孩子带到长沙。

据此，胡青想到了另一个因素：兴许，吴城的女儿是父亲所生？理由是，在 2000 年 9 月 17 日父亲写给吴城的信中，胡宗良提到，“寄来一套孩子衣服，过 2 年才能穿”。并且对那孩子特意设置了 8 个名字，让吴城参考，看哪个比较合适。

当时胡青提出给孩子做 DNA 鉴定，但吴城以保护女儿的隐私权为由拒绝了。

遗产争端模式的背后

胡青觉得问题不是自己想象中的那样简单，她干脆放弃了深圳的工作，专心钻研法律，并在长沙市芙蓉区租房进行“持久战”。没有了收入，她只能靠在澳门的姐姐和女儿支持。“60万元的资产对我并不重要，但它是一个代号，能够证明谁在父亲心中更有分量。”胡青对记者说，对于可能到来的第5次诉讼，她很有信心。

她从未想过，自己因此还会在这套昏暗的房子里待上几年。

“从现实意义上看，我们特别关注这个案件，是因为它作为一种遗产争端的模式，将在以后越来越频繁地出现。”湖南秦湘律师所律师肖启斌表示，“目前老龄化越来越严重，更多的老人不是由他们的子女，而是由保姆来陪伴走完最后一程。在此过程中，大量类似的案例将会上演，保姆与子女‘争’财产，并不让人奇怪。”

湖南天戈律师所的罗秋林律师认为，公证了的遗嘱其证明力大于一般的遗嘱。本案的关键在于遗嘱表示的真实性及程序的合法性。类似的案件并不鲜见，但将遗嘱公证的则十分少有。

在关于去世老人胡宗良遗产纠纷案的这次报道中，报道者仅仅采访了胡宗良女儿胡青一方的陈述，而没有采访当事的另一方，即胡宗良生前保姆吴城关于案件的述说。报道中吴城的有关表述来自法庭而不是报道者的采访。那么，是否在于吴城不肯接受报道者的采访呢？可惜《小保姆受赠巨额遗产的背后》对此同样未置一词。这就不能不有碍调查性报道的平衡原则。如果对立的某一方不愿意表态或介绍情况，那么这样一种回避也是一种立场，报道应该在报道中将这样的信息告诉读者。有记者将这一举措视为调查性报道的一个处置底线。[①] 记者手中之笔如同医生手中的手术刀，若思想品德不过硬，技术不精湛，一刀下去，切下来的未必一定是病体，反有可能是被报道人健康的骨肉甚至于性命。美国特里尼蒂大学新闻学教授萨梅尔·约翰逊等认为：客观平衡报道包括可验证的上下文、深入幕后的事实、大量消息来源的引语。[②] 不过，记者面对相互矛盾的事实或有分歧的事实的陈述时，交代相关各方的事实出处，则是平衡原则的核心。新闻工作者应有仁爱之心，恪守新闻专业主义，牢记笔墨如刀锋，面对颇具争议而一时又无法弄清楚的事实真相，若忘记提醒自己留心，则很容易伤及无辜。

3. 语言要准确、简洁、朴素而冷静

调查性报道所报道的新闻事实重大、复杂，容易引发争议，故语言调遣上应有所注意。

---

① 赵华：《央视〈新闻调查〉幕后解密》，112页，北京，中国广播电视出版社，2008。

② [美]萨梅尔·约翰逊等：《杂志产业》，314页，北京，中国人民大学出版社，2006。

《楚天都市报》2002年3月18日的《大学生公然泡起"鸳鸯浴"》在报道事发地点时交代在"湖北大学后门",结果引发社会纠纷,"客观上对湖北大学的声誉产生了较大的负面影响。……对此,本报真诚地向湖北大学师生致歉。"[①]显而易见,新闻报道用语要注意推敲。事实胜于雄辩,准确、简洁、朴素、冷静的语言与调查性报道的重要性、严肃性、科学性相一致。有一篇叫《"老通城豆皮"何时再度飘香》[②]的报道在介绍受访专家时说:"华中师范大学历史文化学院教授,中国餐饮文化大师姚伟钧说,……"从报道中,我们无法发现记者"文化大师"这样介绍的具体根据,故难免有赞誉过度之嫌。因此,读者完全有理由生疑:既然连称呼都有水分,那么这篇报道还有哪些水分没有被发现呢?这篇报道的新闻真实性究竟有几分呢?有碍准确、简洁、朴素而冷静的语言最终伤害的是新闻报道的公信力,因此记者介绍受访专家最好的处理办法还是介绍专家的客观性信息,如工作单位、职称、职务,从事相关研究的时间、成果。

调查性报道要多介绍事实,少议论,如有可能最好不议论,以避免出现替代司法机构功能的"媒体审判"越位现象。不过,面对假恶丑,从事调查性报道的记者是容易激情难抑的。我们要求调查性报道要冷静。当然,在事实清楚、证据确凿、是非善恶分明的情况下,报道面对特别邪恶的新闻事实适当使用人性化的语言处理也还是允许的。曾任《三联生活周刊》执行主编、《南方周末》报常务副主编的钱钢说:"有人说《南方周末》办的不像美国西方的报纸,而是有很多情绪,很多表情。这不奇怪,这个时代太多不平,是不是?有的时候让年轻人有一点儿表情是可以的,有一点儿主观情绪也是可以的,应该允许我们慢慢地走向健康的、标准的和新闻的职业时代。"[③]记者可以巧借被报道人物之口或自己站在新闻现场夹叙夹议,在报道中融入情感,增强报道的感染力。如曾民等的《被剥皮的红豆杉在流泪》[④]的片段:

> 9月28日,一次次在雨雾弥漫的陡峭山坡上滑倒又爬起来时,记者在内心不断祈祷。
>
> 15时5分,经过7小时的艰难爬行,当这棵历尽沧桑的大树出现在记者的眼前,雨水和泪水模糊了记者的视线——它的皮已经被剥得光光的,从根到树梢,体无完肤。枝叶扔了一地,剥不到的树枝也被砍下来。
>
> 它艰难地挺立在悬崖边上,庞大的身躯上不停地渗出树液,像是血,又像是泪。

---

① 载《楚天都市报》,2002-03-30。

② 载《长江日报》,2009-06-12。

③ 赵华:《央视〈新闻调查〉幕后解密》,173页,北京,中国广播电视出版社,2008。

④ 载《南方周末》,2001-10-18。

> 翻阅大理州云龙县的一份资料，这是中国有据可查的最大的一棵云南红豆杉，它的胸径达2.6米，六七个人才能合抱。一位对植物很了解的当地人说，红豆杉长这么大，至少要四五千年！然而，它还是被无情地毁了。
>
> 只为了它身上的四五百斤皮。
>
> 只因为它的树皮能提取世界上最昂贵的抗癌物质——紫杉醇。
>
> 当地农民刘文平在今年7月份花了4天时间才把它剥完，获利四五百元。
>
> 在这棵红豆杉王的附近，还有五六棵树龄上百年的红豆杉，它们也没能逃脱毁灭的命运，皮被剥光，树被连根砍倒，裸露的树干鲜红鲜红的，像遮天蔽日的原始森林在泣血。

经过认真的调查研究，记者有确凿的证据可以证明当地政府与外商已经结成利益共同体。为了获取紫杉醇，政府与外商双方用利益来引诱、驱使贫困的山区农民进入深山剥光国家珍贵树木红豆杉的树皮，红豆杉树木因此大面积死亡。记者来到新闻现场，悲愤难遏，情之所至而将被剥去树皮的红豆杉拟人化，暗喻为受损害的女性。这部分文字有叙述，有议论，寓情于叙，喻情于议，再以排比句表达，颇有动人心弦的感染力。

4. 要告诉读者，调查的结果意味什么

有人主张结论应让读者从调查性报道所列举的大量事实材料之中推论出来，而不必特意告诉读者。这样的看法是不妥当的。调查性报道属于深度报道，所报道的新闻事实往往特别复杂，是是非非很难一眼洞穿，同时篇幅较长，头绪杂多，材料繁乱，所以，如果不在报道之内告诉读者调查结果的意义，那么很容易让人迷糊晕眩，不利于广大读者阅读、理解报道的内容。刘万永的《一个退休高官的生意经》、朱玉的《一千零四十小时——早产儿氧中毒失明情况调查》等优秀的调查性报道，在报道的结尾均根据记者已经掌握的确凿材料对新闻事实的真相给予恰如其分的了断。

第十章 精确性报道的写作

第一节　精确性报道的来历与特点

一、精确性报道的界定

（一）内涵

1. 精确性报道的内涵

所谓精确性报道(Precision Reporting)是指主要采用社会科学所运用的一种研究方法——“量化研究”(Quantitative research)，来较有系统地采集新闻事实数据并在此基础上进行定量描述、分析、解析的深度报道类型。与传统的新闻报道相比，精确性报道能够主动挖掘新闻事实背后“隐藏的真实”。[①] 不过，数量化不等于数字化，精确性报道需要量化研究，因此，仅仅在报道中广泛地使用数字还不能算是精确性报道。将“数字新闻”理解为“精确新闻”、“精确性报道”[②]是错误的。

2. 精确性报道与精确新闻学

精确性报道与精确新闻学(Precision Journalism)有同有异。双方都与美国的菲利普·梅耶(Philip Meyer)及其《精确新闻学》相关，与民意调查相关，但是，前者仅仅是新闻报道，而后者则不限于新闻报道。

下文因依靠民意调查组织的贴近民意调查中的数据而成为一篇精确性的新闻报道。

① 罗文辉：《精确新闻报道》，5页，台北。正中书局，1991。

② 刘明华等选编：《新闻作品选读》“阅读提示”，260页，北京，中国人民大学出版社，2003。

美犹太青年的“以色列疲乏症”①

本报驻特拉维夫记者 徐启生

以色列是世界上唯一的犹太人国家。但犹太人人数最多的国家却是美国。尽管犹太人口占美国总人口的比率不到2%，只有大约600万，但犹太人对美国的政治却产生着重大的影响。人们都知道，美国的犹太人院外集团在国会有极强的活动能量，他们基本上能够左右政府在以色列问题上的政策走向，这也是美国在解决巴以冲突问题上一直袒护以色列的根本原因。美国犹太社团对以色列的政治、经济、军事，乃至其生存都起着至关重要的作用。可是，随着时间的推移，美国新一代的犹太人还会像他们的父辈那样地支持以色列吗？美国一家民意调查组织最近为此做了一次民意调查。

这次调查的主要对象是在校的犹太大学生。结果表明，他们中有80%的人从不参加当地犹太人社团活动，对以色列的态度完全不同于他们的父辈。与同龄的美国非犹太人一样，他们并不特意关注遥远的以色列。调查得出的结论是：再也不能指望年轻一代的美国犹太人会给予以色列全力的支持，甚至也不能指望他们能克制对以色列的批评。

这些犹太青年在承认自己是“美国犹太人”时，首先强调自己是“美国人”，然后是“犹太人”。他们把以色列人称为“他们”，而不是“我们”，表现出他们与以色列之间关系的疏远。这虽然并不意味年轻一代的犹太人不支持以色列，但起码他们不会自觉地遵循美国犹太社团的传统方式而一味地支持以色列。这些年轻人关心和平，他们认为实现和平要比以色列的安全来得重要。在调查人员组织的有关讨论会上，这些年轻人没有一次提到以色列。只有在主持人提出了这个问题，他们才想起讨论以色列和以色列在他们生活中的地位。

调查报告认为，年轻一代的犹太人没有像他们的祖辈那样经历过历史性的磨难，也没有看到以色列建国时期的苦难，对有关巴勒斯坦“起义”的情况也知之甚少。他们对犹太文化的认知，只是一种精神上的而不是宗教上的认同。所以，他们与美国的犹太社团和犹太宗教机构没有什么来往。他们认为，一定要他们参加犹太人社团的活动是没有什么道理的。他们在渐渐地远离犹太宗教。

美国《新呼声》杂志主编格尔森是位犹太人。她说，出版这份杂志的主要目的是让年轻的犹太学生们从不同的侧面了解犹太社团和以色列人的生活。当她来到美国一所大学时发现，这里大多数犹太学生并不参加那里的犹太社团的活动，似乎与这些社团隔绝了。他们也不想了解以色列。她把这种现象称为“以色

① 载《光明日报》，2003-07-04。

列疲乏症”。许多学生表示,他们难以理解在以色列发生的一切。当教师告诉他们要支持以色列时,他们不仅要问为什么,还会提出许多问题。

此次调查报告指出:这些年来,美国的犹太社团在教育美国新一代犹太人的工作上是不成功的,它们未能激励他们像前辈一样富有参与精神,坚定地站在以色列一边。报告对美国犹太青年在以色列问题上所持的冷漠态度感到担忧。

该民意调查组织负责人伦茨认为,美国的犹太社团要加强教育年轻的一代,增强他们对以色列和犹太传统生活的兴趣。他提议这些组织不要只对年轻人进行说教,要多谈论有关以色列这个国家的具体情况,让他们从感性上提高对犹太民族的认同。他建议,把在《纽约时报》上整版的“我们现在直至永远站在以色列一边”的大幅广告撤下来。这种广告对这些年轻人的父辈也许能起到鼓动作用,但对年轻的一代并非如此。他们也许会问,我们“为什么要与以色列站在一起?”更糟糕的是,他们也许因此而产生逆反心理,更加疏远犹太社团,甚至完全脱离犹太社团。

《近期就业指导图书零售市场简析》一文就采用了社会科学的量化研究方法。

职场战正酣 书业新卖点

近期就业指导图书零售市场简析

引言

盛夏时节,212.1万普通高校毕业生将走出校园,汇入我国73 740万(2002年末数据)的劳动大军洪流之中。一直以来,我国的就业压力始终居高不下,仅每年劳动人口新增数量就达到1 000万。在中国的众多城市长年上演着一出永不落幕的“大戏”:各种人才招聘会、交流会一年四季此起彼伏。招聘会上永远是熙熙攘攘热闹非凡,没工作的找工作,有了工作换工作,换了工作想升迁……职场生涯越来越成为现代人关注的焦点。面对这种热闹,我们的理性在哪里?出版业又可以做些什么?也许这对出版业是一个很好的课题和新的契机,本期开卷专题就“就业指导图书”这一细分图书市场进行大致分析。

(一)就业指导图书市场状况分析

※在整体图书市场中的销售码洋比重一直稳步上升。

※去年在图书市场整体增长放缓的背景下,该类图书市场同比增幅却达到了74.52%。

※公务员考试和选拔干部考试类图书卖得最好。

1. 就业指导图书销售比重

3 年来，就业指导类图书在整个图书市场中的销售码洋比重一直稳步上升。2000 年该类图书仅占整个图书市场的 0.06%，而 2002 年就扩大到 0.10%。根据开卷监测数据进行推算，该细分市场 2002 年的零售市场销售总码洋比 2000 年增加了 1 000 万元左右。可见就业形势的严峻、择业人数的激增和“跳槽”的频繁都直接刺激了对就业指导图书的旺盛需求。

附表：就业指导类图书占整个图书零售市场的销售码洋比重

	2001 年	2002 年	2003 年一季度
占整个市场的比重	0.07%	0.10%	0.09%
比重同期变化	+0.01%	+0.03%	—

2. 就业指导图书市场增长状况

从就业指导图书的同比增长情况来看，该细分市场正在以令人吃惊的速度增长，已经远远高于同期的整体图书市场增长速度。2001 年，就业指导图书的销售码洋比 2000 年增长了 1/3；2002 年，在整体图书市场增长放缓的背景下，该类图书市场同比增幅却达到了 74.52%。强劲的市场增长趋势使该类图书的市场地位得以提升，也使参与其中的出版社获得了更好的发展机会。

附表：　就业指导图书在零售市场同比增长与整体图书市场对比

	2001 年	2002 年
就业指导类图书	34.50%	74.52%
整体图书零售市场	18.31%	13.10%

3. 就业指导图书动销品种分析

就业指导图书近年来快速发展的另一个明显表现是，它的动销品种一直在增加。2001 年比上年增加了近 50 种，2002 年又比 2001 年增加了近百种，总量将近 400 种。经过两年时间，就业指导图书的品种增加了 0.5 倍以上。

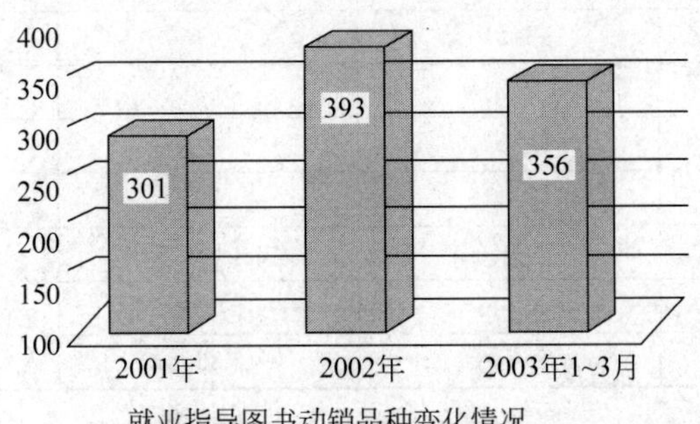

就业指导图书动销品种变化情况

4. 就业指导图书的细分图书市场分析

虽然，就业指导面对着一个极为广泛的读者群，但是仔细分析2002年的动销图书，我们可以发现，我国现有的就业指导图书还处于一个粗分类层次。2002年动销的393种图书大致可以分为6个细分类：关于公务员考试和选拔领导干部的考试类，求职英语类，求职技巧类，职业规划类，面向大中专毕业生的就业指导类和面向下岗人群的再就业指导类。

与许多涉及考试的图书相类似，就业指导图书中的公务员考试和选拔干部考试类图书卖得最好。在6个细分类中，该类图书动销品种最少（占5.3%），但它的码洋比重却是最大（35.2%），可见该细分类的投入产出比最高。公务员考试图书的走俏与近几年来公务员考试热有直接的关系。2001年底，有6万多人报考国家公务员考试，比2000年增长了近90%。与之相反，求职技巧类品种最多（30.0%），但码洋比重不成正比，仅占19.5%。

求职英语和职业规划类在其中属于投入和产出比例较为平衡的一类：求职英语的动销品种比重和码洋比重在就业指导类中都占了约1/5；职业规划类的动销品种比重和码洋比重在就业指导类中都占了约1/10强。

大中专毕业生就业指导和再就业指导这两类图书在品种投放和实际销售收益之间有较大落差。尤其是再就业指导类销售状况最微薄，还不到整个就业指导类的1%。说明再就业群体虽然庞大，但针对这一读者群的图书还未达到应有的消费规模。其中原因之一可能是这一群体整体图书购买力比较弱，而且他们在择业时较少会考虑求助于图书；原因之二也说明目前市场上的这类书籍并不能真正满足他们的需求。那么专门针对毕业生的就业指导书为什么也不好销呢？问题可能主要还是出在图书本身，是否能解决毕业生的困惑，并给他们提供实用的建议。

附表：2002年就业指导细分类图书销售码洋比重、动销品种分布

细分类别	码洋比重	动销品种	动销品种比重
公务员/选拔干部考试	35.2%	21	5.3%
求职英语	22.2%	82	20.9%
求职技巧	19.5%	102	30.0%
职业规划	12.4%	50	12.7%
大中专毕业就业指导	5.9%	67	17.0%
再就业指导	0.4%	32	8.1%
其他	2.7%	39	10.0%

5. 就业指导图书零售市场的价格分析

通过对就业指导图书的平均定价和售价的分析可以看到,2001年来该类图书的平均售价一直高于平均定价,而且高出部分在迅速增加。可见在关乎个人利益和长远发展的职业方面,许多读者是舍得投资的,这一点直接表现在他们在购买此类书籍时对价格的敏感度大大降低。开卷监测数据显示,2002年该类书的前5名平均定价是26.00元,比整体平均定价16.14元高出近乎10元。

附表:就业指导图书平均定价、售价对比分析　　元

	2001年	2002年	2003年一季度
平均定价	14.68	16.14	17.08
平均售价	15.65	19.57	19.61
平均售价－平均定价	＋0.79	＋3.38	＋2.53

(二)就业指导图书市场竞争状况分析

※全国约1/3的出版社涉足该市场。

※在未来几年内该市场仍会处于一种振荡上行的变化格局。

1. 参与竞争的出版社增长较快

近几年,介入就业指导图书领域的出版社数量在不断增加:2001年、2002年新增出版社分别是17家、16家。2002年涉及该类图书出版的出版社有188家,即全国约1/3的出版社涉足了就业指导图书市场。

附表:就业指导图书的出版社数量变化情况

	2001年	2002年	2003年一季度
出版社数量	172家	188家	181家

2. 市场刚起步,领先者圈地未稳

开卷统计数据表明,2000年以来,前10名和前20名出版社的累积市场份额都呈现出一种振荡变化的集中和分散形势。2001年由于受新进出版社的冲击,前10名的出版社累计市场份额回落到50%以下,这一年市场占有率大于1%的出版社数量也增加到30家。而2002年,领先出版社的累积市场份额整体回升较大,前10名的市场份额又超过50%,前20名的市场份额也达到了历史高点的70.71%,市场占有率大于1%的出版社数量随之下降到21家。不过今年一季度的表现又呈现出较大的分散局面。

预计该市场在未来几年内仍会处于一种振荡上行的变化格局。

就业指导图书的出版社累计占有率变化对比

	2001年	2002年	2003年一季度
前10名出版社	48.05%	55.88%	42.48%
前20名出版社	64.72%	70.71%	61.33%
占有率>1%的出版社	30家	21家	30家

3. 品种规模未有突破,数量多寡不具决定性

2001年来占有率前10名和前20名出版社在品种方面的发展,整体呈现小幅增长的局面。但是,领先者的品种规模尚未形成,几年来动销品种超过10种的出版社数量仅有两家。这两家出版社在品种和占有率方面形成了明显反差;其中一家出版社的市场占有率一直名列前茅,而另一家出版社品种较多,但占有率却始终较低。可见在就业指导图书市场中,出版社的品种多寡并不能与其实际市场占有率呈正比。

附表: 就业指导图书的出版社累计动销品种数变化对比

	2001年	2002年	2003年一季度
前10名出版社	12.19%	13.46%	16.29%
前20名出版社	21.93%	27.48%	25.56%
动销品种>10种的出版社	2家	2家	2家

4. 职业规划和毕业指导最具潜力

2002年几本引进版的职业生涯规划类图书给单调了多年的就业指导图书带来了一抹亮色。《你的降落伞是什么颜色?》一书在去年的成功销售更让人看到了这个细分市场所蕴藏的潜力和人们对职业规划图书的强烈需求。该书的实用性和可操作性以及活泼的形式都给人以耳目一新之感,故而取得了2002年该类图书销售排名第一的不俗业绩。就业指导图书是否会成为图书市场的又一个热点? 遗憾的是,今年一季度的数据显示,排在榜首的仍然是公务员考试和求职英语这两类。

然而该市场要突破发展瓶颈,仅靠这两类书是无法做到的。因为,每年参加公务员考试的人数毕竟有限,而且随着公务员考试取消指定用书和考试本身越来越趋向能力测试,原来占据绝对优势的出版社还能领先多久? 这个市场还有多少潜力可挖? 求职英语虽然面向的人群很广,但是它的成长已经较为成熟,缺乏创新。所以在剩下的细分类中,职业生涯规划和面向大中专毕业生的就业指导类书籍是职业指导图书中最有潜力可挖的细类。

(北京开卷图书市场研究所　朱肖莉执笔)

数据技术及版权声明：

本文中所用的分析数据来自于北京开卷图书市场研究所“全国图书零售市场观测系统”。该系统由全国77个大中城市的127家大中型零售书店（包括国有书店及民营书店）加盟，抽样书店每月的零售总码洋占到全国图书零售市场销售总码洋的14％。

本专题报告未经书面许可，任何单位及个人不得以任何方式使用与传播，不得用于商业目的。否则，保留追究违反者法律责任的权利。[①]

马克思曾经说：“一门科学只有在成功地运用数学时，才算达到了真正完善的地步。”[②]与语言文字这一符号相比，数字符号具有准确性、通用性、可比性、简洁性的特点。而精确新闻学正是在如是背景上着重于对量化新闻报道进行学理探讨，并将这种探讨扩展到媒体的市场、受众研究层面，推动关于媒体受众的量化研究，促进新闻统计学的出现。精确性报道属于新闻叙事，精确新闻学属于科学研究，双方不可混为一谈，也不能将手段误为本体，把精确性报道的量化方法认做精确性报道本身。

（二）外延

依材料的来源，精确性报道可以分为两类。

一类是主动性的精确性报道（Active precision reporting），报道者自己独自运用量化研究方法采集新闻事实进行新闻报道。例如，《环球时报》基于在中国社会科学院美国研究所和专业调查公司的帮助下的一项民意调查所进行的精确性报道《中国人如何看中美关系》[③]。

另一类是反应性的精确性报道（Reactive precision reporting），指的是报道者不是独自调查，而是利用有关社会组织、机构采用量化研究方法所获取的调查结果来进行新闻报道。前述《美犹太青年的“以色列疲乏症”》就是一种反应性的精确性报道。相形之下，《重点高校农村学生越来越少》[④]的报道主体自称“本报记者在北京、天津、湖北等地调查发现重点高校农村学生越来越少”合适吗？既然该报道的数据明明来自国家教育部、湖北省高招办与清华大学、北京师范大学、华北电力大学、南开大学、北京理工大学等校近几年的招生统计，那么，这一篇报道就属于反应性的精确性报道而不是主动性的精确性报道，因此《重点高校农村学生越来越少》的上述自称是不恰当的。

主动性的精确性报道与反应性的精确性报道各有短长。从采集的规范性、数据的稳

---

① 载《新闻出版报》，2003-07-02，有7表1图。

② ［德］保尔·拉法格：《摩尔和将军——回忆马克思和恩格斯》，95页，北京，人民出版社，1982。

③ 载《环球时报》，2005-03-02。

④ 载《人民日报》，2009-01-15。

定性看，反应性的精确性报道的基本材料获取规范，但报道本身位居新闻第二落点。从报道的主动性、资金的节俭看，主动性的精确性报道优势突出，往往是独家新闻报道，但其得以成立的基础，即新闻事实数据的科学性往往因为采集者专业训练的相对薄弱而易偏向单薄。

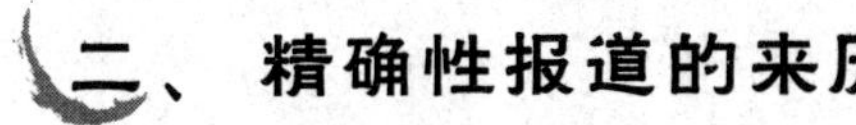

二、精确性报道的来历

（一）西方的精确性报道

精确性报道源自西方，其发生发展大致可以分为4个阶段。

1. 萌发期(20世纪30—50年代)

精确性报道与数学统计的应用息息相关。20世纪30年代，美国有一批社会调查的机构专门运用现代科学的量化研究方法调查开始获得成功，其中以盖洛普(Gallup Poll)民意测验所最为成功。这些调查既可以通过数字为传媒进行精确性报道，又启发传媒独立进行量化的社会调查。1935年，美国《幸福》(*Fortune*)杂志社刊登了杂志社自己所作的一次意见调查结果，问卷上设计的问题有美国人抽多少香烟，想买哪一型轿车，等等。《幸福》杂志社的这次民意调查报告被视为第一次由传媒启动的精确性报道。

1939年，美国《读者文摘》杂志社采用媒体实地实验方法调查了一定数量的汽车、钟表、收音机修理厂。调查统计表明这些修理厂问题严重，比如，有半数的顾客待修物品被处置不当，不是检查有错误，就是收费奇高。《读者文摘》的这份报告在美国引起较大震动，各报纷纷转载。

萌发期的精确性报道的命运与美国的总统选举息息相关。1936年是精确性报道的福年。民主党的罗斯福(Franklin Roosevelt)与共和党的兰登(Alf Landon)在这一年竞争总统宝座。与著名期刊《文学文摘》(*Literary Digest*)的问卷调查结果不同的是，盖洛普采用配额抽样所进行的选民调查显示，罗斯福在大选中将以56%的选票获胜。准确的预测使盖洛普战胜了《文学文摘》，美国的新闻传媒因此纷纷改用民意调查机构的调查结果。不过，盖洛普以科学抽样调查选民意见以预测选举结果，本始自1932年为其岳母米勒夫人(Alex Miller)竞选艾奥瓦州州务卿时。1948年是精确性报道的灾年。在1948年对总统大选的民意调查中，盖洛普等三大民意调查机构均显示共和党候选人杜威(Thomas E. Dewey)将赢得大选，但选举结果则恰恰相反，民主党候选人杜鲁门(Harry S. Truman)连任成功。1948年对总统大选报道的失败阻碍了精确性报道的顺利发展。

精确性报道要求报道者必须投入比一般报道要多得多的时间、金钱、知识，故当时投入产出比例低，再加上一些从事精确性报道的人在数量统计上能力有限，因此，精确性报道虽被肯定，但这时的传媒界对精确性报道却敬而远之。

2. 诞生期(20 世纪 60 年代)

精确性报道在 20 世纪 60 年代诞生有其深刻的社会原因。

首先，20 世纪 60 年代为精确性报道提供了科学条件。电子计算机研制成功在 20 世纪 40 年代，投入实际应用在 50—60 年代，这就使得量化研究在数据收集、计算、分析变得空前快捷而节俭。

其次，20 世纪 60 年代为精确性报道提供了必要的社会条件。60 年代的美国社会矛盾异常尖锐、激烈。1967 年，底特律爆发了震撼全美的黑人抗议风暴，愤怒的黑人与赶来的警察发生冲突，结果造成大量人员伤亡，众多黑人被捕。那么，如何向广大受众报道事实的真相呢？当时占统治地位的客观报道对此束手无策，捉襟见肘，于是，精确性报道与其他各种报道纷纷披挂上阵，各展所长。时任白宫特派员的梅耶(Philip Meyer)正主持《底特律自由报》(*Detroit Free Press*)的调查研究。对于这场黑人街头示威，梅耶采用了一种过去没有过的新办法进行报道，即以随机抽样的办法在冲突地区抽取 347 位黑人进行个别访问，向每一位受访人提出 40 个相同的问题，然后再将这些问题与对问题的回答输入计算机，用统计分析进行数字化，从中找出广大黑人上街抗议的原因。梅耶采用如是量化材料撰写深度报道《回到第 12 条街》，揭示了形成底特律黑人社会风暴的深层社会原因，引起极大的社会反响，并于 1968 年获得普利策新闻奖。

图 10.1　1967 年爆发于美国底特律的黑人街头风暴

梅耶的巨大成功标志着精确性报道的真正问世，精确性报道由此进入西方新闻界主流。

3. 成长期(20 世纪 70 年代)

20 世纪 70 年代是精确性报道快速发展的时期，过去难得一觅的精确性报道频频出现在欧美各大新闻传媒之中。其原因主要有如下几点。

一是美国总统大选。精确性报道最好的施展天地是报道民意。进入20世纪60年代,民意调查渐趋成熟,开始介入美国的总统大选。1960年,民主党候选人肯尼迪与共和党候选人尼克松均雇佣了专业的民意调查机构人员参与竞选计划的安排。而在1972年、1976年的美国总统大选,众多的美国传媒纷纷进行各种民意测验,有超过$\frac{1}{3}$的美国日报赞助一个民意测验。[①]新闻界将总统以及那些非民选而由上级任命的重要官员的声望调查,看做一种间接的全民投票。大选推动了精确性报道的广泛运用,精确性报道一时成为报界"宠儿"。

二是调查性报道。1964年,调查性报道获得了美国6项普利策新闻奖中的4项,一时成为美国新闻界的追逐对象。然而,进行调查性报道毕竟十分艰苦,于是一些转入调查性报道的记者开始工作马虎,常把误传、谣传当作事实使用,有的投机取巧,滥用匿名消息与"锁眼"新闻,职业道德大幅下滑。调查性报道出现的这些问题使新闻界出现了反对"不科学"报道的呼声,批评传统报道对信息加工的简单、粗糙,精确性报道作为"科学"的代表因此受到新闻界的重视。

三是新闻来源。一般新闻报道采集新闻事实除了记者的目击,剩下的就是采访受访人,记者离开新闻来源无法进行新闻报道。记者、传媒对新闻来源这样的高度依赖,容易导致新闻来源对记者、传媒的控制与利用。而精确性报道可以避开新闻来源对记者、传媒的控制。比如,报道某地法院法官是否依法公平断案,记者若采访法院法官,得到的回答往往是自夸的、肯定性的。《费城讯问报》的记者巴列特(Donold Barlett)与斯泰勒(James Steele)对此没有采访法官,而是收集1034份该法院的刑事案件资料,分类统计。结果此统计数字显示,该法院法官判决黑人有罪的比例远远高出判决白人有罪,从而证明该法院在司法审判上存在着种族歧视。这样,新闻事实就可以操纵在记者手里。

四是工作条件。进入20世纪70年代,美国大多文化机构装备了电子计算机,一个记者只要有一部普通电子计算机,有一定的量化研究知识,肯花上一二百个小时,就可以进行精确性报道。

五是人物梅耶。曾任记者的梅耶后转入美国北卡罗来那大学(University of North Carolina)任教,写成一部专著。梅耶曾经先后为该书命名为《社会科学方法在新闻报道上的应用》、《量化新闻学》等,后接受新闻学教授丹尼斯(Everette Dennis)的建议,将专著命名为《精确新闻学》。此书于1973年问世之后,迅即风行全美,波及世界。20世纪80年代的一项统计表明,全美国有80%以上的报纸认为应该多刊登精确性报道,美国大多数的新闻学专业开设了精确新闻学一课。而梅耶的目的是希望将新闻传播学由"匆匆忙忙

---

① 彭家发:《新闻文学点·线·面》,274页,台北,业强出版社,1988。

的历史"提升为"匆匆的社会科学"。

4. 普及期(20 世纪 80 年代以来)

20 世纪 80 年代以后,精确性报道在西方传媒中的运用日趋平常。它既展示了力量,又让人们看到了它的局限性。目前,西方新闻界进行深度报道仍以传统方式为主,以精确性报道为辅。时下,精确性报道在西方主要用于总统等领导人的选举、政府首脑的声望调查。

(二) 中国内地的精确性报道

与长期受西方文化影响的港、澳、台地区不同,我国内地的精确性报道起步晚。据专家研究,中国内地最早出现的精确性报道是在 1983 年 1 月 29 日的《中国日报》。该期报纸刊载了 1982 年我国对北京市受众的调查结果。[①]

我国精确性报道的成长期为 20 世纪 90 年代。进入 90 年代,纷纷成立的一些民意调查机构,为我国传媒进行精确性报道提供了可靠的统计材料。1996 年,《北京青年报》推出公共调查《1995 年,北京人你过得还好吗?》,并首先将类似报道命名为"精确新闻",精确性报道名正言顺地进入传媒。目前,我国的《北京青年报》、《南方周末》、《中国青年报》、《经济日报》、《中国信息报》、《中国经营报》、《中国汽车报》、《长江日报》等报设专栏、专版刊发精确性报道。不过,相形于其他报道,精确性报道的精品产出数量尚不为多。

三、精确性报道的特点及其背后的理念

(一) 精确性报道的特点

1. 数量化

数量化是指精确性报道在采集新闻事实时,把事实的特征、行为、态度等转化为数字,并以之作为报道的基础与核心的材料。

数字是人对事实的概括。其他新闻报道也可能使用数字,但唯有精确性报道不仅使用数字,而且以数字尤其是系统化了的数字为基础,收集事实材料使之数字化,使用材料、分析事实亦数字化。因此,离开了数量,就无所谓精确性报道。

2. 客观化

精确性报道力求避免人的主观失误,期望通过将包括意见在内的一切主观、客观的东西均数字化之后得以纠正报道者的主观偏差,报道手段比较普遍地采用自然科学的一些

---

① 姜秀珍:《新闻统计学》,11 页,北京,新华出版社,1998。

工具如电子计算机、计算器。这些就使精确性报道出现了不依个人意志为转移的倾向，显出客观、冷静。

3. 平民化

一般新闻报道强调新闻事实的显著性、反常性，选择被报道人物偏向于官员、企业家、文体明星等杰出人物或意见领袖。而精确性报道采集的是公众意见，传播的是民意。这就使得精确性报道天然具有了平民化的特征。

4. 宏观、独立

一般新闻报道往往选择反常而孤立的新闻事件进行报道。而精确性报道则讲求归纳事实，从总体把握新闻事实，从多项观察中把握整个新闻事件。同时，通过对有关事实状况的社会调查摆脱对新闻源的过度依赖。这些就使精确性报道宏观而独立，成为非事件性新闻。

（二）精确性报道背后的理念

精确性报道的背后是客观报道思想与科学主义思潮。

首先，主观因素在新闻报道中的高速成长为客观报道原则反弹提供了口实。客观报道原则自20世纪50年代为解释性报道破局之后，记者的主观能动性对新闻真实的作用受到高度重视，主观力量开始在新闻报道领域顺畅成长，直到新新闻遭受狙击为止。新新闻(New Journalism)，又译为新新闻主义，成形于20世纪60年代。新新闻的代表人物有盖伊·塔利斯(Gay Talese)、汤姆·沃尔夫(Tom Wolfe)、诺曼·梅勒(Norman Mailer)、杜鲁门·卡波特(Truman Capote)等，代表作有塔利斯的《国王与权力》、沃尔夫的《电冷却酸性实验》(1969年)、卡波特的《冷血》(1965年)[①]、米勒的《夜行军》(1968年)等。这些新新闻作品以杂志为阵地，主要见于1933年创刊的男性期刊《君子》(*Esquire*)、1955年创办的地下杂志《村声》(*The Village Voice*)[②]、1967年创办的人文杂志《滚石》(*Rolling Stone*)、1968年由《纽约先驱论坛报》副刊改造而成的城市杂志《纽约》(*New York*)[③]等。新新闻的代表人物几乎都来自报社，如沃尔夫虽先后供职于《华盛顿邮报》、《纽约先驱论坛报》，却将大量的时间用于在杂志上发表新新闻作品。新新闻直面公共问题，以为认知即现实，认为新闻报道的客观原则是伪客观，主张深度采访，以真实事件为基础，讲求通过作者身临其境确保新闻信息的真实性，有时作者也成为新闻报道事件中的人物，创造出以作者的强烈的个性与观点为特征的纪实性散文。[④]新新闻用感知和采访技巧获取对某一

---

① [美]萨梅尔·约翰逊等：《杂志产业》，346页，北京，中国人民大学出版社，2006。

② http://www.villagevoice.com/

③ [美]埃默里父子：《美国新闻史》，495页，北京，新华出版社，2001。

④ 林骧华主编：《西方文学批评术语辞典》，422页，上海，上海社会科学院出版社，1989。

事件的内部视点，追求写作风格的别致与描写的品质。深度采访与作者亲历新闻事实，是新新闻报道者获取一手深度资讯的主要渠道。梅勒因写《刽子手之歌》而与杀人者交友。他说，杀人者阿博特"给我许多帮助。……最后，我终于掌握了一个硬心肠的囚犯的心理。……我欠了阿博特的债"[①]。卡波特为了写《冷血》，实地调查发生在美国堪萨斯城的两名生活在社会底层的凶手仅因40美元而杀掉一家四口的血案，用时长达六年。该报道更以一种对凶手与被害人一概不表同情的态度让读者感到强烈的震撼。[②] 卡波特说："我说的句句是实话，不会对我起诉的，因为事实俱在，我能证实。……我的记忆力本来就好……对于远在八年前的任何一次谈话，我几乎可以逐字逐句复述出来。……为《纽约人》写关于马龙·白兰度的文章。我让马龙不停地谈呀、谈呀，谈到他进坟墓，整整谈了八个小时。我没有笔记，啥也没有，然后回去把整个谈话一字不漏地打了出来，再花两个月削减压缩，写成文章，写成马龙永远不会原谅的一篇报道。"[③]新新闻实际是用文学的技法翔实报道新闻事实。新新闻的代表人物卡波特认为自己实际上是作家而不是作者，但学界却将刊于《纽约客》的《冷血》[④]列为新新闻的典范，[⑤]甚至有学者以为新新闻也是一类深度报道[⑥]。不过，有学者将《冷血》"用两条线索的平行叙述法"视为小说的写作技巧并以为其"突破传统新闻报道的模式"[⑦]的认识则是错误的。西方特稿偏爱运用双线式布局，如美国乔恩·富兰克林等的《世界最佳急诊室》、杰·哈·布恩斯的《火星人来了》、克莱尔·萨夫安的《冰河英雄》[⑧]。但双线式布局属于一种平叙，与一般平叙的不同之处，仅在于齐头交叉并进的两条线索一条属于新闻事实，另一条属于背景材料。新新闻所倡导的是一种非虚构的文学，主要采取包括象征手法在内的小说等文学文体的技法深入而生动地表现新闻事实，允许报道者在描写事实时掺入自己的观察与对事实本真的想象，对新闻报道有新贡献。梅勒的《夜行军》报道1979年10月新左派向五角大楼进军事件。他1979年撰写的《刽子手之歌》报道美国犹他州杀人犯吉尔摩犯罪事件，着重探讨杀人犯的犯罪原因，意在展示真正的美国生活。[⑨] 对于将文学手法引入新闻报道，精确性报道的领军人物梅耶坚决反对。[⑩] 不过，由于字数多、篇幅长，尤其是允许想象甚至"合成人物"，新新闻较之常规

---

① [美]查尔斯·鲁亚斯：《美国作家访谈录》，19页，北京，中国对外翻译出版公司，1995。

② 《中国大百科全书》外国文学卷，502页，北京，中国大百科全书出版社，1982。

③ [美]查尔斯·鲁亚斯：《美国作家访谈录》，45、47页，北京，中国对外翻译出版公司，1995。

④ [美]萨梅尔·约翰逊等：《杂志产业》，346页，北京，中国人民大学出版社，2006。

⑤ 彭家发：《新闻文学点·线·面》，22页，台北，业强出版社，1988。

⑥ [美]谢丽尔·吉布斯等：《新闻采写教程》，331页，北京，新华出版社，2004。

⑦ 李良荣：《西方新闻事业概论》，72页，上海，复旦大学出版社，1997。

⑧ 载《读者文摘》，1982年(11)。

⑨ 《中国大百科全书》外国文学卷，683页，北京，中国大百科全书出版社，1982。

⑩ 肖明等：《精确新闻学》，17页，北京，中国广播电视出版社，2002。

的新闻报道虽个性鲜明，但始终未能扩大到报纸上。新新闻主义的最终不了了之，反为精确性报道的出现提供了理由，说明新闻报道必须在主观性与客观性之间保持合理的度。尽管主观性要以客观性为基础，但任何一方的过度或矫枉过正均会影响到新闻报道的真实性。

其次，精确性报道是科学主义的一种表征。一些从事调查性报道的记者动机不纯，工作马虎，常把误传、谣传当作事实使用，有的投机取巧，滥用匿名消息与"锁眼"新闻。调查性报道的这些新问题让新闻界反思，高调反对"不科学"的报道，以为事实脱离数字必然孤立、片面，有盲人摸象之虞。而解释性报道虽一路走高，但始终不能彻底取代客观报道原则。解释性报道追求的是更高层次的报道客观性。因此，有记者以为对解释的过度依赖容易混淆物我界限，唯有建立在数字基础上的新闻事实才具有事实的概括力，可以如实反映常规新闻报道背后真正的民意，才是真正的新闻真实。显然，精确性报道在 20 世纪 60 年代出现有其历史的必然性。对精确性报道最终诞生贡献最大的是梅耶。梅耶在完成深度报道《回到第 12 条街》后不久转入美国北卡罗来那大学任教，并在 1973 年出版《精确新闻学》(*Precision Journalism: A Reporter's Introduction to Social Science Methods*)一书。该书问世后迅即风行全美，波及世界，精确性报道由此名正言顺最终得以晋身主流新闻行列。精确性报道将科学精神系于量化的系统观察，因此只要严格按着精确性报道的原理、规则操作，那么，精确性报道就可以在相当的范围内保证所报道的新闻事实的真实性。比如，2008 年春夏，美国媒体对民主党内两大候选人奥巴马与希拉里在全美各州的民意调查结论，绝大多数与随后的选民投票结果是一致的。

不过，精确性报道所反映的新闻真实性也不是绝对的。在精确性报道中，有的调查结论形同生活常识，造成浪费；有的堆砌数字，让广大读者望而生畏，距深度报道初衷颇远。因此，精确性报道未必篇篇具备深度报道的精髓。精确性报道成为深度报道是有条件的。总体看，精确性报道的深度报道化需要报道者勤奋，需要报道者视域开阔，善于推动新闻报道与社会、时代之间互动，善于抓典型，发现问题的普遍性，需要与传统新闻报道方法适当结合而不是一味排斥。

第二节　精确性报道的选题与数据收集

一、选题

（一）选题的三种情况

精确性报道制定选题主要有三种情况：

一是记者从有关专业调查机构提供的数据中发现新闻。比如，我国发布的全国人口统计数字本身就包含着突出的报道价值。

二是记者在实际新闻工作中发现问题，产生念头，通过追问追查发现新闻事实。比如，山东省《大众日报》社的记者王爽、刘明霞在一次与企业负责人的接触中敏感地意识到高级技工匮乏已经成为一个我国普遍存在的社会问题，于是萌生了报道的念头。这就是2001年度中国新闻奖获奖作品《找个好钳工比找研究生还难！》的选题起始。《重点高校农村学生越来越少》[①]始自国务院总理温家宝在国家科教领导小组会议上的讲话："过去我们上大学的时候，班里农村的孩子几乎占到80%，甚至还要高，现在不同了，农村学生的比重下降了。这是我常想的一件事情。"

三是依托重大新闻并以之为新闻背景选择精确性报道的选题对象。2005年11月美国总统小布什首次以总统身份正式访华。在这之前的数月，美国的一些重要官员纷纷来中国为小布什访华做铺垫。中美关系是涉及世界稳定、发展的重要国际关系，是中国政府最为看重的对外双边国家关系，对中国百姓的生活也具有重要影响。正是依托小布什总统即将访华这一重大的新闻背景，《环球时报》才在2005年3月推出了精确性报道《中国人如何看中美关系》。[②]

鉴于调查数据科学工作的艰难，报道者应尽可能借助于专门调查机构的调查成果，在其专业调查成果的基础上撰写精确性报道。

（二）选题确立的标准

1. 社会影响、社会意义比较重大

除了要考虑报道的深度空间之外，精确性报道在数据的收集、整理上毕竟要较一般报道投入多得多的人力、物力，因此，如果选题的社会影响小、社会意义轻，那么若采取精确性报道则难免牛刀杀鸡，得不偿失，容易造成报道成本的浪费。《重点高校农村学生越来越少》在全国高校农村生源比例逐年上升，并占到50%以上的这一社会背景中，集中报道重点院校的农村生源比例变作仅30%左右这一新闻事实。毫无疑义，这一报道选题直接关系着我国高等教育的公正与社会主义教育事业的正确方向，社会价值厚重，社会意义深远。

2. 与广大受众的利益比较直接、密切

精确性报道面向社会收集材料，往往可以比较全面地反映出一定范围内的民意，因此，立足于广大受众的利益确定精确性报道选题本身就是扬长避短。《调查显示昆明一些

---

① 载《人民日报》，2009-01-15。

② 载《环球时报》，2005-03-02

教师心理健康问题堪忧》[①]一文在新闻信息的传播过程中，为广大读者，尤其是学生及其家长提供了实用性：

本报昆明11月6日电（记者任维东） 近日由云南省心理学会、云南省爱心志愿者协会和《春城晚报》共同开展的教师心理健康状况调查活动在当地引起关注。一些家长和市民纷纷通过热线电话或短信，就本次教师心理健康测试结果发表意见和看法，热忱关心教师的心理健康建设。

由《春城晚报》公布的这次对教师的心理测试结果显示：昆明地区教师的人格特征在表现出符合其职业特点的积极特征的同时，也揭示了他们身上诸多消极人格特征——教师在恃强性、兴奋性、敏感性、幻想性、忧虑性等因子上的得分明显高于其他专业技术人员，还至少有20%的教师心理健康水平低于常人。

此次活动的目的是了解教师的心理健康状况，维护教师的心理健康水平，为教师自我调节提供依据。对教师人格特征现状的调查是其中的主要活动之一。参加此次心理测试的为昆明市5所中小学的老师和来自全市的百余名教师，分别来自20所以上的学校，从幼儿园、小学、初中、高中到大学不等。本次测试收回问卷306份，其中295份为有效问卷。有关专家通过问卷对教师心理健康分析后得出了上述结论。

调查显示，教师在聪慧性、实验性、独立性等方面明显低于其他专业技术人员，比如抽象思考能力弱，保守，依赖，不愿独立孤行，需要集体的支持以维持其自信心等。

本次调查分析结果中引人注目的是教师有近一半的人都是外向型的人格特征；同时，在考查了得分分布情况后，得出了这样的结果——在心理健康方面，以常人平均分（22分）为界线，教师得分低于常人平均水平的人数占总人数的21.70%，这表明教师中有五分之一的人的心理健康水平竟低于常人。

此外，通过其他人格特征分析可以看出：教师在专业技术上取得成功的人格特征与常人没有明显的差异；在创造能力方面总体上明显比常人水平低；在新环境中成长能力顽强的人数远远低于常人，并有五分之一的人不太适应新环境。

一位姓黄的学生家长看了调查结果后给媒体打电话表达了惊讶和担心，她说："作为家长，我们更关心老师的心理健康。试想如果自己孩子的老师心理上有什么问题，那我们把孩子交给他们又怎能放心呢？"

有关人士指出，应当看到，多数教师的心理健康水平是较高的。这次调查，

---

① 载《光明日报》，2005-11-07。

是为了强化教师队伍心理健康建设，是积极的。

相反，《长江日报》2009年新辟精确性报道栏目《民调新闻》，其间有的选题却和目标读者之间的利益关系存在较大的反差。与《745份有效问卷显示，八成消费者遭遇“潜规则”》①、《行道树常为城市建设让路，近七成市民认为夏日浓荫少》②相比，《武汉人怎么看待人造美女》③则显然距离该报目标读者的实际工作与生活需要距离较远，先天营养不足。

3. 多选择社会性问题，少选择突发性事件

精确性报道要设计问题、发放问卷、收集材料、分类、上机统计，这些工作环节就使得一篇精确性报道需要花费比一般报道多出许多的时间，使得精确性报道时效性较差，比较适合非事件性新闻，不适合事件性新闻。因此，进行精确性报道的选题就要多选社会性的问题，少选突发性事件。

4. 立足于量化研究调查的实际条件

进行精确性报道必然要投入较多的时间、人员、金钱，对有关工作人员有一定的专业技能要求，在具体的报道中还会出现具体的要求。比如，关于我国内地大学生目前拥有手机的问卷抽样调查是立足武汉一地，还是面向全国？调查范围的广与狭本身就使得调查的花费、难度等差异极大。一般说来，凡属比较重大或全局性的有关民意调查，最好委托职业的专门调查机构或者双方合作完成。如果在选题阶段忽视这些实际问题，那么就容易造成具体实施时的始料不及与巨大困难。

二、资料收集的方法

精确性报道量化的调查方法主要有三大类：一为调查法，二为内容分析法，三为实验法。

（一）调查法

调查法又叫意见调查(Opinion poll)，调查的对象是人，为的是了解人们对有关事物、问题等的意见。

对于精确性报道，调查法有两种类型三种做法：

一是自填抽样问卷。这种做法是调查人设计问卷，列出一系列可以了解受访人不同意见的问题。问卷可以由专人发放回收，也可以通过邮局传递，但问卷需要受访人自己

① 载《长江日报》，2009-03-09。

② 载《长江日报》，2009-05-25。

③ 载《长江日报》，2009-05-11

填写。

作为一种类型，自填抽样问卷下分两种方法：一是邮寄，二是送发。

二是实地访问。这种做法是调查人设计问题供受访人回答。这些问题可以制成问卷，也可以不要问卷。问题设计好后，派经过一定训练的访员深入到受访人所在的商场、学校、工地、写字楼等工作、生活实地，由访员向不同的受访人提出同样的问题，然后记录这些回答。访员要尽责、聪明、敏感、细心、考虑周到，言谈举止得体。为了保证实地访问正常进行，督导员要随机回访以对访员进行监督检查。

为了提高效率、节约费用，实地访问也可以通过电话进行。但是，电话访问时机要得当，时间不能长，问题不能复杂。同时，使用电话时，要注意记录的可靠性。将调查委托给专业调查机构时，要防止调查机构与电信部门因分享话费等而破坏调查的客观、公正。

邮寄、送发与实地访问三法各有长短。邮寄省钱省力，用邮票或邮资总付，但问卷回收率低，可能出现若干受访人相互商量如何回答问题，有的问卷也可能由另外的人填写，如公司经理让秘书代填写。实地访问法的问卷回收率高，对调查过程有一定的控制与了解，但费用高，需要对访员进行培训。专人送发介于邮寄与访问之间，问卷回收迅速、整齐，但调查范围往往狭窄。问卷的回收率，邮寄一般在30%～60%之间，送发为80%～90%，访问最高，有时可达100%。[①]

随着互联网的快速发展，目前正有越来越多的大众传媒利用网络进行问卷调查。使用互联网进行问卷调查方便、快捷、节俭，《光明日报》、《中国青年报》等传统传媒经常通过互联网进行问卷调查，如2005年底光明网的关于人才问题的一项调查：

目前，一些单位在人才招聘中非常重视"第一学历"，即应聘者第一次接受高等教育时的学历。理由是现在的研究生水分大，不如本科含金量高。您认为在现有学历和第一学历中，更应该重视哪一个？

选　　项	票　　数	比例图
现有学历	296票 14.09%	▬
第一学历	435票 20.70%	▬
因人而异	601票 28.61%	▬
说不清楚	769票 36.60%	▬

调查总人数：2101

（以上为截至2005年11月6日20点的调查数据）

① 水延凯等：《社会调查教程》，224页，北京，中国人民大学出版社，1988。

（二）内容分析法

内容分析法处理的不是人，而是物，具体讲是有关的文书等，如判决书、报纸。前述美国《费城讯问报》两位记者所搜集的报道材料就是法院的1 034份刑事判决书。

与调查法相比，内容分析法在搜集材料、归类统计上相对容易和节省金钱。但是，有时搜集来的文书会不齐全，搜集材料时会遭遇有关权力部门的不配合。这些也会给内容分析法带来不小的困难。

（三）实验法

实验法是在精心设计与控制下对两种有关变量之间关系的检验，有实验室实验与实地实验之分。

实验法的做法容易与社会伦理冲突，精确性报道仅偶一为之。进行精确性报道所使用的多为实地实验法。实地实验在实验室以外的自然、社会等场所如街道、医院、网吧进行。朱行的《"丢失"钱包 考验诚实》[①]一文就是一则采用实地实验法进行的精确性报道：

> 美国一家著名杂志社最近做了一项试验，他们先后在美国、欧洲、亚洲、加拿大、澳大利亚、新西兰和拉丁美洲的一些城市，故意在人行道上、电话亭里、办公楼旁、打折商店、教堂、停车场和饭店里"丢失"了1100个钱包。每个钱包里装有50美元的当地钞票，另外还装有一张印有电话号码的名片，以便捡到钱包的人可以方便地找到失主。
>
> 调查结果表明，44%的钱包被人捡走后不归还。不过，各国的情况不大一样。最为诚实的国家是挪威和丹麦，"丢失"的钱包全部物归原主。从整体上讲，斯堪的纳维亚国家的诚实程度超出了世界其他国家。新西兰、韩国和日本的情况也比较好。在美国，10个"丢失"的钱包有7个物归原主，这使得美国与加拿大、澳大利亚、印度一道并列在"较为诚实"的国家名单中。但是，如果你在阿根廷和意大利的话，可得注意保管好你的钱包。如果你在墨西哥丢了钱包，十有八九是找不回来了。当然，同一个国家的不同城市区别也很大，例如，西雅图就远远好于亚特兰大。
>
> 通过在各个地方与归还钱包的人交谈，试验人员发现，虽然世界各

① 载《环球时报》，2001-09-12。

国具有不同的文化传统，但凡是拾金不昧者，都有一些共同因素在起作用。

一是家长对孩子的言传身教。在德国的魏玛，10个"丢失"的钱包8个不见去向。可是，有一个钱包是一个8岁的小女孩在她妈妈的指点下归还的。小女孩的妈妈说："我小的时候，家里很困难，但父母非常诚实。我一直在用同样的方式教育我的孩子。"

二是对信仰的忠诚。马来西亚一个20岁的妇女，家里很穷，但还是归还了钱包。她说："作为一个穆斯林，我知道存在诱惑，并知道怎么去克服诱惑。"当然，不归还钱包的人也有信教的。在墨西哥，有两个看上去很虔诚的基督教徒，在捡钱包前，还做了一个十字祷告。他们认为这是天赐之物，非拿不可。

三是将心换心。有很多次，看起来很穷的人常常归还钱包，看上去很富的人捡起钱包就一去不回。一个为躲避科索沃战乱而在瑞士当餐厅招待员的阿尔巴尼亚人，在归还钱包时说："我每天都要干很长时间的活儿，我知道要挣这么多钱必须付出怎样的劳动。"

类似的精确性报道还有《小提琴家街头表演，只有7人驻足聆听；华盛顿地铁站，一场特殊的音乐会》[①]等。

精确性报道的问卷设计、发放、整理与分析，需要专门的知识与训练。比如，《圈内居民近四成频繁来汉，六成认为武汉公交需改善》[②]一文介绍"此次调查共回收4 200份问卷，其中来自黄石、孝感等圈内城市的有300多份"。那么，这篇报道问卷调查中的其他近4 000份的问卷来自何处？调查对象的结构怎样？难道来自武汉市或武汉城市圈之外不成？对新闻报道能否成立的基础，即问卷数据，该报道处置居然如此马虎，这就不能不严重动摇报道的可靠性、稳定性。关于精确性报道的专门知识与具体训练，可以参考欧阳明的《深度报道写作原理》[③]一书的相关论述。

第三节　精确性报道的动笔写作

在写作材料收集齐备之后，报道者就要迅即转入动笔写作的成文阶段。在动笔写作时，有如下事项需要注意。

---

① 载《环球时报》，2007-04-13。

② 载《长江日报》，2006-02-23。

③ 欧阳明：《深度报道写作原理》，武汉，武汉大学出版社，2004。

一、 精确性报道的写作类型

精确性报道在写作上主要有两种类型可供选择。

一是描述型。在写作上，描述型主要是报道具体的数据事实，而不对这些数据事实进行分析。比如《美犹太青年的"以色列疲乏症"》报道的是美国一家民意调查组织关于美国青年一代犹太人，是否会像其父辈那样无条件地坚定支持以色列国的民意调查数字、调查结论。换句话说，描述型着重于报道事实，即事实判断，而不是用事实"说话"。描述型的精确性报道应注意避免只见事实罗列而不见信息深度。

二是解释型。解释型的写法不仅报道事实的数据、结论，而且还结合其他有关材料对用量化方法调查来的事实数据、结论进行分析。解释型的精确性报道应注意避免由于新闻事实面目不清而解释所导致的夸夸其谈。

二、 结构

精确性报道大致分为三个或四个部分：开头、介绍事实出处、提供调查数据。有的精确性报道还有第四部分：结论与解析。

（一）开头

精确性报道的开头共有两种：一是开门见山，一是间接导入。

1. 开门见山

这类开头在报道的开篇处开宗明义，针对报道主题与问题要害提出问题。比如，余继军的《大学生读中专，尴尬了谁？》[①]一文的开头：

> 上完大学，接着花两年或更长的时间去拿技校的"中等学历"，这在过去想也不敢想的事，最近却在重庆变得普遍起来。
>
> 是什么让这些昔日的"天之骄子"选择了上技校这样的"深造"方式呢？

也可以介绍数据出处，提出主题。如《关注大学生就业》[②]一文的开头：

> 北京师范大学刚刚完成的一项针对全国14个省市大学毕业生的问卷调查显示，2002年毕业生的就业率是53%，女生则超过一半没有找到工作(51%)。

---

① 载《人民日报》，2007-01-23。

② 载《中国青年报》，2003-07-13。

2003年全国有212万大学生毕业，比去年增长67万人，增幅达46%，就业形势严峻。在这样的背景下，大学生就业难就成了社会关注的焦点。

还可以只介绍调查自身。如《大学生并未高消费》[①]一文的开头：

前不久，我们在石家庄部分高校就大学生消费问题做了随机抽样调查。本次调查共发出问卷1 100份，收回有效问卷1 100份。被调查对象全部为并轨生，包括本、专科生，涉及5所院校8个系。其中大中城市516人，农村584人；男生549人，女生551人。调查不记名。

本次调查共分三大项：学习方面的消费、社会活动方面的消费、生活方面的消费。

为了生动、吸引人，开门见山也可以同时辅之以形象化的处理。如《大学生手机面面观》[②]一文的开头：

漫步大学校园，我们可以发现一个与以往有着很大不同的现象，就是一些在读的大学生正持手机谈笑风生。手机已经走入校园。

那么，现在大学生的手机拥有率有多少？他们为什么要买手机？他们购买手机的费用来自何处？每月的话费又有多少？带着这些问题，我们近日做了一次问卷调查，共在华中科技大学交通学院、网络学院，武汉大学法学院与湖北工学院发出不计名的问卷600份，收回有效问卷500份，调查对象涉及到统招本科生与采用新的招生方式录取的网络教育本科生，其中问卷发放前者400份，后者200份。

问卷调查显示，大学生手机消费不容忽视。

在一针见血的同时，开头又见之有形，闻之有声。

2. 间接导入

有的社会性问题如果直接切入，可能难以引起目标读者的阅读兴趣。为了吸引读者，报道在接触问题要害之前可以先用几句话勾勒一事、一景、一理、一趣。如，《找个好钳工比找研究生还难！》一文的开头：

人们经常抱怨国产汽车的造型、性能跟不上世界潮流，并将其归咎于技术落后。最近有权威人士分析，其实并不是我们的工程师设计不出高品质的汽车，而是工人生产不出来，因为我们缺少高级技术工人。

---

① 载《光明日报》，1998-11-14。

② 载《楚天金报》，2002-09-09。

省统计局企业调查队近日在我省制造业的116家企业进行了一次关于产业工人技术素质现状与需求趋势的专题调查。结果显示：我省技术工人总体素质较高，但高等级技术工人紧缺，有的企业负责人发出感叹："找个好钳工比找个研究生还难！"

报道的开头没有直接讲山东省缺乏高等级技术工人，而是先从我国汽车制造业的汽车造型、性能谈起。由于汽车是我国广大读者看得见、摸得着的东西，说汽车就容易引起广大读者的共鸣。这样，先谈汽车就是报道我国缺乏高等级技术工人一事的主题引子。

但是，间接导入开头的目的还是为报道主题服务的，故开头不仅要与报道主题相关，而且文字不能多，篇幅不能长，开头要导入即止，随后拱手让贤。

（二）介绍事实出处

新闻报道必须介绍新闻事实出处，这是记者取信于读者并维护新闻真实性的必要技术措施。具体到精确性报道，就是要在整篇报道前部的恰当之处介绍自己的相关调查信息。

但是，在介绍新闻事实出处上，精确性报道又有自己的具体实际。那么，精确性报道应该如何介绍事实出处呢？

1. 区分情况

精确性报道的事实调查共有两类：一类是记者、传媒自己的调查，另一类是有关专门调查机构所进行的调查。专门的调查机构，尤其是权威的专门调查机构在民意调查上有稳固的组织、雄厚的资金、科学的方法、丰富的经验与良好的口碑。因此，报道对后面这类调查表达可以点到即止，不必详细介绍其具体的调查方法、调查手段、调查标准等具体情况。而由记者、传媒组织的民意调查，往往调查的专业技术水平一般，获取读者的信任并不容易，加之报道人对自己进行的调查情况了如指掌，故应该对有关的调查基本情况做一个言简意赅的说明。

2. 讲求逻辑性

介绍事实出处、介绍关于调查情况的基本信息，要按照工作程序与人们认识事物的顺序介绍。如《中国人如何看中美关系》[①]一文的思路清晰，逻辑性强。以下是该报道的前部与后面的报道结构概要：

---

① 载《环球时报》，2005-03-02。

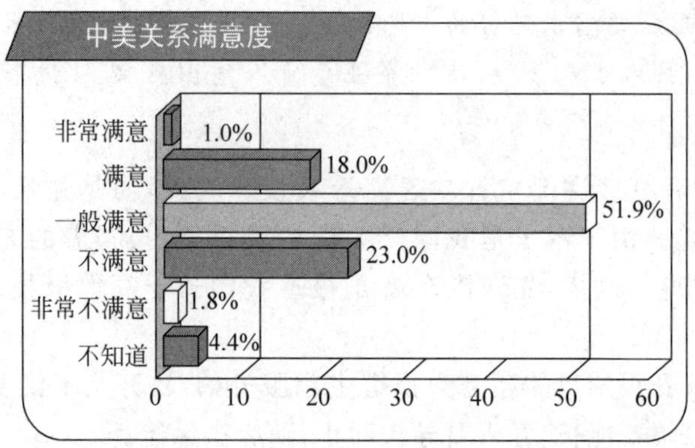
中美关系满意度
非常满意
1.0%
满意
18.0%
一般满意
51.9%
不满意
23.0%
非常不满意
1.8%
不知道
4.4%
0
10
20
30
40
50
60

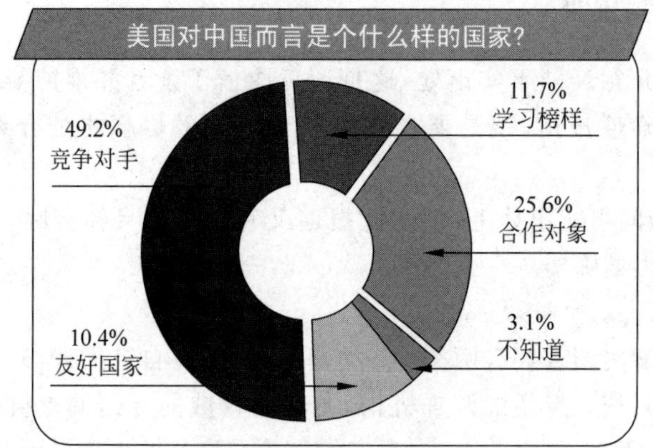
美国对中国而言是个什么样的国家?
11.7%
学习榜样
49.2%
竞争对手
25.6%
合作对象
3.1%
不知道
10.4%
友好国家

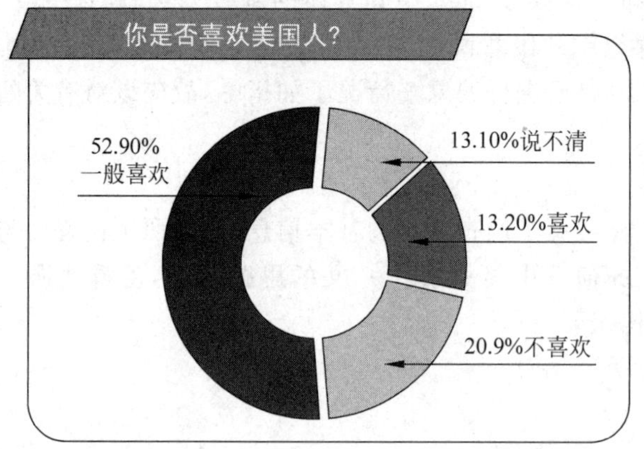
你是否喜欢美国人?
52.90%
一般喜欢
13.10%说不清
13.20%喜欢
20.9%不喜欢

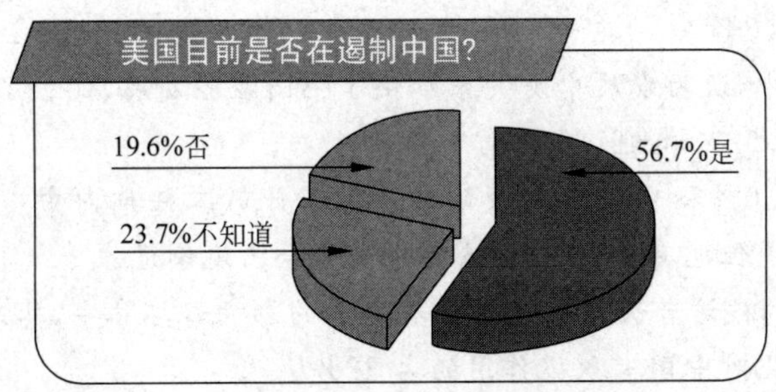

中国人如何看美国，如何看美国人和中美关系；美国人如何看中国、中国人及中美关系，是中美两国外交界和学术界都非常关心的中美关系的大问题。关于中国人的看法，媒体已经有不少报道，但往往缺乏建立在调查基础上的研究。在中国传统的元宵节前后，本报在中国社会科学院美国研究所和专业调查公司的帮助下，在中国五大城市做了一次严格意义上的民意调查。

中国人怎么看美国

2月27日，所有调查数据已全部统计出来，结果显示：

在这些城市的居民中，对中美关系感到一般满意、满意和非常满意的分别占51.9%、18%和1%，三者相加，满意率高达70.9%。

一般喜欢和喜欢美国人的占了大多数，其比率分别为52.9%、13.2%，两者相加为66.1%。

49.2%的被访者认为美国是中国的竞争对手，同时，将美国视为友好国家、学习榜样、合作对象的，分别占10.4%、11.7%、25.6%，三者相加也有47.7%。

比例高达56.7%的被访者认为美国确实在遏制中国。

60.5%的被访者认为未来影响中美关系的主要问题是台湾问题。

在对美国政府不满的选项中，选择"向台湾出售武器"的人最多，占37.6%；选择"发动伊拉克战争"的占31.7%；选择"与日本加强军事关系"的人占7.9%。

认为中美两国因为台湾问题在未来会、或也许会发生冲突的人分别占被访者的11.9%和41.2%，两者相加超过半数，但也有四成的人认为这种可能性不大或不存在。

被访者普遍对美国不断提出中国的人权问题持否定态度，其中49.3%的被访者认为美国想以此破坏中国的稳定。10.4%认为这是丑化中国，19.1%认为是美国不了解中国的情况。三者相加高达78.8%。只有15.7%的被访者表示美国是在促进中国的民主建设。

50.7%的被访者认为中美关系近年来没什么变化，认为中美关系近年来越来越好的占27.3%。

在被访者中，认为发展中美关系加快了中国经济发展、促进了中国改革开放的人分别占61.92%和49.31%。

分别占45.0%和29.4%的被访者预期布什第二任期内中美关系将保持现状或有所改善。但也有11.7%的被访者认为会出现倒退。

一半以上的被访者认为美国文化对中国的影响好坏参半，其比例为55.7%，而认为美国文化对中国有积极作用的占22%。

在被访者中，欣赏美国科技发达的人最多，占43.7%，其次是法制健全和生活富裕，比例分别为20.9%和17.9%。

中国城市居民中，对两国经济交往持积极评价的人较多，认为两国经济交往促进了两国之间的政治交往和增进了人民友谊的被访者分别占46.18%和46.09%。

49.8%的被访者对中国市场上的美国产品没有偏见，认为只要商品质量好，服务好，哪个国家的品牌无所谓。25.5%的人对中国市场上的美国产品表示欢迎，认为那可以使两国都受益。

31.9%的被访者能够接受美国的文化产品，但是认为离自己的生活太远。另外，27.5%的人表示很欣赏美国的文化产品，认为其中有不少精品。这两部分人加在一起，对美国文化能够接受的，占了59.4%。

除此之外，还有一组重要的数据：62.7%的中国城市居民主要是通过大众传媒来了解美国的，另有20.7%的人对美国的印象主要源自美国电影，只有3.7%的人是通过和美国人直接接触获得对美印象的。

民意调查是个良好开端

这次《环球时报》中美关系民意调查是在北京、上海、广州、武汉、重庆五大城市进行的。人民日报国际部副主任、前任驻美国记者丁刚，中国社会科学院美国研究所的李晓岗博士和《环球时报》有关人员一起，为调查问卷的设计倾注了大量心血。中国社科院美国所的王缉思所长也对调查问卷最终定稿提供了意见。本次调查共有22个问题，由慧聪研究中心负责执行调查。

调查采用先随机抽样，再由专业调查员入户访问的方式进行，整个调查的有效样本量为1 175人。调查公司在五城市共出动了近百名专业调查人员，每户的访问时间在半个小时左右。调查界的专家在了解了此次民意调查的全过程后，认为从调查专业的角度来看，这次民意调查具备了充分的科学性和客观性。

在仔细阅读调查结果后，丁刚认为，在中国国内，这样严肃、科学的中国人看美国和中美关系的民调还是第一次。从调查结果中可以看出，它相当客观地反映了现阶段中国老百姓对美国的总体看法。丁刚说，在美国，关于美国人对中国看法的调查很多，权威调查公司、智库、媒体都做。他印象比较深的是，从1989年开始，盖洛普、佐格比等著名的专业调查公司一直在系统地开展美国人对华意识调查，每年都做。这样就可以进行纵向比较，从中可以观察、分析出美国对华政策、中国对美政策与公众看法之间的联系和相互作用。这是非常重要的。他希望，这次《环球时报》中美关系民意调查是个良好的开端，以后坚持做下去，经过若干年的连续调查，能够科学地反映出中国人对美看法的变化，反映出民意变化与政策变化之间的关系。

……

中美之间"爱恨交加"

……

对中美关系无过高期望

……

什么影响了对美国的印象？

……

如果稿件介绍事实出处时违背了其内在的逻辑性，那么，就会导致报道出现思路壅塞。如《社会需要什么样的人才——武汉大学调查启示》[①]一文的开头：

从市场观点来看，大学培养的毕业生是一种特殊商品或者说特殊消费品。因而学生质量怎样，只有用人单位最清楚、最有权评价。

基于此，武汉大学进行了题为"社会究竟需要什么人才"的用人市场调查研究，在全国范围内抽查了2 000个各种类型和不同层次的用人单位。实际收回问卷1 648份，经审查合格的问卷为1 637份。被调查单位遍布除西藏、台湾、香港和澳门之外的29个省、直辖市、自治区。被调查对象包括各种类型（政府机关、企业、事业单位、群众团体等）及各种性质与规模的用人单位。

这一课题的调查研究，旨在从用人市场对大学毕业生质量的评价与反馈中，反映现有人才培养模式的优势与不足。同时，掌握了解用人市场对未来人才质量需要的状况与趋势，为改革人才培养模式提供可靠的事实依据，从而避免或尽可能减少改革的盲目性与风险性。

这一开头讲了三个意思：①用特别的话吸引读者：用人单位对人才最有发言权；

---

① 载《中国教育报》，2000-09-19。

②调查情况的基本信息；③调查的意义。然而，上述三点在顺序排列上缺乏逻辑性，因此开头部分的第二点与第三点应该调换，并调整由此带来的局部报道不畅。

而《大学生手机面面观》的开头为什么读来格外流畅并能开启正文呢？（可参正文第38页）原因是开头形象地介绍了调查的意义以吸引住读者，然后才写调查的基本信息。同时，开头又用报道主题对全文进行承前启后。

（三）介绍调查数据

1. 安排原则

按照一定的逻辑关系安排报道层次的先后。

篇幅较长时，分成小节安排先后。

文字与图表相互配合，文为主，图为辅。适当使用图表可以化难为易，便于理解。

2. 主要图表类型

(1) 饼式

饼图有平面与立体之分。关于2002年1～9月北京六报市场份额分布的图示属于平面饼图：

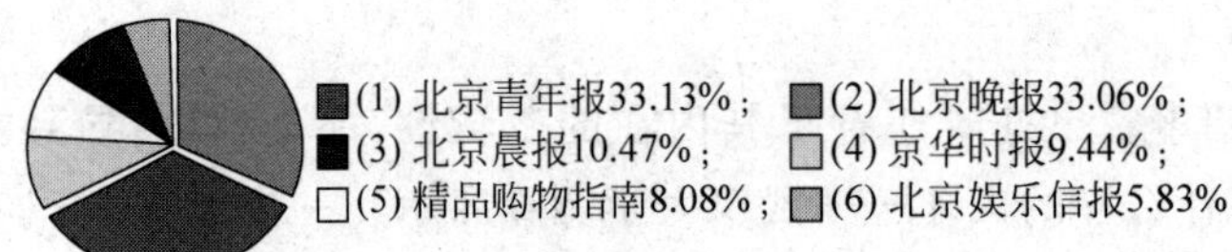

图10.2 平面饼图

《长江日报》关于"武汉人怎么看待'人造美女'"的"本次调查受访者年龄结构"一图则属于立体饼图：

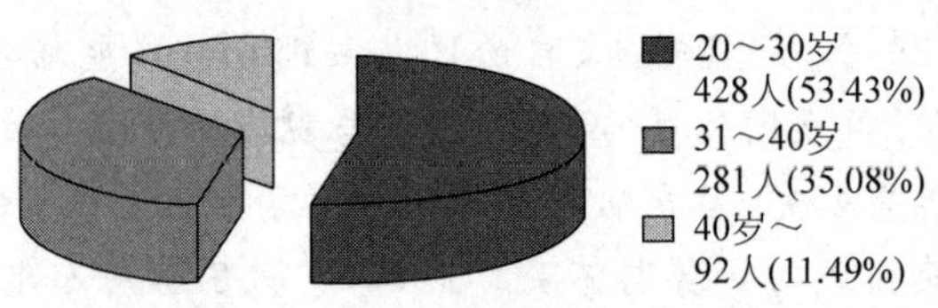

图10.3 立体饼图

需要注意的是，饼式图一般不要多于6小块。

(2) 棒式

棒式图有横排与竖排两类，适宜展示时间变迁、意见类型等。

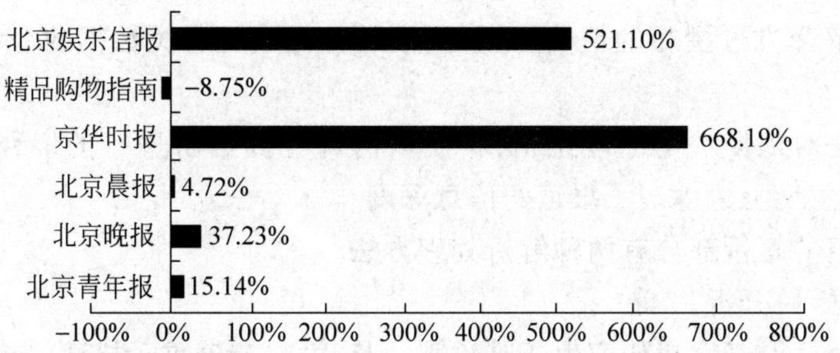

图 10.4　棒式横图：2002 年 1～9 月北京六报同比增长率

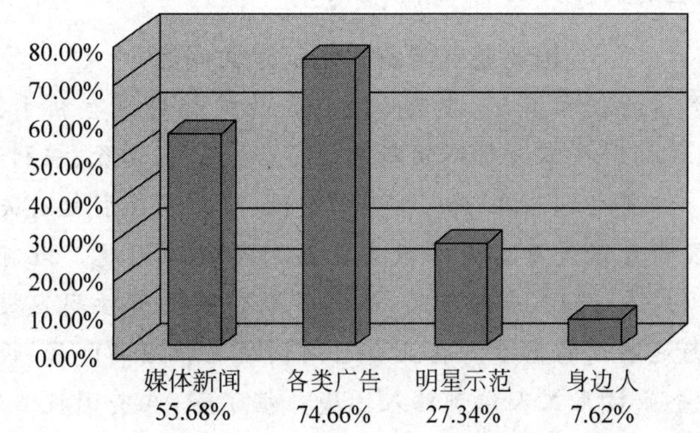

图 10.5　棒式竖图：受访者了解整形美容的渠道(可多选)

(3) 线式

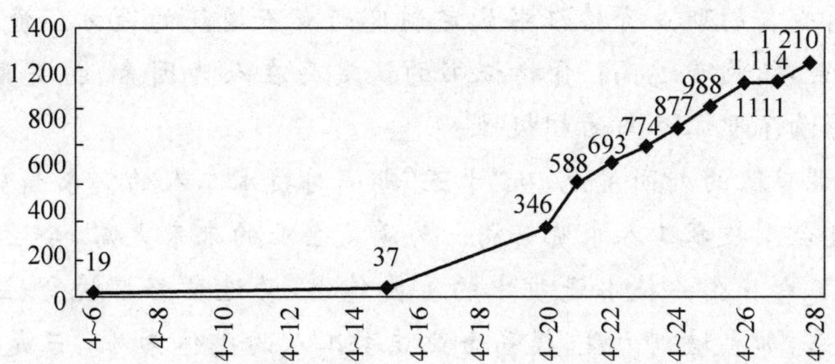

图 10.6　官方公布 2003 年 4 月北京市累积非典型性肺炎病例情况

（四）解析部分

对于采用解释方法撰写的精确性报道，报道在完成对有关数据的介绍之后还要进行解析。

解析部分是对依据一定的理论、材料获取的调查数据所进行的解释、剖析。这些解释、剖析往往在意见上也体现了报道的信息深度。

精确性报道的解析部分有两种解析处理方法。

一是先数据，后分析。

比如，《找个好钳工比找研究生还难!》第一节、第二节着重于描述，介绍高级技术工人紧缺的事实数据，而最后一节“培训经费与资格认证是大问题”则结合企业教育经费、外国技工教育、省企业调查队刘同星的讲话等材料，对前述调查事实数据所蕴涵的新闻价值进行开掘，提出解决问题的具体方法。

培训经费与资格认证是大问题

要培养高素质的技术工人，首先必须在企业内部形成有利于技术工人发展的小环境，如采取抽调技工进行不间断地学习、培训，从工资、福利等待遇上向技工倾斜等措施。但省企调队在这次调查中发现，有两点应引起有关部门的重视。

企业培训经费紧张是目前大多数企业共同反映的问题。当前“企业教育经费”按职工工资的1%提取，专款专用，而大多数企业没有按规定提取，即使提取了也远远不能满足培训的需要。企业自己培训缺乏相应的师资、设备，到外部培训费用又太高，企业技术工人培训陷入困境。据了解，在美国技工培训费用主要来自个人、企业、政府3个方面，目前我国职工培训经费全部由企业承担，无疑加重了企业的负担。

去年，国家已在90个工种中实行了准入制度，即上岗者必须持“技工等级证书”。但目前我省的职业资格证书认定制度尚有不规范的地方。资格证书的审核换发手续繁琐，收费过高；资格证书的认定存在人为因素，把关不严，权威性受到质疑，影响了职工参与的积极性。

省企业调查队的刘同星说，从“十五”期间对技术工人的需求趋势来看，企业对高水平、复合型技术工人求贤若渴。为满足企业的未来之需，今后一是要充分认识到技术工人在企业技术进步中的重要作用，营造良好环境留住人才；二是理顺培训体系，加大培训力度，提高企业技术工人的整体素质；三是进一步规范技术工人职业资格证书认定制度，精简认定程序，降低认定费用，调动广大技术工人学技术、用技术的积极性。

在介绍事实，分析事实时，要注意合理使用背景材料，善于进行历史性的对比或空间性的对比。

二是边介绍数据边穿插分析，不单设解析部分的报道结构层次。

比如，《社会需要什么样的人才》[①]一文的局部：

对高校人才培养模式提出挑战

纵观用人单位对当代大学毕业生22项质量指标评价，当代大学生相对优势因素有爱国热情、进取精神、道德水准、专业水平、工作能力、知识结构、适应能力、政治态度（百分制得分65分以上）；相对不足因素有计算机使用能力、处理人际关系能力、身体素质、文明修养、合作精神、敬业精神、语言表达能力、学术视野、外语水平（60～65分）；绝对不足因素有心理素质、创新能力、写作能力、科研能力、自知之明（60分以下）。评价最高项为爱国热情，最低项是自知之明。

从调查数据分析，高校现有人才培养模式的优点与不足都十分明显，因此不能一谈改革就对现有人才培养模式一概否定，也不能因为现有人才培养模式有优点而拒绝改革。

现有人才培养模式存在不足体现在：

其一，在处理"成才"教育与"做人"教育的关系上有失偏颇。由于强调大学教育是一种"成才"教育，因而往往忽视了教育学生如何为人处事的"做人"教育。

其二，在能力培养方面未能与时代的发展完全合拍。虽然现有人才培养模式并未忽视人才能力的培养，但当代用人市场对人才能力的需求已由过去的一般能力要求，发展到呼唤以"创新能力"为核心的特殊要求，现在的人才培养模式显然未能及时跟上时代发展的步伐。

其三，忽视对"大学精神"或"科学精神"的培育。大学传授给学生的不只是知识和能力，更重要的是培养学生追求真理、追求科学的大学精神。在这种精神的熏陶下形成大学毕业生独特的精神境界，"敬业精神"和"学术视野"是大学精神的具体内容。而用人市场对毕业生"敬业精神"(62.6分)与"学术视野"(61.4分)的不满足，正说明现有人才培养模式在这方面存在缺陷。

调查分析，"敬业精神"是用人单位最为看好的人才素质，占90.1%，"合作精神"、"政治素质"、"身体健康"、"吃苦耐劳"和"心理素质"依次为用人单位所看重。敬业精神意味着对自己工作的热爱、投入和执著，员工的敬业精神是一个单位生存与发展的基本条件。但用人单位对人才"敬业精神"过于看重，实际上隐

---

① 载《中国教育报》，2000-09-19

含着用人单位对当代大学毕业生敬业精神的困惑与忧虑。用人单位对当代大学毕业生最不满意的10项内容中，除“自知之明”(19.1%)摆在第一，其次就是“敬业精神”(13%)。

“分析和解决问题的能力”是调查中用人单位对11项人才能力第一看重的，占68.7%，其次是“独立工作能力”，再就是“实践动手能力”。可见，用人单位最看重的是“实干”，因为单位用人必须在创造效益竞争中取胜。“组织管理能力”、“人际交往能力”、“科研能力”等其他能力也显得重要，但几乎最终都要通过这3种能力表现出实际效果，或者说其他能力都是为这3种能力服务的。当然，不同的用人单位在人才的能力偏好上是存在差别的，例如，作为管理人才使用时，用人单位更加重视人才的组织管理能力；科研单位用人时会更加重视人才的创新能力和科研能力。

学习成绩是反映一个学生智商、学习态度乃至身心状况的一项基本指标，用人单位对大学毕业生各种条件重视程度显示，除了考虑专业对口外，紧接着就考虑“学习成绩”了，之后考虑的是“学习期间实践经验”和“学习期间发表的科研成果”。这就是说，在用人单位心目中，学习成绩比实践经验更重要，而实践经验又比发表科研成果更重要一些。可见，即使在今天这个强调能力和创新的社会里，学习成绩仍然是一项无法替代的主要指标。“是否名牌”这一条件排在第5位，表明用人单位似乎并不太看重是否名校毕业，却又显示名校在用人单位心目中还是有分量的，在用人单位心目中，“中共党员”的分量重于“学生干部”，因为入党条件比当学生干部更严格。

第一段、第二段属于报道的描述部分，随后各段则既有介绍事实数据的描述，又有对事实数据的分析。

“用数字解读新闻事实在一定程度上还是表面化的读解，对于业者而言，更重要的是要让受众学会解读数字后面的深涵。”[①] 数字是精确性报道的手段，写作时切不可仅仅满足于码放数字。唯有既报道数字，又能提出深刻问题，报道数字背后的规律、原理，精确性报道才有信息深度。

三、 精确性报道的信息深度

精确性报道成为深度报道并非易事，其间的主要注意事项如下。

---

① 肖明、丁迈：《精确新闻学》，曹璐“序言”，北京，中国广播电视出版社，2002。

（一）避免对缺乏报道价值事实的罗列，注意抓取新闻事实的新闻价值

有的精确性报道之所以难以步入深度报道行列，在于所报道的新闻事实新闻价值不大或仅仅罗列事实材料。

针对城市圈的交通调查显示

圈内居民近四成频繁来汉，六成认为武汉公交需改善

本报讯（记者佘晖 通讯员黄澍） 武汉交通规划局近日完成的“武汉交通公众调查”表明，武汉周边8城市有近四成居民每月到武汉的次数超过5次，半数人认为武汉的市内公交“车内”拥挤和“线路和站点难找”，需要改善。

此次调查是在2005年11月～12月期间，以问卷的方式进行的。问卷包含10个问题，分别考察城市圈居民往来武汉的情况、对武汉市内交通的评价，以及改善交通状况的希望。

此次调查显示，城市圈居民每月来汉5次以下的占62%，5次以上的占38%，其中11%超过20次，这在一定程度上反映了圈中城市与武汉的联系密切；77%的城市圈居民乘长途客车来汉；51%认为来武汉很方便或者方便，而另外18%认为不方便或非常不便；80%的人到武汉后选择乘公交车辆出行。

城市圈居民对武汉交通的观感不佳。82%的人认为武汉交通拥堵或者比较拥堵；60%的人对乘坐武汉市内公交最大的感受是“车内拥挤”、“难以便捷找到线路和站点”、“转车次数较多”，这说明武汉市复杂的公交系统缺乏完善的标识和查询系统，令城市圈居民感到出行不便。

对于进入武汉市的交通方式，46%的城市圈居民喜欢“乘长途客车直接进入市中心”。武汉交通规划院专家指出，这部分居民的要求恐怕难以满足，与今后武汉的交通布局相违。为缓解市内交通的压力，今后武汉的长途客车站点都将布局在市区的边缘，然后由公交枢纽和轨道交通接驳，将乘客运送到市内。不过，如果能够提高在换乘中的便捷和舒适度，预计城市圈居民也能够接受。

此次调查共回收4 200份问卷，其中来自黄石、孝感等圈内城市的有300多份。

在当下我国的任何中心城市的城市圈内，由于历史原因、中心城市对周边城市的吸引力与近期我国关于区域经济发展战略的调整，中心城市圈内的居民进出中心城市均频繁密切。在这一点上，北京、上海、重庆、沈阳、西安等城市圈一律如此，而不独武汉城市圈。因此，《圈内居民近四成频繁来汉，六成认为武汉公交需改善》一文所报道的新闻信息基本属于常识范围，缺乏深度报道所必须的新闻价值的重要性。除此之外，这一篇报道多罗列事实，而很少对事实进行分析。这些就使得这篇报道成为缺乏必要的新闻信息深度的精

确性报道。

（二）避免分析一味就事论事，注意提炼核心事实

有的精确性报道对于问卷调查所捕获的新闻事实倒是不乏分析，但是由于分析在就事论事的同时缺乏凝聚材料的中心，难以形成报道的核心新闻事实，致使报道只见问卷调查而难见新闻事实要点。

随务工的父母来到城市，在解决了“一张课桌”之后，是否真正适应了城市？

农民工子女，七成感到生活幸福①

“城市生活适应性”课题研究报告显示，多数孩子依然存在身份认同疑惑

本报记者 叶晓楠

·新闻背景·

中国青少年研究中心日前发布“进城务工农民子女的城市生活适应性”课题研究报告。这项研究于2006年开展，主要采用问卷调查，辅以参观访问、座谈交流，对北京市大兴区、海淀区、丰台区、宣武区、东城区、西城区的13所学校共2 395名中小学生的城市生活适应性及和谐相处状况进行了调查。

调查的学校包括2所民办打工子弟学校、4所公办打工子弟学校、4所公立混合学校、2所未注册打工子弟学校和1所普通公立学校。调查的对象为小学四年级至初中二年级的学生，其中进城务工农民子女1 650名，城市少年儿童745名。

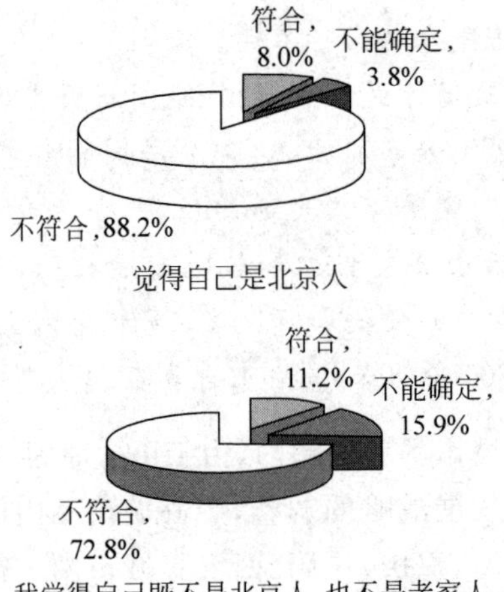

① 载《人民日报》，2007-01-30

八成孩子对未来充满信心

专家认为结果令人鼓舞、改变原有观点

报告显示，约七成农民工子女觉得生活幸福，对生活和自己感到满意，近八成对自己的未来充满信心，六成多感到自己是一个有价值的人。

"应该说，报告的结论令整个课题组意想不到，这次调查也改变了我们许多专家的观点。"

中国青少年研究中心副主任、课题组组长孙云晓研究员说，仔细分析调查结果，许多数据令人鼓舞：七成多农民工子女喜欢学习，这个比例甚至超过了城市孩子。进一步考察农民工子女的学习目的发现，近八成的人把"报答父母，让父母生活得更好"排在第一位，其次是"考上大学"。"也就是说，相当一部分农民工子女之所以好好读书，更多的是出于对父母的感恩，以及对改变命运的渴望，这份感恩之心令人感动。"孙云晓说。

此外，农民工子女普遍表现出吃苦耐劳、节俭、学习刻苦和坚强等优良品质。半数以上农民工子女与父母关系比较融洽，八成以上经常做家务或帮父母干活。多数农民工子女与老师关系较好，能够经常得到老师的支持和帮助，约六成对师生关系感到满意。

孙云晓清楚地记得他在北京海淀区巨山小学调查的情况。在这所公立小学中，来自22个省区市的农民工子女和北京市的孩子一起上学。这里的地上没有纸屑，教室整洁，每个学生的作业本都工整到可以展览，学生们做操时精神饱满，待人接物很有礼貌。这所学校的校训是"我负责、我能行、我快乐"，农民工子女令人振奋的表现，给长期从事青少年教育研究的孙云晓留下了深刻的印象。

多数农民工子女存在身份认同疑惑

专家认为三大倾向值得重视

本次调查的结果同样反映了一些过去不为人们重视的倾向性问题，令人关注。

首先是排斥和分离倾向。报告显示，超过1/3的农民工子女和城市孩子互相拥有好朋友，但近一成的农民工不希望孩子与城市孩子交往，一成的城市父母不希望孩子与农民工子女交往。此外，还有12.6%的城市孩子和20.2%的农民工子女表示不知该如何与对方交往。

孙云晓说，随着越来越多的农民工子女进入城市，要防止排斥和分离的倾向，部分父母对农民工子女和城市孩子交往的排斥态度，影响到了农民工子女对城市社会归属感的形成和他们的城市适应状况。正是基于这种互相不能很好融合的状况，一些学校采取了折衷的办法，把农民工子女单独编班教学，“这同样不利于所有孩子的健康成长。因为根据调查，与未注册打工子弟学校和民办打工子弟学校相比，公办打工子弟学校和公立混合学校更能够减少农民工子女在学校生活、教学方法、课程内容等方面的不适应感。我们不能让农民工子女在封闭状态中孤独地生长，而应给予他们更多的理解和宽容，创造更多便于交流的机会，引导城乡学生相互尊重、和谐相处。”

其次是身份认同困惑。报告显示，近九成农民工子女认为自己不是北京人，一成以上表示自己既不是北京人，也不是老家那里的人。报告还显示，四成农民工子女感到北京人歧视外来打工人员。

在孙云晓看来，农民工子女在心理上远远没有真正融入城市，部分农民工子女甚至在身份认同上产生矛盾和困惑，成为“双重边缘人”。孙云晓在研究中发现，虽然很多农民工子女在城市生活了很久，已经相当熟悉城市生活，但当问他们是哪里人时，很多孩子还是认为自己是“农村人”、“外地人”，有的犹豫着说“我也说不清楚我喜欢哪里”。有的孩子虽说想留在北京生活，但谈话中却一口一个“我们农村人”，这表明包含着尊重、平等内涵的和谐理念在教育应用中有待加强。

还有，农民工与子女的亲子关系质量有待提高。有两成多的农民工子女与父母沟通存在较多困难，四成多的农民工子女表示即使节假日或过生日时，“父母也不能经常带我出去玩”，还有一成多的农民工子女表示“父母经常打我、骂我”。农民工子女的父母普遍支持孩子的学习，但实际上只有不到一半的父母经常辅导孩子做功课或检查作业。很多辛苦工作，为了让孩子在北京有饭吃、有地住、有学上的父母，不理解在自己付出了那么多之后，为什么孩子还是不爱读书，难以沟通？

孙云晓至今记得他到北京市通州区为农民工父母讲课的经历，下课后，一位母亲当着孩子的面问他，为什么自己的孩子就是不爱读书？孙云晓伸手摸了摸孩子的头，发现自己手上很粘，孩子可能很长时间没有洗头了。孩子当时反驳道，家里一本课外书也没有，我怎么去爱学习？

“农民工子女来到城市后，面临着各种新的挑战和问题，如果不能得到家庭温暖有力的支持、不能与父母保持良好的沟通，将不利于他们的社会适应。帮助农民工父母学会正确的教育方法，本身就是对农民工子女的一项扶贫。”孙云晓说。

报告提出五项建议

专家希望为决策提供依据

在调查研究的基础上,中国青少年研究中心课题组提出了5项建议,即大力倡导互相尊重、互相理解的和谐社会观念;加强和提高进城务工农民子女的社交技能;提高进城务工人员的收入水平,改善其家庭生活条件;对进城务工农民子女入学实行同城待遇政策;建立适应人口流动的接纳性教育体制。

通过分析调查结果,孙云晓还提出了一些平等教育思路。

城市公立学校和公立混合学校更有助于农民工子女适应城市的学习和生活。因此要尽快实现对农民工子女入学实行同城待遇,使他们能够与城市少年儿童一样进入城市公立学校读书,这是促进和帮助他们融入城市的重要途径。

跟着父母生活的孩子状况要好于留守儿童,进城后生活稳定的孩子状况要好于生活不稳定的孩子。因此,要尽可能给予农民工子女安定的生活环境和良好的家庭教育。

农民工子女目前虽然在北京可以上小学、初中,但限于现今的高考政策,他们要考大学仍需回到原籍。他们可以更多地考虑上职业学校,习得一技之长。

"少年儿童时期是个体早期社会化的重要时期,农民工子女生活在城市,又不同于普通的城市孩子,特殊的社会和家庭背景,使他们在心理上经历着其他同龄人不曾经历过的压力和挣扎。这一人数众多的群体能不能融入城市生活,融入情况的好坏都会对他们的健康发展,乃至社会的稳定与和谐产生重大影响。"孙云晓坦言,正是看到这一点,中国青少年研究中心才组织了这项调查,希望以此引起全社会的注意。"我们希望通过研究发现一些问题,成为政府决策的参考。"

这篇精确性报道对问卷调查所获取的新闻事实一边介绍一边分析。这种对事实材料讲求分析的报道态度值得肯定,但是,该报道在分析事实时却对事实材料缺乏恰当的归纳、提炼。比如,"约七成农民工子女觉得生活幸福,对生活和自己感到满意"这一数据与社会的深层结构有怎样的关系?又体现了什么社会价值走向?再如,"近九成农民工子女认为自己不是北京人,一成以上表示自己既不是北京人,也不是老家那里的人",这后一种数据与社会的深层结构有怎样的关系?存在怎样的社会价值关联?后一种数据与前一种数据之间,有什么共通或相异?而这样的共通或相异折射了怎样的社会深层问题?显而易见,《农民工子女,七成感到生活幸福》并不存在这样的由此及彼,由表及里,由浅入深的步步探寻后产生的信息。自然,如此处理在导致报道面面俱到的同时,就不能不制约社会信息获取路径的深度,影响报道的社会冲击力。

(三)避免脱离时代矛盾分析事实,注意新闻事实与时代风云相结合

优秀的精确性报道不仅注重抓取新闻事实的新闻价值,善于提炼核心事实,而且长于抓取材料内所包蕴的问题要害,掘挖新闻事实中高品质新闻价值的矿苗。

具体讲，一要从新闻事实中所包含的社会意义入手，追求新闻价值的社会意义最大化。《百位高校名师九成头顶“官衔”》①是一篇产生重大社会影响的精确性报道：

本报讯(通讯员朱建华) 教师节前夕，教育部评出第五届国家高等学校教学名师。昨日，经统计发现，100位获奖者中，担任党委书记、校长、院长、系主任、教研室主任、实验室主任、研究所所长等行政职务的，占到九成，还有人身兼几种职务。不带任何“官职”的一线教师仅有10人左右。

数字：20位名师官居“校座”

据了解，第五届高校名师经教育部、高校、省级教育行政部门评选和公示，最终确定百名。

全国百位高校名师中，“纯”一线教师仅占10%左右；90%左右获奖者都有不同“行政职务”。其中，行政职务为高校党委书记、校长、副书记、副校长、校长助理等“校座”就多达20位。

声音：为官为师能否兼顾

教育部高等教育司有关负责人介绍，目前全国高校中已有超过90%的教授能够做到为本科生讲课。而在2003年以前，这个比例仅为54%。

为官为师能否兼得？一位网友表示：“这份名单中有个别名师候选人在10年内几乎没有上一门本科课程，这样的教师竟然可以是教学名师？”

对于戴“官”帽摘名师奖，“圈内人”不以为然。武汉某高校高等教育研究所所长认为，此师之“名”出自“官威”；“一旦当官，什么都有”。

既为官又为师者也不得不承认，比起教师，自己更“像”官。武汉科技大学中南分校的一名高等教育问题研究者，曾对全国21个省份的36位大学独立学院院长的实名问卷调查，约43%的受访者认为大学校长的身份是“官员”，认为是“学者”约为21%，认为是“教育家”约占36%。

大学生梅高强担心：“作为高校教师的最高荣誉之一，没有官职的名师只在10%左右，是不是校园已经官僚化了？”

学界官本位，教育行政化近年愈演愈烈，已经成为我国内地高等教育健康发展的重要妨碍之一，教育界对之声讨不断。《百位高校名师九成头顶“官衔”》一文的母体(Population)并不大，无须抽样，其高明实则在能够从平常之中见出不平常，从日常新闻中发现重大新闻：由表及里，直捣我国教育界近年早已普遍化的学界官本位与教育行政化。

---

① 载《长江日报》，2009-09-11。

二要从受众的特点入手，追求新闻信息社会影响力的最大化。关于学界官本位、教育行政化的精确性报道，不止于朱建华的《百位高校名师九成头顶"官衔"》一篇。沈亮的《"官味度"揭开教育科研官本位面纱》[①]也是一篇不错的精确性报道，但就社会影响力而论则稍逊《百位高校名师九成头顶"官衔"》一文。

"官味度"揭开教育科研官本位面纱

中国学术教育机构的"官本位"程度究竟深几许？在通常的模糊感知之外是否有精确的量化指标？日前，中国人民大学顾海兵教授的几项研究给人们提供了这种参照。

顾海兵教授引入"官味度"这个概念来对此类现象进行量化。在《中国大学网站新闻的官味度》的研究中，顾对海内外近百所高校网站首页的新闻进行抽样，对比学校领导新闻和学术新闻在数量和比例上的差异。他认为，学校领导是为教师提供服务的"配角"，如果领导频繁出现在新闻中则意味着该校官僚化程度较高。

此项研究的样本中，选取的50所中国大学基本覆盖了中国大部分地区，此外选择发达国家大学34所，以及台湾、香港地区9所。监测时段为2008年的4月24日至6月5日，连续采样四次八周，之后开始数据分析。

2003—2007年全国优秀博士学位论文的"官味度"

	2007年	2006年	2005年	2004年	2003年	2003—2007年
校长级	0	0	0	2	0	2
准校长级	0	0	1	0	0	1
副校长级	3	2	1	2	0	7
准副校长级	0	0	1	1	1	3
院长级	8	5	4	1	1	19
准院长级	1	1	1	0	3	6
副院长级	3	1	0	2	0	7
准副院长级	0	0	0	1	2	3
系主任级	1	4	3	7	3	18
其他	2	3	8	3	7	23
总人数	18	16	19	19	17	89
官味度	4.17	3.13	2.58	3.16	1.76	2.97
排名	1	3	4	2	5	

① 载《南方周末》，2009-01-08。

海内外高校网站首页新闻调查对比表

地　区	校领导新闻每日平均条数	校领导新闻平均占有率	学术新闻每日平均条数	学术新闻平均占有率
大陆	0.857	7.991%	0.823	7.524%
海外*	0.314	6.411%	1.250	17.76%

注：海外包括国外大学部分及港台地区的高校部分。

研究的结论是：两者相较，国内大学的学术新闻绝对数量与相对比例都远低于海外高校。例如，国内大学的校领导新闻数量为海外大学的三倍，而学术新闻占有率却只是后者的二分之一；在国内大学网站中，有关学校领导的新闻稍多于学术新闻，而海外大学的学术新闻与领导新闻的比例大致为4∶1。

顾海兵关于学术机构"官味度"的研究开始于2006年，他认为当下对教育科研领域官本位现象的评论早已有之，但真正通过量化指标来分析的并不多见，他试图用"实证的方法检验常识，并分析行政化发展的程度与趋势"。

《中国科研成果奖的"官味度"》研究是他的第一次尝试。在此份研究中，他以某全国性社会科学研究奖为样本，将获奖论文的第一作者按其不同"职务"进行划分并赋予相应分值：校长级记为10分，准校长级为8分，副校长级7分，准副校长级5分，院长级4分，准院长级2分，副院长级1分，其他职务0分。最后，相加总分除以人数得出的平均值，即为该学科、学校的"官味度"指数。

研究结论证明了常识：一等奖的"官味度"为2.846，二等奖的"官味度"为2.009，三等奖的"官味度"为1.493。奖项越高，官味特征越明显。

若按学科间"官味度"进行排序，则教育学、法学、经济学、哲学、管理学的"官味度"高于学科总体平均水平，中国文学、语言学、历史学的"官味度"低于学科总体平均水平。教育学"官味度"最高，历史学最低。

……

就社会影响力而论，沈亮的《"官味度"揭开教育科研官本位面纱》不能不稍逊于朱建华的《百位高校名师九成头顶"官衔"》一文的原因是什么呢？答曰：《"官味度"揭开教育科研官本位面纱》所聚焦的科研成果奖距离广大的普通群众颇远，一般人很难有能力与资格置喙。相形之下，面对《百位高校名师九成头顶"官衔"》所关注的国家名师评比一事，普通群众都能够理解：谁不希望自己或自己的孩子能够通过国家名师的传授获得最高水平的教育？然而，一旦国家名师的获取为行政权力所介入，国家名师的真正水平、合理性就不能不让人起疑。显而易见，两相比较，后者广泛而强大的社会影响力与其所报道的新闻事实的雅俗共赏是分不开的。

三要有开阔的社会视野。由王爽、刘明霞采写的精确性报道《找个好钳工比找研究生还难！》不仅受到中宣部月评的表扬，而且荣获2001年度第十二届中国新闻奖二等奖。那么，这篇精确性报道为什么会成为一篇新闻精品呢？答曰：开阔的社会视野，并将社会视野与新闻事实形成比照。在新闻报道中，数字是什么？是材料，是微观材料。然而，与一般材料不同的是，数字是对具体事物的数量概括，其抽象性往往缺少一般材料的个别、局部、孤立而趋向于对全局概括。数字具有反映事物的整体性、普遍性与一般性的倾向。不过，数字材料终究抽象，对于新闻事实究竟存在怎样的一般性，能够承载怎样的事实的内在规律信息，则依赖于报道者对重大新闻的发现能力。摆在《找个好钳工比找研究生还难！》的报道者面前的数据，来自山东省统计局企业调查队近日对山东省制造业116家企业的一次关于全省产业工人技术素质的现状与需求趋势的调查。其中，本企业技术工人的技术水平能够胜任企业引进高新技术或技术改造任务的占25.86%，基本胜任的占68.97%，不能胜任的仅占5.17%，因此山东省“企业技术工人整体素质较高，基本能胜任企业技术进步的需要”这一结论则足以巍然屹立。那么，能有这样的结果不是很好吗？不过，记者倘若满足于此，则只会向广大读者传播一则十分普通的新闻信息，难以发人深省。好在报道者没有这样做，而是问题意识带路，逆流而上，跳出数字看数字，对面前的一大堆的数据敲敲打打，聆听其内可否传来金娃娃的动人歌声。《找个好钳工比找研究生还难！》一文跳出数字发现重大新闻的基本思路是突出的。这就是对比，即将山东省统计局企业调查队所提供的数据置放在一定的社会背景之中，通过相互对比来发现数字中的新闻价值的蛛丝马迹，然后顺藤摸瓜，红绳一系，紧紧搂住隐藏在数字堆中的“大金娃娃”。比如，报道开头并没有罗列数字材料，而是站高望远，简笔抹出一个严峻的现实境遇：“人们经常抱怨国产汽车的造型、性能跟不上世界潮流，并将其归咎于技术落后。最近有权威人士分析，其实并不是我们的工程师设计不出高品质的汽车，而是工人生产不出来，因为我们缺少高级技术工人。”在我国经济发展所遭遇的问题中，报道发现了一种尖锐的冲突：“脑”与“手”的矛盾。记者发现，中国国产汽车业的“脑子”还不错，但“手”不行，这已经成为我国汽车业发展的关键性障碍。再好的思想，离开完美的执行力都只能变成墙上的画饼，中看不中吃。正是因为现实生活垂下如此浓重的幕布，山东省统计局企业调查队调查数据中所蕴涵的严重社会问题才浮现出来。此即我国在企业人才培养与供给上正面临着一个严重的发展瓶颈：“我省企业技术工人的文化素质具有两头低、中间高的特点。……缺乏高等级技工，是企业技术改造与高新技术运用的一大障碍。”操作性高级人才严重短缺，人才培养与人才使用严重脱节！世事洞明即学问，人情练达亦文章。如果记者缺乏较为丰富的社会阅历与开阔的社会视野，那么就难以发现新闻信息中所蕴涵的重大社会问题。实际上，新闻发现能力与包括政治素养在内的报道主体的综合素养是息息相关的。

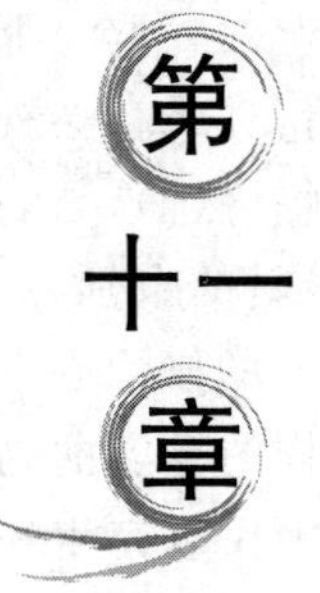

第十一章 深度人物报道的写作

第一节 深度人物报道的特点

一、人物报道与深度人物报道

（一）人物报道

所谓人物报道，是以具有新闻价值的人物为中心的新闻报道。新闻人物的新闻事实、思想情感是人物报道所反映的主要对象。

按照不同的标准，人物报道可以有不同的分类。按照文体，人物报道可以分为人物消息、人物通讯、人物特写与人物专访。按照人物的社会地位与社会影响，人物可以分为公众人物报道与普通人物报道。其中所报道的公众人物，有政治人物、经济人物与文化人物之分。按照人物的社会作用方向，人物报道可以分为包括典型人物报道在内的先进人物报道、反面人物报道与中性人物报道。

（二）深度人物报道

深度人物报道，是我国的新闻报道发展到一定阶段的产物。媒体对人物报道有较多的需求，但人物报道却是新闻报道中最难为新闻工作者所侍弄的品种之一。《南方周末》报多年从事人物报道的记者江华说："在新闻的品种中，除了消息，人物是最难把握的。"①《南方人物周刊》副主编万静波

① 徐列编：《〈南方周末〉人物报道手册》，141页，广州，南方日报出版社，2006。

说："在新闻报道诸样式里，调查性报道和人物报道也许是难度最大的两个。"[①]两个人都强调人物报道难以采写。《南方人物周刊》执行主编徐列则进一步谈及人物报道的采写难度："在以还原真相、逼近真实为原则的新闻报道中，人物报道是距离这种理想状态最遥远的一种报道文体。"[②]主体世界的宽广、深邃与复杂呼唤也引诱着优秀的新闻工作者一试身手。主体世界的深度与新闻界的努力使得深度人物报道在人物报道与深度报道的交汇地渐次聚集，开始明亮，不断闪烁。深度人物报道有格外关注之必要。

深度人物报道自是人物报道家族之一员。它是一种非娱乐性的，强调反映新闻人物深层信息的人物报道。从实际操作看，深度人物报道可以分为公众人物报道、民间人物报道与典型人物报道。公众人物报道、普通人物报道的划分起自被报道人物的社会地位、社会影响，而典型人物报道是按照报道人物的社会作用方向予以区隔的。典型人物报道大多以非公众人物为报道对象，即便原西藏自治区阿里地委书记孔繁森，1995 年未经媒体在全国范围内集中报道之前仍未为天下知晓，故亦仅为普通人物而不是公众人物。当然，典型人物报道以普通人物为主要的报道对象，并不能排斥够格的公众人物走入典型人物报道的视野之内。鉴于典型人物报道的特殊社会作用、巨大的文化功能与广泛的争议性，典型人物报道有单独加以关注的必要。

二、深度人物报道的特点

深度人物报道既具有人物报道的共同特点，又有为其他人物报道所没有的特别之处。深度人物报道与其他人物报道都具有的共同特点有非虚构性，以新闻人物为报道中心，非事件性新闻的浓郁色彩；深度人物报道为其他人物报道所不具备的特点则是着力传播社会价值较重的人物信息或人物身上所折射的具有较为重大社会意义的新闻信息。

（一）非虚构性

新闻报道中的人物是不同于文学艺术创作的人物。概而言之，文学艺术按艺术创作规律塑造人物，讲求依艺术想象力走艺术虚构途径刻画艺术形象，新闻报道反映人物则按新闻报道规律采写人物，讲求依从新闻价值交流信息。

文学艺术创作基于艺术形象的概括性、生动性要求，需要采取艺术虚构塑造艺术形象。在文艺创作中，艺术形象有的有艺术原型，有的则没有原型人物。电视连续剧《潜伏》在 2009 年上半年"火烧"银屏，广大观众纷纷琢磨男一号，即打入国民党军统内部的中共

---

① 万静波：《怎样做好人物报道》，载《中国记者》，2007(2)。

② 万静波：《怎样做好人物报道》，载《中国记者》，2007(2)。

卧底余则成究竟是以历史上的哪一位为原型加以刻画的。电视剧《潜伏》的原著作家、编剧均郑重广告社会：作为艺术形象，我党地下谍战人员余则成是没有艺术原型的。[①]相形之下，长篇小说《欧阳海之歌》、《青春之歌》的主要人物都有蓝本所依。《欧阳海之歌》的艺术原型是1963年为抢救人民财产光荣牺牲的广州军区战士欧阳海。作家金敬迈说："这部小说就是在首长的授意下，在真实材料的基础上产生的。……恳切地希望熟悉欧阳海的同志们……提出批评，给予帮助。"[②]《青春之歌》的主要人物林道静、江华、余永泽也都有各自的原型人物，分别以作家本人、作家的丈夫马建民与作家的第一任丈夫、著名学者张中行为蓝本。[③]不过，无论有无原型人物，文艺作品中的艺术形象与包括原型人物在内的客观世界中的人物都有重大差别。双方是生活在各自世界中的人物。即便小说《欧阳海之歌》中的欧阳海与实际生活中的欧阳海是如此近距离地对接，但活跃在艺术世界中的欧阳海终究是作家按照艺术创作规律，通过一定的艺术虚构加以创造的，并不能与现实生活中的英雄欧阳海完全一致。作家只有经过对现实生活的原型有所集中，有所挪移，有所抛弃，有所补充，才能够在艺术的人物画廊间增添新的人物形象。艺术源自生活又高于生活。艺术形象与原型人物之间不能画等号，现实生活中的人物没有必要瞄着艺术世界去对号入座。

人物报道则必须按照新闻规律办事，严格恪守新闻真实性原则，完全真实可靠。这就是说，人物报道中的新闻人物，人物的所行、所说、所思以及有关环境必须一切皆有所本，且不走样。人物报道不仅有所依从的真实模特，而且不许添油加醋，不许张冠李戴，不许走形变样，一句话，不允许虚构，生活中的新闻人物是什么样，报道就必须是什么样。报道主体当然也有主观能动性，但这种主观能动却是戴着"镣铐"跳舞：只能从大量的真实材料中沙里淘金，按照报道意图、报道思想与新闻人物的本来面目来选择材料，介绍新闻人物乃至于塑造其形象。

（二）以新闻人物为报道中心

人物报道的中心风景是属于新闻人物的。报道中心，如果说在事件新闻中是事件，在风貌新闻中是地点，在工作新闻中是经验教训，那么在人物新闻中就是人物。报道中心，如果说在解释性报道中是何因，在调查性报道中是内幕，在精确性报道中是数据，那么在深度人物报道中就是新闻人物。

---

① 《〈潜伏〉引发观看热潮 制片人筹拍前传〈借枪〉》，载《成都商报》，2009-02-20，http://www.cdccis.com/yule/2009-02-20/2009220045754.htm。

② 金敬迈：《欧阳海之歌》，第2版，444～445页，北京，解放军文艺社，1966。

③ 杨沫：《谈谈〈青春之歌〉里的人物和创作过程》，见山东师范学院中文系编：《中国现代作家谈创作经验》下册，752～754页；《电影〈青春之歌〉拍摄的前前后后》，见 http://www.wenxueboke.org/read.asp?aid=80400360。

有的新闻报道以事件为中心，但又很重视报道人物，那么，这样的报道是否也属于人物报道呢？答案是否定的。刘万永的《一个退休高官的生意经》以一场充斥着政治权术的经济斗争为全文的经线次第展开：斗争的一方是辽宁省阜新市前市委书记、市长王亚忱，另一方则是当地一位叫高文华的企业家，高氏同时又是辽宁省阜新市的人大代表。双方争夺的焦点是一处名叫阜新商贸城的巨大财产，即该贸易城究竟应属于高文华所有，还是应属于王亚忱。在新闻报道中，记者既报道了事件的来龙去脉与复杂的社会背景，又注意抓取重要人物的主要精神特点，比如前阜新市市委书记王亚忱的老谋深算与贪婪，企业家高文华的小精明与大糊涂，均在报道中有突出的展现。这篇报道尽管重视报道人物，但核心则是财产争夺，是已经离职但政治势力依然强大的前官员对他人财产的馋涎欲滴、巧取豪夺及其无往不胜的必然性。新闻事实及其背后的社会警示意义，才是报道的关键。因此，《一个退休高官的生意经》尽管接近人物报道，但属于事件新闻而不是人物新闻，属于调查性报道而不是深度人物报道。不以新闻人物为报道中心，不是人物报道。任何打着人物报道旗号却将报道的中心由人物身上移开的报道，都是伪人物报道。

（三）非事件性新闻的浓郁色彩

人物报道的新闻事实往往呈现为片段状态。既然人物报道的中心是人物，那么报道就应该围绕新闻人物来选择材料、使用材料、安排表达形式。这样一来，人物报道用来表现新闻人物精神面貌的材料，则需要从新闻人物的人生足迹中细加择取。然而，新闻人物的人生足迹无论长短，短短的一篇报道都难以人物的人生历程为序不加剔除地贯穿首尾。人物报道既然只能容纳人物的若干而不是全部的事实，那么各个材料的时间前后就难以避免存在一定的时距。马役军的《福强玻璃店里的新主人》报道辽宁省大连市先进个体户辛福强的妹妹辛丽荣，在哥哥病逝后继承哥哥的玻璃服务职业却不继承哥哥立足岗位全心全意为人民服务的遗志，而是辛勤劳动，诚信经商，一心赢利求富且为兄还债的新闻事实。这是一篇人物报道，并因记者的思想探险，即对全心全意为人民服务主流价值观的无条件加以质疑而成为深度人物报道。《福强玻璃店里的新主人》有两个基本写法：一是对比，通过哥哥辛福强的人生来衬托妹妹辛丽荣的人生观。二是横截面，即记者将各个事实材料，各个材料的片段，依记者对妹妹辛丽荣的一次短暂现场采访而依次展开，穿插往返。在《福强玻璃店里的新主人》中，记者的一次现场采访成为报道所选取的横截面，辛福强兄妹等的各种现实材料与历史材料，谈话纪实与现场见闻，概括介绍与细节描写则被安排在这一横截面中上下穿梭。精巧的梳妆台的镜子映照出玻璃店新主人辛丽荣的年轻面庞、时尚外貌与敏捷眼神，辛丽荣按质实价出售产品的营销活动，出租刷子和桶的多种经营状况，好赊能拽回头客的商业盘算，这些是现实材料。作为哥哥辛福强人生座右铭的冯玉祥将军语录，对穿着蓝布褂的辛福强生前骑旧自行车四处奔波为顾客镶玻璃的追忆，关于辛福强病逝前的欠债，则属于历史材料。这些在时间的长河中被择取的一块块事实材料中间有不同程度的时间空缺，记者则采取一定的结构手段将之缝缀一处，人物报道因此也就具备了非事件性新闻的新闻事实起讫、发展的阶段性均不分明的特点。黄广明等人的《乡党委书记含泪上书，国务院领导动情批复》[①]同样具有这种以片断性新闻事实来沟通各个事实材料的横式基本写作格局。当然，人物报道如果采取人物报道的常规写法，即传记式的写法，则与事件性新闻更加泾渭分明。20 世纪 60 年代穆青等的《县委书记的榜样——焦裕禄》与 30 年后郭国松的《惩治腐败裁减官员实施新政，董阳变法遭遇强敌惨败河口》[②]、伍小峰的《拒礼金立新规涤荡积弊，县委书记改革重重遇阻》[③]虽然时空间隔颇巨，但写法上一脉相承，大同小异。其写法的要点是：以主人公受上级委派来到某地，如河南省兰考县、安徽省利辛县、湖北省黄石市的河口镇全面主持当地工作，作为贯穿全文的主线，中间则插叙主人公的历史、有关评价等材料。这种写法与《福强玻璃店里的新主人》有同有异：相同的是两者均将现实与历史相交织，以现实为主；不同的是《县委书记的榜样——焦裕禄》等文章属于纵式写法，即不仅以现实部分为主，而且将现实部分拉长，将场面的现实换为情节的现实，并往往因此丰富了新闻报道的内容含量。显而易见，人物报道的新闻价值主要不是通过一件贯穿全文的新闻事件来抓取与表现的。

（四）着力传播社会价值较重的新闻人物信息

与其他人物报道有所不同，深度人物报道着重传播社会价值较为重要的新闻信息。这种不同主要表现为内容信息上的相异：

一是新闻信息性质不同。深度人物报道所传播的新闻信息着力于公共利益，报道与否，如何报道的立场在于人民群众的根本利益，党和国家的整体利益，人类文明对蒙昧的克服。深度人物报道在精神上与娱乐无缘。《南方人物周刊》副主编万静波介绍："《魅力金星结婚记》，这篇文章并没有从'变性舞蹈家'这一具有八卦炒作题材的角度出发，而是真实描摹了一个公众人物的喜怒哀乐。《女贪官'桃色新闻'调查》在今年十月刊出后，也引起了一定反响，个中原因，正在于该报道并没丑化那位安徽女贪官，而是根据记者调查的实际情况，清晰还原了一个女官员从仕途起步到落马的大致轮廓，没有添油加醋，没有往常贪官报道中惯有的脸谱化，因此甚至得到了贪官家属的认可。"[④]其反面典型是《武汉晨报》2003 年关于湖北省枣阳市原市长尹冬桂玩弄男下属的报道。[⑤]深度人物报道不是花

---

① 载《南方周末》，2000-08-24。

② 载《南方周末》，1998-05-22。

③ 载《南方周末》，2001-05-10。

④ 万静波：《怎样做好人物报道》，载《中国记者》，2007(2)。

⑤ http://news.sina.com.cn/c/2003-06-25/1656267695s.shtml

边新闻，无意于绯闻的津津乐道。暴力的自然主义展示与情色的感官刺激不属于深度人物报道。深度人物报道同样具有硬新闻的品格。

二是有一定的棱角。真正的深度人物报道对于现实不是盲目地唱赞歌，而是高张质疑精神，证伪意识。本属于典型人物报道的《一位老人与300名贫困学生——退休三轮车工人白芳礼资助300名贫困学生的故事》刊发后之所以能够感动广大读者，并让读者为这位被新华社记者张严平等所报道的名叫白芳礼的老人落选中央电视台的2005“感动中国”年度人物而激烈质疑中央电视台[①]，就在于93岁离世的“白芳礼，这位平凡的老人，在生命的最后19年，省吃俭用、顶风冒雨奔波在街头，用蹬三轮车积攒的近35万元钱，资助了近300名贫困学生，而他的私有财产账单上是一个零”，在于和这位如此奉献的老人形成鲜明对照的时下我们这个民族信仰的普遍失落，甚至以权谋私、贪污腐败的愈演愈烈。网友们说：央视“感动中国”年度人物“公布的名单大多没有让我真正感动，而激动的是那个离我们而去的93岁的白芳礼老人竟没有入围”，“（一些获奖者）只是在尽其应尽的职责，他们可称为‘突出’、‘杰出’、‘模范’，但不是‘感动’，可以把他们拿到全国‘劳模’大会和‘对国家政府有突出贡献表彰大会’上去，做全国表率，让大家学习，但放在‘感动’栏目有些不妥”。[②] 深度人物报道具有无畏的战斗精神，讲求有褒有贬，或寓贬于褒，或直斥假恶丑。

三是注意探究何因。人物需要肯定，那么这种需要肯定的行为、精神来自怎样的现实，又有怎样的现实针对性；人物需要否定，那么这种需要否定的行为、精神来自怎样的现实，又有怎样的现实针对性；人物肯定与否定兼具，那么这种肯定与否定兼具的行为、精神来自怎样的现实，又有怎样的现实针对性。深度人物报道讲求全面观照，平衡打量，注意多问几个为什么，注意避免先入为主，将新闻人物神话或妖魔化。深度人物报道应该充满理性精神。

第二节　深度人物报道的深度与突破

一、人物主体世界的信息深度

（一）客观世界的深度离不开主观世界

辩证唯物主义认为，客观世界是无限与有限的有机统一，主观认识能力也是有限与无

---

① 徐碧姗等：《蹬三轮助学老人白芳礼落选感动中国引发质疑》，载《新快报》，2006-03-09。

② 徐碧姗等：《蹬三轮助学老人白芳礼落选感动中国引发质疑》，载《新快报》，2006-03-09。

限的有机统一。一方面，客观世界具有主观世界所未及的时空。这就构成客观世界的无限性与主观世界的有限性。另一方面，主观世界对客观世界的认识又是具体的，认识主体具有认识的无限可能性。这些就构成客观世界的有限性与主观世界的无限性。因此，世界有世界 1 与世界 2 之分。世界 1 是人类尚未认识的世界，世界 2 是人类已经认识的世界。在人类已经认识的世界中，又有认识到位与尚未到位之分。毫无疑义，已经认识的世界是认识主体与认识客体相结合的产物。不过，认识主体的绵绵不绝与无限潜力，则决定着认识主体对客观世界的认识是已经认识的世界不断扩大、清晰并不断向尚未认识的世界逼近的动态过程。关于客观世界的认识又是绝对真实与相对真实的有机统一。而客观世界有限与无限的有机统一，正在于认识主体与认识客体的结合与这种结合的持续不断。

（二）主观世界本身也属于客观世界

首先，作为认识主体的人类是世界发展到一定阶段的产物。没有客观世界，也就没有主观世界。主观世界源自客观世界，是客观世界的有机组成部分，同样属于认识主体的认识对象。认识主体在认识客观世界的同时，还应该自我认识。

其次，报道对象的内心世界，有时也可以成为报道主体用以自照的一面镜子。1959 年 11 月 15 日，美国的堪萨斯小镇发生一起灭门重大血案：赫伯特·克勒特及其妻子、16 岁的女儿、15 岁的儿子被害。然而，两名杀人犯所得仅为一副望远镜、一只便携式收音机，价值总共不过 40 美元。卡波特的《冷血》提出问题：为什么两名罪犯只为 40 美元而杀掉一家四口人呢？通过在堪萨斯州立监狱的死囚室、布鲁克林的公寓和瑞士的工作室之间的 6 年辗转，卡波特最终发现：一个罪犯先天残疾，另一个罪犯同样生活在社会最底层。他们为主流社会所抛弃，卑微而又敏感，相依为命，互为知己。在两位杀人犯眼中，被害人克勒特一家和自己正好相反：虔诚的基督徒、家庭美满、儿女双全、生活富足……可谓上帝宠儿。因此，当罪犯佩里将锐器刺到克勒特喉咙的那一刻，仍对克勒特表现出莫大的尊敬，而克勒特先生的大度、悲悯、无奈和宽容却让佩里觉得自己无法忍受这样的被同情。行文至此，作者卡波特却发现：倘若自己未成为作家，两个罪犯的际遇就为自己所无以避免；他俩是另一个自己。21 世纪，被改编为电影的《冷血》有一句台词撼人心魄：“佩里（罪犯）和我好像是在一个屋子里长大的。有一天他从后门出去了，而我走了‘前门’。”耐人寻味的是，2010 年中国内地连续发生多起中小学生，幼儿园的孩子为凶手残害的新闻事件。人与人之间，似乎很远，又似乎很近。这就是深度人物报道的魅力之一。

（三）主观世界的非平面化特征

主体世界相当复杂。主体世界的这种复杂性既不逊于客观世界，又具有自身的特点。

首先，每个个体的主观世界是复杂的。按照奥地利心理学家弗洛伊德的主张，人的主体世界由意识、前意识与潜意识三大部分组成。在这三大部分中,体积最大的是无法为包括本人在内的一般人所感知、控制的潜意识,如同海平面以下巨大的冰山冰体,而能够为当事者本人所感知的主体取向不过是海面上的那极小部分的冰山山锥。

其次,一位位个体的主观世界汇聚成数量巨大的主体世界,而每一位个体的主观世界之于其他认识主体又构成认识的客体世界。各个认识主体之间又互为认识客体。

再次,认识主体认识能力的有限性加剧了主观世界的宽广、深厚与复杂。美国优秀小说家海明威(Emest Hemingway)也是一名著名的记者,先后在美国堪萨斯城的《星报》、加拿大的《多伦多明星报》与美国《矿工》杂志社等报刊社担任记者。海明威在写作上倡导"冰山原则",说:"我总是试图根据冰山的原理去写它。关于显现出来的每一部分,八分之七是在水面以下的。你可以略去你所知道的任何东西,这只会使你的冰山丰厚起来。这是并不显现出来的部分。"[①]简洁的文字、鲜明的形象、丰富的情感、深刻的思想是构成海氏"冰山"原则的四个基本要求,而情感、思想在其中独占八分之七。[②]言不尽意,文字等符号与认识对象、表达对象之间的紧张,说明任何符号系统表达能力的有限,而文字等符号的局限造成其对人物主体世界信息披露的极为有限。

二、人物报道的艰巨性

(一) 人物报道的巨大困难

相当于其他新闻报道,人物报道所面临的困难不仅更为艰辛,而且自有特点。人物报道的这样一种更为艰辛,自有特点的困难需要报道主体认真对待。

1. 采访难

人物报道的显著性决定人物报道倾向于较多地报道公众人物、社会精英人物。公众人物、社会精英基于自己的利益未必乐于接受媒体的采访,而更多出于自身利益决定是否受访与如何受访。《南方人物周刊》记者姜晓明在《孙红雷,我靠实力走到今天》一文介绍:电影《梅兰芳》上映前,各家媒体约访演员孙红雷,却一直为孙红雷所拒绝,时间长达3年。中央电视台某著名访谈类节目的主持人"还是孙红雷的哥们儿,待遇也一样"。直到进入电影《梅兰芳》的宣传期,孙红雷才答应受访;一旦电影"《梅兰芳》落幕后,孙红雷又开始和媒体保持距离"[③]。有记者问:"孙红雷是否已大腕到不需要媒体宣传?"孙红雷说:"我主要的工作是拿出作品来,有作品才有脸见媒体才有话可说,不然说什么呀?我受不了我

---

① 崔道怡、朱伟、王青风、王勇军编:《"冰山"理论:对话与潜对话》,上册,79页,北京,工人出版社,1987。

② 吴然:《海明威的冰山原则》,载《天山》,1988(2)。

③ 载《南方人物周刊》,2009-06-08,27页。

没什么事就在媒体上出现，装模作样做所谓的宣传。”[①]记者不是政府官员，也不是法官、警察，虽以公共利益为主，但受访人多没有义务接受媒体，尤其是非机关媒体的采访。受访人接受记者采访的基础是双赢。数学家丘成桐说：“媒体没有资格来批评学者的成就，坦白说就是这样。因为它不懂。一个好的学者会很慎重，……我不用人家来批评我，我也不用人家来吹捧我。”[②]《南方人物周刊》执行主编徐列提及的情况是正常的：“官员、企业家和明星并不像人们想象得那样喜欢出名上镜，由于各种各样的原因，他们常常低调行事而拒绝采访，尤其是那些大人物。……通常情况下，只有权势媒体才拥有这样的权力。”[③]这里的“权势媒体”主要指的是机关报，广播电台、电视台内机关性质的新闻栏目。因此，“多数情况是所谓的外围采访，也就是通过他人的口来报道你所要采访的对象”[④]。《南方周末》报记者李虎军、朱也旷 2002 年 8 月受命报道来华参加世界数学家大会的美国数学家纳什，但唯一能够接近报道对象的机会竟然只是纳什在一个晚上的公共演讲。记者只能远远地瞄着演讲者，倾听这位数学家的滔滔不绝，[⑤]直接接触纳什的机会竟和其他演讲现场的听众完全一样。巧妇难为无米之炊。难以接近报道对象而仅凭二手材料写人物，那么人物报道的媒介影像颇易模糊、变形甚至面目全非。

2.新闻人物的不确定性

与何时、何地、何事这些新闻要素相比，何人充满了不确定性。何人的这种不确定性主要表现为人物的精神世界，而不是人物的外在世界。人物的姓名、年龄、国籍、性别、肤色、体重、人生阅历这些人物的外在世界成分是容易确定的。因此，对于非人物报道，何人并没有什么太多的不确定性。何人的不确定性主要存在于人物报道。人物报道必须以人物为中心报道对象，而人物最难以把握的则是人物的精神世界。《南方人物周刊》副主编万静波说：“人心是如此复杂和细腻，而受访者往往是有一定知名度的公众人物，阅历丰富，识见广博，其真实想法也更为复杂隐蔽，如果采访记者的资历太浅，社会经验不足，不仅很难做到平等对话、获得受访者的尊重，也无从了解受访对象的真实内心世界。何况出于自我防护的天性，受访者时常会做选择性发言，于己不利的部分，要么‘无可奉告’，要么和记者打太极拳，‘顾左右而言他’，其话语的真假虚实，人性的深幽灿烂，实在很难辨析洞察。”[⑥]如果说非人物报道及其人物遭遇可以回避人物的内心世界或大体把握人物的内外，那么，人物报道若失去对新闻人物精神世界的定性与较为准确、生动的表达就不是真

---

① 载《南方人物周刊》，2009-06-08，27 页。

② 载《南方人物周刊》，2006-07-01。

③ 徐列编：《〈南方周末〉人物报道手册》，“总序”第 2 页，广州，南方日报出版社，2006。

④ 徐列编：《〈南方周末〉人物报道手册》，“总序”第 2 页，广州，南方日报出版社，2006。

⑤ 徐列编：《〈南方周末〉人物报道手册》，60 页，广州，南方日报出版社，2006。

⑥ 万静波：《怎样做好人物报道》，载《中国记者》，2007(2)。

正的人物报道。

人物精神世界的难以把握与人的特点相关。这主要有两大方面的原因。一是人物内心世界多变。人物的精神世界是稳定与变化的有机体。外界的变动会引起人的情绪波动与思想的游走，人自身的生理波动会引起心理起伏，而人的心理波动又能形成心理的涟漪，推动心理有新变化。伴随人阶段性的成长，人的心理变动可能会更为明显。二是人物内心世界的间接呈现则使内心世界的表里之间充满了不确定性。记者是无法直接接触受访人的内心世界的。面对记者，人物所讲述的内心思想可能没有保留，是真话，也可能言不由衷，一派胡言；可能是坦诚倾诉，也可能有所遮掩；可能真中有假，也可能假中有真。这一切均需记者认真分析，也更强化了经验乃至于媒体的社会地位在人物报道中的分量。金朝的元好问《论诗三十首》云："心画心声总失真，文章宁复见为人。"这充分说明我们对他人内心世界准确把握的难度。较之其他新闻事实，摆在记者面前的新闻人物，大体上是个可大可小，有伸有缩的光滑球体，紧紧持握特别艰难。

3. 人物报道客观条件的简陋

人物报道条件的简陋主要指记者用于采写时间的窘迫。人物报道的报道者，不能像人物传记的作者那样有充裕的写作时间。传记作者可以充分占有材料，对人物全面而仔细地打量、思考并待条件成熟再开笔。而人物报道则不能这样，它讲求新闻报道时机，机不可失，时不再来。《南方周末》报记者南香红关于我国著名人类学家贾兰坡的报道必须在贾兰坡病危离世前后迅即成文：《贾兰坡：周口店最后的守望者》[①]完成于贾兰坡病危之际，第二篇关于贾兰坡的报道在这位人类学家 2001 年 7 月 8 日去世后的第四天，即 2001 年 7 月 12 日即在周报《南方周末》刊出。人物报道不能将新闻写成旧闻。新闻的这种采写时间的短缺，加剧了人物报道内容信息的不确定性。《南方周末》报指派记者到遥远的广西桂林采写"中西合璧的爱情"，但记者用来采写跨国恋的时间竟短到只有 6 天：2003 年 2 月 4 日大年初四，被指派报道的记者就告别家人奔向广西阳朔；而将稿子发回报社的规定日期则是 2 月 9 日。记者在奔向广西阳朔的途中时，其实对谁是报道对象都了无头绪的，一派茫然、无助。[②] 人物报道写作时间的紧迫由此可见一斑。正是报道的艰难，故从一定意义上讲，每进行一回深度人物报道就成为一次新闻的冒险。

（二）深度人物报道主体的基本态度

面对深度人物报道的巨大困难，报道者的态度是重要的。行动受意识支配。报道者若对人物报道的特点与困难缺乏准确的估量，在实际采写过程中就很容易失却章法，遭遇

---

① 载《南方周末》，2001-04-12。

② 徐列编：《〈南方周末〉人物报道手册》，291 页，广州，南方日报出版社，2006。

阻碍势必心慌意乱，进退失据，无法恰当处理报道对象，从而最终无法进行而遭致报道流产。在这样的情况下，即便勉强下笔也难抓取要害。

面对深度人物报道的巨大困难，报道者应该实事求是。一方面，报道者要直面人物报道的特殊性，承认困难，并积极工作，扎实采访，尊重规律，全力以赴，努力克服困难。另一方面，报道者应承认报道主体能力的有限性，在放弃新闻人物尽入彀中“雄心”的同时，又要直面报道主体的主观能动性，努力践行人物报道新闻真实的绝对性与相对性的有机统一，客观真实与主观真实的有机统一，根据手中的材料实际处理人物报道。总之，深度人物报道主体应有的基本态度是既有所为，又有所不为。

三、深度人物报道新闻深度的突破口

（一）深度人物报道的信息深度范围

深度人物报道的信息深度需要必要的基础。万丈高楼平地起，信息深度只有建立在恰当的基础才牢靠，稳定，实用。那么，建构深度人物报道信息深度的基础是什么呢？这个基础应具有必要的宽度，主要由所有有助于深度人物报道的新闻事实，背景材料，有关的理论、知识信息储备与报道者的主体条件组成。

深度人物报道的信息深度范围以新闻人物为界。其范围大体有五：一是新闻人物及其相关人物的行为。此即人物做了什么。二是新闻人物及其相关人物的表达。此即人物说了什么，写了什么。三是新闻人物及其相关人物的意识。此即人物想了什么。人物的意识既包括思想，又包括情感、情绪、意志、受本能支配的主体取向以及人物自己大多无法意识到的无意识。人物的这些意识是有高低层次之分的。心理学认为，情感是人类社会所特有的受社会关系所制约的态度的反映，[①]情绪是在有机体的天然生物需求是否获得满足的情况下所产生的对客观事物态度的反应，为人和动物所共有。[②]情绪强度大而易变，情感强度小而稳定。[③] 意志是人自觉地确定目的并支配其行动以实现预定目的的心理过程。[④] 显而易见，人物意识层次的由低到高依序为无意识、情绪、情感、意志、思想。不过，大体看来，人物意识有浅层意识与深层意识之分。动机、价值观、人生观、世界观则属于较为稳定的深层意识。四是新闻人物及其相关人物的行为、表达与意识的相互联系、相互作用。五是新闻人物及其相关人物的生存环境。深度人物报道的信息应为人物报道

---

① 曹日昌主编：《普通心理学》下册，第2版，44页，北京，人民教育出版社，1980。

② 曹日昌主编：《普通心理学》下册，第2版，41、44页，北京，人民教育出版社，1980。

③ 张述祖等：《基础心理学》，131页，北京，教育科学出版社，1987。

④ 曹日昌主编：《普通心理学》下册，第2版，74页，北京，人民教育出版社，1980。

服务的这一目的，决定着其信息范围须以新闻人物为界。

明确深度人物报道的信息深度范围有助于强化报道的自觉性，减少报道的盲目性，增添报道的成功胜算。

（二）深度人物报道新闻深度的突破口

1. 深度人物报道抓取新闻深度突破口的必要性

深度人物报道有自身的报道规律。深度人物报道不是小说、历史著作与人物传记，不能采取其他文体的基本原则与写作方法。深度人物报道不是事件通讯、工作通讯与风貌通讯，也不是解释性报道、调查性报道与精确性报道，在其他报道中行之有效的举措在此未必灵验。深度人物报道不是一般的人物报道，在人物报道的共同原则、共同方法之后，还必须寻找适合深度人物报道的行之有效的特殊原则、特殊方法，以及时推出合格、达标甚至优秀的深度人物报道。而这些适合深度人物报道的行之有效的特殊原则、特殊方法，则往往蕴藏着深度人物的新闻深度的突破口。

2. 深度人物报道新闻深度的突破口

深度人物报道要善于抓取突破口。所谓突破口，就是能够打破直接影响人物报道困难的结构性、方向性、脉络性的关键之处。纵观深度人物报道的核心难点，其突破口大体在两点：一是新闻人物主要行为的核心动机；二是报道的时代现实针对性。

先看新闻人物主要行为的核心动机。人物报道之一忌，是只见人物的言行而不见人物的精神世界。真实的人物由人物的外在言行与内在精神活动有机构成。脱离内在精神活动的人物，无异于没有灵魂的行尸走肉；没有灵魂，人物就失去了人物特有的内在规定性，也失去了人物的社会规定性。对于篇幅有限的人物报道，抓取人物内在精神世界的要害在于抓动机。所谓动机(Motive)，是行为发动的起因，即个体用某种形式活动的主观原因。它可以是有意识的，也可以是无意识的。①显而易见，动机与新闻事实中的何因密切相关。抓动机也就不能不关涉到深度人物报道的深度信息。不过，人物言行的动机既来自内在，又来自外在；既有生理需要，又有社会需求。由此不难见出，动机与人物报道信息深度的复杂性密切相关。同时，动机有浅层动机与深层动机之分。浅层动机多来自生理需要，更多与情绪、不稳定的思想、片段的思想相联。而深层动机则以价值观、世界观为基础，与情操相关，与人物所生活的社会环境及其内在结构形成互动。这就意味着深度人物报道在以浅层动机为抓手的同时，还要努力向深层动机挺进，从而推动深度人物报道在其他人物报道的基础上对新闻人物的主体世界深度开掘。比如，我军某师功勋飞行员勇拦入侵外军飞机，浅层为要有英雄气概，深层则可能为爱国主义，可能立功扬名，也可能兼

① 《中国大百科全书·心理学》，55页，北京，中国大百科全书出版社，1991。

而有之。写好人物的思想动机与新闻的真实性是息息相关的。因此，注意抓取动机，善于把握人物的深层动机就有助于给出人物言行的何因与必然性，发现并表现新闻人物做什么、说什么、想什么背后的社会因素，从而增加深度人物报道信息的丰富性、厚重性及其在此基础上的准确性、深刻性。新华社记者张严平在对江苏省泰州市信访局局长张云泉的报道中就注意对人物行为背后动机的挖掘。张严平说："到信访局的信访窗口体会了一天，我才知道这活真的累，全都是上访的，一肚子冤，一肚子气，静坐的，哭泣的，申冤的，还有胡骂的，那都是让人头疼的事，怨不得他的前任，从来没有干满3年的。完后，我问了他一个问题：'……你一天到晚在这个被不愉快的事、负面的事、有阴影的事包围的环境里工作，这个环境对你有没有影响？如果有影响，那是什么样的影响？'他愣了一下说：'没想到新华社记者会提这么个问题。'……说，这个环境的确对他有影响，每天回到家里以后，头都炸开了……长年累月这样工作，他心情不好。我又问一个问题：既然这样，为什么能长期坚持下来？他说：……信访部门是替政府给老百姓赎罪的一个单位，我做得好，老百姓感谢我，我就是替党和政府做了一件弥补的工作，这个很值。"①正是由于善于揭示动机，人物的特别高尚的行为才能够被理解，得以实现人物内心世界与人物外在行为的有机融会。

再看报道的时代现实针对性。所谓的时代现实针对性，指的是人物报道的信息深度指向当下现实生活的共同趋向。这就是说，人物报道的信息深度不单具有现实指向，而且这种现实指向所在并非个别、孤立，当具有一定的时代特征。没有现实针对性的信息，人物报道就容易缺乏不可或缺的新闻价值；而有现实针对性的信息若缺少时代性，所针对的现实则往往缺少普遍性、典型意义与标本价值。黄广明的《"五毒书记"和他的官场逻辑》一文因致力于报道"制度背景下的个人命运"，即"腐败的根源是制度，次之才是官员自身的品德"，②而具有了强烈的现实针对性。同时，这篇报道无意于着重展示腐败分子，即前湖北省丹江口市市长、市委书记张二江"有多坏"，而是着力揭示张二江作为腐败分子的腐败平均值：在腐败上，张二江既不是坏得最重，也不是坏得最轻，他不过是个平均的腐败官员。这就使报道的现实针对性具有了时代的普遍性与当下的警示价值。"张二江并非一个天生的贪官，他是有工作能力的，在某些方面甚至还比较超群"③，所以报道着重反映张二江"'如何坏起来的'，展示制度、官场文化对一个人的影响……对张二江这只'死老虎'不要带先入之见，力求接触到对张全面而非片面的评价，阐明张的腐败行为与体制背景间的因果关系，而非想当然地将张的过错单纯归结于其个人品质"④。在《南方周末》报

① 杨秀芳：《27年漫漫记者路——张严平访谈录》，载《新闻战线》，2009(4)，56～57页。

② 黄广明：《立意要高，角度要新》，见徐列编《〈南方周末〉人物报道手册》，48页，广州，南方日报出版社，2006。

③ 黄广明：《立意要高，角度要新》，见徐列编《〈南方周末〉人物报道手册》，49页，广州，南方日报出版社，2006。

④ 黄广明：《立意要高，角度要新》，见徐列编《〈南方周末〉人物报道手册》，48页，广州，南方日报出版社，2006。

的媒介符号世界中，张二江是一个共性与个性相结合的新闻典型，尽管这个新闻典型是负面的，并因负面而不是一般意义上的新闻典型。因此，《南方周末》报所报道的张二江具有突出的概括性、现实针对性，并因而产生强烈的战斗性，颇具社会启迪价值。

不过，既然突破口存在两大点，那么在深度人物报道新闻深度的突破上，核心动机与时代的现实针对性哪一个更为关键呢？还是先看作品后下判断。伍小峰等人的《拒礼金立新规涤荡积弊，县委书记改革重重遇阻》[①]报道新任安徽省利辛县县委书记夏一松的利辛行政风暴：为了扭转利辛县社会治安差，经济发展落后的局面，他勇于斗争，实施新政敢想敢说敢干；他与当地的政治实力派结下深怨；新政180天后因被调往省国土资源厅任副厅长戛然而止。那么，夏一松为什么会嫉恶如仇呢？报道提到夏一松的身体强悍、性格爽直。不过，报道若仅止于此，即将新任县委书记勇于和腐败分子斗争归结为人物的个性则势必降低报道的社会分量。《南方周末》报记者的选择是有意味的。两相比较，记者伍小峰等人的上述报道在核心动机与时代的现实针对性上强化后者而相对轻慢前者。这么做的结果是这篇报道获得了较好的社会影响。"利辛风暴"一文的经历说明，对于深度人物报道的新闻深度突破，时代的现实针对性要比核心动机更为关键。当然，作为突破口，报道者还是以核心动机与时代的现实针对性双头并举为上。同样是报道一个具有改革魄力的好干部、廉洁的干部，但不是一个称职的党委书记，郭国松的《董阳变法遭遇强敌惨败河口》[②]一文在突破口的选取上则核心动机、时代现实针对性并举。那么，伍文与郭文之间能够分出高下吗？两相比较，还是后者，即《董阳变法遭遇强敌惨败河口》一文更为厚重，也更有说服力。

第三节　深度人物报道的选题

以深度人物报道的实际看，有三类选题值得关注。此即典型人物、公众人物与普通人物的选题。

一、典型人物报道

（一）典型性报道

典型人物报道除了属于人物报道，还是典型性报道的有机组成部分。所谓典型性报

① 载《南方周末》，2001-05-10。

② 载《南方周末》，1998-05-22。

道(Typical reporting),又叫典型报道,是对社会生活中具有代表性的有普遍意义的事物所做的新闻报道。典型报道是关于新闻典型的报道。所谓新闻典型,是在一定时期、一定方面、一定地区内能够在思想、政策方针或工作方法等方面,集中而鲜明地体现一般事物的本质或发展规律的个别事物。[①] 典型性报道共有三种,即典型人物报道、典型经验报道与典型事件报道。典型性报道在社会主义国家源远流长,20 世纪 50 年代至 80 年代的 30 多年是我国典型性报道的兴盛期。进入 21 世纪之后,伴随我国内地的社会转型与社会主义市场经济的深入发展,至今仍比较活跃并具有生命力的典型性报道则唯有典型人物报道。

(二)典型人物报道的特点与作用

1. 界说

典型人物报道是报道者对社会生活中先进而又具有普遍的社会指导意义的人物所做的深度报道。它分为个人典型报道与集体典型报道两大类。前者最突出的是关于雷锋、焦裕禄、张海迪的报道,后者则以报道大寨、大庆、南京路上好八连最为打眼。

2. 典型人物报道的特点

典型人物报道的特点主要有三:

一是非虚构性。新闻典型不是艺术典型,故必须严格恪守新闻真实性原则,内容必须合乎实际,完全真实。

二是属于一种思想典型。新闻的典型人物塑造并不追求人物性格的丰满、复杂,而是追求人物是否能集中地表现某一宣传思想或时代精神。只有鲜明地表现了当下应提倡的一种思想,新闻的典型人物才有新闻价值、宣传价值。新闻的典型人物报道的新闻价值、宣传价值则突出表现在报道时代精神上面,表现在人物所能体现、折射出来的当下的主流文化思想上面。

三是具有鲜明的宣传功能。西方的人物报道讲求新闻价值,追求人物的显著性、趣味性,一般属于软新闻。比如,美国合众国际社记者戴维·特里的《快乐的巨人》报道的是中国篮球明星穆铁柱,新闻现场穿插不少趣闻轶事与引语:

> 当七英尺二英寸(二米二〇)的中国运动员穆铁柱小步跑入体育馆时,“嗬”!观众席上发出了阵阵惊讶声。
>
> 赛前练习开始了,穆铁柱一伸手就把球塞进篮内,观众席上又爆发出“啊,啊”的赞叹声。

---

① 吴庚振语,见郑旷主编:《当代新闻学》,262 页,北京,长征出版社,1987。

可是，当球赛正式开始后，第八届亚运会上这位个子最高的运动员第一次投篮不中时，观众席上就发出了“咯、咯、咯”的笑声。

这位斯文的巨人一下子红了脸，他捏紧拳头，似乎很难为情，也许还有点烦躁，他的名字就是“铁柱”。穆一直是观众们所注意的中心人物，而且确实自始至终为观众所喜爱。

穆是一位羞涩、寡言的汉子。他说他还没有结婚。当他被问到干什么工作时，他坦率地答道：“篮球”。他正式职务是中国部队的一个士兵，他的军衔是战士。他打篮球已有九年之久了。29 岁的穆铁柱在中国篮球队里是年龄最大的队员之一。

一位观看过穆不久前在马尼拉举行的世界篮球锦标赛和这届亚运会比赛的裁判员说，他比以往打得泼辣一些了。

裁判员解释说，“在马尼拉，当他碰撞了对方的队员时，他马上向人家道歉，而且他确实也被推来推去。现在别人推他时，他也会用肘部顶回去或推回去了。”

新华社——中国的官方新闻机构——的一名体育记者说，“在中国，当一方的队员碰撞了另一方的队员时，总是要道歉的，如果碰倒了，还要把对方扶起来。”

这位体育记者还说：“中国队对观众的欢呼声不那么适应。因为在中国，人们并不那么容易流露他们的感情，通常只是鼓掌，偶尔还有一点喝彩声。”

但是在星期二晚上中国队以 91∶71 胜南朝鲜队的那场争夺金牌的比赛中，穆铁柱确实流露出了一些情绪。在比赛中，他得了 24 分，抢到了很多篮板球，并使得南朝鲜队员不能接近球栏。一名对手试图阻挠穆投篮，打了他的眼睛。当这个巨人看来可能要坚决进行报复的时候，这个对手吓得往后退。泰国观众对南朝鲜队发出了一片嘘声，并向场地上扔鞋子、软饮料杯、甘蔗等。穆铁柱的眼睛经医生检查后，仍继续参加比赛。

据中国队员下榻的文华饭店雇员说，饭店为穆搬进了一张特殊的大床，他比其他队员消费“多一倍的食物”。他们平均身高六英尺二英寸(一米九)，比穆铁柱足足矮了一英尺。

饭店餐厅的服务员说，穆不吃辣的加有香料的泰国食物。早餐喜欢喝四杯新鲜牛奶——他退回了炼乳，一碗煮熟的鸡蛋，再加火腿、面包和米饭。

服务员说，至于午饭——那是巨人的主餐，穆至少要吃满满的四五碗米饭、炒菜、鸡肉、猪肉和牛肉，用桔子汁送下。晚餐完全是由营养价值很高的食品组成，如香蕉、桔子、菠萝、炒菜和一碗汤。

穆初到饭店时把两张双人床拼在一起，而在中国他睡在三张军用床上。旅馆经理找到了一张特大号的床以保证这位巨人能够睡好。房间服务员也得到通知要准备两三瓶可盛一夸脱的泉水，这是穆夜晚休息前的饮料。

虽然穆是这次篮球赛身材最高的运动员，可以轻而易举地抢到篮板球，并且叉开两腿稳稳地站在场上就能从容地把球塞入篮内，但是官员和许多评论家们认为，穆很少运球，动作笨拙，对付身材较高的欧洲队和美国队时就不灵了。即使这里没有篮球迷，穆也可以使体育馆座无虚席。当六英尺高的泰国运动员跳跃着围在穆的身旁，毫无效果地企图拦球或者扰乱穆投篮时，泰国人民向这个温和的巨人热烈喝彩。

当穆被两个人夹击时，他却咧开大嘴，笑嘻嘻地拍拍身材矮小的对手的肩膀，于是人们又发出阵阵欢呼声和笑声。

中国的典型人物报道虽然多为非事件性新闻，但一般属于硬新闻，具有新闻价值与宣传价值，尤其是宣传价值。典型人物报道是一种正面报道。而正面报道指的是"主旋律"报道，即对新闻事实做积极的、肯定的、赞扬的、倡导的报道。[①] 典型人物报道是我国主旋律文化的主要典范之一。

3. 典型人物报道的作用

这里所说的作用，指的是典型人物报道的社会作用。典型人物报道的作用主要有三：

一是传播新闻信息。典型人物报道应该遵循新闻报道规律，具有传播新闻信息的功能，集中交流有新闻价值的新闻人物的新闻信息。

二是净化社会风气，积极营造符合主流社会需要的积极的、健康的舆论环境。2006 年，一位领导在该省年度三位重大典型人物报道材料上写下文字意见，称带双目失明的母亲求学的湖北省荆门职业技术学院学生刘芳艳是进行社会主义荣辱观教育的生动教材。[②] 通过典型人物报道，新闻媒体可以弘扬正气，传播、巩固主流价值观，推进全社会范围内的社会主义精神文明建设。

三是树立榜样，动员力量，见贤思齐。敬仰杰出人物，向榜样学习，从榜样的成功中寻找力量与成功之道合乎人们的人生轨迹。人的一生都是需要榜样的：成长阶段需要效仿的楷模，身处人生的十字路口时急迫地需要引路人，成熟之后同样有通过榜样来不断学习与自我激励的必要。新华社记者朱玉说："典型人物，是社会上最优秀的人，他们净化我的心灵。"[③]恰当的典型人物报道，有助于个人少走弯路，减轻社会发展的成本。这就是

---

① 冯健总主编：《中国新闻实用大辞典》，80 页，北京，新华出版社，1996。

② 载《武汉晚报》，2006-12-21。

③ 黎勇：《真相再报道》，116 页，广州，南方日报出版社，2008。

说，典型人物报道实际上具有励志功能。

4. 关于典型人物报道的存废

20世纪80年代后期以来，我国典型人物报道的社会传播效果衰减突出，投入产出比例偏低，有效传播不高有目共睹。《河北日报》社的受众调查报告显示，在对典型人物无所谓的人中，有25.6%的人认为先进典型不可信，31.5%的认为先进典型与自己有距离，学不来，20.2%的人认为先进典型和自己无任何关系，22.7%的人认为先进典型报道存在拔高现象。[①]为此，有关专家以为典型人物报道有碍新闻规律，应该顺应时代潮流加以取消。陈力丹在《淡化"典型报道"观念》、《再谈谈淡化典型报道观念》等文章中尖锐地指出："典型报道的基本特点是自上而下地宣传，我树样板你学习。""典型报道本来就建立在单线思维的基础上，……一旦新闻人物替代了先进人物，或先进人物作为新闻人物出现在我们的报道中，典型报道就消亡了。"[②]

大家对典型人物报道的批评说明典型人物报道存在不少问题，已不能很好地适应时代的需要；但是，这不等于社会不需要典型人物报道。首先，向往真善美，抨击假恶丑是人类永远的母题。无论东方的"喜鹊文化"，还是西方的"乌鸦文化"，不过是人类追求真善美，抨击假恶丑这枚硬币的两面。在以负面消息为主导的西方大众传媒上，同样留有赞美舍己救人的《冰河英雄》[③]等歌颂性的报道。其所赞美的舍己救人合乎由《圣经》所开启的西方社会的主流价值观。脱离肯定的否定与脱离否定的肯定是有悖人性的。其次，无论中国还是西方都崇尚英雄，需要榜样。在我国，屈原、苏武、岳飞、文天祥、林则徐、杨靖宇，爱国精神彪炳青史。美国好莱坞的开发模式是制造名人，并以此打造吸金利器与引导主流价值观的品牌。在气质绝伦的明星、领袖身上，普通人可产生替代性满足。近年来，与典型性报道的传播效果持续下降形成鲜明反差的是，除了"富豪榜"之外，"感动中国"年度人物的社会影响越来越大，甚至有的高等院校也推出"05年感动校园十大人物"。[④]现实社会需要表现性角色。而表现性角色不以获得经济上的效益或报酬为目的，而以表现社会制度和秩序，表现社会行为规范和价值观，披露自己的才能、技艺和思想道德为目的。[⑤]再次，典型人物报道合乎显著性的新闻报道规律。只要处置得当，谁说先进人物就不能成为新闻人物呢？因此，典型人物报道问题的关键不是中国需不需要典型性报道，而是我们的新闻传媒应该向社会提供怎样的典型性报道。一旦既有的典型人物报道不能真正满足时代的需求，那么，社会就会出现"感动中国"并由此拷贝"感动××"

---

① 李广增：《新闻传播学》，第2版，250页，保定，河北大学出版社，2000。

② 《陈力丹自选集》，162、175、176页，上海，复旦大学出版社，2004。

③ 载[美]《读者文摘》，1982(11)。

④ 翁晓波报道，载《武汉晚报》，2006-02-10。

⑤ 张雷：《注意力经济学》，195、243页，杭州，浙江大学出版社，2002。

一类的替代品。显而易见，典型人物报道消亡论并不符合实际，反倒将其虑事之短见与冲动显露无遗。

典型人物报道消亡论是可以理解的。典型人物报道的重大困惑显示，我国典型人物报道并未伴随社会主义市场经济的深入发展而找寻到一套行之有效的基本生产模式。这实际是政治改革相对滞后在新闻业的滑动。典型人物报道问题的解决既在新闻界，又不止于新闻界。典型人物报道的存废争论是在猛力敲响警钟。典型人物报道的关键问题还在于新闻真实性。人物的神性压倒人性，主导人性，只能让人物报道前途黯淡。因此，典型人物报道需要观念转变，真正在人物的真实与深度上做文章。这种需要转变的观念主要有三：第一，实事求是；第二，尊重新闻传播规律；第三，宣传规律第二。在新闻规律与宣传规律发生冲突时，后者必须服从前者。

（三）典型人物报道的选题

典型人物报道有自己的特殊规范，在选题的基本原则与基本方法上个性鲜明。

1. 基本原则

(1) 要有政治意识

典型人物报道需要有政治意识。它是执政党进行社会主义精神文明建设的主要工具，要求报道者具备必要的政治觉悟，善于立足于时代的政治高度加以处置。因此报道者唯有坚持马克思主义，弘扬民族与人类的优秀文化，传播主流价值观，认真践行党的路线、方针与政策，才有可能推动包括选题在内的典型人物报道顺利进行。

典型人物报道讲求政治规范。它是精神文明建设工程的有机组成部分，是执政党媒体，尤其是党委机关报的常规报道形式。典型人物报道的选题主要有两种情况。一种指的是选题的萌生、完善、操作来自新闻媒体，另一种指的是选题的酝酿来自宣传系统以外。比如，关于原西藏自治区阿里地委书记孔繁森的典型人物报道，有中共中央组织部与中宣部的直接沟通。[①] 无论哪一种选题，典型人物报道都不限于媒体乃至于记者的局部利益，都需要报道者立足全局，把握时代进步方向。

(2) 以新闻价值为基础

在包括选题环节在内的典型人物报道活动中，以宣传价值为基础的现象还相当普遍。典型人物报道肩负宣传重任，意识形态色彩浓郁，但终究属于新闻报道。在这一点上，典型人物报道不同于其他党的宣传样式。既然属于新闻报道，典型人物报道就必须按新闻规律办事，不单遵循新闻规律，而且要以新闻规律为报道的基础。这就是说，宣传价值在典型人物报道中的作用必须尊重新闻价值，并在服从新闻价值的前提下发挥宣传价值功

---

① 冯健等主编：《通讯名作100篇》下册，754页，北京，新华出版社，2000。

能，将宣传价值功能寄寓在新闻价值功能之内。新时期以来，不少典型人物报道社会传播效果欠佳的根子在这里。因此，典型人物报道需要实事求是，与时俱进，循序渐进，适度转变观念，改良基本方法。而这样的调整在报道的起点就应出发：一方面，新闻媒体应充分听取、尊重管理部门的意见，坚决服从、执行上级的终极决定；另一方面又应该按照新闻规律办事，在下级服从上级的前提下实事求是，向上级与有关机构如实介绍情况，反映问题，充分陈述己见，推动上级党委决策更准确，更有针对性、指导性。

2. 基本方法

典型人物报道的基本方法可概之以 12 个字，即：精心选择、准确定位与区分层次。

(1) 精心选择

选择合适的报道人物对典型人物报道至关重要。在选择报道对象时，既要充分考虑人物的宣传价值，又要考虑社会的认同；既要可敬，又要可亲。

选择报道对象要实事求是。在选择典型人物时，报道者要有质疑的精神。世界是复杂的。与万物相比，人可能最为复杂。一个人的言行之间出现矛盾是正常的，存在人格分裂也不意外，人又是有成长过程的。而质疑，有助于强化对人物及相关材料的真实性、可靠性的考量，推动通过调查获取足够的材料以准确验证人物的思想品德与言行。质疑有助于强化新闻报道的真实性。一个人存在争议是正常的，关键是记者进行典型人物报道必须掌握人物的基本情况，事实要真实，材料有出处，定性要准确。新时代的典型人物更要经得起证伪。

选择报道对象起点要高。要看典型人物能否体现进步的时代精神，能否反映历史前进与社会发展的价值取向。选取报道对象要注意与广大人民群众的迫切需要相结合，善于从时代精神的流失处着手。

选择报道对象要基础扎实。典型人物在所在的地方、部门或行业要有广泛的宣传基础，要能得到广大群众发自内心的普遍拥护。2004 年 4 月 14 日，河南省登封市公安局局长任长霞遇车祸去世。4 月 17 日，是送别任长霞的日子，登封共有 14 万人自发参加任长霞的丧礼，“60 米宽的路上都是拿着花圈、挽幛的人”，“吊唁的队伍蜿蜒上千米”。[①] 任长霞在郑州工作的丈夫来到妻子生前工作的地方，发现“我真的想不到她在登封会这么受人爱戴”[②]。

选择报道对象要组织调查。对准备推出的每一个典型人物，报道者都要动员、组织力量进行专门调查，认真听取各方面的意见。其中，一要注意听取人物所在单位、部门党组织的意见，以确保典型人物的政治方向；二要注意倾听不同的声音，尤其是反对的声音，

① 胡杰：《任长霞情动亿万人》，载《新京报》，2004-06-03。

② 胡杰：《她只是个普通的女人》，载《新京报》，2004-06-03。

以便全面了解人物。它是平衡报道策略在典型性报道中的具体运用。

选择报道对象要注意动人、典型。只有事迹动人，才有可能打动他人，让人见贤思齐；只有人物具有普遍性，才能发挥典型人物报道的指导性。那么，报道者对此应该如何进行自我检验呢？答曰：对于初选的人物，记者可以通过自己乃至于周围的人是否受到感动与感动到什么程度来帮助检验。

(2) 准确定位

准确定位强调的是典型人物报道的社会针对性。只有为典型人物找准新闻传播的针对群体，才能提升传播的有效性。准确定位是确定报道主题与典型人物报道在社会能叫响的前提。对典型人物进行准确定位，需要报道者根据实际需求与过往的报道加以决断。既往成功的典型人物报道在人物的定位上是较为准确的。孔繁森，是有坚定党性原则的领导干部的榜样。徐虎，岗位作奉献，真情为他人，是市政工人等普通劳动者的学习楷模。李国安，实现我党我军根本宗旨的模范团长，是我军中层领导干部的效仿榜样。马恩华，社会主义企业家，是国有企业家的学习标杆。邱娥国，做群众贴心人的民警，是包括户籍警在内的广大警察的学习榜样。张云泉，爱因信仰而璀璨的信访局局长，是包括信访局在内的党政机关干部的仿照对象。这些人物的定位，行业特点突出，时代特点鲜明，既符合典型事迹的特点，又抓住了典型人物的精神实质，给人的印象较深，便于各行各业学习。

(3) 区分层次

典型人物报道有重大、重要、一般之分。孔繁森、李国安、马恩华、邱娥国、李素丽、徐虎、吴天祥、任长霞、张云泉等为重大典型，湖北的萧栋栋为重要典型，由中央推向全国。其划分的依据是典型人物对党、国家、人民的贡献与人物事迹中所蕴涵的时代精神、社会意义。

由于典型人物报道的层次不同，典型人物报道的处置也不能平均用力。凡是重大的典型人物，媒体要按照中央的要求，统一安排新闻宣传，除了发报道之外，还可以举行报告会、座谈会，组织一定范围内的人们去参观学习，推动典型人物深入人心。

二、 公众人物报道

（一）公众人物报道的特点

1. 界说

所谓公众人物报道，是关于社会生活中有代表性的公众人物的事迹、思想所作的新闻报道。那么，什么是公众人物呢？《南方人物周刊》杂志的执行总编徐列认为，公众人物指的是那些被媒体炒作了无数次的对象，他的每一个举动或每一次发言都有可能成为谈资，以博取读者欢心。[①]这样的看法不甚妥当。所谓公众，指的是社会大多数的人。[②] 因此，公众人物指的应是通过大众传媒的介绍、评说而为社会上大多数人所知晓、关注，并有一定影响的知名人物。

公众人物报道有政治人物报道、经济人物报道、文化人物报道或兼有上述三个方面的公众人物的报道。政治公众人物报道指的是对中外政党（包括非执政党）、政府、非政府组织等政治领域内的重要领袖、知名人士的新闻报道；经济公众人物报道指的是对工业、农业、金融业、交通运输业、商业等经济领域内的重要领袖、企业家、知名人士等的新闻报道；文化公众人物报道指的是对科技、教育、文艺、传媒、体育等文化领域内的重要领袖、知名人士等的新闻报道。其中，各行各业中的领军人物是公众人物报道的重点。

2. 公众人物报道的特点

(1) 报道对象具有显著性

公众人物报道与新闻价值中的显著性密切相关。突出报道对象的显著性，是人物报道有别于其他新闻报道的重要标志。所谓显著性，是新闻事实中的有关要素，如人物、地点或事件，因为出名而让受众产生兴趣并对受众产生吸引力的素质。马昌博等人的《李矛：这次没人喊我"汉奸"》[③]是一篇关于公众人物的报道。李矛曾为我国羽毛球队教练，1998年被迫在国外发展，任马来西亚、韩国两国羽毛球教练时带出李宗伟、李炫一等对中国羽毛球队极具威胁的世界一流羽毛球运动员。2008年，他以韩国羽毛球队教练员身份参加北京奥运会并接受中国媒体的访问。在李矛的身上，出色的成就与一定的争议相伴相生，北京奥运会又使他成为一个彰显奥运精神的好载体。媒体对李矛的选取是颇具慧眼的。毫无疑义，公众人物报道所传播的报道对象无论来自哪个领域，哪一行当，无论对社会所产生的作用是积极的、消极的，抑或积极与消极兼而有之，均不同凡响，具有鲜明的新闻价值。这就是说，公众人物报道以社会精英为核心报道对象。

(2) 以新闻价值为标准

新闻价值是公众人物报道的第一标准。这是公众人物报道与那些公关性质的人物宣传稿的重要区分。

公众人物报道对新闻价值的坚守是全方位的。公众人物报道所介绍的公众人物可以来自社会管理层，也可以来自非社会管理层而仅仅是专业技术人员，是社会舆论界的领袖；可以来自政治、经济、军事这些社会运行的硬行业，也可以来自文体一类的娱乐的软行业；可以在世，也可以离世，甚至久逝。但是，只要这些人物具有强大的新闻价值，就可

---

① 徐列编：《〈南方周末〉人物报道手册》，"总序"，4页，广州，南方日报出版社，2006。

② 《现代汉语词典》，第3版，437页，北京，商务印书馆，2002。

③ 载《南方周末》，2008-08-21。

以进入公众人物报道的天地。江华、左明星的《“我没有打江青”——一个曾经看押江青的女兵眼中的江青》在《南方周末》报刊发的时间是2001年5月1日,距离报道对象江青自杀身亡已过了11个年头,不谓不旧。可是,一个“过气人物”[①]在她离世后的11年为什么还有巨大的报道价值呢?毫无疑义,江青是中国当代史,尤其是“十年动乱”期间的著名政治人物,是中国共产党党史中的重量级人物。她的一个特殊身份是毛泽东的夫人;她本人生前曾任中共中央政治局委员,曾长期身居中国共产党与中华人民共和国的最高决策层内。同时,“十年动乱”与她关系特别密切,“十年动乱”前后的国家意识形态生活更是与她息息相关。她是一位直接影响了从1966年到1976年10亿中国人生活命运的重要人物之一。当然,江青在“十年动乱”期间犯了严重的政治错误,甚至罪行。这些在中共中央的有关决议中有明确的结论。但是,江青又是毛泽东主席的夫人,是位艺术造诣颇为精湛的艺术家,是个女人,是妻子,是母亲。对于这些,中共中央的决议不可能也没有必要一一罗列。因为政治禁忌,一个立体的江青只能在历史的长河中轮廓日渐清晰。江青的报道价值,尤其是新闻价值因为主客观的限制必定是一个持续释放的过程。同时,《南方周末》报不是中共中央直属的机关报,也不是当地省委的机关报。这些就使得那些与党委意志、工作部署关系疏远的新闻信息可以在非党喉舌类媒体上率先刊发。毫无疑义,江青至今也未必被充分报道,她的报道价值并未因逝世久远而消歇,反而因离世久而有了实现新闻价值的越来越大的现实传播空间。人物报道若一味老生常谈而缺乏鲜货,则只能徒具新闻报道之名。所以,公众人物报道对新闻价值的坚守既突出显著性,又不止于显著性;对宣传价值的态度既正视,又不能对新闻价值构成消解。公众人物报道必须按新闻规律办事,坚持新闻价值第一标准的报道原则。

(3) 以公共利益为核心追求

是否以公共利益为报道的核心追求,是人物报道能否跨入深度报道门口的关键。在人物报道中,有的尽管有突出的趣味性,读来津津有味,但若没有公共利益的核心诉求,则不过是庸常的文化消闲品,往往即阅即忘。也有的人物报道,充斥着八卦信息、无聊信息,如某影星的小虎牙被拔出,更是等而下之,以浅薄、无聊为卖点。缺乏公共利益为核心追求的人物报道,算不上公众人物报道。

相反,人物报道所报道的人物尽可以不是社会的领导者、管理人,但报道所传播的核心观念只要围绕公共利益铺展,就具备公众人物报道的精神。李海鹏的《举重冠军之死》一文报道曾在1990年亚运会上获得举重冠军为国争光的著名运动员才力,退役后因为生活窘迫未能及时有效地治疗运动生涯留下的疾患,而在33岁时病故的新闻事实。这是一件悲剧。李海鹏说:“故事元素的确很饱满,有冠军、有猝死、有贫困、有孤独”,如果报道

① 江华语,见徐列编《〈南方周末〉人物报道手册》,142页,广州,南方日报出版社,2006。

仅止于娱乐，记者的"工作变得非常简单"。[①] 但记者无意于煽情，也不去激发什么仇恨，而是沿着一种追问、质疑建构全文：作为体育大省的"辽老大"，辽宁省本省的财力有限，有不少比才力为国争得更大荣誉的体育运动员，那么，除了极少数的运动员之外，大量像才力这样为国争得较大荣誉的体育运动员退役后，应该通过怎样的制度安排才能够获得让各方都能满意的安置呢？而这种关于制度安排的谋虑并未将长期以来实施的举国体制排斥在外。因此，《举重冠军之死》展开了一幅为我们广大读者所意料不到的现实生活景象：曾经为国争光的著名举重运动员退役后住一套75平方米的按揭房；房内的居住者除了才力一家三口，还有才力的岳父、岳母与一个外甥，共计六口人；退役后的才力落下一身病，除了因为肥胖等产生的要命的睡眠呼吸暂停综合征、心血管系统并发症，"少年时代在手掌和颈背做的肉茧手术造成了后遗症，常常疼得他汗流浃背"。毫无疑义，没有当年的刻苦训练，才力是不可能生出肉茧的。不过，退役后的才力除了举重则一无所长，反复之后才在辽宁体育运动技术学院做门卫，月薪仅1 200元。退役后的大力士，"贫穷曾使他买不起肉"，也没有钱根治病魔或至少让重症稳定下来，甚至病危。才力的家人也只能向街边卖馒头的马玉琴借走其全天营业额450元中的400元，以酬资让病危的才力住院。因此，才力的死亡就有了不可避免的必然性，也折射出大量和才力类似的运动员的共同命运。李海鹏通过对体育运动员才力死亡不可避免的社会原因的锁定，将报道指向公共利益，即体育活动的根本目的是什么，为国争光贡献了自己一切的体育运动员如何才能够获取一个人起码的生存权、健康权，国家应该从才力的死亡中思考如何尽早完善甚至改进相关的制度。公共利益是公众人物报道与非公众人物报道的重要分水岭。

（二）公众人物报道的选题

1. 坚持显著性标准

具有鲜明的显著性特征是公众人物报道在报道对象上不同于典型人物报道、普通人物报道的重要之处。因此，公众人物报道在选题上要关注各行各业的领军人物、领袖人物、卓越人物或曾经卓越的沦落人物，从中适时择取恰当人选。报道对象可以正面，可以负面，可以中性，也可以兼而有之。公众人物报道不是先进人物报道。

公众人物报道在选题环节应特别留心题材的未来开掘空间。夏英等的《李经纬陨落》[②]一文所报道的岭南企业家李经纬在记者开始采访时因突发脑溢血正在住院，其第九届全国人民代表大会代表职务也由于涉嫌贪污犯罪刚刚被罢免。不过，李经纬终究是著名饮料品牌健力宝的创始人。他苦孩子出身，擦过皮鞋，做过印刷工人，在戏院给有钱人

① 徐列编：《〈南方周末〉人物报道手册》，78页，广州，南方日报出版社，2006。

② 载《南方周末》，2002-10-24。

扇过扇子，没进过一天学堂。创业是艰苦的。李经纬能力强悍，又善于抓机遇。“1984年，李经纬看中了一种运动饮料配方，当时它躺在广东省体育科研所的文件夹里无人问津，李经纬感到机会来了，健力宝由此诞生。”健力宝饮料的成功，让李经纬成为五一劳动奖章获得者和全国劳动模范、第九届全国人大代表。不过，健力宝公司最终却由政府控制一步步演变为由内部人，即以李经纬为代表的职业经理层所控制。于是，健力宝公司的经营被职业经理层“以个人利益最大化而不是企业利益最大化作为思考问题的基点”。由此可见，摆在《南方周末》报面前的报道对象是复杂的：有好也有坏；有个人因素，有社会因素；有偶然因素，更有制度因素。但这一切恰恰为人物报道提供了广阔的开掘空间。编辑部经过讨论规划了未来的采写方向：对制度层面的探究适可而止，要着重于事件和人物的刻画，尽量呈现人物的复杂性并还原其一步步走向悲剧的令人叹惋的过程。[①]记者在报道《李经纬陨落》的最后说：“对整个社会来说，真正的问题不是李经纬如何贪污以及贪污多少，而是如何设计更好的激励与约束机制，以保护企业家的创新能力。”如果选题本身不具备的可供挖掘的开阔空间，记者恐怕就很难获取如上发人深思的判断。

2. 坚持严肃品位

作为深度报道的公众人物报道，选题上要依从深度报道的基本原则，坚持严肃品位。甄茜的《跨国调查“中国母亲”胡曼莉》[②]一文属于揭丑式的公众人物报道。胡曼莉本为武汉钢花中学英语教师，1992 年 9 月在武汉市民政局注册创建中华绿荫儿童村。在一些《一千个孩子的妈妈》等新闻报道中，胡曼莉被描绘为一心收养孤儿而不图回报的慈爱女性。面对关于胡曼莉及其儿童村的质疑，《南方周末》报通过自己的独立调查，证明以收养孤儿出名的中华绿荫儿童村创办者胡曼莉实际上并不是像过去媒体宣传的是什么“无私奉献的母亲”。记者甄茜曾不无惋惜地说：“胡曼莉开始的动机可能是好的，但社会对她太缺乏监控力度了，人性本来是丑恶的，失控的慈善制度把她人性的丑恶养大了。”[③]显然，《跨国调查“中国母亲”胡曼莉》只想弄清事实真相，并没有妖魔化当事人的意图。坚持严肃品位，意味着在选题环节，公众人物报道应坚持硬新闻的精神，远离仅以新闻为娱乐，以新闻人物为娱乐的采编思想，从而把好选题关口，为报道提供良好的报道基础。

3. 坚持所在媒体的编辑方针

公众人物报道也要适度考虑接近性，只是接近性在公众人物报道中主要在区域上。

---

① 夏英：《你使奇迹发生》，见《〈南方周末〉人物报道手册》，65 页，广州，南方日报出版社，2006。

② 载《南方周末》，2001-12-13。

③ 谢春雷：《揭开真相——〈南方周末〉知名记者报道手册》，245 页，杭州，浙江人民出版社，2004。

与显著性相较，公众人物报道在选题上应注重报道对象的普遍价值。一个仅在本地区具有新闻价值的新闻人物，报道价值通常不大。不过，各家媒体的编辑定位不同，在国家新闻信息交流的大格局内所扮演的角色与所承担的任务是不一样的。而这些不一样自然要影响媒体对报道对象的择取。在新闻人物的选取上，作为中共中央机关报、党报第一喉舌，《人民日报》必须以全党的整体政治利益为核心，综合着眼，全面布局，保持各行各业各个地区的适度平衡；作为面向知识界的中共中央机关报，《光明日报》必须偏向全国的知识界，最起码也要善于以知识界的价值观、审美趣味衡量入选人物；作为中国共产主义青年团的机关报，《中国青年报》应面向青年选题，重点以全国范围内的具有一定文化水平的青年群体的需求体系来决定报道对象的去留；《南方人物周刊》杂志在遴选报道人物时可坚持将解放思想寄寓在可读性的办刊方针之中。明白这些差异，就很少甚至不会出现选题错位的情况，如选题《亿万富翁孙大午的梦与痛》会提向《南方周末》而不是《人民日报》。

三、 普通人物报道

（一）普通人物报道的特点

1. 界定

普通人物报道，指的是对时下不具备什么社会知名度的普通人物所进行的新闻报道。普通人物报道的报道对象由两类人物构成：一是小人物，草根性人物，即社会地位不高，对社会也未做出什么突出贡献的普通人。二是无名的社会精英，即具有一定的社会地位，也作出了较为明显的社会贡献，但尚未经新闻媒体较多曝光而缺乏社会知名度的人物。我国两弹元勋邓稼先对我国的国防事业功高业卓，但因为国家利益所在，故一直迟至去世解密，才得以为大众传媒传播。

2. 普通人物报道的特点

(1) 反显著性

在新闻媒体报道之前，普通人物报道的报道对象不为人所共知。这是普通人物报道与公众人物报道的根本区别。

当然，普通人物报道的反显著性具有一定的相对性。当原本默默无闻的普通人物经过新闻媒体的集中报道后，反显著性渐弱，显著性开始萌生、壮大。当新闻人物的这种非显著性终于被显著性所压倒之后，关于这一新闻人物的新闻报道从此也就和普通人物报道无缘。比如，2003 年 7 月，天津丑女张静被当地一家报纸报道。“一夜之间，这个丑女孩成为众多媒体追逐的焦点，一个月之内，张静接待了来自全国各地30多家媒体的采访。"[①]于是张静认为自己也是名人了，[②]"一家从南方来的电视台记者为了采访到张静，曾先后几次打电话，为了采访更加顺利，他们付给张家500块钱。……那段时间，全国各地来天津采访张静的记者很多，当记者们排着队要求采访张静的时候，张静也会拒绝一些她认为不太重要的媒体。"[③]丑女张静之所以敢于拒绝一些媒体的采访，在于她经过媒体的集中报道后开始具有颇大的社会知名度。其实，社会知名度是一个人软实力的有机组成部分。

(2) 强化公共利益的诉求

以公共利益为中心诉求，是衡量人物报道是否具有深度报道品格的重要标准。不过，以公共利益为中心的诉求，之于跨入深度报道门槛的普通人物报道则要求更高。普通人物报道缺乏显著性这一新闻价值的先天缺陷，要求其失之东隅收之桑榆，即通过强化公共利益的诉求来提升报道的价值。

在强化公共利益的诉求上，普通人物报道力求通过对普通人物来展示为其他新闻报道所未及的社会本相。刘天时的《四个乡村教师的现实》一文报道的是生活在晋西北贫困山区静乐县的四位乡村教师。四位乡村教师尽管年龄、性别、思想、性格有所不同，但工作环境的落后，物质生活的特别贫困，精神生活的凝滞则构成环绕乡村教师的共同特征。丛玉华的《生死线上的凝望》[④]一文报道一位被亲生父母遗弃在北京医院的名叫罗丹的5岁女孩。这位小姑娘来自河北农村，身患重型再生障碍性贫血。在父母不见之后，这位女孩时而高兴，时而难过，装出不在乎的样子。小患者的骨髓移植费用在20万到50万元之间，而广大农民看不起大病，构成这位5岁小患者被父母抛弃的社会背景。生活中冰冷的本色，生存的残酷而无奈，成为普通人物报道向现实本真的逼近。

(3) 强大的思想性

普通人物报道对深度报道的挺进，除了强化公共利益之外，还少不了对报道思想性的追求。孟昭丽等人的《死囚王斌余的道白》报道一个叫王斌余的农民工因刺死四人，重伤一人，而被宁夏石嘴山市中级人民法院判处死刑。乍一看，事实清楚，证据确凿，自古有杀人偿命，挺简单的一件事。但是，记者却着重推敲凶手杀人的原因。"王斌余，一个普普通通的农民工，带着改变贫穷生活的美好憧憬，17岁开始到城市打工，却在艰辛的生活中不断地痛苦挣扎，备受欺侮。数次讨要工钱无果，他愤怒之下"失去理智杀了人。这就是说，

---

① 《变形记》(二)，http://www.chinadocu.com/cms/2005/11-28/143215.htm。

② 《关于整容后自认是名人》，见 http://topic.xywy.com/wenzhang/20050716/61825.html。

③ 《变形记》(二)，http://www.chinadocu.com/cms/2005/11-28/143215.htm。

④ 《中国青年报》，2009-07-08。

农民工王斌余杀人有一定的被迫特点。杀人的错误、情有可原及其必然性由此被抽丝剥茧。于是，社会在保障农民工各项权利还不够有力，就成为报道王斌余杀人事件的中心线索。张建高的新闻评论《千万别漠视农民工的基本愿望》[①]一文对王斌余事件的点评更是一针见血："一个'穷'字，让千千万万农民工背井离乡进城打工。工钱之低廉、工作之繁重、衣食之艰苦，甚至包括包工头的颐指气使和随处可见的歧视，他们都能忍受，只求能够按时足额拿到工钱。这是他们最基本的愿望。如果连这一点都守不住，他们就可能因绝望而心生愤怒，进而采取极端行为。王斌余杀人案就像一面镜子，照出了我们保护农民工合法权益工作存在的缺憾，让我们看清了满足农民工们按时足额拿到工钱这个基本愿望是多么重要。"《死囚王斌余的道白》剖析王斌余杀人事件，集中表达这样的意见：更为重要的是如何保护农民工的合法权益，帮助他们成长，这才是避免悲剧的关键所在。强大的思想性有助于普通人物报道关于何因的开掘，推动报道向新闻信息的深度进军。因此，浓郁的人文关怀，深刻的反思，犀利的质疑也就成为普通人物报道长盛不衰的利器。

（二）普通人物报道的选题

1. 坚持反常与平常相结合

在报道对象的选择上，普通人物报道应善于将焦点放在普通人物的不普通与普通的有机结合上，此即反常与平常相结合。人物报道有一个系列公式，其中之一是普通人物加上不普通的事实等于新闻。此即普通人物报道的反常原则，是人物报道对新闻价值的一种较为直观的判断方法。不过，人物报道若仅有反常而缺少人物的平常则有碍人物报道的深度。余刘文等人的《一个叫戚艳明的职业杀手》仅"一个叫"的用语，即可说明这个职业杀手未经媒体报道之前的默默无闻。然而，这个默默无闻的戚艳明却先后杀了四个人。这四个被杀的人与杀手之间本互不相识，往日无冤，近日无仇。杀人者之所以杀人，除了第一次始自图财害命，后三起都因为有人雇凶，酬金最低的一次竟仅有1.6万元。戚艳明确实称得上职业杀手。那么，这个叫戚艳明的人夺人性命时果然无动于衷吗？他是天生的杀人犯吗？他为什么会走上职业杀人这么一条不归路呢？《一个叫戚艳明的职业杀手》循此思路在反常中寻找一般，将人物报道引向深入。首先，作为职业杀手，戚艳明对生命并非完全没有敬畏。他每次杀人后都要通过看录像片《杀手的悲哀》为自己压惊。其次，探寻戚艳明走向不归路的人生道路。他生活在偏僻贫瘠的山村，从小父母离异，后随再嫁的母亲生活，却因"拖油瓶"遭致"谁都敢欺负"。他退伍后娶了一位昆明女知青为妻，后随

---

① http://news.xinhuanet.com/newscenter/2005-09/04/content_3440615.htm

返城的妻子进城却没有工作。家庭生活困难与人生缺少出路，让沮丧的戚艳明走向江湖，改信社会达尔文主义，破罐子破摔，靠偷窃、抢劫过活。通过杀手人生轨迹的展示，报道发现戚艳明最终沦为职业杀手，不仅有他自己的主观因素，而且也有社会因素，有一定的偶然性。报道将思索引向深入：对社会弱势者，在帮一把与不闻不问、听之任之中间，社会究竟会为哪一个支付更为沉重的代价呢？再次，报道对杀人凶手并未妖魔化，而是从人的立场把握报道对象。"我知道自己很残忍……我后来也想过洗手不干，但一有人出钱请我杀，我又忍不住杀。"在这里，杀手的凶残与人性的波动被奇妙地混合在一处。面对妻子"你叫我和儿子以后怎么做人"的指责，职业杀手低头默认："真对不起，我把你们牵累了。"邪恶与人性奇妙而古怪地融合在一起。这里既有病灶，又有平常。这也是一种真实的存在。反常与平常的结合，构成的邪恶萌生、进化的逻辑性，是那样的触目惊心，发人深思。这篇报道因此远离以血腥刺激去卖钱的新闻娱乐，远离离奇古怪的八卦式新闻，深度报道的严正品格也由此冉冉升起。

2. 坚持时新性标准

普通人物报道是新闻报道，而不是回忆私家情感痕迹的书信、日记。因此，它所报道的人物应与时代相对接。人物报道在报道普通人物时若忽视新闻价值，则很容易让稿件变为不在新闻报道队伍序列中的记叙文。陈明洋的《胡老师》[①]一文需要推敲。该文介绍记者家乡一位被当地人称为"胡老师"的怪人。胡老师毕业于名牌大学，在党的十一届三中全会之前因人生际遇而精神失常，举止怪异，终身未婚，四处流浪，他在记者报道的两年前在家乡离世。这样的内容与现实有联系吗？实在看不出来。或许《胡老师》一文有崇尚知识的立场，有对"十年动乱"的曲笔，但这些均与新闻无涉。人物报道所报道的人物可以在世，也可以离世，但报道如缺少当下所应知而未知的新闻资讯则很难成为新闻报道。相形之下，王波的《诚信可以如此朴素》[②]一文则可圈可点。该文报道江西省德兴市李宅乡宗儒村家境贫穷的村民陈美丽，2007 年 4 月在丈夫不幸身亡后 6 天张贴替夫还数万元债务的通告。村民陈美丽的实际一经媒体披露，好评如潮，"被一些网友称为当下'中国最美丽的村妇'"。当事人陈美丽有一个困惑，那就是欠债还钱，父债子还，夫债妻还，自古以来，天经地义，自己只是做了一件应该做的事情，为什么会引起这么大的轰动？[③]是啊，陈美丽的举措为什么会引起这么大的社会轰动呢？那就是市场经济兴起后我国内地国民的道德公信力急剧下降，社会运行软成本居高不下。大江网友赵开亚 2007 年 10 月 19 日

---

① 载《南方周末》，1999-12-29。

② 载《中国青年报》，2007-04-12。

③ http://eq-plat-buy.cn/blog/264.html

说："原因我认为只有一个：就是中国人的道德素质普遍低落！要不然做了一件很平常的事怎么就会成为了不起的壮举？因为现今中国人普遍都不会像您这样做……是什么原因颠覆了中国人的是非观？我个人认为当今这个社会造成了一种谁老实谁吃亏，谁狡猾谁受益的真实普遍社会现象，自然就会导致国民道德素质的日益低下！谁应该为此负责埋单？……希望每一个中国人都能把自己本应做的普通事寻常事做好！更希望这个社会能营造出一种做好事做善事做实事而不会吃亏的和谐局面。"[①]在这样的情况下，一贫如洗的村妇陈美丽却公开贴出通告替夫还债，就不能不惊世骇俗了。《诚信可以如此朴素》能够动人，与人物报道不缺内容的现实针对性密切相关。

3. 坚持典型性标准

在报道对象的选取上，普通人物报道应将焦点放在普通人物的不普通上。这就是说，人物可以普通，但人物的"何事"不普通。人物报道有若干公式。其一：普通人物加普通事实等于没有新闻。其二：普通人物加不普通事实等于有新闻。这种对普通人物不普通事实的把握之一，就是坚持新闻事实的典型性标准。

所谓普通人物的典型性标准，指的不是人物的先进，而是普通人物融个别与共性于一身，既个别，又一般，并因此造就人物的新闻价值。黄瑞的《地球村客栈的情爱往事》[②]一文报道一位生活在广西桂林"洋人街"的中国青年罗玉。这位叫罗玉的桂北青年自学绘画与英语、法语、日语，在"洋人街"曾与经此旅游的多位外国女性做过二人世界的亲密朋友。在不少中国女性以嫁洋人为荣的时下，这位叫罗玉的中国青年似乎因为替中国的男性"争光"而不多见。然而，我们从罗玉的异国恋中感受不到深厚的社会内容，也寻觅不到深刻的思想启悟，有的仅仅是广大中国青年所无法体会的异国恋，恋而无果的一个接一个的露水之恋，其间甚至不乏艳羡西方发达国家而生的深深的民族自卑与民族软骨病。这样的人物并不具备真正的标本意义，除了猎奇甚至自取其辱已很难再收获其他。这样的普通人物报道与都市报、晚报、晨报副刊中的情感倾诉类的稿子已无本质区别，并不具备深度报道所不可或缺的品格。若将之与《诚信可以如此朴素》相比较，则不难立现双方的高下。《南方周末》类似的人物报道还有《这个圈子不谈爱情》[③]。作为深度报道的成员，普通人物报道所选取的对象应既是具体的，又是普遍的；既是个别的，又是一般的，能够由普通人物来折射社会的变迁、现实的主导与时代的命题。

---

① http://jiangxi.jxnews.com.cn/system/2007/09/03/002558016.shtml

② 载《南方周末》，2003-02-13。

③ 载《南方周末》，1998-06-12。

第四节　深度人物报道写什么

一、神重于形：人物的内心世界

（一）重视写人物精神世界的必要性

对于深度人物报道，触及人物的精神世界直接关系着报道对象的三大问题：一是写准，二是写活，三是写深。

是否触及人物的精神世界直接关系着新闻人物是否真实。人物报道的核心不是人物做了什么，说了什么，而是人物为什么这么做，这么说，即人物言行背后的思想活动。言行受思想支配，因此唯有写出人物的思想，人物才有灵魂而不是仅仅在纸面上滑行的行尸走肉。

是否采写人物的精神世界直接关系着人物报道的准确、深刻。人物报道的信息深度主要在报道对象人物的主观世界。报道对人物主观世界把握得越全面，越能抓住要害，那么所报道的人物就不仅真实、鲜活，而且能够走向深刻。而这样的内心世界再放于现实之中，则可以增添人物报道的警世力量，强化人物报道的新闻价值。

（二）选取新闻人物内心世界的着力点

写准，写活，写深新闻人物，要求报道者对新闻人物的内心世界善于"博""专"结合。

报道者对新闻人物内心世界的把握应讲求"博"。所谓博，指的是报道者对新闻人物精神世界的总体面貌有准确的掌握。人物的内心世界丰富多彩，主要由无意识、欲望、情绪、情感、念头、思绪、性格、气质、信仰、价值观、人生观、世界观等构成。其中，情绪、情感、思绪、念头属于人物精神世界的浅层、不稳定层，性格、气质、信仰、价值观、人生观、世界观属于人物精神世界的深层、稳定层，而欲望则在人物精神世界的浅层、深层中飘浮、游荡。因此，记者对新闻人物的总体精神面貌应有所把握，判断准确不眼花。

报道者对新闻人物内心世界的把握应留意"专"。所谓专，指的是报道者对新闻人物精神世界质的社会规定性有准确的把握。世界观是人们对整个世界的看法。[①] 人生观是对人生目的、意义等的根本看法，具体表现在幸福观、生死观、苦乐观、荣辱观、恋爱观等方

① 《辞海》三卷本，95页，上海，上海辞书出版社，1989。

面，是世界观在人生问题上的表现。[①]报道者对新闻人物精神世界质的社会规定性的准确把握，集中于人物性格、气质、欲望、信仰、价值观、人生观、世界观的精神世界深层。新闻人物稳定、深层的精神世界是决定一个人不同于其他人，尤其是决定一个人物在真善美与假恶丑之间的游走及其游走深度的关键。脱离了"专"，就不能准确地把握新闻人物。

（三）写准新闻人物的特别性质与人性的结合

当下人物报道的一大弊病是忽略人物的人性而只着眼于新闻人物的特别性质。人物的特别性质往往集中新闻人物的新闻价值，但脱离人性去表现新闻人物的特别性质则容易造成人物失真。人物报道中有如下两种极端颇易出现：一是先进人物的神化；二是负面人物的妖魔化。无论神化的先进人物，还是妖魔化的负面人物，都是不可理喻的神秘人物，都脱离人的客观基础。人性是新闻人物之所以为人的重要客观条件。无论什么样的人，都要吃喝，都离不开衣食住行，都有爱有恨，内心深处都渴望获取尊重甚至成功。人，不是纯粹的动物。因此，所谓人性又是人的生理与社会、时代的有机统一。因此，先进人物的神化与负面人物的妖魔化仅属于新闻人物的平面化，很容易导致人物报道的浅薄甚至失真。无论正面报道，如先进人物报道《毛主席的好战士——雷锋》[②]中的雷锋、《生命的支柱——张海迪之歌》[③]中的张海迪、《一位老人与300名贫困学生——退休三轮车工人白芳礼资助300名贫困学生的故事》中的白芳礼老人，还是揭丑性质的报道，如负面人物报道《"五毒书记"和他的官场逻辑》中的张二江、《一个叫戚艳明的职业杀手》中的戚艳明，乃至于《"我没有打江青"——一个曾经看押江青的女兵眼中的江青》中的江青，这些新闻人物在报道者的笔下之所以真实可信，栩栩如生，就在于这些人物报道既报道了新闻人物的特殊之处，即特别的先进或邪恶，又报道了新闻人物的常人共性所在，闪烁着人性的光亮，并注意两者的有机融合。这样的处理推动人物报道真实、鲜活，走向深度。比如，甄为民等人的《毛主席的好战士——雷锋》报道一位叫雷锋的普通士兵全心全意为人民服务的动人事迹。那么，为什么雷锋会走到哪里将好事做到哪里呢？是为了求领导的表扬、同志们的称赞吗？是为了个人升官提干吗？不是的。报道介绍，雷锋的身世非常悲苦，父亲被日寇杀害，哥哥在资本家工厂做工惨死，妈妈在地主家做佣工受辱自尽，七岁的他，小小年纪就成了孤儿。他四处讨饭，仅仅因为打了偷吃他讨来饭的财主家的狗一下，就被地主用剁猪草的刀在他左手上连砍三刀。他生不如狗，是共产党、解放军将他从苦海中解放出来，使他有饭吃，有衣穿，可以上学，进工厂，过上人的日子。有了这些，雷锋已经很满足。因此，年轻的雷锋对共产党、毛主席有着深厚的阶级感情与朴素的报恩思想。他把党看作

---

① 《辞海》三卷本，798页，上海，上海辞书出版社，1989。

② 载《人民日报》，1963-02-07。

③ 载《中国青年报》，1983-03-01。

再生父母，将周围的战友、乡亲视为亲人。他曾说：唱支山歌给党听，我把党来比母亲。他帮战友，帮老百姓，就等于帮自己的兄弟姐妹，帮自己的伯伯姑姑。正是这种建立在一定阶级立场上的泛亲人思想，成为雷锋全心全意为人民服务并最终成为一位共产主义战士的深厚社会基础与思想根基。再如，《“我没有打江青”——一个曾经看押江青的女兵眼中的江青》颇注意从人性的角度考察报道对象。该报道分别从生理与社会两个方面报道人物。先说生理方面。有人以为 1980 年 12 月江青在法庭审判中冒汗是因为在强大的司法压力下紧张、恐惧所致，报道则通过女兵李红，这一位从 1978 年 4 月到 1981 年 6 月共计三年多的时间内在北京秦城监狱里一直直接负责江青的看押人员口中获悉，“江青内分泌紊乱，汗腺失调，说出汗就是一身汗”。这种具有高度说服力的信息纠正了一处用政治曲解病理现象的错误说法。再看社会方面。从人性的角度努力向读者还原一个在狱中的真实的政治人物江青，报道更多是着眼于人物的人性中的社会成分。作为一个女人，江青虽年逾六旬，但黑发浓密，脸庞白皙，身材姣好，腰板笔挺，举止高雅，并不失败，以致女兵李红禁不住赞叹：“一个 60 多岁的人皮肤和身材保养这么好真是奇迹。”若讨论化妆、服饰，江青头头是道，足可为女兵李红的指导。作为女性，江青同样看中自己在婚姻中的名分。她与女兵李红发生冲突的真正根源，是李红基于当时的政治立场对其不是毛泽东主席第一任妻子的公然奚落。江青大怒，她的骂人与唾人一脸唾沫俱始自江青对自己婚姻名分的敏感。这是女人的人性反应，与政治无涉。一个人的政治立场正确，不等于道德品质必然好；反之，道德品质正常，也未必政治抉择永远正确。人，就是这么复杂。作为一个老人，江青能够主动向晚辈致歉，也并非一无是处。江青与女兵李红之间由冲突到后来的相互体谅，更多来自人与人之间的互动。作为一个艺人，江青在行，并非草包。江青经常在狱中的“屋子里唱京戏，边唱边表演，尽管隔着门听不清楚唱什么，但通过观察孔可以看到她的一举一动，有板有眼”。《“我没有打江青”——一个曾经看押江青的女兵眼中的江青》一文对人物的政治生活信息也进行了适当的披露。当获悉政治宿敌国家主席刘少奇被平反与“四人帮”集团成员毛远新被捕入狱，江青借题发挥，以饭菜不当发泄自己的政治不满。对江青有关政治信息的披露，有助于预防用人性来代替对人物的政治属性的判断。正是通过对一个女人，一个老人，一个艺人的人性、社会因素的综合考察，报道才让广大读者一见另外一个媒介中的江青影像：这里的江青再不是“十年动乱”期间在中国最高的政治舞台中央频频向四周挥手微笑的江青，也不同于 1976 年 10 月后沦为阶下囚并以反党集团首犯在庄严的法庭上受审的江青，而只是一个女人、老人与艺术上颇具造诣的艺人。这样的新闻信息除了纠正既往新闻报道内外对江青的有关误传之外，更多的是在丰富江青媒介影像的同时去建构一种信息的平衡，由展示江青的人性活动而将笔墨依托于一个宽广的背景向人物主体世界的纵深处挺进。对于广大受众，浅薄的人物报道好处不多，坏处倒是不少：麻痹读者，以猎奇吸引受众眼球。失真的人物报道则有害无益。

人物报道在新闻人物特别性质与人性的结合上，应注意利益的切入口。所谓利益即好处。[①]利益有利己的利益，也有利他的利益，如佛教的功德；有物质利益，也有精神利益。当下一些人物报道的深层失实，和忽视或回避对新闻人物利益的推敲是密不可分的。关注新闻人物的利益博弈，有益于摆脱人物报道的先进人物神化与负面人物妖魔化的不良倾向。首先，关注新闻人物的利益博弈有助于人物报道的真实可信。郭梅尼等人采写的《生命的支柱——张海迪之歌》其成功之一，是报道集中地展示了张海迪对人生价值的探索与认定。这篇通讯报道的是山东一位叫张海迪的女青年是如何战胜自身高位截瘫的残疾从而做一个对社会有益的人的动人事迹。《生命的支柱——张海迪之歌》将张海迪的自我精神搏斗归为三个阶段。报道的开头就提出了张海迪行为背后的精神驱动力的问题：张海迪"拖着病残的身体，愉快地为人民做事，生活的力量是哪里来的?"报道告诉我们，张海迪的这种思想最早源于她 1970 年的早年乡间生活。当时，她结识了一位五六岁的十分漂亮、可爱的小男孩。但由于当时农村医疗条件的限制，这位小男孩因为患急病而未能及时治疗而夭折。这种痛苦激起了张海迪学医为他人治病的念头。这是先进人物思想斗争的第一个阶段。张海迪这时的思想虽然初具利他意识，但还局限在浓浓的个人性情之中。但是，当她学会扎针治好了一位老大爷多年的瘫痪病后，她第一次懂得：给别人带来幸福，就是自己最大的幸福。[②]这是张海迪思想变化的第二个阶段。她开始自觉地将个人的幸福与他人的幸福，即利己与利他有机结合起来。然而，当张海迪迁入县城后却因残疾而屡受歧视，被认为是对社会没有用处的废人。她得不到工作，得不到为社会做奉献的机会。为此，她十分痛苦，曾经自杀过，是苏联小说《钢铁是怎样炼成的》中的保尔鼓起了她战胜挫折的勇气和信心，决心战胜病魔学好本领为人民服务，做一个生活中的强者。这是张海迪自我思想斗争的第三个阶段。在张海迪自我思想矛盾冲突与她战胜一个个自我内在矛盾冲突之后思想飞跃的背后，是作为一个残疾人的她对包括个人利益在内的人生价值的不懈探索。人的行为受思想支配，思想则受利益左右。无产阶级革命领袖并不回避利益。毛泽东 1944 年 9 月在《为人民服务》中说："人总是要死的，但死的意义有不同。……为人民利益而死，就比泰山还重；替法西斯卖力，替剥削人民和压迫人民的人去死，就比鸿毛还轻。"利益本身无所谓善恶，关键在于如何调动与使用，因此我们不必闻"利益"而色变。其次，关注新闻人物的利益博弈有助于人物报道的深刻与警世功用。江华、左明星的《"我没有打江青"——一个曾经看押江青的女兵眼中的江青》善于在女性与政治之间的龃龉中寻觅新闻当事人的个人悲剧所在。作为人生，江青很难说有多么成功。作为女性，江青本来外貌出众，文化水平较高。不过，从她与女兵的冲突过程、最终选择以自杀结束自

① 《辞海》三卷本，4545 页，上海，上海辞书出版社，1989。

② 2002 年 10 月，张海迪做客中央电视台认为，人生的意义在于奉献，对他人有用。

己的生命看,江青性格刚烈,不无任性。以她的性格与经历,江青如果满足于妻子、母亲与演员的角色,晚年安详、一生大体平安是应该有充分保证的。然而,由于主客观的种种原因,江青最后还是跨过妻子、母亲与艺人的门槛而涉足于政治,并在中国的最高政治舞台中心表演了整整十年的政治活剧。俗话说:屁股决定脑袋。其中的“屁股”指的是人所处的位置以及这种能为己方带来利益得失的位置。那么,为什么屁股会决定脑袋呢?就在于有的人明明知道何是何非,却因为个人私利或集团私利而放弃了大是大非。相反,一个人如果将自己的屁股坐在大是大非的位置上,就可以克服私利对公利的不当干扰。作为艺人,江青是出色的;作为政治人物,江青则是糟糕的。“十年动乱”期间,江青在政治上的所作所为对国家与民族造成了严重的伤害。她的坐牢受罚未尝不是自食其果,罪有应得。因此,江青的悲剧不单是指她晚景凄凉,更重要的是她的政治舞蹈并未像她个人所期望的那样造福于国家与人民。从狱中仍然坚持阅读《毛泽东选集》看,江青终其一生也未认识到自己对国家造成的伤害有多么的严重。因此,她在极“左”路线上干得越欢、越猛,对国家与民族的伤害就越大。历史证明,不是说江青不可以从事政治活动,而是指以她所生活的那个特定的时代与她特定的身份、个性,决定了她远离政治而仅仅满足于妻子、母亲与艺人的位置当既有益于她本人,又有益于国家。《“我没有打江青”——一个曾经看押江青的女兵眼中的江青》一文通过江青作为女人与政治人物之间的冲突所传达出来的思考,则使人物报道既锋利又稳健,实现了报道与人性、政治的有机融会,在向人物的主体世界的步步紧逼中绽放了具有相当冲击力的绚丽花朵。人物报道若忽视新闻人物的利益博弈很容易让新闻报道中的新闻人物缺少了自身的深层精神世界,并进而没有了人物的质的规定性。

(四)讲求新闻人物思想的现实针对性

人物报道终究属于新闻报道。人物报道对新闻价值的抓取与强化,均需根据人物的内心世界特点、当下的时代需求找寻并加强报道的现实针对性,直面矛盾,不作人云亦云的文章。《品味范匡夫》系列报道[1]之所以受到广泛好评,则与此相关。其片段如下:

> 一名转业干部两次三番给他送礼,见他执意不收,竟以为“政委是不想给我帮忙”;到地方检查工作,一家企业给每人送上一份精美礼品,他不要,有人便提醒:“你不拿,等于在批评大家搞腐败”;一对下岗夫妇感谢其真诚扶助,拎着礼品登门,他不接,夫妇俩误以为他是嫌礼薄,竟“扑通”一声跪下来。88岁的老父亲拖着病体,冒着严寒从100公里外的老家赶到金华,提出将在异地当兵的孙子调来军分区,范匡夫没答应。老父亲含着泪水、踏着积雪走了,就是不要儿子送。

① 载《解放军报》,2001年7月30日起。

外甥想当兵，体检政审过了关，在"文化程度"一栏卡住了。范匡夫知道，这是条硬杠杠，便没打招呼。姐姐不听解释，气呼呼走了。面对父亲苍老的背影和姐姐的埋怨，范匡夫心里也很不是滋味。但范匡夫坚信自己没有错，并坚信"他们一时不理解，总有一天会理解"。

范匡夫对理解与不理解的问题作过调查，发现一个很值得思考的现象：对于旗帜鲜明地反对腐败、抵制不正之风的行为，绝大多数人是打心眼里理解和为之叫好的。广大群众真正不理解的是，有人竟然把"不论白鼠黑鼠，不被逮住的就是好鼠"奉为"经验之谈"，听了让人全身起鸡皮疙瘩！一个领导干部凭自己的能力，凭自己的真本事清清白白、堂堂正正、踏踏实实做人，有什么难的？为什么偏要把自己降格为"鼠辈"，一辈子就为了"不被逮住"，而消耗自己的智慧、尊严、生命呢？

范匡夫说：对那些搞不正之风的人，只要看透他们的真正用意，对为什么要坚决拒绝和抵制他们也就不难理解了。这比让周围的人理解更重要。比如，遇到谁要找我开个什么口子，我就这样去"理解"：人家送你钱财是看上你手里那点权。你要是不提防，轻则会坏了你的名，重则会害了你的命。仅从维护自己的尊严、珍惜自己几十年奋斗成果的角度而言，面对送上门的钱财美色，也当拒绝。

一次，有个地方领导干部问范匡夫，我也想挡住这些不正之风，但我为什么就觉得太难了呢？范匡夫给他说了这么一条体会：对不正之风不搞"内外有别"、"下不为例"，久而久之，人家知道你不是那号人了，也就懒得来碰壁了。他的妻子王志萍证实，范匡夫到金华军分区当政委后，上门送礼的人一年比一年少，现在几乎没有了。

《品味范匡夫》的这一部分，提出并回答了广大党员干部应该时刻提防也是广大群众意见最大的问题：党员干部如何清廉不腐败。这样写，既合情合理，写真写活人物，又针对社会中的具体矛盾乃至于"潜规则"下笔，正气凛然，读来解气，对广大领导干部如何正确运用权力也有一定的启发。

二、 神托于形： 表里结合，形神兼备

（一）在矛盾冲突中刻划人物

1. 在三大矛盾冲突中刻划人物

围绕人物所表现的矛盾冲突有三大类：一是人物与自然的矛盾，是为自然矛盾；二是人物与他人之间的矛盾，是为社会矛盾；三是人物自己与自己之间的矛盾，是为自我

矛盾。

2. 重视在人物的自我矛盾冲突中刻划人物

过去，在战争年代或强调阶级斗争的年代，人物报道着重于写敌我之间的矛盾。而目前，在社会主义的和平建设时期，开枪打炮、大轰大炸的你死我活的矛盾冲突已不多见；在社会主义市场经济大潮中，人与人之间不可调解的矛盾冲突也有了转化。相形之下，人物自身的内在矛盾冲突则越来越多。一个人的进步，在相当的时候建立在战胜自己的弱点与不足之上。因此，人物报道，尤其是典型人物报道要注意把握人物自身的矛盾，要通过内在矛盾来刻画新闻人物。毫无疑义，如果仅仅着眼于先进人物如何与人斗，与大自然斗，而单单遗漏了人物如何与自己的思想斗争，那么，我们就写不好先进人物的精神发展足迹，写不出先进人物平凡与非凡的有机统一，也无助于摆脱长久套在先进典型人物通讯中的神化模式。

3. 在矛盾冲突中展示典型环境中的典型人物

(1) 为什么要在矛盾冲突中展示典型环境中的典型人物

穆青的《谈谈人物通讯采写中的几个问题》一文云："人物通讯所要再现的典型环境，主要是人物所处的特定时代的重大矛盾冲突。"①人物的环境往往通过冲突来表现。穆青等人的《县委书记的榜样——焦裕禄》善于通过矛盾冲突来展示典型环境中的典型人物。焦裕禄在报道中一亮相，摆在他面前的困难就十分巨大：一是兰考发生了严重的自然灾害，有内涝、风沙、盐碱，这是自然环境。二是兰考干部中普遍存在的错误思想，即在困难面前灰心丧气，失去斗志，这是社会环境。三是焦裕禄本人有病，肝病相当严重，最后他本人即死于肝病。这是自我矛盾，自我环境。穆青通过如是典型环境将焦裕禄推到风口浪尖上来充分显示他精神的伟大、行为的不凡。

一般说来，矛盾冲突越大，先进人物遭遇的困难越严重，则越有利于展示人物的先进性与人物的生动性。比如，疾病对人物的考验，《把党和政府的温暖送到千家万户——记全国劳动模范、水电修理工徐虎》②中的上海社区水电修理工徐虎深度近视，患有高血压、脂肪肝疾病；《我党我军宗旨的模范实践者——李国安》③中的解放军某部水工程团团长李国安患有细胞瘤重症，面临瘫痪的威胁；焦裕禄患有肝癌绝症，并终因肝癌去世。显而易见，绝症肝癌比重病、轻病对典型人物的考验更大，更易见出英雄本色。

---

① 穆青：《新闻散论》，180页，北京，新华出版社，1996。

② 载《中国建设报》，1996-04-17。

③ 新华社1996年1月22日电稿。

(2) 巧妙铺设人物的典型环境

在人物所要面对的诸环境中，社会环境具有十分重要的作用。社会环境除了国际环境、国内环境这些大环境之外，还包括人物周边的小环境。以往人们写典型人物的环境往往注重大的环境，如焦裕禄与自然灾害，孔繁森与西藏落后的生产力水平。其实，人物的环境也包括人物的家庭、同事等。比如，孔繁森家有高堂老母，有妻儿，这些实际上也是典型人物的环境。再如，《岗位作奉献，真情为他人》[①]中的李素丽，有的乘客面对查票，有意将拿票的手在李素丽的面前晃来晃去，有的乘客故意往车厢的地上吐痰，李素丽提醒对方，对方一句话不讲又向地上吐了一口。《一位老人与 300 名贫困学生——退休三轮车工人白芳礼资助 300 名贫困学生的故事》中的白芳礼老人自 74 岁直至去世的 20 年间将靠一脚一脚地蹬三轮车挣下 35 万元人民币，捐给了天津的多所大学、中学和小学，资助了 300 多名贫困学生，自己却没有一分钱的私人存款。在那些"人不为己、天诛地灭"的人看来，白芳礼老人是"高级神经"。这些不理解与妨碍也是人物的环境。因此，如果选取周围群众的不理解、家人的困惑，其实就是刻划人物的社会环境，也能充分表现出人物的矛盾冲突。而《把党和政府的温暖送到千家万户》、《岗位作奉献，真情为他人》报道，由于忽视了对这些困难的展示或展示不足，也就影响了典型人物的先进性。其实，在社会主义市场经济兴起的今天，徐虎、李素丽在平凡岗位上作奉献是相当不容易的。报道回避矛盾，也就使报道失去了相当的震撼力，读来就平平淡淡。

（二）要善于用人物的言行来表现人物的思想境界

写人无外乎通过人物的行为、言语与内心世界数条途径。如果只讲人物如何如何好或不好而没有事实，那么，写出的人物既没说服力，又干枯晦涩。为了写出人物的特点与新闻价值，报道不仅要写人物的外在言行，还要通过人物的言行写出人物的内在心灵世界。

直接刻划人物的内心世界，报道者要有依据。如采访人物时，报道者应注意搜集人物的话语、日记、书信。人物的内心思想话语若由他人转述，报道者在使用时最好掌握有两人以上的证明。

反映人物的内心思想，以通过人物的言行来折射为上。人物的言行具体、易懂，长处突出。《我党我军宗旨的模范实践者——李国安》一文写李国安一心为边疆军民打水。一次，当他病重住院，听到白音查干打水无果而官兵们准备回撤时，他不顾医生阻拦，让人将自己抬上吉普车，找正在北京开会的军分区司令员，提出：钻井连不能撤，边关路途遥远，撤下去再上去就难了。这些事实说明李国安一心扑在工作上，说明为了边关打出水来，为

---

① 载《北京日报》，1996-10-04。

了让军队、让当地百姓有水喝，他不顾个人健康。事实胜于雄辩，典型而生动的人物言行能更好地表现出人物的思想境界。

在用事实刻划人物时，还要善于挑选典型细节材料。如《一位老人与300名贫困学生——退休三轮车工人白芳礼资助300名贫困学生的故事》：

> 等存满500元时，他揣上饭盒，蹬上车，在一个飘着雪花的冬日，来到了天津耀华中学。人们看到，他的头发、胡子全白了，身上已经被雪浸湿。他向学校的老师递上饭盒里的500元钱，说了一句："我干不动了，以后可能不能再捐了，这是我最后的一笔钱……"

这样的细节材料在表现白芳礼老人无私助学上翔实、生动，具有特别的感染力。当然，典型的细节材料只能来自记者在新闻现场的奔波，获取也往往具有一定的偶然性。然而，天道酬勤，一分耕耘一分收获，离开新闻现场的奔走，典型的细节材料是绝不会自动光顾的。

第五节　深度人物报道怎么写

一、文体

（一）各式工具轮番上场

深度人物报道可以使用各种新闻报道文体。在深度人物报道中，通讯、专访可以用，特写、消息也可以用。这四大文体可以单独使用，也可以四种并用，或四种之中的两三种之间配合使用，一切均根据具体情况灵活处理。在深度人物报道上，四大新闻报道文体俱有用武之地。

（二）两大文体为主体

尽管四大新闻报道文体都可以用于人物报道，但从深度报道的特点与要求看，则以其中的两种用来最为有力。这就构成深度人物报道的两大主力文体。这两大文体一是通讯，二是专访。相形于消息、特写，由于便于较多面、深入、生动地展示人物的事迹与精神状貌，通讯、专访就成为深度人物报道的重武器。

在深度人物报道中，通讯源远流长，长盛不衰。长期以来，典型人物报道已经形成以通讯为中心的报道文体惯性。甄为民等人采写的《毛主席的好战士——雷锋》、穆青等人采写的《县委书记的榜样——焦裕禄》、郭梅尼等人采写的《生命的支柱——张海迪之歌》、何平等人采写的《领导干部的楷模——孔繁森》[①]、郭萍等人采写的《北京有个李素丽——21路公共汽车1333号车跟车记》、集体采写的《品味范匡夫》无不采取通讯报道方式。在公众人物报道、普通人物报道中，通讯也最为常见。黄广明等人的《乡党委书记含泪上书，国务院领导动情批复》、万静波的《亿万富翁孙大午的梦与痛》、李鸿谷等人的《秘书的权力》[②]、李海鹏的《举重冠军之死》、余刘文等人的《一个叫戚艳明的职业杀手》、蔡平的《"雷锋"的悖论》[③]等均采用通讯文体进行人物报道。

近年来，对话体的人物专访在包括深度人物报道在内的人物报道中运用得越来越广泛。专访，又叫访问记，是报道者对新闻人物或有关单位、有关部门所进行的专题访问。专访本始于一种采访方法。这种采访的方法就是报道者为了获得独家新闻而对有关重要知情人进行专门访问。专访的"专"字，包括四个特定的要素：一是特定的对象；二是特定的场合；三是特定的问题；四是特定的时机。专访意味着受访对象当次只接受了一家媒体与一位记者的采访，故专访所提供的新闻事实独家所有，是一种独家新闻。随着新闻事业的发展，专访早已由一种采访方法演变为一种新闻文体，并越来越频繁地出现在报纸等大众传媒之中。中央电视台"新闻调查"栏目第三任制片人赛纳以为专访"从操作上来讲相对单一一点儿，但是它的效果又不错，后来这种方式也成了《新闻调查》的一种新的样式。……像《贪官胡长清》、《少年凶犯独白》，还有《成克杰腐败案》、《赌博人生》、《戒毒者自白》等，都是专访性的。……是'好吃又不贵'，操作上简单，长谈又容易深入下去"。[④]专访主要有三种，此即人物专访、事件专访与问题专访。

在人物专访中，有作者的独述体、对话体两大类。我国内地的人物专访曾长期偏爱独述体。独述体人物专访是记者等报道人根据自己对有关新闻人物的专访并以自己为唯一叙事者对专访对象所进行的新闻报道，共和国诞生后有影响的人物专访多为独述体，如邓拓的《访"葡萄常"》[⑤]、徐中尼的《访上海资本家荣毅仁》[⑥]、徐民和的《"是党给我的艺术新生命"——访作家姚雪垠》[⑦]、柏生的《韧性的战斗——访著名科学家高士其》[⑧]、柏生的《写在绢帕上的诗——访邓拓夫人丁一岚》[⑨]等。20世纪90年代以来，对话体人物专访异峰

---

① 新华社1995年4月6日电稿。

② 载《三联生活周刊》，2002(24)。

③ 李大同主编：《冰点'98》，北京，中国林业出版社，1998。

④ 赵华：《央视〈新闻调查〉幕后解密》，123页，北京，中国广播电视出版社，2008。

⑤ 载《人民日报》，1956-07-28。

⑥ 新华社上海1956年1月19日电稿。

⑦ 载《人民日报》，1977-11-27。

⑧ 载《人民日报》，1978-07-15。

⑨ 载《新观察》，1980(3)。

突起，越来越多。这除了得益于意大利著名女记者法拉奇的政治风云人物专访对我国新闻界的影响，更多的还是我国新闻事业自身发展的迫切需要。对话体人物专访是记者等报道人，以访问者与受访者之间的对话为中心所进行的新闻报道。对话体人物专访有六个特点：一是以一问一答的对话体为主；二是用直接引语记录对话双方的谈话；三是对话的双方由访问者、受访者构成，并以受访者为主；四是访问所传播的新闻信息主要来自受访者；五是新闻信息采自专访现场；六是记者在披露双方对话之前先对专访的有关背景进行一定的介绍。对话体人物专访的最大优势：一是可快速成文；二是记录性强，能够忠于对话时的原话。典型的作品是江华的《访国内唯一公开病情的艾滋女大学生：我拒绝怜悯》：

朱力亚，中国艾滋病群体中，目前唯一有勇气公开自己病情的在校女大学生。一年前的4月份，这个活泼快乐、有着优异成绩的大学外语系二年级学生、正在品尝爱情的22岁的西安姑娘，被HIV病毒迅速地推向了她生命的深渊。

正值春天，油菜花开得艳黄，桃花和梨花在枝头炫耀华丽的生命，河边的牛在安静地吃草，湖北北部的一个县城的一切，都让人感觉到世界的美好和安静。在此避世的朱力亚，却和这个世界，渐行渐远。

2005年4月5日，清明节。

在一个遍布200多个名人的地方，到处是震耳欲聋的鞭炮和燃烧纸钱的烟雾。来自北京和广州以及其他地方的这里的子孙们，穿着制服、在警察的警笛声中来到高大的陵墓前，祭奠死去的人们。朱力亚默默地看着他们，说：其实，伟大者和平凡者死去并没有什么两样：得到同样的纸钱，得到同样的祭奠。

“当然，我也可以成为一个英雄，尽管我的敌人只有一个，艾滋病。”她微笑着说。一阵风将纸钱燃烧的烟雾吹过来，把朱力亚淹没在里面，烟雾呛得女孩眼神有些迷离。

这一天，距朱力亚发现自己感染艾滋病毒366天。几个月前，她逃离遍布同学和朋友的城市，逃离大学外语系青春飞扬的教室，来到这个偏僻的小城。

2004年4月4日，朱力亚，在她的外籍男朋友离开当地回国治疗艾滋病不到48小时后，被外籍男友所留学的大学外事机构找到，证实了朱就是这位留学生的中国女友。在自己大学老师的劝说下，朱到当地的疾病控制中心进行艾滋病检查。正式确认她通过和男友的性关系，携带HIV病毒。

她的世界立即变成混沌的、黑暗的世界。

就在她被证实感染病毒的前后，在长江边的这座城市的几所大学里，几个女生的命运与朱力亚相同。不同的是，那几个花季女孩不知道跑到了什么地方，没有人能够联系到她们。而朱，走了一条和她们完全不同的道路。

"好累，活得好累，累到骨子里了。"朱力亚感到对人生深深的绝望，"我觉得被这个社会抛弃了。我能否通过努力，找到死亡前的真正的自我？"

朱力亚，是中国艾滋病群体中，唯一有勇气公开自己病情的在校女大学生。

……

人物周刊：这几天，是你生命中最重要的几天？

朱力亚：追究起来，我的人生其实是在2004年4月3日那天下午开始改变的。我们老师的一句话："你知道吗？他感染艾滋病已经发病了。"这句话，完全改变了我的人生走向，包括我生命的长短。

马浪，SYDNEY，巴哈马人，27岁，一所著名大学的医学留学生。当时不知道是艾滋病，觉得是肺结核，从2003年11月开始我就发现他肺部感染了，我当时以为上火啊什么的。

2004年开学，他的病还是那样。他打电话告诉我，他病了。那是4月2日，我帮他洗衣服。我和他，最后一次做爱。

第二天他说去北京，我说去北京干什么，他说办点事。4月3日早上他走了，下午那所大学外事部门通知我们学校外语系找我。我就此和痛苦成了形影不离的朋友。

4月4日早上，在几个老师的陪同下，来到了疾病控制中心，我当时真的不想检查，就想迷迷糊糊地过去——如果不检查的话可能还有一丝幻想，不至于对自己打击这么大。那个大学的外事处通知我们学校校办，只有系书记、学生处处长他们俩知道，当然，后来校长也知道了。他们说检查一下，没有的话更好，有的话就要及时治疗……

人物周刊：4月3日你开始怀疑自己携带了病毒？

朱力亚：我很敏感，感觉误差一般很小。我自己知道自己做了什么，一点也不后悔。爱情是不掺杂任何杂质的。我不恨他，恨已经没有任何意义了。我爱他，爱得很深。

我活23岁了，我对未来的最坏最坏的打算也没有想到是这样一种结局，现在我的生命和人生已经定性。我觉得我离这个世界越来越远。

人物周刊：你的世界开始下雪。

朱力亚：那种感觉呀，我现在演还演不来（笑）。我回到公寓，站在窗边，想结束生命马上就可以跳下去了。学校让我住学校招待所，不让住学生公寓了。那天晚上很难忘，正好又是雷雨交加，风很大。我很困，但就是闭不上眼。说话说到零点。老师陪着，我都没有说真话。我需要正视可怕的现实——我很害怕，会失去学业，会被开除。

学校把结果保密到6月份，怕我受不了。其实，我最后知道结果，反倒没有反应了。

人物周刊：你发现感染病毒一周年，你身体有什么变化？

朱力亚：2004年初我也病了。我发过一次烧，全身一点力气都没有。估计那个时候HIV病毒开始在我的身体里扎根。因为我们几乎不使用安全套。

一年来我健康得像头牛，HIV在我身体里睡大觉，还没有打扰我，和过去没有什么两样。变化的是精神和心理。我一直生活在一个黑暗的世界。……

这篇人物专访立足于公共利益，尊重受访人的意志，平等交流，能够让受访者敞开心扉，行文注意保护隐私，文体完整，有说明，有对话，文字优美，情景交融，水平颇高。该文的遗憾，是对艾滋病病毒感染者“朱力亚”同情有余，批评不足，如，“朱力亚”结交外国人做亲密朋友那种轻率的背后除了无知，还有民族自卑情结在作祟。该文对此缺少提示，多少有失深度人物专访的理性精神。

二、结构

（一）文章结构

结构是文章内容的组织构造。换句话说，结构是组织安排文章内容的空间具体形式，是文章的整体与部分、部分与部分之间的内在联系与外部形式的有机统一。一词一句的安排不在文章结构视线之内。正是由于这种全局意识，故结构又被称为“谋篇布局”。

刘勰《文心雕龙·附会》云：“何谓附会？谓总文理，统首尾，定与夺，合涯际，弥纶一篇，使杂而不越者也。”附，指附辞，即文辞前后连贯；会，指会义，指各段含意合乎全篇主旨。刘氏的附会大致指明了文章结构所包括的范围。文章结构包括层次与段落、主次与详略、过渡与照应、开头与结尾。除此之外，标题、线索、角度也都属于文章结构的有机组成部分。

（二）深度人物报道的结构

深度人物报道在结构上应在朴实的基础上适当出新。近年来，有关人物报道在结构上的创新颇可圈可点。这样的创新以结构角度新、结构线索新为突出。

1. 结构角度新

角度，是一个从绘画、摄影、摄像等领域借用的提法，指的是写作者观察事物、表现事物的立场。这个立场实际上是有思想、结构与叙事之分的。

新闻报道在结构上，也有正面角度与侧面角度之分。报道典型人物，《县委书记的榜样——焦裕禄》全面报道英雄人物，采用的是正面视角；《光明日报》用新闻小故事报道吴天祥采用的则是侧面视角。大处入手与小处着墨属于截然不同的两种结构角度。报道体育运动员刻苦训练的新闻，大处入手的角度颇多，而小处着墨的角度如张良的《马家军的鞋》[①]就相当稀罕：

马俊仁训练的小队员曾经光着脚，在乡间的山路上奔跑。那时，马俊仁在鞍山农村的一所中学当体育教师，附近 6 个生产队的农家子弟在这里上学。70 年代，这里的孩子大都穷得穿不起鞋，有鞋也舍不得在跑步时穿，马俊仁为了让他的乡间运动队能有一套统一的服装去参加市里的比赛，曾带着孩子们到山上拾柴禾，运到 40 里外，每斤卖 4 分钱；也曾到大河套里去筛沙子……就是这样一支运动队，后来在鞍山市的比赛中夺得总分第一名，被称为“赤脚大仙”。

曲云霞在金州农村时，曾有 3 次准备弃学不念。在学校运动队里训练耽误了学业，她家里又穷得买不起最简单的运动用品，无法参加训练和比赛。一位民办教师为此到她家反复劝说，动员她家里卖掉唯一的一头猪，为她买了一双运动鞋……如果没有这位可敬的老师，恐怕曲云霞不会离开乡间，更不会成为世界冠军。

80 年代中期，马俊仁到省队当教练时，他的队员穿的那种“小白鞋”，没有腰，没有保护层，底子又薄又硬，跑步时，沙粒很容易进入鞋里，脚也很容易被磨破、扭伤。曲云霞因为常年在煤渣路上奔跑，一个脚大脚趾上就被扎了 18 处。第五届全国运动会马拉松比赛中，王莉因为脚上有伤，又穿了这样一双新鞋，整个脚掌几乎都被磨破了，血肉和袜子粘到一起，成了两个红肉团……马俊仁因此

---

① 新华社沈阳 1993 年 12 月 14 日电稿。

曾哭着跑回鞍山,发誓一辈子再也不搞体育了。

马家军今天仍然被鞋困扰着。中国虽然有了许多种运动鞋,但是还没有专门的马拉松鞋,普通的跑鞋在她们的铁脚板下,只能穿一个月。如果练马拉松,只能穿10到15天。为了给运动员买鞋和营养品,马俊仁曾经卖掉了自己养的花和狗,把工资和运动员的津贴捆在一起使用。今年七运会之前,马家军在高原强化训练114天,每天一个马拉松,运动员的鞋坏了,来不及补,就露着脚趾头在马路上奔跑,几乎每个人脚上都有伤。张林丽、刘莉、张丽荣的脚趾甲全都磨得感染化脓,自己一咬牙拔掉它,第二天继续练……

类似的结构角度还有从“日记”入手的深度人物报道《四个乡村教师的现实》:

8月16日　星期一　晴

孟毅亮

今早6:00我乘火车到了忻州转乘长途汽车,大约9:30,至康家会镇下车。这里距静乐县城30公里左右,位处公路沿线,通电有水,算是静乐县条件相当好的镇。

按原计划,我首先拜访了石帅小学的孟毅亮老师。

石帅小学位于石壑子村和帅家岩村之间,从学前班到三年级,40个学生,全校教职员工只有孟老师一人,是个单人校。

至于孟老师,据听过他课的人讲,“他把课讲得活灵活现”,曾以复式教学得过省级“教学能手”奖;而村上干部的评价则是,“求上进,有头脑”。

一进校门,就觉得亮堂堂的令人振奋。白粉新刷的一溜砖房,干干净净的院子正中一大丛鲜亮的扫帚梅风中摇摆,院墙跟刚刚浇过水的小松树精神抖擞——更令人愉快的是院里的厕所,整整齐齐,男女分开(与我以后的采访经历比较,这实在难得)。

孟老师迎出来,手里攥着粉笔,小孩子们涌到教室门口,探头探脑。

孟老师的眼睛很亮,穿一件干干净净的白衬衫,谈话反应很快很干脆(这儿的人对外人的态度都很友好,但交流起来实在困难,他们最擅长笑嘻嘻的不说话)。

……

8月17日　星期二　雨

周晋华

早上醒来,石帅小学的小孩子已经在晨读,嗓门震耳欲聋。静乐式的普通话。下午我去了康家会小学,准备采访一位刚参加工作的老师。在那儿,我听了周晋华的一节语文课，决定就采访她了。

周晋华今年7月份刚从忻州师专毕业，19岁的姑娘，眼睛细弯弯的，涂了口红，上课的时候常用一块白手帕擦鼻尖上的汗。

晚上7:00放学，周晋华邀我去她家。她爸爸在太原工地上当瓦工，姐姐初中毕业后就学了裁缝，现在嫁了人，也在太原。妈妈在家务农，今天进城看大女儿去了，只剩在康中念初一的弟弟和她两人。

比起孟老师的宿舍，周晋华的家要"富裕"一些，她家甚至有一台罩着粉红罩子的14英寸的彩电；一进门，就有一溜她爸自己打的组合柜，上面压了一块玻璃板，玻璃板下面是照片，除了两三张几年前全家的合影，大多数是周姑娘从师专毕业的照片，其中有两三张是三块钱拍一张的"艺术照"，和周晋华本人不大像；里屋还有一个石英钟，用塑料布蒙着，需要贴近了才能看清时间。

周晋华家算得上村里的中等人家，周晋华和弟弟在学费上并没太为难，但她初中毕业考了全年级第一还是没念高中报了师专，一方面是想到了"比自己能更有出息的弟弟"；另一方面就是她愿意当老师——她中学时就给自己起笔名叫"师梦"。

周晋华并没有自己的屋子，她就住在一进门有锅台兼厨房的这一间。她和妈妈合睡的床上摆了一本翻开的书，是《铁道游击队》。

……

这些结构视角互有千秋，无高低贵贱之别，关键在于因地制宜，灵活处置。

2. 结构线索新

线索是记叙类文章作者把全部材料贯穿为一个有机整体的脉络。线索属于文章的一种结构手段，但只存在于记叙文和部分诗歌当中。新闻评论等议论性的文章没有线索，而只有将零碎的材料组织成一个有机整体的思想路线——文脉。线索不是主题，而是为主题服务的结构手段，可由人物、物件、动作等来承担。柏生的专访《写在绢帕上的诗——访邓拓夫人丁一岚》以"绢帕上的诗"来串连邓拓与丁一岚从1941年到记者专访采写时的鹣鲽情深。

郭萍等的《北京有个李素丽——21路公共汽车1333号车跟车记》获得1997年中国新闻奖特等奖。该文放弃常规的正面罗列人物先进事迹的结构处理方法，而改用以公共汽车运行线路为结构全文的中心线索，即按照公共汽车的运行线路，从起点到中途几个停靠站再到终点，将李素丽在不同时间的若干个工作片段集中在一处加以速写，来展现典型人物的先进行为、思想与社会反映。

（一）

雨点如断线的珠子砸在雨伞上，她的脸上、胳膊上都溅上了雨水。她招呼乘客们上车。

拥挤的人群变得有序了：他们一个个在雨伞下跺脚，脱下雨衣，折好雨伞，抖去雨水，依次上车……

她就是李素丽。中等身材，30 多岁，海蓝色的套装整洁可体，淡妆轻抹的脸上，闪动着一双笑眼。

（二）

汽车启动了。李素丽折起雨伞，擦去脸上的雨水，理理自己的头发。随即，车厢里响起了甜润的声音：

“乘客同志们，您可能来自祖国的大江南北，四面八方。不管您来自何方，我都将用热情、友好、主动的态度为您提供周到的服务。您在途中有什么困难和要求，我会尽力帮助您！”

这声音吸引了所有乘客的目光。站在她面前的几个进京打工的人下意识地整理了一下自己的衣服。

这声音引出了车厢一番议论：

“这售票员像在宾馆里工作。”

“可不。”另一位乘客的声音，“她的仪表和声音我看特像空中小姐。”

一位乘客动情地说：“售票员给上车的人打伞，不多见了。”

“她的车我常坐，”一位乘客接过话茬，“冬天下雪，她捧着炉灰往脚踏板上撒，怕人上车时滑倒，心眼儿多好！”

（三）

车厢外，雨还在下，车厢里，显得十分拥挤。

李素丽：“乘客同志们，下面，请您准备好零钱，我将到您的身边售票……”

话音刚落，乘客们纷纷将钱递过来，你传给我，我传给他，小小车厢里，充满融洽的气氛。

一位 50 多岁的妇女把钱举过头顶，冲着李素丽喊：“我买两张，一张我的，一张行李。”

李素丽接过钱，还给这位妇女甜甜地一笑。

（四）

三里河站。

雨还在下。汽车进站。门口依然遮着那把花格雨伞。

李素丽招呼旅客们上下车：“大爷、大娘，您慢走，穿好雨衣，别淋着了……”

汽车缓缓启动。李素丽突然发现有一位大娘急匆匆地朝汽车赶来，她拿起话筒："大娘别着急，司机和全体乘客都在等您呢！"等老人走近，李素丽走下车搀扶老人上车。

（五）

车厢里挤满了人。

李素丽："现在车上人比较多，不知年老的乘客都有座位没有？如果有我没有看到的，请互相关照一下。"于是人们纷纷给老人让座，有六七位老人都落座了。李素丽发现有两位头发花白的老人还站着。

她挤到两位年轻人面前，细语轻声地说："请给老人让个座好吗？"

年轻人应声站起。两个老人也坐下了。

李素丽露出了欣慰的笑容。

记者顺着李素丽的耳际向前望去，司机背后的挡板上，"乘客之家"4个大字赫然映入眼帘。

"社会是一面镜子，你首先对它笑，它也就会对你笑。"

——李素丽

（六）

汽车穿街走巷，商店、树林、行人不时从窗外闪过。

车公庄站。一位胖胖的女士，用手捂着右腮，样子很痛苦。她上车后便找个座位坐下，两只眼目不转睛地盯着李素丽。

这个女士刚下车不久，怎么又上来了。记者主动招呼：

"哟，您也来了。"

"我闹牙痛呢，专门来坐她的车。"女士指指自己的右腮，同时又向李素丽亲昵地瞥了一眼。

"坐她的车还能治牙痛？"我们颇为不解。

"可不。"女士认真地说，"这两天憋闷得慌，我一上火就牙痛，牙痛时就上她的车。听她说话，看她做事，心里特快活，一舒畅，就把痛给忘了。刚才坐了几站，感觉好多了。"这位性格外向的女士还自我介绍起来："我就在三里河菜场上班，也是做服务工作的，像她这样把服务工作做到这份儿上真不易。"

（七）

21路，经委会站。

一位中年妇女扶着车门吃力地上了车，靠着车门不动了。李素丽转脸发现了她，立即走到靠近车门的一位乘客面前耳语几句，那位乘客点点头站起来。座位空了。

李素丽扶着那位中年妇女来到空位前，让她坐下。

原来，这是一位残疾人……

说到残疾人，记者当晚采访了李素丽另一个故事。

（八）

普渡寺西巷11号。

这是一个典型的北京四合院。一间10多平方米的小屋。屋里除了床和桌子外没有什么像样的家具，我们就坐在了床上。小屋的主人叫张志忠。

“我们是《工人日报》的记者，跟你随便聊聊。”

“是谈李大姐的事吧？”

小张还未开口，眼泪便流了下来：“每逢我上下班乘车，李大姐和司机说好，把车停在我面前，一开门我就能上车。我手脚不方便，视力也不好，她扶我上下车，帮我找座位，帮我打消残疾人的自卑感。前年我被单位辞掉了工作，心里很苦闷，我在绝望的时候，去找李大姐。见到她，我忍不住抱着她哭了。我觉得她就是我的亲姐姐，是她鼓起了我生活下去的勇气……”

泪珠从他的脸上滚落下来。

“给乘客下个台阶，我的服务就上个台阶。”

——李素丽

（九）

车厢里。人头攒动。

一位戴墨镜的乘客摸着朝售票台挤去。

她从挎包里掏出一个纸包，放在售票台上。

“同志，你……”李素丽莫名其妙。

“姑娘，我就爱听你说话。这几天，我觉得你的嗓音有点哑，这点胖大海是我专门给你买的，泡着喝吧。”

车到站，乘客被扶着下车了。原来她是盲人。

（十）

车厢里。

一位中年妇女走到李素丽身边：“姑娘，你太累了。我看你的脸色不太好。”

李素丽莞尔一笑：“大嫂，我挺好的。”

“可要保重身体呀。”大嫂说着把一大把鲜荔枝塞进李素丽手里，说，“这是新鲜荔枝，听说吃了补身子。”

李素丽难为情了：“大嫂，这怎么行呢？”

“怎么不行！”大嫂说，“吃吧，我看着你吃。”

李素丽被逼无奈，吃了一颗。

大嫂爽朗地笑了，笑得那么开心。

（十一）

月坛车站。

一位行动蹒跚的大娘被李素丽搀扶上车。然后又给老人找座位坐下。

"姑娘，你真好。"老人拉住李素丽的手，心事重重地说："前两天我也坐公共汽车，没座位就靠售票台站着。谁知那个售票员说：'齁热的，你还欹着我，一边去！'硬把我轰走了。"

李素丽俯身宽慰说："大娘，别往心里去，以后会好的。"

汽车在运行，几站过去了。李素丽的服务让大娘激动不已。她蓦地站起身来，大声说："乘客同志们，你们看这个售票员的服务有多好，咱们为她鼓鼓掌吧！"

话音刚落，车厢里响起一片热烈掌声。

这掌声让李素丽愣神了，她眼含热泪连声说："谢谢大家，谢谢大家！"

车到军博站，大娘要下车了。她走到车门口又转过身来，用颤抖的声音说："让我们再给售票员鼓个掌吧！"

说着，她又鼓起掌来。车厢里掌声一片。

李素丽哭了。

司机也哭了。

（十二）

西直门站。

乘客从车里鱼贯而出。

"那三位同志，看看你们的票好吗？"李素丽的声音集中了所有乘客的目光，车头前一两米处立着三个小伙子，其中一个不情愿地慢慢挪过来说："当然可以，我们有票。"可是，他翻遍了所有的衣服口袋，仍没有掏出票来。

"再好好找找。"李素丽依然面带微笑。

"没钱就别坐车，年纪轻轻的就逃票，多丢人！"车厢里，有的乘客数落起来。

"别这么说，他一准儿是丢了。"李素丽没有半点责怪的意思。

小伙子不好意思了，掏出 1.5 元钱递给李素丽。李素丽脸上仍带着微笑："下车买票就不是 1 块 5 毛钱了，按规定要加倍的。"

小伙子又递给李素丽 1.5 元。同时还留给她一句话："冲你，以后这样的事不会发生了。"

（十三）

车在运行。

一位留着长头发的年轻人上了车，摆出一副玩世不恭的样子。

“啪”一口痰顺口而出，唾在地板上。小伙子抖着腿若无其事地看着窗外。

“同志，请你把痰蹭掉。”有人劝道。

小伙子鼻子里哼了一声，理也不理。

乘客们不满了：真不像话！

小伙子轻蔑地扬扬脑袋扫视一下众人，一副玩世不恭的神态，这一切李素丽看在眼里。

她走到小伙子身边，面带笑容地说：“这是公共场所，随地吐痰，污染环境，对您的健康也不利啊！”

没等李素丽把话讲完，小伙子冷冷地瞪了她一眼，示威似的又在洁净的地板上吐了一口痰。

车厢里乘客气愤了。

人们一齐把目光投向李素丽。

李素丽心里咯噔一下子，有股怒火直冲脑门，满脸憋得通红，她理了理头发，微笑又出现在她的脸上，她转身回到售票台，从自己的挎包里取出一团卫生纸，走到小伙子跟前，俯下身子，默默地擦去地板上的两块痰迹。

此刻，车厢里静极了，没有一点声响。

人们给她闪开一条回到售票台的通道。

谴责的目光一齐射向小伙子。

小伙子低下了“高贵”的头，再也没有抬起来。

到站下车了，小伙子拿着月票特意走近售票台，低声对李素丽说：“大姐，对不起。”

“能使大家都快乐，我更快乐。”

——李素丽

（十四）

儿童医院站。

一位40多岁的男乘客上车后径直朝挂着意见本的座位走去，摘下本子便埋头写起来。

意见本上留下了这样一段文字：“从此窗口体现了北京人民的文明礼貌，希望其他车也能如此。”

“请问您贵姓？”记者走上前去问。

“我姓王，在石家庄电力部门工作。”他抬起头来并不介意地望着我们。

“怎么刚上车还没感受一下就往意见本上写呢？”我们不解地问。

“我是来北京办事的，主要靠公共汽车，这趟车我坐过很多次了，服务就是不一样。”他指指正在售票的李素丽，感慨地说，“就说她吧，说的话，做的事，让人心里热乎乎的。我每一次上车都想写写自己的感受，可人多，不能如愿，这回，就是冲着意见本来的。”

（十五）

西客站。

车到终点站，乘客们从车上鱼贯而下。

李素丽搀老人、扶小孩，嘴里不停地说：“请慢点走。”“欢迎再来乘我们的车。”

人们朝她微笑，向她招手，有的依依不舍。

最后下车的是位精神矍铄的老人。他走到李素丽跟前，激动地拉住李素丽的手：“听说过你的名字，我是特意来看看的，不虚此行啊，不虚此行。”

李素丽脸上泛起红晕：“谢谢您的鼓励，我做得还很不够。”

“不，你做得很好！”老人感情真挚地说，“你在身体力行，播撒文明。现在，许多人抱怨社会风气不好，其实，良好的社会风气要靠每一个社会成员去创造，去维护。姑娘啊，你没有抱怨，而是在用行动教育大家，感染大家，让大家都做文明人，我们应当感谢你！”

老人的话，留在了记者的采访本上。

采访本上也留下了他的期盼：“我们的社会需要她这样的人，应该好好宣传！”

（十六）

西客站。21 路车队队部。

车队党支部书记梁良热情地接待了记者。

他抱来一摞意见本，还有许多表扬信：“李素丽是年初从 60 路调到我们车队的，8 个月里我们共收到了 277 封表扬意见和表扬信。”

读这些信，记者感到春风拂面：

车子一进站，我就感觉到有股莫名其妙的暖流迎面而来，烦躁的心情顿时清爽了许多，整洁的车辆给人一种欲乘之而后快的愿望，一路上乘务员小姐的服务更加春风拂面，一言一行，一颦一笑，显然是一位春天的使者，与此同时，我们乘客也彷佛走进了神圣高雅的殿堂，每个人都有了绅士的风度，礼貌待人，尊老爱幼，以身作则，有问必答，急他人所急，想他人所想，这不就是人们这些年所期盼却很难得到的人与人之间的沟通与理解吗？有幸的是我们在 21 路 1333 公交车上目睹体会了这一切，回到驻地，心情久久难以平静，感慨之余，情感的思绪迫使我坐下来记下自己的所想所感，记下这难忘的一天。

通县39760部队5分队 金伯勤

1996年4月12日

乘坐21路1333号车心情舒畅，真有上车如到家之感。我对这位售票员的工作态度深表钦佩。

北京西四大院胡同9号 张茂林

1996年3月

依依不舍下了车，我望着远去消失的汽车，感慨很多。如果说售票是平凡的工作，那么，这位售票员已把它升华了，艺术化了，她把50年代到90年代的服务方法、服务水平有机地结合起来，使乘客在享受其热情服务的同时，又得到了语言等方面的艺术享受。

乘客　烜炀

1996年2月27日

我从这个乘务员身上看到了北京市风气变好的希望，如果有一半的服务员能像这位乘务员一样，北京该有多好。

华北电力大学　王金兰

1996年4月26日

（十七）

空车驶离西客站。

太阳西斜，她骑上自行车，踏上了回家的路。

笔直的大路向远处延伸，沿着这条路，她消失在人群中……

这篇报道，明暗两条线索并存，既是写李素丽的一天，又是写李素丽的平常的365天，具有一定的象征特点。报道既俏皮单纯，又含蓄丰富，写法上颇近乎女作家池莉的小说《烦恼人生》[①]。显而易见，都是运用同样的材料，但《北京有个李素丽》一文的别开生面，较之关于李素丽的另一篇新闻报道《岗位作奉献，真情为他人》的那种大而全的常规结构方法有更好的传播效果。

---

① 载《上海文学》，1987(8)。

后　记

打量《深度报道采写概论》书稿，不由人不生白驹过隙之叹。因为工作需要，我对深度报道的研习几近10年。10年间，除了本书，我在此前先后出版有《深度报道写作原理》（武汉大学出版社，2004年）、《深度报道作品评析原理》（北京交通大学出版社，2008年）。俗话说，熟能生巧，我而今对深度报道的研习或许开始进入稳定期，也期望自己的这本书能对业界、学界和广大读者有更为真切的帮助，为我国关于深度报道的研究再铺一块扎扎实实的小砖石。一册在手，深度报道风云大势揽入眼底，相关实务运作大局在胸。

我关于深度报道的研习在此也暂告一阶段。时下，我正集中精力对个人的另一本著述《宏观新闻编辑学》修改、完善。那是一本力求从编辑工作的上中游来探讨新闻产品制造的撰著。一切从实战出发，将实用性和学术性有机统一，是我关于传媒采编实务撰述的明确追求。当然，《深度报道采写概论》的出版并不等于我对深度报道学习、探讨的终结。我希望有条件、有机会能为深度报道的研究工作做点基础性和再前行几步的努力。"深度报道采写经验谈"、"深度报道优秀作品选评"一类工作可为深度报道研究提供必不可少的科研基础，健在的当事人是珍贵的科研资源；对深度报道上做出突出业绩的有关媒体、栏目、部门进行专门研究，对深度报道上做出杰出贡献的新闻工作者给予集中探讨，自然属于百尺竿头更进一步的再深入的探索性工作。

本书的瓜熟蒂落离不开各界的厚爱。其中，《光明日报》相助尤重。近10年来，《光明日报》始终是我学习的核心样板之一。感谢《光明日报》的长年帮助，2009年还受邀赴南昌参加该报所主持的深度报道研讨会。何东平副主编不仅鼓励我深入研究，而且希望我多关注《光明日报》的不足。这在时下空谷足音，弥足珍贵。有人曾问我为什么那么关心《光明日报》，言下之意怀疑我是不是《光明日报》的"托"。其实，直到2009年南昌会议之前，我从未见过《光明日报》社的任何一位记者、编辑。我供职的单位订阅《光明日报》较为丰富，故接触方便些。但更为重要的，《光明日报》是我最喜欢翻阅的报纸之一。读《光明日报》，早就成为我工作乃至于生活的不可或缺的功课之一。可以毫不夸张地说，一天不读《光明日报》，我就感觉缺了些什么。其根本，还是报纸的那份独有的精气神儿在勾着我。如果说友谊，那也是公谊在先，公谊第一。共同的追求，尤其是深度报道，将我跟《光明日报》紧紧地联系到一起。在此，我向《光明日报》深致谢意，感谢何东平副主编，感谢"观察"栏目主编蔺玉红，总编室主任沈卫星，驻地记者站站长叶辉、杨荣，"观察"栏目记者董城、文艺橙。需要感谢的其他媒体记者有：湖北日报社的刘畅先生，南方周末报社的江华先生，原长江商报社的姚海鹰先生。感谢所有于我有助的深度报道媒体、栏目和版面。

本书的出版获得国家教育部华中科技大学新闻学特色专业建设项目的专项资金支持，获得华中科技大学教务处的宝贵帮助。

为了写好拙著，我主动“下水”，努力尝试深度报道的十八般武艺。个人一方面通过编辑学院的《深度报道作品年鉴》体悟实务的波澜和精髓；另一方面又涉足除了调查性报道之外的其他深度报道样式。今后，如果条件允许，我愿意补上调查性报道采写这一课。无它，新闻实务的研习主体，除了跳出圈外，冷静打量，还以将自己融入研究客体，获取其间丰富的实务体验为上。

欧阳明

2011 年 5 月 13 日